SAÍDAS DE EMERGÊNCIA

SAÍDAS DE EMERGÊNCIA

GANHAR / PERDER A VIDA NA PERIFERIA DE SÃO PAULO

COLEÇÃO
ESTADO de SÍTIO

ROBERT CABANES, ISABEL GEORGES, CIBELE S. RIZEK e VERA DA SILVA TELLES (orgs.)

Copyright desta edição © Boitempo Editorial, 2011

Coordenação editorial	Ivana Jinkings
Editora-adjunta	Bibiana Leme
Assistência editorial	Caio Ribeiro
Preparação	Mariana Echalar
Revisão	Livia Campos
Capa	Livia Campos sobre foto de autoria de Isabel Georges (Cidade Tiradentes, São Paulo, 2010)
Diagramação	Acqua Estúdio Gráfico
Produção	Ana Lotufo Valverde

CIP-BRASIL. CATALOGAÇÃO NA FONTE
SINDICATO NACIONAL DOS EDITORES DE LIVROS, RJ

S139

Saídas de emergência : ganhar/perder a vida na periferia de São Paulo / Robert
Cabanes ... [et al.] (orgs.) ; [tradução Fernando Ferrone, Cibele Saliba Rizek]. - São
Paulo : Boitempo, 2011.

ISBN 978-85-7559-182-6

1. São Paulo (SP) - Condições sociais. 2. Sociologia urbana. 3. Áreas subde-
senvolvidas. 4. Violência - São Paulo (SP). 5. Pobreza - São Paulo (SP). I. Cabanes, Robert, 1941-.

11-5707.   CDD: 307.76098161
                                                       CDU: 316.334.56(815.6)

05.09.11   14.09.11   029479

É vedada, nos termos da lei, a reprodução de qualquer
parte deste livro sem a expressa autorização da editora.

Este livro – que contou com o apoio do IRD e do CNPq – atende
às normas do acordo ortográfico em vigor desde janeiro de 2009.

1ª edição: outubro de 2011

BOITEMPO EDITORIAL
Jinkings Editores Associados Ltda.
Rua Pereira Leite, 373
05442-000 São Paulo SP
Tel./fax: (11) 3875-7250 / 3872-6869
editor@boitempoeditorial.com.br
www.boitempoeditorial.com.br

SUMÁRIO

Prefácio 7
Contos kafkianos
Francisco de Oliveira

Perspectivas 11
Robert Cabanes e Isabel Georges

PARTE 1 – TRABALHO

1. Proletários em meio à tormenta neoliberal 31
    Robert Cabanes

2. Viração: o comércio informal dos vendedores ambulantes 57
    Carlos Freire da Silva

3. Caminhos cruzados: migrantes bolivianos e o trabalho informal na
    indústria de confecções em São Paulo 75
    Carlos Freire da Silva

4. Entre discriminação e reconhecimento: as trabalhadoras
    domésticas de São Paulo 95
    Isabel Georges

5. A coleta e o tratamento de lixo 115
    Robert Cabanes e Mônica Virgínia de Souza

6. Trabalho informal e representação sindical 135
    Isabel Georges

PARTE 2 – TRÁFICOS

7. Ilegalismos populares e relações de poder nas tramas
    da cidade 155
    Vera da Silva Telles

8. Gerindo o "convívio" dentro e fora da prisão: a trajetória de vida
    de um agente penitenciário em tempos de transição 169
    Rafael Godói

9. Vida loka 189
    Daniel Veloso Hirata

10. Debates no "mundo do crime", repertórios da justiça nas periferias de São Paulo 215
Gabriel de Santis Feltran

PARTE 3 – ASSOCIAÇÕES

11. O sentido político das práticas de responsabilidade social empresarial no Brasil 237
Tatiana de Amorim Maranhão

12. As entidades sociais e o surgimento de uma gestão concorrencial do engajamento cívico 257
José César Magalhães

13. Atores do trabalho social: continuidades e descontinuidades 279
Silvia Carla Miranda Ferreira

14. A gestão do social e o mercado da cidadania 297
Ludmila Costhek Abílio

15. Sobre o nascimento da população de rua: trajetórias de uma questão social 317
Daniel De Lucca Reis Costa

PARTE 4 – VIVER JUNTO E VIVER PARA SI

16. Intervenções urbanas recentes na cidade de São Paulo: processos, agentes, resultados 339
Cibele Saliba Rizek

17. Ocupação irregular e disputas pelo espaço na periferia de São Paulo 359
Eliane Alves da Silva

18. Evangélicos no trânsito religioso 377
Ronaldo de Almeida e Ariana Rumstain

PARTE 5 – ESPAÇO PRIVADO, ESPAÇO PÚBLICO

19. "Trabalhadores" e "bandidos" na mesma família 397
Gabriel de Santis Feltran

20. Interrupções e recomeços: aspectos das trajetórias das mulheres chefes de família monoparental de cidade Tiradentes 417
Yumi Garcia dos Santos

21. Qual dialética é possível entre o espaço público e o privado? 437
Robert Cabanes

Conclusão 461
Figuras e laços de experiências sociais: mediadores e passagens
Robert Cabanes e Isabel Georges

Bibliografia 467

PREFÁCIO
Contos kafkianos

Francisco de Oliveira

"Certa manhã, Gregor Samsa despertou e viu-se transformado num enorme inseto." É com essa frase incisiva, enxuta e lapidar que o escritor realista – assim o classificam Günther Anders e nosso Modesto Carone – inicia seu romance mais conhecido, *A metamorfose**. Não há adjetivação na frase, e bem que o objeto quase reclama. Este é o realismo de Kafka, segundo seus melhores intérpretes: apresentar como normal, natural, o que é estranho, impensável. Seu procedimento é sempre o da inversão.

Não fossem cientistas sociais que produzem etnografias com os mais rigorosos critérios, Robert Cabanes, Isabel Georges, Cibele S. Rizek e Vera Silva Telles bem que poderiam começar o livro que coordenaram, resultado de longas pesquisas que agora é publicado em português, ao estilo de Kafka. Pois o que os artigos deste livro indispensável nos descrevem são pessoas transformadas em insetos na ordem capitalista da metrópole paulistana. Robert e Isabel e os autores dos artigos fazem isso à maneira de Kafka: para uma realidade que horroriza – pelo menos para mim, que sou reconhecidamente um materialista descendente do Iluminismo –, eles não adjetivam. Mas tal empreendimento intelectual não pode ser feito sem paixão.

No princípio de desempenhar-me da honrosa e árdua encomenda de prefaciar tão difícil trabalho, tive a tentação de aconselhar a Robert – creio que lhe disse em alguma ocasião – que o livro deveria chamar-se "A situação da classe trabalhadora em São Paulo", pois não haveria melhor prosseguimento da tradição inaugurada por Engels. Mas ao longo da leitura dos textos dei-me conta de que há uma diferença marcante: eles não rotulam – ao

---

* Franz Kafka, *A metamorfose* (2. ed., São Paulo, Melhoramentos, 2010). (N. E.)

8 • Saídas de emergência

contrário de Engels, que não disfarçou seu desprezo pelos irlandeses, qualificados como beberrões, rufiões, preguiçosos, ladrões, na adjetivação mais "suave" do clássico alemão, ou seja, a ralé, como estrato mais baixo e mais explorado, da nascente classe operária inglesa.

"Certa manhã, Amaro e Doralice despertaram e viram-se em Cidade Tiradentes", que é a única denominação "realista" desses miseráveis acampamentos de pobres em que se transformou a poderosa capital do estado mais rico da Federação; aliás, todas as capitais brasileiras são acampamentos, e os do MST são apenas o espelho das cidades. Cidade Tiradentes é mesmo o martírio diário, cotidiano, de seus milhares de moradores. No mais, os pobres denominam suas favelas e bairros pobres de um modo "lacaniano": Jardim Maravilha é o nome da principal favela de Cidade Tiradentes, assim como Heliópolis e Paraisópolis designam as maiores e mais terríveis cidades-favela de São Paulo. O nome está no lugar do que ali devia ser: um paraíso, uma maravilha, a morada do sol – talvez seja sarcasmo ou crítica ao hoje tão louvado capitalismo brasileiro. Quase sempre o nome do lugar foi dado pelo empresário-ladrão – o que é quase uma redundância – dos loteamentos clandestinos, mas os moradores o adotaram. Paradoxalmente, o Rio, que tem uma natureza mais exuberante – basta o mar para lhe dar todo o encanto – denomina de modo mais realista suas já famosas favelas: Morro da Providência, Morro dos Macacos, Vidigal e por aí vai.

Os textos subscritos pelos pesquisadores coordenados por essa dupla francesa que conhece mais as misérias brasileiras que a grande maioria dos acadêmicos são "gramscianos": exploram todas as posições, todos os ângulos, todas as expressões e modos de ganhar a vida – na verdade, de ganhar a morte – dos moradores de Cidade Tiradentes, com algumas incursões em Guaianases e outras periferias da cidade. É de uma "guerra de posições" que se trata – perdoem-me o "pequeno grande sardo" e seu intérprete maior no Brasil, nosso Carlito Nelson Coutinho. E terminará numa "guerra de movimento" com alguns anos de cadeia para os... pobres. Sexo, drogas e rock-n'-roll, emprego, desemprego, violência pública e violência privada – faces da mesma moeda. A fórmula é sempre a mesma, de uma incrível monotonia: fulano veio do Nordeste e fulana veio de Minas, as duas cornucópias dos enjeitados das grandes cidades; o primeiro empregou-se como auxiliar de pedreiro, a segunda como empregada doméstica. Casam-se e descasam-se várias vezes, porque a moral burguesa não os constrange e, para os estratos mais pobres, o casamento é uma associação para a caça, à maneira dos leões. Vai daí que

Prefácio • 9

daqui a alguns séculos surgirá a definitiva etnia brasileira: nordestino com mineira. Suas vidas são uma alternância de azar e sorte, que, em francês, diz-se pelo mesmo vocábulo, assim já nos lembrava Vera da Silva Telles, autora de preciosos artigos sobre o lugar do tráfico de drogas, *carrefour* da vida, menos que transgressão (de que eles têm plena consciência). Um dia um emprego formal, no outro um biscate, um radiozinho de pilha abastecido pela Santa Ifigênia, e Doralice atravessa a cidade grande todos os dias para fazer faxina em casa de alguma madame dos Jardins; não custa nada entregar esse "pacotezinho" em determinado endereço. O dito são cem gramas de coca, o precioso pó que faz o delírio dos ricos e o martírio dos pobres, quando são pegos. Doralice é uma traficante? Assim considerará a polícia e a Justiça, se por azar o pacotinho lhe escapar das mãos bem na cara de uns metecos, ou se for denunciada como "mula" por algum dos concorrentes dos verdadeiros traficantes. Pois o que Robert, Isabel e seus amigos pesquisadores não fazem é fantasiar a honra e o caráter de suas "personagens". A fronteira entre o legal e o ilegal, o lícito e o ilícito, o formal e o informal, não é erguida por eles: é a fantasia jurídica do capitalismo "globalitário", como o chamou Ignácio Ramonet, que tampouco conhece fronteiras. Já não disse Chomsky que o verdadeiro "crime organizado" é o sistema financeiro? Melhor prova que os bilhões torrados pelos bancos centrais para salvar o capitalismo de seus próprios males, Cidade Tiradentes não fornece. E é uma cidade, e ela se imbrica com formas de organização e mobilização de moradores e trabalhadores, mostram as pesquisas de Cibele S. Rizek. Mas, apesar da contenção dos autores, nenhum afirma que o Jardim Maravilha é uma maravilha: a consciência crítica atenta não resvala em anátema, tampouco em glorificação da pobreza e de sua situação na cidade capital do gigante emergente. Para meu gosto de marxista reincidente, faltaria uma abordagem mais explícita do caráter de exploração de classe de Cidade Tiradentes: nosso Lúcio Kowarick já chamou o fenômeno de "espoliação urbana", mas falta mais.

Dali tiram a alegria, a fantasia, a cerveja, os hurras pelo Corinthians, e agora também pelo Palmeiras e pelo São Paulo, amassando o dinheiro para a fantasia do Carnaval, na Rosas de Ouro, Gaviões da Fiel, Unidos do Peruche ou Acadêmicos do Tucuruvi, pra "tudo se acabar na quarta-feira", pois "tristeza não tem fim, felicidade sim", como cantou o Orfeu do poetinha Vinicius de Moraes, que na verdade era um poetão.

10 • Saídas de emergência

Essa é a situação da classe trabalhadora em São Paulo, finalmente o encontro com Engels. Depois de corrigi-lo. Leiam-no, em conjunto com Ricardo Antunes e Ruy Braga[1], pois a formação da classe trabalhadora em São Paulo, como em todas as cidades brasileiras, finca seu "padrão no nada", como diz meu poeta Carlos Pena Filho. Esse é o "mercado de trabalho", "sexo, drogas e rock 'n' roll".

---

[1] *Infoproletários* (São Paulo, Boitempo, 2009).

PERSPECTIVAS*

Robert Cabanes e Isabel Georges

Falar da vida e da cidade a partir da perspectiva das camadas mais pobres[1] pressupõe evocar telegraficamente aquilo que escapa do foco deste livro: a cidade murada e protegida por alarmes eletrônicos, a cidade globalizada, trancada em seus imóveis inteligentes, a arrogância da riqueza encarnada no biquíni à venda nos Jardins que custa o mesmo que uma moradia em uma favela do subúrbio. Cada habitante sabe disso e vive com aquilo que está ao seu alcance. Trata-se aqui destas duas relações: da maneira como são construídas nas situações de dominação e da maneira como aqueles que estão submetidos a elas tentam superá-las, às vezes procurando construí-las em escala maior que a de seu meio social, por percursos que passam por formas de trabalho e atividade, religião, vida em comum e recomposições familiares.

Ao ler este livro, podemos nos surpreender com as referências constantes a um passado não tão distante, que surge à luz da atualidade neoliberal como um momento de fundação gorado logo ao nascer. Hoje, os princípios em que se assentava a Teologia da Libertação parecem insondáveis, ainda que sua lembrança esteja viva e o tempo a tenha engrandecido. Referimo-nos às decepções e expectativas frustradas da época atual, apesar de um Partido dos Trabalhadores no poder que se tornou o guia da inclusão da nação no mundo globalizado.

A banalização da situação atual deve-se a esse realismo imposto por informações econômicas que visam obscurecer deliberadamente os saberes, às verdades ideológicas passageiras, alimentando e cultivando práticas de des-

---

* Tradução de Fernando Ferrone. (N.E.)

[1] Esse é o ponto de partida da abordagem metodológica que será desenvolvida nos textos que compõem este livro.

truição do outro para que seja possível tomar seu lugar. Não é sob essa perspectiva que descrevemos o Brasil, mas devemos admitir que ele participa, como "todo mundo", desse pano de fundo, desse espírito do tempo, uma globalização selvagem que se realiza por cima e por baixo.

Sobre o trabalho

Os fundamentos e as justificativas da razão política estão sob suspeita. Esta se orienta cada vez menos por uma perspectiva de "bem comum" ou "cidadania", volta-se cada vez menos ao questionamento da racionalidade econômica, que se diz igual ou até superior à racionalidade política, nos marcos nacionais que constituíram os patamares das negociações coletivas, dos conflitos e da distribuição de renda. Ao contrário, volta-se cada vez mais para uma perspectiva econômica imposta pelo capital financeiro, ao qual cada nação tenta oferecer as melhores condições de reprodução no quadro da competição nacional. A estratégia de acumulação de capital ocorre necessariamente à custa do trabalho. Assim são desenvolvidas políticas de segmentação da força de trabalho – ou políticas de individualização – que reorganizam o mercado de trabalho com base em uma precariedade que supostamente deveria gerar uma nova energia: a empregabilidade individual e o autoempreendimento[2]. O capital produtivo organiza a produção com seus gerentes com base no trabalho "participativo", do qual são excluídas as organizações coletivas dos trabalhadores, substituídas por formas de "gerenciamento" concebidas e implantadas pelas empresas. Essa neutralização da ação social, confirmada pelo poder político, esclarece cruamente uma dinâmica econômica em que a maximização da acumulação de capital se torna ética imperiosa[3], por vezes contrária à gestão industrial da produção. Essa contradição interna do sistema capitalista associa uma estratégia de rigorosa individualização no trabalho[4] a uma de fragilização desse mesmo trabalhador por políticas de precarização do emprego e de controle da atividade produtiva[5]. Ela não oferece alternativa no plano da revalorização do trabalho. Permane-

---

[2] Ver certos programas de desenvolvimento urbano ou o nome da revista *Você S/A*.

[3] Esse texto foi escrito antes da crise financeira de outubro de 2008.

[4] Luc Boltanski e Ève Schiapello, *Le nouvel esprit du capitalisme* (Paris, Gallimard, 2000). [Ed. bras.: *O novo espírito do capitalismo*, São Paulo, Martins Fontes, 2009.]

[5] Richard Sennet, *Le travail sans qualités* (Paris, Albin Michel, 2000).

ce muito seletiva no que se refere à partilha de benefícios, porque restringe o acesso aos assalariados mais qualificados, que são uma fração mínima de trabalhadores dos países periféricos. A nova configuração do trabalho assalariado formal funda-se num aumento da insegurança e numa redução dos direitos, como se o caráter de subordinação que caracteriza o trabalho assalariado fosse substituído por uma relação puramente comercial. Cada nação segue em seu ritmo rumo a uma "economia comunista de mercado"[6], que associa ao regime do mercado regimes diversos de limitação da democracia. "O econômico", o novo Narciso, está sempre em desenvolvimento e, ao mesmo tempo, em decomposição, já que se define – sem outra referência além de si mesmo – como uma "ética"[7] que subordina o político a seus fins e aplica-se a todos os domínios da vida.

O enfraquecimento do estatuto do trabalho assalariado produz a diversificação e o crescimento do trabalho informal. O "velho" emprego informal, em primeiro lugar. A antiga visão dos anos 1960[8], que considerava o trabalho informal parte do desenvolvimento capitalista, ainda conserva seu valor heurístico, ou melhor, o emprego informal cresce e torna-se parte indispensável do desenvolvimento do capital sob a forma de cooperativas de trabalho, contratos comerciais, terceirizações, substituindo assim as formas de emprego estatutárias e regulares. Ele é planejado como elemento estruturante da concorrência internacional, a fim de facilitar a circulação de mercadorias e de pessoas por meio de migrações induzidas e, ao mesmo tempo, ilegais.

O trabalho de assistência social e a economia solidária também ganham terreno com o aumento da desigualdade. Esse trabalho tem origens diversas: caridade privada, redistribuição pública, capital acumulado pós-produção e subtraído da fiscalização ou captado de maneira legal. As condições objetivas do exercício desse trabalho também estão sujeitas à precarização: flexibilidade do emprego e redução dos direitos.

A negligência no tratamento do trabalho suscita no mundo inteiro um forte crescimento do narcotráfico. Alguns milhares de pontos de venda numa cidade como São Paulo, que empregam cerca de 20 pessoas cada um, ofere-

---

6   Alain Supiot, "Voilà 'l'économie communiste de marché'", *Le Monde*, 23 jan. 2008.

7   "Éthique et économie, l'impossible (re)mariage?", *Revue du Mauss*, n. 15, 1º sem. 2000.

8   Francisco de Oliveira, *Crítica à razão dualista/O ornitorrinco* (São Paulo, Boitempo, 2003).

14 • Saídas de emergência

cem trabalho a um contingente de 150 a 250 mil indivíduos. Mas o que chama a atenção é menos o crescimento dessa atividade que sua capacidade de impregnar a vida cotidiana com seus modos de pensar e agir.

A diversificação e a complexificação da matriz social do trabalho estão ligadas, portanto, ao aparecimento de novas formas de trabalho e ao seu caráter efêmero que se interpenetram nas trajetórias de vida. Isso concerne às camadas da população que vivem do trabalho e, sobretudo, às camadas mais baixas da escala social. Além de ser uma questão de sobrevivência, que sempre se colocou para a grande maioria, é também uma questão fundamental de existência e reconhecimento sociais. Pego entre a estratégia improvável de acesso a um emprego estável e de qualidade e a estratégia inevitável da "viração", o trabalhador é obrigado a recorrer a todos os meios disponíveis. Quando as condições pioram, a posição subjetiva do trabalhador – ao mesmo tempo "mercadoria e sujeito"[9] – permanece fundamentalmente a mesma: só o comprometimento pessoal dá sentido à atividade. A distinção fundadora dos ergonomistas entre trabalho prescrito e trabalho real ainda é útil para estudar como os trabalhadores se apropriam dessas novas atividades no interior das novas formas de emprego. Quer se trate de uma ONG ou de uma multinacional, essa apropriação, em todas as circunstâncias, dá sentido ao trabalho[10]. Mas se essa estratégia só pode ser exercida de modo estritamente individual, não sendo possível exercê-la de modo coletivo, ela permanece atrelada às estratégias de individualização capitalista. A tensão entre uma poderosa imposição de novas formas de trabalho e de relação com o trabalho e as múltiplas formas de resistência no trabalho e fora dele que essa imposição suscita permite descrever um espaço da política. Os artigos a seguir descrevem o espaço público de expressão do trabalho, segundo diversos pontos de vista.

Observadas nas pessoas e nas famílias, as estratégias de vida (capítulo 1) representam modos tanto de fugir da responsabilidade direta do trabalho quanto de ressignificá-lo por meios indiretos.

A saída religiosa oferece caminhos diferentes: recusa escatológica dos males e das misérias, políticas de amizade ou ajuda mútua pela oração, mas

---

[9] Maurizio Lazzarato, Muriel Combes e Bernard Aspes, "Le 'travail', un nouveau débat pour de vieilles alternatives", *Futur Antérieur,* n. 35-6, 1996, p. 71-100.

[10] Maud Simonet-Cusset, "Penser le bénévolat comme travail pour repenser la sociologie du travail", *La Revue de l'Ires,* n. 44, 2004/1. No francês, a impossibilidade de separar, como no inglês, *work* (voluntariado) de *labour* (trabalho assalariado) retardou a análise do voluntariado como trabalho.

nenhum enfrenta direta ou indiretamente "os donos" do trabalho, mesmo quando são moldados por histórias de trabalho. A saída social-festiva ou anarco-social tampouco leva a esse enfrentamento, mas a dinâmica social que emana dela, a ideia de uma unidade cultural popular, parece conseguir se reconstituir a partir do trabalho, não tanto iniciando, mas seguindo um movimento social. Uma expectativa direta em relação ao trabalho existe para os mais jovens, os quais exprimem uma raiva verdadeira. Essas dinâmicas têm um denominador comum: a reorientação direta ou indireta para as relações sociais de trabalho incorpora o julgamento de que a justiça no trabalho é muito relativa, assim como o sentimento de que a igualdade entre os sexos é algo justo e deveria se expressar no trabalho.

Em sua atividade específica, os camelôs (capítulo 2) são uma variável tradicional de ajuste do mercado de trabalho em que a igualdade numérica dos sexos é perfeita, assim como a igualdade moral. Os camelôs são obrigados a passar por um mercado de proteção política que substitui a subordinação salarial e é menos regulado, mais selvagem. A expansão desse tipo de atividade (com a liberdade de comércio e seus efeitos de contrabando e mobilidade crescente) é acompanhada do aumento da concorrência e das irregularidades que os reduzem à reivindicação de um estatuto mínimo de reconhecimento social (um direito do trabalho que se restringe à mais simples premissa do direito ao trabalho) que os urbanistas e os políticos de direita gostariam simplesmente de ignorar para poder "limpar a cidade". A violência dessa dominação aparece no momento em que os camelôs tentam se organizar.

Ainda em relação a atividades específicas, as costureiras (capítulo 3) trabalham em domicílio e são, em grande parte, ex-operárias de fábricas "reempregadas" por meio de terceirizações, sem contrato comercial ou de trabalho, apenas com uma promessa oral de pagamento. Elas conhecem a escravidão dos tempos de trabalho irregular e dos pagamentos aleatórios. São vítimas diretas da globalização selvagem, abandonadas até pelos sindicatos. Impossibilitadas de manifestar suas reivindicações de trabalho, "lutam" no papel de arrimo de família. Esse é o seu lugar no trabalho e na vida. Parece que seu único objetivo é ajudar a geração seguinte a conseguir melhores condições no trabalho e na sociedade. Sua associação em cooperativas – fenômeno marginal – é invadida por exploradores de mão de obra que reinventam as oficinas de trabalho ao estilo das do início do século XX.

A costura é um fator de igualdade de sexos entre os imigrantes bolivianos: homens e mulheres participam da mesma maneira e podem almejar igual-

16 • Saídas de emergência

mente uma atividade mais lucrativa no comércio ou na produção como "patrões". Recrutados de início para as oficinas de costura dos coreanos (e depois obrigados a trabalhar em domicílio para evitar a fiscalização trabalhista), os bolivianos estão na mesma posição que as costureiras brasileiras, agravada pela clandestinidade. Contudo, as revoltas surdas contra os compatriotas que os exploram não são raras, e a realimentação constante de mão de obra recém-chegada, mal saída da zona rural, faz-se necessária. Nesse caso, as relações de classe parecem ainda mais empalidecidas e sufocadas pelas relações comunitárias nacionais.

Entre as trabalhadoras domésticas (capítulo 4), a substituição da identidade "vertical" imposta pelo empregador por uma identidade horizontal entre elas é lenta, mas parece irreversível. Esse movimento, fruto de uma reflexividade própria de um trabalho que ainda reproduz relações pater(mater)nalistas, está diretamente ligado às inflexões recentes das relações conjugais, cada vez mais livres. São dois movimentos que parecem interconectados. Se (ainda) não se pode falar de um "novo sindicalismo" das trabalhadoras domésticas, surge um novo "sentido pelo justo", referindo-se em parte ao novo quadro legal.

Em relação à coleta e reciclagem do lixo (capítulo 5), é preciso observar que as relações sociais entre catadores, empresas familiares e cooperativas, de um lado, e grandes compradores (privados ou cooperados), de outro, não são geridas nem por contrato nem pelo mercado da proteção. A liberdade de comércio insere-se em relações de força equilibradas. Trata-se de um fator favorável talvez a uma grande variedade de formas de organização em cada nível (indivíduo-família, empresa familiar ou cooperativa, ou mesmo grandes conjuntos cooperativos), em que também se pode observar uma autonomia real das mulheres, tanto na forma de cooperativa quanto na forma de empresa familiar.

As formas de representação sindical são variadas (capítulo 6). Nas novas profissões do *telemarketing* (globalizadas, taylorizadas e penosas), os sindicatos patronais organizaram-se – e os sindicatos de trabalhadores parecem imitá-los – em torno da ideia de trânsito profissional: pagar relativamente bem (em relação ao mercado e declarando apenas parte do salário) pessoas que sabidamente não aguentarão muito tempo o ritmo de trabalho. Os sindicatos parecem acomodar-se com essas vantagens de curto prazo, como se se tratasse de um trabalho transitório, semelhante ao "bico".

A população de camelôs, ao contrário, é mais "estável" em virtude da exclusão prolongada ou definitiva do mercado de trabalho. A reivindicação de dignidade no trabalho é antiga, recorrente, mas não se sustenta sem o apoio firme dos poderes públicos. Já o neoliberalismo ganha terreno incitando a desregulamentação. Essa situação estimula a oferta de diversas representações sindicais mais ou menos mafiosas e manifesta-se numa maior diversidade ideológica, que se tornou legalmente possível há pouco tempo e permitiu o surgimento de um novo campo de atuação política, o "empreendedorismo" sindical. Essa evolução coexiste com formas de representação mais "tradicionais", como o sindicato das trabalhadoras domésticas, cuja origem são suas associações e as comunidades eclesiais de base.

No conjunto das experiências de trabalho podemos encontrar, de um lado, uma igualdade significativa nas relações sociais de sexo e, de outro, um contexto de acirrada exploração.

Uma atividade estruturante: o narcotráfico

Mais que uma passagem necessária na vida das jovens gerações, o narcotráfico tornou-se uma referência econômica (garante a sobrevivência de muitas pessoas), social (ajuda pessoas ou associações) e moral. Nesse sentido, é um empreendimento que, apesar de arriscado, mostra que se pode viver e sobreviver numa sociedade hostil e injusta, cujas lições de moral são suspeitas *a priori*, já que se perpetua na desigualdade gritante e mantém na indigência grande parte de seus trabalhadores.

Seu desenvolvimento recente aparece como uma resposta à crise do trabalho levada pelo neoliberalismo a todas as periferias do mundo, um recurso material possível para os que se encontram abandonados à própria sorte. Promove sua legitimidade, apoiando financeiramente associações – tradicionais ou modernas – e socorrendo famílias em situações difíceis ou excepcionais (casamentos, funerais). Garante assistência aos presos e reintegração no tráfico após o cumprimento da pena. Embora seja reconhecido como um mundo diferente, com regras estritas de funcionamento e sanções violentas e definitivas, não é objeto de condenação moral. É uma atividade multifacetada: pode ser "facultativa" (é possível conviver com ela sem participação ativa, eventualmente participar dela de modo intermitente ou exercê-la em caráter permanente) ou inevitável. Nesse caso, o narcotráfico institui toque de recolher em certos horários e locais enquanto efetua suas

18 • Saídas de emergência

transações; todos conhecem as circunstâncias e os eventos propícios a intervenções violentas; todos os pais passam por momentos difíceis quando têm filhos adolescentes, porque estes podem ser "seduzidos" por esse universo, pela droga, pelo dinheiro fácil ou pelos dois ao mesmo tempo. Entretanto, quando a estratégia de afastamento perde eficácia, o número de famílias que agregam esses dois universos aumenta, assim como as que vivem diretamente desse sistema, respeitando suas regras.

A crescente desregulação das regras do trabalho e dos mercados (processo que se ampliou desde a última crise financeira) sugere a noção de "cidade-bazar", onde tudo é possível e factível (capítulo 7). Há capilaridades entre o tráfico de drogas e a economia, que podem se transformar em grandes fluxos, visíveis nos espaços da cidade. E o poder público – em particular a polícia, que há muito tempo opera no mercado da proteção-repressão no que diz respeito à droga – vê seus "negócios" crescerem em decorrência desses fluxos.

A prisão também faz parte do fluxo urbano da periferia e é aqui descrita pelo percurso de um agente penitenciário (capítulo 8) no momento em que surge a primeira organização de defesa dos presos. Nascido no sangue das revoltas carcerárias, o Primeiro Comando da Capital (PCC) torna-se pouco a pouco a principal organização do tráfico de drogas no estado de São Paulo e o principal agente regulador das negociações com a polícia. Sua atividade se banaliza no ambiente hiperneoliberal do "bazar"; a população solicita sua intermediação para organizar "debates" sobre critérios de justiça nos bairros (capítulo 10). O PCC alimenta uma cultura da periferia da qual o grupo de *rap* Racionais descreve as origens, celebra as exigências e a honra e deplora a indignidade, capaz de fazer "Jesus chorar" (capítulo 9). Esse duplo movimento aumenta a legitimidade da ilegalidade da atividade e inspira o modo de vida de uma parcela da juventude.

Associações: a cidadania em meio a ventos contrários...

A subordinação do político ao econômico no âmbito do Estado nacional pode ser relacionada a dois fenômenos: o primeiro está ligado à ideia de "responsabilidade social" das empresas; o segundo aponta para a direção oposta e nasceu nos grandes espaços municipais em que houve um aprofundamento da democracia por meio dos "orçamentos participativos". Ainda que não seja analisado aqui – já que foi tratado de maneira superficial pelo

PT durante seus quatro anos na prefeitura de São Paulo –, o tema é citado nesta introdução por sua capacidade de construir um novo tipo de relação social[11].

No contexto brasileiro, o reforço das mediações sociais no nível político local surge como um princípio de reconstrução do político em nível nacional. Constituiu-se em oposição direta a uma democracia representativa prisioneira do clientelismo e exprimiu-se por meio de novas formas de participação e controle exercido pela população na gestão dos territórios (prefeituras, em particular). Diferentes formas de trabalho participativo e cogestão municipais – dos quais o orçamento participativo, ponto nevrálgico do conflito – são mobilizadas para "inverter as prioridades" numa ação política e social de redução de desigualdades. Esse princípio de transformação das relações sociais, embora localizado, não é assistencialista ou comunitário, mas universalizante, porque reabilita os princípios de igualdade e de cidadania para os mais necessitados. Sua rápida difusão em todos os continentes mostrou claramente sua vocação universalista. Entretanto, dependendo da forma concreta que assume, pode se tratar de um processo de redução da cidadania (da escala nacional para a escala local) ou de um processo de aprofundamento desta última numa perspectiva de reconstrução do espaço político em âmbitos mais amplos que o municipal, com base num controle recíproco da democracia representativa e da participativa.

As razões de sua introdução no Brasil se contrapunham de início ao uso e ao sentido que lhe deram depois certas instâncias, como o Banco Mundial. De um lado, uma gestão parcialmente compensatória das desigualdades trazidas pelo desenvolvimento da globalização; de outro, a celebração da boa governança local ocultando a impotência da ação nos âmbitos nacional e mundial. Esse conflito de sentidos opostos – boa governança e reforma da política, de um lado, e reconstrução da igualdade e legitimação da política de outro – mostrou-se como um verdadeiro desafio à democracia.

Nos locais onde as experiências foram profundas (como em Porto Alegre[12], onde foram conduzidas durante dezesseis anos pelo PT), houve uma

---

[11] Yves Cabannes, "Les budges participatifs en Amérique latine", *Mouvements*, n. 47-8, set./dez. 2006; Yves Sintomer, Carsten Herzberg e Anja Röcke, *Les budgets participatifs en Europe* (Paris, La Découverte, 2008).

[12] Solidariedade e Estelle Granet, *Porto Alegre, les voix de la démocratie* (Paris, Syllepse et Charles Léopold Mayer, 2003); Marion Gret e Yves Sintomer, *Porto Alegre, l'es-*

20 • Saídas de emergência

efetiva expressão das categorias mais baixas da escala social, seja do ponto de vista econômico e identitário, seja pela posição particular no ciclo de vida. Foi preciso que as "histórias de vida" da população, histórias inseparavelmente privadas e sociais, passassem para o espaço público, para que se revitalizasse de modo sustentável a qualidade de suas deliberações e decisões. Esse momento fundador mostrou que o espaço público poderia se regenerar pela expressão pública de seus sujeitos mais necessitados – sujeitos "privados" em dois sentidos: pela dificuldade de sua expressão no espaço público e pela escassez de recursos materiais e sociais. Essa é uma metáfora da escassez que pode se tornar um princípio aplicável a todas as escalas da vida coletiva, administrações ou empresas. No Brasil, as razões do fracasso e das alterações desse processo devem-se à perda da convicção política inicial (para que aprofundar a democracia quando se chega ao poder?) e à questão fundamental sobre o poder político.

Esses processos estão relacionados a outras mudanças na atividade socioeconômica. As novas (ou antigas) formas sociais trazidas pela economia solidária (autogestão, terceiro setor), que são controladas de maneira indireta e firme pelo desenvolvimento do capitalismo liberal, repousam sobre redes de trabalho voluntário, ainda que esse voluntariado dependa das dificuldades do mercado de trabalho atual. Essas formas sociais não operam do mesmo modo que a "acumulação ampliada" nos marcos capitalistas, pois é apenas preciso que um setor se torne economicamente atrativo para se transformar em alvo de acumulação. No entanto, se o econômico estrutura as mediações propostas para a sociedade civil, ele nem sempre controla essas mediações ou suas articulações com o Estado. A sociedade civil se define, do local ao mundial, por uma contradição entre as concepções do capitalismo neoliberal – cujas vitórias parecem esmagadoras – e uma concepção universalista dos direitos humanos que remete, para além do princípio da liberdade, ao direito da igualdade – cuja derrota parece consumada. A discussão desenvolvida aqui tem como objeto essas duas aparências.

A economia solidária, conceito do século passado, exprime uma crítica social legítima de exploração capitalista; seu *ethos* dá peso ao trabalho real

---

poir d'une autre démocratie (Paris, La Découverte, 2002). [Ed. bras.: *Porto Alegre, a esperança de uma outra democracia*, São Paulo, Loyola, 2002.] A experiência do orçamento participativo qualificou Porto Alegre a sediar quatro edições do Fórum Social Mundial. Em 2001, o orçamento participativo em São Paulo não passou, infelizmente, de uma caricatura.

em seu enfrentamento com o trabalho prescrito. O terceiro setor, conceito moderno do neoliberalismo, apresenta-se de maneira oposta, como um tema dos empreendedores sociais. Quando desembocam em tensões e conflitos no espaço público, essas duas visões acabam levantando a questão dos direitos sociais. Referindo-se à visão moderna, a interpretação dominante critica com razão essas formas de dominação. Contudo, não podemos nos restringir a essa crítica e esquecer que os atores dominados têm o que dizer, seja o que lhes foi sugerido, seja o que eles próprios pensam.

Como pressentiu Foucault[13] em 1979, trata-se aqui da generalização do formato jurídico e social da empresa que propõe uma forma social de organização e, ao mesmo tempo, um modelo de existência, um tipo ideal de relação do indivíduo com ele mesmo. A realidade do neoliberalismo que se seguiu confirmou essa visão oriunda de uma reflexão histórica. Mas no terreno da realização dessa previsão, e apesar da eficácia que representa essa maior liberdade da relação consigo mesmo no trabalho, as contradições não são esvaziadas (capítulo 13). A tensão que rege esse domínio opõe aqueles que o inspiraram e controlam (a sociedade da "responsabilidade social" das empresas (capítulo 12), do controle financeiro e da governança associativa, os numerosos representantes desse movimento, a títulos diversos, privados e públicos) e aqueles que trabalham nele. Esse setor atrai, é claro, aqueles que encontram nele um emprego como qualquer outro, mas também aqueles que são levados por uma ideologia da assistência, "do cuidado", da solidariedade, algumas vezes combinada com uma preocupação e/ou formação política própria ou herdada. Além disso, é um lugar em que a atividade das mulheres é intensa e suscita um debate sobre a natureza de seu trabalho: prolongamento da atividade doméstica ou expressão da atividade dos mais desfavorecidos (capítulo 13). É um lugar em que a posição do trabalho é submetida a pressões específicas e variadas, tanto do ponto de vista das relações sociais entre responsáveis por financiamentos e atores, assalariados ou voluntários, quanto das relações entre esses atores e os "clientes" ou beneficiários (capítulo 14). Lugar ainda mal desbravado do conceito de trabalho e no centro de transformações sociais potenciais. É por essa razão que análises concretas acompanham aqui as hipóteses de interpretação mais amplas. Quando essas formas de ação social se articulam com orientações ou

---

[13] Michel Foucault, *Naissance de la biopolitique* (Paris, Gallimard/ Seuil, 2004), p. 247-8. [Ed. bras.: *Nascimento da biopolítica*, São Paulo, Martins Fontes, 2008.]

convicções ideológicas firmes – como é o caso da população de rua, último testemunho da Teologia da Libertação (capítulo 15) ou a experiência dos orçamentos participativos –, os ganhos sociopolíticos da transformação não são negligenciáveis.

Algumas vezes pré-formatada pela ideologia dominante da responsabilidade social das empresas, e outras violentamente crítica, a vida associativa, "afetada no ato" pelo neoliberalismo, inaugura com sua ação formas de crítica social inencontráveis em práticas isoladas de reivindicação: agir contra a violência doméstica não é a mesma coisa que reconhecê-la e, por trás da invenção da palavra "povo da rua", quantas violências simbólicas foram destruídas. A palavra e a ação daqueles que vivem a fratura social no próprio corpo e mente não podem permanecer em silêncio.

Viver junto e viver para si

No território da cidade, observa-se um contraste acentuado entre processos ilegais e vigorosos da privatização de luxo apoiados pelos poderes públicos e processos legais e modorrentos de eliminação de favelas ou construção de habitações populares. Basta ver em que cidade estamos: uma política de privatização da cidade foi anunciada (capítulo 16). Nas favelas ou habitações populares, a vida cotidiana se organiza com a criação – como aposta – de um espaço coletivo entre o mundo privado da família e o espaço público da cidade, que é mais um marco de dominação que um espaço deliberativo de expressão de relações sociais. A convivência no cotidiano seria capaz de dar outra vida à vida pública? No momento mesmo em que as Igrejas pentecostais progridem com grande vigor. Para alguns, a vida religiosa, individualista ou comunitária substitui explicitamente o desejo de criar um espaço coletivo de vizinhança e convivência que, entretanto, aparece como uma necessidade para os próprios interessados. Mas um orgulho dividido entre duas concepções conflitantes ocupa essa cena em que se exprimem condições sociais vizinhas, porém opostas: medo de mostrar uma condição inferior, fragilidades e incapacidades individuais ou desejo de não se rebaixar à condição e ao contato com a multidão proletária (capítulo 18). Essa forte recusa dos atos e dos símbolos do reencontro é cheia de significados em relação à democracia e abre espaço para os "debates" do "mundo do crime", recebidos ao mesmo tempo com alívio e preocupação. Da mesma forma, os moradores de uma favela ameaçados pela destruição de suas casas se deixam dividir por advogados desonestos e não conseguem se unir nem para impedir a ação, nem para pleitear indenizações (capítulo 17). Esses fatos estão ligados à ruína do trabalho, à patrimonialização da política, ao arbítrio dos corpos constituídos, a todas as insuficiências da expressão pública que parecem insignificantes e não preocupam muita gente, mas são sinal de uma profunda desmoralização.

Nos últimos trinta anos, a relação com o religioso sofreu uma inflexão no sentido de sua individualização. Seria preciso contar a história do movimento religioso que encontrou expressão na América Central no começo dos anos 1960, e depois em todo o continente, com a Teologia da Libertação[14]. Esta foi combatida pelos Estados Unidos, que fomentaram e apoiaram golpes militares em diversos países do continente para prevenir um possível encontro dessa teologia com a ideologia revolucionária cubana nas classes populares[15]. O bastão "espiritual" é assumido mais tarde, com algum atraso, pelo próprio papado.

O Brasil sempre favoreceu esse messianismo religioso, apesar de sua reputação de inconsistência nesse domínio. Mas sempre permaneceu o mesmo, ou seja, capaz de reiteradas invenções, promotor de crenças "sob medida", mais do que de crenças fechadas, de mudanças de religião ao longo da vida. A noção de "crentes-transeuntes" é uma velha história legitimada no pensamento popular: "Deus é único, mas jamais ditou sua religião". Ora, observa-se atualmente, não só no Brasil, mas também na América Latina e em alguns outros países e setores localizados na periferia do capitalismo[16], um desenvolvimento maciço das religiões pentecostais, cujo espírito poderia ser sintetizado como "religiões do indivíduo". Elas afirmam a crença na relação direta com o Espírito Santo, essencialmente concebido como uma "força fonte de poder", que autoriza uma relação mais direta do indi-

---

[14] Michael Löwy, *La guerre des dieux, religion et politique en Amérique latine* (Paris, Le Félin, 1998). [Ed. bras.: *A guerra dos deuses, religião e política na América Latina*, Petrópolis, Vozes, 2000.] A construção do reino de Deus, justiça e igualdade, deve se realizar primeiro na Terra, antes de se realizar no Céu.

[15] André Corten, *Le pentecôtisme au Brésil: émotion du pauvre et romantisme théologique* (Paris, Karthala, 1995).

[16] Estima-se que a população evangélica mundial, entre movimentos pentecostais e carismáticos, seja de 400 a 500 milhões de indivíduos, dos quais 70 milhões somente nos Estados Unidos, terra do evangelismo protestante. Ver Sébastien Fath, "Les ONG évangéliques américaines", *Sciences Humaines*, n. 155, dez. 2004, p. 20-5.

víduo com Deus[17], fora de qualquer referência social. O termo "individualismo comunitário"[18] é lembrado às vezes para marcar distância em relação a qualquer inserção política, econômica ou social, e para sublinhar a posição central do indivíduo como fonte de legitimidade.

A relação com Deus é postulada sem mediação, ao contrário do pensamento político-religioso da Teologia da Libertação, que se materializava na ação coletiva e nos movimentos sociais. A relação direta com Deus esvazia a mediação dos coletivos e combina perfeitamente com o individualismo glorificado pelo capitalismo contemporâneo. Mais que isso, com a teologia da prosperidade do neopentecostismo, ganha o aspecto de resposta às crises sociais: a crença não é apenas promessa de prosperidade, ela própria é prosperidade.

O pentecostismo apresenta-se como um recurso para os indivíduos descontentes com os movimentos sociais (os militantes da Teologia da Libertação podem encontrar uma saída nessa via) ou com a sociedade: desvencilhar-se de si mesmo na crença e deixar-se levar por uma força poderosa para acabar com um processo de decadência social, por vezes real, sempre simbólica, que passa pelas drogas, pelo álcool ou pela violência. Os relatos de conversão levam a pensar que o pentecostismo fornece uma resposta à altura dos indivíduos e de seu reequilíbrio individual: oferece uma solidariedade mais imediata e apropriada aos tempos atuais que a da Igreja Católica, que é de longo prazo (salvo a resposta que deu com a Renovação Carismática, mas que continua circunscrita à classe média). O pentecostismo e o neopentecostismo não abordam ou tocam nos problemas da sociedade. Isso os torna aptos a seguir em direções opostas: o momento atual é o da liberdade conformada das segmentações e das inovações, mas as Igrejas mais poderosas preferem as manifestações de massa. O controle de certos grandes meios de comunicação e da mídia e a prática do *lobby* político nos levam a não rejeitar a hipótese de uma evolução do neopentecostismo rumo à ação política. Sejam quais forem suas evoluções possíveis, a transformação da relação com a religião, que diz respeito a todas, mostra uma correspondência inquietante com a formatação capitalista individualista. Ao mesmo tempo, o individualismo religioso insere-se numa prática que o torna inde-

---

[17] Marion Aubrée, "La 'force du Saint-Esprit' au service de la mondialisation", *Revue Tiers Monde*, v. XLIV, n. 173, jan./mar. 2003.

[18] Sébastien Fath, "Les ONG évangéliques américaines", cit.

pendente de qualquer religião: é ele que garante o trânsito entre as religiões. A flexibilidade da relação com a religião é inegável, e a noção de trânsito é essencial (capítulo 19).

Espaço privado, tensão pela igualdade e relação com o espaço público

O conceito de indivíduo, irredutível porque indivisível entre nascimento e morte, ainda está preso na tensão entre "esse quê que diferencia uns dos outros" (injunção de individualização na produção capitalista) e "a eliminação de todas as propriedades do caso particular para elaborar uma definição daquilo que é comum a todos"[19] (injunção de consumo). Nos dois extremos dessa tensão, figuram a luta de cada um contra todos e a indistinção igualitária da massa. Quando nos colocamos na perspectiva de Elias para observar como o indivídual e o social "jogam peteca" além de seus antagonismos, incorporamos a escala da família[20] como elemento natural da cadeia que conduz do indivíduo para a sociedade, visando ligar a análise de suas relações internas àquela de sua inserção e ação social. Este último conjunto se refere, portanto, à análise socioantropológica das mudanças do espaço privado em suas ligações virtuosas, neutras ou conflitantes com as mudanças que ocorrem no espaço público.

A família é levada a ampliar suas funções sob a pressão das transformações no espaço público: funções de previdência social (que o Estado instaurou para gerar uma sociedade salarial de pleno emprego e da qual ele se retira

---

[19] Norbert Elias, *La société des individus* (Paris, Fayard, 1991), p. 208. [Ed. bras.: *A sociedade dos indivíduos*, Rio de Janeiro, Zahar, 1994.]

[20] Ibidem, p. 211. É impressionante que as problemáticas da relação entre indivíduo e sociedade curto-circuitem em geral a questão da família ou do universo privado, reduzindo o conceito de indivíduo à sua esfera pública, da liberdade (luta de um contra todos), ao invés da opressão (o indivíduo "de massa" supostamente só existe nas épocas de totalitarismo). Essa redução do conceito de indivíduo evita o momento de sua construção no universo privado, que é feito com mais frequência a dois, mas não necessariamente: a relação consigo mesmo exige dois interlocutores – o "eu" e o "ele" – presentes na mesma pessoa. Enfim, essa redução oculta a análise do processo inverso, o da fabricação de todos esses *individus par défaut*, segundo a expressão de Robert Castel, "que se destacaram dos coletivos protetores que lhes permitiam ser positivamente indivíduos ("L'individu 'problématique'", em François de Singly, *Être soi parmi les autres*, Paris, L'Harmattan, 2001, p. 21). A família é em geral o primeiro desses coletivos protetores; quando ela não existe, é preciso dar conta de sua ausência.

pouco a pouco) e funções dos coletivos e das mediações sociais que trataram do trabalho assalariado. No Brasil, onde a sociedade salarial se desenvolveu menos que nos países centrais, a família sempre teve um papel importante de inserção e de "proteção social"[21], assim como ocorre em outros países do Sul. Endossando esse processo de regressão social, é possível, embora incerto, que a família passe por uma ampliação de suas solidariedades. Em compensação, parece claro que a família conjugal está se tornando um elemento estratégico da reconfiguração do espaço privado e da relação entre este e o espaço público. Seus membros desenvolvem táticas próprias, segundo suas capacidades e com frequência de maneira coordenada, para enfrentar as novas formas de trabalho social, voluntariado, economia solidária e programas públicos concebidos para ela. Todos são estimulados a julgar as mediações construídas no espaço público.

Além disso, a família passa por processos internos que tendem a fazer dela um espaço de interação mais intenso. Uma das consequências do movimento feminista na escala mundial foi a introdução da "paixão da igualdade"[22] nos espaços público e privado. Essa paixão se inscreve nas representações relativas ao mundo social, às práticas de pesquisa do trabalho e às representações familiares: mudanças na relação com o emprego e o trabalho, redistribuição das funções, das atividades e das relações internas entre seus membros. Ela também dá os sinais de uma crise no patriarcado. É assim que podemos ler a maior visibilidade da violência doméstica e dos fenômenos das mulheres que optam por tornar-se chefes de família. O conceito de espaço privado parece adequado então para designar um lugar de relativa autonomia, capaz de levá-la à sua articulação com outros espaços, dentre os quais o público. Já o termo "família" remete a uma forma social mais institucional e engessada.

A emergência de um espaço privado não é produto da individualização capitalista; ele possui valores profundamente alheios a ele, pois a tensão pela igualdade orientou a tensão pela liberdade. É sobre essa nova base de

---

[21] O termo "família-previdência" é empregado para mostrar a importância de sua intervenção em relação à previdência estatal. Ver Claude Martin, "Le souci de l'autre dans une société d'individus", em Serge Paugam (org.), *Repenser la solidarité, l'apport des sciences sociales* (Paris, PUF, 2007), p. 219-38.

[22] Ou a paixão da "reciprocidade", que implica mais uma relação de troca que numa divisão igualitária do trabalho, em particular o doméstico. Ver François de Singly, *Fortune et infortune de la femme mariée* (Paris, PUF, 2004), p. 227.

igualdade ou justiça que o espaço privado pode criar articulações produtivas com as mediações sociais oriundas da sociedade civil. E ao mesmo tempo continuar a sofrer pressão das determinações da sociedade global.

A determinação pelo consumo é a mais insistente. Os direitos sociais compensatórios da subordinação que são negados no trabalho de produção[23] são transformados em semidireitos de pós-produção. Os direitos do produtor são transformados em direitos do consumidor; essa ao menos é a proposta, ou a ilusão[24]. Essa dinâmica pode absorver o espaço privado: a interação privado-público pode ser reduzida a essa relação e à defesa do nível de vida. Aparentemente, é a guinada realizada pelos arranjos familiares das classes médias que consegue preservar mais ou menos a posição delas no mercado de trabalho. Não é necessariamente o caminho trilhado pelas classes populares submetidas às mais vigorosas tensões familiares (acesso ao trabalho e sobrevivência), societais (presença imediata das soluções de ilegalidade) e políticas (*déficit* de representação).

Diante dos recuos societais relativos à proteção do trabalho reconhecido como subordinado, do aparecimento dos mercados de proteção e "mercadoria política", em que o trabalho não é nem mesmo reconhecido como tal, da grande confusão do terceiro setor, em que o trabalho não é nem conceitualizado nem socialmente regulado e seu reconhecimento depende da ação social e política permanente de seus trabalhadores e da impotência coletiva que se afirma nos espaços concretos da vida cotidiana – salvo a experiência coletiva religiosa pilotada de cima – , poderíamos perguntar o que ainda permite às pessoas se ancorar numa forma qualquer de economia moral que resista ao *tsunami* neoliberal. No entanto, notamos que, no domínio do trabalho informal e associativo, o lugar das mulheres cresceu e sua ação poderia se enriquecer com referências de igualdade e justiça mais fortes que as dos homens. Estes parecem estar mais preocupados em negociar conjunturalmente do que em fundar a negociação na lembrança dos grandes princípios, por medo de parecerem idealistas fora dos marcos concretos. É mais difícil acusar as mulheres de um idealismo desse tipo, já que elas estão há mais tempo na desigualdade e na opressão. O estudo da relação entre as

---

[23] Alain Supiot, *Critique du droit du travail* (Paris, PUF, 2002), prefácio da edição para a coleção Quadrige.

[24] A crise dos *subprimes* mostra que a redução dos salários foi substituída pelo direito ao crédito, fonte de renda suplementar para a bulimia do capital.

28 • Saídas de emergência

mudanças de posição das mulheres nos espaços privado e público é de grande interesse, portanto.

Além das famílias que vivem divididas entre o mundo legal e o ilegal e são obrigadas a garantir uma transação contínua entre esses dois mundos (capítulo 20), as mulheres solteiras e chefes de família criam um modelo de economia moral diferente daquele da família tradicional, em que a mulher só tem valor como esposa e mãe (capítulo 21). O artigo final (capítulo 22) tenta mostrar a diferença entre as relações sociais familiares que são simples reflexo das relações sociais dominantes e as relações sociais inovadoras no espaço privado que ligam um modelo igualitário de economia moral a formas de intervenção na vida social que não são uma simples reprodução desta última. Se as relações sociais de sexo são consubstanciais com as relações de classe[25], como dar conta do progresso no campo das relações sociais de sexo nos espaços privado e público e da regressão das relações sociais de classe no espaço público? Esse capítulo procura mostrar como uma nova forma de economia moral que se desenvolve no espaço privado contribui para diversas formas de economia moral num espaço público, que, no entanto, está submetido às fortes tensões de um neoliberalismo que fragiliza o trabalho assalariado e cria um trabalho fora de controle.

---

[25] Roland Pfefferkorn, *Inégalités et rapports sociaux; rapports de classe, rapports de sexe* (Paris, La Dispute, 2007).

PARTE 1
TRABALHO

1
PROLETÁRIOS EM MEIO À TORMENTA NEOLIBERAL[*]

Robert Cabanes

Depois de Collor e do governo de Itamar Franco, a eleição e a reeleição de Fernando Henrique Cardoso (1994-2002) efetivaram uma guinada neoliberal que se traduziu em cortes de gastos e generalização da subcontratação de trabalhadores, desregulamentação do mercado de trabalho e desemprego e privatização das grandes empresas públicas.

Trata-se, então, de pensar o impacto dessa irrupção neoliberal sobre as trajetórias sociais dessa parcela de trabalhadores, na franja inferior do mercado de trabalho. Vinte famílias foram visitadas entre 2003 e 2005, bem como em momento posterior. Tinham como característica comum o fato de ter solicitado – e por vezes obtido – o apoio de programas municipais de emprego. Moram em dois bairros periféricos que estão em pleno crescimento demográfico e acolhem os últimos migrantes do país ou pessoas do centro da cidade que vêm tentar a casa própria.

Para descrever o encontro entre uma conjuntura econômica e a experiência social de cada um, é preciso analisar a interação entre a natureza do trabalho, a estabilidade da inserção urbana e a morfologia da estrutura familiar, mas também enfatizar a interpretação de cada um sobre sua posição social, observando as práticas em operação para mudá-la ou mudar a sociedade. Pretendemos enfocar as "questões sociais", estabelecendo a ligação entre as preocupações dos agentes sobre si, que se constituem a partir das formas de trabalho e das relações de trabalho, e as preocupações com a sociedade quanto às diversas possibilidades, a partir de uma situação vivida. A denominação dessas questões – religiosa, anarcossocial, social-festiva ou protorreivindicativa – será esclarecida ao longo do texto.

---

[*] Tradução de Cibele Saliba Rizek. (N.E.)

32 • Saídas de emergência

A saída religiosa

Aos sessenta anos, migrantes dos anos 1960: a costureira e o pedreiro

Antônio, nascido em 1945, e Anita, em 1942, são o casal mais velho dos entrevistados. Antônio e sua família conheceram a vida itinerante dos pais, trabalhadores agrícolas no Nordeste. Estudou de forma intermitente até os doze anos, quando deixou a família para continuar na mesma vida, trabalhando nos engenhos da zona da mata de Pernambuco e mudando ao sabor dos humores da idade e das ofertas de emprego. Com dezessete anos (1962), começou uma vida urbana em Recife (como servente de pedreiro, por três anos) e depois em João Pessoa (como ajudante de um comerciante do mercado, tornando-se depois comerciante durante seis anos). Em 1971, decidiu tentar a sorte em São Paulo, como muitos outros. Por sete anos, trabalhou com carteira assinada, em diversos canteiros de obras e várias empresas, acompanhado de um colega, tanto em São Paulo como em Santos, Santo André e Mauá[1]. Esses períodos foram intercalados por curtos períodos de trabalho autônomo. A cada saída por conflito com o encarregado do canteiro, bastava-lhe encontrar um colega para procurar outra obra. Algumas dessas experiências foram difíceis e ele aprendeu a diferenciar e julgar comportamentos por interesse e comportamentos puramente maldosos; seus relatos foram bem fundamentados; seus julgamentos peremptórios contrastavam com seu aspecto afável e reservado; não é dos que entram em confronto, mas dos que apenas mudam de lugar (umas trinta empresas em sete anos, a maior parte como subcontratado). Nessa errância, perdeu contato com os irmãos, que ficaram ou voltaram para o Nordeste, e com os colegas.

Em Mauá, onde trabalhava na construção de uma igreja evangélica, encontrou a religião: momento de reconforto num processo de isolamento. Isso o levou a sair de uma obra em Guaianases e buscar inserção religiosa na mesma igreja. Ali conheceu sua esposa, assídua frequentadora do lugar. Casou-se no mesmo ano (1978), com 33 anos. A esposa tinha 36 anos e eles tiveram quatro filhos entre 1980 e 1986. Retomou o mesmo tipo de trabalho por meio da rede da igreja, mas decepcionou-se quando viu que os "irmãos", apesar das palavras e das supostas boas intenções, exploravam os

---

[1] No período de pleno emprego do regime militar (1964-1984), o controle de identidade era feito pela carteira de trabalho: todo trabalhador era liberado e todo não trabalhador era suspeito, "vagabundo", portanto um opositor em potencial.

trabalhadores como todos os outros. A alternância entre trabalho assalariado (registrado ou não) e autônomo continuou. A partir de 1994, com 49 anos, encontrou apenas trabalho precário e sem registro. Houve clara regressão do estatuto de seu emprego, tanto em regularidade quanto em salário, limitado a um salário mínimo. Não se queixava pessoalmente desse destino, pois era impotente diante de uma história coletiva, mas procurou meios de resistência na leitura da Bíblia. Além de seu trabalho e do de sua esposa, o modo de vida bastante econômico permitiu que sustentassem os filhos até o fim do secundário.

Paradoxalmente, a entrada num programa público de auxílio ao emprego, em 1999, possibilitou a estabilização: ao fim do programa, foi contratado por uma associação de professores como segurança, para vigiar carros e zelar pelos alunos. A esse posto de trabalho, associou um comércio de produtos de limpeza (comprados no atacado e vendidos, devidamente diluídos, no varejo), utensílios, vasos de cimento que ele próprio fabricava e roupas feitas pela esposa. Desde seu casamento, a religião o ocupou intensamente. Por meio da igreja, na qual ele e a esposa tinham um papel bastante ativo, acabou descobrindo o prazer de uma vida social normal e até intensa.

Anita, caçula de uma família de quatro filhos, conheceu várias fazendas do Paraná com os pais, trabalhadores itinerantes, até eles se instalarem numa pequena cidade onde os trabalhadores sazonais se concentravam. A escola foi frequentemente abandonada por causa desses deslocamentos, mas ela aprendeu a ler: a leitura da Bíblia foi sua principal fonte de reflexão na vida de trabalho instável e pobre que os pais levavam. Com 16 anos (1958), foi para São Paulo com uma irmã para trabalhar como empregada doméstica. Aos 22 anos (1964), seus pais compraram um terreno na periferia distante de Guaianases, perto de onde ela e a irmã haviam alugado uma casa. A família construiu uma casa; a água era de poço e a luz, de lamparina. Anita começou a trabalhar como costureira no Brás, onde se qualificou rapidamente (aprendera a costurar com a mãe). Seguiu a carreira por dez anos e tornou-se costureira em domicílio em 1974, trabalhando tanto por encomenda quanto por iniciativa própria: o marido fazia as vezes de vendedor ambulante. Acrescentou a essa atividade a venda de produtos de beleza e, posteriormente, abriu com o marido um pequeno comércio de produtos de limpeza perto da casa dos pais (1999), que ela herdou após a morte deles. Seus irmãos e irmãs casaram-se e tornaram-se independentes antes dela. Herdeira da tradição religiosa da família, envolveu-se nos problemas de cisão

34 • Saídas de emergência

resultantes do debate teológico e fazia proselitismo; o discurso religioso aflorava constantemente em sua conversação. A partir daí, sua vida passa a acontecer num raio de 50 metros de casa, entre as casas do irmão e da irmã, seu comércio e a igreja do outro lado da rua.

Três de seus filhos terminaram os estudos secundários. A filha mais velha foi para Brasília com o marido para fundar uma filial de sua igreja; mudaram de planos e ele se tornou pedreiro. A segunda filha vivia com o marido, que era gerente de uma casa de jogos em São José dos Campos. A terceira fez um curso comercial após o secundário e era costureira no Brás. O caçula, com dezoito anos, terminou o secundário e aprendeu com Marcos, um primo mais velho, o ofício de serralheiro, profissão estratégica do ponto de vista do emprego[2].

Marcos é filho de uma irmã mais velha de Anita, que se casou e se instalou perto da casa dos pais no início dos anos 1970. Seu pai era soldador qualificado e não tinha problemas para conseguir emprego, mas o temperamento forte comprometeu o equilíbrio familiar e fez os filhos saírem cedo de casa ou entrar para o mundo do roubo e da droga. Foi o caso de Marcos, hoje com 32 anos, que na adolescência encontrou abrigo na casa do irmão solteiro de sua mãe e depois de dez anos de uma vida de risco no "mundo do crime" – do qual saiu ileso por milagre – entrou para a igreja de seus tios, que ficaram muito gratos por isso. Retomando o ofício de serralheiro que tinha aprendido com o pai, trabalhava para várias pequenas empresas e particulares; tomou o primo como aprendiz e recomeçou a vida. Mora com seu velho tio e cuida dele, que, doente e frágil, não pode mais viver do ofício de sapateiro e do conserto de guarda-chuvas. Solteiro, espera encontrar companhia que compartilhe de suas convicções religiosas.

A mudança de grande parte da família de Anita para Guaianases, em 1964, estabilizou o núcleo familiar, tornando-o apto a auxiliar outros parentes. Como Anita se tornou autônoma a partir de 1974, antes da crise de emprego dos anos 1990, e Antônio era meio assalariado e meio autônomo, eles não foram pegos pela crise. Sua fonte de trabalho se encontrava tanto no bairro, que estava em pleno crescimento, quanto nos arredores. Embora ambos estivessem na fila dos programas públicos de emprego no fim dos anos 1990, a crise não perturbou a escolaridade dos filhos. Três deles – e,

---

[2] Depois que se aprendem os tipos de solda, em geral numa fábrica, pode-se exercer o ofício como autônomo.

sem dúvida, o quarto – passam por uma mobilidade social ascendente incontestável.

O casal não emitia nenhum julgamento próprio no plano político ou econômico: as práticas e a cultura da sobrevivência sempre fizeram parte de seu *habitus* e eles não esperavam nada das mudanças políticas que surgiam no horizonte. O desafogo que tiveram por intermédio dos filhos (Anita foi de avião para Brasília para acompanhar o nascimento do neto) era recente demais para que fosse valorizado como uma vitória. O que predominava nas entrevistas era um julgamento moral pessimista sobre a degradação progressiva da qualidade dos homens. Esse julgamento podia adquirir uma conotação dramática, não desprovida de certa satisfação intelectual, quando se vinculava a uma perspectiva escatológica (muito presente em seu horizonte). A acumulação dos erros humanos levaria ao fim do mundo. Então haveria justiça – o fim das desigualdades – e alegria por não ter nada a perder, nessa única e definitiva esperança de revanche dos humildes e dos humilhados. Essa era a lição que eles tinham aprendido na vida; mas, em sentido sociológico, também podemos ver aí uma maneira de eles se elevarem acima dos que não têm voz, mostrando uma independência de espírito e de julgamento, uma capacidade de pensar que não tiveram no cotidiano; em resumo, uma maneira de exprimir sua cidadania e sua igualdade. Em seu mundo religioso, a preocupação com a doutrina justa está de acordo com as cisões religiosas; eles passaram por três, cada uma com uma denominação nova. Sua participação foi ativa, militante, preocupada com a "verdade" e pouco com a visibilidade social.

2009. As circunstâncias da vida profissional e social acarretaram um reagrupamento familiar provisório. A filha mais velha voltou para casa com o marido e retomou a costura com a mãe; seu projeto era se tornar estilista. O marido retomou a atividade de pastor, mas não na igreja dos sogros. A segunda filha vivia com os pais; o divórcio permitiu que alugasse uma loja no Brás, onde vendia roupas. A terceira filha, também costureira, estava prestes a se associar a essa irmã e a trabalhar com a mãe. O caçula virou motorista no Mercado Municipal. A especialização em costura das quatro mulheres foi consolidada por um incidente positivo para todos. A oficina (três máquinas de costura) foi roubada durante as festas de fim de ano. Marcos comprou rapidamente duas máquinas para evitar o desespero e iniciou uma pequena investigação. Como era conhecido no bairro, as máquinas roubadas foram devolvidas duas semanas depois. Sem muita convicção,

36 • Saídas de emergência

Anita via apenas a mão de Deus nesse incidente: com cinco máquinas, as filhas podiam se especializar e vender na loja da segunda filha. Ela até cogitava contratar algumas vizinhas.

Antônio deixou a função de segurança, porque não estava recebendo regularmente. Aproveitou o assalto para instalar a loja de artigos de limpeza e de costura numa rua mais movimentada. Abria até aos sábados, apesar da proibição da igreja. A concentração da família facilitou o dia a dia, e a vida religiosa parece menos intensa, já que não é seguida por algumas das filhas.

Aos quarenta anos, a travessia da tempestade

O casal Edivaldo, negro, e Marilza, branca, entrou no mercado de trabalho nos anos 1980 e passou por um curto período de estabilidade, em empregos pouco qualificados, antes da crise dos anos 1990. Ambos tinham família em São Paulo. Conheceram-se como vizinhos.

Edivaldo nasceu em 1965, em São Paulo, numa família de origem baiana. Abandonou a escola com dezesseis anos, no fim do curso primário, para trabalhar na feira; ali conheceu um casal de coreanos e tornou-se seu faz-tudo: trabalho doméstico, vendas na loja, acabamento de roupas na oficina. Durante três anos, trabalhou de segunda a sábado na casa do casal, e com frequência nos fins de semana, sem registro. Em 1984, despediu-se para trabalhar numa gráfica, com registro em carteira. No ano seguinte, iniciou uma carreira de vendedor que durou onze anos, sempre registrado, em diversas lojas da rua 25 de Março. Encontrou seu caminho e fez sucesso com todos os tipos de produtos. Foi demitido em 1996, depois que dois parentes, recomendados por ele, foram pegos roubando. A trajetória de vendedor exemplar, que mudava facilmente de estabelecimento no microcosmo das ruas de comércio do centro da cidade, foi interrompida por esse incidente. Longa travessia do deserto: só encontrou trabalho regular em 2004. O problema da moradia tinha sido resolvido no ano em que se casou (1990), num processo de ocupação espontânea[3] que lhe permitiu construir uma casa aos poucos e depois alugar parte dela. Quando tentou voltar para o setor, percebeu que a informática estava por toda parte e devia procurar uma formação na área. Tornou-se vendedor ambulante: primeiro de roupas e depois de alimentos, que vinham diretamente do local de produção. Mas

---

[3] Essas ocupações eram frequentes na época em que Luiza Erundina era a prefeita da cidade.

esse era outro tipo de venda: "o problema não é vender, mas receber é outra coisa". O pequeno aluguel pago por dois inquilinos, a solidariedade parcimoniosa dos familiares e da igrejinha sob sua responsabilidade, os serviços temporários e, por último, os programas municipais de auxílio ao emprego permitiam uma sobrevivência difícil e sofrida. Aliás, com tempo disponível e renda garantida pelo programa, que começou em 2002, Edivaldo retomou os estudos secundários. Marilza fez o mesmo. Quando o programa terminou, ambos se viraram para continuar sobrevivendo. A chance de um contrato de duração indeterminada como segurança numa empresa de produtos domésticos, em 2004, parecia ter dado um fim à trajetória infeliz. O desejo de fazer um curso de informática tornou-se o novo horizonte do casal.

Marilza nasceu em 1970, no Paraná, de pai nordestino e mãe paranaense. Seguiu os pais em seus inúmeros deslocamentos como trabalhadores agrícolas no Paraná e em São Paulo, onde o pai se tornou soldador-ferramenteiro. Tinha doze anos quando se instalaram no bairro com o dinheiro do Fundo de Garantia do pai. Deixou a escola com quinze anos, no fim do primário, para entrar no mercado de trabalho como operária não qualificada numa confecção do Brás[4]; trabalhou como conferidora e passadeira, com registro em carteira, até 1990, quando se casou. O primeiro filho nasceu em 1992. Nessa época, o marido estava em ascensão, até que foi demitido em 1996; o segundo filho nasceu no ano seguinte. Durante esse período, ele a proibiu de trabalhar fora de casa. Desde então, ele foi menos radical. Mas ela não encontrou emprego com registro em carteira, nem nas confecções nem em outro setor. Começou então a trabalhar em domicílio (essencialmente com bordado, pois como não era qualificada em confecção não tinha máquina de costura), em empregos de fim de ano (nas mesmas funções não qualificadas) ou em empregos sazonais (nas pequenas oficinas de "fundo de quintal" que as costureiras mais qualificadas abriam), a vender produtos de beleza e de limpeza, a fazer trabalho doméstico por dia ou tarefa, ou os trabalhos temporários na subprefeitura da região. Em resumo, adquiriu uma flexibilidade mais adaptada a sua situação que a atividade do marido, presa à profissão de vendedor. Falou longamente de suas "acrobacias financeiras":

---

[4] Os processos de qualificação nas confecções do Brás são bastante claros: se a operária demonstra de imediato habilidade, boa vontade e constância, passa por vários postos de trabalho e máquinas e obtém uma qualificação definitiva; se isso não acontece, a não qualificação é definitiva. Isso parece se decidir logo no primeiro emprego.

38 • Saídas de emergência

organizava e controlava a sobrevivência da família com astúcia, recuperava as empreitadas comerciais fracassadas do marido e obrigava-o a dividir com ela as tarefas domésticas.

A participação de ambos na igreja evangélica data da época em que se conheceram, pouco antes de 1990 e do agravamento dos problemas. Ela tinha fugido de uma patroa "duvidosa", que tentara iniciá-la na magia negra para reanimar seu comércio. Ele tinha sido expulso de uma sessão de umbanda por um tio pai de santo, que achava que sua presença impedia a vinda dos espíritos. Lisonjeado, seguiu o caminho de sua mãe. Seu percurso religioso, mais intenso que o dela, começou como uma história de convicção pessoal clássica. Diante das dificuldades materiais que afetavam o coletivo, o pequeno grupo do qual participava (no máximo quinze famílias, que pagavam o dízimo quando podiam e faziam parte da Assembleia de Deus) tornou-se um grupo de ajuda material e moral, um pouco fechado, mas sólido, nesses anos difíceis. Edivaldo não tinha grande abertura para os problemas do mundo, não fossem as críticas à insuficiência da política e a necessidade de retorno à Bíblia. Entretanto, com o programa Operação Trabalho[5], deu-se conta da extensão da miséria social e iniciou um percurso que ia além da ajuda local: visitava pessoas cuja história o tocava e acreditava que podia ajudá-las. Sem engajamento duradouro, tornou-se "presbítero"[6] (responsável leigo pela comunidade). Em todas as suas atividades e com toda a sua modéstia, foi sempre um homem de palavra. Enquanto isso, sua esposa fazia malabarismos com os bancos e com a vida cotidiana.

2009. Quatro anos depois, a inserção de ambos no mercado de trabalho apresentava as mesmas dificuldades. Com a ajuda do cunhado, Marilza tinha sido contratada como cobradora de ônibus (estava fazendo um estágio, em que se saía bastante bem); pela primeira vez em sua vida, teria um emprego estável e parecia confusa de tanta satisfação. Depois de trabalhar dois anos na empresa de produtos domésticos, Edivaldo conseguiu por intermédio de um irmão um emprego de "agente de apoio" na Guarda Civil Metropolitana; ele inspecionava e confiscava produtos de camelôs que trabalhavam sem autorização. O salário era bem melhor. Teve oportunidade

---

[5] Ver neste livro o texto de Ludmila Abílio.

[6] O "presbítero" é o terceiro nível hierárquico dessa Igreja; está acima do "obreiro", cuja função é visitar as famílias, e do "diácono", que ajuda o "presbítero" num local de culto específico.

Proletários em meio à tormenta neoliberal • 39

de observar o sistema de corrupção a que os camelôs estavam sujeitos. "Felizmente" precisou ser operado de uma hérnia e passou a trabalhar na cozinha; foi demitido no fim de 2008. Novas eleições reelegeram o mesmo prefeito. Nesse período, criou vínculos com um camelô aposentado, casado e sem filhos, a quem devolvia a mercadoria confiscada. Tornaram-se amigos e o camelô, para se aproximar de Edivaldo, comprou um apartamento em Guaianases com o dinheiro da venda de uma casa que possuía fora de São Paulo; ficou mais perto do ponto em que trabalhava. Edivaldo viu nisso a volta de uma "política de amizade"[7] desinteressada, que sempre havia praticado por convicção religiosa. Por essa mesma mediação, conseguiu emprego numa fábrica de chocolate, onde permaneceu apenas dois meses; era muito distante de sua moradia. Quando nos encontramos, ele tinha entrevista marcada, sempre por intermédio de sua rede religiosa, para trabalhar como agente de vendas numa cidadezinha próxima.

Subiu na hierarquia religiosa e tornou-se "apóstolo": era encarregado de apoiar as comunidades mais recentes, mas não tinha intenção de se tornar pastor; como seria assalariado da igreja, teria de aceitar postos distantes de sua residência. Observava um crescimento contínuo de conversões, que atribuía a dois fatores: a conversão (mediatizada) de grandes artistas, cantores e músicos; e a reflexão de pessoas que, nos anos difíceis, tiveram de praticar a "política da amizade", da qual desejava ser um discreto porta-voz.

O caminho religioso é certamente um dos caminhos sociais mais frequentes. As formas que se apresentam na família de Anita e Antônio são interessantes por sua diversidade. A forma de adesão do casal está ligada à perspectiva oferecida aos oprimidos: para ela, numa infância e adolescência perturbadas pela vida errante dos pais, em que a Bíblia era o único livro a que tinha acesso; para ele, no fim de um longo processo de exploração no trabalho e isolamento. A adesão foi tão discreta e contida aos olhos do mundo quanto a convicção foi vital. Essa convicção substituiu o desejo de expressar uma cidadania incapaz de se manifestar no vocabulário político.

A conversão de Marcos está ligada a um mecanismo usual de saída do "mundo do crime". A saída pela via religiosa é a única possível, porque o argumento da convicção pessoal é o único que o mundo do crime pode acatar – se não houver dívidas importantes no momento da saída.

---

[7] Com esse termo e suas variantes, Edivaldo aponta um elemento que ele não havia explicitado até então.

40 • Saídas de emergência

De início, o caminho de Edivaldo e Marilza parecia marcado mais pela contingência que pela necessidade. Também era discreto e não nasceu do apelo publicitário das grandes igrejas, como se mostrasse que a legitimidade da convicção não precisa de reconhecimento social ou de publicidade teológica. Com o tempo, essa convicção íntima encontrou uma rede de apoio, que alguns podiam utilizar de maneira instrumental, mas que, para Edivaldo, envolvia essa política de amizade que fundamenta sua esperança em dias melhores. Com base em convicções íntimas que podem se traduzir pela facilidade com que se passa de uma religião para outra, constituiu-se certo "direito de pensar" religioso que pode se estender à esfera política, no momento mesmo em que toda escolha política é vista como insatisfatória.

A saída anarcossindical

Aos quarenta anos, os primeiros habitantes de Cidade Tiradentes nos anos 1980

José e Vera tinham 45 anos em 2005. Vera nasceu em 1960 e seguiu a trajetória de moradia da família, conforme o trabalho do pai (Guarulhos, Vila das Mercês, Sapopemba). Vieram do Nordeste e passaram pelo Paraná como trabalhadores agrícolas. Estabilizaram-se em Sapopemba, quando o pai encontrou trabalho numa fábrica de autopeças, logo depois de se aposentar. Construíram sua casa lá. Vera deixou a escola com onze anos e virou empregada doméstica; com catorze anos, começou a trabalhar na montagem de molas para carros na mesma empresa do pai e, depois, numa confecção até 1978, quando se casou. O jovem casal alugou uma casa em São Mateus; ela vendia legumes e verduras e, em seguida, começou a fabricar pipas com a ajuda de seu irmão. Nem o nascimento de seus três filhos (entre 1980 e 1985) nem a mudança para Cidade Tiradentes (em 1985), quando conseguiu um apartamento da Cohab, interromperam suas atividades.

José tornou-se desde muito cedo ajudante do pai, que tinha vindo do Ceará e era pedreiro. O "esquema" criado pelo pai era comprar um terreno a crédito e construir uma casa; quando os recursos acabavam, ele vendia a casa e comprava outro terreno, onde construía outra casa. José não soube dizer quantas vezes o pai repetiu o esquema até conseguir terminar sua casa própria; só sabia que foi em 1978, um pouco antes de seu casamento, que o pai, então com 51 anos, instalou-se em sua primeira casa, grande e confortável, onde vive até hoje.

José terminou o primário com quinze anos. Alternava a ocupação com o pai e o trabalho assalariado. Em 1986, sete anos depois de seu casamento

Proletários em meio à tormenta neoliberal • 41

e com 26 anos, abandonou o trabalho assalariado na indústria, de que não gostava[8]. Esperou pela oportunidade criada pela fabricação de pipas. Seu terceiro filho tinha nascido e eles estavam no apartamento de Cidade Tiradentes. Era um período em que havia necessidade de pedreiros na região. Trabalhou por conta própria e afirmava com ironia: "para a sociedade *estou desempregado há dezoito anos*"[9].

A fabricação de pipas era intensa no período de dezembro a julho; nos períodos de míngua, ele trabalhava como pedreiro, sozinho ou com o pai. Essa alternância durou vinte anos; as duas filhas e o filho o ajudaram até terminarem o secundário e saírem de casa. Uma das filhas casou-se e virou cabeleireira; a outra era auxiliar de escritório e permanecia solteira. Eles quitaram o apartamento e compraram um carro usado para entregar as pipas. Na época da entrevista, o filho, que era controlador de caixa num supermercado, tinha voltado para a casa depois de um primeiro casamento fracassado.

Entretanto, em 2000, José queria se inscrever num programa municipal, mais por curiosidade que por necessidade, e porque achava que a mulher era mais eficiente que ele na venda das pipas. Nessa época, ele fazia parte de uma associação dinâmica, que vendia cestas básicas[10], mantinha uma cooperativa de costura e montagem de bijuterias para outras empresas e ainda fabricava e vendia pão numa padaria comunitária. José tinha espírito crítico[11] e interessava-se por ideias de organização coletiva e autogestão.

Várias razões o levaram a propor a criação de uma cooperativa de reciclagem de lixo. Ele era o síndico do prédio onde morava e estava habituado a lidar com coletivos; tinha experiência de gestão de uma empresa familiar e participava de uma associação de atividades variadas. Montou com um

---

[8] Ele não gostava de se prender às ordens nem de um patrão nem da mobilização sindical. Também não suportava a ideia de ganhar dois salários mínimos até "o fim dos seus dias".

[9] Entrevista realizada em 2004.

[10] Qualquer um podia se associar a outras pessoas necessitadas e fundar uma associação para solicitar "cestas básicas" à prefeitura ou ao governo do Estado. Muitas dessas associações – e esse caso em particular – solicitam uma contribuição para pagar as cestas que elas recebem gratuitamente.

[11] Ele contou que o responsável pela padaria desviava dinheiro e criticava a responsável pela associação, que cobrava dos idosos as orientações e as providências que tomava para obter sua aposentadoria.

42 • Saídas de emergência

irmão um negócio de coleta de resíduos em outro bairro da cidade e queria oferecer trabalho aos jovens de seu bairro. Esse era um ponto importante: muitos amigos de seus filhos foram mortos no tráfico de drogas. Apesar do apoio da monitoria da prefeitura, suas ideias não se concretizaram. O fracasso deveu-se a vários fatores: a passividade das pessoas que participam desses programas, a concepção excessivamente burocrática dos programas e o estigma que pesa sobre a atividade.

Na crise dos anos 1990, a família estava estabilizada numa atividade que não chegou a ser afetada – a construção civil. A fabricação de pipas era uma atividade sazonal. A estabilidade do casal ajudou, e a crise passou despercebida. A boa trajetória escolar dos filhos facilitou a inserção rápida no mercado de trabalho. Nenhum deles trabalhava em Cidade Tiradentes, mas nas imediações.

Não há nenhum vestígio de religião na formação dessas duas pessoas. Foi a experiência precoce na indústria – que pôde ser criticada porque existiam outras alternativas – que conduziu ao desejo de trabalho autônomo, menos submetido ao arbítrio externo. Foram em seguida o conhecimento do bairro em que os dois trabalhavam, a função de síndico e o trabalho na associação que levaram José a tomar gosto pelo engajamento. Ele tinha consciência de que o problema das associações era o desvio de benefícios materiais e morais em proveito dos dirigentes. A experiência da vida coletiva como síndico o levou a descobrir uma espécie de individualismo selvagem que precisa ser constantemente confrontado com os interesses coletivos. Resolver esses dois problemas interligados – criar trabalho e pacificar a vida coletiva – foi seu objetivo enquanto viu os filhos crescerem. Apesar de suas insuficiências, associações, cooperativas e outras formas de atividade coletiva eram uma alternativa ao individualismo selvagem ou ao mundo do crime cujos estragos ele pôde constatar ou cujos mortos pôde contar ali mesmo no prédio onde morava.

A trajetória que pode ser chamada de anarcossindical e é representada aqui por José – sempre disposto a se safar de qualquer engajamento macrossocial (sinônimo de complicação) e, ao mesmo tempo, a se dedicar aos empreendimentos microssociais numa perspectiva pedagógica e não política – foi construída com base numa referência social e metassocial: o risco de uma morte absurda, que ameaça os mais jovens, sobretudo os homens, na passagem da adolescência para a idade adulta. Mas não se espera nada de uma política macrossocial.

2009, epílogo. A associação de que José participava criticamente acabou. Ele bem que quis assumi-la, mas a dirigente não quis ceder "seu" lugar. O comércio de pipas ia bem; ele tirou sua carta de motorista e os três filhos tinham uma carreira estável: um era chefe dos caixas no Wal-Mart; outra montou um salão de cabeleireiro com a ajuda da família do marido; e a última entrou para os Correios, onde rapidamente virou supervisora.

José não tinha mais energia suficiente para continuar na função de síndico, apesar das críticas que fazia à nova responsável, que contratou uma empresa especializada e aumentou o condomínio. Pretendia morar em Poá, onde já tinha uma casa de 125 m², mas estava preso pela filha solteira, que vivia com eles e não queria se mudar para tão longe do trabalho. Estava iniciando uma atividade nova, participando semanalmente da missa do padre Marcelo (Renovação Carismática). Relatou sua relação com a religião como um reconforto pessoal e uma ocasião de rezar pelos que não rezam, como amigos e parentes. Comprazia-se em encontrar nessa atividade solução para trajetos terapêuticos ou sociais inquietantes, apresentando-a – sem dizer – como substituto da ação social que não praticava mais.

A saída social-festiva

O termo exige explicação. Aproveitar as oportunidades oferecidas pelo mundo social sem questioná-lo não impede de julgá-lo ou dizer o que deveria ser ou não, o que é justo e não. Esses julgamentos estão ligados à realidade, mas ao mesmo tempo afastam-se dessa realidade, sem capturá-la por completo. Diante de uma vã obstinação, que evoca apenas as dificuldades da vida ou os acasos da possibilidade de transformação do mundo social, essas práticas sociais remetem a uma relativa autonomia de um grupo social de mesma condição e cultura. Essa autonomia só pode se afirmar como o inverso da angústia ou da indiferença, uma dimensão inerente à cultura que associa solidariedade e festividade, sem ser uma cultura da pobreza (rótulo, aliás, atribuído do exterior). Essa associação limita a tendência a se fechar em si mesmo, pois é o modo mais eficaz de imaginar uma condição diferente, uma mudança de posição dentro da sociedade, uma visão de futuro que integra as transformações culturais próprias e a escolaridade. Assim, não se trata de uma comunidade fechada de caráter negativo (gueto) ou positivo (solidariedade), mas de um percurso cultural – mais que um lugar de cultura – que cruza outros percursos num mesmo ponto, como os que estão presentes na questão religiosa e em outras instâncias.

44 • Saídas de emergência

Antes e depois da crise: dobrar a espinha... e endireitá-la

Zé, branco, nasceu em 1956 no Paraná, numa família de operários agrícolas, e trabalhou com agricultura até os treze anos. Começou a trabalhar na indústria assim que chegou a São Paulo com a família. Passou por tudo: metalurgia, tecelagem, marcenaria, plástico, artesanato, alimentação; deixava uma empresa pela manhã e achava outra à tarde, até que em 1978 experimentou sua primeira demissão por aderir a uma greve. Não tinha consciência do que estava acontecendo naquela época e só pensava em viajar. Dispôs-se a trabalhar no Oriente Médio e acabou aterrissando na fronteira com a Argentina, onde trabalhou na construção de Itaipu. Ficou pouco tempo, porque ouviu falar dos que eram enterrados vivos no concreto por causa de acidentes de trabalho. Nos fins de semana, era motorista de um hotel; mais tarde, trabalhou nesse hotel em tempo integral. Conheceu o futebol e as drogas. Viajou pelos quatro cantos do país[12], trabalhando quando precisava de dinheiro. Chegou a São Paulo em 1982 e, em 1983, foi parar numa empresa de ar condicionado para a qual tinha trabalhado no sul. Durante dois anos, percorreu o país para instalar ou consertar equipamentos de ar condicionado. Cansado, começou a trabalhar em várias empresas metalúrgicas, sem qualificação específica. Conheceu sua esposa numa delas, em 1986. Quando se casaram, em 1989, fez acordo para ser demitido e poder retirar o Fundo de Garantia para comprar uma casa; a esposa continuou a trabalhar, mesmo depois do nascimento do primeiro filho. De 1990 a 1995, por causa da instabilidade do período, seu percurso foi mais entrecortado, mas nunca ficou muito tempo desempregado. Retomou o trabalho com aparelhos de ar condicionado, mas, como era casado, não quis mais saber de se deslocar. Em 1995, encontrou o trabalho em que está até hoje: motorista e entregador de lojas de departamento. Falou da sorte de ter conseguido esse emprego aos quarenta anos (tinha trabalhado na empresa algum tempo antes), da relação antiga e "amigável" com o patrão e da obrigação de aceitar mudanças desfavoráveis aos assalariados: salários, horas extras, horários irregulares, supressão de benefícios; ele tinha consciência de que, na sua idade, qualquer mal-entendido poderia ser fatal. Ficou aliviado

---

[12] "Trecheiros" são os trabalhadores itinerantes que conhecem o mundo em função do trabalho e de sua vontade; o trecheiro vai aonde os ventos o levam. Ver o capítulo 15, sobre os moradores de rua que escrevem o jornal *O Trecheiro*.

quando foi escolhido em 2005 como auxiliar do contramestre que organizava as entregas. Sem aumento de salário, mas já com cinquenta anos, a nova função garantia a estabilidade no emprego.

Iná, negra, é uma mulher viva e alegre que distribui bom humor a sua volta. Nasceu em São Paulo, em 1962, de pai baiano (caminhoneiro, ausente e admirado) e de mãe mineira. O casal se instalou em Guaianases logo depois do casamento e aí ficou. A maioria dos quinze filhos (dos quais sete adotados) vivia nos arredores. Quando Iná tinha vinte anos e estava se preparando para prestar um concurso para professora primária, seu pai morreu. Ela abandonou seus planos e começou a trabalhar numa fábrica de embutidos; ganhava três salários mínimos por mês e era registrada. Foi atingida pela onda de demissões de 1986, quando já ganhava cinco salários mínimos. Conseguiu trabalho como polidora numa fábrica de componentes e, depois de passar por diversos postos, foi promovida a inspetora de qualidade, função que jamais foi registrada como tal em sua carteira de trabalho e pela qual jamais recebeu o salário correspondente. Conheceu seu marido nessa empresa. Casou-se em 1989, quando tinha 27 anos. Foi ele quem fez acordo para ter o FGTS e comprar uma casa. Ela estava bem integrada na empresa, onde tinha boas relações, e chegou a ser uma espécie de delegada sindical. Mas em 1992, pouco antes do nascimento do segundo filho, foi demitida por ter acusado um chefe de seção de assédio sexual. Cuidou dos filhos durante dois anos, mas quando tentou retomar o trabalho, em 1993, com 31 anos, não encontrou nenhuma empresa que a empregasse com registro.

Então começou a trabalhar, por indicação da irmã, como temporária, e de maneira irregular, numa empresa de limpeza que atuava num parque de exposições; o trabalho era intenso às vezes e durou cinco anos. Em seguida, trabalhou durante três anos como auxiliar numa gráfica perto de sua casa. A partir de 2000, teve de limitar as atividades por razões de saúde. Começaram os bicos: o mais envolvente e gratificante, porém o que rendia menos, era o de reforço escolar para crianças do bairro. Ocasionalmente, fazia limpeza no parque de exposições, mas nunca por mais de quinze dias (trabalhava dezesseis horas por dia e ganhava um salário mínimo). Também era chamada pela gráfica, ou outras, quando havia acúmulo de trabalho, mas sempre sem registro.

Em 2001, quando surgiu o programa "Operação Trabalho", ela seguia uma trajetória aleatória e abraçou a nova atividade como uma oportunidade

46 • Saídas de emergência

(ajudava as crianças a atravessar a rua na saída da escola). O alívio financeiro que o programa lhe deu e o tempo livre de que dispunha foram um estímulo para retomar e terminar os estudos, mas o programa era curto demais.

Iná nunca deixou de trabalhar, mesmo sem registro, com contratos temporários ou irregulares, porque "todo trabalho dá dignidade". É por isso que obrigava os três filhos a realizar tarefas domésticas – cozinhar, limpar, lavar roupa – e a ganhar dinheiro para custear as despesas escolares: catar ou distribuir folhetos nos faróis. Todo trabalho, inclusive o doméstico, valoriza homens e mulheres pelas mesmas razões. Qualquer arranjo doméstico pode ser posto em prática sem desqualificar ninguém.

Empenhou-se em todas as suas experiências de trabalho, mas nunca foi reconhecida no plano da qualificação. E a condição feminina não a ajudou, quando não correspondeu ao assédio de um chefe. Mas ela não se lembrava disso: é o entusiasmo e não as reivindicações que garantem as conquistas. Sempre pronta a organizar festas, aniversários e outras comemorações, teve o reconhecimento dos colegas, que a nomearam delegada sindical informal, posição que depois foi utilizada pela Força Sindical, da qual se tornou representante. Esse modo de ser se manifestava em todas as circunstâncias da vida: quando ficou conhecida por atravessar crianças na saída das escolas, todos os motoristas lhe davam carona. No bairro, organizou durante anos a Festa de Nossa Senhora de Aparecida e os desfiles de uma escola de samba à qual pertencia havia vinte anos; foi eleita presidente da escola em 2004 e devolveu-lhe o caráter festivo e acolhedor que tinha na época de sua fundação. Em 2007, aos 45 anos, depois de dar à luz sua última filha, foi recrutada por recomendação de um amigo por uma associação controlada pelo Partido Comunista do Brasil (PCdoB)[13] para organizar a recreação dos períodos livres nas escolas.

O momento emblemático de sua trajetória ocorreu em 1991, quando foi demitida da empresa onde quase chegou a inspetora de qualidade, pouco antes do nascimento de seu segundo filho. A "licença maternidade" foi fatal, já que depois só conseguiu voltar ao mercado de modo secundário e aleatório; ao lado do marido, assumiu o modelo clássico de divisão sexual do trabalho, do qual não pôde mais sair. A inserção no bairro, o hábito do trabalho temporário e as responsabilidades associativas a estabilizaram nesse caminho.

---

[13] Ela não era membro do partido; sem ideias políticas particulares, não se incomodava com esse vínculo.

Proletários em meio à tormenta neoliberal • 47

É interessante notar que "o bairro", fortemente estruturado pela família extensa de Iná, funcionava como uma espécie de agência coletiva de emprego temporário, especializada em dois ramos: faxina e gráficas. Os intermediários eram pessoas que trabalhavam nessas empresas e moravam no bairro ou que, como Iná, eram conhecidas como temporárias e às quais os empregadores recorriam em caso de necessidade. Havia muito mais mulheres que homens nessa rede, o que se devia ao fato de que muitas famílias eram monoparentais, chefiadas por mulheres separadas ou mães solteiras (seis de suas nove irmãs). Esse modelo familiar, que já existia antes da crise do mercado de trabalho, foi reforçado por ela, porque os homens se tornaram ainda mais instáveis. Esse modelo de matricentralidade[14] – em que os homens passam algum tempo com as mulheres, mas não se estabilizam, porque não podem sustentar uma família – ganhou uma postura nova: a das mulheres que decidiram ser mães solteiras. Esse foi o caso de uma das irmãs de Iná.

A nosso ver, a hiperatividade de Iná deve ser relacionada aos episódios de sua vida em que ela quase "venceu" (a morte do pai antes de concluir o curso normal, a demissão de uma empresa onde parecia estabilizada). O primeiro episódio foi uma peça do destino; ela redobrou a atividade, mas não conseguiu se recuperar; o segundo foi uma tomada de posição que não obedecia e até contrariava o código e o estilo que ela desejava tornar público. Esses dois acontecimentos soam como um retorno ao ponto de partida e, talvez, à limitação de uma condição contra qual ela se ergueu.

2009. O emprego como recreadora em escolas públicas era irregular: ela recebia salário (um salário mínimo) apenas durante o ano letivo, mas o pagamento atrasava no início do ano era suspenso nas férias e era interrompido no fim do ano. Isso a aborrecia, mas ela não pediu demissão, já que estava menos à procura de um salário que do gosto e do prazer de proporcionar à geração seguinte uma condição diferente da sua. Ela encaminhava os alunos do colégio para a escola de samba, controlava a frequência escolar (recusando quem não fosse à escola) e dava aulas de reforço em casa. Quando tinha chance, enfrentava sem medo as meninas e os meninos do tráfico local, às vezes até os que ocupavam postos de responsabilidade (nem a pouca idade nem o sexo pareciam ser impedimento para gerenciar um

---

[14] Ver Mariza Corrêa, "Repensando a família patriarcal brasileira", em Marisa Corrêa et al., *Colcha de retalhos: estudos sobre a família no Brasil* (São Paulo, Brasiliense, 1982), p. 13-38.

48 • Saídas de emergência

ponto venda de droga): criticava sua falta de educação na rua e fazia reflexões críticas diante dos que recrutavam crianças muito jovens para a atividade. O que fazia em suas atividades sociais aparecia como um prolongamento da preocupação que sempre teve com a educação dos filhos. Seu filho mais velho fez um curso superior de informática e trabalhava numa agência de publicidade. O segundo estava numa universidade privada, onde cursava logística comercial, e trabalhava na ONG Raízes, cujo objetivo era recuperar a cultura popular. O terceiro, com quinze anos, estava prestes a se tornar mestre-sala da escola de samba; estava terminando o secundário e queria fazer medicina. Os dois últimos conseguiram bolsas de estudo em universidades privadas (renda mensal familiar inferior a 210 reais por pessoa), instituídas pelo governo federal em 2002. Enfim, sua posição social foi reconhecida pelo PCdoB: ela passou a ser membro da direção local. A "saída de certa condição social" se delineava como horizonte possível para a geração seguinte. A escola, acompanhada pelos pais, foi o meio de acesso.

José recusou o posto de contramestre que lhe foi oferecido para evitar o quebra-cabeça que era a nova função. Seus ganhos eram de dois salários mínimos e usava as horas extras (pagas no ato do trabalho e sem registro formal) para o gasto diário e para a reforma da casa. A perspectiva imediata de trabalhar do outro lado da cidade não o preocupava. Dali a quatro anos, quando se aposentasse (depois de 35 anos de serviço), instalaria uma máquina de fazer garapa na porta de casa e venderia salgados e doces feitos por Iná.

Wanda, costureira: de uma época a outra

Wanda nasceu em 1951 em Santo André, onde seu pai era metalúrgico qualificado e seus irmãos fizeram o secundário. Mais rebelde, iniciou cedo um percurso profissional na costura no bairro do Brás, que oferecia mais oportunidades para a mão de obra feminina. Tinha quinze anos e foi registrada; adquiriu uma qualificação no próprio posto de trabalho. Esse percurso foi interrompido pelo nascimento do primeiro filho, em 1974. Não chegou a viver com o pai da criança. Quando a epilepsia do filho se manifestou, ela começou a trabalhar em empresas (plásticas e farmacêuticas) próximas à sua casa, em Santo André, evitando se sobrecarregar, seja por causa do filho, seja em função dos pais e irmãs, em cujas casas vivia, alternadamente. A doença da criança a levou a aceitar contratos temporários com empresas subcontratadas de limpeza e a trabalhar como diarista (de 1975 a 1986). Nessa época, conheceu um homem casado, com quem passou a viver em

1986, quando ele enviuvou. Conseguiu um embrião[15] da Cohab em Cidade Tiradentes, mas mudou-se para Suzano com o novo marido. Duas crianças nasceram em 1986 e 1989; ela ainda cuidava da filha do marido, um pouco mais velha que seus filhos. Em 1990, quando a casa do marido foi solicitada pelo proprietário, eles se instalaram no embrião de Cidade Tiradentes.

Ele, que foi da cavalaria da Polícia Militar (durante quatro anos), em seguida mecânico da rede ferroviária, onde aprendeu o ofício (durante sete anos), e empregado de uma oficina de conserto de tratores e caminhões (durante seis anos), teve um percurso profissional estável até 2000, quando perdeu o emprego com carteira assinada aos 45 anos. Comprou uma caminhonete e fazia bicos como verdureiro, pedreiro, eletricista, vigia; morreu de infarto em 2003, aos 48 anos. Wanda tinha voltado a trabalhar em 1990, depois do nascimento das crianças; aproveitando as relações que tinha estabelecido em Suzano, região ainda agrícola, virou verdureira numa feira perto da escola. Em 1995, retomou o trabalho como costureira nas oficinas de subcontratação que começavam a ser instaladas nos confins da zona leste, em geral por antigas costureiras que tinham começado sua carreira como assalariadas no Brás (assim como a própria Wanda). Era um trabalho qualificado, mas precário, sem registro, sujeito às flutuações das empresas contratantes do Brás e, além disso, mal pago, remunerado por tarefa. Mas era sua única fonte de renda depois do desemprego (o período de fartura, com dois salários, durou apenas de 1990 a 2000) e da morte do marido. Em 2004, encontrou trabalho perto de casa, numa cooperativa de uma associação, onde chegou a ganhar entre 200 e 250 reais. Permaneceu ali até 2007, quando a associação fechou. Nessa data, interrompeu a reforma da casa. A morte repentina do marido a afetou muito: durante anos, guardou de lembrança no quintal um torno enorme que ele comprou quando foi demitido.

Para ela, o desequilíbrio inicial começou com a doença do filho, que a obrigou a interromper um trabalho em que era bem-sucedida e a assumir atividades menos qualificadas e com salário menor. Iniciou-se um período de incertezas que também foi interrompido de forma repentina (a moradia, a viuvez do amante). Mas a degradação do estatuto do trabalho e do emprego e a estagnação dos rendimentos eram irreversíveis. A moradia surgiu então como uma tábua de salvação: mesmo com problemas, era definitiva. A doen-

---

[15] O embrião compreende cozinha, banheiro e quarto. A construção da casa fica a cargo de quem o recebe.

ça do filho mais velho, que sempre viveu com ela, parecia ter se estabilizado e até melhorado; ele recebia uma pequena pensão e tinha apoio moral e psicológico numa igreja evangélica, na qual fazia um curso de teologia para fazer parte do seu pessoal. Os filhos seguiam o curso escolar sem grandes dificuldades e ocasionalmente faziam pequenos bicos. A estabilização do *habitat* antes dos anos 1990 e o trabalho informal em confecções pouco tempo depois limitaram os estragos do período neoliberal. A precariedade continuava (como atestava o estado da casa), mas foi estabilizada. Wanda podia cuidar apenas da sobrevivência familiar; sua lucidez, sua franqueza e suas provocações bem-humoradas sempre foram trunfos em sua moral e no diálogo com os filhos.

2009. Ela nos explicou como reorganizou sua vida depois que a associação fechou: continuou a trabalhar na confecção com duas colegas, cada uma com sua(s) máquina(s), para atender à demanda do Brás; dividiam o dinheiro recebido por tarefa, sem remuneração específica para a proprietária da casa onde trabalhavam. Em 2008, trabalhou seis meses numa empresa, mas, como a jornada era dura, preferiu cuidar de sua madrinha, irmã de sua mãe, que tinha 84 anos, era deficiente física e morava em Campinas. Com isso, reatou relações com uma irmã, que de vez em quando lhe emprestava uma casa de praia em Santos. Sua filha de 23 anos, casada e com dois filhos, trabalhava num restaurante no centro da cidade e seu marido era cobrador de ônibus. Eles moravam perto de Wanda, que cuidava das crianças quando podia ficar em casa. Seu filho mais velho ia se casar para poder ser pastor. Foi com certo orgulho que ela nos explicou que o filho caçula, de vinte anos, trocou as noites na rua pelo computador em casa, graças ao qual desenvolvia seus talentos de desenhista. Ele ainda não tinha uma atividade estável, mas ela não estava preocupada: confiava na sua esperteza. Esse último episódio de sua trajetória, quando abandonou uma atividade assalariada para se dedicar a uma parente idosa, sem nenhuma motivação pecuniária em especial (a aposentadoria da madrinha era de um salário mínimo), reflete um estilo de vida em que as oportunidades disponíveis (reatar com a família, morar em diversas cidades) são aproveitadas sem que façam parte de uma estratégia de inserção social de longa duração.

Tempos novos: o último suspiro do patriarcado

Sueli nasceu em 1960, numa família de quatro irmãos. A morte do pai aos 42 anos, por doença pulmonar causada pelas condições de trabalho nas

Proletários em meio à tormenta neoliberal • 51

olarias da região, obrigou-a a trabalhar desde os doze anos. Felizmente, pouco antes de morrer, seu pai ganhou na loteria e pôde comprar a casa onde ela vivia com a mãe e um de seus irmãos, pedreiro, casado e pai de quatro filhos. O primeiro percurso profissional ocorreu nas confecções do Brás, onde obteve uma qualificação enquanto esteve empregada (dos 14 aos 21 anos); deixou o emprego em 1981, quando seu primeiro filho nasceu. Ela teve dez filhos, dos quais oito sobreviveram. Trabalhava como diarista com a mãe (juntas ou podendo substituir uma à outra), cuidava dos filhos, fazia bicos diversos em domicílio (montava bichos de pelúcia e bijuterias, bordava roupas, mas os ganhos eram miseráveis) ou serviço de rua (distribuía folhetos publicitários). Participando de associações locais, obteve algumas vantagens, como cestas básicas. As dificuldades aumentaram em 1994, quando seu marido foi demitido da pequena fábrica de utensílios domésticos em que trabalhava desde que se casaram (1979). Ele continuou a fabricar vassouras e escovas em domicílio e em regime de subcontratação. Parte da produção era comprada pela própria empresa; outra era desviada por Sueli, que a vendia na rua, por sua própria conta, já que o marido cooperava pouco com as despesas da casa. Ele afundou no jogo e na bebida e se voltou, mal, à profissão de cabeleireiro, até que ela o dispensou. Em 1999, ao voltar de uma de suas numerosas escapadas noturnas, ele encontrou suas roupas numa mala na porta de casa. A partir daí, começou a fase mais difícil de um modo de vida que teve início com seu casamento. A entrada do filho mais velho no mundo do trabalho (aos dezoito anos, como cobrador de van) aliviou um pouco a dificuldade. Dois outros filhos estavam concluindo o primário (com dezoito e dezenove anos) e trabalhavam: um como pedreiro com um tio e o outro numa pequena fábrica de vidros que o chamava sempre que precisava de trabalhadores extras. Os outros estavam na escola. Para sobreviver, Sueli fazia tudo o que podia, como antes de se separar, mas agora com mais liberdade: podia ganhar um salário nos três meses que antecediam as campanhas eleitorais, o que seu marido proibia por causa da possibilidade de promiscuidade sexual. Conhecida e ativa no bairro, ela frequentava a Igreja Batista e lá fazia alguns bicos de faxina; inscreveu a si mesma e aos filhos em todos os programas municipais de ajuda ao emprego.

Em um contexto permanente de precariedade dos trabalhadores não qualificados e mal remunerados, eventualmente amenizado pelo "baixo custo" da casa própria, o que relegou Sueli a uma situação de precariedade duradoura foi o modelo familiar que ela instaurou desde seu casamento, na contramão da evolução atual do meio social urbano: muitos filhos e um marido de presença intermitente, sobretudo depois que foi demitido. Essa dupla precariedade se traduziu no percurso escolar fragmentado dos filhos, interrompido pelo trabalho e sem direção definida. Mas Sueli manteve a família unida.

2009. Sueli não saiu do esquema de pequenos bicos. Suas duas redes principais – a Igreja Batista e um "político" que não se elegeu, mas virou assessor de um vereador – ainda estavam em atividade e eram de algum auxílio. Ela não via outra saída além daquela proposta por seus filhos, dos quais quatro estavam empregados com carteira assinada: o mais velho ainda era cobrador de ônibus e não parecia disposto a se casar; vivia em casa e, segundo suas irmãs, tinha todas as características de um solteirão empedernido; o segundo trabalhava como instalador numa empresa que vendia equipamentos para filtros de água e conseguiu que uma de suas irmãs fosse contratada no setor de *telemarketing*; outra irmã trabalhava numa empresa de *telemarketing*; um filho vivia com a esposa, bem mais velha que ele, e fazia bicos como pedreiro; duas filhas terminaram o ensino secundário e davam cursos de catecismo na Igreja Batista; dois outros filhos ainda estavam na escola. Todos, exceto o pedreiro, moravam com a mãe e o espírito geral era muito diferente e até contrário ao da geração precedente: o trabalho vem antes dos amores ou do casamento.

Esses dois casos dizem respeito a famílias chefiadas por mulheres. O que parece fragilizar os percursos e o desejo de agir sobre si mesmo e o mundo é menos a separação que a duração da perturbação familiar. Na paralisia recíproca do desentendimento, a escolaridade e o otimismo dos filhos ficaram comprometidos. A figura da "mãe coragem", bem conhecida e às vezes celebrada, é o reflexo dessa fragilidade. Sua geração foi marcada pela perda, mas não a seguinte. Houve uma inversão total na mecânica familiar tradicional: nem homem, nem mulher, nem filhos, o trabalho em primeiro lugar.

A via social-festiva foi representada aqui com intensidades diferentes. Negros e brancos, as classes populares sabiam que precisavam utilizar todos os meios disponíveis na sociedade, não com a intenção de transformá-la, mas para salvar a si mesmos e não se deixar prender numa herança histórica. Ter uma atitude ativa tanto com seus iguais quanto com seus superiores poderia melhorar a posição social e as relações entre as pessoas. Seja como for, não se trata aqui de se virar individualmente, de maneira fria, sem

Proletários em meio à tormenta neoliberal • 53

calor. Trata-se de felicidade social e respeito pelos outros, com o quê de humor que a reflexão festiva implica e o horizonte futuro, dado com frequência pela escola, que a análise realista oferece. Trata-se de uma cultura que tem pouco a ver com o individualismo religioso e mais com certo anarquismo. Durante muito tempo, manipulada por políticos populistas, essa cultura parece estar se distanciando dessas práticas.

A saída protorreivindicativa

Últimos migrantes? Aos trinta anos: Ana e Vado

Vado nasceu em 1975 e é o caçula de uma família de agricultores de Juazeiro do Norte. Depois de três anos sucessivos de empregos temporários em fazendas que produziam tomate, cana-de-açúcar e abacaxi e de três meses de contrato com a equipe de manutenção dos equipamentos (de janeiro a março de 1996), Vado veio pela primeira vez a São Paulo, onde suas irmãs moravam. Durante quatro anos, dividiu-se entre Juazeiro e São Paulo. Conseguiu empregos temporários – não qualificados, mas com registro – de ajudante de eletricista, segurança e pedreiro, em geral em agências de emprego; de volta a Juazeiro, trabalhou no beneficiamento de colheitas para as mesmas empresas em que tinha trabalhado, numa espécie de duplo trabalho sazonal: de agosto a janeiro em Juazeiro do Norte e de fevereiro a julho em São Paulo. A situação era sustentável, mas nada cômoda: quando seu pai morreu, em 1998, não tinha dinheiro suficiente para ir ao enterro de avião; teve de esperar o fim do período de permanência habitual em São Paulo para voltar.

O encontro com Ana permitiu a fixação em São Paulo, em 2001. Mas o percurso de empregos temporários na construção civil, na fabricação de materiais de construção, na segurança de imóveis (às vezes interrompida por falência fraudulenta ou sumiço de pequenas empresas) cansou-o. Os anos 2002 e 2003 foram os piores: pequenos bicos sem registro, um ano de aluguel atrasado e o pagamento feito com a construção de três cômodos suplementares para o dono do imóvel. Queixava-se dos homens e dos tempos difíceis, que estavam durando demais, mas não se queixava do período anterior a seu casamento. O trabalho não era duro, mas ele empregava a palavra escravidão para qualificar as relações sociais que lhe foram impostas. Ele e a esposa pensaram por duas vezes em voltar para a terra natal – pouco antes do nascimento do filho e logo depois, quando viajariam para apresentar a

54 • Saídas de emergência

criança às duas famílias. Mas para onde? Maceió, a terra dela, ou Juazeiro, a terra dele? A questão se resolveu no momento em que sua esposa, grávida, entrou num programa de emprego da prefeitura. Em 2004, depois do nascimento da filha, ele conseguiu emprego numa confecção, por tempo indeterminado, onde fazia de tudo um pouco; uma de suas atividades era colar etiquetas nas roupas. Na verdade, foi contratado como ajudante pessoal do cunhado e via chances de o emprego durar.

Seus irmãos, que ficaram na terra natal, pareciam estar indo bem na vida, graças às cabeças de gado que o pai tinha deixado como herança e ao trabalho sazonal nas empresas de transformação de produtos agrícolas. Vado, o caçula, que na época estava em São Paulo e não era casado, parecia ter sido excluído da herança.

Ana veio sozinha para São Paulo em 1996, aos dezessete anos. Aqui encontrou uma meia-irmã e dois irmãos, que tinham vindo tentar a sorte como ela, e o pai, separado da mãe havia muitos anos (desde que Ana tinha cinco anos) e que vivia na periferia de São Paulo. Com o sonho de cursar odontologia, morou um ano com cada um dos irmãos e depois com seu pai, em Guarulhos. Terminou o secundário e ganhava a vida vendendo roupas e produtos de beleza em domicílio, dando continuidade à experiência de vendedora que tinha iniciado no mercadinho da mãe, em Alagoas. Também trabalhava em campanhas eleitorais. Abalada por uma briga violenta com o pai e um aborto espontâneo, alugou uma casa com Vado em Guaianases, onde ele tinha duas irmãs. Foi difícil para ela encontrar emprego no centro, porque nunca tinha sido registrada e, portanto, não podia comprovar experiência. Então montou uma "loja de doces" na garagem de casa, o que lhe dava alguma renda. A intenção de voltar para sua terra foi adiada depois que ambos conseguiram emprego e o primeiro filho nasceu. A mudança para uma casa próxima do trabalho de Vado e de sua irmã parecia tê-los fixado em São Paulo por algum tempo. Ana desistiu do sonho de fazer faculdade e tinha esperança no futuro da filha. Não queria voltar "com uma mão na frente e outra atrás".

O modo de vida da família foi rapidamente adaptado aos caminhos do mercado de trabalho: quem estava desempregado fazia as tarefas domésticas. Foi o caso de Vado durante seis meses: Ana, grávida da filha, frequentava o curso de informática pela manhã e trabalhava no programa municipal à tarde. Mas o que incomodava os dois, além da insensibilidade, da dureza ou da injustiça dos patrões, era a impressão de não ter espaço para se expres-

Proletários em meio à tormenta neoliberal • 55

sar fora do ambiente privado, de viver num mundo que não os ouvia, sem lugar para a generosidade. A longa transição para a estabilidade (dez anos) uniu-os, mas a vida parecia pesada, sobretudo quando comparada à de vários membros da família: o pai, soldador especializado em grandes empresas, tinha trabalhado na Argentina, no Iraque e em outros países e, aos sessenta anos, encontrava trabalho com facilidade em São Paulo; a mãe, que tinha tido uma vida agitada (dois casamentos em condições pouco usuais e três filhos de cada um), possuía um próspero mercadinho e vivia cercada dos filhos do primeiro casamento; os filhos do segundo casamento (entre eles, Ana) estavam em São Paulo: um era contramestre numa metalúrgica em São Bernardo e outra era secretária da prefeitura de Guarulhos. As referências de sucesso social e familiar de Vado estavam em Juazeiro, sua terra de origem.

Ambos estavam em situação desfavorável em relação a suas respectivas fratrias. Essa situação os instigava a alcançar sua linhagem, a se mobilizar para sair da precariedade, a permanecer juntos e em São Paulo, onde havia mais oportunidades. Sabiam que um trabalho só, mesmo registrado, não seria suficiente, que um salário só não lhes daria perspectiva de vida, que a tensão familiar comprometia seu futuro e uma separação poderia frustrá-lo. O vínculo entre casa e cidadania se desenhava no horizonte. A vida era difícil para eles, os "valentes", que tinham consciência da injustiça das desigualdades e atribuíam a culpa ao poder[16]. Sem nenhuma referência histórica, social ou política, apenas com a consciência da fragilidade de sua posição social. Esse é um exemplo de uma expectativa social sem projeto coletivo, o oposto do que conheceu a geração de seus avós nordestinos, quarenta anos antes.

Uma espécie de individualismo imposto a esses "filhotes caídos do ninho" os impediu de seguir um percurso qualquer de busca de felicidade social, em particular nos três casos que acabamos de descrever. Não há referência à retomada das lutas sociais, que nem são tão antigas assim, mas já são desconhecidas, porque carecem de atualidade; elas parecem ter valor

---

[16] Durante o programa, Ana se tornou por acaso uma das secretárias do responsável pela ação social da subprefeitura da região; recebia os "clientes" e conversava com eles sobre as razões de sua visita e seus problemas. Ligava o que ouvia diretamente a sua história e a de seu marido.

apenas para a história. Uma saída do tipo associativo poderia ser uma alternativa ao gosto e ao alcance de Ana. A saída ilegal/mundo do crime, que discutiremos na segunda parte deste livro, não parecia tentar nem um nem outro. Resta o retorno à terra natal, nesse caso a terra de Vado, que foi a escolha que eles fizeram em 2008, depois do nascimento de seu segundo filho.

2
VIRAÇÃO: O COMÉRCIO INFORMAL DOS VENDEDORES AMBULANTES

Carlos Freire da Silva

O trabalho informal dos vendedores ambulantes é um aspecto secular da história de São Paulo, ligado ao próprio processo de urbanização da cidade. No princípio do debate sobre o tema na década de 1960, a informalidade era caracterizada pelo descompasso na relação entre urbanização, industrialização e trabalho assalariado formal. Seria o resultado de uma configuração peculiar entre esses termos, marcada por uma industrialização incapaz de absorver o amplo contingente de trabalhadores que se apresentava nas grandes cidades, pelo crescimento desordenado dos centros urbanos não acompanhado de serviços básicos e pela não generalização da relação de trabalho assalariado segundo os direitos trabalhistas. Num contexto em que o trabalho assalariado formal nunca chegou a se generalizar, o trabalho informal dos vendedores ambulantes seria o reflexo das chamadas "incompletudes" da modernidade brasileira, seja como reminiscência do atraso em seu desenvolvimento, como parte das estratégias de sobrevivência de uma massa marginal já não absorvível nos processos hegemônicos da economia, ou ainda como a simbiose que marcaria a especificidade da acumulação capitalista na periferia do sistema, na qual o atrasado e o moderno, o formal e o informal alimentam-se da existência um do outro.

No entanto, importantes mudanças que vêm ocorrendo ao longo dos últimos vinte anos fazem com que os milhares de vendedores que ocupam as calçadas das cidades não reflitam simplesmente a reposição de uma história pregressa. Podemos dizer que o tema do trabalho informal deixou de ser uma questão exclusiva dos países denominados em desenvolvimento, subdesenvolvidos ou simplesmente do Sul. Nos principais centros metropolitanos do mundo, o trabalho informal parece crescer e inserir-se cada vez mais na pauta das pesquisas acadêmicas, em decorrência justamente das formas

58 • Saídas de emergência

que o desenvolvimento econômico vem assumindo. Diante dos novos modos de gestão da produção e das estratégias de circulação e distribuição comercial, a informalidade tende a ser cada vez mais absorvida nos processos econômicos, de modo que a produção e a circulação de riquezas e, portanto, a reprodução das desigualdades dependem da interação e das diversas formas de passagem entre mercados formais, informais e, por vezes, até ilegais.

O trabalho informal no comércio ambulante articula fluxos de mercadorias diversas em redes de escala global e, antes de ser um sinal do atraso, é um dos aspectos marcantes da globalização nas grandes metrópoles. Mercadorias de várias procedências têm nos muitos vendedores de rua da cidade sua estratégia de distribuição comercial. Nas calçadas, diversos circuitos de produção se cruzam, desde pequenos produtores de fundo de quintal até grandes empresas nacionais, passando por empresários do setor de importações que trabalham com contrabando. Os tradicionais centros de consumo popular são portas de acesso para um imenso mercado popular, que extrapola as barreiras locais, atraindo revendedores de outros pontos da cidade, do estado e até de outros países, como Argentina e Angola. O comércio informal dos ambulantes é uma espécie de serviço de distribuição para produtores e importadores, que faz circular mercadorias de procedências diversas e representa um elemento constitutivo da chamada "globalização por baixo"[1] na cidade de São Paulo.

De acordo com informações do economista João Batista Pamplona[2], houve um crescimento no número de ambulantes na década de 1990; dados oficiais da Pesquisa de Emprego e Desemprego (PED) indicam que havia 73 mil vendedores ambulantes no município em 2001. Embora não seja um número atualizado, pois a contabilização dos mercados informais é sempre problemática, é importante destacar que, pelo montante de pessoas que trabalham nas ruas, as disputas por pontos de comércio e controle dos espaços são acirradas. Diversos agenciamentos locais desenvolvem-se em torno desses mercados informais e acabam por regular a ocupação dos espaços. A atuação do Estado tem papel importante na constituição desses agen-

---

[1]   Alejandro Portes, "Globalization from below", em William P. Smith e Roberto P. Korczenwicz, *Latin America in the World Economy* (Westport, CN, Greenwood Press, 1997).

[2]   João Batista Pamplona, "A atividade informal do comércio de rua e a região central de São Paulo", em Álvaro Comin (org.), *Caminhos para o centro: estratégias de desenvolvimento para a região central* (São Paulo, Cebrap/Emurb/CEM, 2004).

Viração: o comércio informal dos vendedores ambulantes • 59

ciamentos: a repressão policial compõe e dá forma a esses mercados, ao mesmo tempo que os cerceia. Há uma série de implicações para que uma atividade se desenvolva no mercado informal, dependendo do peso das sanções à atividade. As sucessivas tentativas e os fracassos da regulamentação pública dos pontos ocupados nas ruas e o jogo complicado de tolerância e repressão despertam uma série de conflitos e acordos que envolvem os próprios ambulantes, lojistas, políticos, fiscais da prefeitura, associações, sindicatos e até grupos criminosos.

Em torno desse ponto desenvolve-se um mercado de proteção[3], sem o qual dificilmente se trabalha como camelô na cidade. O mercado de proteção seria constituído basicamente de "mercadorias políticas", que combinariam custos e recursos políticos para a produção de um valor de troca econômico, seja na forma de um poder expropriado da autoridade pública ou do controle de um grupo sobre determinado local mediante extorsão. Segundo Misse, essas mercadorias são fruto de corrupção ou extorsão e resultam em valor de troca como "fração privatizada e mercantilizada da soberania do Estado"[4].

O trabalho de vendedor ambulante insere-se nesta dupla perspectiva: de um lado, as estratégias de distribuição de mercadorias de procedências variadas; de outro, as disputas pela ocupação dos pontos de comércio na rua. Este texto discute o sentido dessas experiências de trabalho. Essas formas não convencionais de trabalho podem nos ajudar a repensar a maneira como problematizamos esse tema. Trata-se de pensar o trabalho numa perspectiva mais ampla, menos restrita às relações hierárquicas das empresas e mais ligadas às dinâmicas de produção e circulação da riqueza. Deslocamos a perspectiva das carreiras lineares dentro das empresas para a viração cotidiana de pessoas que buscam formas de geração de renda não baseadas em assalariamento. A viração é entendida aqui como mobilidade lateral entre uma série de atividades contingentes, marcadas pela instabilidade e pela inconstância, assim como entre expedientes legais e ilegais. É um tipo de trabalho que depende do "fazer acontecer" a cada dia (seja para vender, seja para garantir a permanência no ponto), mas está envolvido em processos

---

[3]   Michel Misse, "As ligações perigosas: mercado informal, ilegal, narcotráfico e violência no Rio", em *Crime e violência no Brasil contemporâneo: estudos de sociologia do crime e da violência urbana* (Rio de Janeiro, Lumen Juris, 2006).

[4]   Ibidem, p. 142.

60 • Saídas de emergência

mais amplos de produção e circulação de riquezas e gera excedentes para quem controla os momentos estratégicos desses processos.

Este texto é resultado de uma pesquisa sobre o papel do mercado informal para a indústria de confecções em São Paulo. No entanto, o comércio ambulante é ponto de cruzamento de diversos circuitos de mercadorias. As trajetórias de trabalho apresentadas a seguir trazem os dilemas comuns à grande maioria dos ambulantes da cidade, mas em cada uma procuramos enfatizar questões específicas. Na trajetória de Vânia, discutimos a perspectiva de acesso a direitos por meio do trabalho que se desfaz ao longo do percurso como ambulante. A trajetória de Ricardo e as inflexões em sua carreira de pequeno contrabandista mostram as novas conexões do comércio de rua com diferentes circuitos de mercadorias. No caso de Alencar, tratamos da ocupação dos espaços e a relação com o poder público no jogo de tolerância e repressão ao comércio ambulante.

Vânia: experiência no comércio ambulante

Vânia[5], cinquenta anos, quatro filhos, trabalha como vendedora ambulante há mais de trinta anos no Brás. Essa região possui uma das maiores concentrações de camelôs de São Paulo e é o maior polo de produção e distribuição da indústria de confecções da cidade. Com um movimento diário de milhares de pessoas, os pontos de comércio ambulante na região são altamente valorizados e motivo de disputa e conflito entre ambulantes, lojistas, sindicatos, associações, fiscais e políticos. Vânia é uma das ambulantes mais experientes do bairro. Nascida em 1958 no Rio Grande do Norte, um dos estados mais pobres do Nordeste brasileiro, veio para São Paulo aos dezessete anos, logo depois de se casar. De uma família de pequenos agricultores, trabalhava na roça e fez apenas o ginásio (até a quarta série). Seu marido é da mesma região e já estava em São Paulo quando se casaram; era garçom num pequeno restaurante da zona norte da cidade. A princípio, o casal pagava aluguel; para conseguir arcar com as despesas, Vânia teve de trabalhar como auxiliar geral no restaurante onde o marido trabalhava. Foram três anos no emprego, até que o patrão vendeu o restaurante e demitiu o casal. Vânia não era registrada e nunca chegou a ter um trabalho formal, condição que vai acompanhá-la durante toda a sua trajetória de trabalho.

---

[5] Entrevista realizada em junho de 2008.

Depois dessa primeira experiência, Vânia não conseguiu mais se empregar. Passou a aceitar as pequenas oportunidades de geração de renda que apareciam. A atividade mais frequente era o arremate final numa fábrica de cintos do Brás. A princípio, buscava emprego na fábrica, mas estava grávida da primeira filha e propuseram que ela trabalhasse em casa, cortando as arestas dos cintos, e voltasse depois do parto. No entanto, depois que deu à luz, não conseguiu emprego, dessa vez porque não tinha com quem deixar a filha. O que lhe ofereciam como salário não cobria as despesas com alguém que cuidasse da criança. Ela continuou trabalhando em casa com as encomendas da fábrica.

Como seus rendimentos eram muito baixos, ela recebia parte do pagamento em mercadorias da própria fábrica para revendê-las e obter um ganho extra. Foi em 13 de setembro de 1978 que Vânia trabalhou pela primeira vez na rua, levando com ela a filha, de um lado, e a sacola de mercadorias, de outro: "Eu cheguei com quatro peças de cinto e comecei a ficar oferecendo, né? Parei num ponto de ônibus aqui e fiquei ali fingindo que eu estava esperando ônibus. Aí eu olhava se o fiscal vinha e aí eu vendia. Aí eu comecei, eu comecei a vender assim".

Para Vânia, uma experiência marcada pela vergonha e pela insegurança. Segundo relata, a imagem que se tinha dos camelôs era muito depreciativa, a atividade era tratada como vagabundagem. Numa época em que o trabalho informal era visto como algo que tendia a ser superado com o desenvolvimento industrial[6], a figura dos vendedores ambulantes ocupava um lugar ambíguo: não eram vistos como bandidos, porque a atividade não era considerada crime, mas estavam sujeitos à repressão policial e à constante pressão da fiscalização; tampouco eram vistos como trabalhadores, porque não eram empregados e não possuíam carteira de trabalho registrada. Na época, a carteira de trabalho era uma verdadeira carteira de identidade, prova de honestidade e confiabilidade pelo registro em "boas empresas" ou pela capacidade de permanecer longos períodos num mesmo lugar[7].

---

[6]   Referência ao milagre econômico, ao processo de industrialização vigoroso que o país passava no momento e ao fato de ter sido justamente nessa década que a população urbana ultrapassou a população rural no Brasil.

[7]   Sobre as representações populares da carteira de trabalho, ver Eduardo Garuti Noronha, "'Informal', ilegal, injusto: percepções do mercado de trabalho no Brasil", *Revista Brasileira de Ciências Sociais*, v. 18, n. 53, 2003, p. 111-79.

A experiência que seria provisória firmou-se aos poucos como definitiva. Uma vez na rua, o próximo passo foi conseguir um ponto. Na época, a competição não era tão intensa quanto hoje, de modo que Vânia não teve de pagar pelo ponto, mas sempre reservava uma "caixinha" para o fiscal, para poder permanecer no local e trabalhar com tranquilidade. Nada que a livrasse definitivamente da fiscalização, pois, quando ocorriam as operações de controle por determinação do governo ou por pressão dos lojistas, os acordos paralelos com os fiscais eram suspensos e todos os ambulantes corriam. O marido de Vânia também começou a trabalhar no comércio de rua, estabelecendo seu próprio ponto em outra rua do Brás. A essa altura, o casal fabricava suas próprias mercadorias: compravam o couro e pagavam a um cortador e a uma costureira para fazerem cintos e carteiras. Trabalhavam à noite com a produção e durante o dia vendiam os produtos.

Na década de 1980, o casal conseguiu uma condição econômica relativamente estável, conciliando os dois pontos de comércio ambulante e a produção doméstica de cintos e carteiras: compraram à prestação uma casa na periferia da cidade, viajavam com frequência para sua terra natal e prosperavam com o trabalho de rua. A situação mudou na década de 1990: o número de ambulantes cresceu e outros tipos de mercadorias surgiram nas ruas, alterando as dinâmicas e as configurações locais desse mercado informal.

As mercadorias oferecidas por Vânia acompanharam a evolução do comércio ambulante na cidade em sua dinâmica de produção e distribuição. No princípio, a atividade era marcada basicamente por sua articulação com a produção doméstica, em que havia pouca separação entre capital e trabalho, como vemos no caso de Vânia; aos poucos outros circuitos de mercadorias se estabeleceram, alterando bastante a dinâmica do comércio ambulante. No fim dos anos 1980, os produtos importados via contrabando se tornaram cada vez mais presentes. Sacoleiros se abasteciam com produtos chineses no Paraguai e os distribuíam entre os camelôs de São Paulo. Na virada para a década de 1990, os rendimentos de Vânia haviam caído bastante, os custos de produção eram altos e a pressão da concorrência era grande. Os desacordos com o cortador e a costureira também eram frequentes. Ela decidiu abandonar a produção própria e trabalhar com as bolsas e as mochilas contrabandeadas que os sacoleiros lhe ofereciam: comprava de cinco a seis modelos e os revendia. O contrabando de mercadorias e a utilização de ambulantes como meio de distribuição aumentou ao longo da década; isso era um fator de risco a mais para os camelôs, já que a pressão da fiscalização e o preço da extorsão eram ainda maiores. Nesse mesmo período, a indústria de confecções da cidade passou por um processo de reestruturação: depois de um desempenho ruim entre o fim da década de 1980 e meados da de 1990, tornou-se um polo distribuidor que atrai milhares de revendedores e consumidores. Muitos desses produtores utilizam os ambulantes como principais distribuidores de seus produtos e chegam a controlar diretamente os pontos de comércio na rua. Vânia, mais uma vez, mudou para a venda de roupas populares.

> Entregavam na própria banca. A gente acaba ficando conhecida, chega na fábrica [e diz que] trabalha com esse tipo de mercadoria, você fica muito conhecida. Aí fica mais fácil. Eles é que vêm me procurar na própria banca; com meu ponto fixo começa a ter mais credibilidade, começa a ter crédito.

Atualmente, ela vende roupas populares para mulheres. Trabalha com três tipos de fornecedores, conforme a variedade de produtos que eles oferecem e as tendências de mercado apontadas pelo comércio de rua: importadores chineses, que atuam nas galerias do centro da cidade; pequenos fabricantes da periferia; imigrantes coreanos e bolivianos, donos de oficinas de costura no Brás.

As condições de trabalho na rua variam de acordo com a gestão municipal. Mudam os governos, reconfiguram-se as alianças no jogo de tolerância e repressão ao comércio ambulante. A repressão é também um reflexo da pressão dos lojistas por um controle do número de camelôs. As operações de repressão são marcadas com frequência pela violência e por protestos que paralisam ruas e bairros. Em trinta anos de experiência, não faltaram episódios marcantes na vida de Vânia. No começo, ela colocava a filha em cima das mercadorias para que não fossem apreendidas pelos fiscais. Em um caso, Vânia caiu enquanto corria e se cortou, o que provocou uma cicatriz no braço que até hoje lhe faz lembrar do ocorrido. Ela lida constantemente com a corrupção e a extorsão, mas isso não garante totalmente sua tranquilidade, pois não raro suas mercadorias são apreendidas. A violência contra os ambulantes também é comum por parte dos policiais.

Segundo Vânia, o período mais calmo foi durante a gestão de Luiza Erundina (1989-1992), do Partido dos Trabalhadores (PT). Houve uma ampla tentativa de organizar o comércio de rua, e Vânia conseguiu um Termo de Permissão de Uso (TPU), que visa regularizar a ocupação dos pontos. O

64 • Saídas de emergência

termo é renovado a cada ano e pode ser cassado ou realocado pela prefeitura segundo suas conveniências. Vânia tem o seu até hoje.

As duas gestões seguintes, de Paulo Maluf (1993-1996) e de Celso Pitta (1997-2000), ambos do Partido Popular (PP), foram marcadas por várias denúncias de corrupção de agentes da prefeitura e de ligações da base aliada do governo na Câmara dos Vereadores com esquemas de arrecadação de propina dos ambulantes. Isso aconteceu justamente no momento em que houve um grande aumento no número de ambulantes na cidade. Após as denúncias, a prefeitura tentou proibir o comércio de rua em vários lugares da cidade, entre eles, o Brás. Em protesto contra a ação da prefeitura, Vânia e outros camelôs chegaram a se acorrentar a um poste próximo a seu ponto de venda.

A prefeita seguinte, Marta Suplicy (2001-2004), do PT, foi eleita com amplo apoio dos ambulantes. Ela concedeu novos TPUs, regulamentou as Comissões Permanentes de Ambulantes nas subprefeituras e incentivou a formação de *shoppings* populares para retirar os ambulantes do espaço público. No entanto, a medida de maior efeito sobre os camelôs foi a atribuição de poder de fiscalização à Guarda Civil Metropolitana, cuja função é zelar pelo patrimônio público. A partir dali, a guarda poderia agir sem solicitação e acompanhamento dos fiscais da prefeitura. Marta perdeu o apoio dos ambulantes e não conseguiu se reeleger.

Por fim, houve a gestão de José Serra e Gilberto Kassab[8] (2005-2008), respectivamente do Partido da Social-Democracia Brasileira (PSDB) e do Democratas (DEM). Com base na promulgação da Lei Cidade Limpa, a prefeitura tentou banir os ambulantes de algumas ruas e praças da cidade, em operações de repressão ostensiva com a Polícia Militar. Vários TPUs foram cassados ou realocados. Segundo Vânia, das 1.370 licenças do Brás restaram apenas 455. Ela não perdeu seu TPU, mas seu ponto foi realocado às vésperas de completar trinta anos de trabalho no mesmo lugar. Isso desestabilizou sua relação com clientes e fornecedores e afetou bastante suas vendas.

Nos últimos dois anos, Vânia passou a trabalhar também na "feira da madrugada", conciliando os dois pontos. Essa "feira" é, na realidade, uma grande aglomeração de ambulantes que gera mensalmente milhões de reais

---

[8] Em 2006, José Serra renunciou à prefeitura para concorrer ao governo do Estado de São Paulo e foi eleito; Gilberto Kassab assumiu o governo municipal e foi reeleito em 2008.

aos grupos que controlam o lugar. O que se vende ali são principalmente roupas no atacado para revendedores das mais diversas origens, da própria cidade ou do interior de São Paulo, de outros estados e até de outros países, como Argentina e Angola. A feira funciona de madrugada por causa de um acordo com lojistas, que queriam evitar concorrência. Atualmente, a jornada de trabalho de Vânia começa às 4 horas da manhã; às 8 horas, quando a feira termina, ela permanece no mesmo ponto; às 16 horas, quando os fiscais da prefeitura vão embora, Vânia volta ao antigo ponto e só desmonta a banca por volta das 19 horas.

O desejo de Vânia sempre foi conseguir um trabalho formal. Hoje, ela deposita esse desejo nos filhos. Apesar de ter se separado do marido, eles vivem na mesma casa. A filha mais velha, que a acompanha desde o início, também trabalha como vendedora ambulante. Na década de 1990, Vânia teve mais três filhos: todos estão terminando os estudos e já começam a procurar trabalho. Tudo o que ela não quer é que os filhos sigam a mesma atividade que ela.

> Eu não quero isso para os meus filhos, você entendeu? Eu não quero isso para os meus filhos, de jeito nenhum... Eu quero que o meu filho tenha estudo, eu queria ver os meus filhos formados e com emprego digno, registrado, com a carteira registrada, não ter a mesma profissão que eu. Isso aí é a última profissão que a gente deve ter, mas a única opção de vida que eu tive foi trabalhar como camelô.

É essa perspectiva do trabalho como horizonte de acesso a direitos que parece cada vez mais uma referência que se desmancha. O trabalho informal, a falta de registro e a ausência de carteira de trabalho são encarados com mais naturalidade pelas novas gerações. Trata-se de outra concepção das relações de trabalho, mais individualizada e subjetivada, menos pautada em mediações coletivas[9].

Ricardo, ex-sacoleiro

Ricardo[10], 52 anos, casado e pai de dois filhos, não tem uma longa trajetória de trabalho como vendedor ambulante, mas passou por atividades

---

[9] Luís Antônio Machado da Silva, "Da informalidade à empregabilidade: reorganizando a dominação no mundo do trabalho", *Caderno CRH*, n. 37, jul./dez. 2002, p. 81-109.

[10] Entrevista realizada em setembro de 2006.

66 • Saídas de emergência

diretamente vinculadas à dinâmica do comércio de rua. Nasceu em São Paulo, em 1954, de pais espanhóis. O pai era pintor de artigos religiosos e a mãe, dona de casa. Embora não tenha feito o ensino superior, Ricardo teve uma boa formação escolar e começou a trabalhar ainda jovem como vendedor, numa loja de discos.

Desde o começo de sua trajetória de trabalho, Ricardo desempenhou diversas atividades. No início da década de 1970, em plena época do milagre econômico e da ditadura militar, trabalhou na Companhia de Força e Luz de São Paulo, uma empresa estatal controlada por militares. Era um ótimo emprego, com bom salário e estabilidade, mas para Ricardo, que era meio anarquista, a disciplina imposta pelos militares era constrangedora. Pediu demissão com dezenove anos e montou uma empresa com dois amigos. A pequena fábrica de brindes imprimia nome de empresas em canetas, isqueiros etc. A atividade durou seis meses. Por volta de 1974, casou-se pela primeira vez e mudou-se para uma cidade no litoral de São Paulo. Montou uma revendedora de pisos e azulejos e ficou por lá um ano. Voltou para São Paulo e começou a trabalhar como vendedor de planos de saúde na Golden Cross, de biscoitos na Pirâque e de sistemas de contabilidade (cartões perfurados) na Zornita. Separou-se da primeira mulher e casou-se novamente em 1978. Nessa época, decidiu que não seria mais empregado de ninguém e retomou a fabricação de brindes, montando uma gráfica. Em 1982, mudou-se para Atibaia, onde entrou como sócio numa empresa empacotadora de produtos alimentícios. Dois anos depois, vendeu a empresa, mas continuou trabalhando nela como representante de vendas. Antes de voltar para São Paulo, ainda montou com a esposa uma empresa de artigos de festa.

Foi quando retornou à cidade que Ricardo começou propriamente sua ligação com a dinâmica do comércio informal. No fim de 1988, por intermédio de um amigo de infância, ele conseguiu fornecedores e espaço para trabalhar como comerciante na Galeria Pagé, um prédio de oito andares inaugurado em 1963 e dividido em pequenos *boxes* de quatro metros quadrados, no máximo. A galeria está localizada na região da rua 25 de Março, o maior centro de comércio de rua do Brasil, quiçá da América Latina. É famosa por sua variedade de produtos: de eletroeletrônicos e CDs a roupas, tênis e brinquedos. Também é muito conhecida pela distribuição de artigos contrabandeados e mercadorias pirateadas. O acordo que Ricardo tinha com o amigo com quem dividia o *box* era que ele deveria vender produtos nacionais regularizados; isso ajudaria a "limpar" a loja, que então poderia apre-

Viração: o comércio informal dos vendedores ambulantes • 67

sentar notas fiscais. Ricardo decidiu trabalhar com bijuterias e artigos folheados a ouro e prata, como brincos, pingentes, pulseiras, colares etc., enquanto o amigo vendia produtos importados, sobretudo relógios.

No período em que trabalhou na Galeria Pagé, Ricardo acompanhou grandes mudanças de escala nas dinâmicas ali presentes. No fim dos anos 1980, depois que se fixou na galeria, começou a ir ao Paraguai para abastecer os lojistas, tornando-se um pequeno contrabandista, popularmente conhecido como "sacoleiro". Os comerciantes chineses, que ocupavam parte dos *boxes*, indicavam outros comerciantes chineses estabelecidos no país vizinho: "[...] naquela época, todo mundo que quisesse buscar mercadorias tinha emprego, tinha trabalho, né? Pagava-se... Por exemplo, pagava-se meio dólar por peça de relógio que você trazia. E 20%, 25%, 30%, de acordo com a mercadoria que você trouxesse".

Sua esposa cuidava da loja, enquanto ele fazia até duas viagens por semana. Além de abastecer os lojistas da galeria com encomendas, Ricardo passou a contrabandear relógios de pulso: comprava no Paraguai e fornecia o produto aos ambulantes, indo de banca em banca em vários lugares de São Paulo e também do interior. Essa logo se tornou sua atividade principal.

Ricardo ganhou experiência na atividade. Conhecia os melhores fornecedores, com preços mais baixos e boa garantia sobre os produtos. Tinha crédito na praça, fazia negócios a prazo, apenas na base da confiança e da palavra. Também conhecia bem os riscos e a maneira certa de contorná-los, sobretudo para atravessar a fronteira e driblar a fiscalização. O controle era sempre realizado por amostragem, assim a possibilidade de perda das mercadorias era calculada. Quando os ônibus que levavam os sacoleiros caíam no chamado "pente fino", os produtos eram abandonados – prejuízos ocasionais faziam parte do jogo. Ricardo também sabia usar as cotas de importação e os chamados "laranjas" (pessoas contratas para passar as mercadorias pela fronteira). Segundo ele, outros tipos de mercadorias ilícitas, como drogas e armas, não seguiam os mesmos caminhos; os próprios sacoleiros não aceitavam, nem estavam dispostos a assumir os riscos.

Das várias atividades que Ricardo exerceu durante sua trajetória, essa lhe proporcionou os maiores rendimentos. De 1989 a 1994, ele conciliou a loja, as vendas para ambulantes e as viagens ao Paraguai. Quando abandonou a atividade, ela já havia sofrido uma profunda desvalorização. A abertura econômica promovida no governo do presidente Fernando Collor (1990-1992) e o fim da sobretaxa de produtos importados afetaram muito

68 • Saídas de emergência

esse nicho de mercado. Os chineses de quem Ricardo comprava no Paraguai instalaram-se em galerias do centro de São Paulo, e os produtos vinham diretamente para a cidade, sem a necessidade da intermediação dos sacoleiros. Mudaram as mediações do contrabando e as vias pelas quais as mercadorias chegam à cidade, das margens estreitas da Ponte da Amizade, em Foz do Iguaçu[11], para os contêineres do porto de Santos. A partir das importações legais, abriram-se caminhos para as importações ilegais. Aqui entram em cena os contornamentos das restrições alfandegárias: notas fiscais para certo volume de mercadorias e entrada de um número bem maior; declaração de um produto diferente daquele efetivamente transportado etc. O contrabando em si tornou-se uma atividade de altos investimentos, com grandes volumes de mercadorias, infraestrutura (transporte, armazenagem) e manipulação fiscal (fraude, suborno e corrupção). No entanto, no que diz respeito à distribuição das mercadorias, vê-se uma pulverização de agentes que entregam os produtos nas calçadas e nas lojas de galeria, e sobre os quais recaem as políticas de controle, a repressão policial e os grandes riscos envolvidos nessa dinâmica. Portanto, existe certa divisão do trabalho, mas a apropriação dos excedentes gerados, a responsabilização criminal e a punição policial dos agentes envolvidos são desiguais.

Atualmente, essas lojas de galeria funcionam como um "balcão de oportunidades"[12] para os "empreendedores" dispostos a assumir os riscos intrínsecos à circulação e distribuição desses produtos. Os pequenos *boxes* são altamente valorizados e não faltam fornecedores. Além dos consumidores atraídos pelos baixos preços e pela variedade de produtos, ainda se podem fornecer CDs piratas, filmes, *softwares* e games aos vendedores ambulantes, que os revendem nos faróis e nas calçadas. Com mais recursos para investir, pode-se montar uma produtora de CDs piratas; basta comprar vários gra-

---

[11] A pesquisa de Fernando Rabossi ("Dimensões da espacialização da troca: a propósito de mesiteros e sacoleiros em Cidade Del Este", *Ideação*, v. 6, n. 6, 2004, p. 151-76) sobre o comércio ambulante em Cidad Del Este, no Paraguai, mostra os efeitos dessas mudanças no país vizinho. Segundo o autor, o comércio de Cidad Del Este, altamente dependente da atividade dos sacoleiros, entrou em decadência a partir de meados da década de 1990 por causa do desvio de alguns fluxos econômicos que passavam pela região. Vemos que se trata dos mesmos atores presentes nos centros de comércio de São Paulo, que antes estavam no Paraguai e depois se mudaram para a cidade: libaneses e chineses.

[12] Vincenzo Ruggiero, *Crime and Markets: Essays in Anti-Criminology* (Oxford, Oxford University Press, 2000).

Viração: o comércio informal dos vendedores ambulantes • 69

vadores e matrizes e informar-se sobre os melhores provedores e senhas de acesso para baixar as fontes da internet, e tudo isso com assistência técnica. Também é possível ser representante de vendas de tênis de marca, como Nike, Reebok, Puma, Fila (contrabandeados, falsos ou de segunda linha, nunca se sabe ao certo). O vendedor pode oferecê-los em qualquer lugar por meio de catálogo e buscá-los apenas quando as encomendas forem realizadas. Enfim, há toda uma diversidade de atividades em torno das lojas de galerias.

Ricardo permaneceu algum tempo na Galeria Pagé, depois se mudou para o Shopping Oriental, nas proximidades. Não fazia mais contrabando, apenas distribuía as mercadorias que eram fornecidas a sua loja. Tornou-se muito próximo dos ambulantes: eram seus maiores clientes e, quando eram impedidos de trabalhar, as vendas de Ricardo caíam. Ele chegou a ter um ponto de camelô em frente à Galeria Pagé. Em 2000, deixou de atuar como distribuidor, vendeu a loja e foi trabalhar com o filho, apresentando recursos contra multas de trânsito. Dois anos depois, por sua experiência com o mercado dos ambulantes, aproximou-se do Sindicato dos Trabalhadores da Economia Informal (Sintein). Em 2006, quando foi entrevistado, era um dos dirigentes do sindicato.

Alencar: camelôs e política

Alencar[13], 44 anos, casado e pai de três filhos, é dono de uma modesta banca no Brás. Muito conhecido entre os ambulantes da região, é uma liderança com papel importante na história política recente da cidade. De uma família de sete irmãos, perdeu a mãe quando tinha dez anos; o pai vendia produtos de porta em porta. Alencar estudou até a sétima série e saiu de casa aos doze anos. Sempre esteve envolvido com atividades informais: quando adolescente, trabalhava com sucata e entulhos em Santo André, na região metropolitana de São Paulo.

Começou a trabalhar no Brás em 1987, aos 24 anos, longo depois que se casou com a namorada, que tinha dezesseis anos e estava grávida de seu primeiro filho. No princípio, vendia sapatos um por um, carregando-os nas mãos, até conseguir estabelecer um ponto fixo. Com pouco tempo de atividade, já participava ativamente das questões políticas que envolvem os

---

[13] Entrevista realizada em dezembro de 2007.

70 • Saídas de emergência

vendedores ambulantes. Faz questão de lembrar que na posse da prefeita Luiza Erundina, em 1989, o ex-presidente Luiz Inácio Lula da Silva disse: "É melhor você vender um churrasquinho numa esquina do que pegar um revólver para assaltar". Foi durante o governo de Erundina que 27 pessoas, entre elas Alencar, fundaram o Sintein. O grupo reunia representantes de ambulantes de diversos lugares da cidade e era fortemente influenciado pelo PT. O objetivo do sindicato era regularizar a atividade do comércio ambulante em São Paulo e pôr fim às extorsões contra os camelôs. Sem apoio na Câmara Municipal, a prefeita tentou construir uma base por intermédio dos movimentos sociais e contava com parte dos ambulantes. Afastou fiscais corruptos da administração anterior e distribuiu TPUs.

O PT não conseguiu reeleger seu candidato, e a gestão seguinte foi de Paulo Maluf (1993-1996). As administrações regionais da prefeitura e, por meio delas, a fiscalização de uso e ocupação do solo, os alvarás e licenças de funcionamento e o Departamento de Controle Urbano[14] foram divididos entre os vereadores da base aliada do governo. Um esquema milionário de arrecadação de propinas estruturou-se a partir dos fiscais e passava por alguns administradores regionais, secretários municipais e vereadores. Segundo Alencar, existiam até metas de produtividade para os fiscais em determinadas administrações regionais, e aqueles que não participavam do esquema eram afastados. As ruas teriam sido loteadas, e o número de ambulantes aumentou. Em alguns casos, camelôs que tivessem dinheiro controlavam mais de cinco pontos de comércio na rua, e lojistas também tinham seus pontos. Criou-se em torno da ocupação da rua um verdadeiro mercado imobiliário irregular, baseado na venda de proteção por parte dos fiscais da prefeitura.

As primeiras denúncias foram realizadas pelo Sintein em 1995. Alencar estava à frente das acusações; numa entrevista a uma rádio, descreveu o funcionamento do esquema e apontou os envolvidos. A Câmara Municipal foi investigada, e os acusados, indiciados, mas acabaram inocentados por falta de provas. Nessa época, Alencar foi ameaçado e não se sentia em segurança para continuar trabalhando; além disso, os ambulantes se indispuseram contra ele, porque as denúncias afetavam a estabilidade dos negócios. Apesar da corrupção, muitos apoiavam Paulo Maluf, de modo que este conseguiu

---

14   Popularmente conhecido como Rapa, em alusão à apreensão de mercadorias, é responsável pela fiscalização nas ruas e pela repressão ao comércio ambulante.

Viração: o comércio informal dos vendedores ambulantes • 71

eleger seu candidato, Celso Pitta, e mesmo vereadores acusados foram reeleitos, já que o dinheiro das propinas financiou suas candidaturas.

Em 1998, durante a gestão de Celso Pitta (1997-2000), o Sintein encaminhou novamente as denúncias ao Ministério Público. Dessa vez, preparou um dossiê que reunia provas contra a chamada "máfia das propinas". A motivação era o fato de que a prefeitura havia intensificado a repressão ao comércio ambulante. Em vários lugares da cidade, os ambulantes eram impedidos de trabalhar, o que provocava muitos atos e manifestações de resistência e confrontos com a polícia. Mas a repressão não era generalizada: o jogo de tolerância e repressão obedecia à disputa pelo controle do mercado de proteção que se criou em torno da atividade dos ambulantes. As operações de coibição ocorriam especificamente naqueles lugares que não estavam sob o controle dos vereadores da base aliada do governo ou onde eles enfrentavam mais resistência. Essas operações dependiam das alianças com as associações e os sindicatos que representavam os ambulantes de cada localidade.

Um dos dirigentes do sindicato, acompanhado por um promotor de justiça, apresentou as denúncias ao vivo, num jornal de uma emissora de TV. Alencar achou a ação arriscada e não participou. Também decidiu se afastar da região do Brás por algum tempo. Quinze dias depois da entrevista, a casa desse dirigente do sindicato foi invadida e ele levou quatro tiros no peito, mas foi socorrido e sobreviveu. O caso teve ampla repercussão e vários políticos da oposição se mobilizaram para apurar o ocorrido. A partir de então, Alencar participou ativamente das investigações contra a "máfia das propinas". Reconheceu o suspeito de ter feito os disparos – figura já conhecida entre os ambulantes – e denunciou-o à polícia. Em março de 1999, depois de várias tentativas frustradas, a oposição instaurou uma Comissão Parlamentar de Inquérito que ficou conhecida como a "CPI da máfia das propinas". O Ministério Público fez investigações em paralelo. O testemunho de Alencar foi peça-chave para a cassação e a prisão de vereadores, secretários e fiscais da prefeitura. Ambulantes de várias regiões da cidade procuraram Alencar para oferecer denúncias e provas sobre o caso.

Quando o caso perdeu repercussão na mídia, a reação contra o Sintein foi violentíssima. A sede do sindicato foi invadida e completamente destruída, tanto que teve de se mudar. Por causa das prisões a que levaram as denúncias e os testemunhos na CPI e no Ministério Público, sete membros do sindicato foram assassinados.

Eu perdi a Sandra, que foi envenenada dentro de casa, [era] ela quem ficava comigo. O finado Reinaldo morreu baleado. O finado Cícero morreu baleado. A máfia não acaba, quem quiser acabar com a máfia não acaba. Ela tem um controle... Pode ser o que for, pode entrar e sair prefeito, mas com a máfia não [se] acaba não. Ela acaba aqui, mas começa em outro setor.

O sindicato quase fechou as portas por medo de prosseguir suas atividades. O último assassinato teria ocorrido em 2005. Alencar teve de recorrer ao serviço de proteção a testemunhas do Estado de São Paulo de 2000 a 2004. Durante esse período, passou por diversos lugares. Quando retornou à cidade, decidiu trabalhar no Brás, no mesmo local de antes, e foi cabo eleitoral nas eleições.

Alencar teve o apoio de José Eduardo Cardozo, hoje ministro da Justiça. Na época, ele era vereador e foi presidente da CPI da máfia das propinas. Como descreve em seu livro[15], ela foi um caso de grande importância na história política recente da cidade. Segundo ele, a partir dessa CPI, que desarticulou a base tradicional de políticos da cidade, a oposição ganhou força e conseguiu eleger Marta Suplicy para prefeita.

No entanto, a CPI não acabou com o mercado de proteção que se desenvolve em torno do comércio ambulante de São Paulo. As disputas pelo controle dos principais pontos de concentração de ambulantes ocorrem em toda a cidade e geram oportunidades (venda de proteção) para quem controla esses espaços: compra-se proteção para se instalar como ambulante e paga-se para garantir certa normalidade e permanência nos negócios. O mercado de proteção se baseia na prática da extorsão e na corrupção dos agentes do Estado. As articulações e alguns agentes mudaram, outros permaneceram.

A atuação dos sindicatos e associações que dizem representar os vendedores ambulantes é fortemente dividida. Segundo os próprios ambulantes, há pelo menos quatro sindicatos em São Paulo, cada qual com uma área de predominância na cidade, e mais de 160 associações de ambulantes, com maneiras específicas de atuar, alianças e bases de apoio próprias. Eles negociam diretamente com a prefeitura quando há conflito e organizam manifestações em caso de confronto. Acabam atuando na gestão dos espaços de alta concentração de ambulantes ou controlando diretamente a ocupação

---

[15] José Eduardo Cardozo, *A máfia das propinas: investigando a corrupção em São Paulo* (São Paulo, Fundação Perseu Abramo, 1996).

dos pontos. Também negociam os limites toleráveis no mercado de proteção, denunciando agentes da autoridade pública quando a extorsão é excessiva. Como diz Alencar: "A corrupção sempre existiu e não vai acabar nunca. Agora, tem que ter um controle".

Vemos ainda um papel expressivo desses sindicatos e associações na reprodução do sistema político. A troca de apoio político é um ativo importante no jogo de tolerância e repressão. Essas ligações com o comércio informal não refletem uma ausência ou um excesso da ação estatal, mas antes uma configuração da relação do Estado com o desenvolvimento econômico que tem a ver com a forma de reprodução do sistema político. Segundo Bruno Lautier[16], a ilegalidade cria uma situação de precariedade, gerando dependência e individualização dos comportamentos propícios à perpetuação das formas clientelistas ou paternalistas de poder. A relação clientelista de sindicatos e associações de ambulantes com políticos e agentes do poder público faz parte da gestão das ilegalidades presentes nessas dinâmicas urbanas. E é nesse contexto que ocorrem as disputas pela apropriação dos excedentes gerados pelo comércio informal dos ambulantes nas ruas.

---

[16] Bruno Lautier, "Os amores tumultuados entre o Estado e a economia informal", em *Contemporaneidade e Educação*, ano 2, n. 1, 1997.

3
CAMINHOS CRUZADOS: MIGRANTES BOLIVIANOS E O TRABALHO INFORMAL NA INDÚSTRIA DE CONFECÇÕES EM SÃO PAULO

Carlos Freire da Silva

Este texto discute a situação de trabalho dos bolivianos no setor de confecções em São Paulo. Procuramos analisar como as mudanças que ocorreram nesse setor colaboraram para que o fluxo migratório assumisse as dimensões e as características que tem hoje. A indústria de confecções é um dos setores mais tradicionais da indústria de transformação da cidade e tem uma relação histórica com o processo de urbanização de partes das zonas leste e norte. Também está entre aqueles que mais empregam mão de obra no município. No fim dos anos 1980 e, principalmente, no decorrer dos anos 1990, a produção de vestuário passou por um processo de transformação profunda, com a intensificação das terceirizações na gestão da mão de obra. O número de empregos formais diminuiu de maneira drástica, passando de 180 mil em 1988 para apenas 80 mil em 2000[1]. Esses números não refletem uma perda de dinamismo do setor, uma suposta transferência em massa das empresas ou da cidade, nem mesmo algum tipo de implemento tecnológico poupador de mão de obra. Ainda hoje, esse é um dos segmentos da indústria de transformação que mais emprega na cidade e foi um dos que mais se destacaram nos últimos anos: São Paulo concentra um terço da produção nacional e constitui um dos maiores aglomerados mundiais do setor[2]. Assim, oficinas de costura que prestam serviços terceirizados a confecções do Brás e do Bom Retiro (regiões mais próximas do

---

[1] Marcio Pochmann, *Atlas da exclusão social: os ricos no Brasil* (São Paulo, Cortez, 2004).

[2] Branislav Kontic, *Inovação e redes sociais: a indústria da moda em São Paulo* (Tese de Doutorado, São Paulo, Depto. de Ciências Sociais da FFLCH, USP, 2007).

76 • Saídas de emergência

centro da cidade, onde se concentram as empresas formalmente constituídas) difundiram-se pela periferia da cidade, sobretudo em partes específicas das zonas leste e norte, fazendo aumentar o peso de trabalho informal no setor.

Podemos falar em uma afinidade entre o crescimento do mercado de trabalho informal e o crescimento das imigrações irregulares. Em primeiro lugar, esses imigrantes têm um espaço de atuação restrita no mercado e suas oportunidades de inserção na vida econômica das cidades que os recebem costumam ser limitadas; em segundo lugar, a reestruturação das atividades produtivas fez crescer a demanda por trabalhos mal remunerados e abaixo das restrições trabalhistas, nos quais os imigrantes sem documentos são empregados em geral; e, por fim, o aumento da circulação mundial de pessoas, mercadorias e dinheiro criou uma série de oportunidades para negócios baseados nessas transações transnacionais e nas vantagens comparativas entre os países.

No Brasil, o tema das imigrações clandestinas ainda é pouco discutido, até porque o país envia mais migrantes do que recebe[3]. A relação com o mercado de trabalho informal só foi pensada do ponto de vista das migrações internas e da formação de um excedente de mão de obra nacional nos processos de urbanização. No entanto, em grandes cidades como São Paulo, a imigração irregular e a inserção desses grupos em mercados informais começa a ganhar importância, mesmo num contexto em que existe um amplo excedente de mão de obra nacional. O fato é que muitas das questões apresentadas acima começam a assumir dimensões urbanas relevantes para a cidade, como no caso dos imigrantes bolivianos.

Desde meados dos anos 1980 intensificou-se o fluxo de imigrantes bolivianos para São Paulo. Eles se tornaram rapidamente o maior grupo de imigrantes latinos na cidade. Essas imigrações não podem ser explicadas apenas pelas diferenças econômicas entre Brasil e Bolívia; isso não explica o porquê de certos destinos ou a ligação com atividades específicas. No caso dos bolivianos, podemos notar que a imigração mais recente está estreitamente vinculada ao circuito das confecções. A hipótese considerada aqui é de que as mudanças no setor de confecções deram o impulso para que esse fluxo imigratório ganhasse o peso que tem hoje. Há uma relação entre as

---

[3] Neide Patarra, "Migrações internacionais de e para o Brasil contemporâneo: volumes, fluxos, significados e políticas", *São Paulo em Perspectiva*, v. 19, n. 3, jul./set. 2005, p. 23-33.

mediações utilizadas pelos imigrantes para deixarem seu país e sua vinda a São Paulo para atuar no setor de confecções. Esses imigrantes não são imigrantes que, já aqui, são empregados por coincidência nas confecções. Eles já vêm da Bolívia com um destino certo de trabalho. Ou vêm atrás de familiares que já trabalham com costura, ou os próprios donos de oficinas de costura tratam de sua viagem. Podemos dizer que a intensificação desse fluxo migratório está associada às mudanças no setor das confecções em São Paulo e acompanha seu desenvolvimento recente, ou seja, é pelas vias desse circuito e pelas redes que se estruturam a partir dele que se faz, em parte, a mediação pela qual ocorre essa grande afluência.

Agenciamentos migratórios: circuitos cruzados

Rosa, quarenta anos, é boliviana e chegou ao Brasil no fim da década de 1980. Estabeleceu-se no Brás nos primórdios dessa grande afluência de imigrantes bolivianos. Seu irmão já estava aqui, foi o primeiro da família a vir para a cidade de São Paulo. Ele chegou alguns meses antes, atraído por um anúncio de emprego numa fábrica de chinelos que viu ainda na Bolívia. Contratando a viagem irregular e pagando aos atravessadores, o emprego estava em tese garantido. Já na capital paulista, depois que procurou pelo endereço que lhe deram, descobriu que o anúncio era falso, não havia emprego em nenhuma fábrica de chinelos. Tratava-se de um golpe. Desempregado, sem dinheiro para voltar e sem referências numa cidade desconhecida, ele teve de morar nas ruas do centro. A saída dessa situação surgiu por aquele que depois viria a ser o marido de Rosa, um compatriota que ele conheceu na rua e que o convidou para tentar um emprego na oficina de costura de coreanos onde trabalhava, no Brás.

Nascida na região de Cochabamba, Rosa trabalhava no campo com os pais antes de mudar-se para a cidade. Com o irmão no Brasil, ela viu a possibilidade de imigrar e, aqui, conseguir conciliar o estudo com o trabalho nas confecções. O modo como chegou ao país foi bem diferente de seu irmão. A imigração foi agenciada pelos coreanos para quem ela trabalharia, ou seja, sua viagem foi financiada por seus futuros empregadores. Primeiro, ela partiu para Santa Cruz, onde pegou um trem até Puerto Suarez; lá, atravessou a fronteira com o Brasil e, em Corumbá, pegou um ônibus até São Paulo. Sua jornada durou quinze dias. Nos primeiros meses, ela trabalharia apenas para pagar a viagem. Nesse período, também aprenderia

78 • Saídas de emergência

a trabalhar com costura, já que não tinha experiência com o ofício. Segundo ela, a intermediação dos coreanos não teria o Brasil como único destino: a migração clandestina de bolivianos também tem se dirigido para a Argentina e até mesmo para a Europa.

Desde que chegou a São Paulo, Rosa nunca conseguiu realizar seu objetivo de estudar e completar sua formação básica. Estabeleceu-se no Brás com o irmão; trabalhavam e moravam no mesmo lugar, pagando aluguel para os coreanos. As jornadas eram de doze a quinze horas por dia, às vezes mais. Na oficina em que trabalhava, Rosa conheceu seu marido. O casal lançou-se então num empreendimento familiar e montou sua própria oficina de confecção. Depois de pagar aluguel na região do Brás, compraram em sociedade com a família do irmão um terreno no distante distrito de Guaianases, longe, porém barato e ainda dentro do perímetro de circulação das encomendas de costura. O pai de Rosa, pedreiro, veio da Bolívia para construir as casas. No fundo do terreno, foi construído um cômodo para o funcionamento da oficina de costura. Investiram na compra de máquinas de costura, mas também contaram com máquinas emprestadas pelos próprios coreanos. No fim da década de 1990, mudaram-se do Brás para Guaianases.

Outros bolivianos trabalhavam na oficina, além dos parentes de Rosa. Foram trazidos diretamente da Bolívia. Em 2004, quando a visitamos, havia oito pessoas. Jovens entre vinte e trinta anos, de ambos os sexos, todos morando na própria oficina; sua chegada ao país variava de quatro meses e dois anos. Poucos sabiam falar algumas palavras em português. Entre estes, Renato, que já havia estado em São Paulo em outra ocasião, disse que chegou a trabalhar nos mais diferentes tipos de emprego na Bolívia: pedreiro, mecânico, eletricista etc., mas, desde que chegou ao Brasil, nunca conseguiu se empregar fora do setor de confecções. Seu plano era permanecer mais alguns meses para juntar dinheiro e voltar para a Bolívia. Um outro, Ronaldo, pregava bolsos de calças numa máquina de costura. Disse que estava aprendendo, ainda não sabia trabalhar na máquina de overloque, em que o preço pago por peça costurada era maior. Estava no país havia apenas quatro meses e não tinha experiência anterior com esse tipo de trabalho na Bolívia.

Esses caminhos e seus agenciamentos estão presentes em muitas trajetórias de imigrantes bolivianos que vivem em São Paulo. Os casos de Rosa e das pessoas que ela trouxe para trabalhar em sua oficina mostram um mecanismo que confere toda uma particularidade a esse processo migratório em que se associam viagem, trabalho e moradia.

Caminhos cruzados: migrantes bolivianos e o trabalho informal na indústria • 79

As estimativas sobre o número de imigrantes bolivianos na cidade variam muito e são bastante imprecisas. Enquanto a Pastoral do Migrante e o Centro de Apoio ao Migrante estimam algo entre 60 e 80 mil imigrantes bolivianos, os jornais chegam a cogitar 150 mil pessoas. As informações oficiais datam ainda do censo demográfico de 2000 e seriam apenas 7722 pessoas[4]. Mesmo para esse período, os dados oficiais do censo parecem subestimar o total da população boliviana na cidade, o que aponta para as dificuldades para mensurar o fenômeno da imigração irregular. Assim como o trabalho informal, a imigração irregular não parece ser facilmente enquadrada pelas categorias estatísticas. O fato é que esse fluxo migratório já ganhou dimensões urbanas relevantes, a ponto de chamar a atenção para os aspectos qualitativos dessa dinâmica.

O fluxo migratório de bolivianos para a cidade de São Paulo teve início ainda na década de 1950. Nessa época, as características da migração eram muito diferentes. Os primeiros imigrantes bolivianos eram estudantes que vinham completar seus estudos e acabavam ficando na cidade como profissionais liberais. Muitos vieram por motivos políticos, pelas sucessivas crises governamentais e intervenções militares que o país enfrentou entre 1960 e 1970. Portanto, esses primeiros imigrantes tinham um perfil diferente dos mais recentes, além de serem em quantidade menos expressiva. A maioria era de classe média, com formação superior, e muitos se destacaram aqui como médicos, dentistas, contadores e advogados. A própria possibilidade de inserção no mercado de trabalho brasileiro também era outra, pois o país passava por um momento de crescimento industrial vigoroso. A partir de meados dos anos 1980, o perfil dos imigrantes bolivianos começa a mudar, passando para um padrão de mão de obra pouco qualificada, em busca de trabalho e em quantidade bem maior, que ingressa no país de forma clandestina.

As transformações econômicas na década de 1980 na Bolívia ajudam a entender a mudança de perfil dos imigrantes. Segundo Sidney A. da Silva, dois fatores teriam colaborado para intensificar as emigrações: a crise no setor mineiro, principal atividade econômica do país que acabou gerando certa desproletarização do mercado de trabalho; e uma reforma agrária cujo efeito foi a evasão do campo e o inchaço das cidades num processo de urbanização que não foi acompanhado de industrialização e de um mercado de

---

[4] Fonte: Censo 2000, FIBGE.

80 • Saídas de emergência

trabalho estável[5]. Para ele, foi nesse período que a população urbana ultrapassou a população rural na Bolívia; mas como as cidades não ofereciam muitas perspectivas (altos índices de desemprego e instabilidade econômica), muitos bolivianos começaram a emigrar. De fato, a Bolívia se tornou um país fornecedor de migrantes. A emigração ganhou tamanho peso no país que hoje se estima que 20% da população viva no exterior; de acordo com o Ministério das Relações Exteriores da Bolívia, o país teria 8 milhões de habitantes e 2 milhões de migrantes espalhados pelo mundo[6].

No entanto, essas mudanças internas não são suficientes para explicar o processo migratório; não se trata apenas das diferenças econômicas da Bolívia em relação aos países que recebem seus migrantes. No caso de São Paulo, isso não explicaria as particularidades da migração atual, a vinculação dos bolivianos a um setor específico de mercado e até o padrão de dispersão desses bolivianos pela cidade. É importante levar em conta quais condições em São Paulo criaram os canais específicos para a atuação desses imigrantes na cidade. Nesse sentido, os caminhos cruzados entre a migração boliviana e a migração coreana parecem ter desempenhado um papel importante.

Segundo a historiadora Keum Choe, os primeiros coreanos vieram para o Brasil em 1962, depois de um acordo entre os dois governos[7]. A princípio, viriam para trabalhar no campo, mas muitos logo se mudaram para São Paulo. Na cidade, trabalharam primeiro no comércio varejista; à medida que o fluxo migratório crescia, muitos passaram para o setor de confecções, produzindo artigos de vestuário populares. Alguns já trabalhavam nesse

---

[5] Sidney A. da Silva, *Costurando sonhos: trajetória de um grupo de imigrantes bolivianos que trabalham no ramo da costura em São Paulo* (São Paulo, Paulinas, 1997).

[6] O discurso de Evo Morales na edição comemorativa dos cinquenta anos da imigração boliviana para São Paulo da revista do Centro Pastoral do Migrante é bem significativo em relação ao peso que a emigração tem para o país: "*Mais da metade dos bolivianos tem algum parente que vive no estrangeiro.* Sabemos que vocês são reconhecidos pela honestidade e pelo trabalho, por isso quero expressar meu reconhecimento e minha admiração por seu trabalho. Obrigado, bolivianas e bolivianos por levar com orgulho, valentia e dignidade o nome da nossa querida terra. Não duvidem do nosso esforço. Da Bolívia, continuaremos trabalhando, lutando para que seus direitos sejam reconhecidos em todo o mundo, queridos irmãos e irmãs" (grifo meu).

[7] Keum Choe, *Além do arco-íris: a imigração coreana no Brasil* (Dissertação de Mestrado, Depto. de História da FFLCH, USP, São Paulo, 1991).

Caminhos cruzados: migrantes bolivianos e o trabalho informal na indústria • 81

setor antes de deixar seu país: "[...] quando os imigrantes da década de 1970 chegaram, trouxeram consigo capital. Alguns daqueles que trouxeram uma quantidade maior de capital se estabeleceram desde logo no ramo de confecções, dando continuidade aqui ao que faziam na Coreia"[8].

O sucesso do grupo foi expressivo, pois contavam com um sistema próprio de financiamento[9] e relações privilegiadas com empresários da Coreia do Sul, atuando depois como importadores de tecidos sintéticos[10]. Além disso, utilizavam mão de obra irregular, empregando os próprios compatriotas que chegavam à cidade. A Argentina também foi destino dos imigrantes coreanos e lá muitos também se estabeleceram na produção de vestuário. O governo brasileiro chegou a impor restrições à migração coreana na década de 1970, mas muitos entraram clandestinamente pela Bolívia – e alguns até se estabeleceram por lá, também no setor de confecções. Segundo Choe, havia até agenciadores coreanos, os chamados *brokers*, que garantiam as condições de viagem e, sobretudo, a passagem pela fronteira entre Bolívia e Brasil[11]. Mas o Brasil também serviu de escala para muitos coreanos que tinham os Estados Unidos como destino final. Mesmo longe, os coreanos mantêm os vínculos com sua terra natal: valem-se do desenvolvimento da indústria têxtil e da indústria de máquinas de confecção coreanas, assim como do financiamento baseado no sistema Kye, para se estabelecer nos principais centros de produção de vestuário do mundo.

O fato é que esses dois fluxos de migrantes, que em momentos distintos se dirigiram para a cidade de São Paulo, cruzam-se e articulam-se em torno do desenvolvimento do setor de confecções. O circuito que serviu a princípio para a migração dos coreanos foi utilizado também para a migração dos bolivianos, cada qual com lugares distintos na cadeia produtiva. Vemos a formação de agenciamentos que cruzam fronteiras, concentram-se na cidade

---

[8] Ibidem, p. 98.

[9] "Na base das atividades dos coreanos no Brasil existe o Kye, que é uma forma de assistência mútua, um tipo de consórcio financeiro, transplantado da Coreia para o Brasil. O Kye sempre foi considerado parte integrante da vida do povo coreano. É uma formação cooperativa tão impregnada na cultura coreana que existe onde quer que haja uma colônia coreana" (ibidem, p. 151).

[10] Branislav Kontic, *Aprendizado e metrópole: a reestruturação produtiva da indústria do vestuário em São Paulo* (Dissertação de Mestrado, São Paulo, Depto. de Ciências Humanas da FFLCH, USP, 2001).

[11] Keum Choe, *Além do arco-íris...*, cit., p. 111.

82 • Saídas de emergência

e põem em movimento dinâmicas que se formam em torno da produção do setor. Os coreanos despontaram sobretudo na década de 1990; são considerados atores fundamentais na reestruturação desse setor que, após a estagnação econômica dos anos 1980, a competição resultante da abertura econômica e um começo de década ruim sob o governo Collor, já vinha em processo de mudança[12]. A indústria de vestuário se reergueu e assumiu papel de destaque na economia do município, sendo hoje um dos setores que mais agrega valor na indústria de transformação da cidade[13]. Do mesmo modo, foi justamente nesse período que houve um grande salto na migração de bolivianos, acompanhando as oscilações do mercado.

Hoje, a migração de bolivianos ganhou densidade e dinâmica própria, mas continua muito vinculada às confecções. Os coreanos não são os únicos a se valer do trabalho das oficinas de costura dos bolivianos; eles prestam serviços de costura terceirizada a praticamente todos os segmentos da indústria de confecções e aos grupos que atuam como produtores, como judeus, libaneses, brasileiros e os próprios bolivianos. Aqueles que já se estabeleceram na cidade funcionam como referência e apoio para que outros venham. Quando conseguem montar sua própria oficina, mobilizam redes de proximidade para trazer parentes, amigos e conhecidos para trabalhar com costura. Em alguns casos, os donos das oficinas aproveitam o período de baixa das encomendas para visitar sua terra natal e, quando há necessidade de expandir a produção de suas oficinas, voltam com mais pessoas.

Assim, de alguma forma a viagem é mediada. É raro alguém que venha sem saber que lugares deve procurar e que contatos deve estabelecer. Os imigrantes entram irregularmente pela fronteira ou com documentos falsos, ou com visto de turista, e em geral já vêm com indicações sobre o local de trabalho. Há todo um mercado irregular criado para facilitar a imigração clandestina, responsável pela falsificação de documentos, compra de vistos ou corrupção de fiscais de fronteira. Esse mercado irregular se forma justamente por causa da dificuldade de imigrar de maneira regular e transforma-se em mais um nicho de exploração econômica. Os

---

[12] Branislav Kontic, *Aprendizado e metrópole...*, cit.; Renato Garcia e Juan Cruz Moreira, "O complexo têxtil-vestuário: um *cluster* resistente", em Álvaro Comin (org.), *Caminhos para o centro: estratégias de desenvolvimento para a região central*, cit.

[13] Idem, *Inovação e redes sociais...*, cit.

custos com as passagens, a travessia da fronteira e a viagem até a cidade de São Paulo exigem recursos e investimentos. Na maioria dos casos, estes são providenciados pelos futuros empregadores em troca dos primeiros meses de trabalho.

Os agenciamentos que vemos em torno da imigração boliviana articulam lugares distintos através da fronteira política, contornam as regulamentações do Estado e criam canais de circulação de pessoas, mercadorias e dinheiro. Tais agenciamentos têm na cidade de São Paulo um ponto de ancoragem fundamental que é a indústria de confecções. Podemos dizer que são formas particulares de circulação que se conectam com formas específicas de produção, uma mobilidade que é acionada pela demanda por trabalho subcontratado, característico desse setor da indústria paulistana. Por um lado, esses agenciamentos facilitam o processo de imigração, estabelecendo mediações para que ela ocorra; mas, por outro, envolvem riscos que se distribuem desigualmente. Os imigrantes sem documentos vivem sob a ameaça constante da imigração irregular em si, o que os deixa em situação frágil, sem muita possibilidade de se defender da exploração extrema de seu trabalho, sujeitos a multas e deportação; e seus empregadores diretos podem pagar multa ou até ser presos pelas condições em que mantêm seus empregados e responsabilizados pela promoção da imigração irregular.

Transformações da indústria e a inserção dos migrantes bolivianos

Como dissemos, a indústria de confecções sofreu um processo de reestruturação em que houve uma descentralização da confecção dos artigos de vestuário. A produção passou a depender da interação entre empresas com características distintas e *status* desiguais no mercado, na qual o controle dos momentos estratégicos da produção é o que estabelece uma hierarquia entre elas. As empresas confeccionistas formalmente constituídas do Brás e do Bom Retiro reduziram suas plantas industriais e concentraram-se na criação, modelagem, corte e comercialização do produto final. A costura, etapa mais intensiva do trabalho, foi terceirizada. As empresas confeccionistas abandonaram o padrão de produção em grande escala de uma mesma série de artigos e adotaram a terceirização como estratégia de gestão de mão de obra para lidar com uma produção diversificada, de séries em menor escala que mudam constantemente, conforme as tendências da moda.

84 • Saídas de emergência

Nesse processo, houve uma proliferação de oficinas de costura informais nos bairros em que viviam ex-operárias das fábricas; elas montaram suas oficinas como alternativa ao desemprego. Por meio das encomendas de costura, estabeleceu-se uma dinâmica que vincula muito concretamente o Brás e o Bom Retiro a alguns bairros das zonas leste e norte da cidade. As mulheres se organizam entre si e mobilizam suas redes para dar conta dos pedidos e tentar garantir encomendas futuras, o que define um perímetro urbano por onde circulam essas mercadorias. A inserção maciça dos bolivianos na indústria de confecções ocorre justamente por meio dessas encomendas de costura.

Um dos fatores que ilustram essa relação expressa-se na coincidência dos lugares onde eles se concentram e das redes por que passa esse circuito. A região do Brás e do Bom Retiro, onde se localiza a maioria das fábricas de roupas da cidade, concentra a maior parte desse grupo de imigrantes. Suas oficinas de costura não são exatamente vizinhas dessas empresas, mas ficam em áreas próximas ou bairros adjacentes (como Belenzinho, Cambuci, Pari e Canindé, onde o aluguel é mais barato) e em áreas de cortiços e prédios ocupados da região central da cidade. Também estão presentes na periferia, em bairros que têm uma relação histórica com os primeiros polos industriais da cidade e concentram as ex-costureiras das fábricas. Destaca-se, em especial, a zona leste: as encomendas de costura circulam entre as oficinas dos bolivianos e das ex-operárias das fábricas, nos distritos de Penha, Itaquera, Guaianases, Lajeado e Cidade Tiradentes. Além disso, estão presentes na zona norte, nos bairros da Casa Verde, Vila Maria e Vila Guilherme. Durante esta pesquisa, foram citados vários lugares onde há grandes concentrações de bolivianos, todos com alguma ligação com o circuito têxtil. Na região de Guaianases, por exemplo, mais especificamente no distrito de Lajeado, a presença de imigrantes bolivianos é tão significativa que um de seus bairros é conhecido como "o bairro dos bolivianos". Vemos isso acontecer também na região metropolitana, como em Guarulhos e Santa Isabel, e mesmo no interior do Estado, como em Bauru e Americana, acompanhando a dispersão da indústria de confecções. São redes que, além de mediar a imigração, também articulam trabalho e moradia.

Em relação à dinâmica das encomendas e do ritmo de trabalho, as oficinas de costura dos bolivianos não diferem muito das oficinas de costura das ex-operárias das fábricas. Assim como elas, recebem o tecido cortado e têm prazo para confeccionar as peças. São remunerados de acordo com a

Caminhos cruzados: migrantes bolivianos e o trabalho informal na indústria • 85

produtividade, e o volume das encomendas é flutuante. A capacidade de agregar outras pessoas para garantir que as encomendas sejam entregues no prazo e com a qualidade necessária é o que caracteriza essa dinâmica e dá um aspecto urbano a essas formas de mobilização do trabalho. É plausível que as oficinas de bolivianos trabalhem por preços menores e aceitem prazos mais curtos, mas não foi possível averiguar essa hipótese durante nossa pesquisa. Não nos parece possível associar o trabalho das oficinas dos bolivianos apenas à produção de roupas populares, de menor qualidade e valor, distribuídas no comércio ambulante. A maioria das oficinas de costura e empresas confeccionistas trabalha com artigos populares, mas peças de maior valor, ligadas à produção de moda, também circulam em ambos os tipos de oficina. O que pudemos notar em relação às oficinas dos bolivianos é que, diferentemente das outras, a questão do gênero não se coloca da mesma forma: não há predominância de mulheres, os homens também estão presentes e, em alguns casos, parecem ser maioria. Outra grande diferença são as formas de permanência dos trabalhadores nas oficinas e as poucas alternativas dos migrantes ao trabalho com costura.

A comparação entre as trajetórias de dois imigrantes bolivianos pode esclarecer essas diferenças. No primeiro caso, temos Alonso, 44 anos, que reside com sua família no bairro do Brás desde 1984 e foi dono de uma oficina de costura. Veio para a cidade com recursos próprios e não se empregou diretamente nas oficinas de costura, mas sim como mecânico. Sua mulher já estava aqui e trabalhava como empregada doméstica. Não teve problemas para regularizar sua situação no país depois do nascimento de seus filhos. Por indicação de outros bolivianos que já estavam na cidade, ele e a mulher começaram a trabalhar como costureiros na oficina de um coreano. No início dos anos 1990, ele já era dono de sua própria oficina; comprou algumas máquinas, emprestou outras e trabalhava em casa com a esposa. Mas ele nos conta que muitos coreanos e bolivianos saíram do país naquele período. Em 1992, as encomendas diminuíram drasticamente por causa da crise econômica no Brasil. Ele teve de vender parte de suas máquinas e perdeu muito dos bens que tinha conseguido acumular. Deixou a esposa e os filhos na cidade e foi a Buenos Aires para trabalhar como costureiro na oficina de um coreano. A Argentina passava por um momento próspero no setor de confecções e ele conhecia alguns bolivianos que trabalhavam por lá. Ficou um ano e enviava de duzentos a trezentos dólares por mês para a esposa; o câmbio aumentava ainda mais as perspectivas de ganho. O dinheiro que acumulou foi aplicado em sua oficina.

86 • Saídas de emergência

Quando voltou para São Paulo, Alonso retomou as atividades da oficina com sua família. Os negócios iam bem, apesar de algumas empresas não pagarem devidamente pelo serviço, o que o deixava em situação difícil com seus costureiros. Os calotes são comuns nesse circuito e geram um efeito em cascata. Em 1998, porém, Alonso enfrentou outro tipo de problema. Ele recebeu uma grande encomenda:

> Aí chegou um coreano que falou: "Alonso, você tem gente?". "Eu tenho gente, tenho costureiros". "Alonso, eu fiz o negócio da minha vida", era meu amigo esse coreano. "O que você fez?". "Olha, eu tenho que entregar essas 5 mil bermudas", eram 5 mil bermudas, porque ele vendeu uma bermuda, uma unidade, ele vendeu e aí fizeram um pedido de 5 mil. Ele falou: "Vão te pagar as bermudas, eu gostei porque vão ser importadas para a Europa, e eu preciso delas em uma semana". Eu falei: "Poxa vida, eu não tenho condições de fazer 5 mil bermudas em uma semana". "Alonso, faz 4 mil". "4 mil eu posso, eu posso fazer 4 mil, tenho 10 costureiros". "Tá bom, então você vai fazer 4 mil bermudas e mil eu mando costurar em outro lugar." "Olha, hoje eu te pago uma bermuda a 1 real, mas eu vendi a bermuda para aquele cara pelo dobro do preço, e eu não vou ganhar sozinho, se eu te pagava 1 real antigamente, hoje eu vou te pagar 2 pela mesma bermuda". "Poxa, pra mim, ótimo. Poxa, 2 reais. Vamos, então eu faço as 4 mil bermudas, eu faço meus costureiros trabalhar mais." "Toma, Alonso, eu vou te dar um adianto", ele me deu um bom dinheiro de adianto.

Os costureiros também receberiam dobrado (oitenta centavos por peça), mas teriam de trabalhar mais que o habitual para dar conta da encomenda. Houve um primeiro momento de euforia e Alonso levou todos para comemorar o bom negócio. Mas, passados dois dias, os costureiros anunciaram que não trabalhariam mais na oficina, não tinham se acostumado com o serviço e, quando encontrassem outro lugar para trabalhar, sairiam da casa. Depois de discutir com os costureiros, Alonso acertou o que devia aos funcionários e expulsou-os de casa. Ele não conseguiu entregar as encomendas e acabou se endividando com os fornecedores, teve de vender suas máquinas e decidiu abandonar o trabalho com costuras. Agora, dedica-se ao restaurante de comidas típicas bolivianas que montou com a esposa, faz entrega de encomendas entre as oficinas e tem uma barraca de alimentos na feira da praça Kantuta, onde a comunidade boliviana se reúne todos os domingos.

No segundo caso, temos Dolores, 38 anos. Ela está na cidade desde 2003. Depois que se separou do marido, veio para São Paulo com os quatro filhos, que na época tinham entre dois e doze anos, e estava grávida do quinto. Foi uma tia, dona de uma oficina de costura em Guaianases, quem a trouxe. Dolores contraiu uma dívida de 1500 reais para custear a viagem. A princípio, morava em um cômodo da casa da tia, e nove pessoas trabalhavam com ela na oficina. Já tinha experiência com esse tipo de trabalho em La Paz e tinha até um curso técnico de costura, em que aprendeu a lidar com máquinas industriais de diversos tipos. No entanto, não conseguia apresentar boa produtividade. Ganhava entre 130 e 150 reais por mês, enquanto os outros ganhavam mais. Não conseguia conciliar o trabalho e o cuidado com os filhos, sentia-se pressionada pelos colegas e pela própria tia, que a acusava de preguiçosa. Dolores e os filhos não recebiam mais comida e ela teve de comprar um fogão e cozinhar por sua conta. Quando quitou a dívida, depois de um ano e meio de trabalho, resolveu sair da casa da tia. Outra tia, que também morava em Guaianases, ofereceu-lhe de favor uma casa de dois cômodos inacabados.

Sair das oficinas de costura não é uma alternativa fácil para os migrantes bolivianos. A única forma de sustento que Dolores encontrou foi recolher material reciclável no lixo com os filhos. Ela até conseguiu trabalho em outras oficinas de costura na vizinhança, inclusive com brasileiros, mas não podia se dedicar à costura como era exigido. Foi então que sua filha mais velha, com apenas treze anos, começou a trabalhar nas oficinas de costura. Era ela quem garantia a maior parte do sustento da casa e chegou a ganhar uma máquina de costura usada como pagamento. Hoje, com dezesseis anos, continua trabalhando com costura. Outro filho, de treze anos, toma conta de carros por alguns trocados e é responsável por levar os irmãos à escola e buscá-los. Dolores compra retalhos e faz bolsas no tempo livre que tem em casa; sai todos os dias de casa às três horas da manhã para revendê-las na feira da madrugada no Brás, onde vendedores ambulantes vendem produtos no atacado e no varejo e pequenos produtores conseguem distribuir suas mercadorias para revendedores do comércio informal. No fim da tarde, Dolores vende doces como ambulante numa estação de trem. Cestas básicas e a solidariedade dos vizinhos ajudam a garantir o sustento todos os meses.

A capacidade das oficinas de atender às encomendas depende basicamente de sua habilidade para manter os trabalhadores. A forma como elas fazem isso acaba gerando um controle sobre as condições de vida dos empregados. Assim, o que diferencia as oficinas de costura dos bolivianos das oficinas das ex-operárias das fábricas é a maneira como os trabalhadores são recrutados, via migração, e esse controle sobre sua vida. Forma-se um circuito de

88 • Saídas de emergência

dominação e exploração econômica, baseado na relação ampliada entre imigração irregular, moradia e trabalho. E ele começa com o endividamento pelo custeio da viagem, que garante a permanência do imigrante na oficina enquanto a dívida não for quitada. Silva argumenta que esse financiamento estabelece uma relação de dependência entre empregador e empregado, do qual se exige fidelidade – quem abandona o patrão que o trouxe é considerado traidor e ingrato[14]. Segundo ele, o financiamento da viagem criaria tal comprometimento com a permanência na oficina que os empregadores preferem buscar seus trabalhadores diretamente na Bolívia a contratar bolivianos que já estão na cidade.

A condição de imigrante irregular também é um elemento importante nessa relação. Ela dificulta e restringe a mobilidade para outros segmentos do mercado de trabalho, de modo que não há muitas opções, além das confecções ou outros trabalhos informais, como o de vendedor ambulante, que já aparece como a segunda maior ocupação dos imigrantes bolivianos na cidade. Além disso, provoca uma insegurança constante: o imigrante tem medo de transitar pela cidade e ser pego pela polícia, ter de pagar multas ou mesmo ser deportado. Há ainda outros problemas, como a dificuldade para alugar um imóvel, abrir conta em banco e ter acesso aos serviços públicos de saúde e educação. Dentro das oficinas, isso é usado para pressionar o trabalhador a não mudar de emprego. Por fim, a situação de clandestinidade altera as relações de trabalho, porque impossibilita a intervenção de um agente público nos litígios. Assim, os litígios trabalhistas assumem a forma de um conflito pessoal entre empregador e empregado. A dependência dos imigrantes em relação ao patrão é maior por causa de sua situação irregular.

Por último, um dos fatores mais problemáticos dessa relação é os empregados morarem e trabalharem no mesmo lugar, às vezes disputando espaço até com as máquinas de costura. Os patrões oferecem hospedagem, o que, por um lado, facilita a chegada dos imigrantes sem documentos, mas, por outro, amplia as relações de exploração. Há situações em que até a alimentação é fornecida pelo dono da oficina. Isso pode gerar descontos no pagamento ou contar como parte da remuneração, passando por uma das supostas "vantagens" propagandeadas na Bolívia sobre o trabalho em São Paulo. O fato de morar no próprio local de trabalho é muito relevante. Os limites do tempo de trabalho são menos nítidos, há uma confusão entre

---

[14] Sidney A. da Silva, *Costurando sonhos...*, cit., p. 121-4.

Caminhos cruzados: migrantes bolivianos e o trabalho informal na indústria • 89

trabalho e vida doméstica. Às vezes, quando as encomendas são urgentes, o tempo de trabalho é determinado pela resistência física das pessoas. Além disso, os ganhos dependem diretamente do desempenho do trabalhador. Seus rendimentos podem ser afetados tanto pela falta de encomendas quanto por sua baixa produtividade, seja por não ter experiência com costura, seja por estar impossibilitado de trabalhar por motivos de saúde. Essas dificuldades podem significar um novo endividamento. Mesmo quando a moradia não é cobrada, espera-se certa produtividade que compense a hospedagem. É uma relação de trabalho individualizada, que leva em conta o desempenho produtivo de cada um. Portanto, o controle sobre as condições de vida do trabalhador reflete-se diretamente nas formas de controle sobre o trabalho. Nem todos moram em seu local de trabalho, mas essa associação é comum e leva a situações extremas de exploração, por exemplo trabalho forçado e situações análogas à escravidão, como mostram a imprensa e o Ministério Público do Trabalho.

Se no começo as oficinas eram predominantemente de coreanos, hoje elas são predominantemente de bolivianos, embora ainda prestem serviço aos coreanos. Depois de adquirir experiência com os coreanos, os bolivianos abrem suas próprias oficinas e trabalham por encomenda. Às vezes, seus antigos empregadores lhes emprestam as máquinas, e essa transferência de propriedade tem sua razão de ser. Com o aumento da fiscalização, ser o dono da oficina pode ser desvantajoso. O fato de os bolivianos montarem suas próprias oficinas evita uma série de possíveis problemas jurídicos para os contratantes. Em termos gerais, eles passam a ter uma relação de prestação de serviços com as oficinas e não mais de trabalho com os empregados. A subcontratação descaracteriza a relação de trabalho, de modo que quem contrata o serviço não é responsabilizado[15] pelas condições dos trabalhadores.

Esse é um dos principais fatores para o desenvolvimento dessa forma de trabalho: a não responsabilização jurídica das empresas que contratam os serviços. As oficinas e seus trabalhadores dependem das empresas, e as con-

---

[15] Essa questão tem levado a discussões conjuntas no Ministério Público do Trabalho e na Delegacia Regional do Trabalho sobre as implicações da subcontratação para a caracterização legal da relação de trabalho. Nesse caso, cogita-se o princípio do responsável subsidiário, em que, na falta do empregador direto, a empresa que se beneficia da prestação de serviço deve cumprir as exigências trabalhistas. Outro ponto discutido por ambos é o caráter irregular dessas subcontratações, pois terceirizar as atividades fins que constam na razão social de uma empresa é ilegal.

90 • Saídas de emergência

dições de trabalho que elas criam refletem as exigências de produtividade impostas pelas encomendas. Essas práticas não se restringem à produção de artigos populares: empresas que produzem para marcas ligadas ao circuito da moda e grandes redes varejistas também se valem desses expedientes de trabalho. O efeito que isso pode ter sobre as empresas que se beneficiam indiretamente do trabalho das oficinas não é propriamente jurídico, mas essas denúncias podem afetar sua imagem[16].

Conclusão

Essas condições da indústria de confecções não são exclusivas de São Paulo ou mesmo do Brasil. Muitas se repetem no mundo inteiro, e isso inclui os principais centros da indústria de confecções, como Nova York, Los Angeles, Paris e Milão[17]. Seja nas periferias, nos subúrbios ou nas *banlieues*, encontramos uma produção domiciliar baseada no trabalho de imigrantes clandestinos, em sua maioria. E isso não é característico de um setor atrasado, mas justamente de setores que se articulam em escala global e têm cada vez mais importância na economia de suas cidades.

A afinidade entre trabalho informal e imigração clandestina deriva das configurações do capitalismo contemporâneo. As estratégias atuais de reprodução do capital estabelecem formas específicas de mobilidade do trabalho. Vemos que a imigração dos bolivianos para São Paulo está menos ligada à questão da pobreza na Bolívia que a uma forma de desenvolvimento de certo segmento da indústria paulista. A reestruturação produtiva no setor das confecções deu um grande impulso para que esse fluxo migratório assu-

---

[16] Segundo o Ministério Público do Trabalho, uma medida adotada quando as diligências apontam essas ligações é o Termo de Ajuste de Condutas, em que as empresas se comprometem a não mais contratar prestadores de serviço que utilizam mão de obra irregular, sob pena de multa em caso de reincidência.

[17] Ver respectivamente: Saskia Sassen, "New York City's Informal Economy", em Alejandro Portes, Manuel Castells e Lauren A. Benton (orgs.), *The Informal Economy: Studies in Advanced and Less Developed Countries* (Baltimore, Johns Hopkings University Press, 1989); Edna Bonnachi, "Asian and Latino Immigrants in the Los Angeles Garment Industry: An Exploration of the Relationship between Capitalism and Racial Oppression", *Working Papers in the Social Sciences*, v. 5, n. 13, 1989-1990); Nancy L. Green, *Du sentier à la 7e avenue: la confection et les immigrés Paris-New York (1880-1980)* (Paris, Seuil, 1998); Vincenzo Ruggiero, *Crime and Markets: Essays in Anti-Criminology* (Oxford, Oxford University Press, 2000).

Caminhos cruzados: migrantes bolivianos e o trabalho informal na indústria • 91

misse as dimensões que tem hoje, tanto ao criar mediações para a imigração em si quanto para a posterior inserção dos bolivianos na cidade. Uma série de agenciamentos é criada em torno da imigração, articulando lugares distintos através de fronteiras políticas e contornando as regulamentações do Estado para que ocorra essa circulação de pessoas. A própria mobilidade dos imigrantes se transforma em nicho de exploração econômica, pautada em mercados ilícitos para a facilitação da imigração irregular.

Uma vez em São Paulo, a dominação e a exploração econômica nas oficinas de costura se apoiam na relação ampliada entre imigração irregular, trabalho e moradia. Os mesmos fatores que facilitam a imigração, como financiamento da viagem e hospedagem, quando combinados com a situação irregular e as exigências de produtividade, geram uma dependência entre empregados e empregadores que se caracteriza pelo controle das condições de vida dos trabalhadores por seus patrões. Esses elementos podem levar a situações extremas de exploração do trabalho. Mas as empresas que se beneficiam desse tipo de serviço terceirizado e definem seu ritmo de produção não são responsabilizadas juridicamente pelas condições de trabalho nas oficinas.

Isso não quer dizer que a inserção dos bolivianos na cidade esteja restrita a essas formas de trabalho. Graças à grande afluência de bolivianos para São Paulo, surgem outras possibilidades de ocupação, embora muitas sejam informais, como o fornecimento de produtos típicos da Bolívia e outros serviços ligados a essa dinâmica migratória. Esses serviços diversos permitem a manutenção de uma relação estreita com a Bolívia e caracterizam um processo de imigração baseado na multiancoragem de comunidades que atravessam fronteiras nacionais e redes sociais e, com isso, conectam e fazem circular pessoas, mercadorias e dinheiro. Esses traços peculiares das migrações contemporâneas[18] nos permitem entender o sentido dessas experiências migratórias.

A feira da praça Kantuta é uma das principais referências da comunidade boliviana na cidade e atrai centenas de pessoas. É realizada todos os domingos, há pelo menos cinco anos, numa travessa da avenida Cruzeiro do Sul, no Pari. Antes já era realizada em frente à igreja do Pari. No centro da praça, há uma quadra de futebol de salão e um pequeno palco para *shows* e apre-

---

[18] Alejandro Portes, "Globalization from below", em William P. Smith e Roberto P. Korczenwicz, *Latin America in the World Economy*, cit.

sentações. Vendem-se nas barracas artigos variados e produtos bolivianos, principalmente comidas típicas, mas também artesanato, DVDs e CDs de grupos bolivianos e hispano-americanos.

Na feira também estão disponíveis cartões telefônicos a preços populares para ligações internacionais. Com esses cartões, os imigrantes bolivianos podem manter contato com seus familiares de maneira bem mais fácil. Trata-se de um serviço regular. Em setembro de 2007, um vendedor afirmou que pelo preço de dez reais era possível fazer uma ligação de 21 minutos para La Paz, na Bolívia. Explicou que esses cartões possibilitam ligações para qualquer país, basta ligar de um telefone fixo ou mesmo de um orelhão para o número fornecido pelo cartão ao preço de uma ligação local. Dois anos antes, quando fizemos as primeiras visitas à feira para nossa pesquisa, o serviço funcionava de maneira diferente: uma pessoa com um telefone via satélite fazia as ligações e cobrava por minuto. O serviço era chamado "telefone *truncho*" e atraía filas. Existem estabelecimentos no Brás e no Bom Retiro que trabalham especificamente com pontos telefônicos para atender a comunidade boliviana.

Os jornais direcionados à comunidade boliviana e as rádios comunitárias – que podem ser sintonizadas no Brás, no Bom Retiro e em alguns lugares das zonas leste e norte – anunciam outro tipo de serviço importante: remessas de dinheiro para a Bolívia. As empresas que prestam esse serviço são irregulares. Por 6 a 10% do valor da remessa, fazem transferências por intermédio de contatos do outro lado da fronteira, dispensam as operações bancárias e driblam os controles fiscais. Mesmo sem garantias formais da entrega do dinheiro, o negócio funciona na base da expectativa dessas empresas de que seus serviços continuarão a ser utilizados. Outra forma de enviar dinheiro para a Bolívia é por intermédio de parentes e conhecidos. Visto que 20% dos bolivianos vivem fora do país e mais da metade da população tem algum parente ou conhecido no exterior, essas remessas devem representar um volume considerável dos recursos que ingressam na Bolívia.

A comunidade boliviana possui outras referências na cidade, como a feira da rua Coimbra, no Brás, e outros pontos de concentração de imigrantes. Além da oferta de serviços, nesses lugares também se trocam informações sobre encomendas de costura, oportunidades de trabalho, transferência entre oficinas, situação da fiscalização na fronteira, possibilidade de viagens entre os países etc. Assim, esses locais contribuem para que haja alguma mobilidade dos costureiros entre as oficinas. Na praça Kantuta, havia quadros de anúncios de vagas em oficinas de costura, e a mão de obra era recrutada ali mesmo por donos de oficinas bolivianos e coreanos. Por causa da fiscalização da prefeitura e da ameaça de interdição da feira, esses recrutamentos não acontecem mais da mesma forma.

Outros locais importantes para os imigrantes bolivianos são o Centro Pastoral do Migrante e o Centro de Apoio ao Migrante, ambos ligados à Igreja Católica. O primeiro faz parte da Congregação Internacional Scalabriniana e o segundo foi criado pela Pastoral do Migrante, ligado à CNBB. Essas entidades prestam assistência social e jurídica aos imigrantes, como regularização de documentação, e recebem denúncias de abusos no trabalho, seja da própria vítima, seja de testemunhas. Elas encaminham as denúncias à Delegacia Regional do Trabalho, ao Ministério Público do Trabalho ou à Polícia Federal, exercendo um papel de mediação entre a comunidade boliviana e as autoridades públicas na cidade, uma vez que a relação direta com as entidades do Estado é prejudicada pela situação irregular dos imigrantes.

Esses locais são referências urbanas fundamentais para a comunidade boliviana em São Paulo. Além de oferecer serviços que permitem a manutenção de uma relação estreita com a Bolívia, informam e possibilitam contatos de emprego e transferências entre oficinas e dão acesso à assistência sociojurídica. Mas eles também oferecem contrapontos ao trabalho, como se pode ver pelas dezoito ligas de futebol de salão e mais de setecentas equipes cadastradas e pelo grande movimento de pessoas nesses locais nos dias de folga. Isso mostra sua importância para a comunidade, já que casa e trabalho estão estritamente associados. São esses lugares públicos, longe do ambiente doméstico, que permitem algum tipo de distanciamento da atividade profissional.

4
ENTRE DISCRIMINAÇÃO E RECONHECIMENTO: AS TRABALHADORAS DOMÉSTICAS DE SÃO PAULO*

Isabel Georges

No Brasil contemporâneo, o emprego doméstico[1] é o símbolo do trabalho feminino popular[2], pouco qualificado[3], na maioria das vezes informal (três quartos dos casos)[4] e marcado por forte discriminação étnica e racial[5]. Nos meios populares, quase todas as mulheres exercem essa atividade em algum período de sua vida[6], o que representa entre 5 e 6,5 milhóes de pessoas (um quinto das mulheres economicamente ativas)[7]. O emprego doméstico tem estigmas profundos, que remetem à sobrevivência das relações pater(mater)nalistas no trabalho[8]. Esse protótipo de atividade informal está em período de expansão e de profissionalização tanto no Brasil como no

---

*   Tradução de Fernando Ferrone.

[1]   O emprego doméstico e, mais em geral, o emprego do *care* – que não é objeto deste artigo – designam uma gama variada de atividades: faxineiras, camareiras, babás, auxiliares de enfermagem, cozinheiras etc. A língua portuguesa é rica em denominações e especializações.

[2]   95% das pessoas que trabalham no serviço doméstico são mulheres. Ver *PME*, IBGE, 2004.

[3]   Nas seis maiores regiões metropolitanas brasileiras, 64% das empregadas têm menos de oito anos de estudo (*PME*, IBGE, abr. 2006).

[4]   "Pesquisa Nacional por Amostra de Domicílios (PNAD) 2004", em *O emprego doméstico: uma ocupação tipicamente feminina* (Brasília, Dieese/OIT, 2006).

[5]   Nas seis principais regiões metropolitanas brasileiras, 61,8% das empregadas não são brancas (*PME*, IBGE, 2006).

[6]   Dominique Vidal, *Les bonnes de Rio: emploi domestique et société démocratique* (Lille, Presses Universitaires du Septentrion, 2007).

[7]   *PNAD*, IBGE, 2006.

[8]   Christian Geffray, "Le modèle de l'exploitation paternaliste", *Lusotopie*, 1996, p. 153-9.

96 • Saídas de emergência

mundo e reflete a bipolarização crescente da atividade feminina[9], uma das facetas da "globalização"[10]. A oferta de emprego doméstico concentra-se nas seis grandes regiões metropolitanas (Recife, Salvador, Belo Horizonte, São Paulo, Rio de Janeiro e Porto Alegre) e fomenta as migrações internas do campo para a cidade e do Nordeste para o Sudeste. Situada na encruzilhada das relações público-privadas, essa atividade é regida pela legislação trabalhista, mas desenvolve-se na maioria das vezes no domicílio do empregador. Está no cerne das desigualdades características do Brasil contemporâneo[11]. As empregadas domésticas administram no dia a dia as relações de classe e os problemas de comunicação que lhes são referentes[12].

A abertura democrática favorece a formalização jurídica: desde a Constituição de 1988, as empregadas domésticas dispõem de uma legislação trabalhista própria[13] e podem reivindicar seus direitos. Ao contrário de outros países da América Latina, um quarto das domésticas brasileiras possui registro em carteira[14]. Mais recentemente, a proporção de trabalhadoras domésticas que dormem no emprego diminuiu[15]. A antiga associação das trabalhadoras domésticas, fundada no começo dos anos 1960, transformou-se em sindicato no fim dos 1980[16]. Esse sindicato atípico desempenha a função clássica

---

[9]   Maria Rosa Lombardi e Cristina Bruschini, "Hommes et femmes sur le marche du travail au Brésil: un panorama des années 1990", *Travail, Genre et Sociétés*, v. 10, 2003, p. 149-172.

[10]   Saskia Sassen, "Vers une analyse alternative de la mondialisation: les circuits de survie et leurs acteurs", *Cahiers du Genre*, n. 40, 2006, p. 67-89.

[11]   Dos 60 milhões de famílias que compõem a população brasileira, 5 mil famílias possuem 45% da riqueza nacional; 10% da população possui 75% da riqueza e os 90% restantes, apenas 25%. Ver Marcio Pochmann, *Atlas da exclusão social: os ricos no Brasil* (São Paulo, Cortez, 2004).

[12]   Leonard Schatzmann e Anselm Strauss, "Social Class and Modes of Communication", *The American Journal of Sociology*, v. 60, n. 4, 1955, p. 329-38.

[13]   Um pouco menos vantajosa, pois não tem Fundo de Garantia por Tempo de Serviço (FGTS).

[14]   *PNAD*, IBGE, 2004.

[15]   A proporção de empregadas que dormem no local de trabalho passou de 6,4% para 3,4% em 2006 (*PME*, IBGE, mar. 2006).

[16]   Fundação do Conselho Nacional dos Trabalhadores Domésticos em 1989 e da Federação Nacional dos Trabalhadores Domésticos em 1997. O Sindicato dos Trabalhadores Domésticos é filiado à Central Única dos Trabalhadores (CUT) desde 1998. Para uma análise mais detalhada das especificidades dessa forma de sindica-

Entre discriminação e reconhecimento: as trabalhadoras domésticas de São Paulo • 97

de mediação[17], mas também tem poder para rescindir contratos de trabalho[18]. Essa juridicização progressiva da relação de trabalho (criação de regras legais) e sua judiciarização (regulação de conflitos pelo recurso ao Judiciário) parecem conduzir a uma mudança no campo de referências das empregadas domésticas[19]. De fato, podemos supor que, "se o acesso das trabalhadoras domésticas ao direito social não altera radicalmente o arranjo das relações sociais, ele altera sua percepção da ordem social, do lugar que elas ocupam nele e daquilo que elas podem esperar dele"[20].

Nossa hipótese inicial é de que as empregadas domésticas oscilam entre duas lógicas de ação opostas, por vezes contraditórias, mas não exclusivas. Esses dois polos extremos estão na interseção de um espaço público (referência aos marcos legais e formais) e de um espaço privado feminino (lugar da atividade e de relações mais pessoais, amistosas, de rivalidade ou solidariedade "pater(mater)nalistas"). Enquanto o espaço público se refere sobretudo à relação com o trabalho, o espaço privado refere-se à relação com ela mesma e com os outros, ambos em interação. As táticas a que elas recorrem no trabalho podem visar a diminuição da forte assimetria da relação que as liga ao empregador, mas também a mudança de seu *status* social, tanto por meio de tentativas de privatizar e personalizar essa relação[21] quanto de formalizá-la. A análise dessas práticas, táticas e estratégias inspira-se no interacionismo simbólico[22].

---

lismo e da tradição corporativista brasileira, ver Isabel Georges, "L'emploi domestique: constructions institutionnelles et identitaires (Brésil, São Paulo)", III Congresso da AFS, Universidade Paris-Diderot, 14-17 abr. 2009; D. Vidal, *Les bonnes de Rio...*, cit.

[17] Maria Elisa A. Brandt, *Minha área é casa de família: o emprego doméstico na cidade de São Paulo* (Tese de Doutorado, São Paulo, Depto. de Ciências Sociais da FFLCH, USP, 2003).

[18] Atualmente, são mais comuns os problemas para a renovação dos contratos.

[19] Dominique Vidal, *Les bonnes de Rio...*, cit.

[20] Idem, "Les bonnes, le juste et le droit. Le recours à la justice du travail des travailleuses domestiques de Rio de Janeiro", *Coloque International Expériences limites, ruptures et mémoires:* dialogues avec l'Amérique Latine, Paris, 18-20 out. 2006.

[21] Odis E. Bigus, "The Milkman and his Customer: A Cultivated Relationship", *Urban Life and Culture*, v. 1, n. 2, 1972, p. 131-65.

[22] Que vislumbra para os participantes da interação situada – empregadas domésticas e empregadores(as) – a possibilidade de redefinir seu *status* social – ao menos parcialmente – a cada interação.

98 • Saídas de emergência

Essas lógicas de ação (público/privado) também perpassam o espaço de trabalho e as relações mais amplas com outras empregadas ou empregadores(as), seu próprio espaço privado e seu tipo de configuração familiar[23]. Elas podem ser conflituosas, atestar a emergência de uma nova economia doméstica e moral[24] ou uma visão particular do espaço público e da ideia de democracia no Brasil, em particular nas zonas urbanas.

A análise proposta aqui baseia-se em especial na realização de entrevistas biográficas cujo foco é a trajetória profissional e familiar das trabalhadoras domésticas[25] (cerca de vinte) e de seus familiares (ou, no mínimo, outra pessoa que viva no domicílio familiar). Depois de um primeiro encontro num espaço público (sindicato, creche associativa de bairro), nos reunimos outras vezes, quando possível em domicílio.

O que nos interessa aqui é a maneira como essas mulheres conseguem, individual e coletivamente, criar relações menos desiguais nos locais de trabalho, seja pelo registro ou formalização, seja pela relação pessoal. Em cada caso, observamos como se atenua o desequilíbrio de poder flagrante que caracteriza essa relação de trabalho.

O emprego doméstico no cruzamento do público e do privado

Embora a questão das políticas públicas de *care* seja hoje objeto de grande atenção, em especial na França, no Brasil os trabalhos sobre o serviço doméstico são relativamente raros, heterogêneos e espaçados[26]. Desde as

---

[23] Robert Cabanes e Isabel Georges, "Savoirs d'expérience, savoirs sociaux: le rapport entre origines et valeurs selon le genre (employées domestiques, coopératives de couture, coopératives de ramassage et traitement des déchets au Brésil)", *Cahiers de la Recherche sur l'Éducation et les Savoirs*, n. 6, set. 2007, p. 189-215.

[24] Robert Cabanes, "Espaço privado e espaço público: o jogo de suas relações", em Robert Cabanes e Vera da Silva Telles (orgs.), *Nas tramas da cidade* (São Paulo, Humanitas/IRD, 2006); Edward Thompson, *Customs in Common* (London, Penguin, 1993).

[25] Esse termo reúne uma vasta gama de atividades; entrevistamos sobretudo empregadas domésticas a serviço de particulares. Essa situação de emprego que isola a doméstica de seus pares durante a maior parte de seu tempo de trabalho gera um tipo específico de relação com o empregador.

[26] Bruno Lautier, "Les employées domestiques latino-américaines et la sociologie: tentative d'interprétation d'une bévue", *Cahiers du Genre*, n. 32, 2002, p. 137-60. O autor analisa de maneira refinada as razões dessa ausência, cuja origem está tanto na tradição dualista da sociologia do trabalho brasileira quanto na própria relação dos pesquisadores com seu objeto.

Entre discriminação e reconhecimento: as trabalhadoras domésticas de São Paulo • 99

primeiras pesquisas sobre os empregados domésticos no Recife, realizadas em 1970 pelo Instituto Joaquim Nabuco, duas ou três em média foram feitas a cada década, algumas de muita qualidade[27]. O emprego doméstico, sendo considerado improdutivo, foi excluído da análise marxista do mercado de trabalho nos anos 1980. Saffioti foi uma das primeiras feministas marxistas a tentar romper esse cerco, atribuindo ao emprego doméstico uma função subordinada dentro do sistema capitalista de produção[28]. Nos anos 1980, as pesquisas sobre o emprego doméstico desenvolveram-se na América Latina sob influência dos estudos feministas norte-americanos sobre o trabalho das mulheres[29]. A constatação do caráter pouco valorizado do trabalho doméstico está relacionada às formas de discriminação social, racial e sexual que essa categoria socioprofissional sofre, seja pela natureza do trabalho[30], seja pelas características da mão de obra[31].

Nos anos 1990 e 2000, a retomada dos estudos sobre o emprego doméstico e, mais amplamente, do trabalho do *care* reflete a ampliação dos fluxos

---

[27] Sobre o emprego doméstico no Brasil, ver sobretudo: Jurema Brites, *Afeto, desigualdade e rebeldia: bastidores do serviço doméstico* (Tese de Doutorado, Porto Alegre, Depto. de Antropologia da UFRGS, 2000); Maria Elisa A. Brandt, "Minha área é casa de família...", cit.; Maria Suely Kofes, *Mulher, mulheres: a relação entre patroas e empregadas domésticas* (Campinas, Unicamp, 2001); Marie Anderführen, *L'employée domestique à Recife (Brésil): entre subordination et recherche d'autonomie* (Tese de Doutorado, Depto. de Sociologia da Universidade de Paris I, 1999); Christine Jacquet, *Choix migratoire, choix matrimonial: devenir domestique à Fortaleza* (Tese de Doutorado, Depto. de Sociologia da Universidade Lumière Lyon II, 1998). A tese de Marie Anderführen distingue-se pela excelente revisão da literatura. A pesquisa de Dominique Vidal sobre as "empregadas do Rio" (*Les bonnes de Rio...*, cit.) analisa de maneira refinada o esboço de uma democratização das relações de classe que ainda caracterizam esse emprego estigmatizado e a transformação de sua relação com o Direito (observação dos tribunais e da ação dos sindicatos). Para uma abordagem mais completa da bibliografia, os leitores interessado podem se reportar a Isabel Georges, "L'emploi domestique au croisement de l'espace public et privé: femmes de milieu populaire à São Paulo (Brésil)", *Autrepart*, n. 47, 2008, p. 57-71.

[28] Heleieth I. B. Safiotti, *Emprego doméstico e capitalismo* (Petrópolis, Vozes, 1978).

[29] Ver, entre outros, Elsa M. Chaney e Mary G. Castro (orgs.), *"Muchachas no more: Household Workers in Latin America and the Caribbean"* (Filadélfia, Temple University Press, 1989); Barbara Ehrenreich e Arlie Hochschild (eds.), *Global Women: Nannies, Maids and Sex Workers in the New Economy* (Nova York, Metropolitan Books, 2003).

[30] Lewis Coser, "Servants: The Obsolescence of an Occupational Role", *Social Forces*, v. 52, n. 1, 1973.

[31] Maria Elisa A. Brandt, "Minha área é casa de família...", cit.

100 • Saídas de emergência

migratórios e das formas de exclusão[32], assim como a "bipolarização" crescente da atividade feminina: o aumento do fosso entre certos empregos qualificados e bem pagos e a massa de empregos pouco remunerados na França e no resto do mundo leva à explosão dos empregos de serviço[33]. Além disso, essa atividade reflete a hegemonia da ideologia neoliberal, o recuo do Estado de bem-estar social e a tendência à privatização das funções sociais. Nesse contexto, a questão da "servidão" ou dos "novos servos"[34] ganha atualidade[35]. Para alguns, essa questão está relacionada a uma mudança na natureza do trabalho por meio da generalização de um "modelo de serviço" que se aplicaria ao conjunto das atividades[36]. A localização da relação salarial de serviço no domicílio do empregador é geralmente interpretada como uma das causas da exploração salarial e da instauração de relações de "servidão"[37]. Esse questionamento vai ao encontro da problemática da divisão social e sexual do trabalho, que, por sua vez, faz eco à questão do valor do "trabalho de reprodução"[38]. Esse problema, que também estaria na origem da desvalorização do trabalho feminino remunerado, funda-se em sua invisibilidade e nas chamadas "qualidades femininas" (capacidade de efetuar diversas tarefas ao mesmo tempo, destreza), oriundas do espaço doméstico e não reconhecidas no mercado de trabalho[39]. A diferenciação que

---

[32] Jules Falquet, "Hommes en armes et femmes 'de service': tendances néo-libérales dans l'évolution et la division sexuelle et internationale du travail", *Cahiers du Genre*, n. 40, 2006, p. 15-37.

[33] Tania Angeloff, "Emplois de service", em Margaret Maruani (ed.), *Femmes, genre et sociétés* (Paris, La Découverte, 2005), p. 281-8; Pascale Molinier, "De la condition de bonne à tout faire au début du XXe siècle à la relation de service dans le monde contemporain: analyse clinique et psychopathologique", *Travailler*, n. 13, 2004, p. 9-34; Florence Weber, Séverine Gojard e Agnès Gramain, (orgs.), *Charges de famille: dépendance et parenté dans la France contemporaine* (Paris, La Découverte, 2003).

[34] André Gorz, *Métamorphoses du travail, quête du sens: critique de la raison économique* (Paris, Galilée, 1988).

[35] Ver *Cahiers du Mage*, n. 4, 1996.

[36] Jean Gadrey e Philippe Zarifian, *L'émergence d'un modèle du service: enjeux et réalités* (Paris, Liaisons, 2002).

[37] Annie Dussuet, *Travaux de femmes: enquêtes sur les services à domicile* (Paris, L'Harmattan, 2005).

[38] Ver *Cahiers Apre/CNRS*, 1984-1988.

[39] Danièle Kergoat, "Ouvriers = ouvrières? Propositions pour une articulation théorique de deux variables: sexe et classe sociale", *Critique de l'Économie Politique*, n. 5, 1978, p. 65-97.

Entre discriminação e reconhecimento: as trabalhadoras domésticas de São Paulo • 101

se faz entre trabalho e emprego quando se trata das mulheres[40] remete às relações entre o universo doméstico e profissional. De fato, a reflexão sobre as relações entre as esferas doméstica e profissional – e sua tradução nas relações no trabalho e no emprego – surge na sociologia do trabalho francesa ao mesmo tempo que um novo objeto de estudo: o trabalho feminino. De maneira similar, no Brasil a sociologia do trabalho e a do emprego eram separadas e tratavam de objetos diferentes. Elas opunham os setores centrais modernos (o chamado "setor formal" industrial) aos setores arcaicos (o "setor informal" da economia), associados a diferentes tipos de mão de obra. Nos anos 1990, as fronteiras entre setores e domínios de atividade misturaram-se e provocaram reconceitualizações[41]; a divisão sexual tradicional do trabalho foi posta em xeque. Os marcos duais anteriores, que atribuíam ao homem a esfera pública (de produção e reivindicação) e à mulher a esfera doméstica (eventualmente, com um papel de reivindicação de saúde e educação para as crianças, por exemplo, nos anos 1980) confundiram-se. O recuo da participação dos homens no mercado de trabalho formal[42] e a instauração de um desemprego estrutural recorrente[43] levaram a um questionamento do papel tradicional do homem como provedor principal, o que – somado às transformações das configurações familiares – desembocou naquilo que alguns chamaram de crise do patriarcado[44]. Já as mulheres investiram pesado no mercado de trabalho, sobretudo em setores novos e mais ou menos formais (associações, cooperativas, ONGs, serviços), apesar de às vezes em condições precárias. Embora as famílias ainda

---

[40] Maruani define o trabalho como "atividade de produção de bens e serviços e o conjunto das condições de exercício dessa atividade" e emprego como "as modalidades de acesso ao mercado de trabalho e a tradução da atividade laboral em termos de *status* sociais". Ver M. Maruani, "Statut social et modes d'emplois", *Revue Française de Sociologie*, n. 1, 1989, p. 31-9.

[41] Graça Druck, "A flexibilização e a precarização do trabalho na França e no Brasil: alguns elementos de comparação", XXXI Encontro Anual da Anpocs, Caxambu, 2007; Jacob Carlos Lima, "Trabalho informal, autogestionário e gênero", *Sociedade e Cultura*, v. 9, n. 2, jul./dez. 2006, p. 303-10.

[42] Adalberto M. Cardoso, Álvaro Augusto Comin e Nadya A. Guimarães, "Les rejetés de la modernisation", *Sociologie du Travail*, v. 46, n. 1, jan./mar. 2004, p. 54-68.

[43] Nadya A. Guimarães, "Por uma sociologia do desemprego: contextos societais, construções normativas e experiências subjetivas", *Revista Brasileira de Ciências Sociais*, v. 17, n. 50, 2002, p. 103-22.

[44] Robert Cabanes, "Espaço privado e espaço público...", cit.

102 • Saídas de emergência

sejam a referência principal nos meios populares quando não existem formas de proteção do Estado[45], suas configurações mudaram: questionamento da família "tradicional" (aumento do número de separações, famílias recompostas, famílias monoparentais) e revitalização das relações entre as gerações, em especial matrilineares. Essas mudanças se inserem num certo prolongamento das transformações oriundas dos movimentos sociais reivindicativos dos anos 1980 – amplamente femininos, em particular em São Paulo – que diziam respeito a saúde, habitação e educação.

Origens e perspectivas: perfis contrastados

A amplitude das diferenças entre as trabalhadoras domésticas, que vai do auxílio mútuo entre vizinhas (Karim) ao salariado qualificado e profissionalizado (Priscila), é tão grande que poderíamos duvidar que façam parte de um mesmo grupo profissional. Num primeiro momento, é conveniente diferenciar a atividade doméstica segundo seu local de exercício, que pode se limitar a bairros vizinhos (nesse caso, falamos principalmente de auxílio mútuo) ou se estender a bairros nobres (onde em geral o trabalho é mais bem remunerado). Nesse segmento, existe um movimento de especialização do trabalho (cozinha, limpeza, cuidados com crianças ou pessoas idosas). Contudo, a passagem de uma situação para outra é frequente. O que valoriza esses saberes duplamente desvalorizados – já que são femininos e escravos – são as inovações técnicas (como o fornecimento de congelados), o contato com classes sociais superiores (algumas vezes com personalidades do mundo cultural, artístico ou político) ou a possibilidade de obter trabalho formal para alguém da família. Para as domésticas, a experiência anterior é registrada no caderno de referências que ela apresenta quando está à procura de emprego; também é expressa pela facilidade de acesso a uma rede de empregadores(as) e pelo pertencimento a uma rede de colegas (grupo de vizinhos próximos ou colegas de trabalho). Uma relativa autonomia é possível no que se refere às condições de emprego, como atesta a trajetória de Priscila.

De todas as empregadas domésticas que conheci, Priscila, negra, trinta anos, colocou-se desde o início numa relação de igualdade comigo, o que

---

[45] Cynthia A. Sarti, *A família como espelho: um estudo sobre a moral dos pobres* (São Paulo, Cortez, 2003).

Entre discriminação e reconhecimento: as trabalhadoras domésticas de São Paulo • 103

explicitou de imediato nossas diferenças. Nascida de uma união socialmente "mista", é capaz de compreender e traduzir os universos que nos separam.

Caçula de dez irmãos (seis meninas e quatro meninos), Priscila nasceu no interior da Bahia da união de uma filha de um fazendeiro e um meeiro. Seus pais trabalhavam na terra para garantir a sobrevivência da família. Do lado materno, existe uma ligação forte com os "notáveis" locais (um tio subprefeito, uma tia professora primária), que tiveram influência na educação das meninas, mas não na dos meninos. Aos cinco anos, Priscila mudou-se para uma cidade vizinha, onde estudou sob a guarda de uma de suas tias ou irmãs, todas professoras primárias. Quando concluiu o secundário numa escola pública, migrou para São Paulo com duas irmãs (a mais velha já trabalhava em São Paulo como professora primária) e conseguiu um emprego de doméstica e, em seguida, de auxiliar de enfermagem. Durante quatro anos, ela cuidou de pessoas idosas em domicílio e fez um curso técnico de auxiliar de enfermagem. Depois de alguns meses na Bahia em 1999, por ocasião do falecimento de sua mãe, ela se especializou em cuidados a recém-nascidos. Passou cinco anos a serviço de diversas famílias de posses e morou algum tempo na Suíça. Quando retornou, propus uma entrevista mais formal a ela e fui convidada a ir à sua residência, em Diadema. Ela tinha uma casa de dois quartos, construída no terreno de seu irmão mais velho, ao lado da de sua irmã caçula. No ônibus, ela me falou de sua solidão na Europa e da amizade com outra empregada da casa, uma boliviana que se casou com um suíço. Diante da sugestão da amiga de seguir o mesmo caminho, ela respondeu: "Ainda não cheguei a esse ponto". No ano seguinte, ela se casou e passou pouco a pouco para outra ocupação, com horários exclusivamente diurnos (vendedora numa loja de utilidades). Ela teve pleno êxito em sua "carreira profissional", até que se casou e mudou de ramo.

Inversamente, Karim, branca, 24 anos, está longe de estabelecer uma relação salarial com sua "empregadora". Ela se reveza com a mãe na prestação de serviços domésticos à mãe de uma vizinha em troca de um auxílio financeiro mínimo; recusa-se a ser reconhecida como doméstica e declara-se "vendedora". No entanto, ela e os dois filhos sobrevivem graças a essa atividade, assim como sua mãe. Esta nasceu em 1946 em Pontal, no interior de São Paulo, numa usina de cana-de-açúcar, e foi criada pela mãe, lavadeira, solteira e que teve sete crianças; foi doméstica a vida inteira e criou Karim sozinha em São Paulo. Atualmente, está com os dois braços quebrados e

104 • Saídas de emergência

sofre de osteoporose. O que impressiona é a semelhança das trajetórias nessa família matrilinear. Karim, mãe solteira de duas crianças (seis e três anos) de pais diferentes, tenta concluir o secundário (supletivo) e divide seu tempo entre o trabalho doméstico e o de vendedora. Criada inicialmente pela avó paterna e, em seguida, por vizinhos pagos pela mãe, abandonou a escola aos dezesseis anos, quando engravidou pela primeira vez. Por conta da relação com o pai de seu primeiro filho, e depois com o do segundo, ao sabor dos pequenos empregos domésticos, de guarda de pessoas idosas, como a mãe, e da venda de roupas no Brás, de calçados etc., ela e a mãe alternam moradias em função da "sorte". O ponto mais alto da "carreira" da mãe foi um emprego permanente num canal de televisão, no qual conseguiu uma vaga de faxineira e depois de cozinheira, mas foi demitida por ter denunciado um de seus chefes por assédio sexual. Os únicos recursos de que ambas dispõem atualmente são a habitação (um barraco numa favela da zona leste, colocado à sua disposição pelo filho de uma amiga da mãe – para o qual ela conseguiu emprego no canal de televisão em que ele fez carreira) e a posse de um pequeno terreno na cidade de Pontal, onde mora a irmã mais velha de Karim, fruto de uma primeira união de sua mãe, então com dezoito anos.

Se, para a maioria das mulheres dos meios populares, a atividade de doméstica apresenta-se como uma das raras portas de entrada para o mercado de trabalho, como um prolongamento da função tradicional da mãe de família, o sentido que essa atividade pode ter é muito variável, tanto pelas condições de trabalho quanto pelas tarefas realizadas e dificuldades encontradas. O que impressiona na comparação das trajetórias de Karim e Priscila são as diferenças da relação consigo mesma, que determina a própria relação com o trabalho. Priscila tem um projeto de vida e mantém certa autonomia em função de suas escolhas pessoais; Karim não tem projeto. É como se Karim não tivesse necessidade de construir uma relação consigo mesma para se guiar no trabalho e na vida, contentando-se em adaptar-se às situações, oportunidades e parceiros que se apresentam.

Formas de reconhecimento (salariais, monetárias, simbólicas, afetivas)

A análise da relação com o emprego das trabalhadoras domésticas requer a observação da interação entre o trabalho, a posição no emprego e outros elementos de *status*: formas de reconhecimento pelo empregador (afetivas, morais etc.) e recursos que tornam possíveis projetos matrimoniais, familia-

Entre discriminação e reconhecimento: as trabalhadoras domésticas de São Paulo • 105

res, de mobilidade social e geográfica. Como já se demonstrou no caso de outros empregos, a estabilidade jurídica não é acompanhada necessariamente de direitos sociais e da possibilidade de "construir uma carreira"; inversamente, essa possibilidade pode aparecer por meio de uma sucessão de empregos precários, inclusive "informais"[46]. É por isso que a análise do emprego doméstico nos obriga a acompanhar as trajetórias socioprofissionais das trabalhadoras domésticas para interrogá-las ao longo do tempo; não devemos nos restringir ao simples aspecto jurídico e econômico da situação atual, mas olhar no tempo e na sucessão de trajetórias o sentido de cada situação de emprego.

Nos casos analisados a seguir, o emprego doméstico foi a solução que Josi e Lili encontraram para retornar ao mercado de trabalho depois do nascimento dos filhos ou como um primeiro emprego, numa conjuntura em que o trabalho pouco qualificado, mas pelo menos com certas vantagens sociais, tornou-se raro. Mães de família, conheci-as na creche associativa do Jardim Soares, um bairro popular de Guaianases[47].

Josi é a filha mais velha de um ex-empregado de uma loja de departamentos que virou dono de estacionamento em Itaquera. Ele também é pastor pentecostal de uma igreja de duzentos fiéis (Novo Tempo); ele mesmo a fundou após perder a função assalariada de evangelista na igreja adventista do bairro. A mãe faz distribuição de cestas básicas para os mais necessitados e suas duas irmãs (28 e 24 anos) animam grupos de jovens (dança e artesanato). A mãe também vende roupas que traz de uma cidade em região montanhosa próxima a São Paulo. Uma irmã é secretária numa faculdade privada; a outra, que interrompeu a faculdade de pedagogia, ainda mora com os pais, tem 26 anos e uma filha de dois (seu marido, que é policial, cumpre pena por roubo de mercadoria apreendida).

Josi, mãe solteira (teve um filho com um colega de escola aos 17 anos), concluiu o secundário (supletivo) aos 22 anos. Uniu-se a um motorista de ônibus e teve uma segunda filha; o casal vivia na casa da mãe dele. O projeto de ingressar numa faculdade privada foi abandonado por falta de condi-

---

[46] Isabel Georges, "Flexibilização do mercado de trabalho e novas formas de mobilidade: carreiras femininas no setor terciário", *Revista Latinoamericana de Estudios del Trabajo*, ano 11, n. 18, 2006, p. 121-45.

[47] Um dos objetivos dessa associação é criar empregos para a população local (empregadas da associação) e liberar as mulheres que têm filhos para procurar emprego.

106 • Saídas de emergência

ções financeiras. Desde que se separou (aos 24 anos), ela trabalha como diarista durante o dia (para os fiéis da igreja de seu pai e posteriormente para particulares e para sua irmã mais nova). Na ocasião da entrevista, em 2007, ela tinha trinta anos e três filhos (treze, dez e um ano) e havia três anos vivia uma terceira união com um segurança, pai de seu filho caçula, que frequenta a creche associativa do bairro onde a conheci. O casal morava de aluguel numa casa em Guaianases; ela estava fazendo um curso profissionalizante (pago) de cabeleireira, era diarista, manicure em domicílio e ainda fazia trabalho beneficente como recepcionista de novos fiéis na igreja de seu pai.

> Porque tem patroa que é muito chata, muito ruim, paga um valor, depois paga outro. E, como diarista, não tem como ela pagar outro valor... é no dia. Vai lá, faz a faxina no dia e recebe. Só da minha irmã é que eu recebo por mês, mas os que eu faço por fora, eu recebo tudo no dia. Então, eu sempre estou com dinheirinho. Pouco, mas é um dinheirinho que é meu. E de empregada doméstica você acaba fazendo tudo, e a faxineira não, você faz só o grosso.

Josi não deseja trabalhar de maneira regular como empregada doméstica, tem uma relação completamente utilitária com seu emprego e rejeita a situação de subordinação que a assinatura de um contrato formal implica. Os períodos de trabalho como faxineira diarista são considerados intermédios, porque ela diz se destinar ao ofício de cabeleireira. Seu marido interfere pouco em suas escolhas. Ela se sente socialmente desclassificada em relação a seus pais (seu pai, erudito, estudou grego, graças à Igreja adventista) e a sua irmã mais nova, que faz faculdade, ao passo que ela se limita à profissão de cabeleireira. (A entrevista é pouco reveladora das implicações da prisão de seu cunhado).

Lili nasceu em Minas Gerais numa família de agricultores (oito filhos). Seus pais abandonaram seu pedaço de terra perto de Ouro Preto e vieram com os filhos para São Paulo no começo dos anos 1960. O pai, um trabalhador robusto, é pedreiro em grandes obras e trabalha aos fins de semana para os amigos ou a família: ele construiu uma casa para cada um de seus filhos (e por vezes duas casas). A mãe cuidou das crianças e desde muito cedo as incentivou a trabalhar.

Lili estudou numa escola pública até a sétima série e começou a trabalhar aos catorze anos como empregada doméstica no Belém. Casou-se em 1977, aos dezessete anos, com um operário da indústria calçadista de 31 anos; teve uma filha em 1978 e outra em 1981. Parou então de trabalhar fora. Em 1987, aos 27 anos, voltou ao mercado de trabalho numa indústria

Entre discriminação e reconhecimento: as trabalhadoras domésticas de São Paulo • 107

de confecções do centro da cidade. Depois de diversos empregos não qualificados nesse setor (ela pregava botões e rendas), partiu para os empregos de auxílio em domicílio (serviços gerais em residências, faxineira numa clínica, empregada doméstica); na primeira metade dos anos 1990, emprego em confecções tornou-se raro. Na ocasião da entrevista, em 2007, Lili tinha 47 anos e ainda trabalhava como doméstica para sustentar a casa, porque o marido, 15 anos mais velho que ela, estava desempregado. A fábrica de calçados em que ele trabalhava foi transferida para Caieiras no fim dos anos 1990. Ele permaneceu no emprego e retornava a São Paulo nos fins de semana; foi demitido após uma doença e só encontrava empregos temporários e/ou precários (p. ex., na confecção, venda ambulante de café em pontos de ônibus, cobrador de van, pago por viagem e em turno noturno). Como não trabalhou de maneira contínua com contrato formal, não tinha tempo de serviço suficiente para se aposentar. Eles concluíram a construção de uma pequena casa, num bairro popular de Guaianases, com a ajuda do pai de Lili, pouco antes de ele morrer acidentalmente em 2001, aos 68 anos. Em 2003, com 43 anos, Lili teve sua última filha; o marido cuidou dela por dois anos com a ajuda de uma de suas irmãs, depois a colocou numa creche. Lili fazia faxina durante o dia. Em 2006, conseguiu um trabalho mais estável como doméstica: trabalhava de manhã na casa dos patrões e, à tarde, na loja deles, como vendedora. A família reteve sua carteira de trabalho, alegando que faria o registro, mas ela foi demitida, sem nenhuma indenização, quando voltou de suas férias de fim de ano. Desde então, fazia faxinas ocasionais e serviços de babá em domicílio. Estava à procura de trabalho (em postos de saúde e escolas do bairro) e pretendia terminar o secundário. Contribuiu somente doze anos para a aposentadoria. Seu dia é pautado pelas visitas à tarde à igreja evangélica do bairro com sua filha de quatro anos e sua mãe.

> Era para eu não ficar [no seu emprego atual], comecei sem registro, não queria trabalhar com registro em carteira, queria uma coisa melhor. Mas como ainda estou lá, e como o meu marido ficou desempregado – faz só um ano que ele encontrou trabalho novamente –, falei para o patrão que queria registrar, porque é ruim ficar sem registro. Mas está me enrolando. Ficou com minha carteira antiga e me deu essa aí [uma carteira nova na qual os registros anteriores não constam].[48]

---

[48] Nesse caso, a estratégia do patrão é, sem dúvida, ocultar as ocupações/salários anteriores, já que a lei não permite diminuição de salário para o exercício da mesma função.

108 • Saídas de emergência

Contra sua vontade e por uma série de circunstâncias (o marido desempregado, o nascimento de uma filha depois de 22 anos dos outros dois filhos), Lili foi obrigada a se estabilizar no emprego de doméstica. A busca por vantagens sociais e garantias mínimas motivou seu desejo de contrato formal. Em troca da emissão de uma nova carteira de trabalho, seu empregador reteve sua carteira antiga (onde estavam anotados seus contratos anteriores na indústria têxtil, no comércio etc.) e "tornou-a refém". Quando deu os primeiros passos como doméstica, ela não queria ter contrato para não "manchar" sua carteira com a anotação de um emprego menos qualificado e com salário mais baixo. Contra sua vontade, a situação se estabilizou num patamar mais baixo e agora ela tinha interesse em declarar esse emprego para ampliar seus direitos, sobretudo porque o marido estava desempregado. Dessa forma, ela evitaria o infortúnio que seu marido estava sofrendo.

Os exemplos de Josi e Lili mostram, num primeiro momento, que o contrato de trabalho formal num emprego pouco valorizado, embora garanta um mínimo de direitos, cristaliza e faz perdurar uma situação de subordinação. A formalização oficializa uma situação de submissão que elas rejeitam, a despeito das vantagens que proporciona.

Negociação e conflito: o sentido do "justo"

A pesquisa no sindicato dos trabalhadores domésticos da cidade de São Paulo permitiu que eu conhecesse Ludmila e Suzette, cujas trajetórias se situam principalmente numa perspectiva de negociação e conflito. Conheci-as na sala de espera da sede do sindicato (uma casa pequena na Barra Funda, doada por uma ex-trabalhadora doméstica) quando vieram tirar algumas dúvidas a respeito de quebra de contrato. O sindicato informa os trabalhadores domésticos de seus direitos e oferece um serviço de assistência jurídica. Em caso de quebra de contrato de trabalho, seja de que parte for, o sindicato convoca ambas as partes para tentar um acordo amigável. Eu as conheci enquanto esperavam o encontro com suas antigas patroas (que não compareceram).

Ludmila, 43 anos, nasceu em Vitória da Conquista, de pais meeiros (seu pai também era representante comercial). Dos dez irmãos (ela era a sétima), somente os dois mais velhos permaneceram na Bahia: um trabalhava na prefeitura e o outro comercializava roupas no eixo São Paulo-Bahia. Todos os outros ganhavam a vida em São Paulo, para onde seus pais migraram no

Entre discriminação e reconhecimento: as trabalhadoras domésticas de São Paulo • 109

fim dos anos 1960 (Ludmila tinha cinco anos). Eles se instalaram em Guaianases, onde já moravam dois tios. O pai faleceu muito cedo num acidente, e a mãe trabalhava como doméstica. Ludmila não concluiu o primeiro grau e começou a trabalhar aos dezesseis anos com uma irmã na indústria de confecções no centro de São Paulo, primeiro como auxiliar (arrematadeira), depois como costureira e vendedora. Dois de seus irmãos trabalhavam no mesmo setor; um possuía uma grande loja de tecidos, na qual ela trabalhou temporariamente. Em 1985, aos vinte anos, ela teve o primeiro filho, que foi criado pela mãe. Na primeira metade dos anos 1980, ainda era fácil encontrar emprego (formal ou informal) nesse setor e aprender o ofício no local de trabalho. Em 1990, com 25 anos, ela conheceu seu futuro marido, dez anos mais novo, vendedor, filho de migrantes nordestinos, nascido em São Paulo.

Com o nascimento de seus três outros filhos (dezesseis, catorze e treze anos), ela deixou o trabalho de vendedora na loja de tecidos do irmão e começou a fazer faxinas na vizinhança. Após uma pausa de um ano, foi recomendada por uma antiga patroa e trabalhou dez anos para uma senhora idosa, com quem ela alega ter estabelecido laços de amizade. No fim desse período, seu marido, testemunha de Jeová recém-convertido (eles viviam juntos, só se casaram após a conversão), entrou em contato com a patroa de Ludmila, sem o seu conhecimento, e pediu um contrato de trabalho para ela. Essa foi a razão de sua demissão. A relação entre as duas mulheres terminou no tribunal, e Ludmila obteve, com a ajuda do advogado do sindicato, um acordo amigável: uma indenização correspondente a 50% de seus direitos[49]. Com esse dinheiro, eles tentaram um negócio próprio (um restaurante, que foi vendido um ano depois). Ludmila pretendia trabalhar em casa (fabricação de bijuteria) e terminar seus estudos. Em 2008, voltou a trabalhar como vendedora no centro de São Paulo, numa das lojas de tecido de seu irmão.

> Me senti humilhada. Como diz meu marido, ela podia ter se apresentado outro dia para discutir comigo [na primeira convocação do sindicato para tentar uma solução amigável]. Jamais podia imaginar que ela agiria da forma como agiu [demitindo-a]. Para mim, de certa forma, foi bom, porque foi ela quem me demitiu. Se eu tivesse discutido com ela, ela podia ter, talvez, me forçado a pedir demissão. Mas foi ela quem me demitiu [caso Ludmila tivesse pedido demissão, ela não teria direito a nenhuma indenização].

---

[49] Assisti pessoalmente à audiência.

110 • Saídas de emergência

Ludmila conseguiu estabelecer uma relação afetiva com sua empregadora. No momento em que seu marido interferiu nessa relação para pedir que fosse formalizada e estabelecida sob outro registro, houve a ruptura: ela foi tratada como uma desconhecida. Aparentemente, em todos os episódios de relação com o trabalho de Ludmila (a saída da loja de tecidos do irmão, os empregos mais esporádicos como doméstica, a saída do emprego que acabamos de relatar, a conciliação obtida no tribunal), é seu marido que lhe dá as orientações, ou mesmo lhe dita o comportamento.

Suzette, 57 anos, nasceu em Ribeirão Preto, São Paulo. Seu pai era sargento da Polícia Militar e açougueiro "informal"; conhecia e frequentava pessoas importantes da localidade. Ele teve quatro filhas do primeiro casamento (a mulher morreu durante o parto da última), sete filhos do segundo casamento e mais dois do último, todos reconhecidos. Suzette e uma irmã foram morar com os patrões aos dez anos de idade; foram eles que as trouxeram para São Paulo quando se mudaram, seis anos depois. A irmã virou costureira, de início na indústria e, em seguida, por conta própria; Suzette trabalhava como doméstica e fazia um curso de auxiliar de enfermagem. Conheceu seu futuro marido em 1968, aos dezenove anos. Passaram a viver juntos em 1976, e seus três filhos nasceram em 1977, 1979 e 1980. Ela trabalhou como doméstica até o nascimento do primeiro filho; o marido era dependente químico e preocupava-se pouco com a educação das crianças. Faltava de tudo à família. Em 1984, depois de oito anos de vida comum, eles se casaram formalmente (era uma exigência da Congregação Cristã, uma Igreja evangélica a que ela havia aderido). Ela buscava a força moral que a ajudaria a criar os três filhos, de quem o marido pouco cuidava. Em 1990, o casal se separou e ele obteve a guarda dos filhos adolescentes (a entrevista é pouco explícita a esse respeito; aparentemente, Suzette abdicou da guarda dos filhos para poder estudar). Na época, a família morava em Santa Cecília e Suzette fazia um curso de auxiliar de enfermagem e trabalhava como guarda-noturno em dois hospitais. Em 1993, seu segundo filho, então com catorze anos, começou a trabalhar numa oficina mecânica por indicação do pai. O filho mais velho, seguindo o exemplo do pai, tornou-se dependente químico. Em 1995, quando ele tentou se suicidar (tinha 18 anos), Suzette recuperou sua guarda na Justiça; por meio de seus contatos num hospital público, conseguiu tratamento para ele. Solteiro, vendedor de CDs piratas, ele mora com a mãe até hoje. Os dois outros trabalham (um é mecânico e o outro é motorista de ônibus), são casados,

Entre discriminação e reconhecimento: as trabalhadoras domésticas de São Paulo • 111

têm filhos e a visitam regularmente. Aos cinquenta anos, ela começou a trabalhar como cozinheira, uma atividade que paga melhor que a de simples doméstica e é menos cansativa que a de auxiliar de enfermagem. Troca com frequência de emprego, conforme o empregador, o salário, os horários e a proximidade de sua casa; adaptou o volume de trabalho ao estado de saúde de seu primogênito, que é depressivo (ela construiu uma casa com ele em Mogi das Cruzes). Quando a conheci, ela tinha acabado de deixar um emprego de cozinheira numa família de comerciantes por causa de "mal-entendidos" recorrentes (falta de respeito por parte dos filhos adolescentes). Ela trabalhava com uma sobrinha, empregada da casa, e ambas recebiam um salário mínimo cada. Seu objetivo era completar os anos de contribuição necessários para ter uma aposentadoria suficiente. Ela comenta: "Não trabalhei muito tempo em endereços onde me humilhavam, o que me aconteceu três vezes; nos outros lugares, era como se eu fizesse parte da família".

Suzette suportou alguns meses de desprezo ou falta de "respeito"[50] ao seu trabalho por parte dos patrões e dos filhos deles: aumento da carga de trabalho (pratos que ela preparava eram rejeitados sob o pretexto de não terem agradado aos patrões); desrespeito ao trabalho de limpeza e arrumação, o que a obrigava a refazer tudo ao fim do serviço; tarefas extras passadas de última hora; salário pago em parcelas ou mesmo não pago. Essa atitude de submissão foi suportada apenas por algum tempo, e mesmo assim por razões religiosas. Como ela mesma comenta: "Deus me disse para ficar".

Em ambos os casos, as mulheres optaram desde o início, como acontece em geral, por uma estratégia de cultivo de boas relações com o empregador. No momento do conflito, aparece o outro lado da moeda: a desigualdade inicial e a ruptura da relação personalizada – abrupta, no caso de Ludmila, e construída como uma forma de resistência progressiva, no caso de Suzette, o que levou seus empregadores a demiti-la. Ludmila não negocia: ela se deixa curto-circuitar pelo marido; Suzette, ao contrário, constrói uma relação personalizada sutil com o empregador: ela consegue ser demitida, con-

---

[50] A propósito da noção de "respeito" nos meios populares brasileiros e, mais em geral, em todo o país, ver Dominique Vidal, "Le respect: catégorie du social, catégorie du politique dans une favela de Recife", *Cultures & Conflits*, n. 35, 1999, p. 95-124. Depois de uma pesquisa realizada na favela de Brasília Teimosa, no Recife, o autor entende que a menção frequente dos favelados a essa categoria significa uma preocupação de ver plenamente reconhecido seu pertencimento social, definido como pertencimento à humanidade (por oposição à condição de escravo).

112 • Saídas de emergência

testando de maneira moderada, e depois mais incisivamente, o tratamento que recebe; o empregador vê que a situação está se degradando e sabe que ela não pedirá as contas para não perder seus direitos. Ser demitida é um trabalho de artista da empregada, e o patrão raramente se deixa enganar. Enfim, a relação dessas duas mulheres com o trabalho doméstico não é diferente da relação com outras atividades (confecção e culinária, no caso de Ludmila; setor hospitalar, no caso de Suzette). E depende da relação conjugal de cada uma.

Conclusão

Ao fim dessa incursão no mundo das trabalhadoras domésticas, desenha-se um quadro que nos apresenta a diversidade de situações de emprego e a variedade das interpretações possíveis, conforme a idade, a situação familiar, o momento de vida. Se se trata de uma expressão de sua condição social e sexual, de uma extensão de sua função "natural" de esposa e mãe, essas mulheres exprimem por meio de seu trabalho o que elas são, e não o que elas fazem. Essa extensão de seu papel tradicional ao contexto de um trabalho assalariado permite a naturalização da precariedade de sua condição de trabalho, a extrema desigualdade de suas relações e a ampliação da margem de manobra dos empregadores em face de sua dependência social e econômica.

Entretanto, há um dado constante: são raras, ou mesmo inexistentes, aquelas que se destinam ao "ofício" de trabalhadora doméstica, e as estratégias de negação ou desmistificação dessa situação são numerosas. Em muitos casos, o emprego doméstico é uma solução (temporária) numa trajetória de autonomização, em geral depois de uma ruptura (separação, perda de trabalho ou mudança de setor de atividade), ou como um momento de recuperação. Trata-se de um tipo de emprego de acesso fácil, pouco formalizado, de demanda relativamente alta e aceito com facilidade pelo marido, justamente pela ausência de identidade profissional, não podendo constituir-se como concorrência ao "ofício" ou "profissão" dele.

De fato, parece que a relação das mulheres com o trabalho é sempre influenciada pelo tipo de relação conjugal que elas mantêm. A postura do parceiro e o tipo de interação entre o casal têm uma influência determinante na relação das mulheres com o trabalho doméstico. Essas mudanças podem ser interpretadas como uma emergência de novas matrizes de interação

Entre discriminação e reconhecimento: as trabalhadoras domésticas de São Paulo • 113

mais igualitárias e mais democráticas entre os sexos, nascidas do movimento feminista a partir tanto do espaço privado quanto do público[51]. Para outros, essas transformações correspondem à invasão do último bastião contra a globalização – ou seja, a família ou o espaço privado – e da imposição da lógica neoliberal como ideologia dominante[52]. Mas elas também tiram proveito da disponibilidade e da flexibilidade desse tipo de emprego quando estão sozinhas – depois de uma separação, ou se recuperando após um novo retorno ao lar, ou em consequência de uma mudança voluntária ou forçada de um setor de atividade. Como se as conotações históricas de dominação, particularmente estigmatizantes nesse tipo de emprego, fossem banalizadas, relativizadas ou ignoradas para abrir caminho para estratégias instrumentalizadas, visando a conquista de uma autonomia pessoal, ou ainda, mas com menos frequência, para enfrentar diretamente essa dominação quando a relação consigo mesma construída pela pessoa assim exige. As diferentes táticas apresentadas em relação ao contrato de trabalho são expressões da ambiguidade em que essas mulheres se encontram. Elas se dividem entre a busca de uma relação não igualitária, mas de "humanidade comum", que pode ter conotações afetivas, e a demissão, em caso de conflito. Demissão com duas saídas possíveis: não negociada, que remete à inferioridade brutal do *status* social e econômico, e negociada, com direitos, dentro dos marcos da legislação trabalhista vigente. Duas condições parecem favoráveis à saída desse marco de referência tradicional: a dissociação entre a condição e o ofício e a existência de interações conjugais mais igualitárias ou trajetórias que se baseiam nas formas de solidariedade femininas entre duas ou três gerações.

---

[51] Robert Cabanes, "Espaço privado e espaço público...", cit.

[52] Bruno Lautier, "Mondialisation, travail et genre: une logique qui s'épuise", *Cahiers du Genre*, n. 40, 2006, p. 39-65.

5
A COLETA E O TRATAMENTO DE LIXO*

Robert Cabanes e Mônica Virgínia de Souza

O primeiro congresso nacional dos catadores de material reciclável foi realizado de 4 a 6 de junho de 2001 em Brasília. No dia seguinte, os 1.600 congressistas receberam os 3 mil participantes da primeira marcha nacional da população de rua. Essa mobilização, sobretudo de ONGs, em favor da coleta e do tratamento de lixo, ocorreu no momento mais destrutivo do neoliberalismo *made in Brazil* (1995 a 2000). As grandes cidades veem nos catadores uma forma barata de diminuir a tensão sobre o mercado de trabalho, apropriando-se ao mesmo tempo do ideário da sustentabilidade. Este artigo tem o objetivo de descrever em que condições o desenvolvimento dessa atividade pode ser acompanhado de mudanças significativas nas relações sociais de sexo e trabalho. Certamente, trata-se aqui de modos de trabalho informal ou pouco formalizado, mas nada impede que as mudanças possam se estender às formas de trabalho formal ou formalizado.

A coleta e o tratamento de lixo, atividades de início predominantemente masculinas[1], desenvolvem-se, na verdade, em razão de uma conjunção de diversos fatores: dificuldades de emprego para pessoas com pouca formação e sem qualificação (fenômeno antigo, mas que vem se agravando há duas décadas); crescimento exponencial de construções espontâneas na periferia das grandes cidades, acompanhada tardia e parcialmente de equipamentos coletivos, em particular da coleta de lixo; ausência relativa dos poderes públicos nos processos de triagem e reciclagem de lixo nos bairros pobres. Em relação ao primeiro aspecto, há oscilação entre a atividade aleatória e temporária do "bico" e a profissionalização dos moradores de rua; mas é pos-

---

*   Tradução de Fernando Ferrone.
[1]   Ver o capítulo 15 deste livro, sobre a "invenção" da população de rua.

116 • Saídas de emergência

sível constatar o crescimento do aspecto virtuoso de uma utilidade social imediata: a limpeza dos bairros de habitação precária, o respeito ao meio ambiente e a participação no desenvolvimento sustentável. Ao mesmo tempo, a entrada das mulheres nessa atividade é cada vez mais evidente.

A entrada voluntária e militante no setor apresenta tensões: de um lado, a "vergonha" ligada à atividade, tradicionalmente associada à mendicância e à vida nas ruas; de outro, a preocupação técnica e política de lutar contra a poluição e a favor de um desenvolvimento sustentável. A realização da atividade se apoia na capacidade de desenvolver e aplicar os conhecimentos técnicos sobre as formas de valorização dos diferentes tipos de dejetos. O problema da provisão está resolvido: dos grandes produtores de lixo aos coletores individuais. A questão do tratamento (revenda do material bruto depois da triagem simples, lavagem, compactação e trituração) determina a natureza do equipamento necessário à empresa familiar ou cooperativa. Finalmente, o problema da comercialização: conhecer as estratégias de venda possível e informar-se sobre as políticas públicas nesse ramo. A rede Fórum do Lixo[2] é uma boa fonte informação, tanto do ponto de vista técnico quanto econômico. O último problema é manter um ambiente de trabalho positivo para a população dos catadores: crianças (cujo trabalho é irregular), desempregados de longa duração, alcoólatras, ex-detentos, moradores de rua. Esses saberes sociais essenciais à execução da atividade são descobertos durante sua própria realização.

Trajetórias que levam à atividade

Favela Maravilha, Cidade Tiradentes, 5 de maio de 2005

Em sua casa de tábua, chão de terra batida, grande, mas de aspecto frágil, Ismael nos recebe ao redor de uma mesa de bar, sob o toldo destinado à clientela; sua esposa, Dulce, fica atrás do balcão para servir os eventuais fregueses. Ela ouve a conversa. Ele tem 45 anos e acaba de passar por provações.

As lembranças da juventude são frescas: em São Vicente Ferrer, a 170 km do Recife, na fronteira com o sertão, ele trabalhou desde os nove anos (estudou só um ano), assim como seus seis irmãos, enfrentando as mudan-

---

[2] O Fórum do Lixo foi uma iniciativa do poder público municipal para apoiar e fomentar o associativismo e as cooperativas. Seu apogeu foi em São Paulo, durante a gestão do PT (2001 a 2004). Continuou com a criação de quinze centrais cooperativas de reciclagem, algumas das quais ainda estão em funcionamento.

A coleta e o tratamento de lixo • 117

ças frequentes dos proprietários da fazenda. Dois de seus irmãos continuam na mesma vida: seis a sete meses de salário por ano, mas os "gatos"[3] acabaram se impondo, e os trabalhadores não têm uma relação direta com os proprietários. Ele retorna de tempos em tempos para trabalhar na região; a última vez foi quando seu pai morreu, em 2003. Diz que os acertos de conta entre os trabalhadores e esses intermediários desonestos são frequentemente sangrentos.

Seu pai foi o primeiro a passar temporadas trabalhando em São Paulo. A cada retorno (quatro ou cinco entre 1972 e 1984), tentava montar sem sucesso algum comércio, não por falta de capacidade, mas porque "gostava demais das mulheres". Foi justamente esse o estilo adotado por Ismael, antes de deixar o Nordeste: constituiu família quatro vezes e deixou filhos de três uniões. Foi o único a tentar a sorte em São Paulo, em 1994, porque não havia mais trabalho no Nordeste. Ficou na casa de uma cunhada, num bairro vizinho de onde ele mora atualmente. Ela trabalhava na prefeitura, seu marido num bar e seu irmão numa fábrica de vidro, trabalhos que lhe eram inacessíveis por causa de seu nível escolar. Assim, virou pedreiro e inscreveu-se na Cohab para conseguir um apartamento (embrião)[4], pagando uma mensalidade igual a 40% de sua renda. Mas cometeu um erro crasso: alguns meses antes de quitar seu apartamento, trocou-o com uma pessoa que morava num apartamento próximo, já terminado. Essa pessoa tinha contas de água em atraso que representavam mais de seis meses de seu salário; ele não conseguiu pagá-las e a Cohab tomou o apartamento. Morou "de aluguel" em outra região, depois ocupou um terreno; nesse meio tempo, dois de seus filhos nasceram (1996 e 1998). A última sofreu complicações no parto e teve convulsões; durante onze meses e dezessete dias foi preciso levá-la todos os dias ao posto de saúde para alimentá-la através de sonda. Um médico sério pediu alguns exames e prescreveu um remédio que se mostrou imediatamente eficaz.

Entretanto, os pontos da cesariana de sua esposa se romperam na madrugada em que teve alta do hospital[5]. O retorno ao hospital e a rápida in-

---

3   Agenciador de mão de obra na agricultura.

4   Terreno mínimo, com banheiro e cozinha; cabe ao comprador finalizar a casa. Havia um cômodo no momento da troca.

5   Com humor negro, a população apelidou um dos dois hospitais de Guaianases de "Jesus te chama".

118 • Saídas de emergência

tervenção não impediram a formação de um cisto, que foi retirado quatro anos depois por um médico amigo, para quem Ismael tinha trabalhado.

No ano seguinte, ele retornou com toda a família para Recife para recomeçar a vida. Só encontrou desolação: seus pais tinham se separado e dois de seus irmãos estavam morando com sua mãe, mas a maltratavam. Seu pai morreu em 2004 e ele ficou indignado que uma nora tivesse soltado rojões durante o velório. Retornaram rapidamente para São Paulo e ficaram na casa de um irmão de sua esposa até ele "comprar" um terreno; ali construiu o barraco onde mora atualmente, em troca de um celular e uma televisão. Aos 45 anos, sofre de reumatismo, o que limita sua atividade.

Trabalho?

Sempre trabalhei como pedreiro na mesma metalúrgica da Vila Maria que faz autopeças [...] um ano sem carteira, depois seis anos com. Eles me demitiram porque peguei uma gripe: fui até a clínica onde a empresa tem convênio e me deram um atestado [...] quando volto para a empresa, me demitem... Desde então, faço "bicos". Não tem mais emprego para pessoas da minha idade [...] um absurdo, porque, com a idade, vem a experiência. Para o "bicos", o problema é que é preciso que as pessoas procurem por você, que você seja conhecido; se é você que procura e propõe serviço, você até encontra, mas as pessoas não pagam ou demoram para pagar ou pagam em diversas parcelas. E se você contata uma empresa, é preciso passar por um "gato": eles pagam bem durante três meses, e depois o telefone não atende mais. Tenho esse barraco onde as crianças compram o pão do café da manhã quando vão para a escola... Vendo cachaça, refrigerantes. Mas tem sempre alguma coisa para comprar: sapato para as crianças, roupa, o conserto da televisão. Não posso aumentar meu comércio, não tenho mais nada. Cato papelão para vender no ferro-velho para sobreviver. Vieram instalar água encanada, mas ainda não paguei a primeira conta. Eletricidade, tem só a da iluminação pública, a gente faz um "gato", como com o telefone...

Dinheiro?

Vejo pessoas que se endividam sem prestar atenção, não suporto isso, sempre digo a minha mulher e aos meus filhos quando eles querem comprar roupas de marca: fomos muito perseguidos por dívidas durante a nossa vida. É preciso botar tudo na ponta do lápis: se eu não tivesse feito a minha última viagem para Pernambuco, a casa aqui seria de alvenaria e não de madeira.

Algumas vezes, mesmo aqueles que você conhece choramingam para pagar, pagam em cinco ou seis vezes depois que você terminou o serviço, e se você pede um adiantamento, eles não te dão trabalho. Se é alguém que você não conhece, ele pode te passar cheques sem fundo; e se é o filho que faz isso, nem adianta ir reclamar com o pai, ele te diz que não pode fazer nada, que você tem que ir à Justiça. O meu vizinho de cima me evita, porque me deve dinheiro; ele sempre foi mau pagador, mas tem uma van e a mulher trabalha numa escola. [...]

O papelão é vendido por 22 centavos o quilo, você junta o máximo que pode e o dinheiro dá para comprar uma roupa para um filho. Meus meninos me ajudam, principalmente o maior, minha mulher ajuda também, quando ela pode. Gostaria de voltar para o Recife, se tivesse um dinheiro que eu pudesse montar um próprio negócio. Mas voltar para procurar trabalho não! É melhor por aqui.

Evangélico ou católico?

Católico... Penso nesse moço da igreja que não paga suas dívidas, não sei mais em quê nem em quem acreditar. Se vou a uma igreja evangélica, fico sabendo que o pastor foi ladrão ou viciado em cocaína. Sou filho de evangélico, não fui batizado na Igreja católica. Se estou numa má fase, preciso esvaziar a mente para não fazer besteira; isso pode acontecer em casa, junto de uma parede, na rua, não importa onde, você para e pede a ajuda de Deus. E ninguém te escuta, ninguém sabe se você é evangélico ou católico, pertenço a Deus, e ponto final. O que você vê hoje não acontecia antes; você descobre que um pastor estuprou uma fiel, a mesma coisa com um padre, hoje tem muito disso. Hoje é difícil controlar as coisas, a gente acusa os políticos, mas isso vem de longe, não tem solução.

No início, o relato de Ismael revela leveza e confiança na vida, pouco consciente de seu meio. Sua maneira de contar sua vida em São Paulo muda: ele sente a necessidade de se interrogar, de se autocriticar, de refletir a respeito de sua relação com o outro para chegar a seus objetivos, de se preocupar com o outro enquanto indivíduo (sua filha, sua esposa). A dificuldade dessa reflexão implica a observação de que a moral se perde, tanto a individual familiar quanto a religiosa. Se nada mais é como antes, nem no tempo nem no espaço, o que lhe resta é continuar a trabalhar, sendo mais atento com o salário, catando nas ruas quando não há trabalho, acompanhando as doenças, seguindo os filhos numa longa adolescência, sem esperar nada da política ou da religião. Já que ele não "engole" mais a vida, pelo menos não se deixa engolir por ela.

Foi impossível encontrar Ismael em 2009: ele foi embora com medo de que sua casa fosse destruída pela construção de uma avenida que atravessará a favela de ponta a ponta; sua esposa morreu durante um parto e o bebê também. Ninguém sabe de seu paradeiro.

120 • Saídas de emergência

Ângelo. *Jardim Maravilha, 2006*

Minha infância? Não me lembro dela. Ah, sim, de uma coisa, quando eu tinha seis anos. Nasci em julho de 1960, em São Paulo, Jardim Brasil, zona norte. Minha mulher veio de Minas, não sei bem ao certo de onde, meu pai é filho de italianos. Ele morreu, minha mãe também, essa é a minha trajetória... Nós éramos cinco irmãos, o mais velho morreu... por causa da bebida, um outro se afogou...

Ele prossegue, relatando as circunstâncias das mortes. Para começar, e respeitando a ordem cronológica, seu pai foi embora em 1963 para viver com uma evangélica, mãe de nove filhos; não deu sinal de vida durante toda a sua infância e adolescência. Sua mãe começou a beber quando o marido partiu (essa é sua primeira lembrança, aos seis anos) e, em 1965, teve de lidar com a prisão de seu segundo filho. Ele era roubado todo fim de semana, quando voltava do trabalho numa indústria têxtil; a mãe o acusava de esconder o dinheiro. Um dia, ele arranjou uma arma e matou o assaltante. A mãe morreu no ano seguinte por causa do álcool e da tristeza. Pouco tempo depois, o primogênito, operário numa serraria e malcasado, também morreu por causa do álcool; ele tinha 27 anos. O segundo, depois que saiu da prisão, tornou-se muito agressivo; ele morreu, mas Ângelo não conta como. O caçula morreu afogado, acidentalmente, aos 18 anos. Apenas dois filhos sobreviveram: o terceiro, que desde muito cedo esteve aos cuidados dos pais de sua noiva (ele tem uma deficiência numa perna) e viveu muito tempo em Santos, e Ângelo.

Quando a mãe morreu, ele tinha sete anos. Ao contrário do irmão, que foi morar com o mais velho, Ângelo preferiu ficar com Chico, um amigo um pouco mais velho que morava na rua. Quando era pego pela polícia, era levado para verificação de identidade, depois a um abrigo provisório para menores e, finalmente, para a casa do irmão mais velho, sempre pronto a acolhê-lo. Ficava lá somente dois ou três dias, porque não suportava a cunhada, que maltratava seu irmão menor.

Ele não pinta a vida nas ruas como um lugar traumático, mas de aprendizado: regras de comportamento (nas brigas e negociações com colegas para guardar carros estacionados), estratégias de sobrevivência (criando um pequeno mostruário dos produtos que vendia nos trens), "viração" (viagens gratuitas de trem até o Rio, pequenos furtos em lojas), autocontrole (resistindo à tentação de roubar), a amizade duradoura com Chico e o amor por Ana, de quem ele nunca se separou, mas que um dia desapareceu com seu dinheiro.

No fim da entrevista, ele faz um balanço: "Na rua, pelo menos, eu não passava raiva por causa das injustiças familiares. Mas a rua não é uma boa solução, é ilusão; não tem preço estar junto das pessoas dentro de uma mesma casa".

Aos 14 anos, foi detido por roubo, levado à delegacia e internado dois anos na antiga Febem. Quando saiu, arranjaram trabalho para ele (esvaziar sacos de cinquenta quilos de cal para fazer sacos de um, dois ou cinco quilos) e foi morar com o irmão. O dinheiro que ganhava era entregue à cunhada e ela não lhe dava nada; o irmão sabia, mas silenciava. Ele fugiu com o caçula, que ainda era maltratado, e foi ao encontro de uma tia materna; moraram com ela um ano, depois voltaram para as ruas, onde conheceram sua família de adoção. Ele rogou pelo encontro misterioso durante uma prece numa igreja, num dia em que estava muito deprimido. O encontro aconteceu numa noite em que ele se sentou à porta de uma casa e uma mulher saiu para perguntar se ele precisava de alguma coisa. Ele estava com fome.

Essa família recolhia lixo, o marido era pastor evangélico. Ângelo começou a trabalhar, converteu-se, conheceu uma vizinha e casou-se em oito meses. Uma aceleração da história que o acompanhou: "Eu estava ganhando... eles me davam o que eu precisava, eram como pai e mãe para mim. Eles me ajudaram bastante, tudo o que sou hoje devo a eles". Depois do casamento, o casal foi morar numa casa vizinha à dos sogros, onde nasceu o primeiro filho em 1983. Eles tiveram mais três filhos e viveram juntos durante oito anos num barraco de madeira, levado certo dia por uma inundação. Não foi a primeira vez, mas essa foi mais forte. Ao tentar recuperar as pranchas de madeira da casa vizinha, também destruída, foi acusado de roubo pelo proprietário e detido 23 dias. Ao sair, para tentar se recuperar financeiramente, começou a vender drogas.

"Naquela época, a gente esperava uma casa popular, entrei no negócio das drogas e Sara, que não queria se envolver, foi morar com os pais." Mas continuaram a catar lixo juntos e a vender para um comerciante (sua família de adoção tinha se mudado). Ela voltou a viver com ele quando conseguiram um apartamento num imóvel coletivo, mas, por causa de uma dívida de drogas, ela recebeu nesse apartamento a visita de pessoas que tinham a intenção de matá-lo (felizmente ele não estava em casa). Na mesma noite,

122 • Saídas de emergência

eles se mudaram para a rua. Ele telefonou para sua família de adoção, que tinha se mudado para uma chácara em Cidade Tiradentes, já nos limites do perímetro urbano, onde havia bastante espaço para exercerem seu ofício. Eles foram acolhidos com os quatro filhos e ficaram dois anos ali. Em seguida, encontraram um lugar para construir um barraco de madeira e, três anos depois, construíram uma casa num terreno ocupado, perto de uma escola. Mais tarde, correu o boato de que todos seriam expulsos; ou eles deixavam o local ou teriam de se defender na Justiça. Apressaram-se em partir antes que a notícia se espalhasse. A adversidade fez com que ficassem espertos.

Em 2001, moravam no Jardim Maravilha. "A gente se casou na semana seguinte a nossa chegada aqui", diz Sara, com uma satisfação incontida. Mas eles ainda não têm estabilidade. Moraram dois anos num casebre de dois cômodos e o venderam para comprar um barraco maior; uma Igreja evangélica quis se instalar no terreno e eles o venderam para evitar problemas (mas conservaram um lote para os filhos). Compraram um terreno maior com um barraco de madeira do outro lado da rua. Há espaço para trabalhar o papelão, e ele começou a construir uma casa de alvenaria. Ainda não sabem o que a vida reserva para eles. O mercado de trabalho está saturado; todo mundo cata para ter um complemento de salário. Há dias em que ele ganha vinte reais e dias em que não ganha nada. E ele começa a se preocupar com a bronquite crônica que sempre o acompanha.

Sua família adotiva passa regularmente com um caminhão para recolher a coleta de papelão; eles mantêm boas relações e o casal pode pedir um adiantamento, caso precise.

Jacqueline (22 anos) parou de estudar na quarta série, quando casou; seu marido cuida das áreas verdes de uma empresa. Jefferson (20 anos) concluiu o ensino médio e é auxiliar de manutenção na empresa em que trabalha o marido de Jacqueline. Jules (19 anos) parou de estudar no fim do ensino fundamental e trabalha com o pai. Juliana (17 anos), "a mais rebelde", casou-se recentemente e seu marido trabalha numa empresa de distribuição de gás.

"Afinal se saíram bem, apesar de não terem propriamente saído." É assim que se pode resumir sua trajetória. A amargura, a revolta pelo comportamento do pai passou: disse isso a ele no casamento de seu irmão. Três de seus filhos constituíram família e podem ajudá-los. Eles próprios e os filhos ainda estão no patamar da sobrevivência e correm o risco constante de ver sua situação piorar. Sempre na mesma atividade, ambos cansados antes do

A coleta e o tratamento de lixo • 123

tempo, mais física que moralmente, e com o apoio potencial da geração seguinte.

2009, dois anos depois: a construção do térreo da casa, todo de blocos de cimento, pé-direito alto e uma bela área de 65 m² terminou. Eles estão planejando mais um andar. Os filhos ajudam: "É para eles". Trinta anos para conseguir vencer a rua. Mesmo que a "avenida" da favela onde eles moram seja alargada, só a área destinada ao papelão será afetada. Os dois filhos e a mulher de um deles trabalham numa empresa que faz limpeza para um centro cultural municipal; a caçula também trabalha numa empresa de limpeza a serviço do Patrimônio Histórico do Estado. Todos os seus filhos, genros e noras trabalham. Dois moram com eles e um outro, do outro lado da rua. Os sacos de cimento estão guardados num cômodo: o primeiro andar é para logo. Sara cuida dos netos. A crise que afeta o setor do papelão ondulado e dos recicláveis em geral atingiu Ângelo sem desestabilizá-lo; ele apenas diminuiu o ritmo de seus projetos. E a entrada dos filhos na vida ativa, apesar dos salários mínimos e dos horários de trabalho difíceis, não afetou a economia do tempo familiar, a cargo da avó. Ângelo e Sara estão bastante otimistas, "se Deus quiser...".

Janaína

Janaína tem 30 anos. É filha de um casal em que a mulher gasta seu tempo reparando os erros de um marido irresponsável. Casaram-se em Recife e vieram para o Sudeste em 1968, fugindo da polícia política. Ele, independente e provocador, escrevia peças de teatro que retratavam "os opressores e os oprimidos". Não aguentou muito tempo o trabalho assalariado numa fábrica do ABC e começou a tocar com um sócio uma empresa de reciclagem de lixo; saiu-se muito bem, mas abandonou o negócio de uma hora para outra, porque estava cansado. Deixou o material (dois caminhões) com o sócio. A esposa ficou furiosa, e toda a família foi para Pernambuco para se recuperar do fracasso. Janaína tinha seis anos. Quando voltaram para São Paulo, instalaram-se, por intermediário de um conhecido do pai, em Cidade Tiradentes, na favela que começava a se povoar. A mãe retomou sozinha a atividade, enquanto o pai se lançou no comércio de cavalos, mas logo se decepcionou (calotes, furtos). A mãe tem sucesso em seu empreendimento, a ponto de montar dois depósitos e ainda ampliar consideravelmente um deles para que caminhões de grandes empresas pudessem se abastecer.

124 • Saídas de emergência

Durante todo o ensino médio, Janaína acompanhou, ajudou e informou-se em todos os níveis (técnico e econômico) e, embora se desse muito bem na escola, deixou-se pouco a pouco absorver pela atividade que vinha se desenvolvendo com constância. Além do núcleo familiar (Janaína, sua mãe, seu marido e seu irmão), sete outras pessoas eram empregadas (não registradas) e havia mais um sem número de catadores que traziam a mercadoria. Eles possuíam dois grandes caminhões para fazer entregas nas empresas e uma prensa de papelão (que eles não utilizavam, porque estimavam não ser rentável, e mais tarde foi revendida). O sucesso devia-se à localização numa zona de crescimento demográfico constante, com uma carência brutal de serviços de coleta e mão de obra superabundante em razão da crise. Além desses fatores objetivos, havia o estilo de acolhida da mãe de Janaína e dela mesma, sempre vigilantes, jamais arrogantes.

A gente mora do lado do depósito, ficamos abertos praticamente 24 horas por dia e algumas vezes aparecem clientes bem complicados. Um deles, que ficou dezoito anos preso no Carandiru, me ameaçou de morte outro dia porque não paguei o que ele esperava; é preciso negociar e não ficar nervoso. E tem mais todos esses alcoólatras que não encontram trabalho e nunca vão encontrar, eles não gostam do que são, algumas vezes ficam revoltados; é preciso ter paciência. Tem também os humilhados da rua, que vivem em moradias precárias, têm problemas com a família; para acalmar a situação, você algumas vezes paga vinte centavos por uma mercadoria que vale só três [...] você tem cinco ou seis, um atrás do outro, que vêm com garrafas cheias de areia (para aumentar o peso); é preciso falar com eles à parte e explicar a situação, porque a gente não pode fazer isso na frente dos outros para não humilhá-los; e para negociar, é melhor que seja em voz baixa, calmamente. Com os drogados é a mesma coisa... Foi minha mãe que nos ensinou isso.

Janaína casou-se aos 23 anos com um camelô do Brás. Como Ângelo, que pressentiu seu encontro com sua família adotiva, ela, que faz parte da Igreja evangélica Congregação Cristã, recebeu, com antecedência, uma "revelação divina": é preciso fazer um grande casamento para "honrar Cidade Tiradentes". E Deus fez tudo se encadear: uma diretora de escola emprestou o local para a festa, os fiéis da igreja se ofereceram como voluntários para os preparativos, os conhecidos ricos emprestaram seus belos carros para o desfile na favela (do depósito onde fica a casa deles até à igreja e à escola) e as sete congregações religiosas de Cidade Tiradentes enviaram representantes oficiais para tomar a palavra durante a cerimônia. Mil pessoas presentes, uma manifestação grandiosa da "teologia da prosperidade": a vitória contra a adversidade.

A coleta e o tratamento de lixo • 125

Mas há outra devoção na fonte desse sucesso: a devoção de dois filhos por sua mãe, assim como a do genro. A personagem da mãe é também a de esposa: obrigada a suportar um homem irresponsável e fanfarrão, que a arrasta para aventuras infrutíferas, ela toma as rédeas da situação aos poucos, apoiada por seus filhos, à medida que o álcool o domina. Esse núcleo familiar é o do sucesso que se materializa numa bela casa de alvenaria de dois andares que se destaca no meio das outras da favela. Ali, o pai ocupa certo espaço com os amigos de jogatina e bebedeira, velhos o suficiente para serem razoáveis e simbolicamente próximos da favela: ele se desculpa, perante todos, por estar dominado pela "cachaça" e, quando alguém pergunta porque ele não a abandona, ele responde, depois de um momento de reflexão: "É que eu gosto dela...".

2009. A crise do material reciclável afetava-os havia alguns meses, a ponto de desestabilizá-los. No ano anterior, passaram para o regime formal de empresa e empregaram sete assalariados registrados, dos quais dois em estágio probatório. Tudo aconteceu naturalmente, graças à familiaridade crescente com os trabalhadores. Janaína ouviu falar de cooperativas e nos pergunta se esse regime é melhor que o assalariamento, do ponto de vista da harmonia entre as pessoas. Gostaria de retomar o curso de serviço social, caso pudesse se desvencilhar um pouco do trabalho. A empresa começou a fechar ao meio-dia de sábado. As três mulheres precisam desse tempo para arrumar a casa e ir ao culto. Quatro contêineres abertos estão sendo carregados; os dois velhos caminhões bamboleantes que trazem o material reciclável recolhido pelos coletores do bairro estão em frente à porta.

Amaro

Esse itinerário é totalmente diferente dos precedentes[6]. Amaro é filho de uma família do Nordeste que logrou uma boa inserção em São Paulo no começo dos anos 1970 e, apesar das dificuldades, manteve certa unidade. Isso porque o pai adquiriu um lote com três casas: a dos pais e de um irmão solteiro, a da irmã (costureira bem qualificada) e sua família e, por último, a de Aldo e sua família. A família era mais numerosa; dois irmãos morreram de forma violenta. A juventude de Amaro foi inquietante e ao mesmo tempo consciente (ele estava em plena adolescência quando houve os movimentos sociais do fim dos anos 1970); a escola deixou boas lembranças, e

---

[6] Ver a primeira parte do relato de Amaro no capítulo 8 deste livro.

126 • Saídas de emergência

seu primeiro emprego (como *office boy* no Tribunal de Justiça, onde seu pai era porteiro) mostrou a ele que a burocracia não destrói a iniciativa das pessoas. Sem vontade ou incentivo familiar para continuar os estudos, tornou-se protético, profissão na qual teve sucesso, mas era difícil lidar com a desonestidade dos dentistas. Quando se casou, buscou estabilidade: prestou um concurso público e tornou-se carcereiro.

Descobriu uma novidade: a democracia (o regime militar tinha desmoronado) não servia para a prisão, como atestavam as punições e os desaparecimentos. Ali, a sobrevivência do detento se inseria, por um lado, num contexto de submissão aparente e ódio real contra a administração e, por outro, em regras de uma administração interna e clandestina entre prisioneiros, pelas quais todas as faltas são radicalmente punidas: desde a suspeita de delação à administração até qualquer atentado à honra. Nesse submundo, os conflitos entre facções, bandos ou organizações coletivas se resolvem pela violência. Seja por sua formação idealista, seja por compreender os códigos de honra daqueles para quem administrar esse bem é essencial, Amaro se investiu da "missão" de evitar os enfrentamentos coletivos; para ele, as mortes são inúteis[7]. Isso lhe rendeu ameaças de morte de ambas as partes em conflito. Ao contrário de um colega, que perdeu a vida, ele as levou a sério e pediu demissão.

Essa longa digressão é necessária para situar a personagem e as pessoas que participam da coleta de lixo. O idealismo dessa personagem[8] segue rumo à visão "verde" e ao "desenvolvimento sustentável"; as relações da periferia se assemelham às da prisão, há um constante vaivém entre elas. O mundo da coleta não difere daquele que já descrevemos. Mas o que Amaro queria pôr em prática – dentro da ideia de "educação popular" que prevalecia quando o PT assumiu a prefeitura em 2000 – era uma organização cooperativa de recolhimento, triagem, tratamento, reciclagem e venda, com apoio financeiro, político e educacional. Numerosas reuniões preparatórias ocorreram ao longo de quatro anos e resultaram na instalação de diversas

---

7   Além dos julgamentos e das execuções de indivíduos na própria prisão, a guerra entre facções e o uso do pessoal da segurança como refém nas negociações faziam parte da rotina. As armas eram lâminas fabricadas com material de cozinha ou ferragem de construção escondidos das mais diversas formas. Amaro se limitava a fazer buscas sérias e periódicas por armas.

8   Um idealismo que era compartilhado com alguns colegas do sindicato dos carcereiros e foi também um dos fatores que o levaram a abandonar a profissão.

pré-cooperativas de bairro (como a de Amaro) e cinco centros de coleta (dos 32, um por bairro, que estavam previstos). O projeto de Amaro se chamava "desafio" e contava com duas pessoas, que mais tarde se autono-mizaram e criaram cooperativas em seus respectivos bairros. Falaremos de uma delas mais adiante.

Com um cunhado (técnico em telecomunicações) e sua caminhonete, eles fizeram uma verdadeira peregrinação para convencer as pessoas a triar o lixo. Distribuíram sacos de cores diferentes e anunciaram os dias de cole-ta. A cooperativa foi instalada numa garagem emprestada (que rapidamente se encheu), depois num barracão e, por fim, num espaço onde já existia uma cooperativa de tratadores de lixo, organizada por professores. Essa cooperativa passava por dificuldades (aluguel e eletricidade atrasados). O sistema de coleta proposto por Amaro parecia mais eficiente, e a associação das duas cooperativas foi realizada sob sua batuta. O negócio decolou: os coletores vinham entregar lixo separado (mais bem pago) em grande quan-tidade e foi preciso alugar um espaço maior, que permitisse a estocagem e o trânsito de dois caminhões. Nesse movimento de mobilização que agitava esse meio, Amaro e alguns outros ganharam da prefeitura uma prensa de papelão. O quadro se completa com a compra de uma máquina de lavar e triturar dejetos plásticos. Esse equipamento segue o mesmo desde 2001.

O espaço ocupado não era suficiente para funcionar como um dos 32 centros de coleta e tratamento previstos em cada subprefeitura. Amaro poderia ter mudado de escala e criado um centro: ele era suficientemente conhecido para ser habilitado. Mas teria de se mudar, começar uma nova empresa sem aproveitar o que tinha acabado de criar, e ainda tinha muito a descobrir, em particular sobre a escolha da comercialização em função da estrutura do mercado. Cada mercado (plástico, vidro, metal, alumínio) apresenta uma configuração específica. Agora que esses conhecimentos ti-nham sido adquiridos, a questão de uma cooperativa mais coletiva ou ma-ciça nesse mercado colocava-se de maneira mais concreta.

O negócio funcionava como uma empresa familiar (o pai e o irmão de Amaro trabalhavam nela), com dois ou três "assalariados" temporários que eram de confiança do chefe e recebiam em função dos rendimentos. Eles recebem permanentemente carroças de coletores: cada uma que é esva-ziada é logo sucedida de outra. Em resumo, eles ganhavam o suficiente para viver, não era preciso fazer hora extra ou mais investimentos. Não tinham capital para comprar uma máquina de fazer bolotas de plástico para intru-

128 • Saídas de emergência

são, o que permitiria vender às fábricas um produto pronto para o uso, mas não ousaram pedir um empréstimo.

Amaro não é do tipo aventureiro: a mulher e a filha o incentivam, mas ele não gosta de se sentir pressionado. O trabalho administrativo é cansativo, mas ele ainda tem curiosidade de saber e ver como funcionam cooperativas" maiores e mais dinâmicas que a sua. Uma conjuntura mais favorável certamente ajudaria, mas ele não tinha a intenção de se envolver mais. Sua esposa sempre se virou bem, apoiando-o em suas provações como carcereiro; hoje ela é professora de ciências no ensino médio e sempre se interessou ativamente pela empresa do marido. Sua filha é brilhante na escola e no trabalho (na época, programava os *softwares* de entrega de um grande depósito de bebidas), mas pouco capaz de fazê-lo ir adiante. Para isso, ela teria de cuidar da administração do negócio. Mãe e filha estavam um pouco decepcionadas com as promessas que ele havia feito e que parecem se perder num horizonte distante. Eles teriam de tomar uma decisão em família, recomeçar com uma configuração semelhante à da família de Janaína.

Armando, que dirige uma das cinco cooperativas centrais em funcionamento (das 32 previstas), foi-nos apresentado por Amaro. Eles se conheceram no Fórum do Lixo. A trajetória de Armando era a de um motorista de ônibus que se tornou dirigente sindical e lutou contra a privatização dos transportes urbanos. Na época, o sindicato estava dividido em três tendências e cada uma ocupava um andar da sede: a primeira apoiava o patronato contra o poder público no que dizia respeito às tarifas e tinha intimidade com práticas violentas (ônibus incendiados "em nome" de usuários descontentes para forçar o aumento dos subsídios estatais); a segunda, da qual Armando fazia parte, defendia classicamente os assalariados; e a terceira transitava entre elas. Por vezes, as relações entre essas três tendências degeneravam em violência.

Armando entrou na aventura cooperativa para sair da longa rotina sindical e também por inclinação religiosa e social: ele é mórmon e faz parte de uma comunidade que lhe dá certa evidência social no bairro. Como ele já fazia parte das comissões consultivas sobre transporte, essa possibilidade de trabalho que surgiu com a chegada do PT à prefeitura foi como um prolongamento natural de sua ação na CUT. Além disso, ele conseguiu alugar da prefeitura, por um preço irrisório, uma grande área numa região próxima de sua casa, onde ele já era conhecido. A cooperativa foi constituída com base num estatuto formal clássico, com assembleias gerais regulares e decisões de partilha coletivas entre benefícios e investimentos.

A coleta e o tratamento de lixo • 129

Noventa pessoas trabalham em dois turnos de oito horas. Sessenta realizam a triagem ao lado de uma esteira rolante que passa em ritmo frenético. Dois terços são mulheres; a fração masculina apresenta maior rotatividade, já que é mais fácil para eles retomar o trabalho de coleta nas ruas; alguns são demitidos por furto. Os contramestres do bairro, cujo nível de escolaridade é mais elevado, estão insatisfeitos com a falta de transparência da gestão. Aliás, uma assembleia geral votou a favor da expulsão de Armando quando ele comprou uma caminhonete com o dinheiro da cooperativa para coletar lixo por conta própria. Posteriormente, sua reintegração foi aceita, com a condição de que ele reembolsasse o valor da caminhonete. Ele era indispensável na relação da cooperativa com a prefeitura e os compradores. A mulher que o substituiu agora é sua adjunta. Nunca houve suspeita de que ela acobertasse suas maquinações pouco sutis. Modo de resolução foi feliz, afinal; e o *ethos* protestante talvez não lhe seja estranho. A presença de mórmons entre os pequenos funcionários da cooperativa nos permite fazer tal consideração. Amaro ouviu falar dessa história e veio saber mais sobre ela. O modo de funcionamento cooperativo suscita um interesse tão forte quanto a desconfiança que paira sobre ele. E suscita a questão: qual é o lugar das mulheres nesse modo de gestão autônomo, empresa familiar ou cooperativa, pouco conhecido porque praticado de formas diversas, e no fundo "revolucionário" num contexto em que as grandes referências são as do capitalismo e da escravidão?

Chegamos assim a Ilda, velha conhecida de Amaro e Armando, sobretudo porque ela saiu de uma cooperativa maior justamente em razão da gestão obscura. Mas isso aconteceu antes do incidente mencionado: como todos, ela queria se estabelecer em território próprio, onde havia trabalhado vários anos como costureira em domicílio. Estamos no Itaim Paulista, cerca de seis quilômetros ao norte de Guaianases.

Ilda percebeu rapidamente a oportunidade oferecida pela prefeitura – de continuar trabalhando na região para pessoas como ela – e entrou no mesmo movimento que Amaro e Armando, mas sem passado político-sindical, apenas com o princípio do rigor pessoal e a vontade de criar um negócio proveitoso para todos. Nascida no Ceará, mulher de energia, marido irrepreensível, ela arranjou duas colaboradoras com seu estilo para negociar com a prefeitura a concessão do espaço ocupado por uma associação que tinha se dissolvido, um espaço amplo, com quadra de esportes e estrutura suficiente para abrigar mercadorias, escritórios e salas de reunião. Ela fez o

130 • Saídas de emergência

mesmo percurso que Armando, com meios mais precários (ela não tinha automóvel para distribuir e recolher os sacos), um caráter de atuação eminentemente feminino e um longo período de baixos salários para privilegiar os investimentos e criar um espírito coletivo. Para ela, esse espírito tem raízes profundas no inconsciente coletivo, mas não consegue chegar à superfície por causa das décadas de desenvolvimento urbano e industrial em que se favoreceu mais o individualismo que a cooperação. O cooperativismo se insere nesse contexto: o espírito coletivo é facilmente sufocado pelos comportamentos espontâneos. Ela tentava valorizar o coletivo condenando qualquer fraqueza individual que fosse ditada pelo interesse ou pela facilidade. Conhecia por experiência própria o fim desse tipo de aventura. E queria que ela continuasse. Por isso, para que esse espírito coletivo não fosse sufocado por um movimento excessivo e certa qualidade e trocas no trabalho fossem preservadas, o crescimento da cooperativa era lento (doze pessoas na época, das quais quatro homens). Por essa razão também ela se recusava a instalar esteiras rolantes, como fez Armando. Era clara sua preocupação para que os meios de produção que alteram as forças produtivas não desviassem de seu "espírito" as relações sociais de produção (para ela, a cooperativa de Armando era "capitalista").

Ela e suas duas colegas constituíram um organismo de coleta que atualmente recolhe lixo reciclável de cerca de 6 mil famílias. No começo, com um Fusca velho e um reboque; hoje, depois de um acordo, com um caminhão de uma empresa municipal que faz a coleta para a cooperativa três vezes por semana. Mas nada de investimentos impensados: o caminhão comprado para substituir o Fusca e facilitar a coleta era usado. Ao mesmo tempo, elas formaram uma espécie de rede técnica, sindical e comercial com algumas cooperativas – não necessariamente vizinhas, mas que trabalham com o mesmo espírito – com o intuito de obter informações técnicas, utilizar de forma coletiva os equipamentos (prensa de papelão), defender-se comercialmente dos compradores, debater seus problemas de gestão e questionar o funcionamento das cooperativas centrais, como a de Armando. As reuniões ocorriam uma vez por mês.

Essa assembleia de vinte pessoas (doze assalariados e representantes de famílias coletoras) tinha a particularidade de incluir membros de outra associação, a Casa do Fazer; embora tivessem modos próprios de ação e gestão, essas duas unidades exerciam funções complementares e articuladas. A Casa do Fazer é uma associação clássica: oferece serviços (cursos de infor-

A coleta e o tratamento de lixo • 131

mática, artesanato, cívico e, futuramente, cursos profissionalizantes de panificação e marcenaria) e organiza intercâmbios coletivos e culturais com outros bairros. Outras de suas preocupações é a confecção de objetos artesanais com material coletado, vendidos em feiras, eventos ou na própria associação. Ainda que atraídas pelo preço e pelas recompensas, já que facilitavam o acesso aos recursos, o que lhes interessava era mais a difusão de seu modelo que o reconhecimento de sua excelência num espírito competitivo.

Parece evidente que o espírito de um coletivo de trabalho que controla seu destino é capaz, caso perdure, de se estender a outras formas de atividade em que o trabalho individual é dominado por exploradores (as costureiras em domicílio, por exemplo, são particularmente exploradas; assim como os pedreiros, que são facilmente enganados pelos "gatos"). Percorrer esse caminho é demorado e difícil. Esse espírito poderia também penetrar nas instituições em que as comissões municipais desenvolvem esquemas de democracia participativa, embora esta última seja grandemente manipulada no âmbito da eleição e da deliberação. Ilda e suas amigas participam de uma "câmara de animação", uma experiência comandada por uma subprefeitura criativa para desenvolver atividades econômicas numa mesma região; a intenção delas é nortear a evolução da cooperativa, segundo seus princípios.

2009, um ano mais tarde. O imóvel estava irreconhecível: foi ampliado, pintado e decorado. Ilda teve uma oportunidade logo após gravar uma entrevista com uma jornalista: a TV Record, de propriedade da Igreja Universal do Reino de Deus, interessou-se por seu trabalho. Ilda frequentava essa igreja, mas nunca tinha feito alusão à força de suas convicções religiosas. As visitas à cooperativa e à associação, a difusão pela televisão e a parceria com a Ressoar, principal ONG dessa Igreja pentecostal, facilitaram as parcerias e aumentaram o volume das atividades e dos projetos. A estrutura da cooperativa permanece a mesma, o que mudou foi a aparência (vestiário, cozinha-restaurante, uma sala de reunião e um novo escritório). O número de cooperados ainda é o mesmo, assim como os equipamentos (elas ainda não têm uma esteira rolante). O espírito inicial foi mantido, mas todos os seus projetos avançam simultaneamente, sempre dentro de um espírito de geração de atividade e não de assistência social. Ilda fez questão de que as duas unidades fossem totalmente separadas. Contudo, certa interpenetração parece inevitável; o modelo associativo do serviço social poderia fazer pressão sobre o modelo cooperativo, propondo a ampliação do serviço

132 • Saídas de emergência

prestado; mas, por outro lado, o modelo cooperativo talvez possa ser enxertado nas atividades da associação que prolongam a formação inicial.

Conclusão

O contexto das mudanças atuais na divisão social e sexual do trabalho e o investimento público feminino, paralelamente à transformação da posição das mulheres no espaço privado, impõem aqui uma reflexão. Novas formas de inserção social e econômica de mulheres de origem popular vêm ocorrendo nos bairros de habitação dessas "novas classes servis"[9]. Estão ligadas em parte ao recuo do Estado e às "novas formas de governança", para permanecermos num nível bastante geral, que abarque a variedade de processos em curso.

A renovação do setor associativo (habitação, saúde, educação, alimentação)[10] é alimentada por formas de descentralização, privatização e terceirização dos serviços públicos nos bairros de baixa renda, assim como pelo esfacelamento dos antigos movimentos reivindicativos – já que o neoliberalismo dominante incita essa população a agir, em vez de reivindicar. Essa ação repousa, em grande parte, na atividade das mulheres desses bairros. As cooperativas constituem outra vertente desse novo tecido de atividades sociais e econômicas.

A renovação do setor informal e associativo corresponde também ao desaparecimento de amplas parcelas do emprego formal (serviço e indústria), em especial entre as atividades que estão em via de se informalizar (confecção, automóvel, terceirizações em todos os setores), à emergência de formas de trabalho pouco controladas (*telemarketing*) e ao desenvolvimento de atividades antigas não formalizadas (coleta e reciclagem do lixo)[11]. Ao contrário dos homens, que são mais fortemente atingidos pela diminuição

---

[9] Saskia Sassen, "Vers une analyse alternative de la mondialisation: les circuits de survie et leurs acteurs", *Cahiers du Genre*, n. 40, 2006, p. 67-89.

[10] Setor que definiremos em sentido amplo, incluindo ONGs, associações identitárias, caritativas e políticas, denominado "terceiro setor" por alguns.

[11] É encampado parcialmente por uma corrente política do PT, que se mobilizou pela "economia solidária", considerada uma alternativa ao capitalismo dominante (Paul Singer, *Introdução à economia solidária*, São Paulo, Fundação Perseu Abramo, 2002). Essa corrente dispõe em especial de uma Secretaria Nacional de Economia Solidária (Senaes), ligada ao Ministério do Trabalho e Emprego, pela qual oferece linhas de microcrédito e financia cursos aos futuros cooperados.

A coleta e o tratamento de lixo • 133

do emprego formal, as mulheres parecem aumentar sua "empregabilidade", investindo num conjunto de atividades econômicas e sociais[12].

O conjunto desses exemplos permite dizer que o valor do trabalho se impõe como um imperativo absoluto para as mulheres. De início, para sobreviver, mas também para prescindir de um homem, ou conservá-lo de maneira autônoma, ou fortalecer a empresa familiar. O duplo olhar sobre a atividade e as dinâmicas familiares mostra que as condições atuais da divisão do trabalho e do exercício da atividade parecem ampliar o espaço de ação das mulheres. Na coleta de lixo, a criação de uma "empresa" qualquer, familiar ou cooperativa, repousa fundamentalmente, além do conhecimento técnico, na capacidade de construir e manter redes. Nessa perspectiva, a informalização agiria como um equalizador dos sexos. Podemos dizer o mesmo do princípio de responsabilidade econômica, que era do homem e passou a ser dividido de fato com a mulher. No caso de cada um ter um trabalho próprio, o fato de que a mulher tenha uma renda melhor não parece representar grande problema. No caso de uma empresa familiar, em que o comando pode estar nas mãos do homem (Amaro e Ângelo) ou da mulher (Janaína), a perspectiva de um objetivo comum tende a esvaziar ou diminuir eventuais conflitos de *status*.

O interesse da mistura de trabalho informal e espaço privado permite ver que: esse espaço não é uma simples decorrência do espaço público; as desvalorizações do trabalho que ocorrem dentro da esfera do emprego, tanto as que se referem aos saberes quanto as que se referem a outros aspectos do trabalho, não repercutem automaticamente na esfera privada; a possibilidade de valorização dos saberes depende da mediação do espaço privado. Daí decorre que a família segue na direção da igualdade e da democracia e o gênero feminino afirma sua autonomia. As duas formas de atividade examinadas aqui, empresa familiar e cooperativa, cada uma com suas nuances,

---

[12] Luís Antônio Machado da Silva, "Mercado de trabalho, ontem e hoje: informalidade e empregabilidade como categorias de entendimento", em Marco Aurélio Santana e José Ricardo Ramalho (orgs.), *Além da fábrica: trabalhadores, sindicatos e a nova questão social* (São Paulo, Boitempo, 2003), p. 141-78. Essa transformação desloca a questão das relações profissionais do interior das empresas para o espaço público, mais heterogêneo e amplo. Nesse contexto, o modo de intervenção dos sindicatos continua muito ambíguo e oscilante entre uma reivindicação de defesa dos direitos adquiridos relativos ao emprego formal e uma integração dos salários mais baixos como referência e ponto de partida para todas as reivindicações.

apoiam-se em duas tensões interligadas: a relação de igualdade entre os sexos e a primazia do projeto coletivo sobre o projeto individual. Na prática, essas tensões são mais ou menos intensas, e a relação entre elas é mais ou menos importante. A qualidade das relações sociais em construção depende da qualidade dessas tensões.

6
TRABALHO INFORMAL
E REPRESENTAÇÃO SINDICAL*

Isabel Georges

O tradicional sindicalismo corporativo brasileiro, ligado ao emprego formal e industrial, também é afetado pela globalização da estrutura produtiva, pelas transformações recentes do mercado de trabalho, pelo crescimento da atividade feminina e das atividades informais, pela diversificação das situações de emprego e pela recorrência do desemprego. Além disso, a legitimidade de seus antigos critérios de representatividade é questionada. As políticas neoliberais de internacionalização da concorrência e a abertura dos mercados, o aumento do peso das empresas multinacionais e a generalização da terceirização conduziram a uma diversificação da representação coletiva e à redução dos direitos sociais. A instalação do trabalho informal no centro da nova economia[1] faz com que seja necessário rever a questão da articulação entre as diferentes formas de atividade e de representação dos trabalhadores em via de diversificação. Elas estariam oferecendo novas possibilidades de ação ou, ao contrário, enfraquecendo o movimento sindical tradicional? Quais são seus efeitos sobre as relações de trabalho e o campo da regulação? Estariam afetando o sentido da atividade militante dos representantes? E qual é a relação entre atividade militante e formas de representação?

Para tentar responder a essas questões, privilegiaremos neste artigo a análise das trajetórias dos próprios militantes, em vez de uma abordagem

---

* Tradução de Fernando Ferrone.

[1] Ver, entre outros, Alejandro Portes, Manuel Castells e Lauren A. Benton, *The Informal Economy...*, cit.; Jacob Carlos Lima e Maria José B. Soares, "Trabalho flexível e o novo informal", *Caderno do CRH*, n. 37, 2002, p. 163-78.

136 • Saídas de emergência

mais clássica, institucional[2]. Consideramos a atividade militante uma atividade econômica e social como qualquer outra, semelhante ao "trabalho" dos trabalhadores da economia informal que esses sindicalistas supostamente representam. Em plena transformação, essas atividades sociais, políticas e econômicas ainda pouco definidas constituem-se em ramo profissional: as pessoas criam suas próprias atividades. Os atores são múltiplos e podem acumular diversos tipos de atividade. Nessa perspectiva, o sentido atribuído pelos atores à sua atividade encontra-se no centro de uma compreensão das transformações mais gerais das formas de representação coletiva e de sua legitimidade. No entanto, essas lógicas de ação mais individuais e coletivas estão inseridas em seus contextos nacionais e regionais precedentes. Com efeito, inspirando-nos na abordagem adotada por Antoine Bevort e Annette Jobert em seu recente balanço da evolução das relações profissionais na França, consideramos que "a maneira como os países se inserem na nova 'grande transformação' [termo com que Karl Polanyi se refere à globalização] coloca [...] em evidência seu caráter progressivo e a persistência dos modelos nacionais ou regionais"[3]. De modo mais concreto, partimos do pressuposto de que a relativa indeterminação da regulação coletiva nesse universo do trabalho pouco formalizado deve-se a um conjunto de evoluções, como a conjuntura atual da globalização da produção e das trocas, às políticas neoliberais e de desregulamentação do Estado e à preexistência de estruturas hierárquicas e relações paternalistas e clientelis-

---

[2] As pesquisas de campo foram realizadas pela autora na região metropolitana de São Paulo desde 2001; em todas foram utilizados diversos tipos de fontes e abordagens (entrevistas biográficas, observações, documentos administrativos e arquivos). A pesquisa sobre o setor de *telemarketing* (2002) foi realizada em sete empresas e agências de emprego (bancos, empresas terceirizadas do setor de telecomunicações, pequena empresa terceirizada de fim de linha do setor bancário, agências de emprego temporário, cooperativas, agência de emprego sindical paraestatal, ONG), com o auxílio de uma bolsa de pós-doutorado da Fapesp, no Cebrap; a pesquisa sobre o comércio informal, ainda em andamento, foi realizada com Robert Cabanes e Carlos Freire da Silva (2008; ver capítulo 2); as entrevistas com as trabalhadoras domésticas foram realizadas entre 2006 e 2009, no sindicato em São Paulo e em Piracicaba, numa associação de bairro em Guiainases e em domicílio.

[3] Antoine Bevort e Annette Jobert, *Sociologie du travail: les relations professionnelles* (Paris, Armand Collin, 2008), p. 10.

tas. Essa indeterminação deu lugar a outras formas de regulação, em parte híbridas, situadas "entre o ilegal, o informal e o ilícito"[4].

Assim, propomos discutir aqui a questão das formas de articulação dos sindicatos e dos militantes com seus "filiados" e os poderes públicos a partir de uma comparação entre as formas de representação emergentes e as formas mais antigas na região metropolitana de São Paulo. A comparação de três tipos de atividades (*telemarketing*, comércio ambulante e emprego doméstico) e de figuras da representação sindical nos permitirá mostrar as particularidades de cada caso e tem como objetivo destacar algumas relações mais gerais da representação coletiva no universo do trabalho informal e, de maneira mais geral, do sentido das transformações atuais. Para dar conta dessa diversidade, apropriamo-nos das categorias de classificação de Richard Hyman de diferentes formas de sindicalismo e suas funções sociais: "um sindicalismo de classe, associado a um papel político de luta; um sindicalismo de mercado, cuja função econômica é negociar as condições de trabalho e emprego; um sindicalismo voltado para uma sociedade que assume um papel social de integração"[5].

O setor do *telemarketing*

O setor do *telemarketing* (atividades de informação, assistência e comércio por telefone), predominantemente formal, está em contínua expansão. Em 2002, a população nacional de operadores de *telemarketing* era de 400 mil pessoas[6]. Em 2006, com uma taxa de crescimento anual de aproximadamente 30%, chegou a 675 mil[7]. Em 2002, essa população era de cerca de 100 mil pessoas em São Paulo, concentração que se mantém (em 2006, 80% dos operadores se concentravam em São Paulo e no Rio de Janeiro). Por excelência, esse setor de atividade é fruto de um movimento de globali-

---

[4]   Vera da Silva Telles e Daniel V. Hirata "Cidade e práticas urbanas: nas fronteiras incertas entre o ilegal, o informal e o ilícito", *Estudos Avançados*, v. 21, n. 61, 2007, p. 173-91.

[5]   Citado por Élodie Béthoux e Annette Jobert, "Regards sur les relations professionnelles nord-américaines et européennes: evolutions et perspectives", *Sociologie du Travail*, n. 46, 2004, p. 261-70.

[6]   Pesquisa anual da Associação Brasileira de Telemarketing.

[7]   Ver "Global Call Center Industry Project", pesquisa encomendada pela Faculdade de Administração da Pontifícia Universidade Católica (PUC) de São Paulo e pela Associação Brasileira de Telesserviços (ABT) em 2006.

138 • Saídas de emergência

zação, isto é, a internacionalização e a financeirização de segmentos inteiros da economia, dominada por multinacionais que generalizaram a terceirização e provocaram uma deterioração sistemática das condições de trabalho e emprego em setores outrora estáveis e bem remunerados (sobretudo os setores bancário e de telecomunicações). Trata-se de uma população jovem (em 2002, 88% tinham entre 20 e 39 anos)[8], feminina (em 2002, 69% eram mulheres[9] e, em 2006, 76,8%[10]) e com níveis de qualificação formal relativamente elevados (74% possuíam ensino médio completo e 22%, ensino superior). A formação (cerca de um mês) é realizada em grande parte no local de trabalho[11]. As empresas de terceirização são a principal forma de organização do trabalho, mas a demanda por trabalho temporário é considerável; a taxa de *turn-over* em certas empresas era de 3% ao mês. Grande parte dos atuais *call-centers* (76%) é fruto dos processos de privatização do fim dos anos 1990 e, em particular, da privatização do setor de telecomunicações em 1998 (assim como dos bancos)[12]. Esse processo levou à generalização da terceirização das operações de base com o intuito de reduzir os custos[13], isto é, reduzir os salários de 30% a 50%. Assim, em 2007, o piso salarial da categoria, definido pela convenção coletiva do único sindicato (Sindicato dos Trabalhadores em Telemarketing – Sintratel) era de aproximadamente 560 reais para os operadores não comissionados e 510 reais para os comissionados, prática corrente sobretudo no setor bancário, no qual se encontram os melhores salários[14]. Com efeito, as condições de trabalho (e de salário) podem variar muito de um ramo para outro, de um *call-center* para

---

[8]   Ver pesquisa da Sintratel (2002) sobre seis grandes empresas de *telemarketing* de São Paulo.

[9]   Ver pesquisa da Sintratel (2002).

[10] Ver "Global Call Center Industry Project", cit.

[11] Idem.

[12] Idem. Os setores de telecomunicações e bancário, em parte serviços públicos, eram conhecidos no passado pela estabilidade, pelo alto nível salarial, pela possibilidade de carreira profissional e combatividade dos sindicatos (sobretudo no setor bancário). Ver Liliana R. P. Segnini, *Mulheres no trabalho bancário: difusão tecnológica, qualificação e relações de gênero* (São Paulo, Edusp, 1998); Selma B. Venco, *Telemarketing nos bancos: o emprego que desemprega* (Campinas, Unicamp, 2003).

[13] Operações correntes, como as transferências, foram automatizadas em grande parte e podem ser realizadas em terminais automáticos, pelo telefone ou pela internet; por outro lado, atividades de venda e investimento são principalmente realizadas por telefone.

[14] Na mesma época, o salário médio era de aproximadamente 900 reais.

Trabalho informal e representação sindical • 139

outro e mesmo de um produto para outro (no caso da venda de produtos bancários, por exemplo). Embora se trate de um trabalho predominantemente formal, é comum empregar a mão de obra durante o tempo de treinamento no local de trabalho e renovar (ou não) o contrato em função da capacidade de adaptação ao ritmo de trabalho (o intenso atendimento de chamadas). O tempo médio de serviço é um ano e meio numa mesma empresa e quatro anos no mesmo setor[15]. No setor do *telemarketing*, a "informalidade" do trabalho é pouco aparente: utilização abundante de terceirizados, trabalho temporário, "falsas" cooperativas de trabalhadores e declaração parcial dos salários[16]. Os problemas de representação coletiva estão ligados sobretudo à novidade dessa categoria profissional, que busca se definir e ainda luta para ser reconhecida pelas autoridades públicas (em especial, o Ministério do Trabalho e Emprego), e à alta taxa de *turn-over*.

Em 2002, somente 16 mil dos 100 mil assalariados desse setor no Estado de São Paulo eram sindicalizados e contribuíam para o Sintratel. Esse sindicato "único" dos trabalhadores do *telemarketing* foi fundado em 1992 pelos empregados de um dos primeiros institutos de pesquisa de um grande jornal da cidade de São Paulo e é ligado à Central Única dos Trabalhadores (CUT). No começo dos anos 2000, ainda não era reconhecido pelo Ministério do Trabalho e Emprego, o que permitiu, por exemplo, que o sindicato dos assalariados do setor de telecomunicações reivindicasse a representação desses trabalhadores. A novidade dessa categoria socioprofissional é outro elemento que contribui para a fragilidade e também para a instabilidade de sua representação sindical. Assim, numa das empresas pesquisadas – uma empresa terceirizada que atuava majoritariamente no setor de telecomunicações –, a denominação dos empregados teve de mudar de "trabalhador de *telemarketing*" para "teleoperador" para que eles pudessem ser representados no setor de telecomunicações. A nova convenção coletiva foi negociada com um sindicato do setor de telecomunicações, o Sindicato dos Trabalhadores em Telecomunicações (Sintetel), menos combativo que o sindicato único do setor de *telemarketing*. A prática, porém, foi rejeitada pelo Tribu-

---

[15] Ver pesquisa da Sintratel (2002) sobre seis grandes empresas de *telemarketing* de São Paulo.

[16] Isabel Georges, "Relations salariales et pratiques d'insertion: les centres d'appel au Brésil", *Cahiers du Genre*, n. 41, 2006, p. 195-217; "Trajetórias profissionais e saberes escolares: o caso do *telemarketing* no Brasil", em Ricardo Antunes e Ruy Braga (orgs.), *Infoproletários*, cit.

140 • Saídas de emergência

nal Regional do Trabalho de São Paulo em 2007, fato que obrigou a direção da empresa a adotar a convenção coletiva do Sintratel. Mais recentemente, o sindicato fez um acordo com a Associação Brasileira de Telesserviços (ABT) e os poderes públicos para oferecer cursos de formação profissional.

Valmira (setor de *telemarketing*) insere sua participação no sindicato numa trajetória de luta e reconhecimento de seus direitos que parece vir de uma prática familiar (da irmã e do tio) de busca por melhores condições de vida, em particular por acesso à educação, em empregos subalternos no setor público. Sua trajetória não é orientada por um projeto em especial; e em sua atividade, que, ao contrário de outros, ela percorre a passos lentos, o trabalho sindical não incluiu a luta pela qualificação em seu programa. A atividade militante marca-a e distingue-a de seus colegas, atribuindo-lhe certa identidade profissional e social – coisa difícil de conseguir nesse universo flutuante.

Valmira, jovem parda, filiada e militante do Sintratel, nasceu em 1972 na periferia da zona sul de São Paulo (Cidade Dutra). Seu pai trabalhava na construção civil e sua mãe era empregada doméstica desde os vinte anos numa mesma casa de família de um bairro rico. Tem uma irmã mais velha que trabalha nos Correios, onde atualmente é delegada sindical. Aos dezesseis anos, Valmira começou a trabalhar com estudos de mercado, fez venda porta a porta e, em seguida, por telefone. Até os 18 anos (1990), trabalhou de dia e estudou à noite numa escola pública. Abandonou os estudos e trabalhou como garçonete num café de um *shopping center*, dessa vez com carteira assinada. Em 1993, tornou-se vendedora numa perfumaria de outro *shopping* em horário noturno (das 14 às 22 horas), o que permitiu que seu salário triplicasse (ganhava aproximadamente 1.200 reais). Em 1996, pediu demissão, vítima de assédio sexual. Durante um período de desemprego de aproximadamente dois anos, ela e a mãe faziam bolos e pequenos pratos para vender na vizinhança. Trabalhou depois numa associação educativa de seu bairro (Fênix), fundada pelo tio, professor primário, como recepcionista e redatora do jornal da associação, ganhando um pequeno salário (250 reais). Por pressão do tio, fez o supletivo. Em 2000, aos 28 anos, entrou para o setor de *telemarketing* (venda de cartão de créditos por telefone), com um salário-base (um terço) mais comissões (1.200 reais). Filiou-se ao sindicato. Em 2002, vendia seguros de carteiras bancárias para outra empresa de terceirização do setor bancário e iniciou seus estudos superiores em pedagogia numa faculdade privada, iniciativa encorajada pela empresa em que trabalha. Participou da luta sindical pelo reconhecimento da integralidade de seu salário (declaração do valor total no contracheque para obrigar o empregador a pagar a totalidade dos encargos sociais), o que fez com que a empresa reduzisse ligeiramente o salário.

O setor do comércio ambulante ou os diferentes modelos de representação do "mercado da proteção"

A atividade dos vendedores ambulantes (produtos eletrônicos, têxteis, brinquedos etc.) realizada no centro de São Paulo (assim como na periferia e em outras metrópoles)[17] pode ser extremamente lucrativa, mas com frequência é ilegal e ocupa cerca de 200 mil pessoas, homens e mulheres de origens diversas (judeus, árabes, libaneses e, mais recentemente, chineses, coreanos[18] e bolivianos[19]), segundo o Sindicato dos Trabalhadores da Economia Informal (Sintein)[20]. Segundo ele, o conjunto da "economia informal" (sobretudo do comércio informal) corresponderia a cerca de 6% do PIB nacional. Nesse setor de atividade, as formas de organização coletiva dificilmente escapam de duas opções extremas: ou "engrossar" o mercado de proteção e participar da organização hierárquica das redes de corrupção, ou praticar uma militância "arriscada" (com risco de morte). Ambas são organizadas por "sindicatos".

A atividade dos camelôs apresenta formas extremamente diversas: venda às escondidas, numa banca própria ou alugada, a serviço de uma loja, em espaços cobertos (mercados fechados) ou em galerias mais controladas. Os ganhos também são variáveis, conforme a posição do vendedor na divisão de trabalho do comércio informal. Este depende em parte do *status* legal ou

---

[17] Atividade exercida igualmente em vários lugares da periferia, mas nossos números se referem principalmente à situação no centro.

[18] Origem étnica de uma parte dos encarregados do setor têxtil, além dos próprios bolivianos, sobretudo na produção (e distribuição).

[19] Brasil e Bolívia têm um acordo oficial para a regulamentação da emigração clandestina para o território brasileiro de mão de obra que trabalha informalmente no setor têxtil (organizado por coreanos).

[20] Tratando-se de uma atividade não somente informal, mas também em parte ilegal (pelo estatuto da mão de obra imigrante, o tipo de mercadoria pirata ou falsificada e/ou o mercado da proteção que seu exercício implica), as estimativas da quantidade de pessoas que se dedicam a essa atividade é extremamente imprecisa; o mesmo ocorre com os números relativos à imigração clandestina.

142 • Saídas de emergência

ilegal do camelô no território nacional, de sua trajetória de imigrante[21] e, mais em geral, de sua autonomia na divisão do trabalho (proprietário, simples locatário ou mesmo sublocatário de um ponto de venda legal ou ilegal)[22]. A articulação com os poderes públicos é complexa e muito variável, segundo a conjuntura política[23], mas muda pouco de natureza, já que o "mercado da proteção" é extremamente rentável[24]. A corrupção que marcou em especial as gestões de Paulo Maluf e Celso Pitta coincidiu com a abertura do mercado para a concorrência internacional (fim dos anos 1980 e, sobretudo, início dos anos 1990); foi limitada no começo dos anos 2000 pela chegada de Marta Suplicy, do PT, à prefeitura[25]. Além da importância das cifras do negócio com a venda de produtos importados de forma ilegal (vindos principalmente de países asiáticos) ou de cópias de produtos de marca, a realização tanto legal quanto ilegal dessa atividade em muitos locais alimenta um "mercado de proteção" que condiciona o acesso à profissão e sua manutenção ao controle do espaço. O contorno desse mercado se delineia em função da definição dos territórios onde a atividade de comércio ambulante é tolerada pelos poderes públicos e aos quais o acesso é controlado de fato por esse mercado, mas ele se generalizou para o conjunto da atividade. A imbricação do legal e do ilegal é constitutiva dessa atividade; a intervenção dos diversos "sindicatos" que disputam entre si a representação da categoria insere-se nesse universo e revela um vasto espectro de lógicas férreas cujas diferenças serão evidenciadas aqui.

Além das numerosas galerias comerciais que vendem produtos importados ilegalmente e/ou cópias de marcas registradas, um dos espaços mais evidentes dessa atividade é a Feira da Madrugada, que começa no meio da

---

[21] Problema complexo e delicado relativo ao comércio ilegal de mão de obra por "fileiras" profissionais e étnicas. Ver Carlos Freire da Silva, *Trabalho informal e redes de subcontratação: dinâmicas urbanas da indústria de confecções em São Paulo* (Dissertação de Mestrado, São Paulo, Depto. de Ciências Sociais da FFLCH, USP, 2008).

[22] Mesmo locais legais estão sujeitos ao pagamento de uma "taxa" para evitar agressões.

[23] Em São Paulo, a conjuntura varia segundo o modo de gestão da prefeitura (e do prefeito): Paulo Maluf (1993-1996); Celso Pitta (1997-2000); Marta Suplicy (2001-2004); José Serra (2005-2006); Gilberto Kassab (2007-2009).

[24] Segundo informações fornecidas por membros do sindicato dos trabalhadores informais, localizado no centro de São Paulo, cada trecho de rua depende da "proteção" de um vereador, que recebe pela aprovação da atividade, isto é, pela "proteção".

[25] Por outro lado, a chegada do PT ao poder não mudou em nada o modo de gestão clientelista; ao contrário, aumentou-o.

madrugada e se estende até a manhã[26]. Trata-se de um mercado atacadista que faz a circulação de mercadorias (principalmente produtos têxteis) entre o Brasil e os países vizinhos, assim como em direção ao interior do país. Localizado num imenso terreno que pertence a uma companhia ferroviária e autorizado pelos poderes públicos, esse mercado abriga cerca de 7 mil estandes, alugados por contrato anual por um valor médio de 600 reais por mês, e dispõe de uma estrutura sofisticada (espaços cobertos e a céu aberto), assim como segurança privada. O espaço do mercado foi reservado pelo governo federal para a construção de um trem-bala que ligará São Paulo ao Rio de Janeiro; esse objetivo hipotético permite a renovação periódica (anual) e "provisória" da concessão.

Organizado de maneira mais informal, um dos "sindicatos" do setor do comércio ambulante, ligado a outra central sindical, especializou-se no mercado da proteção do comércio. Esse sindicato "representa" cerca de 3 mil pessoas, que pagam 40 reais por semana para poder exercer sua atividade.

Outro "sindicato", ligado à confederação da indústria e do comércio, especializou-se na legalização da atividade por meio da locação das licenças legais de venda ambulante – atribuídas pelos poderes públicos às pessoas com deficiência. Essas licenças são alugadas por 600 reais por semana. Esse "sindicato" também é responsável pela gestão de outro grande espaço público de comércio legal e ilegal da capital: as calçadas da rua 25 de Março, conhecida por seus acertos de conta violentos[27].

Há também um "sindicato" ligado à CGT que alugava vagas num espaço de onde foi expulso[28] e especializou-se na atribuição de créditos aos membros da categoria (movimentando um capital de cerca de 800 mil reais, segundo um dos membros da nova central sindical).

O único sindicato que construiu um nome por meio da luta contra a ilegalidade e a corrupção (em especial dos poderes públicos) é o Sintein, associado à CUT. Alguns de seus descendentes parecem querer retomar a bandeira da luta[29].

---

[26]   Existem duas outras feiras similares, uma "formalizada" e outra não.

[27]   Podemos avançar a hipótese de que, a partir do momento que a palavra funciona como única garantia de um acordo, sua violação demanda sanções drásticas.

[28]   Próximo à Câmara Municipal.

[29]   No final dos anos 1990, esse sindicato se envolveu na luta contra a fraude e a corrupção do poder público e desempenhou um papel ativo na CPI que levou à renúncia de diversos deputados e senadores. Cerca de setenta pessoas perderam seus car-

144 • Saídas de emergência

Além desses sindicatos, existe uma multidão de associações de vendedores ambulantes na capital (aproximadamente 170), cada um com uma centena de vendedores, que se organizam para obter proteção de políticos em troca de apoio nas campanhas eleitorais.

Além do conhecimento dessas regras complexas de acesso e circulação na profissão, a atividade de comércio ambulante requer, por parte dos vendedores, uma extrema capacidade de adaptar os produtos às estações do ano, à moda (sobretudo na confecção) e às vezes a variações climáticas ao longo de um mesmo dia. Durante sua jornada, os vendedores ficam expostos às intempéries (nos espaços a céu aberto) e administram eles próprios as horas de trabalho e presença no local (em função da grande imprevisibilidade desse tipo de atividade ilegal).

Nesse caso específico, o papel dos sindicatos é extremamente complicado e ambíguo, já que eles não somente lutam pelo reconhecimento dessa categoria profissional e de seus direitos como trabalhadores, como também lidam de múltiplas maneiras com os diversos níveis de ilegalidade que perpassam essa atividade. Os sindicatos se diferenciam uns dos outros pelas formas como negociam suas posições no "mercado de proteção" a que os "direitos" dos trabalhadores – em geral mal definidos no nível jurídico – são subordinados e contribuem para a definição do que é legal, ilegal, formal, informal, justo ou injusto[30].

O Sintein, fundado em 1992 e filiado à CUT, localiza-se no centro de São Paulo. Sua direção é composta de 29 membros, dos quais 18 mulheres, e conta com 14 mil filiados (segundo informações do sindicato). Ocupa-se sobretudo dos trabalhadores informais da região, isto é, dos vendedores ambulantes, e tenta promover, sem muito êxito, alternativas econômicas de cunho cooperativo, essencialmente no setor de confecção (produção e comercialização), ou a locação coletiva de espaços de venda (*shoppings* populares). Atuou como matriz da luta contra a corrupção num contexto de disputa política nas eleições municipais, sobretudo no fim dos anos 1990, o que custou a vida de oito membros de sua direção[31]. Esse fato provocou a

---

gos e ainda hoje há processos na Justiça. Ver José Eduardo Cardozo, *A máfia das propinas: investigando a corrupção em São Paulo* (São Paulo, Fundação Perseu Abramo, 1996).

[30] Eduardo G. Noronha, "Informal, ilegal, injusto: percepções do mercado de trabalho no Brasil", XXV Encontro Anual da Anpocs, Caxambu, 2001.

[31] Um dos sobreviventes esteve quase um ano num programa de proteção da ONU.

reorientação de sua trajetória política, mas ao mesmo tempo eventos ligados à conjuntura política (envolvimento no jogo político, eleição de Marta Suplicy) deram esperança ao novo presidente do sindicato de fazer frutificar as relações com a base do PT e promover uma renovação profissional. Em 2001, o sindicato se reorganizou (reeleição da direção) e atualmente realiza atividades sociais em cooperação e a partir de movimentos de ocupação das classes populares por acesso à moradia (cotização para obter financiamento para a compra de imóveis)[32]. Sem financiamento público ou parcerias e sem solidariedade intersindical, a busca permanente por formas de autofinanciamento convive com a luta por direitos fundamentais da categoria profissional dos vendedores ambulantes[33]. O sindicato oferece assistência jurídica e negocia com os poderes públicos em casos de ações violentas das polícias civil e militar contra os vendedores ambulantes (na gestão do prefeito Gilberto Kassab). Ele se internacionalizou em 2004, quando se associou a uma ONG internacional de vendedores ambulantes, a *StreetNet* (criada em 1995). Para legalizar a categoria e enfrentar as políticas restritivas do poder político, o sindicato participa da luta para implantar "*shoppings* populares", caracterizados pela concentração de vendedores ambulantes num espaço reconhecido pelos poderes públicos.

João, diretor do Sintein, também insere seu papel de líder sindical numa trajetória familiar de resistência, sobretudo pelo lado materno, mas ele parece ser o único dos irmãos que se engajou na luta. Ex-jogador de futebol e bom aluno, engajou-se nesse trabalho político particularmente arriscado quando sua carreira profissional se encontrava em seu ponto mais baixo. O engajamento político lhe proporcionou reconhecimento moral – cujo valor ele aprecia pela experiência familiar –, além de ter sido uma alternativa social e econômica. Ele recuperou essa herança familiar, a única que lhe restou.

João nasceu na cidade de Guaraçaí, em São Paulo, de pai agricultor e mãe politicamente ativa contra o regime militar (em 1969, o casal participou da guerrilha do Araguaia, no Tocantins). Por pouco tempo, João tam-

---

[32] Parte importante dos militantes chegou ao sindicato por esse caminho; o *déficit* de moradias em São Paulo é de cerca de 1 milhão de unidades.

[33] "Ação declaratória" apresentada no Supremo Tribunal Federal em favor do reconhecimento dos vendedores ambulantes como trabalhadores com direitos iguais aos dos trabalhadores assalariados registrados. Essa tática visa o reconhecimento jurídico da aplicação da legislação trabalhista aos trabalhadores "sem papel", que por ora são "fora da lei" para a legislação.

146 • Saídas de emergência

bém conheceu o perigo. Retornou a Guaraçaí em 1973 para cursar o ensino médio, enquanto seus pais estavam na guerrilha (eles se exilaram três anos em Cuba). Durante os estudos, João trabalhou no hospital de Guaraçaí e tornou-se técnico administrativo. Na adolescência, jogou futebol no clube Guaraçatuba – que fazia parte do Flamengo –, graças a uma bolsa de estudos do banco Bradesco. Por medo da repressão, sua família de certa forma o abandonou e foram mecenas da cidade que se encarregaram dele. Em 1983, depois de um acidente, parou de jogar futebol e o banco o transferiu para São Paulo, onde tinha um cargo de contador. Em 1992, aos trinta anos, deixou o emprego de bancário para estudar medicina. Depois de muitos fracassos (tanto no curso preparatório quanto no vestibular), João perdeu as esperanças e começou a trabalhar como vendedor ambulante (segunda metade dos anos 1990) e a frequentar o sindicato. Ele assumiu a direção do Sintein em 2001, por meio mandato, após a CPI que levou à prisão de diversos vereadores e políticos e à morte de seis dirigentes e uma funcionária do sindicato; seu predecessor também estava ameaçado de morte. Talvez suas relações familiares (seus pais conheceram o Chefe da Casa Civil de Lula durante a guerrilha)[34] expliquem essa "nomeação". Contudo, como a nova administração municipal não fez nada de novo em favor dos camelôs, João tentou reconstruir o sindicato, realizando ações pontuais, sociais e solidárias, além de ações jurídicas em favor de um estatuto para os trabalhadores informais[35]. Ficou na presidência do sindicato até 2008; nesse período, desenvolveu diversos projetos econômicos e sociais, cooperativas de costureiras e de padeiros, serviço de intermediação para financiamento de habitações populares, serviço jurídico e *shoppings* populares, mas tudo isso é ameaçado pela degeneração das relações de solidariedade em clientelismo, como forma de sobrevivência da entidade. Tentativas de associação com uma ONG da África do Sul (*StreetNet*) e de criação de um mercado internacional de produtos oriundos da economia solidária fracassam por causa

---

[34] Exonerado do cargo em 2005, quando se descobriu o "mensalão", um esquema que consistia no pagamento contumaz de propina a deputados para que aprovassem projetos do governo.

[35] O projeto de lei que José Eduardo Cardozo e Aldaíza Sposati apresentaram na Câmara Municipal de São Paulo para legalizar a atividade dos vendedores ambulantes que trabalham apenas com produtos nacionais não foi nem sequer discutido. Outros projetos de lei, em nível federal, objetivam o reconhecimento do direito dos trabalhadores informais à aposentadoria.

da corrupção. João e sua família sobrevivem graças à atividade de sua esposa, diretora de uma escola fundamental, e à venda de artesanato numa banca na avenida Paulista. Pressionados pela entrada, pesada ou leve, no mercado de proteção e engajados na luta ativa contra a corrupção, a posição dos dirigentes sindicais não é fácil.

Desde que chegou ao poder, o atual prefeito da cidade de São Paulo, Gilberto Kassab, tentou se notabilizar pela implementação da política "cidade limpa": eliminar os onipresentes anúncios publicitários, mas também uma parte da "população de rua" (mendigos, moradores de rua e vendedores ambulantes de toda espécie). Para isso, mobilizou a Guarda Civil e a Polícia Militar de maneira maciça. Talvez por não dispor de contatos suficientemente eficazes para se beneficiar da "mercadoria política" como os outros, teve de tomar esse caminho.

O emprego doméstico

Em todo o país, a população de trabalhadores domésticos é de cerca de 6,5 milhões de pessoas[36], dos quais 130 mil na região metropolitana de São Paulo[37], e sobretudo de mulheres (95%). É uma das atividades femininas mais antigas e, recentemente, teve crescimento, sobretudo nos grandes centros urbanos: é uma das principais formas de emprego feminino em termos de volume. Em 2006, representava 17,5% da população feminina brasileira ocupada. Dentre elas, 61,8% são não brancas e 64% têm menos de oito anos de estudo (ensino médio incompleto)[38]. O emprego doméstico é hoje um dos raros domínios de atividade acessíveis às mulheres com baixa escolaridade. Essa atividade heterogênea está se tornando cada vez mais profissional, em especial com o aumento da atividade feminina nas categorias socioprofissionais superiores. Ela participa de um processo de especialização quanto ao tipo de trabalho e depende de diversas redes sociais. O grau de autonomia ou dependência das trabalhadoras domésticas pode variar segundo a qualidade das redes de acesso ao emprego (patroas, colegas, vizinhos, conhecidos etc.), do tipo de relação conjugal ou de outras formas de solidariedade (entre gerações, matrilineares etc.). Os sindicatos, oriundos

---

[36] *PNAD*, IBGE, 2004.

[37] *PME*, IBGE, abr. 2006.

[38] Idem.

148 • Saídas de emergência

das antigas associações de trabalhadoras domésticas que se formaram em torno das comunidades eclesiais de base, contribuíram de forma significativa para uma forte institucionalização dos direitos trabalhistas das domésticas, especialmente a partir da Constituinte de 1988, que criou uma legislação específica para a categoria. Desde então, seus direitos são semelhantes aos dos outros trabalhadores, com algumas exceções. Esse processo de formalização, como a diminuição do número de trabalhadoras que dormem no emprego, contribui para a criação de um novo quadro de referência das trabalhadoras. Por um lado, pode influenciar a maneira como as domésticas lidam com a diferença social das empregadoras; por outro, uma infinidade de situações de trabalho individuais muito diferentes convivem com um quadro legal nacional, sem formas ativas de mediação institucional.

Assim, a questão da representação sindical das empregadas domésticas levanta o problema do reconhecimento de seu "profissionalismo"[39]. Em vários casos, as trabalhadoras, sobretudo as mais jovens, apresentam sua atividade como uma situação temporária, uma extensão de suas funções maternas e familiares, independentemente de sua efetiva maturidade na lida. As militantes pertencem à geração mais antiga, são solteiras e frequentemente negras, com um conteúdo de atividade muito diferente da geração atual; muitas trabalharam a vida inteira numa mesma casa de família. O sindicato encontra sérios problemas para se renovar, pois não há jovens militantes. Além disso, ele contribui para essa situação, oferecendo uma espécie de "serviço público", isto é, segundo a procura, em geral para resolver litígios.

A primeira associação de trabalhadoras domésticas foi fundada em 1936 em Santos. A associação das domésticas da cidade de São Paulo data de 1962 e transformou-se em sindicato (Sindicato dos Trabalhadores Domésticos do Município de São Paulo, STDMSP) no fim dos anos 1980, no bojo do processo de redemocratização. É filiado à CUT desde 1998. Trata-se de um sindicato "único" da categoria na cidade e foi reconhecido pelo Ministério do Trabalho e Emprego em 1990. Instalado numa pequena casa de dois andares num bairro central – doação de uma ex-empregada doméstica –, o sindicato garante sua manutenção com a contribuição mensal de 5 reais de suas 2 mil associadas. Isso lhes dá acesso a uma colônia de férias,

---

[39] Robert Cabanes e Isabel Georges, "Savoirs d'expérience, savoirs sociaux...", cit., p. 189-215.

assistência jurídica e intermediação de trabalho. Uma vez por mês, o sindicato faz uma reunião aberta. Em 2006, ofereceu cursos noturnos de formação (supletivo de ensino médio e/ou profissional, assistência materna, culinária etc.) e cidadania, em cooperação com a Organização Internacional do Trabalho (OIT). As militantes do sindicato – no total, cinco – são todas voluntárias, ex-empregadas domésticas aposentadas, todas da geração anterior. Nasceram em sua maioria no interior do estado e começaram a trabalhar muito jovens; trabalharam toda a vida para uma mesma família. A atual presidente tem 73 anos e está no cargo desde 2005. Nasceu em Minas Gerais e veio para São Paulo com os pais aos 14 anos, idade em que começou a trabalhar como empregada doméstica. Trabalhou 42 anos para uma mesma família. Chegou à direção do sindicato depois de nove anos como funcionária. O sindicato está autorizado a rescindir contratos de trabalho para permitir que a empregada reivindique seus direitos sociais, como o pagamento de indenizações.

Conclusão: três figuras da representação coletiva

Embora no conjunto dessas três figuras "atípicas" de representação coletiva a distância social entre os representantes e os trabalhadores seja quase inexistente e a atividade sindical dificilmente se imponha como possibilidade de "carreira" profissional, essas atividades de representação formam um novo campo de atuação e criação de trabalho e renda. Por ser pouco remunerado, o reconhecimento moral e certa forma de identidade coletiva podem constituir seu principal benefício. A análise dessas figuras faz sentido por seu significado para os próprios sindicalistas, apesar de ser um produto da globalização, de um conjunto de atores, com práticas em contextos de relações profissionais nacionais, regionais e locais, e das imbricações entre essas diferentes escalas de análise.

Nessa perspectiva, aparecem funções sociais diferentes, mas não necessariamente ligadas ao grau de formalidade do trabalho: o *telemarketing*, como setor de atividade, nasceu da liberalização internacional dos mercados e é fruto dos processos de privatização e de desregulamentação desses mercados. A natureza da atividade, isto é, a dissociação entre o local de realização do trabalho e o fornecimento do serviço é outra dimensão dessa nova divisão internacional do trabalho inscrita em relações de dominação entre o Norte e o Sul. Não obstante, trata-se de uma atividade de acesso relativa-

150 • Saídas de emergência

mente fácil, que pode representar uma oportunidade para trabalhadores que frequentaram a escola (segundo grau completo). O sindicato dos trabalhadores do setor de *telemarketing*, muito novo e dinâmico, luta pela profissionalização da atividade e ao mesmo tempo pelo reconhecimento clássico de seus direitos e por melhores condições de trabalho. A busca por valorização e profissionalização aproxima-os de certa maneira da demanda dos patrões por formação e reconhecimento profissional, mas ao mesmo tempo os opõe no que diz respeito aos frequentes abusos destes últimos contra a legislação do trabalho. Esses abusos são facilitados justamente por uma regulamentação ainda em elaboração, assim como pela não definição de categoria profissional pelo Ministério do Trabalho e Emprego. Outro problema que esse sindicato encontra em sua atividade cotidiana é a instabilidade tanto das empresas, com suas fusões e reorganizações frequentes, quanto dos próprios trabalhadores, que mudam constantemente de emprego e chegam a acumular diversas situações de trabalho e formas de contrato[40]. Como no setor de *fast-food* na França[41], a rotatividade extrema desses assalariados torna difícil qualquer adesão sindical; do mesmo modo, a multiplicação de terceirizações e a dificuldade de identificar responsáveis torna problemática a intervenção sindical e a aplicação da legislação do trabalho. Como Richard Hyman, podemos concluir que esse sindicato assume essencialmente o papel de negociação das condições de trabalho e emprego[42].

Em razão sobretudo da aparente autonomia dos camelôs, o sindicato dos trabalhadores da economia informal encontra outro tipo de tensão, que ultrapassa a simples defesa de uma categoria particularmente exposta. Apesar de não ter horários de trabalho e (em princípio) não prestar contas a ninguém, os camelôs trabalham muitas vezes para alguém que se preparou para obter a proteção necessária ao exercício da profissão e obriga os outros a pagar por ela – o que não protege necessariamente o camelô das expulsões das vias públicas, do confisco de mercadorias e das multas. Trata-se, de fato, de uma categoria emblemática da imbricação entre o formal e o informal, o legal e o ilegal, o lícito e o ilícito, que caracteriza esse setor extremamente

---

[40]   Isabel Georges, "Relations salariales et pratiques d'insertion...", cit.

[41]   Paul Bouffartigue, "Précarités professionnelles et action collective. La forme syndicale à l'épreuve", *Travail et Emploi*, n. 116, out./dez. 2008, p. 33-43.

[42]   Richard Hyman, *Understanding European Trade Unionism. Between Market, Class and Society* (Londres, Sage Publications, 2001).

heterogêneo. Os problemas que o sindicato enfrenta estão ligados à política macroeconômica nacional, à dinâmica da globalização da economia no que diz respeito tanto às mercadorias quanto aos homens (pela criação de novos excluídos do mercado formal de trabalho, que encontram uma forma de reinserção nas atividades informais) e à política econômica de proteção (ou não) dos mercados.

Essa é uma parte significativa de um novo tipo de relação e fluxos internacionais de pessoas, uma das facetas da globalização em suas diversas escalas. No nível político local, o desenvolvimento dessa atividade lícita/ilícita revela e alimenta um modo de funcionamento clientelista e cria outros circuitos em crescimento exponencial, como o mercado de proteção[43]. Este repousa naquilo que muitos chamam de "mercadoria política", isto é, uma troca de apoio político e proteção que permitiria o exercício de uma atividade econômica. No entanto, essa troca nunca é direta: começa no camelô, passa por intermediários de empresas/equipes de segurança, por sindicatos e associações de camelôs, pelas administrações da polícia comum, por vereadores, e chega então ao "poder", que concede o direito de exercer a atividade. Em cada etapa – que não segue necessariamente essa ordem –, o dinheiro circula sempre no mesmo sentido e sua fonte é o camelô. A atividade sindical consiste em procurar ilhas alternativas independentes (cooperativas, *shoppings*), uma estratégia derrotada de antemão, sem outro efeito além do "pedagógico". A verdadeira luta contra as condições de produção desse amplo setor de atividade implica uma verdadeira guerra, até com mortes – o que não é necessariamente o objetivo dos atuais dirigentes do sindicato. A procura por apoio internacional – como a associação do Sintein com uma ONG sul-africana – é ainda incipiente. De certo modo, a atividade militante dos sindicalistas pode ser compreendida por meio desse reconhecimento "moral"; sua atividade como "empreendedores da moral" (conceito emprestado de Howard S. Becker) consistiria então em trabalhar pela defesa da legitimidade dessa atividade (tanto num sentido como no outro).

---

[43] "No entanto, é difícil distinguir onde há cooptação e onde há apenas mais um mercado ilegal, que transaciona mercadorias políticas e, como tal, não se distingue de nenhum outro mercado ilegal, a não ser pelo fato de que 'oferece' uma mercadoria muito especial, constituída de relações de força e poder ou extraída simplesmente da autoridade pública, como uma fração privatizada e mercantilizada da soberania do Estado" (Michel Misse, "Mercados ilegais, redes de proteção e organização do crime no Rio de Janeiro", *Estudos Avançados*, n. 61, 2007, p. 142).

152 • Saídas de emergência

O sindicato das trabalhadoras domésticas é em princípio um espaço de sociabilidade para suas filiadas e oferece uma espécie de serviço público. Se esse modo de funcionar contribui para mudar a relação das domésticas com sua atividade e seu quadro de referências[44], ele não resolve, entretanto, o grave problema do envelhecimento de seus militantes e do não reconhecimento da categoria profissional pelos trabalhadores das novas gerações urbanas. Como no setor da limpeza na França[45], a individualização das relações de trabalho e o desmoronamento das situações de trabalho é grande e, em parte por causa do baixo nível educacional dos trabalhadores; o sindicato intervém principalmente em situações contenciosas. Essa situação caminha *pari passu* com uma regulação centralizada e ampla (no nível do Estado, por determinação da Constituição de 1988) e pouco aplicada na prática. Esse sindicato assumiu mais uma função de busca de integração na sociedade (de trabalhadoras domésticas negras e pardas à procura de reconhecimento como cidadãs) do que uma reivindicação de seu profissionalismo, embora esse setor tenha conhecido certo dinamismo após a entrada maciça das mulheres no mercado de trabalho. Além disso, o sindicato, que representa somente um quarto das empregadas domésticas (parte do emprego formal), não procura politizar suas filiadas, funcionando de modo autoritário. Intervém como agente de formalização na regularização de contratos de trabalho e na relação com o empregador. A prática sindical dessas categorias sociais tão modestas dificilmente será um fermento de mobilidade social ou de carreira política profissional, ao contrário das centrais sindicais estabelecidas.

---

[44] Dominique Vidal, *"Les bonnes de Rio..."*, cit.

[45] Jean-Michel Denis, "Conventions collectives: quelle protection pour les salariés précaires? Le cas de la branche du nettoyage industriel", *Travail et Emploi*, n. 116, out./dez. 2008, p. 45-56.

PARTE 2
TRÁFICOS

7
ILEGALISMOS POPULARES E RELAÇÕES DE PODER NAS TRAMAS DA CIDADE

Vera da Silva Telles

A cidade de São Paulo oferece hoje todos os ingredientes que alimentam os discursos e o imaginário da "cidade global", com seus artefatos sempre presentes e sempre iguais em todas as grandes metrópoles do planeta. Mas também é verdade que a vida social é atravessada por um universo crescente de ilegalismos que passam pelos circuitos da economia (e da cidade) informal em expansão: o comércio de bens ilícitos e o tráfico de drogas (e seus fluxos globalizados), com suas sabidas (e mal conhecidas) capilaridades nas redes sociais e nas práticas urbanas.

A produção da chamada "cidade ilegal" não é propriamente novidade. Já há bastante tempo é item quase obrigatório dos estudos urbanos, tanto pelas características predatórias da urbanização de nossas cidades, pela expansão da ocupação irregular do solo urbano, quanto pelo crescimento exponencial do favelamento e das zonas de ocupação nos anos 1990. No entanto, o que merece um exame mais detido são as novas mediações e conexões pelas quais esses ilegalismos variados vêm sendo tecidos no cenário urbano. Em outras palavras, esse jogo entre o legal e o ilegal, entre o formal e informal, parece ser feito hoje em termos muito diferentes do tão debatido descompasso entre a "cidade legal" e a "cidade real"; são outras as conexões, outras as mediações e também outra a escala em que as questões se apresentam. Assim, por exemplo, no que diz respeito à economia informal, desde sempre presente na cidade (e no país), ela se expande por meio de novas articulações entre a tradicional economia de sobrevivência, os mercados locais (que se espalham pelas regiões, mesmo as mais distantes da cidade) e os circuitos globalizados da economia. Essas novas conexões e escala de redefinições estão inteiramente ligadas ao mundo globalizado: elas redesenham espaços e territórios urbanos na trilha de redes de subcontratação

156 • Saídas de emergência

que chegam aos pontos extremos das periferias por uma meada inextricável de intermediários e intermediações que reativam o trabalho a domicílio e determinam o trabalho autônomo; ao mesmo tempo, os mercados locais são redefinidos na junção das circunstâncias da economia popular com máfias locais e comércio clandestino de bens lícitos ou ilícitos de procedência variada.

Essas reconfigurações do formal com o informal, do legal com o ilegal, ocorrem numa cidade muito diferente daquela das décadas anteriores. De um lado, sinais evidentes de uma "modernização urbana": no decorrer dos anos 1990 e mais intensamente na virada dos anos 2000, as redes de saneamento e de eletricidade cobriram quase todo o espaço urbano, até seus pontos mais extremos; o mesmo pode ser dito em relação aos equipamentos de saúde e educação, sobre os quais pesa a qualidade duvidosa dos serviços prestados. E mais: houve a multiplicação nos bairros populares de programas sociais de escopo variado, embora de forma fragmentada e descontínua, e a quase onipresença de ONGs articuladas a redes de natureza e extensão variada. No entanto, o mais importante é a consolidação da cidade como centro econômico de primeira grandeza, inteiramente conectado aos circuitos globalizados da economia, desdobrando-se na multiplicação de grandes equipamentos de consumo que atingem as regiões mais distantes das periferias pobres.

É nesse cenário que o mercado da droga se expande e se organiza em miríades de pontos de venda. Mas isso também significa que a expansão da economia da droga e suas capilaridades acompanham a aceleração dos fluxos de circulação da riqueza num mundo urbano que está longe de validar as imagens correntes que associam a droga à ausência de Estado, vazio institucional, pobreza extrema e todas as imagens mobilizadas para sugerir "atraso" ou "retrocesso", anomia e desagregação social. A entrada da droga no cenário paulista não é propriamente recente. A cocaína (vinda em geral da Colômbia) entrou de maneira maciça na cidade já nos anos 1990. Mas, ao contrário do que acontecia no Rio de Janeiro na mesma época, a multiplicação de pontos de venda se fez de forma gradual, difusa, sem o comando de grupos organizados, sob modos diferenciados e descompassados, conforme as circunstâncias de cada região da cidade. A virada, ao que parece, ocorreu no início dos anos 2000, num momento, portanto, em que a potência econômica da cidade se firmava e se confirmava, acompanhada de uma festiva celebração de sua modernidade globalizada. Há um conjunto de fatos e circunstâncias impossível de reconstituir nestas páginas, uma história interna da economia da droga e suas relações com a criminalidade urbana que será reconstituída em outro momento.

Mais fecundo para a compreensão dos mundos urbanos que vêm se desenhando nesses anos é o esforço para colocar em perspectiva a expansão do varejo da droga nas periferias da cidade e a reconfiguração dos ilegalismos urbanos que acompanha as evoluções recentes da cidade. É por esse ângulo que talvez possamos apreender uma nova economia política dos ilegalismos, com um deslocamento considerável das fronteiras do formal e do informal, do lícito e do ilícito. Em outras palavras, será necessário colocar em foco uma trama urbana redesenhada por essas novas figuras dos mercados informais e ilegais, bem como as relações de poder e os campos políticos que vêm igualmente se delineando.

É o que podemos apreender na cena urbana que descrevemos em seguida. É a partir dela que, na terceira parte deste artigo, poderemos desdobrar as questões levantadas aqui, ainda de modo geral, talvez genérico, para avançar na compreensão dos campos de força que vêm se delineando nesse mundo urbano redefinido.

Uma cena urbana

Doralice, quarenta anos, mora num bairro da periferia paulista com o marido e um filho, além da mãe, um irmão e um sobrinho. Ela é diarista, tem ganhos parcos e irregulares e faz faxina em não mais que três casas. Com dotes culinários amplamente celebrados pela família, houve um tempo em que resolveu vender pão e broas que ela mesma preparava durante o dia; vendia seus produtos à noite, nas proximidades de um hospital, numa barraca improvisada na Kombi do marido. O empreendimento não deu muito certo e depois de alguns meses foi desativado.

Mas Doralice é uma mulher batalhadora e não deixa escapar oportunidades que rendam algum dinheiro a mais para a família. Assim, por exemplo, não hesita quando surge a oportunidade de montar uma banca de CDs piratas num bairro próximo a sua casa. Esse modesto ponto de venda aciona redes de escalas variadas, a começar pelos garotos de uma favela vizinha, chamados para garantir a venda durante o dia, enquanto ela trabalha como diarista, e também uma cascata confusa de intermediários que passa pela sociabilidade vicinal, mas transborda o perímetro local: um parente próximo fez o contato com o agenciador de CDs, um sujeito obscuro que man-

158 • Saídas de emergência

têm relações com um "estúdio" no qual os CDs são copiados, além dos agentes que empresariam esse negócio, hoje amplamente expansivo e presente em qualquer ponto da cidade. Doralice não consegue traçar o percurso que os CDs percorrem até chegar a seu modesto ponto de venda – a partir de certo ponto, o circuito fica "embaçado", como se diz nos meios populares. Seguir o rastro desse artefato não é coisa fácil. A rigor, isso definiria toda uma agenda de pesquisa que nos conduziria pelas várias redes superpostas que tecem o hoje redefinido mercado informal. Por enquanto, basta dizer que são redes que passam pelo lado oficial, formal e cintilante da indústria cultural, transbordam para os dispositivos sociotécnicos acionados nas fronteiras incertas do informal e do ilegal e enredam-se nos múltiplos circuitos do comércio ambulante por onde circulam produtos de procedência conhecida, desconhecida, duvidosa ou ilícita, para então se condensar nas miríades de pontos de venda espalhados pela cidade. E aqui voltamos a Doralice.

Ela conhece muito bem as coisas da vida e sabe que não teria condições de bancar seu negócio num lugar mais disputado e lucrativo. Perguntamos a ela por que não escolheu um lugar mais rentável, já que tinha acesso ao "fornecedor", garantido por relações de confiança, proximidade e família. A resposta foi precisa: ela não teria "capital" para pagar os fiscais ou a polícia, e muito menos para compensar as perdas no caso de um "rapa". Enfim, não tem cacife para lidar com os representantes da ordem que parasitam os negócios infomais/ilegais por meio de chantagem e extorsão, definindo, em grande medida, os modos como esses mercados se organizam nos espaços urbanos[1]. Sendo assim, teve de se contentar com os ganhos irrisórios de uma banca pobre, instalada num lugar paupérrimo. Esses ganhos, além de irrisórios, também eram incertos, pois muito frequentemente fornecedores ou intermediários desapareciam, ou porque tinham sido presos, ou porque tinham se tornado devedores no perverso (e violento) mercado da proteção, ou então porque as relações de confiança tinham sido rompidas (pelas mais variadas razões, como traições, disputas, deslealdades) em algum ponto dessa rede que faz a conexão entre as pontas mais pobres da cidade e os circuitos de uma riqueza cada vez mais globalizada. Aliás, foi por isso mesmo que ela desistiu do negócio.

---

[1] Ver Michel Misse, *Crime e violência no Brasil contemporâneo...*, cit.

Decididamente, Doralice está longe de ser uma empreendedora. O que fazia não era mais que um bico, mais um entre tantos outros expedientes de que lança mão para lidar com as urgências da vida. Assim, para conseguir o remédio de que depende a vida do marido, ela não titubeia em mobilizar a espantosa rede que opera um mercado de receitas médicas fraudadas e passa por farmácias de grande porte da região – aliás, um expediente lucrativo para balconistas e farmacêuticos de plantão (com a conivência de fiscais e outros) que transformaram a compra e a venda dessas receitas num recurso a mais para complementar os baixíssimos salários pagos no mercado formal de trabalho. Doralice tem tamanha familiaridade com esse mercado que ela própria, vez por outra, faz as vezes de intermediária; cada vez que uma vizinha aflita (quase sempre as mulheres, raramente os homens) vem solicitar seus "conhecimentos" e suas "boas relações" para resolver um problema de urgência doméstica, ela consegue uns trocados a mais. Em outros momentos, e conforme as circunstâncias, ela não vê nenhuma razão moral para recusar o "serviço" proposto por um conhecido próximo e de confiança: colocar cocaína em sua bolsa, entrar num ônibus, atravessar a cidade e entregar tranquilamente a mercadoria, trazendo de volta um ganho modesto, mas que fará toda a diferença num orçamento doméstico garantido no dia a dia. Nem por isso se considera comprometida com o "mundo do crime"; como ela mesma diz, "não estou fazendo nada de errado, não roubo, não mato" – apenas está se virando como pode, como em tantas outras circunstâncias de sua vida.

Haveria mais a dizer sobre os percursos dessa não muito pacata dona de casa. Poderíamos fazer uma investigação a partir dessa situação, seja acompanhando os produtos (CDs piratas, receitas médicas fraudadas ou drogas) para reconstituir, na medida do possível, a cadeia de conexões que define os circuitos por onde eles trafegam, seja fazendo a etnografia dos agenciamentos práticos acionados nesses pontos de condensação de relações e mediações, tal como essa "história minúscula" nos permite entrever. Essas duas vias diferentes e complementares certamente nos permitiriam prospectar os circuitos superpostos de um mundo urbano em que ilegalismos novos e velhos se entrelaçam nas práticas urbanas, em seus circuitos e redes sociais. Esse é o ponto que nos interessa aqui.

De partida, é importante chamar a atenção para o fato de que as linhas de força que perpassam o mundo urbano atual pulsam nos ardis inventados para lidar com as circunstâncias da vida: a viração própria do tradicionalís-

160 • Saídas de emergência

simo trabalho informal (entre o trabalho doméstico e a barraca de pães e broas); os modernos (e globalizados) mercados informais de bens ilegais e ilícitos (CDs piratas e droga) que se expandem, se entrelaçam e redefinem o mercado (e a cidade) informal; as sempre atuais práticas ilegais (o mercado de receitas médicas fraudadas) que operam nas fronteiras incertas do formal e do informal, mobilizando dispositivos de ambos os lados e inventando artifícios que se difundem por todos os cantos.

Esses são os perfis da cidade que se deixam entrever nas práticas acionadas nos agenciamentos da vida cotidiana. E é neste ponto que a história de Doralice nos interessa. Trata-se de um jogo de escalas que se superpõem e se entrelaçam nas "mobilidades laterais"[2] dessa personagem urbana (cada vez mais comum em nossas cidades) que transita nas fronteiras imprecisas do informal e do ilegal ao longo de percursos descontínuos entre o trabalho incerto e os expedientes de sobrevivência mobilizados conforme o momento e as circunstâncias.

É sempre possível dizer que nada disso é novidade, apenas repete o que sempre esteve presente em nossas cidades. No entanto, pouco entenderemos do que vem acontecendo em nossas cidades se nos mantivermos presos a um marco analítico descritivo, pautado nas mazelas de uma modernidade incompleta. Também pouco entenderemos o que se passa se tomarmos situações como essas descritas aqui apenas e tão somente como caso exemplar da "viração" própria das situações de pobreza. Na verdade, poderíamos multiplicar os exemplos e, em cada situação, tal como "postos de observação", apreender os perfis de um mundo urbano alterado e redefinido pelas formas contemporâneas de produção e circulação de riquezas, que ativam os diversos circuitos da economia informal, mobilizam o "trabalho sem forma" (para usar a expressão de Francisco de Oliveira) e processam-se nas fronteiras incertas do informal, do ilegal e também do ilícito. O fato é que essas relações constituem um fenômeno transversal na experiência contemporânea. Conforme os contextos, suas modulações divergem e podem degenerar ou não em violência aberta, sob formas que é preciso investigar. É esse o plano de atualidade no qual se inscrevem os percursos incertos de personagens urbanas como essa que descrevemos aqui.

---

2   Vincenzo Ruggiero e Nigel South, "The Late City as a Bazaar: Drug Markets, Illegal Enterprise and the Barricades", *The British Journal of Sociology*, v. 48, n. 1, mar. 1997, p. 54-70.

Dinâmicas urbanas redefinidas

O fato é que a cidade de São Paulo, assim como tantas outras, apresenta uma dinâmica urbana redefinida por formas de produção e circulação de riquezas que caracterizam a experiência contemporânea. Trata-se de um engendramento de formas urbanas atravessadas em escalas variadas por circuitos econômicos que se superpõem e se entrecruzam nos mercados informais, também redefinidos, pois agora estão conectados a economias transnacionais que mobilizam os trabalhadores e ativam agenciamentos locais informais (e também ilegais) para fazer circular bens e mercadorias.

Basta seguir os produtos que transitam nos centros de comércio popular na cidade de São Paulo, onde uma legião de ambulantes faz circular produtos de origens variadas, quase sempre duvidosas, e põe em ação agenciamentos locais e territorializados (verdadeiros dispositivos comerciais) que fazem a articulação entre os circuitos informais e ilegais das economias transnacionais (contrabando, pirataria, falsificações). Esses pontos de ancoragem do capitalismo, como diz Alain Tarrius, mobilizam os "pobres" como clientes, consumidores e operadores ou passadores; estes garantem a circulação e a distribuição de mercadorias que, sem esses circuitos nas fronteiras porosas do legal e do ilegal, quando não do ilícito, não chegariam aos recantos mais pobres das várias regiões do planeta. Temos evidências disso na expansão mais que considerável dos mercados de consumo popular, que apresentam uma densidade notável no centro da cidade, mas crescem também nos bairros periféricos. É essa teia de mediações e esse jogo de escalas entrecruzadas que podemos desdobrar a partir de qualquer um desses pontos de venda que se multiplicam nos espaços urbanos e por onde circulam os produtos mais variados, de procedência incerta e duvidosa.

Esses cruzamentos entre dinâmicas urbanas e modos de territorialização de circuitos econômicos transnacionais também são perceptíveis nas redes de subcontratação que se expandem em cascata numa zona cinzenta que torna indiscerníveis as diferenças do legal e do ilegal, e que são mobilizadas, por exemplo, por uma indústria têxtil em aceleradíssimo processo de integração ao capital globalizado. Seguindo as pistas da pesquisa de Carlos Freire da Silva[3], tomemos como exemplo o tradicional e hoje renovado trabalho em domicílio nos pontos extremos da periferia da zona leste da cidade

---

[3] Ver Carlos Freire da Silva, *Trabalho informal e redes de subcontratação...*, cit.

162 • Saídas de emergência

de São Paulo. De certa perspectiva, esse é um exemplo paradigmático da atividade de sobrevivência, própria do mundo da pobreza, com todas as limitações e vulnerabilidades que lhe são definidoras nos pontos de junção entre precariedade e segregação urbana. No entanto, basta seguir o trajeto dos produtos para que outra topografia urbana e social seja desenhada. A partir daí, é possível desenrolar os fios dos circuitos variados do chamado mercado informal e, em suas conexões, os vários coletivos atuantes: os intermediários, que fazem a conexão com os polos globalizados da economia e com negócios obscuros de procedência variada, e as associações comunitárias ditas filantrópicas, que se transformam em agenciadoras das redes locais de subcontratação e fazem uma mistura peculiar de apelo solidário, clientelismo e jogo de poder nas disputas locais. Tudo isso é redefinido na medida em que é mobilizado justamente por redes de subcontratação acionadas sabe-se lá como, já que nunca se sabe ao certo de onde vem a encomenda, muito menos quem paga pelo trabalho e para onde vai o produto. Em meio a tudo isso, nos mesmos espaços e nos mesmos territórios, os fluxos da migração clandestina trazem para os fundos da periferia da zona leste os bolivianos, agora personagens conhecidas da paisagem urbana. Eles vivem e trabalham em condições mais que penosas, já que em boa medida são cativos dos coreanos, que muito frequentemente agenciam a migração e estão muitíssimo bem instalados no centro da cidade. Daí saem as encomendas que vão circular pelas redes informais de subcontratação, mobilizando bolivianos e boa parte do trabalho em domicílio nessas regiões distantes da cidade e ativando os circuitos da produção têxtil, que, no caso da zona leste da cidade, alimenta-se da história urbana da região e atualiza a importância do "centro velho" da cidade (Brás, Bom Retiro). É aí que as confecções estão instaladas e todos esses fios, abertos e subterrâneos ou clandestinos, entrelaçam-se e as vinculações com um mercado em aceleradíssimo processo de integração ao capital globalizado são urdidas.

Essas linhas se desdobram e encontram um ponto (outro ponto) de junção nos lugares de concentração do comércio ambulante, onde todas as situações podem ser encontradas lado a lado, num total embaralhamento do legal e do ilegal, do lícito e do ilícito, do formal e do informal. Os produtos circulam por meio de acordos nem sempre fáceis de serem mantidos entre organizações mafiosas, gente ligada ao tráfico de drogas, comerciantes pobres, intermediários de coreanos (e de outros tantos), além de fiscais da prefeitura que tentam fazer valer as regulações oficiais, tudo isso misturado a pressões, corrupção, acertos obscuros e histórias de morte. O jogo dos atores que atuam nessa zona cinzenta, feita de alianças, disputas ou acertos escusos, é regido por relações de força que liberam uma violência sempre presente, sob formas latentes ou abertas, mas potencialmente devastadoras. É aí que circulam tanto produtos de procedência conhecida, desconhecida, duvidosa ou simplesmente ilícita, quanto o "excedente" – se é que podemos falar nesses termos – das famílias que se viram como podem para aproveitar o tempo que lhes sobra entre os ritmos descontínuos e incertos da produção sob encomenda.

Todas essas linhas se entrecruzam nas práticas sociais, no plano das famílias, da economia doméstica e das redes sociais, e aí o jogo social se faz em conexão com outros tantos circuitos que embaralharam ainda mais as fronteiras do legal e do ilegal, do formal e do informal, do lícito e do ilícito. É nesse plano que o varejo da droga encontra seus pontos de ancoragem, enreda-se nas tramas urbanas em que o fluxo de dinheiro, mercadorias, produtos ilegais e ilícitos se superpõem e se entrelaçam nas práticas sociais e nos circuitos da sociabilidade popular. Por economia de texto, já que o tema exigiria muito mais do que é possível nestas linhas[4], é aqui que entram em cena figuras como a prosaica Doralice, personagem urbana que, com seus percursos, também nos faz ver como essa imbricação entre legal, ilegal e ilícito se conjugam nas tramas da cidade. O fato é que os indivíduos e suas famílias transitam por essas tênues fronteiras e sabem muito bem lidar com os códigos de cada lado e jogar com as diversas identidades que remetem a esses universos superpostos e embaralhados nas situações da vida. Sobretudo, sabem exercitar a especial "arte do contornamento" e evitar os riscos alojados justamente nas dobras dessas fronteiras porosas: prisão, violência policial, práticas de extorsão ou até riscos de morte devidos a algum desarranjo em acertos instáveis com empresários do ilícito, e não apenas o tráfico de drogas[5].

Mas é essa mesma "arte do contornamento" que nos permite levantar outra ordem de questões, pertinente aos jogos sociais e às relações de força

---

[4]   Questão tratada em artigo escrito em coautoria com Daniel V. Hirata, "Cidade e práticas urbanas...", cit., p. 173-91.

[5]   Desenvolvi essas questões em "Transitando na linha de sombra, tecendo as tramas da cidade", em Francisco de Oliveira e Cibele S. Rizek (orgs.), *A era da indeterminação* (São Paulo, Boitempo, 2007).

164 • Saídas de emergência

(e poder) que também compõem essas tramas urbanas redefinidas. Se há porosidade nas fronteiras entre o legal e o ilegal, o formal e o informal, também é verdade que a passagem aí não é simples. É justamente nessas dobras que se dão os jogos de força e os agenciamentos políticos próprios aos modos de funcionamento dos mercados informais e ilegais. É isso que está em jogo nos percursos de Doralice entre os CDs piratas e o pequeno tráfico de circunstância. Ou então, mais decisivo ainda, as relações de poder que definem os agenciamentos políticos dos quais depende, como bem enfatiza Carlos Freire da Silva, a circulação de mercadorias nesse mercado informal redefinido que atravessa toda a cidade. Em termos mais precisos, os agenciamentos políticos próprios aos mercados de proteção e práticas de extorsão (por fiscais, polícia, agentes locais dos poderes públicos etc.), em suas várias modulações, conforme se alteram as microconjunturas políticas, os rigores repressivos e os critérios de incriminação dos bens e dos produtos em circulação. E esse é um ponto crucial, que deve ser bem entendido e que remete às relações de poder que se estruturam nos mercados de proteção (também ilegais), questão que Michel Misse propôs há muito tempo e sempre volta a enfatizar como central para o entendimento das dinâmicas urbanas próprias aos mercados informais e ilegais nas cidades brasileiras[6].

Uma nova gestão dos ilegalismos?

Se é nosso interesse compreender os novos ilegalismos urbanos, não podemos descartar do campo da investigação a face política dessas tramas urbanas redefinidas: seja no registro dos agenciamentos políticos que se fazem nas dobraduras do legal e ilegal (isto é, os mercados de proteção e extorsão que, como enfatiza Michel Misse, são mais ou menos ferozes e violentos, conforme o grau de incriminação dessas atividades)[7], seja no modo como os mercados ilegais e ilícitos se redefinem, conforme se alteram as práticas de controle, punição e repressão, bem como as categorizações jurídico-policiais que comandam suas formas de tipificação.

E é isso que nos permite arriscar a hipótese de que a atual redefinição das relações entre o informal, o ilegal e o ilícito teria de ser vista do ângulo

---

[6]   Michel Misse, *Crime e violência no Brasil contemporâneo...*, cit.

[7]   Idem, "Mercados ilegais, redes de proteção e organização local do crime", cit., p. 139-58.

Ilegalismos populares e relações de poder nas tramas da cidade • 165

de um deslocamento das formas de "gestão dos ilegalismos". Lembramos: ao cunhar essa noção em *Vigiar e punir*, Foucault desloca a discussão do tautológico e estéril binômio legal-ilegal e põe no centro da investigação o modo como as leis operam, não para coibir ou suprimir os ilegalismos, mas para diferenciá-los internamente, "riscar os limites de tolerância, dar terreno para alguns, fazer pressão sobre outros, excluir uma parte, tornar útil outra, neutralizar estes, tirar proveito daqueles"[8]. Na passagem do século XVIII para o século XIX, tratava-se de lidar com uma "nova economia política dos ilegalismos populares", uma distribuição diferente dos ilegalismos que acompanhava as novas formas de produção e circulação de riquezas (a economia urbano-industrial), seus modos de apropriação (o instituto jurídico da propriedade privada) e as polarizações conflituosas (e explosivas) de classes que rompiam as cumplicidades anteriores e desdobravam-se em "multidões confusas", que era preciso desfazer e ordenar segundo a lógica dos dispositivos disciplinares então em formação. Não seria arriscado dizer que, na virada do século XX para o século XXI, há um deslocamento considerável na "economia interna dos ilegalismos populares", acompanhando as atuais reconfigurações do capitalismo contemporâneo. É isso que está cifrado nas clivagens nem sempre muito claras entre a transgressão que se opera no âmbito da economia informal e a que define as atividades ilegais ou propriamente criminosas, como o tráfico de drogas.

Isso definiria um amplo programa de investigação. Contudo, essas sugestões mais que rápidas têm aqui o sentido de chamar a atenção para o fato de que as redefinições das formas de controle afetam esses trabalhadores urbanos que transitam nas fronteiras porosas do legal e do ilegal, do formal e do informal, do lícito e do ilícito. Quer dizer: elas afetam os percursos das "mobilidades laterais", que agora passam, com uma frequência cada vez maior, também pela rua e pela prisão. O fato é que indivíduos com passagens pelos dispositivos judiciais e carcerários estão cada vez mais presentes no cenário urbano atual, aqui e alhures[9]. Essa questão está na pauta dos

---

[8] Michel Foucault, *Vigiar e punir* (Petrópolis, Vozes, 2006), p. 227.

[9] Acontece em todos os lugares o que Garland chama de "encarceramento em massa": "[Nos Estados Unidos] o encarceramento tornou-se uma instituição social que estrutura as experiências de grupos sociais inteiros. Tornou-se parte do processo de socialização. Cada família, cada domicílio, cada indivíduo em sua vizinhança tem uma experiência pessoal e direta com a prisão – por intermédio da esposa, de um filho, de um parente, de um vizinho, de um amigo. O encarceramento deixa de ser

166 • Saídas de emergência

debates atuais[10], e é impossível enfrentá-la nos limites deste texto. Mas, se mencionamos uma questão dessa envergadura, ainda que de modo tão ligeiro, é porque não é possível evitá-la, menos por conta da lógica interna de um argumento que por uma imposição de evidências que não podemos contornar. Faz parte do diário de campo de qualquer pesquisador que circule pelas periferias da cidade a constatação de que hoje é quase impossível encontrar uma família que não tenha contato e familiaridade, direta ou indireta (conhecidos, vizinhos, parentes), com a experiência do encarceramento. Isso levanta a pergunta sobre o modo como essa experiência afeta as práticas cotidianas, organiza a vida familiar (apoios, visitas, advogados, busca de recursos e solidariedades etc.) e ativa redes sociais que também passam pelas fronteiras porosas do legal e do ilegal, do lícito e do ilícito, e mobilizam recursos, suportes, bens e informações de que depende a vida dos parentes aprisionados. Em outras palavras, o dispositivo carcerário é hoje uma referência urbana, redesenha os circuitos da cidade, nas fronteiras também porosas do fora e do dentro das prisões e tece uma trama de relações num jogo social variado, que termina por desativar o binômio ordem-desordem pelo qual os dispositivos disciplinares (aqui, novamente Foucault) recortaram e formalizaram as transgressões[11].

O fato é que o ex-presidiário é uma personagem urbana cada vez mais presente nas tramas da cidade, seja como operador dos vários ilegalismos da economia urbana, seja como componente importante nessa espécie de reprodução ampliada dos mercados ilícitos (e da criminalidade urbana), na

---

o destino de um punhado de indivíduos criminosos e torna-se uma instituição que ganha forma para amplos setores da população. [...] Temos, hoje, verdadeiras bibliotecas de pesquisas em criminologia sobre o impacto da prisão sobre os indivíduos encarcerados, mas quase nada sobre seu impacto social nas comunidades e em suas vizinhanças" (*Mass Imprisionment: Social causes and consequences*, Londres, Sage Publications, 2001).

[10] Loïc Wacquant e David Garland são referência obrigatória nessa discussão. De Wacquant, vale citar "O lugar da prisão na nova administração da pobreza", *Novos Estudos*, n. 80, mar. 2008. De David Garland, ver *The Culture of Control: Crime and Social Order in Contemporary Society* (Chicago, The University of Chicago Press, 2001), e "As contradições da 'sociedade punitiva': o caso britânico", *Revista de Sociologia e Política*, n. 13, nov. 1999, p. 59-80.

[11] As questões discutidas por Manuela Cunha no contexto português têm paralelos notáveis com as situações encontradas nas periferias paulistas. Ver Manuela Cunha, *Entre o bairro e a prisão: tráfico e trajectos* (Lisboa, Fim de Século, 2002).

medida em que se encontra cativo de formas de controle que o mantém no circuito fechado da "delinquência" – como diz Foucault, uma forma subordinada dos ilegalismos populares –, ou ainda porque está continuamente presente nos agenciamentos da vida cotidiana e nas redes sociais que passam pela família, pelas relações de vizinhança e por todas as cumplicidades tecidas no jogo das reciprocidades populares[12].

É neste ponto que podemos retomar a questão proposta no início do artigo: o plano de atualidade que atravessa essas realidades, em ressonância com o que vem acontecendo em outros lugares. Temos aqui, talvez, outra pista a ser seguida para entendermos alguns dos processos transversais que atingem as sociedades atuais e, nesse caso, remetem ao endurecimento penal e das formas de controle. Esse é o outro lado do deslocamento das fronteiras de que viemos tratando até aqui, deslocamento que precisaria ser visto em relação às mudanças na "gestão diferencial dos ilegalismos". Isso supõe focar a discussão também nos modos de incriminação e na redefinição, como sugere Garland, das formas de controle na sociedade pós-disciplinar ou, como propõe Wacquant, no lugar redefinido da prisão na sociedade pós-fordista, como forma de gestão da pobreza, compondo e interagindo com dinâmicas urbanas nas quais também se atualizam e se redefinem traços persistentes de nossa história.

---

[12] Talvez tenhamos aí uma pista, se quisermos entender as capilaridades do tráfico de drogas e também da organização criminosa que leva o nome de Primeiro Comando da Capital (PCC), sem cair na fantasmagoria hoje reinante do "domínio do crime organizado".

8
GERINDO O "CONVÍVIO" DENTRO E FORA DA PRISÃO: A TRAJETÓRIA DE VIDA DE UM AGENTE PENITENCIÁRIO EM TEMPOS DE TRANSIÇÃO

Rafael Godói

No presente artigo, apresentamos a trajetória de vida de um agente penitenciário em três dimensões de sua experiência. Em primeiro lugar, procuramos explicitar as formas pelas quais importantes inflexões e transformações recentes no sistema penitenciário paulista manifestam-se em sua experiência concreta, estabelecendo relações entre o tempo biográfico e a história social. Em segundo lugar, procuramos problematizar a conexão entre os territórios urbanos periféricos da cidade de São Paulo e o ambiente prisional. Em terceiro lugar, exploramos alguns eventos e episódios que evidenciam a transitividade entre expedientes legais e ilegais (característica da experiência social do agente penitenciário) e esclarecem os constrangimentos e as possibilidades de uma vida que transcorre no limiar da prisão e da liberdade.

Amaro[1]

Amaro nasceu em 1961, numa cidade do agreste pernambucano. Viveu num sítio modesto com os pais e sete irmãos até os nove anos de idade, quando seu pai arrendou as terras para um parente e a família veio para São Paulo. Hospedaram-se temporariamente na casa de uma tia de Amaro e depois se mudaram para uma casa alugada num bairro periférico na zona leste da cidade.

Seu pai conseguiu emprego rapidamente: foi contratado pela prefeitura para abrir as valas que levariam saneamento básico para os bairros periféricos da cidade. Sua mãe conseguiu uma vaga como costureira numa fábrica

---

[1] Nome fictício.

170 • Saídas de emergência

do Brás. E Amaro começou a vender doces e sorvetes nas ruas do bairro; depois que se tornou conhecido, chegava a ganhar mais que o pai. Só aos treze anos, começou a estudar numa escola pública da região.

Anos depois, o pai de Amaro virou porteiro no Fórum João Mendes Júnior, no centro. Ali conseguiu arrumar emprego para Amaro, que já estava com dezesseis anos e não queria mais vender sorvetes. Em 1977, Amaro começou a trabalhar no fórum como *office boy* interno. Ali se habituou aos trâmites da justiça, à formalidade da apresentação e à estabilidade do funcionalismo público. Ao completar 21 anos, seu desligamento foi automático. Se quisesse continuar a trabalhar no fórum, teria de prestar concurso público.

Em 1982, um amigo protético convidou Amaro para trabalhar com ele. Seu serviço era buscar e entregar encomendas e fazer cobranças; nos períodos de menor movimento, arriscava esculpir algumas peças. Após dois anos nessa espécie de sociedade, Amaro pediu demissão e resolveu montar seu próprio laboratório de próteses, em outro ponto do mesmo bairro. Alugou uma sala em sociedade com um dentista, fez cursos no sindicato dos protéticos, investiu suas economias em equipamentos e começou a trabalhar por conta própria.

Entretanto, sua experiência como autônomo não durou muito: seu sócio roubou os equipamentos mais valiosos do laboratório e desapareceu. Isso fez com que Amaro abandonasse de vez o ramo das próteses dentárias.

Em 1984, Amaro decidiu estudar e prestar concurso para ter novamente a estabilidade dada pelo funcionalismo público. Além do fracasso no laboratório, outro motivo o levou a isso: a gravidez de sua namorada. Amaro sentia a responsabilidade de ser pai e, ao mesmo tempo, via seu relacionamento com a namorada acabar. Por isso, entrou em depressão e passou meses dentro de casa, estudando para prestar os concursos.

Em 1985, Amaro prestou dois concursos, um para a Secretaria de Administração do Estado (SAE) e outro para a Secretaria de Justiça (SJ). Enquanto aguardava os resultados, saiu da depressão e começou a namorar uma moça dez anos mais nova que ele. Quando já pensava em casamento, saíram os resultados dos concursos prestados e ele foi aprovado em ambos. Foi chamado primeiro pela SAE, mas dispensou a vaga, pensando na remuneração mais alta do outro cargo, que contava com adicional noturno e de periculosidade. Amaro seria agente penitenciário.

Gerindo o "convívio" dentro e fora da prisão • 171

A entrada no sistema penitenciário paulista

Contexto político penitenciário

A situação do sistema penitenciário paulista no começo da década de 1980 era crítica. Na década de 1970, a população penitenciária havia crescido 40% e nenhuma nova unidade prisional havia sido construída[2]. Os presos se dividiam entre as muitas cadeias públicas e xadrezes de delegacias, administrados pela Secretaria de Segurança Pública (SSP), e as catorze instituições penitenciárias administradas pela Coordenadoria dos Estabelecimentos Penitenciários do Estado (Coespe), ligada à SJ.

Em 1983, nomeado pelo governador Franco Montoro[3], José Carlos Dias assumiu a SJ e os 9.972 presos que residiam nas instituições da Coespe. Durante sua gestão, Dias procurou desenvolver uma política penitenciária que ficou conhecida como política de humanização dos presídios. A ideia era eliminar arbitrariedades, violências e torturas, para fazer com que os direitos humanos fossem respeitados dentro das instituições prisionais. As primeiras medidas tomadas pelo governo foram renovar o pessoal que trabalhava nas prisões e ampliar o número de vagas oferecidas pelo sistema penitenciário, a fim de adequar as condições de cumprimento de pena.

Entre o tramitar de concursos públicos, contratações e construção de novas penitenciárias, a gestão de Dias passou por algumas atribulações. Havia resistência aos novos ideais nas instituições policiais e de justiça, e o desgaste político do secretário foi inevitável. Duramente questionado, Dias deixou o cargo em 1986. Eduardo Muylaert assumiu a SJ e fez uma série de mudanças. O processo de humanização dos presídios foi interrompido sem que os novos quadros técnicos tivessem sido integrados ao sistema, de modo que a formação de Amaro ficou a cargo dos antigos quadros do aparato de justiça e segurança pública dos tempos da ditadura militar.

---

[2] Sobre a população penitenciária, o número de instituições prisionais e as políticas penitenciárias em São Paulo, ver Fernando Salla, "De Montoro a Lembo: as políticas penitenciárias em São Paulo", *Revista Brasileira de Segurança Pública*, ano 1, n. 1, 2007, p. 72-90.

[3] Para mais informações sobre a política do governo Montoro, ver Teresa P. R. Caldeira, *Cidade de muros: crime, segregação e cidadania em São Paulo* (São Paulo, Editora 34/ Edusp, 2000), p. 163-74.

172 • Saídas de emergência

O curso de formação profissional

Amaro foi chamado para trabalhar em 1986. No fim do ano, fez um curso de 45 dias num anexo do presídio de Samaritá, no interior do estado. Apenas o contexto de retrocesso político explica como foi possível tal processo de qualificação pelo qual Amaro passou dentro de um regime democrático.

O treinamento foi dado por militares e policiais civis que haviam atuado nos órgãos de repressão da ditadura. Amaro rastejou na lama, dormiu no chão, passou fome e cumpriu tarefas que considerava abusivas e despropositadas. Além dos "exercícios" práticos, participava de palestras sobre criminalística, direito e processo penal, direito administrativo etc. Também aprendeu defesa pessoal e "disciplina", isto é, como ser rígido no tratamento dos reclusos. Amaro sentia que o conjunto das matérias o levava a tornar-se uma espécie de ditador.

De modo muito concreto, o curso sintetizava os desafios próprios de um período de transição política, que, segundo Cardia[4], caracterizava-se por esforços de consolidação da democracia e pela sobrevivência de práticas autoritárias. Contudo, não foi tão determinante na formação de Amaro, que logo percebeu que uma qualificação como aquela só podia ser superficial, uma vez que o aprendizado mais importante começa no momento em que o funcionário entra numa unidade real e sente o ambiente.

Entre dentro e fora do sistema penitenciário

Depois do curso, Amaro foi nomeado para o recém-inaugurado Centro de Progressão Penitenciária (CPP) de Mongaguá, no litoral sul do Estado de São Paulo, onde muitos presos cumpriam regime semiaberto. Da equipe recém-formada, Amaro foi escolhido como subchefe de plantão, porque era o único que vivia na periferia de São Paulo, assim como a maioria dos presos da unidade. A partir daí, o fato de morar na periferia começou a interferir em sua trajetória profissional; como havia passado parte da infância e a juventude num bairro violento da periferia de São Paulo, isso o qualificava a assumir uma posição de destaque e autoridade dentro do presídio.

---

[4] Nancy Cardia, "Transições políticas: continuidades e rupturas, autoritarismo e democracia, os desafios para a consolidação democrática", em Paulo Sérgio Pinheiro (org.), *Continuidade autoritária e construção da democracia* (Relatório final, Núcleo de Estudos da Violência, São Paulo, 1999), p. 11-39. Disponível em: <http://www.nevusp.org/portugues/index.php?option=com_content&task=view&id=821&Itemid=124>.

Gerindo o "convívio" dentro e fora da prisão • 173

O CPP era uma unidade de transição entre a reclusão e a liberdade; muitos presos saíam durante o dia e voltavam à noite. Isso dava ocasião a múltiplos esquemas de corrupção: presos conseguiam contratos de trabalho falsos e saíam para cometer delitos; funcionários negociavam com os presos para que estes pudessem passar o fim de semana fora da unidade etc. Trabalhando ali, Amaro percebeu que devia adotar uma postura extremamente defensiva com relação aos presos e a seus colegas de trabalho, evitando as ilegalidades que ocorriam no ambiente prisional.

O agente penitenciário entre o legal e o ilegal

O processo que levou à saída de Amaro do CPP mostra que nem sempre é possível – ou aconselhável – evitar procedimentos ilegais dentro do presídio; existe certo grau de mobilidade entre o legal e o ilegal inerente à atividade de agente penitenciário. Numa noite em que estava de plantão, Amaro e um colega de trabalho resolveram fazer uma vistoria na despensa da unidade. Encontraram uma enorme quantidade de comida de qualidade que nunca haviam visto no refeitório. Em seus turnos de 48 horas de trabalho na prisão, Amaro fazia ao menos três péssimas refeições; indignado, cruzou o limiar entre o legal e o ilegal e começou a saquear a despensa durante os plantões noturnos. Nesses dias, nenhum funcionário jantava: Amaro abria a despensa, pegava o que queria e pedia aos presos que trabalhavam na cozinha que preparassem lanches para todos os agentes, policiais da Guarda Militar e eles próprios.

Os que antes saqueavam a despensa procuraram saber o que estava acontecendo e Amaro foi delatado. A partir do momento em que ele cruzou o limiar entre o legal e o ilegal, houve uma série de conflitos e sua permanência na unidade se tornou insustentável. Alguns membros da diretoria do CPP ameaçaram processá-lo, e Amaro contra-atacou, dizendo que faria uma denúncia formal à direção da Coespe. Disse ainda que ele, ao menos, consumia os produtos dentro da prisão, junto com todos os outros plantonistas. Os diretores recuaram, mas Amaro começou a ser perseguido, perdeu a subchefia e qualquer procedimento que realizasse era visto como problemático.

Amaro queria ser transferido para um presídio de São Paulo para se livrar das perseguições, mas era sistematicamente boicotado. O conflito o fez cruzar mais uma vez a fronteira da legalidade: ele ameaçou de morte um diretor do presídio e foi levado para São Paulo pela Guarda Militar. Essa é, sem dúvida, uma cena rara: um civil ameaça uma autoridade constituída e

174 • Saídas de emergência

é conduzido pela polícia para fora e não para dentro da prisão. Esse episódio resultou em sua transferência, em 1989, para a Casa de Detenção de São Paulo, mais conhecida como Carandiru.

Entre os pavilhões da Casa de Detenção

Conjuntura política penitenciária em 1989

Em 1989, a Coespe administrava 28 unidades prisionais e uma população de mais de 20 mil detentos. Em menos de uma década, o sistema prisional paulista havia dobrado de tamanho. Só na Casa de Detenção de São Paulo viviam mais de 6 mil presos, isto é, aproximadamente 30% dos presos sob a tutela da Coespe.

A população penitenciária crescia em ritmo acelerado; as novas instituições ficavam superlotadas logo após a inauguração. O número cada vez maior de prisões preventivas obrigava a SJ a receber também esses detentos sem pena determinada, e a principal instituição da Coespe destinada a esses presos era a Casa de Detenção. Entre preventivos e condenados, ela mantinha uma população mais de duas vezes superior à sua capacidade.

Em 1988, a nova constituição federal havia reconhecido uma série de direitos dos presos e regulamentado as diretrizes da execução penal. Um fato trágico, porém, mostrou que, a despeito da legislação democrática, existia de fato uma tendência de endurecimento no tratamento do preso. Em 5 de fevereiro de 1989, no 42º Distrito Policial de São Paulo, 51 presos foram trancafiados de "castigo" numa cela minúscula e sem ventilação, e 18 deles acabaram mortos por asfixia. Esse "incidente" anunciava as dimensões catastróficas que o endurecimento penal poderia assumir no novo período democrático.

Entre o castigo e o seguro

Amaro começou a trabalhar no pavilhão 6 do Carandiru pouco depois da chegada dos sobreviventes do 42º DP. Não se falava em outra coisa. Ele conheceu alguns quando passaram pelo seu pavilhão. O pavilhão 6 era o coração da unidade: dava acesso aos outros e abrigava a cozinha (primeiro andar), o auditório (segundo andar), as salas administrativas (segundo e terceiro andares) e algumas celas (quarto e quinto andares). Portanto, havia ali um trânsito contínuo de presos e isso lhe conferia uma dinâmica própria. Providenciar e acompanhar as operações de trânsito eram as principais atividades de Amaro.

Além do trânsito normal de presos que trabalhavam na faxina, na cozinha ou nas salas administrativas, duas outras situações desencadeavam operações de trânsito dentro da unidade: falta disciplinar e ameaça de morte. Em ambos os casos, o destino era quase sempre o mesmo: ou o pavilhão 5, ou o quinto andar do pavilhão 6. Segundo Ramalho[5], que pesquisou a dinâmica interna do Carandiru na década de 1970, o pavilhão 5 era conhecido como "pavilhão de seguro" ou "pavilhão de castigo". Ficavam ali estupradores, justiceiros e devedores, que não podiam conviver normalmente com os outros presos. Nesse pavilhão ficavam também as celas da "isolada"[6]; iam para ali os presos que cometiam faltas disciplinares, como homicídio, tráfico de drogas, tentativa de fuga etc. Como o pavilhão 5 era um dos mais superlotados da unidade, o último andar do pavilhão 6 funcionava como uma espécie de "anexo" do pavilhão 5.

A dupla identidade do pavilhão 5 e do último andar do pavilhão 6 revela uma composição confusa de procedimentos legais e ilegais para garantir a ordem dentro da instituição. Embora funcionários e presos exercessem o poder de punir de maneiras muito diferenciadas, na maioria das vezes os dois regimes apresentavam aspectos legais e ilegais. Por um lado, as condições materiais e o tratamento dispensado aos presos nas celas de castigo eram completamente ilegais do ponto de vista da nova constituição federal; por outro, as ameaças de morte e os pedidos de seguro podiam ser decorrentes de faltas disciplinares (furto, roubo ou extorsão entre presos) que os funcionários eram incapazes de identificar.

Também é verdade que, num mesmo procedimento punitivo, presos e funcionários concorriam para aplicar suas sentenças. Nos casos de trânsito para o seguro, a operação tinha de ser realizada às pressas, para que a vida do detento fosse preservada, e, com frequência, era nesse momento que as sentenças da massa carcerária eram cumpridas. Não foram poucas as vezes em que Amaro foi rendido e mantido como refém por presos armados, enquanto um preso duplamente condenado era supliciado a pauladas e facadas num corredor do pavilhão.

---

[5] José Ricardo Ramalho, *O mundo do crime: a ordem pelo avesso* (3. ed., São Paulo, IBCCRIM, 2002).

[6] Castigo por excelência; apesar da proximidade, os castigados não se misturavam com os presos do seguro.

176 • Saídas de emergência

Havia concorrência também nos casos de castigo. Por exemplo, quando um preso era morto, Amaro providenciava uma busca, mas o agressor costumava se apresentar para o castigo ainda sujo de sangue e com a arma do crime. Algumas vezes, porém, o sujeito que se apresentava era apenas um "laranja"[7]. Este podia ser um consumidor de drogas que devia dinheiro ao tráfico interno ou alguém sem apoio familiar, sem vínculos fortes com outros presos ou sem recursos materiais; ele assumia o crime em troca de benefícios, como uma boa cela, alguns maços de cigarro, produtos alimentícios ou artigos de higiene.

De fora para dentro

Amaro também coordenava semanalmente as visitas, o recebimento e a distribuição dos "jumbos"[8] no pavilhão 6. Por aí, pôde compreender o funcionamento de dois processos de trânsito que são os alicerces fundamentais da vida dos presos e, ao mesmo tempo, motivo de conflitos e de morte.

Amaro revistava os "jumbos" em busca de artigos ilícitos dentro de pacotes de doces, bolos, tortas, temperos, pasta de dente, xampu etc. Muitas vezes encontrava drogas, serras e estiletes, mas em geral não encontrava nada de proibido. Nesse caso, fazia uma relação do que havia sido entregue pela família e encaminhava os pacotes para o preso responsável pela distribuição. O "jumbo" era um elo material com o lar; por meio dele, entravam na prisão complementos à alimentação, artigos de higiene pessoal que não eram oferecidos pelo Estado e cigarros, que serviam como moeda de troca. Mas o "jumbo" também era motivo de conflitos: se algum artigo ilícito muito bem disfarçado era encontrado na revista, havia suspeita de delação; se o "jumbo" entregue na cela não tivesse absolutamente tudo o que estava na relação feita pelo funcionário, havia suspeita de furto; ou, ainda, o "jumbo" podia ser objeto de extorsão, dependendo por quem e por onde ele passasse. Delação, furto e extorsão eram três ilegalidades que implicavam pena de morte ou, com sorte, trânsito do suspeito para o seguro.

Nos dias de visita, Amaro revistava os visitantes homens, organizava a entrada no pavilhão ou chamava os presos para que fossem encontrar suas

---

[7] Para uma descrição do "laranja", ver Dráuzio Varella, *Estação Carandiru* (2. ed., São Paulo, Companhia das Letras, 2005), p. 148-51.

[8] Pacote de comida, roupas, cigarros e artigos de higiene, encaminhado aos presos por familiares.

Gerindo o "convívio" dentro e fora da prisão • 177

visitas no pátio. As visitas também eram um alicerce na vida dos presos: por elas, os presos entravam em contato com o mundo exterior, com mães, mulheres e, principalmente, filhos. Era um dos poucos momentos em que o preso abstraía a prisão, ouvia notícias de fora, recebia e mandava recados, namorava etc. Nesse momento, a prisão ficava tranquila, não havia espaço para conflitos, estes ficavam para serem resolvidos depois. Amaro pôde perceber que, pela moral da prisão, o familiar é sagrado: um preso não pode dirigir o olhar para o visitante de outro, muito menos a palavra. Apesar de ser funcionário da prisão, Amaro respeitava esse código de ética e só se dirigia a um familiar se houvesse a mais urgente necessidade.

Ele compreendeu que, para um preso cumprir sua pena com um mínimo de dignidade, o contato com o exterior – ainda que mediado e filtrado pelo agente penitenciário – é imprescindível, já que possibilita condições mínimas de vida que não são garantidas pela administração penitenciária. Assim, não se pode afirmar com precisão que o Carandiru funcionava como uma "instituição total"[9] clássica, na qual se estabelece um verdadeiro hiato entre a vida do lado de dentro e a vida do lado de fora do presídio.

No início de 1990, Amaro e a esposa faziam planos para ter filhos. Ele estava preocupado com a manutenção do posto de trabalho na cidade de São Paulo; como seu cargo era na baixada santista, havia sempre a ameaça de uma transferência repentina e indesejada. Assim, Amaro prestou outro concurso na Coespe e passou. Depois de um ano no Carandiru, pôde escolher um novo posto de trabalho na cidade de São Paulo.

Transições na Cadeia Pública do Hipódromo

Transição na política penitenciária

Amaro escolheu o presídio da rua do Hipódromo porque era o mais próximo de sua casa; para chegar, bastava pegar o trem que atravessava a zona leste e descer na estação Bresser. Começou a trabalhar lá no início de 1991, mesmo ano em que nasceu sua primeira filha. Sua vida pessoal ia muito bem, era feliz com a mulher e a filha, e havia acabado de comprar uma casa no bairro em que sempre viveu. Já sua vida profissional estava bastante atribulada.

---

9   Erving Goffman, *Manicômios, prisões e conventos* (7. ed., São Paulo, Perspectiva, 2001).

178 • Saídas de emergência

Quando Amaro começou a trabalhar no presídio do Hipódromo, a Coespe administrava 37 unidades e quase 30 mil presos. Era o fim da gestão de Orestes Quércia e Luiz Antônio Fleury Filho fora eleito seu sucessor. Uma das primeiras ações do novo governador foi transferir a Coespe para a SSP. A intenção era concentrar numa só secretaria a gestão de todas as unidades prisionais do estado; com isso, o novo governo mostrava que pretendia endurecer ainda mais o tratamento dos detentos. A partir de então, não houve mais nenhum tipo de entrave burocrático à intervenção policial e militar nas penitenciárias da Coespe.

O ápice do endurecimento penitenciário ocorreu em 1992[10], quando a Polícia Militar invadiu o pavilhão 9 da Casa de Detenção de São Paulo para conter uma suposta rebelião e executou 111 presos[11]. Segundo Salla, é possível dividir a história do sistema prisional paulista em dois períodos: antes e depois do massacre do Carandiru. Depois dele, o sistema penitenciário paulista começou a se reconfigurar, e o jogo de poder entre as instituições governamentais, os funcionários das prisões e os presos mudou.

Em 1993, como consequência do massacre, o governador Fleury extinguiu a Coespe e criou a Secretaria de Administração Penitenciária (SAP); a gestão carcerária tornou-se então uma esfera autônoma do governo, pela primeira vez desatrelada da SJ e da SSP. No mesmo ano, no Anexo da Casa de Custódia e Tratamento de Taubaté, conhecido como "Piranhão"[12], foi fundado o Primeiro Comando da Capital (PCC)[13]. Esses dois eventos marcam uma transição importante no jogo político penitenciário.

Em 1994, quando a gestão de Fleury chegou ao fim, a SAP administrava 43 unidades e 32.018 presos, e o PCC, desconhecido do público, já era

---

[10] Sobre o massacre do Carandiru, ver Teresa P. R. Caldeira, *Cidade de muros...*, cit., p. 174-81; Dráuzio Varella, *Estação Carandiru*, cit., p. 281-95; Elói Pietá e Justino Pereira, *Pavilhão 9: o massacre do Carandiru* (São Paulo, Scritta, 1993).

[11] Número oficial.

[12] Unidade de segurança máxima, construída para abrigar os presos mais "problemáticos" do sistema; o tratamento ali era muito rígido, e os presos eram mantidos 23 horas por dia trancados em suas celas.

[13] Sobre a origem do PCC, ver Fátima Souza, *PCC: a facção* (São Paulo, Record, 2007); Josmar Jozino, *Cobras e lagartos: a vida íntima e perversa nas prisões brasileiras – quem manda e quem obedece no partido do crime* (Rio de Janeiro, Objetiva, 2005).

objeto de comentários nas carceragens da capital e do interior do estado. Em 1995, Mário Covas assumiu o governo estadual e mostrou-se disposto a retomar o compromisso com os direitos humanos nas prisões. No entanto, nos primeiros anos de seu mandato, a incidência de rebeliões no sistema penitenciário estadual aumentou sensivelmente. Nessas ocasiões, o governo procurava evitar ao máximo a intervenção policial; consequentemente, o número de mortes de presos em rebeliões diminuiu.

Duas rebeliões ocorridas em 1995, em Tremembé e Hortolândia, ilustram essa mudança no sistema penitenciário paulista. Em ambas, além das costumeiras reivindicações de melhoria no tratamento, os presos exigiam a desativação do "Piranhão". Em Tremembé, o motim durou 130 horas, o mais longo da história até então; três presos foram mortos, e dois funcionários e dois policiais ficaram feridos. Em Hortolândia, a rebelião foi mais curta, mas três presos e três funcionários morreram.

Podemos observar que, nessa nova conjuntura política penitenciária, a posição do funcionário fragilizou-se: ele passou a ser vítima potencial no cotidiano prisional.

Transição na Cadeia Pública do Hipódromo

Amaro vivenciou esse processo dentro da Cadeia Pública do Hipódromo, na qual o endurecimento penitenciário se materializou de forma bastante intensa. Desde 1986, quando a cadeia foi reaberta, o tratamento dado aos detentos era determinado pelos setores militares e policiais. Amaro já sabia que o preso apanhava muito no Hipódromo, que tinha um dos piores castigos do sistema penitenciário paulista. Ali havia funcionado um dos "porões da ditadura", e o paradoxo da continuidade autoritária em tempos de regime político democrático, mais que um termo abstrato, era uma realidade concreta.

O contexto de trabalho de Amaro eram os maus-tratos generalizados e as celas superlotadas. Não havia uma organização de presos como a do Carandiru, e a massa carcerária era mais acuada e fragmentada. A maioria dos presos apenas aguardava julgamento, não conhecia a dinâmica prisional, por isso o controle disciplinar era praticamente absoluto.

Amaro foi designado para a ala mais complicada da unidade, a dos "reincidentes", isto é, presos que haviam fugido ou cumprido pena em algum momento. Eles conheciam bem a vida em outras instituições do sistema penitenciário paulista.

180 • Saídas de emergência

Como trabalhava no setor que abrigava os presos mais organizados do presídio, Amaro não sentia que o sistema estava em transição. As mudanças administrativas afetaram pouco seu cotidiano, e nunca foram identificados membros do PCC no Hipódromo. Em 1994, porém, houve duas rebeliões consecutivas e a prisão foi desativada. Isso fez com que Amaro se inteirasse de que muita coisa estava mudando no sistema penitenciário paulista.

Por sorte, ele não estava de plantão em nenhuma das rebeliões. Na primeira, preparava-se para ir a uma festa quando foi convocado a se apresentar na unidade já rebelada. Os presos exigiam que trinta detentos já condenados fossem transferidos para uma penitenciária e que não houvesse represálias depois do motim. O Estado atendeu apenas à primeira reivindicação. Dois dias depois, os presos se rebelaram novamente e, dessa vez, além de invadir o seguro e matar desafetos, depredaram setores que costumam preservar, como a enfermaria e a cozinha. A destruição foi tanta que Amaro acredita que o objetivo da rebelião era justamente acabar com a unidade. Fosse esse o objetivo ou não, o resultado foi a desativação do presídio. Amaro trabalhou cerca de um mês numa unidade completamente vazia, até que o governador determinou o fechamento definitivo daquela histórica unidade prisional.

Profundamente abalado pelo desfecho de sua experiência no presídio do Hipódromo, sentindo-se ameaçado e vulnerável, Amaro pensou em desistir da profissão. Entretanto, um diretor que ele admirava convidou-o para trabalhar como seu auxiliar direto na Penitenciária do Estado.

Legal e ilegal, dentro e fora antes da transição

Um episódio da vida de Amaro, ocorrido no início de 1992, é bastante instrutivo para a problematização tanto da mobilidade entre procedimentos legais e ilegais que caracterizava sua profissão quanto das múltiplas conexões entre periferia e prisão, mesmo antes do processo de transição. Esse episódio mostra tanto pessoas e coisas transitando de fora para dentro da prisão quanto procedimentos legais e ilegais sendo mobilizados dentro e fora para resolver conflitos.

Amaro trabalhava à noite no Hipódromo e enfrentava o inconveniente de deixar a esposa sozinha em casa. Numa noite, 33 telhas das 65 que havia comprado para cobrir a casa de sua sogra foram furtadas de seu quintal. Para obter informações confiáveis sobre o paradeiro de suas telhas, sabia que tinha de falar com o traficante local, um velho conhecido dos tempos em

Gerindo o "convívio" dentro e fora da prisão • 181

que era sorveteiro. O traficante lhe contou que um ladrão recém-chegado ao bairro estava refazendo o telhado de sua casa naquela mesma manhã. Amaro foi tomar satisfações. No calor da discussão, cruzou a linha da legalidade e apontou sua arma para a cabeça do ladrão, exigindo que ele pagasse pelas telhas. Disse que poderia cobrir a casa, mas, se fosse ladrão de verdade, teria de dar um jeito de pagar o que havia levado de sua casa. Dias depois, o ladrão foi preso em flagrante. Como as notícias correm rápido na periferia, Amaro foi à delegacia e pediu informalmente que o ladrão fosse transferido para o presídio do Hipódromo. Assim que ele chegou à unidade, Amaro o requisitou legalmente para uma conversa em sua sala. Tornou a perguntar se pagaria pelas telhas como havia dito que faria, e o ladrão respondeu desastrosamente que sua mãe saldaria sua dívida. Amaro se enfureceu, disse que quem devia era ele e não sua mãe, a pobre senhora não havia roubado nada, fazê-la pagar era um absurdo; sendo assim, ele cobraria – ilegalmente – a dívida com uma surra. Depois de muito apanhar, o ladrão infeliz foi encaminhado para o departamento médico da Penitenciária do Estado.

De dentro da penitenciária, o ladrão enviou uma mensagem a comparsas para que dessem o troco a Amaro. Como estava acostumado a dialogar com bandidos e conhecia bem o código de ética do crime, Amaro explicou calmamente a situação. Os sujeitos lhe deram razão e até se desculparam. Depois enviaram uma mensagem de reprovação ao ladrão, aconselhando-o a se conformar, porque, se aquela história chegasse aos ouvidos dos presos, sua única saída seria o "seguro".

Esse episódio mostra que a punição aplicada pelos presos já era conhecida na periferia antes da criação do PCC. Portanto, é possível afirmar que em 1992 já ocorria um processo de erosão das fronteiras das instituições penitenciárias paulistas[14]. Além do fato de criminoso e funcionário da SAP viverem num mesmo bairro, estabelecendo uma espécie de relação externa que se desdobra internamente na prisão, o conflito entre agente penitenciário e preso foi transmitido para fora, e os impasses internos do mundo prisional foram transpostos para o âmbito da vida pessoal do funcionário público residente na periferia.

---

14 Para uma discussão teórica e metodológica sobre a erosão das fronteiras entre bairro e prisão, ver Manuela Cunha, "O bairro e a prisão: a erosão de uma fronteira", em Jorge Freitas Branco e Ana Isabel Afonso (orgs.), *Retóricas sem fronteiras* (Lisboa, Celta, 2003).

182 • Saídas de emergência

Saída do sistema penitenciário paulista

Nova conjuntura política penitenciária

Em 1995, quando Amaro começou a trabalhar na Penitenciária do Estado, 59.026 presos se dividiam entre as unidades da SAP e da SSP. Em 2000, a população carcerária já era de 92.186 presos. Em 1998, último ano do primeiro mandato de Covas, a SAP administrava 43 estabelecimentos penitenciários; em 1999, primeiro ano do seu segundo mandato, a SAP comandava 64 unidades prisionais. Como podemos observar, a política de ampliação de vagas e o aumento da população penitenciária continuaram bastante intensos na gestão de Covas.

Embora o governo negasse a existência do PCC, nessa época a organização já era realidade em muitas instituições prisionais do Estado de São Paulo, e os funcionários tinham de lidar cotidianamente com ela. Em 18 de fevereiro de 2001, durante a visita de domingo, 29 unidades se rebelaram sob a coordenação do PCC. O movimento envolveu mais de 28 mil presos e cerca de 7 mil visitantes. Ao todo, 14 presos morreram nas mãos dos próprios presos e 19 funcionários ficaram feridos. Esse episódio marcou uma nova inflexão no sistema prisional paulista. A essa altura, a SAP era responsável por 67.649 presos, e a população penitenciária do Estado de São Paulo era de 98.822 pessoas.

No debate público que se seguiu à rebelião, os telefones celulares, ilegalmente presentes nas prisões, foram apontados como responsáveis pela capacidade de organização do PCC. Perseguir e afastar os agentes penitenciários corruptos, que permitiam a entrada de celulares na prisão, virou prioridade do vice-governador Geraldo Alckmin, que havia acabado de assumir o governo do Estado de São Paulo. A corregedoria da SAP criou um programa especial para afastar o maior número de funcionários com um mínimo de burocracia possível.

Gestão do convívio dentro e fora da Penitenciária do Estado

A experiência de Amaro na Penitenciária do Estado foi a mais difícil e delicada de sua trajetória profissional, porque ali ele se deu conta de que o poder de controlar e disciplinar o convívio dos internos era limitado pela atuação de grupos organizados de presos.

Amaro assumiu um posto no setor de "prova" da penitenciária, no qual os presos recém-chegados permaneciam até serem totalmente integrados ao

Gerindo o "convívio" dentro e fora da prisão • 183

(ou excluídos do) convívio dos outros. Seu trabalho era cadastrar quem faria visitas ao preso e identificar possíveis inimigos na unidade. Presos que já se encontravam na unidade passavam diariamente pelo setor de "prova" para observar os recém-chegados e decidir que encaminhamento eles teriam. Se o recém-chegado tinha amigos, eles se articulavam para tirá-lo da "prova" e integrá-lo, arrumando vaga para ele em alguma cela; se, ao contrário, tinha algum inimigo, era imediatamente ameaçado de morte e encarregava-se ele mesmo de pedir seguro ou transferência. Amaro tinha pouca margem de manobra; nem mesmo quando o recém-chegado não tinha nem amigos nem inimigos na unidade ele podia lhe dar a destinação que quisesse. Os três pavilhões estavam divididos hierarquicamente, segundo as condições financeiras e a respeitabilidade dos presos. Se Amaro contrariasse essa lógica de distribuição, o preso seria encaminhado para o seguro por seus colegas de pavilhão. Amaro sentia que sua função era mera formalidade e o controle interno da prisão estava integralmente nas mãos dos presos.

Se, nos tempos de Carandiru, Amaro sentiu muitas vezes que a vida de um detento dependia de sua capacidade de colher informações e encaminhar trânsitos, na Penitenciária do Estado, na segunda metade da década de 1990, ele sentia que era sua vida que dependia da intervenção rápida de presos influentes. E tinha motivo para isso. Num sábado, ele caminhava sozinho por um dos pavilhões quando surpreendeu cinco presos armados e cobertos de lama. Claramente andavam cavando um túnel para fugir. Amaro tentou fugir, mas não teve tempo: o agente que cuidava da entrada do pavilhão trancou-o com os presos, seguindo o protocolo determinado pela diretoria para impedir fugas. Amaro foi feito refém e ameaçado de morte. Com medo, tentou explicar que não sabia de nenhuma tentativa de fuga e que sua intenção não era e não podia ser surpreendê-los sozinho.

Enquanto Amaro tentava se explicar, um líder do PCC pediu para entrar no pavilhão. Contrariando os protocolos, mas com a esperança de que alguém que possuía autoridade sobre a massa carcerária interviesse a favor de seu colega, o agente abriu o portão. O tal líder disse aos presos enlameados que, se o plano de fuga havia sido descoberto era por falha dos próprios executores, e não pela intervenção de um único agente penitenciário; disse também que naquele dia ninguém estava autorizado a matar ninguém no presídio, pois era véspera de dia de visita e qualquer incidente na unidade seria suficiente para que nenhum visitante fosse autorizado a entrar. Então os presos jogaram as facas no chão e desistiram de matar Amaro. O PCC salvou sua vida.

184 • Saídas de emergência

Mas as relações de Amaro com os presos mais poderosos do sistema penitenciário paulista nem sempre foram positivas. Com o tempo, ele conheceu melhor as instalações da penitenciária, ampliou seu leque de informantes e, consequentemente, aumentou as apreensões de drogas, facas e telefones celulares em suas revistas. Em 2000, apreendeu dezenas de facas num pavilhão e desarticulou um "acerto de contas" em massa que vinha sendo planejado havia meses. Se, até aquele momento, conseguira manter um respeito mútuo com as lideranças da massa carcerária, depois disso essa relação tênue foi quebrada.

Dias depois da revista, Amaro estava brincando com seu filho caçula na porta de casa, quando recebeu uma mensagem da prisão. Um carro estacionou em frente à sua casa e um grupo de pessoas que Amaro nunca havia visto antes o chamou para conversar. Ao se aproximar, ele viu que todos estavam armados. Em tom respeitoso, o homem que estava no banco do passageiro disse que tinha um recado da penitenciária: os presos estavam descontentes com Amaro, que sabia de muitas coisas e atrapalhava os planos da organização; recomendaram que se afastasse dos problemas dos presos e deixasse que resolvessem suas questões como lhes parecesse melhor. Desse modo, ficaria tudo bem para todos. Amaro entendeu o recado como uma ameaça de morte a ele e sua família.

Amaro teria de mudar sua conduta profissional para se livrar de perigos maiores. Estavam ameaçados seu papel dentro da instituição penitenciária e sua vida e a de sua família na periferia da cidade. Ou ele deixava o sistema penitenciário, ou estabelecia "ligações perigosas"[15] com quem controlava de fato o convívio carcerário, no mínimo prevaricando às suas funções para proteger sua vida.

Expulsão

Depois que entrou para a Penitenciária do Estado, Amaro ocupava seu tempo livre com duas coisas diferentes, mas relacionadas ao trabalho: o sindicalismo e o alcoolismo. Essas duas coisas, dentro da nova conjuntura

---

[15] "Ligações perigosas" referem-se às relações que se estabelecem entre diferentes agentes numa troca de "mercadorias políticas" (tanto atos de prevaricação quanto a própria vida). Essas transações podem envolver o recurso à violência e a expropriação de prerrogativas do Estado. Para uma discussão mais detida sobre essas ligações e as mercadorias políticas, ver Michel Misse, *Crime e violência no Brasil contemporâneo...*, cit., p. 179-210.

Gerindo o "convívio" dentro e fora da prisão • 185

política penitenciária e associadas à ameaça de morte que sofreu na porta de casa, fizeram com que ele fosse expulso do sistema penitenciário paulista.

Ainda em 1997, pouco antes de seu filho caçula nascer, Amaro já se sentia agoniado com o trabalho. Por não se envolver em esquemas de corrupção, sentia que estava na mira de presos e funcionários corruptos. Não podia ser previsível, não podia relaxar nunca, tinha de estar sempre na defensiva, dentro e fora da prisão. O álcool foi uma das saídas que encontrou para aliviar a tensão.

O nervosismo era tanto que, por diversas vezes, faltou ao trabalho e perambulou pelas ruas, embriagando-se nos bares. No fim de 1997, tinha mais faltas que o permitido, e a diretoria da prisão abriu um processo administrativo contra ele.

O envolvimento com sindicatos foi uma estratégia para se sentir mais respaldado na instituição. Amaro conheceu um grupo ligado à Central Única dos Trabalhadores (CUT) que estava se organizando contra a direção do sindicato. Depois de algumas reuniões, Amaro descobriu que a mesma diretoria se mantinha havia anos no poder à custa de eleições fraudulentas e, como tinha ligações com certos setores do governo, boicotava deliberadamente qualquer reivindicação da categoria por melhores salários e condições de trabalho.

Pouco a pouco, o grupo ampliou o contato com trabalhadores insatisfeitos de outras unidades e ganhou corpo, a ponto de organizar uma greve por aumento de salários sem nenhum apoio da estrutura sindical. Dando continuidade ao movimento, conseguiu derrubar a direção do sindicato e conquistou aumentos de salário significativos.

Embora não tenha assumido cargos sindicais, Amaro sempre esteve presente nas organizações de base e nos comandos de greve. Em 2000, durante uma greve dos agentes penitenciários, houve um "incidente" na Penitenciária do Estado. Um delegado trazia num camburão um preso para ser atendido no departamento médico da unidade. Mas, como era dia de greve, as operações de trânsito estavam paralisadas. O delegado não conseguiu entregar o preso, mas permaneceu no portão da penitenciária durante horas, fazendo pressão e dando telefonemas. Quando viu que o esforço era inútil, decidiu voltar para a delegacia; ao chegar, porém, viu que o detento havia morrido.

Para se eximir de culpa pela morte do detento, acusou os grevistas. E para não fazer uma queixa genérica, telefonou para a SAP e perguntou

186 • Saídas de emergência

quem estava envolvido na organização da greve. Deram-lhe o nome de Amaro, que estava negociando com a SAP quando o delegado chegou com o preso doente. O processo foi encaminhado para a corregedoria da SAP.

Quando foi ameaçado pelo PCC na porta de sua casa, a grande preocupação de Amaro era esse processo, que na época estava tramitando na corregedoria. O acúmulo de problemas fez com que Amaro decidisse se afastar temporariamente do sistema: foi a um médico psiquiatra e pediu licença médica para tratar do alcoolismo. No começo de 2001, Amaro estava afastado e tomando medicamentos pesados. Soube da "megarrebelião" do PCC pela televisão.

Mesmo afastado por problemas de saúde, e sem nunca ter se envolvido com esquemas de corrupção, a corregedoria da SAP anexou ao processo por excesso de faltas o processo que responsabilizava Amaro pela morte do preso. O dossiê foi encaminhado ao programa especial de afastamentos da SAP, e Amaro foi demitido sumariamente.

Essa decisão não tinha sustentação jurídica. Amaro podia recorrer e ser readmitido, mas a ameaça sofrida desencorajou-o. Amaro estava definitivamente fora do sistema penitenciário de São Paulo, expulso pelo governo e pelos presos.

Conclusão

O presente artigo limita-se a problematizar a experiência de Amaro no interior do sistema prisional, de modo que sua trajetória após a expulsão deverá ser objeto de análise posterior. Assim, para concluir, destacamos as estratégias que organizaram a exposição dessa trajetória singular, indicando possíveis hipóteses decorrentes.

Em primeiro lugar, buscamos explorar as ressonâncias entre a trajetória de vida do funcionário e as mudanças recentes no sistema penitenciário paulista. Como hipótese, podemos afirmar que compreendemos melhor os significados políticos e sociais do aumento contínuo da população penitenciária, da manutenção de procedimentos disciplinares arcaicos e da organização progressiva dos presos, quando observamos esses avanços, retrocessos e impasses da política penitenciária contemporânea pelo prisma da experiência de um agente penitenciário situado no tempo e no espaço.

Em segundo lugar, dedicamos atenção especial às relações que se estabeleceram entre a periferia urbana e a instituição prisional durante toda a trajetória do agente penitenciário. Desde sua primeira experiência de trabalho no CPP de Mongaguá, no fim da década de 1980, até a ameaça que sofreu na porta de casa em 2000, observamos que bairro e prisão estão imbricados. Nesse sentido, podemos formular a hipótese de que devemos descartar o modelo de "instituição total", se queremos entender o funcionamento do dispositivo carcerário na sociedade brasileira.

Em terceiro lugar, exploramos a mobilidade intermitente entre procedimentos legais e ilegais no cotidiano do agente penitenciário. Pudemos observar que, ao longo dessa trajetória profissional, os limites da legalidade e da ilegalidade eram constantemente negociáveis e negociados, seja entre o funcionário e as autoridades governamentais, seja no interior do corpo de funcionários, seja nas relações entre funcionários e presos. A hipótese geral que decorre dessas observações é que, mais que analisar as (macro)políticas públicas penitenciárias, é preciso atentar para a (micro)política das "ligações perigosas", se se quer conhecer o cotidiano de nossas instituições punitivas.

Em suma, a experiência de Amaro pode ser vista como um caleidoscópio: acompanhando seus movimentos, descobrimos – em diferentes níveis – os arranjos, os desarranjos e os rearranjos que caracterizaram o sistema penitenciário paulista e brasileiro nos últimos anos.

9
VIDA LOKA

Daniel Veloso Hirata

Cheguei à praça para assistir ao *show* dos Racionais Mc's, sem dúvida o grupo de *rap* mais importante do Brasil. Eram mais ou menos quatro da manhã e o *show* estava prestes a começar. É claro que, como é costume em quase todas as apresentações de *rap* na cidade, a atração principal estava atrasada. Isso acontece porque já é tradição que grupos mais conhecidos utilizem o espaço de suas apresentações para promover grupos menos conhecidos, de parceiros que estão começando. Nesse dia, havia ainda uma apresentação de um conhecido DJ americano, que havia promovido oficinas de técnicas de produção musical em alguns lugares da periferia de São Paulo.

Era 6 de maio de 2007 e o local, a praça da Sé, no centro da cidade. O *show* foi promovido pela prefeitura e fazia parte da chamada Virada Cultural[1]. Segundo a municipalidade, o evento se inspira nas "noites brancas" europeias e tem como objetivo a apropriação do espaço público. Era curioso que a apresentação fosse realizada exatamente naquele lugar: marco zero da cidade, a praça da Sé foi alvo de uma grande reforma como parte de um projeto de "embelezamento" do centro da cidade, processo comum em muitas outras cidades do planeta.

A praça estava lotada, milhares de pessoas vinham prestigiar os Racionais Mc's, gente dos mais diferentes bairros da capital; com certeza, foi o *show* que mobilizou a participação mais popular da série de eventos do dia. Numa cidade com a grandeza e os problemas de São Paulo, não é nada

---

[1] Durante 24 horas, além de teatro, circo, cinema, dança, literatura, visitas a museus, exposições e festas, várias apresentações musicais são realizadas em cinco palcos localizados no centro da cidade e quatro em regiões mais afastadas.

190 • Saídas de emergência

desprezível o fato de que pessoas de lugares tão distantes se desloquem em plena madrugada para o centro da cidade para participar de algum evento. Como sabia que o *show* atrasaria, cheguei uma hora depois do horário previsto e ainda consegui ver o fim da última apresentação dos grupos secundários. Postei-me de frente para o palco, mas muito ao fundo.

Quando o *show* começa a sensação é de transe coletivo: todos cantam as músicas como se fossem hinos religiosos, as letras são longas e não têm refrão. No entanto, os espectadores conhecem muito bem as músicas dos Racionais. Como o grupo sempre se recusou a fazer parte de grandes gravadoras, de *shows* de televisão, do *marketing* e de tudo mais que cerca o *business* musical brasileiro, tem uma liberdade muito maior de produção e não precisa fazer um álbum por ano. Cada CD, que sempre é vendido em mercado alternativo de distribuição, demora anos para ficar pronto e é esperado com ansiedade e ouvido com muita atenção. Sempre que um CD é lançado, os Racionais se tornam a trilha sonora da periferia: são ouvidos por toda a parte, todos cantam suas músicas.

Depois de mais ou menos quatro músicas, por ironia durante a canção "Negro drama", que critica os abusos contra os negros no Brasil, uma pequena confusão se inicia no lado esquerdo da praça. Do lado esquerdo do palco, algumas pessoas sobem em uma banca de jornal para ver melhor, alguns discutem com os policiais que fazem a vigilância. Os policiais reagem de forma totalmente desproporcional e resolvem dissipar a multidão que assistia ao *show*, avançando contra o público. Num primeiro momento, as pessoas recuam, mas não correm; todos gritam para que ninguém corra, o que, evidentemente, seria uma atitude perigosa, com tamanha concentração de gente num espaço que se tornara pequeno. Mano Brown pede calma, pede a todos que esqueçam a polícia e o incidente, diz que é um dia de festa, que não deem atenção aos policiais e continuem a ver o *show*, um confronto naquele momento seria "uma rebeldia desnecessária". O *show* é reiniciado. O clima parece mais tranquilo, mas não. Depois de duas tentativas de retomar o *show*, a polícia volta ao confronto. Ainda do lado esquerdo, aparecem várias viaturas da tropa de choque e dezenas de policiais avançam em direção ao público, soltando bombas de gás lacrimogêneo e de efeito moral. A multidão corre em pânico. Viaturas avançam contra as pessoas, numa atitude de ameaça. Uma fileira da tropa de choque avança contra a multidão, que, já espremida, não consegue correr. Do palco, os Racionais tentam acalmar a situação, mas já não é possível. A correria é generalizada, cada um segue em uma direção diferente. Eu corro para o lado direito do palco, subo algumas escadas e chego a um lugar seguro, de onde consigo ver a selvageria que acontece na praça. A polícia continua atirando bombas e agredindo as pessoas, ainda que não tenham nenhuma relação com o pequeno incidente inicial. Esse enfrentamento põe em evidência os traços típicos de um Estado autoritário, que, mais uma vez, usa a violência de modo arbitrário, sempre contra as populações mais pobres.

O *show* termina, uma grande onda de violência se espalha pelo centro da cidade: telefones públicos são destruídos, portas de lojas são depredadas, banheiros químicos são danificados e um carro é incendiado. No dia seguinte, os jornais noticiam o "vandalismo" dessas pessoas contra o centro da cidade. O que fica no ar é um certo desconforto com relação ao grande evento organizado pela prefeitura. Um importante jornalista do maior jornal da cidade descreve que o conflito foi um fato isolado; durante todo o evento, enquanto caminhava distraidamente pelas ruas do centro da cidade, havia relembrado sua infância tranquila, mas lamentava que os "arruaceiros" o tivessem feito voltar à realidade paulistana.

Os integrantes dos Racionais só não foram massacrados pela grande mídia por causa da internet: dezenas de pequenas câmeras, muitas de celulares, registraram o confronto na praça e as cenas se espalharam rapidamente (sobretudo no YouTube). As imagens mostravam que o grupo tentou conter a multidão. Ao mesmo tempo, ficou evidente que a polícia continuou o confronto, mesmo depois que o primeiro distúrbio foi controlado, numa atitude de clara indisposição contra o grupo e o público presente.

De fato, toda a confusão se deveu muito à polícia e à sua enorme indisposição contra o grupo de *rap* e os espectadores. É conhecida a aversão da polícia aos Racionais, que sempre denunciaram sua violência e sua arbitrariedade contra as populações mais desfavorecidas. Horas depois do incidente na praça da Sé, um comandante da polícia declarou que "já sabia" que o *show* terminaria daquela maneira. Mas não deixa de ser surpreendente que, num evento organizado pela municipalidade com a intenção de promover a apropriação do espaço da cidade, a polícia provoque uma situação como aquela. Mais que isso, parecia evidente o enorme antagonismo entre a polícia e o público presente. A explosão de revolta que se seguiu à apresentação deve ser compreendida exatamente a partir dessa distância: uma grande desconfiança entre o Estado e a população ali representada e, ao mesmo tempo, uma enorme proximidade com os Racionais. Por mais pa-

192 • Saídas de emergência

radoxal que pareça, foi a polícia que criou a desordem na praça, enquanto o grupo de *rap* tentou usar sua influência para controlar a desordem, ou manter certa ordem.

Sobre a guerra e os guerreiros

Esse pequeno episódio ilustra um aspecto fundamental da relação entre os Racionais Mc's e as periferias paulistanas. A hostilidade contra a polícia não é desprovida de sentido, está fortemente ligada a sentimentos de injustiça e desrespeito em relação a essa entidade, mas não só a ela. De certa maneira, todo o conjunto de precariedades que compõe o drama cotidiano a que são submetidas as populações pobres de São Paulo produz uma proximidade entre elas e os Racionais Mc's, seja porque eles são os grandes cronistas desse drama, seja porque em cada uma de suas crônicas está presente o sentimento de injustiça profunda e desrespeito absoluto que viola alguns princípios considerados fundamentais por essas pessoas. Esse é o solo de identidade do grupo e das periferias paulistanas, ou seja, a cumplicidade no que tange a atitudes, comportamentos e valores. É por esse motivo que os Racionais são um grupo com poder de conduzir multidões. Os milhões de "manos" não aceitam cegamente a condução da lei e da ordem estatal, a ordem constituída não lhes parece completamente justa, e a lei se transforma em opressão. Desejam ser conduzidos de outra maneira, por outros condutores, para outros objetivos, por meio de outros procedimentos.

Esse drama cotidiano das vidas precárias, incertas, sempre no limiar da vida e da morte, os Racionais chamam de "vida loka". E essa vida loka exige e ativa certo proceder nas periferias paulistanas. Poderíamos perguntar então: o que é a vida loka? O que é esse proceder? Essas são as questões que tentaremos explorar de forma experimental.

As músicas dos Racionais Mc's são uma fonte inesgotável de referências para a compreensão da vida loka e desse proceder que circula pelas periferias paulistanas. Essas músicas poderiam ser vistas como uma singularidade, uma expressão de uma composição de traços heterogêneos que, em sua combinação, produzem algo novo, produto e produção de uma grade de possibilidades diferentes do repertório conhecido das periferias de São Paulo. Não se trata aqui, portanto, de refletir sobre os Racionais Mc's apenas como o grupo emblemático do repertório discursivo do *hip hop*, do mundo das prisões e do crime, da religião evangélica e de tantos outros elementos presentes em suas músicas. A partir de uma composição singular de todos esses discursos, trata-se antes de refletir sobre sua singularidade na relação com algo que poderia ser considerado uma referência nova nas condutas das periferias paulistanas. O objetivo deste texto será, portanto, tentar destacar alguns dos elementos mais expressivos presentes nas músicas dos Racionais Mc's.

Como ponto inicial, a percepção da vida como guerra. A vida é uma guerra, mas não apenas porque é difícil vivê-la. Não se trata somente das dificuldades das pessoas para sobreviver e vencer a pobreza. Pensar a vida como guerra é uma maneira de conferir inteligibilidade a todas as relações sociais a partir da ideia do conflito e do enfrentamento. São múltiplos os conflitos que organizam a vida: entre brancos e negros, entre ricos e pobres, com a polícia, com o Estado, com a ideia de sistema, mas também entre homens e mulheres ou entre os pobres, com tipos sociais como o Zé Povinho ou o verme, que voltaremos a discutir mais adiante. A guerra cotidiana é uma maneira de compreender o que se passa no interior do corpo social, portanto a guerra é entendida como relação social permanente. Por outro lado, a paz é uma utopia desejada, mas considerada quase impossível. A paz habita o terreno do sonho ou do desejo inatingível, nunca é uma percepção da realidade.

Tira o zoio, vê se me erra,

Eu durmo pronto pra guerra,
E eu não era assim, eu tenho ódio,
E sei que é mau pra mim,
Fazer o que, se é assim,
VIDA LOKA CABULOSA,
O cheiro é de pólvora,
E eu prefiro rosas,

E eu que... E eu que...

Sempre quis um lugar,
Gramado e limpo, assim verde como o mar,
Cercas brancas, uma seringueira com balança,
Desbicando pipa cercado de criança...

How... How Brow

194 • Saídas de emergência

> Acorda sangue bom,
> Aqui é Capão Redondo Tru,
> Não Pokémon,
> Zona Sul é invés, é estresse concentrado,
> Um coração ferido, por metro quadrado...
>
> Quanto mais tempo eu vou resistir, pior,
> Que eu já vi meu lado bom na UTI,
> Meu anjo do perdão foi bom,
> Mas tá fraco,
> Culpa do imundo, do espírito opaco.
> ("Vida loka – parte II")

Constatação de que o desejo de paz deve ser suplantado a todo o momento pela realidade da guerra. Relutante, Mano Brown pensa, imagina, um lugar diferente, mas alguém chega para "acordá-lo" e fazê-lo perceber o lugar onde vive. O sentido de "Pokémon" é justamente algo que está fora da realidade concreta da luta cotidiana e permanente. O brinquedo japonês parece ilustrar bem uma tentativa de escapar do mundo real, mas é preciso lembrar que Mano Brown está no Capão Redondo, um dos bairros mais violentos do Brasil.

A guerra não é apenas um simbolismo ou uma ideia abstrata, mas diz respeito a confrontos reais, batalhas que fazem parte da vida cotidiana. A guerra aparece, de um lado, como uma fatalidade ou um dado da própria realidade social e, de outro, como uma tarefa a ser realizada, uma missão a ser cumprida para que a realidade a que a população é submetida seja superada.

> Falo pro mano
> Que não morra, e também não mate,
> O tique-taque
> Não espera, veja o ponteiro,
> Essa estrada é venenosa,
> E cheia de morteiro,
>
> Pesadelo,
> Hum,
>
> É um elogio
> Pra quem vive na guerra,
> A paz
> Nunca existiu,
> No clima quente,
> A minha gente soa frio,

Tinha um Pretinho,
Seu caderno era um fuzil,
("Negro drama")

Além de representar a realidade, a guerra é a maneira pela qual é possível entendê-la. Nesse sentido, a ideia é de que sempre existiu e sempre existirá uma batalha entre dois grupos sociais, conflito contínuo e permanente, que perpassa toda a sociedade, portanto todos os indivíduos são forçosamente adversários de alguém, é impossível que exista um sujeito neutro. Sendo essa guerra antiga e permanente, e sendo sempre necessário redescobri-la, formam-se dois grupos, duas categorias de indivíduos, dois exércitos em confronto. Assim, é importante lembrar as batalhas passadas e presentes, mesmo sob uma paz aparente. É assim que se faz a leitura histórica do que passou e do modo como devem se comportar atualmente os membros desses grupos rivais. Aprendemos com as batalhas antigas como elas são feitas, portanto como devemos nos comportar e vencer os inimigos que nos ameaçam.

A herança da guerra

Sente o drama,
O preço, a cobrança,
No amor, no ódio,
A insana vingança,

NEGRO DRAMA,
Eu sei quem trama,
E quem tá comigo,
O trauma que eu carrego
Pra não ser mais um preto fodido,

O drama da cadeia e favela,
Túmulo, sangue,
Sirene, choros e velas,

Passageiro do Brasil,
São Paulo,
Agonia que sobrevivem,
Em meio a zorra e covardias,
Periferias, vielas e cortiços,

Você deve tá pensando
O que você tem a ver com isso,
Desde o início,
Por ouro e prata,

196 • Saídas de emergência

Olha quem morre,
Então veja você quem mata,
Recebe o mérito, a farda,
Que pratica o mal,

Me vê, pobre, preso ou morto,

Já é cultural,
Histórias, registros,
Escritos,
Não é conto,
Nem fábula,
Lenda ou mito,

Não foi sempre dito
Que preto não tem vez,
Então olha o castelo e não
Foi você quem fez, cuzão,

Eu sou irmão,
Dos meus truta de batalha,
Eu era a carne,
Agora sou a própria navalha,

Tim.. Tim..

Um brinde pra mim,
Sou exemplo de vitórias,
Trajetos e glórias,

O dinheiro tira um homem da miséria,
Mas não pode arrancar,
De dentro dele,
A favela.
("Negro drama")

A história de exploração que passou deve ser suplantada por um futuro conflito que levará à vitória. Assim, no passado, os negros foram explorados "por ouro e prata", e aqueles que os exploraram e os mataram receberam "o mérito e a farda". A nova união dos negros deve se transformar de "carne em navalha", isto é, deixar de carregar as marcas de um passado e de um presente de exploração passiva do corpo (a carne) e passar a cortar os inimigos que os submetem, ou seja, tomar uma postura ativa e lutar contra a posição de subordinação que lhes é imposta. Nesse sentido, o prêmio da guerra é "morrer como um homem", e sem "menção honrosa", *status* conferido aos inimigos em tempos passados. "Os truta de batalha" agora devem seguir um trajeto de "vitórias e glórias", mesmo num momento diferente, de aparente paz. A ideia é que os inimigos ainda ameaçam e essa guerra não vai terminar em conciliação ou pacificação. Ela só terminará quando esse grupo se tornar vencedor.

Se a guerra é a relação social permanente, as pessoas que jogam esse perigoso jogo social são os guerreiros. Esse é um ponto sensível e extremamente controverso, que precisa ser bem explicado. Uma boa questão seria: o que significa ser guerreiro? Imagem recorrente em muitas letras de *rap*, essa figura é interpretada em geral – por certa visão exterior à periferia – como parte de uma cultura viril, do fascínio pelas armas, da vida fora dos padrões de sociabilidade civilizados, do autoritarismo, da propensão a matar, do consumo orgástico, da apologia ao crime e assim por diante. Creio que essa possa ser uma chave de interpretação dessas letras, mas deixa de fora o mais importante, porque desconsidera com que sentido essa ideia é evocada. Isso quer dizer que essa interpretação convém mais à autocomprovação do sentimento de medo que assola certos grupos sociais.

O que me parece incorreto nessa visão é que ela lê as músicas com base numa noção de modernidade que tem como referência a argumentação racional, o princípio de universalidade, de civilidade nas relações humanas e de reconhecimento do outro como sujeito de direito. Assim, cria-se um desconforto em relação às letras/posicionamentos que não se pautam pelos ideais de civilidade e universalidade dessa concepção de modernidade. As músicas dos Racionais Mc's não compartilham esse conceito abstrato de justiça e igualdade, construído sobre um sujeito universal neutro e justo, como a lei e o discurso do direito. Suas músicas têm uma lógica totalmente distinta: partem de uma oposição entre dois grupos e tomam o partido de um dos lados, ou seja, possuem um ponto de vista específico e crítico. Mas isso não significa que elas sejam o inverso (não civilidade): são criações que partem da imanência da vida loka, a vida incerta, insegura e violenta, da guerra cotidiana e do confronto diário e, sobretudo, de uma posição nesse combate.

Hei,

Senhor de engenho,
Eu sei
Bem quem é você,
Sozinho, cê num guenta,

198 • Saídas de emergência

Sozinho,
Se num guenta a peste,

E disse que era bom,
E a favela ouviu, lá
também tem
Whisky e Red Bull,
Tênis Nike,
Fuzil,

Admito,

Seus carro é bonito,
É,
E eu não sei fazer,
Internet, videocassete,
Os carro loco,

Atrasado,
Eu tô um pouco, se
Tô,
Eu acho sim,

Só que tem que

Seu jogo é sujo,
E eu não me encaixo,
Eu sô problema de montão,
De carnaval a carnaval,
Eu vim da selva,
Sô leão,
Sô demais pro seu quintal,

Problema com escola,
Eu tenho mil,
Mil fita,
Inacreditável, mas seu filho me imita,
No meio de vocês,
Ele é o mais esperto,
Ginga e fala gíria,
Gíria, não dialeto,

Esse não é mais seu,
Ó,
Subiu,
Entrei pelo seu rádio,
Tomei,

Cê nem viu,
Mais é isso ou aquilo,

O quê,
Senão dizia,
Seu filho quer ser preto,
Rá,
Que ironia,
("Negro drama")

O alvo das críticas dos Racionais vai do senhor de engenho, que conduziu o processo de escravidão, às grandes empresas multinacionais, que produzem os objetos de consumo que existem na favela, sejam roupas, bebidas ou armas. Mas esse "jogo sujo" também tem como "efeito colateral"[2] o conflito violento, na medida em que miséria e consumo conjugados, duas dimensões produzidas pelo "outro lado", são constitutivas do problema da violência. Esse "efeito colateral que o seu sistema fez" (a selva) cria um conflito evidente, transforma as antigas vítimas em "leões"; elas não podem ser contidas em seus limites de exclusão (o quintal) e a cada ano tornam-se mais perigosas (de carnaval a carnaval). Esse tipo de construção aparece em outras músicas, como a já referida metáfora "carne que virou navalha", ou ainda quando Brown diz que "não tem dom pra vítima".

Poderíamos esboçar então uma primeira característica desse proceder expresso nas músicas dos Racionais, ou seja, um discurso de caráter histórico e político, cuja referência é a vida como guerra, a partir de uma perspectiva específica e crítica. Sobre esse ponto, acredito que o mais importante é que esse discurso não se pretende universal, totalizador ou neutro, mas sim uma perspectiva parcial e crítica. Assim, aquele que fala, narra ou reconta a história está de um lado ou de outro, está na batalha, tem adversários, trabalha por uma batalha particular. Diferentemente da ideia de um direito universal e neutro, esse direito que se faz valer é conquistado pela luta, é um direito arraigado numa história e descentralizado em relação a uma universalidade jurídica. É um discurso da perspectiva, na medida em que visa a totalidade, entrevendo-a, atravessando-a com seu próprio ponto de vista; a verdade, portanto, só pode se manifestar a partir da posição no combate, da vitória buscada, de certo modo, no limite da própria sobrevivência do

---

[2] Racionais MC's, "Capítulo 4, versículo 3", *Sobrevivendo no inferno* (Unimar Music, 1998).

200 • Saídas de emergência

sujeito que está falando. De fato, parece que a verdade somente pode aparecer a partir da relação conflituosa do combate; é essa relação que revela a verdade que está oculta pela aparente paz do direito formal. Trata-se de impor um direito pela dissimetria, e não de impor uma lei geral e fundar uma ordem. É exatamente por isso que o sujeito que fala é um guerreiro. O "nós" que é proclamado é o "nós" de um grupo que está em guerra com outro grupo, e não ocupa a posição do sujeito universal. É assim que, a partir dessa verdade liberta pelo conflito, essa mesma verdade é perseguida na medida em que pode se tornar uma arma na luta, na busca de um direito singular[3].

> Revolução!
> Não é pra qualquer um,
> Só quem é
> Kamikase, leal, guerreiro de fé,
> Se o rap é o jogo, eu sou jogador nato,
> Errou,
> O rap é uma guerra e eu sou gladiador
> ("1 por amor, 2 por dinheiro")

O guerreiro e o verme

Como plano de referência, a percepção da vida como guerra tem, como primeira característica, um discurso arraigado numa história e uma perspectiva específica e crítica. Mas, afinal de contas, o que é a vida loka? A princípio, poderíamos caracterizar a vida loka como uma experiência social das incertezas da guerra. Como tal, trata-se de um universo em que só é possível lhe conferir inteligibilidade por meio de um conjunto de fatos que escapam à generalização das categorias explicativas baseadas nas medidas precisas, nos cálculos exatos ou na razão rigorosa. As determinações, se é que podemos chamá-las assim, estão embebidas nos acasos, nas contingências, nas circunstâncias, de maneira que a situação deve ser analisada sempre de forma situacional e posicional. Certo jogo de luzes e sombras cerca a vida loka. É necessário navegar por terrenos incertos, condenados ao acaso e imersos na imprevisibilidade. Isso tem um motivo: a chave que permite

---

[3] Michel Foucault, *Em defesa da sociedade: curso no Collège de France (1975-1976)* (São Paulo, Martins Fontes, 1999).

entender a vida loka é da ordem do que se considera normalmente o acaso e o aleatório: as paixões, a violência, os ódios e os amores intensos, os rancores e as desforras.

A música "Vida loka – parte I" pode nos ajudar a compreender o que é esse universo. Ela começa falando de dois homens que prepararam uma emboscada e passa, em seguida, para uma conversa de Brown com amigos. Ele conta uma situação por que passou: por raiva, uma mulher inventa uma história de traição e isso quase provoca um desfecho violento. Diz que não sabe quem são as pessoas que o procuraram; os amigos sugerem "ir atrás desses pipocas" e Brown argumenta que nem sabe quem o procurou para matá-lo, mas, ao mesmo tempo, "não deve e não teme". Depois fala com um amigo de infância que está preso, e a conversa se prolonga por toda a música. Eles conversam pelo celular: o amigo reclama que não pôde sair da prisão quando seu pai morreu e está muito mal por causa disso. Brown diz que a vida também está difícil do lado de fora da prisão, há sempre pessoas e situações que o colocam à prova, seja por desavenças pessoais, seja por dinheiro. Então, tenta dar força ao parceiro.

Fé em Deus que Ele é justo,
Ei, irmão, nunca se esqueça, na guarda, guerreiro,
Levanta a cabeça, truta, onde estiver, seja lá como for,

Tenha fé, porque até no lixão nasce flor,
Ore por nós, pastor, lembra da gente no culto dessa
noite, firmão, segue quente,
Admiro os crente, dá licença aqui, mó função, mó
tabela,
Pô, desculpa aí.
Eu me, sinto às vezes, meio pá, inseguro,
Que nem um vira-lata 100 fé no futuro,
Vem alguém lá, quem é quem, quem será meu bom,
Dá meu brinquedo de furar moletom,
Porque os bico que me vê com os truta na balada,
Tenta vê, quer saber, de mim não vê nada,
Porque a confiança é uma mulher ingrata,
Que te beija, e te abraça, te rouba e te mata,
Desacredita, nem pensa, só naquela,
Se uma mosca ameaça, me cata, piso nela

("Vida loka - parte I")

202 • Saídas de emergência

Após essa mensagem de apoio ao amigo, inicia-se a narrativa da história propriamente dita. Apesar de contar uma única das muitas situações que podem ocorrer na vida loka, a música apresenta alguns de seus elementos mais importantes. A letra é extremamente complexa, trabalha no limite de uma análise da vida loka em geral e de uma descrição de um caso exemplar. Trata-se de uma história corriqueira, como muitas que ocorrem na periferia, mas talvez seja justamente por isso que essa história foi escolhida. Na vida loka, os caminhos que conduzem à vida ou à morte podem se cruzar a todo momento. A morte violenta pode acontecer por motivos banais, circunstâncias da vida cotidiana; é provocada por grandes amores, mas também pelo ódio de quem foi traído, pelo rancor e pela mágoa, pelo fato de se ver sempre diante de situações arriscadas, humilhações e luta por uma reparação imediata. Por estarem imersos nessa trama densa e complexa, os motivos parecem arbitrários ou incoerentes, pouco claros. No caso relatado na música, trata-se de uma história de amor e traição, mas os elementos essenciais para sua compreensão não são descritos. Sabemos que uma mulher mentiu para o marido acerca de uma suposta relação com Brown, mas não conhecemos as circunstâncias e as personagens. Talvez o mais importante seja a brutalidade da situação e a cadeia de efeitos perversos que uma situação trivial pode gerar. Ainda, nesse universo tão tenso, é necessário obedecer a uma forma específica de pensar e analisar cada situação, saber como agir na guerra eminente. Essa expressividade construída na reflexão das relações humanas é um elemento central na vida dos guerreiros.

O bico deu mó guela, Ró
Bico e bandidão vão em casa na missão, me tromba na
COHAB,
De camisa larga, vai sabe Deus que sabe,
Qual é a maldade comigo inimigo num me quer,
Tocou a campainha PLIN, pá trama meu FIM, dois maluco

Armado SIM, um isqueiro e um ESTOPIM,
Pronto pra chama minha preta pra fala,
Que eu comi a mina dele, Rá, se ela tava lá
Vadia, mentirosa, nunca vi tão mó faia, espírito do
mal,
Cão de boceta e saia...

Talarico nunca fui, é o seguinte,
Ando certo pelo certo, como 10 e 10 é 20,
Já pensô, doido, e se eu tô com o meu filho no sofá de

VACILO,
Desarmadão era AQUILO,
Sem culpa, sem chance, nem pra abri a boca
Ia nessa sem sabe
(Pô, cê vê) VIDA LOKA...
("Vida loka – parte I")

Ao imaginar que poderia estar com o filho no sofá, desarmado, quando o marido que se imaginava traído apareceu para matá-lo, Mano Brown pensa como a vida é loka, fugaz, incerta e imprevisível. E tal imprevisibilidade está condicionada aos elementos já destacados acima; contudo, aparece aqui um sistema de aliança fundamental, em que a lealdade dos parceiros se manifesta com toda a força. Essa lealdade gera confiança e proteção entre os guerreiros, as pessoas podem contar com seu semelhante e confiar umas nas outras nas incertezas da vida loka. Por isso, Brown volta a falar com seu amigo dentro da prisão que diz que, embora esteja preso, com certeza quer ajudar a resolver a situação. Diz que não gostaria de criar ainda mais problemas para o amigo. Começam a conversar sobre um evento que querem organizar juntos; é um jogo de futebol dentro do presídio, do qual todos vão participar. Sobre esse assunto, o amigo diz que, em dia de visita, só vão pessoas confiáveis e pessoas de má índole não vão participar. Brown pondera que, do lado de fora, não acontece a mesma coisa: as mentiras e as traições são constantes, as intrigas e o jogo de vaidades são as regras das relações.

Mais na rua num é não, até Jack
Tem quem passa um pano,
Impostor pé de breque, passa pro malandro,
A inveja existe, e a cada 10, 5 é na maldade,
A mãe dos pecado capital é a vaidade,
Mas se é para resolver, se envolver, vai meu nome,
Eu vou fazer o quê, se a cadeia é pra homem,
Malandrão eu, NÃO, ninguém é bobo,
Se quer Guerra terá,
Se quer Paz, quero em dobro,
Mas verme é verme, é o que é,
Rastejando no chão, sempre embaixo do pé,
E fala 1, 2 vez, se marcar até 3,
Na 4º xeque-mate, que nem no xadrez,

Eu sou guerreiro do rap,
E sempre em alta voltagem pro mundo,
Um por um, Deus por nós, tô aqui de passagem,

204 • Saídas de emergência

VIDA LOKA
Eu não tenho dom pra vítima,
Justiça e Liberdade, a causa é legítima,
Meu rap faz o cântico dos loucos e dos românticos,
Vô pôr o sorriso de criança, onde for,
Os parceiros têm a oferecer a minha presença,
Talvez até confusa, mais real e intensa,

Meu melhor Marvin Gaye, sabadão na marginal,
O que será, será, é nós vamo até o final,
Liga eu, liga nós, onde preciso for,
No paraíso ou no dia do juízo pastor,
E liga eu, e os irmão,
É o ponto que eu peço, favela, fundão,
Imortal nos meus versos,
VIDA LOKA
("Vida loka – parte I")

Na enorme densidade e complexidade dessa parte final da música, considero importante destacar mais uma importante caracterização da vida loka: o proceder. Aqui, podemos começar a entender que os acasos e as contingências característicos da vida loka não são completamente aleatórios, é possível restabelecer nexos de causalidade. O proceder é, ao mesmo tempo, o critério de certa partilha do mundo social, e, por isso mesmo, um grande tema de discussão. Aqui, mais uma vez, aparece a figura do guerreiro, e ele é o grande portador do proceder. É sob seu signo que se distingue o guerreiro dos homens que não são dignos de confiança, pois o proceder é a condição de existência do guerreiro. Por outro lado, aquele que não pauta suas ações pelo proceder, numa posição simetricamente oposta aos guerreiros, é chamado de verme. O verme é aquele que possui uma conduta contrária à do guerreiro, sempre tentando se aproveitar das situações confusas da vida loka para se promover. Ele é o covarde, o mesquinho, o que sempre faz cálculos para se sair bem das situações, em suma, o que age somente por interesse próprio. Também é o traidor, que se deixa maltratar e rebaixar e depois dissimula as situações com mentiras. Incapaz de cumprir a palavra empenhada, ou esquece a promessa feita ou a dissimula, inventa situações e não é responsável por suas ações futuras, porque mede suas ações somente por interesse. Trata-se de um tipo que não merece respeito ou confiança e, por isso, é relegado a uma posição exterior ao círculo dos homens de proceder.

Firmeza total, mais um ano se passando aê
graças a Deus a gente tá com saúde aê, morô, com
certeza
muita coletividade na quebrada, dinheiro no bolso, sem
miséria
eh nóis, vamo brindar o dia de hoje, o amanhã só
pertence a Deus
a VIDA É LOKA...

Deixa eu falá procê,
Tudo, tudo, tudo vai, tudo é fase, irmão,
Logo mais vamo arrebentar no mundão,
De cordáo de elite, 18 quilate,
Póe no pulso, logo bright,

Que tal, tá bom,

De lupa, mochilon, bombeta branca e vinho,
Champanhe para o ar, que é pra abrir nossos caminhos,
Pobre é o Diabo, eu odeio ostentação,
Pode rir, ri, mais não desacredita não,

É só questáo de tempo, o fim do sofrimento,
Um brinde pros guerreiro, Zé Povinho eu lamento,
Vermes que só faz peso na Terra,

Tira o zoio,

Tira o zoio, vê se me erra,
Eu durmo pronto pra guerra,
E eu não era assim, eu tenho ódio,
E sei que é mau pra mim,
Fazer o quê, se é assim,
VIDA LOKA CABULOSA,
O cheiro é de pólvora,
E eu prefiro rosas,
("Vida loka – parte I")

O proceder aparece sempre como um ideal de conduta, que deve ser respeitado, mas, ao mesmo tempo, é testado a todo o momento pelos vermes e pelo mundo dominado pela lógica mercantil; visto dessa forma, é um mundo em decadência. A difícil relação entre a tentativa de escapar das condições de pobreza e o consumo é o tema do trecho a seguir: como o guerreiro deve se posicionar diante dessa questão? O verme é aquele que pensa sempre em termos de benefício próprio, adula e mente para conseguir dinheiro, quer sempre mais e não importa como. O homem de proce-

206 • Saídas de emergência

der, ao contrário, deve conseguir se realizar como tal e, num mundo dominado pela lógica mercantil, isso cria um dilema, um impasse sem solução. Em outra música, Brown resume esse dilema com a seguinte frase: "Dinheiro é bom, sim, se essa é a pergunta, mas dona Ana [sua mãe] fez de mim um homem e não uma puta!". Esse é um pouco o sentido das muitas voltas de pensamento que cercam a questão. Brown não deseja o "luxo", mas a "fartura que alegra o sofredor"; deseja acabar com a "miséria que traz tristeza e vice-versa". Faz ainda um alerta de que "dinheiro é puta e abre as portas", mas essas portas são de "castelo de areia", ou seja, de ilusões passageiras. E mesmo que para um homem como Brown o sonho de prosperidade seja outro, isto é, quase uma ideia de paraíso na terra, com frutas colhidas diretamente das árvores e água abundante para se banhar, a realidade se impõe e São Paulo é caracterizada como uma cidade onde "Deus é uma nota de 100".

> Não é questão de luxo,
> Não é questão de cor,
> É questão de fartura,
> Alegra o sofredor,
>
> Não é questão de presa,
> Nem cor,
> A ideia é essa,
> Miséria traz tristeza, e vice-versa,
> Inconscientemente,
> Vem na minha mente inteira,
>
> Uma loja de tênis,
> O olhar do parceiro,
> Feliz de poder comprar,
> O azul, o vermelho,
> O balcão, o espelho,
> O estoque, a modelo,
> Não importa,
> Dinheiro é puta,
> E abre as porta,
> Dos castelo de areia que quiser,
>
> Preto e dinheiro
> São palavras rivais,
> É,
> Então mostra pra esses cú
> Como é que faz,

O seu enterro foi dramático,
Como o blues antigo,
Mais de estilo,
Me perdoe, de bandido,

Tempo pra pensar,
Que para,
Que se quer,
Viver pouco como um rei,
Ou então muito, como um Zé,

Às vezes eu acho
Que todo preto como eu
Só quer um terreno no mato,
Só seu,

Sem luxo, descalço, nadar num riacho,
Sem fome,
Pegando as fruta no cacho,

Aê, truta, é o que eu acho,
Quero também,
Mas em São Paulo,
Deus é uma nota de 100,
VIDALOKA.

("Vida loka – parte I")

A palavra, promessa de futuro

A música "Jesus chorou" é de grande interesse aqui pela imensa trama de elementos que a compõe. Extremamente intensa e reflexiva, contém todas as características que foram descritas até agora. Nessa música aparecem a concepção de vida como guerra, a aleatoriedade da vida loka e a distinção entre guerreiros e vermes.

Trata-se de uma difamação sobre Mano Brown, que é seguida de uma resposta com uma grande profusão de pensamentos sobre ele mesmo e o mundo que o cerca. Quando a conduta de um guerreiro é posta em xeque e seu proceder é questionado, ele faz um exercício de reflexão. Se a vida loka se apresenta como a vida incerta, arriscada, improvável e sob risco permanente, pairam sobre ela a incerteza sobre o futuro e a impossibilidade de um domínio sobre a própria vida. Por outro lado, o proceder parece ser a maneira pela qual a figura do guerreiro consegue dar forma ao terreno caótico dessa vida. Mas é justamente por isso que a dor aparece com força, na medida em

208 • Saídas de emergência

que esse controle sobre a própria vida lhe escapa a todo momento. Essa dor é representada aqui pelo verso mais curto da Bíblia, "Jesus chorou"; a lágrima é o primeiro elemento evocado, em forma de um enigma.

O que é, o que é?

Clara e salgada, cabe em um olho e pesa uma
tonelada... tem sabor de mar,

pode ser discreta, inquilina da dor, morada
predileta... na calada ela vem, refém da vingança,
irmã do desespero, rival da esperança... pode ser
causada por vermes e mundanas... e o espinho da flor,
cruel que você ama

amante do drama, vem pra minha cama, por querer, sem
me perguntar

me fez sofrer... e eu que me julguei forte... e eu que
me senti... serei um fraco, quando outras delas vir.. se o
barato é louco e o processo é lento... no
momento... deixa eu caminhar contra o vento... o que
adianta eu ser durão e o coração ser vulnerável... o
vento não, ele é suave, mas

é frio e implacável... (é quente) borrou a letra
triste do poeta (só)... correu no

rosto pardo do profeta... verme sai da reta... a lágrima
de um homem vai cair... esse é o seu B.O. pra
eternidade... diz que homem não chora... tá bom,
falou... não vai pra grupo irmão ai... JESUS CHOROU!
("Jesus chorou")

O pequeno enigma é interrompido. Um amigo acorda Brown, diz que vai lhe contar uma história, que alguém disse coisas a seu respeito, coisas que acabariam manchando seu proceder e pondo à prova seus princípios, de forma geral, questionando sua lealdade para com seus pares pobres, sua humildade como pessoa e a maneira como procede em suas relações. As acusações contra o proceder de Brown caracterizam-no quase como um verme, como alguém que só pensa em si mesmo e ignora suas origens e as pessoas da periferia. Além do mais, lança um desafio e ameaça Brown. Essa é a figura do Zé Povinho, pessoa que gosta de falar da vida dos outros, normalmente com a intenção de prejudicar. Sabendo que isso pode comprometer seu prestígio e ainda ser, talvez, uma ameaça, a tal história incomoda Brown.

Porra, vagabundo ó, vou te falar, tô chapando... êta
mundo bom de acabar... o que fazer quando a fortaleza
tremeu... e quase tudo ao seu redor, melhor, se
corrompeu... (êpa, pera lá, muita calma, ladrão, cadê o
espírito imortal do Capão? Lave o rosto nas águas
sagradas da pia, nada como um dia após o outro
dia... sou eu seu lado direito. Tá abalado, por que veio?
Negô, é desse jeito)... Durmo mal, sonho quase a noite
inteira, acordo tenso, tonto e com olheira, na mente
sensação de mágoa e rancor... uma fita me abalou na noite anterior... Alô!
(Aê, dorme em doidão, mil fita acontecendo e cê
aí)... que horas são? (meio-dia e vinte, ó... a fita é o
seguinte, ó... não é isqueirando não, ó, fita de mil
grau, ontem eu tava ali de CB, no peão, com um truta
firmezão, cê tem que conhecer, se você liga, ele vai
saber de repente, ele fazia até um rap no passado
recente... vai vendo a fita, se não acredita, quando
tem que se é Jão, presta atenção, vai vendo... parei
pra fumar um de remédio,

com uns moleque lá e pá, grafitando os prédios... o
que chegou depois, pediu pra dar uns 2... irmão, um
patrício, ó, novão e os caráio... fumaça vai, fumaça vem,
hein, chapou o coco, se abriu que nem uma flor, ficou
louco... tava eu, mais dois truta e uma mina num Tempra
prata show filmado, ouvindo Guina... o bico se atacou, ó,
falou uma pá do cê)... tipo o quê?

(Esse Brown aí é cheio de querer ser, deixa ele moscar
e cantar na quebrada, vamo ver se é isso tudo quando ver
as quadrada, periferia nada, só pensa nele mesmo,
montado no dinheiro e cês aí no veneno... e a cara dele
truta? Cada um no seu corre, durmo pelas veia, uns
mata, outros morrem... eu mesmo se eu catar voa numa
hora dessa, vou me destacar do

outro lado depressa, vou comprar uma house de boy
depois alugo, vão me chamar de senhor... não por
vulgo... mas pra ele só a zona sul que é a pá... diz
que ele tira nós, nossa cara é cobrar... o que ele
quiser nós quer, vem que tem, porque eu não pago pau pra
ninguém... E eu? Só registrei, né, não era de lá, os
manos tudo só ouviu, ninguém falou um a)...
("Jesus chorou")

210 • Saídas de emergência

Mas, pela música, Brown pode responder a essa pessoa. Diz que o tal Zé Povinho só quer chamar a atenção das pessoas e, na verdade, não o compreende. Justifica sua atitude e seus valores e lamenta o resultado desse tipo de comentário num mundo condenado à decadência. Diz que esse tipo de comportamento entre as pessoas que habitam a periferia é lamentável, mas frequente, e que é por conta desse tipo de situação que não consegue ser uma pessoa tranquila. Ainda que todos – inclusive sua mãe, a pessoa mais importante para ele – digam que um mundo de homens de proceder seja impossível, ele não pode agir de outra maneira, mesmo se condenando ao sacrifício. Lembra que até Jesus chorou pela humanidade em decadência.

> Quem tem
> boca fala o que quer pra ter nome, pra ganhar atenção
> das muié e/ou dos homens... amo minha raça, luto pela
> cor, o que quer que eu faça é por nós, por amor, não
> entende o que eu sou, não entende o que eu faço, não
> entende a dor e as lágrimas do
>
> palhaço... mundo em decomposição por um triz,
> transforma um irmão meu em um verme infeliz... e a
> minha mãe diz: Paulo, acorda, pensa no futuro que isso
> é ilusão, os próprio preto não tá nem aí com isso não,
> ó, o tanto que eu sofri, que eu sou, o que eu fui, a
> inveja mata um, tem muita gente ruim... Pô, mãe, não fala
> assim que eu nem durmo, meu amor pela
>
> senhora já não cabe em Saturno, dinheiro é bom, quero
> sim, se essa é a pergunta, mas dona Ana fez de mim um
> homem e não uma puta..., ei, você, seja lá quem for, pra
> semente eu não vim, então, sem terror... inimigo
> invisível, Judas incolor, perseguido eu já nasci,
> demorou... apenas por 30 moedas o irmão corrompeu,
> atire a primeira pedra quem tem rastro meu... cadê meu
> sorriso? Onde tá? Quem roubou?
> é... humanidade é má, e até Jesus
> Chorou... Lágrimas... Lágrimas... Jesus
> ("Jesus chorou")

Os caminhos incertos da vida loka

A parte final da música é o momento em que ele não consegue se decidir e, com muitas imagens e exemplos, descreve sua indecisão, suas hesitações e suas apreensões sobre a violência que assola a periferia. Cita pessoas que admira e morreram como vítimas da violência; lembra a falta de lealdade de pessoas que cercaram Jesus, da cultura sem proceder, de conselhos de amigos sobre a desconfiança entre parceiros. Em relação à violência sem proceder, confessa que prefere seguir as palavras do pastor, que aconselha a não invejar, ao invés de seguir os caminhos dos homens que usam da violência de maneira desmedida.

> Chorou... vermelho e azul, hotel, pisca só luz, nos
> escuros do céu... Chuva cai lá fora e aumenta o ritmo,
> sozinho eu sou agora o meu inimigo íntimo... lembranças
> más vêm, pensamentos bons vai... me ajude, sozinho penso
> merda pra caráio... gente que acredito, gosto e admiro,
> brigava por justiça e em paz levou tiro: Malcom X,
> Ghandi, Lennon, Marvin Gaye, Che Guevara, Tupac, Bob
> Marley e o evangélico Martin Luther King...
> lembrei de um truta falar assim: não
> joga pérola aos porco, irmão, jogue lavagem, eles
> prefere assim, se tem de usar piolhagem! Cristo que
> morreu por milhões, mas só andou com apenas 12 e um
> fraquejou... periferia... corpos vazios e sem ética
> lotam os pagodes rumo à cadeira elétrica... eu sei, você
> sabe o que é frustração... máquina de fazer vilão... eu
> penso mil fita, vou enlouquecer... e o piolho diz assim
> quando me vê: (famoso pra caráio, durão, ih truta... faz
> seu mundo não Jão,
>
> há, a vida é curta... só modelo por aí dando boi, põe
> elas pra chupar e manda andar depois... rasgar as
> madrugadas só de mil e cem.. se sou eu, truta, há, tem
> pra ninguém... Zé Povinho é o Cão, tem esses defeitos,
> o que, cê tendo ou não cresce os zoio de qualquer
> jeito... cruzar se arrebentar, de repentemente vai, de
> ponto quarenta, se querer tá no pente)... se só
>
> de pensar em matar já matou, prefiro ouvir o pastor:
> Filho meu, não inveje o homem violento e nem siga
> nenhum dos seus caminhos...
>
> Lágrimas... molha a medalha de um vencedor... chora
> agora ri depois, aê, Jesus chorou... lágrimas...
> ("Jesus chorou")

212 • Saídas de emergência

Nos dois casos relatados nas músicas, muitos pontos em comum podem ser destacados. Em primeiro lugar, o fato de que motivos corriqueiros podem levar a desfechos violentos, ou pequenas histórias acabam por colocar seus protagonistas entre a vida e a morte. Em segundo lugar, o acaso e as contingências obscuras cercam essas histórias, porque estão imersas em amores e ódios, paixões e rancores. Em terceiro lugar, a palavra ligada ao proceder é o centro da discussão e da disputa pela razão de todo litígio; assim se produzem tanto as disputas quanto as alianças, e os parceiros constituem suas cumplicidades e lealdades. E assim também que se produz a diferença entre os guerreiros e os vermes – estes, fora da zona de dignidade e no limite da humanidade.

Esse é o território onde circulam os guerreiros, a figura dos que conseguem "sobreviver na adversidade"[4] e transitar num universo incerto, violento, de realidades fugazes, informalidade, relações ambíguas entre o lícito e o ilícito, espaços em que é difícil construir medidas precisas, cálculos exatos ou uma razão rígida. Poderíamos esboçar então uma segunda caracterização: a inversão dos valores e do equilíbrio das polaridades tradicionais da inteligibilidade, porque se busca uma explicação pelo mais confuso, obscuro, desordenado e sujeito ao acaso. O princípio de decifração dessas relações sociais e de sua ordem visível é a confusão da violência, das paixões, dos ódios, das cóleras, dos rancores, dos amargores; é a obscuridade dos acasos, das contingências e de todas as mínimas circunstâncias que produzem conflitos com desfechos violentos. Extraímos disso uma consequência: são os fatos brutos, os elementos morais e seus feixes de causalidade que buscam os procedimentos de sobrevivência entre a vida e a morte. De um lado, produzem dignidade e o círculo de pertencimento dos guerreiros, das pessoas que sabem se portar em uma lógica de alianças que tem como base relações de lealdade, pensam o mundo pela medida de seu proceder, o que lhes permite empenhar a palavra dada. De outro, produzem um universo de vermes, o outro da relação que não pode e não deve ser desejado como modelo de conduta, pelo fato de que pensam sempre em termos de utilidade e de forma mesquinha, sendo incapazes de empenhar sua palavra e mantê-la.

O valor da palavra encontra-se no valor ético da responsabilidade, ou seja, a capacidade de responder sobre si no futuro. Essa é a maneira de

---

4   Daniel Veloso Hirata, *Sobreviver na adversidade: entre o mercado e a vida* (Tese de Doutorado, São Paulo, Depto. de Ciências Sociais da FFLCH, USP, 2010).

desafiar a essência aleatória desse futuro incerto e de suas circunstâncias imprevisíveis. Trata-se de uma capacidade de construir o tempo futuro, procedimento quase inverso ao do enquadramento jurídico moral da responsabilidade, no qual se responde pelo que se fez no passado. Aqui, a responsabilidade se constrói a partir da capacidade de realizar inteiramente uma promessa no futuro de acordo com certa conduta, certo proceder.

Qual futuro? Impossível responder. Este mundo é sem transcendência, pura imanência inscrita na mais radical contingência das situações da vida loka, um mundo que não promete nada, a não ser a incerteza e a imprevisibilidade.

10
DEBATES NO "MUNDO DO CRIME", REPERTÓRIOS DA JUSTIÇA NAS PERIFERIAS DE SÃO PAULO[1]

Gabriel de Santis Feltran

Quando enfrentam situações consideradas injustas em seu dia a dia, moradores das periferias de São Paulo podem recorrer a diferentes instâncias de autoridade em busca de justiça. A escolha da instância depende do tipo de problema enfrentado. Se um homem tem um emprego e durante anos não recebeu as horas extras a que tinha direito, recorrerá à justiça do trabalho. Se uma mãe não recebe a pensão alimentícia do ex-marido, acionará a justiça civil. Se ela teve um filho preso injustamente, ou se ele sofreu violência policial na favela em que vive, tentará recorrer à imprensa e, se não der certo, aos organismos de defesa dos direitos humanos. No limite, restará a crença na justiça divina. Mas se alguém da família foi roubado, agredido, coagido ou morto, e o agente da ação criminosa não foi a polícia, será feita uma queixa a uma autoridade local do "mundo do crime"[2]. Caso seja preciso, o "crime" organizará – por intermédio de "irmãos", isto é, membros batizados do Primeiro Comando da Capital (PCC) – um "debate" para arbitrar a contenda e executar medidas que *façam justiça*.

---

[1] Uma primeira versão deste artigo foi apresentada no XXXII Encontro Anual da Anpocs, no grupo de trabalho coordenado por Michel Misse e Sérgio Adorno. Agradeço os comentários recebidos naquela ocasião e especialmente a Robert Cabanes, Vera da Silva Telles, Daniel Hirata, Karina Biondi, Adalton Marques e Camila Nunes pelas discussões compartilhadas sobre o tema dos "debates". As ideias apresentadas aqui se nutrem dessa interlocução, embora o modo como as apresento seja de minha inteira responsabilidade.

[2] A expressão "mundo do crime" é tomada aqui em seu uso cotidiano nas periferias e por isso mantenho sua utilização sempre entre aspas. Para reflexão sobre essa noção, ver Gabriel de Santis Feltran, "O legítimo em disputa: as fronteiras do 'mundo do crime' nas periferias de São Paulo", *Dilemas: Revista de Estudos de Conflito e Controle Social*, v. 1, n. 1, 2008.

216 • Saídas de emergência

Assim, para além do Estado e da justiça legal, um morador da periferia de São Paulo tende hoje a identificar como instâncias de autoridade capazes de fazer justiça: 1) *integrantes do "crime"*, sobretudo do PCC, autorizados pelas localidades a zelar pelas regras internas de conduta (chamadas de "lei", "ética" ou "proceder") e por territórios específicos de influência; 2) os *meios de comunicação de massa* e, em particular, a televisão (desde programas populares e policiais até telejornais, em que se podem narrar publicamente dramas e injustiças vividos e, a partir daí, tentar obter alguma reparação); e, finalmente, pairando sobre todas elas, 3) a *autoridade divina*, força suprema que ofertaria a redenção aos injustiçados após a vida, para os católicos, e a prosperidade ainda na terra, para os neopentecostais. Entre estes últimos, em franco crescimento nos territórios estudados, a conversão pode promover reações mundanas nada desprezíveis[3].

Na perspectiva dos moradores das periferias, a existência desse repertório de instâncias que garantem a justiça, ao contrário do que se poderia supor, não é lida como uma negação da relevância do Estado de direito ou da legalidade. Ao contrário, os habitantes das periferias são talvez o grupo social mais interessado em utilizar a lei oficial para garantir seus direitos formais, sempre ameaçados. No entanto, a busca pela justiça é uma constatação pragmática de que o Estado não basta: como é impossível obter usufruto concreto da totalidade dos direitos garantidos oficialmente pelo recurso às instâncias legais, apela-se para outras instâncias ordenadoras, que passam a ser percebidas, então, como *complementares* àquelas previstas pela justiça estatal.

Este artigo não trata, evidentemente, de todo esse repertório de instâncias de autoridade e justiça, e seus respectivos ordenamentos sociais, que coexistem nas periferias de São Paulo. Não examino aqui nem o recurso à imprensa, nem às igrejas, nem me debruço sobre o senso de justiça das entidades civis de defesa de direitos sociais ou humanos. Concentro-me apenas na descrição analítica do dispositivo de arbítrio utilizado no caso de descumprimento das normas de convívio esperadas em favelas e territórios onde o PCC está presente, que construiu a legitimidade que a facção goza hoje nas periferias da cidade.

---

[3] Sobre o neopentecostismo, ver Ronaldo Almeida, "Religião na metrópole paulista", *Revista Brasileira de Ciências Sociais*, v. 19, n. 56, out. 2004; *A Igreja Universal e seus demônios: um estudo etnográfico* (São Paulo, Terceiro Nome/ Fapesp, 2009).

Debates no "mundo do crime", repertórios da justiça nas periferias de São Paulo • 217

Estudar esse dispositivo me parece relevante por duas razões: em primeiro lugar, trata-se de um tema apenas recentemente discutido na literatura acadêmica e no debate público, embora seja cada vez mais comentado em pesquisas de campo e esteja intimamente relacionado ao debate sobre a diminuição das taxas de homicídio em São Paulo[4]; em segundo lugar, a lógica interna que rege o dispositivo é radicalmente distinta da lógica do direito democrático e, ainda assim, verifica-se que ele se tornou mais operativo nas periferias da cidade nas últimas décadas, período de construção formal de uma justiça democrática[5].

Este artigo está organizado em três partes. Na primeira, apresento em linhas gerais o contexto de transformações (radicais) na dinâmica social das periferias de São Paulo desde os anos 1970 até hoje. Na segunda, descrevo e analiso a "justiça do mundo do crime", pela descrição de diferentes "debates" coletados em trabalho de campo e pesquisa documental. Na terceira, estudo as relações entre a implementação de dispositivos de justiça internos ao "mundo do crime" e a queda da taxa de homicídios em São Paulo, encaminhando um argumento analítico de necessária simetria estrutural das análises da justiça, do crime e da política no Brasil contemporâneo.

Periferias de São Paulo: deslocamentos

Desde os anos 1970 até os anos 1990, o debate sobre as periferias urbanas se consolidou nas ciências sociais brasileiras. Os temas do mercado de

---

[4] Ver Adalton José Marques, "'Dar um psicológico': estratégias de produção de verdade no tribunal do crime", em VII Reunião de Antropologia do Mercosul, Porto Alegre, UFRGS, 2007; "'Proceder' e relações políticas entre presos do Estado de São Paulo", em *Sistemas de justiça criminal e segurança pública em perspectiva comparada: administração de conflitos e construção de verdades*, Porto Seguro, Nufep/ UFF, jul. 2008; Karina Biondi, "Relatos de uma rebelião: a faceta representativa do PCC", em VII Reunião de Antropologia do Mercosul, Porto Alegre, UFRGS, 2007; "A ética evangélica e o espírito do crime", em XXVI Reunião Brasileira de Sociologia, Goiânia, 2008; *"Junto e misturado": imanência e transcendência no PCC* (Dissertação de Mestrado, São Carlos, Depto. de Antropologia do Centro de Educação e Ciências Humanas, UFSCar, 2009); Daniel V. Hirata, "Comunicação oral", em Seminário Crime, Violência e Cidade, São Paulo, Faculdade de Filosofia, Letras e Ciências Humanas, USP, 2009; Renato Sérgio Lima, "Homicídios em São Paulo: fatores explicativos e movimentos recentes", em Seminário Crime, Violência e Cidade, São Paulo, Faculdade de Filosofia, Letras e Ciências Humanas, USP, 2009.

[5] Ver Michel Misse, *Crime e violência no Brasil contemporâneo...*, cit.

218 • Saídas de emergência

trabalho popular, do sindicalismo e do operariado nascente nesses territórios se desdobraram por três décadas, acompanhando as transformações (radicais) da temática no período. A magnitude da migração para o Sudeste, os impactos da constituição de um proletariado urbano e suas implicações metropolitanas, bem como as idiossincrasias da família operária e as transformações na religiosidade católica em ambiente urbano, foram temas correntes. A questão das favelas, as alternativas de infraestrutura urbana e o *déficit* habitacional da metrópole ocuparam intelectuais e militantes. A efervescência das mobilizações desses territórios, nos anos 1980, deslocou parte significativa do debate para o tema dos movimentos sociais urbanos e, na década seguinte, para a reflexão sobre construção democrática, participação e políticas públicas.

Subjacente a essas análises, portanto, estava o reconhecimento de que a dinâmica social das periferias gravitava em torno das categorias *trabalho* (sobretudo industrial), *família, migração* e *religião*, imbuídas da promessa de contrapartida fordista do assalariamento. O projeto de *ascensão social da família operária*, síntese contextual dessas categorias, constituiu-se como um nexo de sentido que vinculava a periferização dos grandes centros industriais ao projeto de modernização do país. A perspectiva de integração futura dessas massas se constituiu, portanto, como o mito fundador da dinâmica social desses territórios. Ainda muito presente entre as gerações antigas, essa narrativa teve força suficiente para manter a coesão social das periferias de São Paulo até os anos 1990.

A partir daí, as análises acompanharam as transformações empíricas de todas essas temáticas, que passaram a ser consideradas sob o signo da *crise*. A sociabilidade das periferias tem ainda o trabalho como categoria central, mas as crises de desemprego estrutural e de flexibilização da acumulação deslocaram a centralidade do projeto de operário fordista; a moral popular católica ainda é muito presente, contudo, o neopentecostalismo tornou-se extremamente forte; os movimentos sociais seguem atuando, embora sua representatividade tenha sido questionada tanto no espaço público (por sua inserção institucional subalterna) quanto no tecido social (pela presença recente de uma multiplicidade de atores pretensamente representativos dessa população). A geração nascida nos anos 1990, que já não é migrante, não pode sonhar, como há duas ou três décadas, com a estabilidade do projeto de vida operário nem com a possibilidade de ascensão social de uma família fundada nesses marcos. A expectativa de melhorar de vida é, no máximo, individual.

Em minha pesquisa de campo, é comum que a narração desses deslocamentos apareça vinculada ao crescimento da criminalidade violenta. As transformações do trabalho, da família e da religiosidade foram regularmente citadas como algo que aproximava as fronteiras do "mundo do crime" da convivência "comunitária" e mesmo "familiar". A temática da "violência" e as referências a esse "mundo" emergiram, nos meus e em uma série de estudos recentes nas periferias de São Paulo[6], como esferas estreitamente vinculadas aos deslocamentos de campos estruturantes da vida popular. Nessa perspectiva, a criminalidade violenta estaria associada ao deslocamento em todo um mundo social anterior.

A partir de 2005, quando passei a estudar de modo mais sistemático os adolescentes envolvidos com o "mundo do crime" em Sapopemba, eu me dei conta de que para eles as "crises" do trabalho, da família e da religiosidade católica, que decretavam o fracasso do projeto coletivo de mobilidade social de seus pais, já eram consideradas elementos constitutivos de seu "estar no mundo". Não eram mais "crises", portanto. Esse tipo de deslocamento, que tenho explorado em outros trabalhos, fazia aparecer, ainda que entre uma parcela bastante minoritária da população, uma série de argumentos de legitimação do "mundo do crime" como ambiente de relações sociais plausíveis, por ser espaço para se obter renda e, o que me interessa especialmente aqui, por ser lócus normativo para ordenamento da dinâmica social. O relato etnográfico a seguir demonstra uma das formas como essa legitimação se processou nos cotidianos.

A emergência do "crime" como instância normativa

Ivete chegou a Sapopemba em 1995 e, desde então, vive numa das dezenas de favelas do distrito, a do Jardim Elba, com seus oito filhos[7]. Ela mesma me conta como travou seus primeiros contatos com o "tráfico", logo nas primeiras semanas em que chegou ali.

---

6   Ver Robert Cabanes e Vera da Silva Telles (orgs.), *Nas tramas da cidade*, cit.; Eduardo Marques e Haroldo Torres (orgs.), *São Paulo: segregação, pobreza e desigualdades sociais* (São Paulo, Senac, 2005); Ronaldo Almeida, Tiaraju Pablo D'Andrea e Daniel De Lucca, "Situações periféricas: etnografia comparada de pobrezas urbanas", *Novos Estudos*, n. 82, nov. 2008.

7   A trajetória de Ivete e sua família estrutura outro artigo que assino neste volume. Ver capítulo 20.

220 • Saídas de emergência

Os meninos, no final de semana, iam para a feira tomar conta de carro. Aí tinha uns meninos aqui embaixo que batiam neles, tomavam o dinheiro deles. [...] Um dia, o tráfico bateu na minha porta, porque eu chamei a polícia para esses meninos. O traficante veio na minha porta. Aí viu que eu era sozinha, era tudo escuro aqui... viu que eu era sozinha, só me ameaçaram, né? Que eu ia embora, se eu chamasse a polícia de novo. [...] Só que eu sou uma mulher determinada. No outro dia, eu fui trabalhar e, voltando do trabalho, eu fui procurar o tráfico. Eu fui procurar ele. [...] Cheguei lá e expliquei para ele a situação que eu vivia, a situação que eu me encontrava, e a situação que os meus filhos passavam na feira. Que quando eu ia trabalhar, e quando eu voltava, os meus filhos estavam presos dentro de casa, porque os meninos da rua espancavam eles, jogavam pedra aqui dentro de casa, que era aberto aqui na frente. [...] Então eles me deram razão. Mas só que pediram para eu não chamar mais a polícia, que, quando eu precisasse, procurasse eles, que eles resolviam.
E realmente eu precisei, dias depois eles voltaram. [...] Aí a minha menina ligou, que os meninos estavam mexendo aqui na casa, jogando pedra. Aí eu mandei que ela fosse, procurasse o rapaz. Aí ela foi lá, procurou o rapaz, esse rapaz desceu aqui, mandou descer, nem veio, mandou descer... e avisou, né? Que se eles continuassem a incomodar a família, a minha família, que eles desceriam, e não desceriam para conversar. [...] E aí, a partir desse dia, eu passei a ter, assim, um... um... como é que eu posso te explicar? Uma comunicação [com o tráfico local].

Numa situação como a dessa família, ter proteção fazia toda a diferença. Era preciso que alguém a apoiasse, e "o tráfico" a apoiou. Analiticamente, "o tráfico" inseria a família de Ivete, como tantas outras moradoras das favelas de Sapopemba, num regime de ordenamento normativo distinto do ordenamento legal, porque responsivo a outra autoridade. A norma de proteção que se instituiu naquele momento, como se nota no depoimento de Ivete, opera *desde que* ela não recorra ao arbítrio da polícia, ou seja, ao ordenamento legal oficial. Explicitamente, o que o traficante diz é que não trazer polícia para a favela é *condição* tanto para a permanência da família na região quanto para obtenção de proteção. Ocorre que, da perspectiva da família, esse novo ordenamento funciona melhor que o primeiro. E assim se legitima: a polícia havia verificado as agressões contra os filhos de Ivete, mas o problema se repetiu em seguida. Já quando o traficante interveio, o problema se resolveu definitivamente – e há catorze anos, Ivete tem uma "comunicação" com "o crime" do território onde vive.

A favela do Jardim Elba era alvo de disputas em 1995 e a violência "era demais", segundo Ivete. Deixou de ser nos anos 2000. A chamada "pacificação" das relações internas ao "crime" se iniciou na passagem para os anos 2000 e se consolidou em 2003, quando, segundo relatos recorrentes obtidos em campo, o PCC assumiu a função de ordenar o "mundo do crime" no local. Com os diversos pontos de venda de droga obedecendo a um mesmo "patrão", as disputas armadas entre eles se tornaram muito menos frequentes.

Nas pesquisas realizadas na última década, constata-se que o padrão de depoimentos de moradores das periferias sobre o "mundo do crime" se deslocou. Algo que antes era alheio às "famílias" e distante dos "trabalhadores" passou a aparecer mais no cotidiano de todos os moradores da nova geração. Modos de organização antes mais restritos às prisões ganharam aderência no tecido social das favelas. Normas antes restritas ao universo dos "bandidos" passaram a operar também entre jovens não inseridos nos mercados ilícitos. Portanto, dinâmicas antes externas à "comunidade" passaram a ser lidas como próximas ou mesmo constitutivas dela.

A utilização da violência armada é, evidentemente, a fonte última da legitimidade e da autoridade do "mundo do crime". Entretanto, esses grupos manejam no cotidiano componentes muito mais sutis de disputa pelas normas de convivência, como a reivindicação de justeza dos comportamentos, amparados no correto "proceder", e a oferta de "justiça" a quem necessita dela.

A justiça do "crime": arbitrar e punir o desvio

O "mundo do crime" produz uma "ética", uma "lei", e para julgar os desvios no cumprimento do que elas propõem, instituíram-se em São Paulo procedimentos específicos. Na minha experiência de campo, na interlocução com pesquisadores de temas correlatos, ou ainda nas matérias jornalísticas especializadas (publicadas sobretudo após os atentados de maio de 2006), são muito recorrentes os casos relatados de mediação dos "irmãos" na resolução de conflitos entre moradores de favelas, além do arbítrio sobre desvios do "proceder" entre indivíduos inscritos no "crime". Para efeitos de descrição e categorização analítica, certamente arbitrária, creio ser possível elaborar a complexidade desse dispositivo cotidiano em três planos distintos: há debates que deliberam sobre "pequenas causas", ou desvios de *pouca gravidade*, que podem são resolvidas por uma "ideia" trocada de modo rápido, por indivíduos da localidade em que o desvio ocorreu; há *casos de gravidade*

222 • Saídas de emergência

moderada, que têm de ser arbitrados pela consulta a outros "irmãos", com mais respeito no "crime"; e há, finalmente, *casos de vida ou morte*, que só se definem após "debates" muito mais complexos que os primeiros, em que diversos indivíduos respeitados (ou "considerados"), ocupando posições relacionais conhecidas como "torres", produzem uma sentença consensual[8].

A sentença será amparada tanto no respeito às "políticas" da facção quanto nas performances e nos depoimentos de acusados e vítimas, com espaço para argumentação ampla, na qual a virtude do indivíduo apareça em ato[9]. Portanto, o debate é agonístico e deliberativo; decide-se quem vive, quem morre e quem mata. A seguir, apresento situações de campo e pesquisa documental em que esses três níveis de arbítrio e execução de sentenças aparecem.

Pequenas causas

No caso narrado acima, os meninos que roubavam o dinheiro dos filhos de Ivete nem precisaram tomar um "corretivo". Na verdade, nem mesmo receberam uma advertência direta: bastou que o "dono" do ponto de venda de drogas "mandasse avisar" que numa próxima vez ele desceria pessoalmente para resolver o problema. Outros problemas chegaram ao "crime" local e foram regrados por ele. Os exemplos são factuais: havia um casal que brigava frequentemente na favela do Madalena e os gritos na madrugada incomodavam os vizinhos "trabalhadores"; certa vez, adolescentes roubaram um carro e, enquanto fugiam, trouxeram a polícia para dentro da favela; houve um menino que roubou a bicicleta de um conhecido dos donos de uma das "bocas"; e, em outro episódio, um caso de infidelidade conjugal feminina veio à tona, e o marido disse que ia matar a esposa.

Em todos esses casos, o "crime" se posicionou imediatamente, promoveu "debates" rápidos e arbitrou sobre medidas para reparar os danos, sem o uso de violência *desnecessária*. Conforme me foi relatado, esses debates decretaram que maridos e esposas ficavam proibidos de gritar nas brigas noturnas para não incomodar os vizinhos; os rapazes que roubaram o carro perto da favela, atraindo a polícia, receberam uma advertência verbal; o menino que roubou a bicicleta teve de devolvê-la e desculpar-se com a víti-

---

[8] A noção de "torre" não se confunde com a de "chefia" ou "gerência" por romper com o modelo piramidal. Ver Karina Biondi, *"Junto e misturado...",* cit.

[9] Para verificar a relevância da performance nesses debates, ver Adalton José Marques, "'Dar um psicológico'...", cit.

Debates no "mundo do crime", repertórios da justiça nas periferias de São Paulo • 223

ma e agora sabe que não pode mais "vacilar"; o marido traído foi autorizado a dar um "corretivo" (surra) na esposa, mas ficou terminantemente proibido de estuprá-la ou matá-la.

Tratava-se, nesses casos, de uma primeira falta, por isso houve atenuantes nas discussões e o réu ganhou uma segunda chance. Ainda que tenha havido "debates", a contenda se resolveu no plano local (na "quebrada"). E a "lei" reivindicada foi a norma local, embora se apoiasse em princípio mais amplo, compartilhado entre muitas "quebradas": o de pacificar os conflitos, evitando uma ação privada extrema, porque iniciaria um ciclo de vingança e uma escalada de violência letal entre os próprios favelados.

Desvios que podem ser reparados

Jovens que se apropriam indevidamente de dinheiro arrecadado pela venda da droga, "vacilam" e geram prejuízo, cometem alguma insubordinação aos princípios do "crime" e, em particular, reincidem no "vacilo", recebem em geral punição mais severa que advertências verbais. Jorge, um rapaz de 18 anos que conheci em 2005, passou por um "debate" em 2006 por ter sido o responsável por uma transação de drogas e armas que, por inabilidade ou má-fé, gerou prejuízo à "firma". Segundo Luíza, amiga de Jorge, "[o] que aconteceu foi o seguinte: ele acabou se envolvendo numa história em que tinha roubo de mercadoria e roubo de arma. Era ele que estava na responsabilidade desses negócios, e ele tinha, parece, confiado num cara que acabou ferrando ele".

Se o "vacilo" tivesse ocorrido no final do século passado, é quase certo que Jorge teria sido morto sumariamente. Mas em 2006, sob outra "lei" do "crime", ele teve o direito de se defender, e seus argumentos contaram tanto quanto os dos acusadores e dos defensores. A acusação sugeriu que ele havia se apropriado de dinheiro do tráfico (o que merecia pagamento, surra ou expulsão da favela), e a defesa argumentou que ele havia sido enganado por um fornecedor. Ele mostrou conhecer o "proceder" e não "amarelou", o que conta muito. O rumor correu pelo bairro, muita gente compareceu ao evento e o principal traficante da região veio pessoalmente para acompanhar a controvérsia. Alguns de meus interlocutores de pesquisa acompanharam o tribunal e defenderam Jorge. Ainda segundo Luíza:

> Fizeram debate para ver se iam matar o Jorge. [...] A gente foi pra lá, e chegando lá a gente viu os fulanos, viu o Jorge, ele muito ousado, ficou lá no meio e tal. Decidiram que não iam matar ele, mas que iam dar um corretivo. [...] Ele

224 • Saídas de emergência

levou um pau, menino, mas arrebentaram ele. E aí ele ficou completamente desmoralizado no crime, não tinha como voltar. E chegou um fulano, eu sabia que esse fulano era o maior traficante do bairro. [...] Quando vi esse cara falei: "Vixe, então a coisa é feia". Mas esse cara era mais tranquilo, então sabia que não iam matar o Jorge, ele não deixa.

A coragem do réu e os argumentos de defesa, somados à proteção que Jorge recebia do principal traficante da rua salvaram-no de um destino pior. O rapaz foi considerado inocente da acusação de *trairagem* (traição), mas já não era a primeira vez que ele criava problemas para o chefe: anos antes, já havia recebido uma advertência e mesmo uma "suspensão" (ou "gancho") de trinta dias de trabalho[10]. Pela reincidência e pelo prejuízo causado, foi espancado e demitido do tráfico local, o que tem efeito de desmoralização duradouro na "comunidade". Também ficou sem a fonte de renda que o sustentava desde os doze anos. Ainda assim, Jorge sabia que havia recebido uma "oportunidade de vida".

Nesse caso, também foram indivíduos da "quebrada" que arbitraram o "debate", mas dessa vez um "ladrão considerado" compareceu pessoalmente para mediar a discussão e, de um lado, evitar violência "desnecessária" e, de outro, não comprometer sua autoridade – se parecesse que estava protegendo alguém contra "o certo", ou se parecesse "frouxo" na hora de decidir, sua autoridade poderia ser questionada. Embora haja muita autonomia local na decisão, casos como esse, considerados desvios "de vida", não poderiam ser sentenciados com pena de morte sem o aval de uma "torre".

Casos graves: sentença de morte

Em 2005, Pedro tinha 21 anos e me contou que seu primo foi assassinado depois de um "debate". A história é controversa, mas envolvia uma moto de 1.000 cilindradas, objeto de desejo de qualquer "ladrão". Essa moto teria sido roubada do primo de Pedro, que matou o ladrão em vingança (sem a autorização do PCC). Um debate foi organizado, e ele teve de explicar o homicídio realizado sem o "aval" de ninguém. Pedro conta:

O meu primo, o meu primo já matou, já... e morreu de uma forma feia, na mão de ladrão. Não tem como. Só que foi no debate. [...] Foi no debate com os "la-

---

[10] Correspondem a quinze semanas sem poder trabalhar, já que a forma usual de trabalho dos adolescentes do tráfico de varejo em Sapopemba é um revezamento em que cada indivíduo trabalha uma manhã e uma noite por semana.

Debates no "mundo do crime", repertórios da justiça nas periferias de São Paulo • 225

drão", testa a testa. Aí ele falou assim: "Tô certo – e era bem respeitado – e já era!". Aí os caras: "Não, sou de tal lugar, sou de tal ladeira", começou a esquentar a discussão. [...] Nós fomos junto [acompanhar o "debate"]. Você vai até lá. Se estiver certo, você pode ir embora. Se estiver errado, você morre".

Nesses casos, o debate é marcado com antecedência, defensores e acusadores são chamados, estrutura-se uma rede de comunicação virtual e não é mais o "dono (ou 'piloto') da quebrada" quem decide. Não é mais uma consulta simples a um superior que ratifica a decisão. Nos casos em que se pode decretar a sentença de morte de um indivíduo, as sentenças dos "debates" exigem *consenso* entre diversos "irmãos".

Para dar uma ideia do grau de sofisticação a que podem chegar esses "debates", recorro a um caso difundido na grande imprensa em 2007. Uma rede de televisão apresentou reportagem especial, baseada em escutas telefônicas realizadas pela Polícia Civil do Estado de São Paulo, que relata em detalhe a operação de um "debate" que redundou na execução de um acusado de homicídio[11]. Preservo, no trecho a seguir, a íntegra da apresentação do caso na reportagem, para comentá-la em seguida.

[Apresentadora:] Esta semana, a polícia divulgou uma nova escuta telefônica que revela a ação assustadora de um tribunal do crime.

[Apresentador:] Um julgamento feito através de telefones celulares: uma afronta ao Estado e à Justiça. [Música de fundo.]

[Narrador, repórter RD]: 27 de março deste ano. A cena é em Pirassununga, interior de São Paulo. O pedreiro Adriano Mendes, de 33 anos, deixa a escola de moto com a mulher dele, Daiana Ponsiano, e uma amiga, Vânia Alves. Ao passar por esta lombada, Adriano se desequilibra e cai. Três rapazes, que estão passando pelo local, zombam de Adriano. Eles começam a discutir. Um deles, Fabrício do Nascimento, saca uma arma e dispara dois tiros contra o pedreiro, que morre na hora. O irmão de Adriano, o ex-presidiário Agnaldo Mendes, que cumpriu pena por tráfico de drogas, exige justiça e, uma semana após o crime, começa o julgamento da morte do pedreiro. O processo teve todas as etapas de um julgamento normal, com réus, vítimas e testemunhas. A diferença é que os relatores e os juízes desse julgamento sumário são presidiários e deram o veredicto através de teleconferência. [Em off.] Segundo a polícia, o tribunal paralelo foi comandado pela facção criminosa PCC, a pedido do irmão da vítima.

[Delegado:] Tudo foi tão rápido que quando a gente ainda trabalhava no caso, nós tivemos conhecimento de que havia um julgamento aí em andamento.

---

[11] Trata-se de reportagem exibida pela Rede Record no programa "Domingo Espetacular", disponível em: <http://br.youtube.com/watch?v=XVs9y1lXfZQ>.

226 • Saídas de emergência

[RD:] A polícia gravou as conversas de integrantes da facção, monitoradas através de escutas telefônicas. Foram quase 24 horas de gravação. As conversas revelaram em detalhes como funciona o tribunal do crime. As duas mulheres que estavam na moto e Agnaldo, o irmão do pedreiro assassinado, são levados para uma chácara na zona rural de Pirassununga. Lá também estão os três acusados, Fábio, Marcelo e Fabrício, o autor dos disparos. Vai começar o julgamento. Quem está no comando é o integrante do PCC conhecido como "Mais Velho". Quem vai julgar está distante, centenas de quilômetros da chácara. São sete presos. Cada um numa penitenciária, em diferentes regiões do estado. A comunicação é garantida por celulares interligados em teleconferência. Logo no início, alguns presos defendem o acusado:

[Preso 1:][12] O Fabrício já entrou na linha, irmão, pedindo uma oportunidade, entendeu, irmão?

[Preso 2:] Se ele já chegou pedindo uma oportunidade, ele sabe que cometeu um erro grave aí, e saiu totalmente fora da ética aí. E está, sei lá, pedindo uma oportunidade de vida.

[Preso 3:] Eu fecho nessa mesma opinião sua aí, cara, porque os moleques "é" novo irmão. Pô, mano...

[RD:] Os presidiários discutem a possibilidade de aplicar apenas um "corretivo".

[Preso:] Dá um "cambau" de louca, aquele que manda lá na porta da UTI, entendeu, irmão?

[RD:] Os presos pedem para ouvir Daiana, a mulher do pedreiro assassinado.

[Daiana, mulher da vítima:] Nós "tava" saindo da escola. Aí o Adriano passou no meio da lombada e ele não aguentou com a moto e caiu. Aí o Adriano levantou a moto, e o cara falou assim pro Adriano: "Que foi, que foi?". Aí o Adriano falou: "Que foi você?". Aí eu falei: "Adriano, vamos embora, vamos embora. Não precisa disso, vamos embora". O Adriano estava montando na moto para ir embora e ele chutou o Adriano na costela do Adriano, ele chutou.

[Preso:] E transpareceram que "'tava" dando risada?

[Daiana:] "Tavam" tirando sarro. "Tavam" tirando sarro e o cara puxou a arma.

[Preso:] Mas chegou a puxar a arma e apontar ou ficou com a arma só na mão, só?

[Daiana:] Ele apontou. Na hora que o Adriano subiu na moto, ele atirou.

[Preso:] O Adriano não chegou a colocar a mão no peito de nenhum deles nem dar um tapa na cara de nenhum deles.

[Daiana:] Não. Ele tomou o tiro, aí eu peguei e entrei no "apavoro", vendo o Adriano ali escorrendo, sangue para tudo que é lado. Aí ele pegou, me puxou pelos cabelos, começou a me chamar de vadia e falou: "Você também quer, vadia? Você também quer?". E deu outro no Adriano, na cabeça.

---

[12] São usadas as expressões e os nomes utilizados na reportagem. São identificados como "preso" todos os detentos que participaram das conversas grampeadas pela polícia.

Debates no "mundo do crime", repertórios da justiça nas periferias de São Paulo • 227

[RD:] Durante os depoimentos, uma pessoa faz anotações.

[Preso:] Não, não, não, não. Aí você pulou um pedaço. Aqui você coloca assim, ó [ditando em voz alta, pausadamente]: o A-dri-ano estava le-van-tan-do a moto quando olhou para trás, viu o Fabrício com um re-vól-ver.

[RD:] O julgamento teve uma pausa no meio da madrugada. Recomeçou às onze da manhã.

[Preso 1:] Ô Sadam!

[Preso 2:] Ô irmão!

[Preso 1:] Vamos lá, "molecote".

[RD:] Depois de ouvir a versão das testemunhas, os presos decidem o destino dos rapazes. Mas só anunciam a sentença após comunicar a cúpula da facção.

[Preso:] Os outros ficam, mas o menino mesmo que tirou a vida do Adriano, ele não volta mais não, irmão.

[RD:] Os presos temem uma vingança.

[Preso:] Agora nós "têm" que dar esse xeque-mate. Nós não "pode" colocar nada em risco, cara, que venha amanhã ou depois, "tá" refletindo sobre mim, sobre o "aquário", sobre você, sobre o nosso irmão, aí, o "Sadam". Porque automaticamente, é igual internet: um canal puxa todos, e tudo é um corpo só, é um elo que está envolvido, entendeu, irmão?[13]

[RD:] Os presos comunicam a decisão a um dos acusados, Fábio, irmão do assassino.

[Preso:] Você está recebendo uma oportunidade de vida, entendeu, Fábio?

[Fábio, irmão do réu:] Certo.

[Preso:] Se acontecer qualquer tipo de situação com a família do Adriano, que faleceu, com a família da mulher dele, que é a que estava em cima da moto, ou até mesmo com a menina que estava em cima da moto, que tenha dedos seus envolvidos, nós "vai" cobrar radicalmente para cima de vocês.

[RD:] Agnaldo, irmão da vítima, não concorda com a sentença. Ele quer pena de morte para os três envolvidos.

[Preso:] Então, veja bem: você só vai cobrar, moleque, o cara que tirou a vida do seu irmão. Entendeu, cara?

[Agnaldo, irmão da vítima:] Mas os dois "vai" ficar impune, irmão?

[Preso:] Ô moleque! A questão não é que eles "vai" ficar impune. A questão é que os dois não "tirou" a vida do seu irmão. Tudo bem, eles "tavam" na hora, mas eles não "tirou" a vida do seu irmão. Entendeu, cara?

[Agnaldo:] Certo.

[Preso:] Então, a gente é justo e correto. Entendeu, moleque?

[Agnaldo:] Certo.

[RD:] Chega a hora de os jurados comunicarem a decisão a Fabrício, o rapaz que atirou no pedreiro.

---

[13] O "xeque-mate" deve pôr fim não apenas à vida do sentenciado, mas a toda a cadeia de vingança privada potencial.

228 • Saídas de emergência

[Fabrício, réu:] Alô.

[Preso:] É o Fabrício?

[Fabrício:] Isso.

[Preso:] Você tem ciência do que você cometeu. Você tirou uma vida, certo, cara? Até mesmo sem dar defesa pro mesmo.

[Fabrício:] Entendi, irmão.

[Preso:] Então, veja bem, ô Fabrício. A gente não admite isso em lugar nenhum, entendeu, cara?

[RD:] O grupo de presos também decide quem vai executar Fabrício: Agnaldo, o ex-presidiário que queria vingar a morte do irmão. Surge um problema: nenhum dos criminosos tem uma arma, que eles chamam de "chuteira".

[Preso 1:] Os meninos que "tá" lá, aqueles outros lá, tem uma chuteira lá, irmão?

[Preso 2:] Eu não sei. Tem que ver lá com os meninos se tá tendo lá, irmão.

[RD:] Uma das pessoas que está na chácara sai para buscar uma arma. Pouco depois, Agnaldo executa Fabrício. As sentenças determinadas pela corte paralela que atua nos presídios paulistas são cumpridas com rapidez e crueldade. Apenas vinte minutos depois de ser condenado pelo tribunal do crime, Fabrício foi morto exatamente neste lugar [apontando para uma área descampada da chácara], executado com cinco tiros à queima-roupa. A polícia não teve tempo de evitar o crime, mas Agnaldo foi preso dias depois. Ele nega o assassinato.

[Agnaldo:] Não cometi, não fiz, né. Justiça com minhas próprias mãos, jamais.

[Delegado:] Durante a apreciação desse caso por eles, nós tivemos uma consulta que foi feita por um rapaz [policial civil] de Campinas, também com um fato semelhante ao daqui, perguntando como proceder. Então, eu tenho a impressão de que não é restrito à nossa região [de Pirassununga]. Eu tenho a impressão de que é restrito ao estado todo, tendo em vista que você tem presídios de várias regiões participando da teleconferência. [...] Preocupa é a facilidade com que eles, de dentro do sistema prisional se comunicam em teleconferência, coisa que às vezes nem a polícia consegue. [Fim do vídeo.]

Há muitas perspectivas pelas quais se poderia analisar essa situação. Limito-me aqui a tecer três comentários. Em primeiro lugar, a matéria demonstra a sofisticação a que chegam os "debates" – o uso das teleconferências por celular, a coordenação simultânea em sete presídios e numa chácara preparada para o evento, a especialização das tarefas (testemunhas, argumentação, "escrivão", sentença), além da articulação de diversas instâncias de autoridade (a "consulta à cúpula") e da eficiência da "execução penal". Essa sofisticação não apenas sugere, como demonstra empiricamente tanto a amplitude do dispositivo quanto a legitimação, entre os atores, da função de justiça desempenhada pelo "mundo do crime".

Debates no "mundo do crime", repertórios da justiça nas periferias de São Paulo • 229

Em segundo lugar, se está claro que nem todos os "debates" são tão sofisticados ou terminam em sentença de morte (ao contrário, a norma é evitar ao máximo que "pobre" mate "pobre"), é preciso ressaltar que há desvios julgados de modo ainda mais sumário, como nos casos de estupro comprovado, pedofilia ou traição confessa aos princípios da facção (sobretudo delação). É evidente que a rede de relações e de proteção do réu e a controvérsia gerada pelo crime cometido também interferem na condução e na necessidade de sofisticação dos julgamentos, bem como nas sentenças proferidas. Não se julga o filho de um "irmão" do PCC da mesma forma que se julga um "noia" (viciado em crack) ou um "Jack" (estuprador).

Em terceiro lugar, destaca-se a multiplicidade de significados de justiça presentes na citação. Para além de seu "efeito de demonstração", percebe-se que o processo argumentativo e a sentença proferida têm diversas finalidades: demonstrar a firmeza da facção tanto para ouvir as partes quanto para punir o desvio ("Você tirou uma vida [...] até mesmo sem dar defesa", "a gente não admite isso em lugar nenhum"); demonstrar a justeza do procedimento, baseada em argumentação e, no limite, em demonstração de autoridade ("a gente é justo e correto. Entendeu, moleque?"); e, sobretudo, interromper a cadeia de vinganças privadas que um caso assim geraria se não houvesse mediação – o irmão da vítima demandava que os três réus fossem sentenciados à morte, mas o "tribunal do crime" decide que é legítimo "cobrar" apenas "quem tirou a vida do seu irmão". A legitimidade da sentença é sustentada ainda pela ameaça direta de retaliação "radical", no caso de nova vingança privada.

Debates e política: a questão dos homicídios vista da periferia

É exatamente por bloquear a cadeia de vinganças privadas que o dispositivo denominado "debate" demonstra incidir na tendência de queda das taxas de homicídio em São Paulo. Essa tendência de queda verificada em toda cidade de São Paulo, a partir da virada do século, é ainda mais acentuada no distrito de Sapopemba, onde os índices de 2007 eram aproximadamente um quarto dos observados em 2000[14]. As principais causas dessa

---

[14] A média de homicídios na capital, que era de cerca de 30 por 100 mil no fim dos anos 1990, caiu progressivamente a partir de 2000. As taxas médias do distrito de Sapopemba decresceram quatro vezes, também de modo progressivo e regular, desde então: foram 209 homicídios no distrito em 2000 e 51 em 2007. Ver PRO-AIM,

queda são bastante conhecidas da população das periferias da cidade, embora muito pouco comentadas no debate público. Durante uma pesquisa de campo, quando se pergunta por que não morrem mais jovens como há alguns anos, três explicações são oferecidas. A primeira é: "Porque já morreu tudo"; a segunda é: "Porque prenderam tudo", e a terceira, mais recorrente, é: "Porque não pode mais matar". Leva-se tempo para compreender que essas respostas falam de uma modificação radical na regulação da violência – e do homicídio – nas periferias de São Paulo durante a última década. Leva-se mais tempo ainda para perceber que essa regulação tem a ver com o PCC.

"Morreu tudo" significa duas coisas na perspectiva dos moradores. A primeira é que morreu gente demais ali e, portanto, uma parcela significativa do agregado dos homicídios era de gente próxima. Aqueles que as estatísticas conhecem de longe – jovens do sexo masculino, 15 a 25 anos, pretos e pardos etc. – são parte do grupo de afetos de quem vive por ali, e as histórias são conhecidas. A segunda é que os jovens integrantes do "mundo do crime" que se matavam já morreram há tempos – não há mais pessoas que matam ali. Ora, se esse "mundo do crime" persiste ativo nas periferias, e até se expande, só podemos concluir pela resposta que seus novos participantes *não se matam mais como antigamente*. A afirmação já sugere uma transformação relevante na dinâmica da violência, e as duas outras assertivas nos fazem compreendê-la melhor.

"Prenderam tudo" significa que aqueles que matavam, e não foram mortos, não estão mais "na rua", mas nas cadeias. Faz sentido, porque a política de encarceramento em massa dos últimos quinze anos, em São Paulo, quase quadruplicou a população carcerária do Estado. Um problema pouco comentado entre os defensores dessa política, entretanto, é que o encarceramento retirou uma parcela significativa dos criminosos das vielas das favelas para inseri-los em redes muito mais complexas e conectadas do mundo criminal, que operam nos presídios. O período do encarceramento maciço corresponde exatamente ao período de expansão do poder do PCC.

É aí que a terceira afirmação, a mais frequente de todas, passa a fazer sentido. Quando moradores de favela ou jovens inseridos no "mundo do crime" dizem que "não pode mais matar", o que se enuncia é um princípio instituído nos territórios em que o PCC está presente: a morte de alguém

---

"Mortalidade no município de São Paulo"; disponível em: <http://ww2.prefeitura. sp.gov.br/cgi/tabcgi.exe?secretarias/saude/TABNET/txpadsup/padrosup.def>.

Debates no "mundo do crime", repertórios da justiça nas periferias de São Paulo • 231

só se decide em sentença coletiva, legitimada por tribunais compostos por pessoas respeitadas do "Comando". A partir desse princípio instituído, aquele menino do tráfico que há alguns anos *tinha a obrigação* de matar um colega por uma dívida de 5 reais, para ser respeitado entre seus pares no "crime", agora *não pode* mais matá-lo pela mesma razão. As punições são distribuídas sem a necessidade do homicídio.

É nessa perspectiva que se compreende o impacto desse dispositivo nas estatísticas oficiais. No caso analisado acima, por exemplo, o irmão da vítima só sentiria vingada a honra de seu irmão se os três envolvidos no assassinato fossem mortos. Como se observou, entretanto, além de deliberar apenas a morte de uma pessoa, a diretamente implicada no caso, o "tribunal" também fez questão de encerrar a contenda ali – o "xeque-mate" não permite continuidade da vendeta. Quem julgou e executou a sentença foi a autoridade legítima da "lei" (do crime) – e caso alguém decida desobedecê-la, será "cobrado radicalmente".

Antes da instalação desse dispositivo, provavelmente os três acusados teriam sido mortos. E esse triplo homicídio geraria novas vinganças privadas e assim por diante. Essa espiral de letalidade é ainda mais presente nas outras capitais brasileiras. Mas, a partir da implementação maciça do dispositivo dos "debates" nas periferias de São Paulo, essa cadeia de vingança privada foi interrompida. E como a lei só delibera a morte em último caso – há muitas outras punições intermediárias –, a cadeia de vinganças que acumulava corpos de meninos nas vielas de favelas, oito ou dez anos atrás, diminuiu em grande medida.

Os "debates" introduzidos pelo PCC seriam então a principal causa do declínio dos homicídios em São Paulo? Sem dúvida, afirmam os etnógrafos urbanos, como eu. As outras causas assinaladas no debate (desarmamento, subnotificação, mudança demográfica, melhorias na estrutura policial etc.) parecem, quando vistas da periferia, dinâmicas no máximo acessórias da mudança do quadro estatístico. Numa entrevista recente, Mano Brown, vocalista e compositor dos Racionais MC's, foi perguntado sobre o "extermínio de jovens nas periferias"; ele respondeu:

> O extermínio de jovens nas periferias... [pausa]. Eu sou paulista, certo? O conhecimento que eu tenho, profundo, é sobre São Paulo. E, em São Paulo, hoje, existe um movimento diferente. Esse extermínio foi "temporariamente" bloqueado. Por leis que não são do governo. São de um "outro" governo. E, em outros estados, eu temo que a solução seja essa também. O governo não conse-

232 • Saídas de emergência

guiu fazer uma ação concreta para o problema da segurança. E o crime organizado conseguiu.

[O repórter não se dá conta do que Brown fala e prossegue:] Na sua opinião, Brown, o que mudou nesses últimos oito anos? [Ele se refere, no contexto, ao governo Lula.]

[A resposta é inesperada para ele:] O surgimento do PCC.[15]

Não parece ser mais possível ignorar – embora haja interesse de determinados setores em fazê-lo – que o fator explicativo fundamental da diminuição dos homicídios em São Paulo é a regulação interna do próprio "mundo do crime", pela introdução dos "debates" como mediadores legítimos da conflitualidade própria desse ambiente. Por outro lado, não seria possível aderir à lógica que produz sua eficiência; trata-se da instituição da exceção, regida por atores não reconhecidos publicamente, no arbítrio da vida e da morte. Mas, analisando as formas dessa "lei do crime" de julgar o desvio, e sobretudo se tomarmos como contraste a "lei oficial", verificamos lógicas distintas de legitimação de um e outro ordenamento, com rebatimentos sociais evidentes.

Em suma, os "debates" são eventos performativos, nos quais são questionados, perante os pares, o "compromisso com o crime" e a "disposição" do indivíduo para "correr com o Partido". A partir do desempenho, elabora-se um juízo, que se torna procedimento executado com eficiência em seguida. Para formular esse juízo, idealmente não se leva em conta a posição do indivíduo na hierarquia social nem suas características diacríticas. Trata-se de justiça reconhecida pelos sujeitos como válida "para todos", o que sustenta o argumento de "democracia interna" da justiça do PCC[16]. A justiça estatal, por sua vez, é reconhecida nas periferias como tendo *conteúdos* normativos universalistas, embora seus procedimentos de aplicação sejam desiguais e ineficientes: o funcionamento do judiciário é lento, discrimina posição social, lugar de moradia, cor da pele e idiossincrasias de classe, além de estar submetido à competência técnica dos advogados. Assim, reconhece-se nesses territórios que, se a "justiça do crime" tem os conteúdos da

---

[15] Mano Brown, 2009. Disponível em: <http://www.youtube.com/watch?v=PQ4dP2ev x9w>.

[16] A questão da "democracia interna" da facção é tratada diferentemente por Karina Biondi, *"Junto e misturado"...*, cit., e Camila Dias Nunes, "Práticas punitivas na prisão: institucionalização do legal e legalização do arbitrário", em XXXII Reunião Anual da Anpocs, Caxambu, 2008.

Debates no "mundo do crime", repertórios da justiça nas periferias de São Paulo • 233

exceção inscritos em sua "lei", ela seria justa por se aplicar "de modo igual" para todos. A "lei do crime" expande sua legitimação nas periferias da cidade, na medida exata em que a justiça oficial encarcera seus habitantes. O fato de a "lei oficial" ter conteúdos democráticos só a legitima entre classes médias e altas, que constroem uma percepção de que vivemos numa "democracia consolidada".

Na apresentação deste artigo, situei como questão o paradoxo representado pelo fenômeno empírico da legitimação dos dispositivos de "justiça do crime" nas periferias da cidade de modo simultâneo à consolidação institucional do regime político democrático. Eis o que, a meu ver, ajuda a compreender esse paradoxo: em São Paulo, a fronteira que delineia as tensões e clivagens sociais contemporâneas alimenta-se de ações de "combate ao crime", amparadas num pretenso universalismo legal, porém seletivo em sua implementação. No entanto, essa seletividade, por ser responsiva à hierarquia social, não faz mais que reforçar seu espelho – a legitimação, nas periferias da cidade, da necessidade de *outras* instâncias de recurso à autoridade e à justiça. O "mundo do crime" comporia, na imprensa e nas igrejas, esse repertório necessário de instâncias outras para obter reparação das injustiças, na perspectiva de um morador das periferias de São Paulo. O estudo, necessariamente reflexivo, desses sensos de justiça parece-me assim uma porta de entrada privilegiada para descrever analiticamente as fronteiras da tensão social contemporânea, que, embora vistas da periferia, sugerem repercussões bastante mais amplas.

PARTE 3
ASSOCIAÇÕES

11
O SENTIDO POLÍTICO DAS PRÁTICAS DE RESPONSABILIDADE SOCIAL EMPRESARIAL NO BRASIL

Tatiana de Amorim Maranhão

As práticas de responsabilidade social empresarial se constituíram como um dos eixos de uma nova experiência social na política brasileira nas últimas décadas. Três inflexões conformaram essa experiência: o deslocamento da posição dos empresários, a reorientação do papel do Estado e a reconfiguração das políticas sociais. Sua novidade é articular a emergência de uma "racionalidade gerencial"[1] em que a figura do "empresário-cidadão" é central nas novas relações entre Estado e sociedade. Há várias formas de se referir à ação desses empresários: filantropia, ação social empresarial, responsabilidade social, práticas de investimento social privado etc. Além das nuanças por trás de cada uma delas, um traço é comum: todas dizem respeito a uma mudança na atuação desses empresários, acompanhando a lógica da eficiência privada na reformulação do papel do Estado.

Uma nova gramática política coordena e confere sentido a essas práticas. A incorporação ao vocabulário do debate público de procedimentos técnicos definidos por essa racionalidade gerencial desfaz as referências políticas da questão social para enquadrá-la na lógica das trocas mercantis. Pretende-se mostrar aqui que o surgimento do "engajamento empresarial" condensa

---

[1] O termo é utilizado por Maria Célia Paoli para designar aquilo que a partir da década de 1990 prescreve a maneira de administrar as sociabilidades violentas e as carências sociais nas cidades brasileiras. Essa racionalidade é sustentada por ideias pragmáticas que implicam "simultaneamente desenhar e controlar" programas destinados aos públicos-alvo de entidades privadas e ONGs. Nesse contexto, estrutura-se um novo estilo de intervenção voltado para a "administração das identidades das pessoas". Ver Maria Célia Paoli, "O mundo do indistinto: sobre gestão, violência e política", em Francisco de Oliveira e Cibele S. Rizek (orgs.), *A era da indeterminação*, cit., p. 221-56.

Saídas de emergência

elementos das três inflexões dessa gramática política que, a partir de meados dos anos 1990, passa a prescrever as práticas sociais no Brasil.

Os empresários e a democracia

Estudos consagrados sobre o desenvolvimento industrial brasileiro apontam para a dificuldade de formulação de um projeto nacional hegemônico, capaz de transcender o interesse empresarial corporativo[2]. A intervenção do empresariado nacional na definição da política econômica entre os anos 1930 e 1980 ocorreu nos limites impostos por estruturas montadas pelo próprio Estado, segundo os interesses específicos de cada setor da produção.

Diniz e Boschi[3] chamaram de "estrutura dual de representação" o padrão de representação de interesses consolidado a partir da regulamentação da legislação sindical corporativista durante o Estado Novo (1937-1945). A dualidade desse padrão consiste na manutenção de formas já existentes de autorrepresentação (associações civis) e na criação de uma estrutura a partir dessa nova regulamentação (sindicatos e federações por setor de produção, agremiados pela Confederação Nacional da Indústria), sob a tutela do recém-criado Ministério do Trabalho. Foi a força relativa dos setores empresariais que impôs à estrutura oficial a permanência "paralela" das associações civis já existentes, consolidando a dualidade no padrão de representação.

A estrutura de representação de interesses empresariais altera-se, contudo, nos anos 1980, quando surgem entidades mais "autônomas" e "independentes"[4] em relação à antiga forma de estruturação dual. Surgem o Instituto Liberal, em 1983, o Pensamento Nacional das Bases Empresariais (PNBE), em 1987, e o Instituto de Estudos para o Desenvolvimento Industrial (Iedi), em 1989. O que estava em jogo para os empresários era a crítica à forma

---

[2] Fernando Henrique Cardoso, "O papel dos empresários no processo de transição: o caso brasileiro", *Dados*, v. 26, n. 1, 1983, p. 9-27; Eli Diniz, *Empresário, Estado e capitalismo no Brasil (1930-1945)* (Rio de Janeiro, Paz e Terra, 1978).

[3] Eli Diniz e Renato Boschi, "Autonomia e dependência na representação de interesses industriais", *Dados*, n. 22, 1979, p. 25-48.

[4] Idem, "Brasil: um novo empresariado? Balanços e tendências recentes", em Eli Diniz (org.), *Empresários e modernização econômica: Brasil anos 90* (Florianópolis, UFSC/ Idacon, 1993), p. 113-31; Álvaro Bianchi, *Hegemonia em construção: a trajetória do pensamento nacional das bases empresariais* (São Paulo, Xamã, 2001).

O sentido político das práticas de responsabilidade social empresarial no Brasil • 239

tradicional de representação de seus interesses, que dependia dos órgãos criados na estrutura do Estado.

Há um vínculo entre a intensa mobilização social em torno de projetos de democratização do país no fim do regime militar e a criação desses novos formatos de representação empresarial no quadro geral de uma contestação do autoritarismo militarista do Estado brasileiro. Segundo o PNBE, a criação da entidade uniu os empresários "pela firme vontade de participar da democracia que se instalara dois anos antes, com o fim do regime militar"[5]. As primeiras articulações do PNBE ocorreram em torno de disputas internas da Federação das Indústrias do Estado de São Paulo (Fiesp) e da Confederação Nacional das Indústrias (CNI).

Os empresários organizados ali clamavam por uma melhor representação da base empresarial (pequenas e médias empresas) nas grandes entidades representativas. Defendiam eleições diretas para a direção da Fiesp – o pleito era realizado por meio dos sindicatos associados – para que fosse democratizado o acesso dos empresários a essa instância decisória.

Além da crítica à falta de democracia interna nos organismos de representação empresarial, o PNBE questionava a forma da relação do Estado com a sociedade e, em particular, com os sindicatos, instituída pelo Estado Novo. Os empresários criticavam a relação capital-trabalho do período varguista, que, segundo eles, não permitia uma relação direta entre as partes, pois a presença central do Estado inviabilizava a explicitação do conflito existente. Propunham uma nova forma de relação, sem a intermediação estatal, que tomasse capital e trabalho como "corresponsáveis" no desenvolvimento e aliados num "entendimento nacional".

Todavia, embora os empresários do PNBE falassem em conflitos, tratava-se de um conflito em que a base social das relações de produção capitalista, a contradição estrutural entre trabalhadores e proprietários, não aparecia, pois a forma de enunciar as partes envolvidas fora alterada. No lugar da classe trabalhadora, entra o coletivo dos trabalhadores, que negocia com o coletivo dos empresários acordos capazes de fazer convergir os diferentes interesses. Esse padrão tirava a força dos trabalhadores, declarando que a marca das negociações era a harmonização dos interesses entre as partes.

A noção de corresponsabilidade levou o PNBE a defender experiências de negociação como as Câmaras Setoriais. Estas anunciavam a ruptura com

---

[5] Disponível em: <www.pnbe.org.br>.

240 • Saídas de emergência

a gestão bipartite (empresários-Estado) das políticas industriais setoriais do Estado Novo e com a tradição corporativista que fora hegemônica durante os anos da substituição das importações. As primeiras experiências ocorreram durante o governo Sarney (1985-1990), mas foi sua reativação no governo Collor (1990-1992) que trouxe o novo modelo tripartite de negociação: representantes empresariais, lideranças sindicais de trabalhadores e autoridades governamentais. O objetivo era buscar soluções consensuais para problemas no setor produtivo. O setor automobilístico, por seu peso estratégico e econômico, tornou-se o espaço das resoluções mais ágeis e consensuais.

No centro do projeto idealizado pelo PNBE estavam os "pactos sociais", realizados entre os diferentes "setores" da sociedade. O PNBE acreditava que o governo Itamar Franco (1992-1994) faria da política dos pactos uma nova forma de relação entre Estado e sociedade. No entanto, a aproximação cada vez maior entre o PNBE e o PSDB gerou uma crise de identidade no grupo; isso levou ao afastamento de alguns empresários, como Oded Grajew, e ao questionamento da capacidade aglutinadora da entidade. Em 1995, Grajew (um dos coordenadores da campanha de Lula à presidência, em 1994) e outros criaram a Associação Brasileira de Empresários pela Cidadania para reunir empresários que apoiavam o Partido dos Trabalhadores (PT). Aos poucos, as disputas entre as lideranças provocaram uma perda de confiança no PNBE como nova proposta de representação de interesses[6].

Neoliberalismo e ação social das empresas: a pobreza como problema de gestão

As reformas neoliberais (disciplina fiscal, contenção de gastos públicos, sobretudo sociais, abertura comercial e não protecionismo, privatização e desregulamentação dos mercados) foram implementadas no país na década de 1990, mas essas ideias já circulavam na burocracia estatal desde a década de 1980. Costa[7] mostra que esse ideário já estava presente no Banco Nacional de Desenvolvimento Econômico e Social (BNDES) desde a segunda metade

---

[6] Álvaro Bianchi, *Hegemonia em construção...*, cit.

[7] Karen Fernandez Costa, *Mudança de rumo, mesma função: o BNDES na segunda metade dos anos 80* (Dissertação de Mestrado, São Paulo, Depto. de Ciências Sociais da Pontifícia Universidade Católica, 2003).

O sentido político das práticas de responsabilidade social empresarial no Brasil • 241

da década de 1980, quando a "reinvenção da política"[8] estava no horizonte das lutas sociais do país. Embora ainda não houvesse um consenso sobre a nova estratégia – neoliberal, como se explicitará mais tarde – de desenvolvimento econômico, ela já era elaborada pela burocracia de carreira do Departamento de Planejamento (Deplan) do banco.

A análise dos relatórios do BNDES permitiu que a autora constatasse mudanças tênues, já em 1985, que o aproximavam das práticas neoliberais. A partir de 1987, as privatizações são indicadas como meio para solucionar problemas financeiros em setores como infraestrutura e bens de capital. A diretriz fundamental do plano estratégico de 1988-1990 é, pela primeira vez, a integração competitiva na economia mundial. A gestação dessas mudanças ocorreu entre 1986 e 1987, quando o plano era elaborado. Seus princípios estavam mais próximos do liberalismo econômico que os planos anteriores, cuja ênfase era ainda desenvolvimentista.

Esses novos princípios influenciaram a Nova Política Industrial (1988) do governo Sarney (1985-1988): as privatizações e a abertura econômica estavam na ordem do dia. Ao mesmo tempo, os princípios de eficácia e eficiência foram aplicados à reforma interna do BNDES, o que o aproximou da gestão privada, mas afastou-o de seu objetivo fundador: ser o principal agente financiador do Estado brasileiro, formulador e executor de políticas econômicas. Esse deslocamento contribui para a difusão do ideário neoliberal por importantes técnicos do Banco: redução da intervenção do Estado, abertura da economia para estimular a competitividade, integração à economia mundial (pondo fim à proteção tecnológica, à reserva de mercado e à diferenciação entre capital nacional e estrangeiro) e abertura total aos produtos estrangeiros[9]. Esse ideário só se tornaria hegemônico nacionalmente na década de 1990[10].

---

[8]   Maria Célia Paoli, "Movimentos sociais no Brasil: em busca de um novo estatuto político?", em Michaela Hellmann (org.), *Movimentos sociais e democracia no Brasil* (São Paulo, Marco Zero, 1995), p. 24-55.

[9]   Karen Fernandez Costa, *Mudança de rumo, mesma função...*, cit.

[10]   O BNDES foi o instrumento utilizado pelo Estado para financiar a venda das estatais, concedendo empréstimos com juros abaixo do mercado. Depois das vendas, o BNDES também concedeu empréstimos às empresas para o que desejassem fazer. Ver Aloysio Biondi, *O Brasil privatizado: um balanço do desmonte do Estado* (São Paulo, Fundação Perseu Abramo, 1999).

242 • Saídas de emergência

A reconstituição do deslocamento impulsionado pelo BNDES na segunda metade da década de 1980, com o intuito de imprimir a lógica da eficiência privada no Estado, ajuda a refletir sobre a oposição entre dois processos simultâneos que o país vivia na época. De um lado, "o projeto dos direitos", que reivindicava a extensão dos direitos sociais e, de outro, "o projeto da eficiência", que visava a expansão dos critérios do mercado.

Nos anos que antecederam a Constituição de 1988, essa oposição ideológica se concentrava nas forças políticas que compunham o governo militar e continuavam presentes na Nova República – formadas pela coalizão entre os grupos de Tancredo Neves e José Sarney – e nas forças sociais que emergiam na cena pública e reivindicavam a transformação da sociedade – movimentos sociais e populares, sobretudo nos centros urbanos, que alargavam o espaço tradicional da política[11].

Para Eder Sader, as bandeiras progressistas da democratização e da justiça social foram empunhadas pelo governo da Nova República com o propósito de ganhar legitimidade diante dos movimentos sociais; estes, por sua vez, depositaram suas esperanças de transformação nesse governo[12]. No entanto essas esperanças foram frustradas pela derrota da campanha das Diretas Já (1984). Apesar da manutenção de cerca 85% de autoridades do regime militar no novo governo[13], o reconhecimento da democracia e da justiça social como constitutivo do novo momento representou, para alguns autores, uma importante brecha para a luta por mudanças efetivas. A constatação de que os movimentos sociais passaram a ser um "elemento da vida política do país"[14] e tinham inscrito suas lutas na memória coletiva da nação fazia com que permanecesse no horizonte político a possibilidade de uma efetiva democratização do país. Segundo Paoli, esses movimentos eram novidade para a sociedade e para a cultura, pois mostravam a possibilidade de uma "invenção radical da democracia"[15];

---

[11] Maria Célia Paoli, "Movimentos sociais no Brasil...", cit.

[12] Eder Sader, "A nova retórica da Nova República", em Paulo Sandroni (org.), *Constituinte, economia e política da Nova República* (São Paulo, Cortez/ Educ, 1986), p. 51-62.

[13] Idem. O autor cita dados da revista *Veja*.

[14] Idem, *Quando novos personagens entraram em cena: experiências, falas e lutas dos trabalhadores da Grande São Paulo (1970-1980)* (2. ed., Rio de Janeiro, Paz e Terra, 1988), p. 315.

[15] Maria Célia Paoli, "Movimentos sociais no Brasil...", cit.

O sentido político das práticas de responsabilidade social empresarial no Brasil • 243

Dagnino notou que a reivindicação da cidadania a tornava um instrumento de estratégia política[16].

A luta desses movimentos criou uma linguagem capaz de ser a mediação entre o mundo do social e a esfera política e teve tradução legal e jurídica na Constituição de 1988:

> A Constituição de 1988 acenava, assim, com a promessa de colocar o enfrentamento da pobreza no centro mesmo das políticas governamentais e de retirar, portanto, os programas sociais dessa espécie de limbo em que foram desde sempre confinados – fora do debate público e da deliberação política, aquém da representação política e dos procedimentos legislativos, já que submersos nessa obscura trama construída pelas organizações caritativas e filantrópicas.[17]

A Constituição consagrou muitos direitos ancorados na ampla mobilização da sociedade contra o Estado militar autoritário. A intenção era universalizar os direitos políticos, sociais, econômicos e culturais. Contudo, a realização daquilo que a Constituição prometia encontrava obstáculo numa espécie de impasse histórico, no qual a luta pela ampliação dos direitos ocorria ao mesmo tempo que o Estado se desresponsabilizava, transferindo o ônus da questão social para a "sociedade civil".

Esse é o contexto em que os empresários são chamados a "cuidar" do social. Embora o "cuidado" privado com o social seja tão antigo quanto a própria configuração da questão social[18], há uma novidade nesse momento em que a noção da pobreza como construção política é deslocada para o terreno da administração a fim de ser gerida pelas práticas de filantropia empresarial[19]. É nesse novo espaço da pobreza, portanto, que se inscreve a

---

[16] Evelina Dagnino (org.), *Anos 90: política e sociedade no Brasil* (São Paulo, Brasiliense, 1994).

[17] Vera da Silva Telles, *Pobreza e cidadania* (São Paulo, Editora 34, 2001), p. 145.

[18] Para Carmelita Yasbek, "a questão social circunscreve um terreno de disputas, pois diz respeito à desigualdade econômica, política e social entre as classes da sociedade capitalista, envolvendo a luta pelo usufruto de bens e serviços socialmente construídos, por direitos sociais e pela cidadania" ("Voluntariado e profissionalização na intervenção social", em Seminário Info-exclusão, info-inclusão e novas tecnologias: desafios para as políticas sociais e o serviço social, Lisboa, 2002, p. 172.

[19] Vera da Silva Telles, "No fio da navalha: entre carências e direitos. Notas a propósito dos programas de renda mínima no Brasil", em Silvio Caccia-Bava (org.), *Programas de renda mínima no Brasil: impactos e potencialidades* (São Paulo, Instituto Pólis, 1998).

244 • Saídas de emergência

proposta de uma "ação civil voluntária referenciada a uma igualmente nova percepção de sua responsabilidade social [dos empresários] diante das múltiplas carências da imensa e ampliada maioria da população pobre do país"[20].

O "engajamento" dos empresários nos projetos sociais

A concepção de que os empresários devem "fazer sua parte" na construção de uma sociedade justa e democrática aparece com a disseminação da ideia de que eles têm o compromisso de proporcionar ganhos para a sociedade, além de gerar empregos. Esse compromisso atravessa as noções de filantropia, investimento social privado, responsabilidade social e desenvolvimento sustentável. A filantropia tradicional – na forma de contribuições pontuais – é cada vez mais substituída por ações norteadas por um plano de ação e um raciocínio de minimização de gastos e maximização de retorno. São ações focalizadas, cujos resultados devem ser avaliados e monitorados. A mudança da filantropia tradicional para um planejamento racional das ações expressa os componentes da gramática política que dá nova forma à ação social.

A ideia de que o empresário tem um papel social a cumprir justifica seu "engajamento" no combate às desigualdades sociais e à pobreza, um combate que deveria ser levado a cabo pela implementação de projetos sociais gerenciados por organizações privadas. O desenvolvimento desses projetos aproxima o segmento empresarial das referências que constituíram a luta política nos anos 1980 ("cidadania", "participação", "solidariedade"). Concretamente, essa aproximação ocorreu entre empresários e atores sociais que, desde o fim dos anos 1970, experimentavam novas formas políticas, além dos tradicionais espaços institucionais.

Essa aproximação ocorre também no bojo da convocação para a Assembleia Constituinte em 1985. Entre as lideranças empresariais atuantes nesse processo, dois grupos tentavam ver suas aspirações traduzidas na Carta Constitucional. "Modernos" e "conservadores", como ficaram conhecidos, defendiam ideias que podem ser caracterizadas pela maior (modernos) ou menor (conservadores) adesão à máxima da determinação exclusiva do mercado sobre o processo produtivo com a menor influência possível do

---

[20] Maria Célia Paoli, "Empresas e responsabilidade social: os enredamentos da cidadania no Brasil", em Boaventura de Sousa Santos, *Democratizar a democracia: os caminhos da democracia participativa* (Rio de Janeiro, Civilização Brasileira, 2002), p. 375.

O sentido político das práticas de responsabilidade social empresarial no Brasil • 245

Estado[21]: do lado dos modernos, destaca-se Oded Grajew e Emerson Kapaz, fundadores do PNBE; do lado dos conservadores, Luís Eulálio de Bueno Vidigal, presidente da Fiesp, e Albano Franco, presidente da CNI. Foram os "empresários modernos" que se engajaram na formação de um discurso de colaboração durante a década de 1990. O cerne desse discurso, a defesa dos ideais de transparência e ética na gestão pública, aproximou o segmento empresarial dos atores sociais "radicais" dos anos anteriores[22].

Dois momentos dessa aproximação são emblemáticos. Em primeiro lugar, o Movimento pela Ética na Política, que em 1992 organizou a campanha pelo *impeachment* de Fernando Collor de Mello e aliou empresários, trabalhadores e estudantes[23]. Esse movimento uniu esses atores àqueles cujas práticas remontam aos anos 1970 e 1980 e consolidou a "colaboração" entre eles; daí surgiram o Instituto de Estudos Socioeconômicos (Inesc) e o Instituto Brasileiro de Análises Sociais e Econômicas (Ibase), além das organizações sindicais que já estavam envolvidas no movimento Opção Brasil: Central Única dos Trabalhadores (CUT), Comando Geral dos Trabalhadores (CGT), Força Sindical e Departamento Intersindical de Estatística e Estudos Socioeconômicos (Dieese). Em segundo lugar, a criação da Ação da Cidadania contra a Fome, a Miséria e pela Vida entre 1993 e 1994. Em meio às articulações em torno da campanha contra a fome, instaurou-se um debate nacional entre técnicos, especialistas, lideranças políticas e representantes governamentais sobre as razões estruturais da misé-

---

[21] Aparentemente ambíguo é o fato de que os empresários ligados ao PNBE se opunham à presença do Estado no processo produtivo durante os debates em torno da Constituinte, já que defendiam a garantia estatal das condições de infraestrutura para o funcionamento do mercado (Álvaro Bianchi, *Hegemonia em construção...*, cit.). Entretanto, essa aparente ambiguidade é, na verdade, um indício do discurso que defende a reformulação desse Estado, antes parte do processo produtivo, não apenas como proprietário de empresas e bancos, mas como definidor dos rumos estratégicos da economia, um Estado "parceiro" do mercado. Esse discurso toma forma com o primeiro governo de Fernando Henrique Cardoso (1995-1999).

[22] Márcia Pereira Cunha, *Os andaimes do trabalho voluntário* (Dissertação de Mestrado, São Paulo, Depto. de Sociologia da FFLCH, USP, 2005).

[23] A primeira aproximação entre associações empresariais, estudantis e profissionais aconteceu no movimento Opção Brasil, que, entre 1991 e 1992, apontou os sinais do novo formato de "luta política" estruturado pela "parceria" em torno de pontos em comum.

246 • Saídas de emergência

ria. A produção e a distribuição de alimentos, as relações entre saúde e nutrição, tecnologia e desenvolvimento local, eram assuntos problematizados à medida que a pobreza entrava no centro da questão política[24].

Herbert de Souza e o Ibase – do qual era um dos dirigentes – foram peças centrais na aliança entre os atores políticos dos anos 1980 e os empresários. Igrejas, mídia, empresas privadas e públicas, sindicatos e ONGs foram mobilizados. A participação dos empresários na campanha era considerada essencial pelo Ibase, ONG que criaria depois um dos mais importantes instrumentos de atuação social empresarial: o balanço social, documento pelo qual as empresas prestam contas dos programas sociais que desenvolvem.

Os desdobramentos do PNBE em meados dos anos 1990 devem ser entendidos a partir da aproximação das práticas descritas acima. Sua organização inicial aconteceu durante uma audiência pública com Bresser Pereira, então ministro da Fazenda, sobre as propostas que seriam apresentadas pelos empresários na Assembleia Constituinte. Oito anos depois, Bresser seria o ministro da Reforma do Estado do presidente Fernando Henrique Cardoso e comandaria parte das reformulações que dariam legitimidade institucional à nova gramática política discutida neste texto. Três empresários desempenharam um papel importante nesse processo: Oded Grajew, Sérgio Mindlin e Hélio Mattar, todos membros do Grupo de Instituições, Fundações e Empresas (Gife) e do Instituto Ethos.

Se de início o PNBE se configurava como representante dos empresários para orientar o rumo da política de desenvolvimento nacional por meio de uma nova concepção da relação entre Estado e sociedade, durante o governo de Fernando Henrique Cardoso transformou-se numa entidade (Instituto PNBE de Desenvolvimento Social) cujo objetivo era apoiar o desenvolvimento de projetos sociais (programas de aperfeiçoamento da democracia, valorização da ética na política e participação social em geral). A partir daí, o foco da entidade deixou de ser o empresário e passou a ser a empresa. Como "missão", a entidade assumiu a ideia da disseminação da consciência empresarial como instrumento de mudanças no ambiente interno das empresas e na sociedade e defendia o engajamento empresarial na redefinição da velha filantropia e na aproximação dos sentidos da cidadania e da solidariedade. Tratava-se de dar outro sentido às velhas formas de ação: as ações sociais deveriam ter foco, produzir resultados por meio da utiliza-

---

[24] Vera da Silva Telles, "No fio da navalha...", cit.

O sentido político das práticas de responsabilidade social empresarial no Brasil • 247

ção de ferramentas ajustadas na formulação de um planejamento estratégico. As estratégias do mundo empresarial desbordavam de suas fronteiras e instrumentalizavam os procedimentos de gestão mercantil no interior dos programas sociais.

No interior da Fiesp, o PNBE venceu a disputa com os empresários "conservadores" e elegeu Horácio Lafer Piva em 1998. Na política nacional, empresários da entidade passaram a ocupar cargos nos governos estaduais e federal. Embora num primeiro momento a nova diretoria da Fiesp tenha se unido à CUT contra aspectos da política econômica de Fernando Henrique Cardoso, sua afinidade com o PSDB era crescente. Aos poucos, a defesa por uma melhor distribuição de renda e pelo crescimento salarial via aquecimento do mercado interno foi substituída pela defesa das reformas de cunho neoliberal do governo: financeira, tributária, patrimonial, previdenciária e política. Isso alterou substancialmente a proposta da entidade de uma política de desenvolvimento para o país[25].

Os direitos sociais como serviços

A aproximação de organizações de origens distintas em torno de pontos de reivindicação comuns acontece contra o pano de fundo da consolidação do neoliberalismo no país. Foi o caso do "engajamento" dos empresários em organizações criadas para assessorar movimentos populares na luta pela ética e contra a fome. É nesses cruzamentos que a legitimidade das ações passa pelo critério da eficácia dos resultados. Nas organizações sociais, desde as ONGs associadas à Abong[26] até as novas Oscips[27], proliferam programas de monitoramento e avaliação como requisitos para o financiamento de projetos sociais, educacionais, culturais e esportivos. A elaboração dos projetos segue o modelo padrão da gestão por resultados: parte-se do objetivo a ser alcançado ("visão de futuro") e então se definem as metas a seguir.

O neoliberalismo, que se consolidou no Brasil pelas privatizações e pela restrição aos gastos sociais, levou ao esvaziamento e à apropriação de bandeiras tradicionais da esquerda (como os valores da responsabilidade pública)

---

25 Álvaro Bianchi, *Hegemonia em construção...*, cit., p. 146-51.

26 As organizações associadas à Abong estão historicamente filiadas às lutas sociais dos anos 1970 e 1980.

27 Organizações sociais de interesse público. Ver nota 32 para definição.

248 • Saídas de emergência

pelos interesses de mercado, numa associação peculiar entre princípios éticos, ideais de cidadania e critérios de eficiência e eficácia. O neoliberalismo, como paradigma elástico em que cabem políticas flexíveis de orientações variadas, não se ancora numa filosofia política específica e não prescreve um conjunto rígido de políticas. Desse ponto de vista, a agenda neoliberal constitui um enquadramento aberto, definido por "ideias-força" bastante claras, que fornecem um "temário máximo" para as medidas que cada governo deve tomar[28]. Esse é o sentido da nova gramática empresarial que redefine as estratégias do Estado para os problemas sociais.

A implementação das políticas neoliberais no país significou o desmanche do horizonte de possibilidades que se abriu com as lutas das décadas de 1970 e 1980 e resultou na Constituição de 1988. A concepção de política social adotada a partir da década de 1990 traduzia o ajuste neoliberal na separação entre a política social e a política econômica, em que a primeira se submetia aos ditames da segunda. O que fora pensado outrora como uma relação de complementaridade entre o social e o econômico, com o intuito de direcionar recursos e programas para determinados grupos populacionais considerados vulneráveis, foi transformado em medidas compensatórias aos efeitos do ajuste estrutural[29]. As políticas sociais foram transformadas em "programas emergenciais/assistencialistas, insuficientes, descontínuos, direcionados para populações em extrema pobreza, [uma concepção] condutora da desresponsabilização social do Estado, que transfere para a sociedade, sob o apelo da 'solidariedade' e da 'parceria', o dever da proteção social inerente ao Estado moderno"[30]. Perversamente, portanto, a focalização dos programas, idealizada para complementar as políticas sociais, passa a ser definida como alternativa à perspectiva universalista dos direitos sociais[31].

Essas novas concepções entraram na formulação das ações estatais a partir das reformas empreendidas no governo Fernando Henrique Cardoso pelo Ministério da Reforma do Estado (Mare), cujo titular era Bresser Pereira. Alegando a inviabilidade da proposição conservadora do Estado mínimo,

---

[28] Perry Anderson, "El despliegue del neoliberalismo y sus lecciones para la izquierda", *Pasos*, n. 66, jul./ago. 1996, p. 31-41.

[29] Maria O. S. Silva (coord.), *O Comunidade Solidária: o não enfrentamento da pobreza no Brasil* (São Paulo, Cortez, 2001).

[30] Ibidem, p. 14.

[31] Vera da Silva Telles, "No fio da navalha...", cit., p. 6.

O sentido político das práticas de responsabilidade social empresarial no Brasil • 249

Bresser formulou uma proposta de reforma embasada na doutrina do "novo gerencialismo público", que procurava transformar a administração pública burocrática segundo parâmetros de eficiência gerencial e estabelecia as organizações sem fins lucrativos[32] e o setor privado como peças centrais da redefinição do papel do Estado na área social.

> [O Estado seria reconstruído a partir da] recuperação da poupança pública e superação da crise fiscal; recuperação das formas de intervenção no econômico e no social através da contratação de organizações públicas não estatais para executar os serviços de educação, saúde e cultura; e reforma da administração pública com a implantação de uma administração pública gerencial.[33]

O objetivo dessa proposta era criar um Estado mais enxuto e eficiente. O reconhecimento dos direitos deixa de ser matéria de reivindicação coletiva e torna-se "querela individualizada dos consumidores dos serviços oferecidos"[34].

No centro da ordenação do social – operada pela adequação eficaz e racional entre minimização de gastos e maximização de resultados – está o indivíduo como objeto da ação social. O deslocamento do sujeito coletivo

---

[32] Uma multiplicidade de organizações compõe esse campo, que Rubem César Fernandes definiu como um "conjunto de organizações e iniciativas privadas que visam a produção de bens e serviços públicos" (*Privado, porém público, o terceiro setor na América Latina*, Rio de Janeiro, Relume-Dumará, 1994, p. 21). Em 1997, como parte do projeto de reforma do Estado, foram criadas as Organizações Sociais (OS). As atividades nas áreas de ensino, pesquisa, desenvolvimento tecnológico, meio ambiente, cultura e saúde seriam desenvolvidas por essas organizações mediante contratos de gestão firmados com o Estado; o projeto, porém, não obteve os resultados esperados. Em 1999, as atividades das organizações sem fins lucrativos foram regulamentadas como "organizações sociais de interesse público" (Oscips), juntamente com a aprovação do Termo de Parceria, que permitiu que essas organizações firmassem contratos de cooperação com o poder público para execução de atividades. Ao contrário do antigo termo de convênio já existente, este permite a remuneração dos diretores das organizações e o pagamento de despesas de custeio com os recursos repassados. A lei que instituiu as Oscips se sobrepôs às regulações existentes – o registro e o atestado de filantropia concedido pelo Conselho Nacional de Assistência Social (CNAS) e o atestado de utilidade pública, concedido pelo Ministério da Justiça. Ver Ana Lígia Gomes, "A nova regulamentação da filantropia e o marco legal do terceiro setor", *Serviço Social e Sociedade*, n. 61, ano XX, 1999, p. 91-108.

[33] Luiz Carlos Bresser Pereira, "A reforma do Estado nos anos 90: lógica e mecanismos de controle", *Lua Nova*, v. 45, 1998, p. 58.

[34] Márcia Pereira Cunha, *Os andaimes do trabalho voluntário...*, cit., p. 32.

250 • Saídas de emergência

para o indivíduo consumidor de serviços sociais se dá por essa nova gramática, cujo pano de fundo é a concepção de política social neoliberal.

O programa Comunidade Solidária e o novo papel do Estado

O programa Comunidade Solidária marca um novo papel do Estado brasileiro na questão social e o aumento da responsabilidade da sociedade civil. Sua criação na reordenação administrativa da assistência social dentro da máquina pública é peça central na chamada "refilantropização da questão social"[35]. No início do primeiro mandato de Fernando Henrique Cardoso (1995), o governo federal institucionalizou a responsabilidade da sociedade e da iniciativa privada pela promoção do bem-estar social da população e iniciou o desmanche do campo dos direitos. É importante lembrar a reversão da histórica destituição de direitos no país que a Constituição de 1988 prometera garantir.

Esse programa, criado no primeiro dia do governo, orientou a estratégia do novo desenvolvimento social durante os oito anos seguintes (1994-2002), segundo os princípios da parceria, da solidariedade e da descentralização. A criação do Comunidade Solidária acabou por deslegitimar os debates que, com a Ação da Cidadania, fizeram da alimentação e da segurança alimentar um bem público e, portanto, um direito universal em torno do qual se articulava o combate à pobreza. O tema da segurança alimentar e nutricional tornara-se o eixo da luta pelo acesso à terra (reforma agrária), pela geração de renda e por soluções para a produção e a distribuição de alimentos. Essa luta teve sua maior expressão na criação do Conselho Nacional de Segurança Alimentar (Consea), nos dois últimos anos do governo de Itamar Franco (1993 e 1994).

Essa mobilização, amparada também pela aprovação de leis complementares que garantiam os direitos das crianças e dos adolescentes (ECA), o acesso universal à saúde (SUS) e à assistência (Loas), contava com ampla participação de movimentos sociais e construía um horizonte de possibilidades novas que acenava para a constituição de uma cidadania historicamente negada à ampla maioria da população brasileira. Com a entrada de Fernando Henrique Cardoso no governo e o Plano Real, a estratégia não era mais de afirmação de direitos, mas, ao contrário, de destituição das

---

[35] Carmelita Yasbek, "A política social brasileira nos anos 90: a refilantropização da questão social", *Cadernos Abong*, v. 1, n. 1, 1995.

O sentido político das práticas de responsabilidade social empresarial no Brasil • 251

conquistas da Constituição. A extinção do Consea em 1994 e a reiteração do assistencialismo dos programas sociais, em nome da eficácia e do reconhecimento da sociedade civil, interromperam abruptamente a promessa de universalização dos direitos sociais.

O programa Comunidade Solidária era administrado por um conselho, composto de dez notáveis escolhidos pelo presidente da República e presidido por sua esposa, e por uma secretaria executiva, formada por dez técnicos oriundos do Instituto de Pesquisa Econômica e Aplicada (Ipea), então ligado ao Ministério do Planejamento. O programa possuía dois eixos de interlocução. Um deles era composto pelos ministérios e tinha a função de identificar os municípios com maior grau de pobreza (as ações do programa seriam destinadas a eles) e atribuir selos de prioridade a programas ministeriais com maior impacto sobre a pobreza. O outro, formado pelo conselho do programa, tinha como principal interlocutor a sociedade, já que seu objetivo era articular as instâncias do governo com as iniciativas da "sociedade civil" e do mercado para criar e implantar "programas inovadores" (Universidade Solidária, Alfabetização Solidária e Capacitação Solidária). O programa criou espaços de interlocução política responsáveis por encaminhar projetos de lei que deram origem às Oscips, às parcerias entre governo e sociedade e à regulamentação do trabalho voluntário.

A formulação dessas leis institucionalizou a nova estratégia social: o atendimento aos indivíduos em situação de extrema pobreza e o desenvolvimento de projetos sociais por organizações comunitárias que concorrem entre si pelo escasso financiamento público ou privado. As ações do programa buscavam articular os três níveis de governo às ações da sociedade para ir além do espaço tradicional das políticas sociais. Articulando e integrando as ações já existentes, o programa dizia estar criando uma nova maneira de enfrentar a questão social. Contudo, ao extinguir o Consea e sobrepor-se às ações do CNAS[36], essa estrutura de articulação erodiu os espaços criados

---

[36] O CNAS foi criado em fevereiro de 1994 e era um dos elementos da institucionalização da política pública de assistência social. Previsto na Lei Orgânica de Assistência Social (1993), o conselho representava a possibilidade de democratização da política, já que seria espaço de divulgação de conflitos no âmbito de sua formulação e fiscalização em nível federal (conselhos estaduais e municipais também deveriam ser criados). A criação do programa Comunidade Solidária – e de seu "conselho de notáveis" – representou a montagem de uma institucionalidade paralela aos desdobramentos políticos da inscrição da assistência social como direito constitucional.

para discutir a política social pública. O novo modelo de proteção social separou os trabalhadores (integrados no circuito moderno do mercado) dos pobres (que seriam atendidos pelos programas sociais do Comunidade Solidária). Vera da Silva Telles cunhou a expressão "gestão da miséria" para designar esses programas[37].

Essa nova forma de "fazer política" despolitizou as relações sociais e transferiu a responsabilidade para a "comunidade", sob o signo da concorrência entre as organizações prestadoras de serviços sociais por financiamentos. A cidadania passou a ser entendida como participação comunitária e o sujeito de direitos, como usuário de serviços. O programa inventou a ideia de uma sociedade permanentemente mobilizada para a solidariedade, mas a erosão das mediações públicas que circunscreviam a questão social e lhe davam sentido político fez com que o social passasse a ser tratado como um problema a ser "administrado tecnicamente" ou um "problema humanitário"[38].

A nova gramática política é anunciada quando o Comunidade Solidária redefine as políticas sociais como ações flexíveis, implementadas de maneira descentralizada e com a parceria de agências governamentais, setores do mercado e sociedade civil. O terceiro setor, justamente por suas conhecidas heterogeneidades e ambiguidades, congrega os novos atributos valorizados nesse novo contexto de flexibilização. O que passa a ser importante são as estratégias da "nova gestão social", ancoradas no caráter modular das parcerias e no "valor social da solidariedade": "[...] esperam-se da gestão controles menos burocráticos e mais voltados para medir a eficiência no gasto e a eficácia e efetividade dos resultados"[39].

É a partir da articulação entre as inflexões descritas (o deslocamento da posição dos empresários, a reorientação do papel do Estado e a reconfiguração das políticas sociais) que se entende o empresário como figura central dessa "racionalidade gerencial" que vai definir as relações entre o Estado e a sociedade nos anos 1990. Decretada a falência do Estado, os recursos privados são indicados como fonte de financiamento das novas ações sociais. Segundo Ruth Cardoso, primeira-dama e presidente do Comunidade Solidária:

---

[37] Vera da Silva Telles, "No fio da navalha...", cit.

[38] Idem, *Pobreza e cidadania...*, cit.; "No fio da navalha...", cit.

[39] Maria do Carmo C. Brant, "Introdução à temática da gestão social", em Célia M. de Ávila (coord). *Gestão de projetos sociais* (3. ed. rev., São Paulo, AAPCS, 2001), p. 19.

O sentido político das práticas de responsabilidade social empresarial no Brasil • 253

"Através da articulação das colaborações, aprendemos que é possível alcançar nossos objetivos sem um fundo público governamental, ainda que utilizando recursos públicos, que se somam ao trabalho voluntário e aos mais diversos recursos privados"[40]. O empresário é parte da nova e heterogênea sociedade civil brasileira, é personagem central da desresponsabilização do Estado e da criação de um novo entendimento sobre o enfrentamento dos problemas que outrora foram formulados na chave política dos conflitos distributivos e da demanda coletiva por cidadania e igualdade[41]. Esse entendimento se articula nas referências pragmáticas da linguagem dos projetos, na disputa por financiamentos e na visibilidade das ações realizadas.

O lugar da ação social empresarial na redefinição do papel do Estado

O envolvimento dos empresários na filantropia não é recente. O apoio de governos e instituições privadas para cuidar das "mazelas sociais" é uma prática bastante antiga. Nos últimos anos, porém, a face da filantropia empresarial mudou quando se aproximou da noção de cidadania. O empresário filantropo, dizendo-se preocupado com o futuro das novas gerações e com a reinserção social da população excluída, desenvolveu uma "consciência cidadã"[42]. A noção de cidadania perdeu sua referência na luta por direitos e deslocou-se para o terreno do "ativismo civil", em que se uniu à ideia de solidariedade e, como parte do campo neutro e pragmático da gestão, adquiriu uma conotação "apolítica"[43]. O campo político em que a questão social foi circunscrita pela Constituição de 1988 foi neutralizado, e o bem público passou a se referir aos interesses coletivos de grupos sociais e não mais aos direitos sociais universais[44].

A substituição das ideias de participação ampla e deliberação sobre bens públicos pela gestão eficaz dos recursos sociais, cuja distribuição passa a ser decidida de modo privado[45], reflete o desmanche das referências públicas e

---

[40] Ruth Cardoso, "A construção de um diálogo", em Célia M. de Ávila (coord). *Gestão de projetos sociais*, cit., p. 12.

[41] Maria Célia Paoli, "Empresas e responsabilidade social...", cit.

[42] Idem.

[43] Ruth Gusmão, "A ideologia da solidariedade", *Serviço Social e Sociedade*, n. 62, 2000, p. 93-112.

[44] Vera da Silva Telles, *Pobreza e cidadania...*, cit.

[45] Maria Célia Paoli, "Empresas e responsabilidade social...", cit., p. 404.

254 • Saídas de emergência

políticas do enfrentamento da questão social e a criação da nova gramática que dá forma ao social "mercantilizado". Ao investir socialmente, os empresários agregam valor a seus produtos e à imagem de sua empresa. Trata-se do que ficou conhecido como "filantropia estratégica", uma forma de planejamento da ação social das empresas capaz de obter "o máximo de impacto na comunidade com um mínimo de recursos"[46].

A ação socialmente responsável dos empresários ocorre simultaneamente à mudança do papel do Estado na questão social. No novo contexto de privatização dos serviços públicos, desregulamentação público-estatal do mercado, esvaziamento da concepção de um desenvolvimento econômico e social vinculado ao Estado e à indústria nacional, a contraparte social deve ser dada pela sociedade civil. A partir daí, as agências multilaterais começam a rever suas posições sobre um Estado forte apenas no "controle do dinheiro" e reduzido nas áreas social e econômica. Banco Mundial, Banco Interamericano de Desenvolvimento (BID) e Comissão Econômica para a América Latina e o Caribe (Cepal) expressam um novo consenso quanto ao papel do Estado: cooperar com o mercado e a sociedade na promoção social[47].

A política social se transformou em intervenções pontuais em situações de emergência. É o que Francisco de Oliveira chama de "políticas de exceção"[48]. A legitimidade do sistema político é dada hoje por processos de "colonização da política"[49]. Trata-se de uma operação em que, de um lado, a teoria política torna-se "inteiramente caudatária dos pressupostos e mesmo dos métodos da economia convencional", funcional à colonização da política pela economia; de outro, a prática política é operada por um progresso técnico que leva à concentração de poder e torna irrelevantes os processos eleitorais. A política é irrelevante, conclui o autor, pois ela não é mais capaz de mudar as tendências da economia. O resultado é:

---

[46] Stephen Kanitz, "Doações ao acaso ou filantropia estratégica?", *Trevisan*, n. 116, out. 1997, p. 42.

[47] Perry Anderson, "Balanço do neoliberalismo", em Emir Sader e Pablo Gentilli (orgs.), *Pós-neoliberalismo: as políticas sociais e o Estado democrático* (4. ed., São Paulo, Paz e Terra, 1998), p 11.

[48] Francisco de Oliveira, "O Estado e a exceção, ou o Estado de exceção?", em Reunião Anual da Anpur, Belo Horizonte, maio 2003.

[49] Idem, "A colonização da política", Reunião da Sociedade Brasileira de Economia Política, Vitória, jun. 2006.

O sentido político das práticas de responsabilidade social empresarial no Brasil • 255

políticas de funcionalização da pobreza que reforçam os mecanismos de discriminação política [...]. Trata-se de criar toda uma escala de cidadãos, trata-se de transformar a exceção em regra [...]. As políticas universais estão sendo desenhadas como políticas de exceção, invertendo a promessa democrática. Então, a nomeação cidadã agora é "sem terra", "sem teto", "sem renda" [...].[50]

Aquela população excluída politicamente da cena pública, que encenou sua luta a partir dos movimentos sociais e apostou no Estado como a medida do reconhecimento de direitos "encontrou" uma nova forma de "inclusão". Essa população está agora "inserida" num circuito que faz convergir agências de financiamento internacional, fundações empresariais, grandes ONGs e pequenas associações de bairro das periferias das grandes cidades. Elas são o "público-alvo" de programas sociais que buscam o "desenvolvimento local e sustentável" de comunidades vulneráveis.

Conclusão

A emergência das práticas de responsabilidade social das empresas anuncia a intervenção social como uma oportunidade estratégica de sustentabilidade dos negócios num novo encadeamento entre Estado, mercado e sociedade. Tais instituições são consideradas partes autônomas que, a despeito de suas lógicas e interesses distintos, devem atuar em colaboração mútua pela melhoria das condições de vida das populações. Trata-se de um sistema configurado segundo modelos de equilíbrio que formulam a articulação ideal entre as partes, com o intuito de produzir o melhor resultado esperado na resolução dos problemas detectados.

O Comunidade Solidária cristalizou esse saber na atuação do Estado brasileiro. Sua implantação expressa uma nova lógica no trato dos problemas sociais que conecta as transformações aqui exploradas a uma nova problemática mundial: o lugar ocupado pela desigualdade social e pela pobreza nos modelos de desenvolvimento.

Os problemas que interpelam o país são hoje formulados a partir de uma concepção fragmentada do social em comparação com as questões nacionais que estavam no horizonte das lutas políticas nas décadas de 1970 e 1980. Havia uma novidade política na referência à dimensão cotidiana da vida das pessoas no centro da vida pública. A vida cotidiana se conectava

---

[50] Ibidem, p. 4.

aos rumos nacionais e às questões estruturais relacionadas a nossas desigualdades sociais, armando um campo de conflitos em que os rumos do desenvolvimento eram disputados. No início dos anos 1990, essa referência estava no horizonte da articulação em torno do direito à alimentação e da criação do Consea. Os problemas estruturais de acesso à terra, desemprego, distribuição de renda, entre outros, projetaram-se no centro da política nacional.

Essas não são mais as referências presentes na linguagem da política atual. Os problemas que devem ser enfrentados são formulados na chave da localidade e do público-alvo, recortado segundo características sociodemográficas. Os temas estruturais, ainda que não tenham saído de cena, não operam mais a força política do passado. Remetem a metas a serem alcançadas por programas e projetos sociais, elaborados sob o crivo das novas tecnologias sociais de gestão.

12
AS ENTIDADES SOCIAIS E O SURGIMENTO
DE UMA GESTÃO CONCORRENCIAL
DO ENGAJAMENTO CÍVICO

José César Magalhães

A proliferação de entidades sociais nas periferias das grandes metrópoles brasileiras tem sido estudada em pesquisas, teses, reportagens, documentos de governos, partidos políticos e organizações não governamentais como parte da formação de um novo tecido associativo, no esteio das conquistas de direitos sociais e novas formas de participação política consubstanciados na Constituição Federal de 1988. Na acepção mais corrente, as entidades sociais que atuam nos dias de hoje seriam herdeiras do processo de abertura democrática, continuadoras diretas de um amplo movimento que, na lenta e gradual distensão do regime militar, levou ao fim do governo autoritário e forçou relações inauditas entre o Estado e a sociedade. Essas relações, pautadas na auto-organização e na pressão direta pela extensão de direitos sociais, confrontavam não apenas a coerção de orientações divergentes por parte do governo ditatorial, mas extrapolavam as velhas práticas de inserção subordinada dos interesses populares na esfera política que haviam marcado o ciclo anterior ao regime militar – a chamada democracia populista. Nessa versão da história recente do país, a força democratizante que brotava dos novos interesses da sociedade civil inaugurava um processo de expansão progressiva e irreversível das liberdades democráticas que, pela sinergia entre as organizações da sociedade, pavimentaria o futuro da democracia brasileira até o presente.

A interpretação proposta por este artigo vai na contramão dessas profissões de fé, que surgem da esperança de que a sociedade brasileira seja imersa numa "maré democratizante", e tenta inserir alguns pontos de problematização que interrogam menos pelas continuidades desse processo que por suas heterogeneidades e rupturas. Uma análise das relações entre as entidades sociais atualmente atuantes permite a apreensão de linhas de força que

258 • Saídas de emergência

estão reconfigurando um campo de práticas políticas nas periferias da cidade de São Paulo. Os anos 1980 tornaram patentes as estratégias combativas dos movimentos operários e sociais urbanos pela apropriação de maiores parcelas do excedente econômico. Essas formas de representação de interesses das classes trabalhadoras confrontavam, no campo mesmo da organização popular, os recursos de método tradicionais do clientelismo político, as associações locais apoiadas nos expedientes do favorecimento pessoal desde há muito inscritos na história brasileira. Desde a "década termidoriana" de 1990, contudo, o jogo político deslocou-se dessa polarização de interesses para uma convergência de associações populares sob a forma de organizações não governamentais (ONGs) e entidades sociais prestadoras de serviços sociais submetidas a forte competição.

Num contexto de crise de integração no mercado de trabalho, intensificação da concorrência entre trabalhadores e renitente precariedade das condições de vida nas periferias, as entidades sociais concorrem fortemente entre si por uma gestão mais eficaz dos escassos recursos provindos de programas governamentais ou fundações empresariais, cuja intervenção é sempre limitada e pontual. Esse tipo de financiamento ocasional, aliado à forma de atuação das organizações do terceiro setor (fundações, empresas e associações empresariais amealhadas sob o emblema da "responsabilidade social"), produz novas clivagens no tecido associativo das organizações populares. O acesso aos parcos recursos exige práticas muito afinadas com os imperativos empresariais de racionalização financeira e eficácia gerencial (para a proposição de projetos e inscrição em prêmios e concursos de "práticas de excelência"), impelindo à formação permanente de novas entidades que, sob as injunções de um regime de urgência instado pela penúria, precisam estar aptas a participar de uma concorrência generalizada para se credenciar nos programas voltados para o atendimento das populações necessitadas de seu entorno.

Um verdadeiro estado de emergência imposto pela necessidade de recuperar amplos contingentes de "população em risco social" – mais e mais submetidos ao imperativo da competição nos mercados de trabalho – parece reduzir ao denominador comum da eficiência gerencial as expressões anteriores do conflito político e, ao fazer convergir para si o que foi a esquerda e a direita no campo das organizações populares, acaba erodindo as próprias referências do pensar e do agir na política. Formam-se novos campos de gravitação em que ONGs e fundações empresariais produzem os termos da

As entidades sociais e o surgimento de uma gestão concorrencial... • 259

parolagem sobre as estratégias de enfrentamento da desigualdade, reduzida à pobreza: desdiferenciações práticas e discursivas entre filantropia e ação política, *marketing* e visibilidade pública, movimentos sociais e empresariamento urbano, protagonismo político e empreendedorismo social, autonomia popular, privatização dos serviços e terceirização das responsabilidades públicas, participação popular e reforma do Estado nos moldes da governança neoliberal.

Para observação mais acurada do que está em questão na desconcertante reconversão das associações em entrepostos avançados do terceiro setor nas periferias, optamos por descrever os percursos de uma entidade social que, desde a origem, define-se pelo atendimento das demandas da população. Todas as demais organizações populares das periferias, inclusive antigas associações de moradores, parecem convergir para o modelo de organizações como a Casa da Juventude[1]. Embora já modificadas em relação ao que inicialmente as animou, permanecem como *topoi* de convergência de muitos personagens do ativismo político que mobilizavam a população em torno de reivindicações comuns. Perscrutar suas trajetórias é deparar a heterogeneidade de novas mediações que engendram um social inteiramente reconfigurado. Aí é possível apreender a lenta emergência de forças que, tensionando em novas direções, desativam os velhos campos de confronto e acionam os dispositivos de mobilização permanente para a concorrência na execução de projetos, na captação de financiamentos e nos prêmios que dão visibilidade às iniciativas[2]. A descrição dessas relações revela os expedientes mobilizados por uma administração dos problemas sociais que conforma a gestão da vida ao limiar da mera reprodução, à distribuição mais eficaz dos estoques humanos e suas provisões para auferir o mais alto rendimento político.

Do confinamento à participação

Originalmente, a Casa da Juventude era um orfanato. Surgiu em 1958, por iniciativa beneficente de "senhoras caridosas da alta sociedade", para abrigar órfãos de baixa renda. Instalada de início no elegante bairro do

---

[1] Para preservar as fontes, alteramos todos os nomes de pessoas e de algumas organizações.

[2] Para uma discussão sobre as mediações de longo alcance do campo de forças da cena política brasileira a partir da década de 1990, ver capítulo 11 deste livro.

260 • Saídas de emergência

Itaim Bibi, foi transferida em 1962 para um terreno doado no Jardim São Luís, em virtude do rápido aumento da demanda. Lugar de internamento em regime fechado, era gerida segundo os princípios da filantropia tradicional até o fim dos anos 1970, quando denúncias de maus-tratos e agressões levaram a seu fechamento. A Casa foi reaberta nos primeiros anos da década de 1980 como externato. Em 1982, firmou o primeiro convênio com a prefeitura para desenvolver cursos profissionalizantes destinados a adolescentes. Em 1989, a vitória de Luiza Erundina, do PT, nas eleições municipais impôs mudanças: a administração municipal, num forte espírito de participação popular, exigia que a diretoria da entidade fosse composta por moradores do entorno. As senhoras filantropas foram afastadas, mas as mudanças não se consolidaram: encerrado o mandato da prefeita, a nova diretoria se desfez.

No começo dos anos 1990, a fim de evitar o fechamento, a diretoria da Casa foi loteada entre instituições de perfil similar já abundantes na região. As tentativas de alterar as formas de administração e o perfil das atividades haviam fracassado. Diante do dilema, a contratação de Iraci foi o último recurso da prefeitura para manter o único convênio que permitia a continuação de seu funcionamento. Com experiência em processos de "democratização administrativa" de organizações sociais, Iraci era a promessa de modernização e *aggiornamento* da instituição ao tempo das organizações que deveriam executar uma política de outro cunho: orientada para a "produção de sujeitos", segundo uma linha pedagógica fora dos ditames do confinamento e da interdição, teria como "alvo" não apenas os jovens atendidos, como as famílias, os educadores e outros atores do bairro.

Iraci era personagem nova no cenário da filantropia e, aos 35 anos, chegava ali pelos ares de mudança e reconversão das velhas práticas das entidades sociais. Seu percurso de trabalho se iniciou na administração de equipamentos públicos da área social e culminou numa posição de destaque na passagem por diversas instituições do terceiro setor. Com origem na classe média da zona sul, sua participação na vida política não estava vinculada aos movimentos urbanos de periferia, mas à retomada do movimento estudantil no fim da década de 1970, quando cursava psicologia. No terceiro ano do curso, teve sua primeira experiência profissional como estagiária da área social. Daí em diante, não deixou mais o filão. Graduada, passou pela administração de diversos equipamentos públicos de atendimento à população: parques infantis, creches e escolas voltadas para deficientes. Nos

As entidades sociais e o surgimento de uma gestão concorrencial... • 261

cargos que ocupou, imprimiu a marca de um trabalho inovador, educativo, qualificado na defesa de direitos e aberto à participação, que envolvia: capacitação permanente dos funcionários, palestras na área de direitos de cidadania, desenvolvimento pedagógico, legislação comunitária, excursões a bibliotecas e universidades, articulação de grupos de familiares para acompanhamento de atividades, engajamento de lideranças locais para partilhar decisões com a "comunidade", visitas ao domicílio dos atendidos e parcerias com outras entidades. Aos poucos, firmou-se como empreendedora de mudanças. Seu modo de administração se tornou modelo de gestão democrática e atraiu técnicos de outras unidades do município interessados na excelência de seu trabalho.

Iraci tinha posição destacada nos quadros do serviço público, mas, como era contratada sem concurso, trabalhava ao sabor das contingências da política eleitoral. Com frequência era demitida nas trocas de gestão. O engajamento intenso com o trabalho fazia com que essas demissões fossem não apenas a perda de um emprego, mas a erosão do sentido de uma vida votada ao trabalho social. No começo da década de 1990, desempregada e frustrada com a carreira no Estado, mas com reputação de reformadora de instituições de atendimento social, Iraci procurou antigos contatos, sobretudo ex-colegas contratados por instituições privadas do terceiro setor. Das oportunidades que lhe foram oferecidas, aceitou três, em diferentes entidades: coordenar a capacitação de alfabetizadores de jovens e adultos, orientar projetos pedagógicos e dar aulas de capacitação profissional. Os convites para exercer novas funções em outras organizações similares sucederam-se, até que, em 1995, surgiu o convite da Casa da Juventude. O salário não era compensador, mas a proposta afinava-se com o que Iraci julgava ser sua "missão reformadora": o engajamento, o desafio, o *páthos* pessoal.

Quando chegou à Casa da Juventude, Iraci encontrou o sombrio cenário de outra era: um ambiente soturno, sem espaço para reuniões, salas ao lado de um refeitório, dormitórios antigos. "Você não sabia se era um asilo, se era um hospício, se era um espaço de crianças." As crianças assistiam à TV e jogavam bola. As monitoras limitavam-se a evitar que as crianças se machucassem, matassem o tempo na rua ou não tivessem o que comer. Não havia nenhuma qualificação profissional ou orientação pedagógica. Marcas de um tempo pretérito na arquitetura, nas atividades e até mesmo na inépcia de figuras humanas que atravessam a história de Iraci. Ela demitiu a antiga coordenadora, alcoólatra e incapaz de dar direção ao trabalho com as

262 • Saídas de emergência

crianças, requalificou outros funcionários e procurou abrir a entidade para a comunidade. Para atrair as mulheres do bairro, cursos de corte e costura, pintura em tecido e culinária, financiados por parceria com uma ONG mais estruturada da região. Também ofereceu cursos para os monitores do único programa municipal conveniado. Houve uma enxurrada de parcerias: por meio de um projeto com a Secretaria Municipal de Cultura, vieram as oficinas de dança, artes plásticas e música, a doação dos primeiros quinhentos livros da biblioteca por uma fundação empresarial e as parcerias com o Senac para as oficinas de informática. Com outras ONGs e a Secretaria Estadual do Trabalho, a Casa arregimentou um público proveniente, em grande parte, da desestruturação do mercado de trabalho regular. Fornecia espaço físico para cursos de requalificação nas áreas de construção em alvenaria, manutenção de redes elétricas e hidráulicas, marcenaria e mecânica de automóveis. Iraci utilizava o *know-how* adquirido em outras instituições para inserir a entidade no circuito dos projetos e das parcerias entre órgãos do governo, outras ONGs e organizações do terceiro setor.

O limiar das ONGs: a entrada na "economia política da informação"

Em 1999, a Casa da Juventude firmou uma parceria que, para Iraci, foi um divisor de águas na história da entidade. Insatisfeita com os cursos de informática oferecidos, que eram caros e não davam assessoria técnica, entrou em contato com Odilon Morais, figura conhecida na história do movimento operário em São Paulo. Militante da Oposição Sindical Metalúrgica no fim dos anos 1970, ele e outras lideranças operárias foram responsáveis pela mobilização de greves a partir de uma organização de base até então inédita na história do país: as comissões de fábrica. Morais não era apenas uma liderança da Oposição; como dirigente da CUT, realizou enquetes nas fábricas para levantar dados sobre acidentes e municiar a luta por melhores condições de trabalho. O envolvimento com a agitação operária fez com que, em pouco tempo, seu nome figurasse nas famigeradas "listas negras" da Fiesp. Ele já não conseguia emprego nas grandes metalúrgicas de São Paulo. Depois de toda a viravolta que a mobilização política produzira em suas ideias, ele também já não conseguia pensar em retornar ao trabalho duro no chão de fábrica.

Entretanto, as enquetes e os levantamentos que fez lhe conferiram outras competências e lhe possibilitaram empregar-se numa empresa de ban-

As entidades sociais e o surgimento de uma gestão concorrencial... • 263

cos de dados, prestando serviços de processamento e georreferenciamento de informações. A empresa ocupava o centro da produção de novos serviços para o mercado. Morais reuniu aí uma série de dados e, quando deixou o emprego, apropriou-se das bases de que necessitava para lançar mais um projeto de alcance político: o Instituto Civitas. Fundada em 1988, essa ONG contava, em sua diretoria, com professores de uma importante universidade paulista. Sua ação se concentrava na produção de informações, levantamento e estudo de temas de interesse público: acidentes de trabalho, diagnóstico da situação de crianças e adolescentes em São Paulo (em 1993), subsídio para a regionalização da administração municipal (durante a gestão de Luiza Erundina).

Do encontro com Iraci, nasceu a primeira iniciativa para efetivar o projeto dos Setores de Planejamento Participativo (SPPs). Morais trazia informações de bancos de dados públicos, principalmente do Censo IBGE, da Relação Anual de Informações Sociais (Rais) e do Censo Escolar – geoprocessadas e dispostas em mapas que representavam parte do Jardim São Luís, região onde se situava a Casa da Juventude, denominada no mapa SPP 352. O projeto dos SPPs consistia inicialmente na subdivisão da cidade de São Paulo em setores de Pesquisa Origem-Destino (O-D) do Metrô (mais de 400). Cada unidade territorial recebeu um número de indexação ou SPPs. Compatibilizavam-se os setores censitários do IBGE (13.110) com essas divisões e, a partir daí, podiam-se cruzar informações de vários bancos de dados, selecionando os microdados correspondentes a essas divisões. Essas informações eram geoprocessadas e lançadas no plano cartográfico.

A partir dos mapas, as informações podiam ser apropriadas por fóruns locais que reunissem executores dos serviços públicos (escolas, postos de saúde, hospitais, delegacias etc.), empresas, entidades sociais e lideranças comunitárias da região compreendida pelo SPP e permitir o debate de problemas comuns e o planejamento de ações conjuntas. Na mobilização de atores locais, munidos de informações estratégicas em todo o município de São Paulo, estava a radical inovação política do projeto que permitiria suscitar questões e debates do nível local no plano das políticas municipais sem perda de especificidade e sem o risco de encapsulamento. Também fazia parte do projeto o desenvolvimento de mecanismos para realizar pesquisas e construir novos bancos de dados em diferentes escalas territoriais e atualizar bases de fontes secundárias, produzindo informações a partir da observação direta e permitindo agregar e desagregar do nível mais geral de todo

264 • Saídas de emergência

território do município até cada setor censitário, passando pelos níveis de subprefeituras, distritos, SPPs e subSPPs. De acordo com os critérios criados pelo geógrafo Milton Santos, os subSPPs definem uma área mínima de circulação onde se pode ter acesso aos principais serviços urbanos privados e públicos disponíveis na malha urbana (serviços estruturantes da vida urbana, como escolas, igrejas, comércios etc.) e, a partir da qual, os moradores estabeleceriam relações de pertencimento e compartilhariam uma percepção do território em que vivem (no SPP 352, há cinco subSPPs). Essa sofisticada engenharia política baseada na tecnologia da informação recebeu o nome de Plataforma Comum de Conhecimento Cidadão.

Uma parceria entre a Casa da Juventude e o Instituto Civitas selou o encontro das duas entidades para dar consecução ao projeto. Cópias dos primeiros mapas do SPP 352 foram entregues aos diretórios de vários partidos políticos, então mobilizados para as eleições municipais de 2000. O primeiro seminário do SPP 352 foi realizado em dezembro de 1999. Iraci vislumbrava, para além da intervenção pontual e local de uma instituição isolada, a possibilidade de influenciar a formação de uma agenda de ações que alcançasse o planejamento de todo o município. Com o seminário, o principal objetivo foi atingido. O evento atraiu representantes dos candidatos à prefeitura identificados com propostas que dessem atenção especial às periferias – petistas que apoiavam Marta Suplicy, pessebistas da campanha de Luiza Erundina. Daí em diante, a proposta de construção da Plataforma Comum de Conhecimento Cidadão se irradiou pelo SPP 352. Convictos de que somente atores locais teriam competência suficiente para produzir conhecimento sobre o espaço de suas interações, Iraci, Morais e outros levaram os mapas do SPP a escolas, unidades de saúde e outras entidades sociais.

Enquanto as articulações locais prosperavam e o fórum do SPP 352 se instituía – em 1999, contando com reuniões permanentes e composto sobretudo de professores da rede pública e técnicos da área de educação –, surgia a primeira oportunidade para fazer convergir na prática as iniciativas do Civitas e da Casa da Juventude. As duas entidades enviaram um projeto comum para obter financiamento de uma fundação empresarial e decidiram iniciar a execução antes mesmo de sua apreciação. O projeto visava impulsionar outro vetor de ações dos SPPs: a formação de coletivos tecnopolíticos capazes de alimentar continuamente as bases de dados, processá-las, produzir as informações necessárias e constituir sistemas de informação e registro permanentes. O Projeto Informática e Cidadania, mesmo sem obter

As entidades sociais e o surgimento de uma gestão concorrencial... • 265

financiamento, foi posto em prática pelo engajamento voluntário no trabalho de formação do SPP.

Oito jovens alunos de cursos da Casa da Juventude foram selecionados e treinados por voluntários do Civitas para aplicar as regras básicas do processamento de dados; cada um deles deveria passar o conhecimento adquirido para mais oito alunos. Em pouco tempo, 72 monitores estavam formados. A instalação do fórum do SPP 352 garantiu a implementação rápida do projeto. O contato com professores permitiu identificar horários ociosos nos laboratórios de informática das escolas para utilizá-los não apenas para a capacitação técnica, mas para a divulgação da proposição dos SPPs: a necessidade de uma organização autônoma das periferias, a partir de um conhecimento próprio dos moradores sobre a vivência cotidiana de seus bairros. Os alunos eram instruídos a "perceber a realidade em que viviam", reunir informações sobre os serviços disponíveis na região e refletir sobre o acesso a esses serviços e outras situações vivenciadas ("lugares perigosos", espaços de reuniões espontâneas etc.). Foram organizadas visitas à Câmara dos Vereadores, à Assembleia Legislativa, ao Memorial da América Latina, com o intuito de mostrar a inserção de problemas locais num contexto de maior alcance. Também houve troca de informações entre os alunos de diferentes oficinas: os projetos pedagógicos das escolas, as atribuições do atendimento nas unidades de saúde, os cursos e os projetos de entidades sociais atuantes na área próxima a suas moradias.

Os recursos escassos para a contratação de supervisores e a falta de tempo dos coordenadores das escolas tornaram as atividades muito onerosas. Os problemas de seiscentos adolescentes recaíam sobre Iraci. Diante das dificuldades, o programa foi encerrado. Além das deficiências de suporte, contribuiu para isso uma razão inscrita na pragmática do próprio projeto. Pelo programa Informática e Cidadania, os alunos monitoravam e produziam informações sobre o bairro. A montagem do sistema de monitoramento partia da aferição de dados sobre o absenteísmo dos professores, orientações pedagógicas, disponibilidade de vagas e horários. O sistema sobressaltava professores, coordenadores e diretores de escolas, na medida em que concorria com as instâncias tradicionais de poder controladas por essas autoridades e ameaçava as prerrogativas de suas funções. As informações coletadas eram um recurso ardiloso, um instrumento de regulação externa sobre a autoridade escolar. O fracasso do programa pôs a nu as possibilidades de controle mútuo e generalizado dos sistemas gerados pelos SPPs.

266 • Saídas de emergência

Contudo, o fim do programa não selou o destino dos coletivos de pesquisa. Em 2000, a Casa da Juventude iniciou outro programa, menos ambicioso, com igual objetivo. O Programa Agente Jovem, desenvolvido por entidades sociais com recursos do governo estadual, estimulava a formação de grupos de adolescentes para promover iniciativas empreendedoras que beneficiassem suas comunidades. Durante um ano, esses adolescentes recebiam uma pequena bolsa de estudos. Os coordenadores do projeto dos SPPs viram aí a possibilidade de obter financiamento para estimular a reconstituição dos coletivos de pesquisa e a organização de informações. Os antigos monitores do programa Informática e Cidadania e alguns alunos foram convidados a se juntar aos grupos do Agente Jovem.

Quando um novo personagem entra em cena: o "empresário-cidadão"

Paralelamente ao trabalho da Casa da Juventude, as reuniões do fórum do SPP 352 eram realizadas uma vez por mês. Iraci e Morais eram convidados a expor o projeto em diversos departamentos da administração municipal, escolas e hospitais públicos, unidades de saúde e universidades. O fórum aglutinou atores novos e as reuniões passaram a ser itinerantes. Ampliava-se o conhecimento mútuo entre escolas, entidades sociais e hospitais. Novos intercâmbios e parcerias foram estabelecidos. Uma dessas parcerias trouxe um novo personagem para as reuniões: um voluntário cedido pela ONG Agir Comunidade para dar aulas de inglês na Casa da Juventude começava a se interessar pelos mapas e pelas tabelas do SPP. Renan era empresário do ramo de equipamentos hospitalares. Sua empresa, a Siderax, era sediada na zona franca de Manaus e tinha contratos por todo o país. Iraci e Morais viram em Renan a possibilidade de financiar seu projeto, já que ele tinha a intenção de criar uma fundação para desenvolver sistemas de informações locais.

Renan percebeu quanto sua ideia se afinava com a proposta dos SPPs e passou a frequentar as reuniões. A pretexto de montar uma sede com infraestrutura tecnológica para impulsionar as atividades, contratou Morais, que lhe passou todo o conhecimento de geoprocessamento de dados e de planejamento territorial de ações. No entanto, depois de munido da competência de que necessitava, Renan abandonou as reuniões e passou a se dedicar exclusivamente à criação da Fundação Siderax, no mesmo espaço antes destinado às ações comuns. Ele não se apropriou apenas do "conceito" dos SPPs e das bases de informação; como seu projeto se baseava numa transposição literal, ele organizou com recursos próprios uma atividade similar à do programa Agente Jovem. A Fundação Siderax entrou na concorrência, oferecendo salários até cinco vezes maiores para monitores e técnicos sociais da Casa da Juventude. Os quadros mais capacitados da Casa migraram para a Fundação. Morais ficou numa posição ambígua: não se distanciou do fórum da SPP e da Casa da Juventude, tampouco cessou a colaboração com Renan e sua fundação.

Para Iraci, a súbita mudança nas intenções de Renan foi uma decepção. A ruptura unilateral era incompreensível: não havia nenhum desentendimento explícito, nenhuma manifestação de interesses contrários ou discordância sobre os modos de ação. O que ocorreu parece ter sido consequência direta da aplicação do jogo da concorrência empresarial no campo das iniciativas sociais. Renan percebeu no projeto dos SPPs uma concepção inovadora, que lhe daria vantagem em comparação com outras fundações do terceiro setor. Era o diferencial que daria visibilidade a sua fundação e, por extensão, a sua marca. Iraci também se decepcionou com Morais, que manteve a relação com o empresário mesmo depois que este rompeu o compromisso com o fórum. Não confiava como antes nas intenções do parceiro, que parecia não ver problema em romper uma articulação coletiva, desde que o projeto fosse levado adiante. Para Iraci, havia uma afinidade entre Morais e Renan que se expressava pela ambição e não parecia fortuita: a atitude centralizadora de Renan revelou a Morais um caminho de eficácia mais imediata, um recurso de poder que, de cima para baixo, poderia acelerar a execução e a expansão da proposta dos SPPs.

O declínio da república dos SPPs

O compromisso de Iraci com o projeto dos SPPs afastou-a do trabalho diário na Casa da Juventude. Surgiam queixas da equipe de educadores e administradores. Mara, uma das diretoras da Casa, demitiu-se por suspeitar das intenções de Morais e decidiu criar sua própria entidade. Para Iraci, a razão de sua saída era a "disputa de identidades" entre as associações e o conflito com Morais serviu como pretexto. Mara exigia sua própria "identidade": desenvolver projetos próprios, concorrer por sua própria conta aos financiamentos. Alguns educadores saíram com ela e, assim, a ex-colega de Iraci enveredava pelos caminhos que tornavam rivais antigos aliados, ao ritmo da proliferação das entidades sociais.

268 • Saídas de emergência

Em 2001, as reuniões do fórum do SPP 352 começaram a se esvaziar. A experiência com Renan alertara para o caráter controverso do compartilhamento de informações: mesmo no interior do fórum, elas podem ser apropriadas para fins privados. O núcleo da proposta, a plataforma comum de informações, era problemático e não estava imune às clivagens suscitadas pela desigualdade de condições entre os atores implicados: condições financeiras para contratação de serviços, treinamento de técnicos, compra de equipamentos, redes de articulações e relações pessoais mais ou menos extensas e eficazes. No fim do ano, as reuniões se encerraram definitivamente. Iraci desconfiava da disposição de Morais em partilhar o sistema de informações e viu aí o motivo principal do afastamento dos parceiros e o consequente fechamento do fórum do SPP 352. O discurso era de abertura à participação, mas a prática foi de angariação de apoio a um projeto pessoal. De fato, Morais não raro agia com soberba, afastando participantes ativos das reuniões, criando dificuldades para disponibilizar dados e exigindo contrapartidas.

Iraci creditou seus atritos com Morais à desconfiança que ele manifestava contra os demais participantes das reuniões do fórum. Ele se preocupava com a aproximação de empresas e ela considerava excessivo seu zelo de não "dar a mão para o capitalismo". Talvez ele mesmo pensasse assim, já que não foi tão intransigente quando se aproximou da Fundação Siderax. Para Iraci, o argumento anticapitalista de Morais parecia sobretudo uma tentativa de bloquear negociações alheias e garantir a exclusividade na relação com financiadores, como uma espécie de transação de monopólio afiançada pelo discurso socialista. Mas a cautela de Morais não parecia injustificada, poderia ser uma preocupação genuína com o eventual uso privado das informações. Embora a desconfiança de Iraci se justificasse, ela não considerava o caráter problemático inerente ao projeto. A experiência com a Fundação Siderax fez soar o alarme. Era preciso garantir o uso público das informações, o que ainda não era suficiente: o projeto Informática e Cidadania suscitara desconfianças mesmo entre as autoridades escolares. Fato é que as reuniões do SPP 352 não estavam imunes ao que Iraci chamou de "disputa de identidades" entre as organizações participantes. Nesse caso, disputa pela "paternidade" do projeto que concerne não apenas a seus formuladores, mas também a outras entidades participantes do fórum. As desconfianças mútuas levaram ao colapso do fórum do SPP 352.

A estranha conversão do engajamento político em força produtiva

O fórum do SPP 352 tornou-se inviável quando as organizações participantes entraram em concorrência. O que sucedeu à Casa da Juventude não é uma circunstância particular, mas pode ser notado nas muitas entidades sociais que, com as mais variadas procedências, proliferam nas periferias. A tentativa de articulação dessas organizações por meio de uma assembleia local permanente, assentada num sistema de compartilhamento de informações estratégicas, parece, por isso, ter resultado num enorme fracasso – o que exacerbou as condições de concorrência entre as entidades. O projeto dos SPPs parecia fomentar mais desconfianças que solidariedade entre pares e a autonomia popular de que fala Morais. Mas o fracasso da "república do SPP 352" não correspondeu ao colapso dos sistemas de informação. Foi antes sua autonomia que se consolidou. À medida que a mobilização local dos SPPs se tornava um empreendimento remoto, a construção de bancos de dados para subsidiar a tão propalada Plataforma Comum de Conhecimento Cidadão, contraditoriamente, revigorou-se e o projeto tornou-se um trunfo na concorrência entre as entidades sociais – uma "mercadoria política" de alto valor agregado.

Uma vez fracassada a experiência do fórum do SPP 352, e apesar das divergências entre a Casa da Juventude e o Instituto Civitas, o sucesso do programa Agente Jovem ainda estimulava ambos a lançar o outro flanco do projeto dos SPPs: a montagem da equipe técnica para o processamento das informações. Da primeira turma de 150 alunos do Agente Jovem, 30 foram selecionados para a montagem de uma cooperativa, a Cooperativa de Logística da Cidade (Colcid), para produzir e atualizar informações sobre o território do SPP 352. Morais destacou as possibilidades de utilização dos serviços da Colcid: disponibilização de informações que seriam apropriadas e utilizadas pelos próprios moradores (Plataforma Comum de Conhecimento Cidadão), fornecimento de subsídios para as ações de planejamento do poder público e a venda de informações de logística de distribuição e prospecção de demandas para a iniciativa privada. Para ele, a iniciativa prioritária deveria ser a plataforma comum, e o desafio era construir ferramentas para a utilização das informações do SPP pelos moradores, dinamizando relações locais e permitindo a efetivação de trocas não mercantis (excedentes de materiais, equipamentos sem uso, trabalho voluntário). As reflexões do geógrafo Milton Santos foram fundamentais para a elabora-

270 • Saídas de emergência

ção de um conceito de território que deveria ser apropriado pelos cidadãos que nele vivem.

Morais defrontava-se com o dilema de construir uma base de dados de acesso público e, ao mesmo tempo, garantir a sustentabilidade econômica dos garotos que integravam a cooperativa. A Colcid foi instituída em 2001. Inicialmente, seus membros recebiam uma bolsa do programa Agente Jovem, que, no fim do ano, foi encerrado. Era necessário encontrar uma alternativa que desse início ao trabalho de organização e coleta de informações e garantisse algum rendimento aos cooperados. Morais, crítico contumaz da forma de financiamento tradicional das ONGs, não considerava obter financiamento de outras organizações do terceiro setor para a Colcid. Para ele, esse expediente aprofundava os vínculos de dependência que contribuiriam para a auto-organização dos bairros da periferia: "Não estamos aqui para pedir esmola para americano". Segundo ele, as ONGs participavam da tendência geral de privatização dos serviços públicos e, além do mais, "99% dessas organizações são 'picaretas' e vamos ter de fechá-las todas. Elas terão de renascer transformadas".

Coordenador do Instituto Civitas e associado à Casa da Juventude, Morais, no entanto, considerava-se um inimigo da "forma ONG". As ONGs seriam mais uma trincheira do "peleguismo" e da corrupção. Afirmava seriamente: "Na Colcid, não entra pelego". Afirmava que os jovens cooperados não tinham uma trajetória de contestação como a dele, eram propositivos. Isso poderia ser bom, se fosse num sentido totalmente diferente daquele das ONGs ou dos projetos governamentais. Ser propositivo, para ele, é construir outras relações de solidariedade, de maneira que as periferias prescindam da caridade e da benemerência. O papel da Colcid era "identificar e liberar as forças produtivas represadas nas periferias". Assim seria possível erodir a base social das ONGs, torná-las não essenciais, desnecessárias e sem função, forçá-las à extinção.

É por aí que ele pensa repor a autonomia popular em novos termos, remetendo-se à sua luta na Oposição Sindical Metalúrgica. Membros do Civitas e da Casa da Juventude, inspirados pelas posições autonomistas de Morais, começavam a pôr em prática na Colcid uma metodologia que visava escapar da quase compulsória necessidade de buscar recursos por meio de organizações externas. O aporte de recursos deveria vir do trabalho dos cooperados ou de algum reconhecimento público da importância das atividades desenvolvidas. O projeto previa a inserção contínua de dados primários nas

As entidades sociais e o surgimento de uma gestão concorrencial... • 271

bases disponíveis, que seriam coletados pelos cooperados. Todos se empenhavam em baratear o custo da coleta dessas informações.

Uma estratégia típica da Colcid para reduzir custos foi a "percorrida": os cooperados aproveitavam atividades que já implicavam deslocamentos urbanos para observar e registrar informações nas áreas próximas a suas moradias. A proximidade entre a área de pesquisa e a de moradia tinha vantagens: permitia que o jovem ampliasse o conhecimento do lugar onde vive, diminuía o tempo e o custo do deslocamento e tornava mais ágil a coleta de informações. As informações registradas eram múltiplas: pontos irregulares de descarte de lixo, serviços privados informais, atividades informais de rua e até mesmo impressões subjetivas, como sensação de perigo em locais suscetíveis à violência urbana, lugares aprazíveis, pontos de encontro etc. Embora propiciasse a obtenção de dados quase sem custo, essa metodologia não rendia recursos aos cooperados e não era suficiente para seu sustento. Para isso, a Colcid estimulava a prestação de pequenos serviços nas áreas de pesquisa como uma alternativa para aumentar os rendimentos nas incursões de campo.

A distribuição de folhetos promocionais em domicílio foi o primeiro serviço oferecido pela Colcid por meio de um contrato com a empresa Urbano Prospecção (UP). As áreas de trabalho eram próximas às moradias dos cooperados, o perímetro e o tempo de trabalho eram limitados. Os horários ficavam a critério de cada uma das quinze duplas formadas para a distribuição. O método era bastante distinto dos expedientes tradicionais da UP: um perueiro contratado por uma diária muito baixa arregimentava jovens favelados que estivessem dispostos a trabalhar em outra região da cidade e sem nenhum treinamento. Havia aí um grande desperdício de tempo e energia, uma vez que os entregadores não conheciam a região de distribuição. As longas jornadas de trabalho e o deslocamento também comprometiam o tempo de estudo dos entregadores. A Colcid pretendia confrontar esse regime de forte exploração do trabalho dos jovens. Mas à medida que tornava o serviço menos oneroso, tornava-o também menos dispendioso para a empresa contratante. A eficiência da boa "gestão através da comunidade" produzia "efeitos colaterais" em aparente desacordo com os princípios da Colcid.

As informações preliminares coletadas visavam uma maximização do desempenho da própria atividade contratada pela UP, empresa que fornecia os folhetos que seriam distribuídos. Inicialmente, contabilizava-se o número

272 • Saídas de emergência

de casas nas ruas, o de domicílios nos quarteirões, o tempo necessário para a distribuição em determinado trecho e estabeleciam-se os trajetos menos dispendiosos para efetuar a distribuição num perímetro dado. A eficácia dos jovens da Colcid na distribuição era, por isso, muito maior que a de outros grupos contratados pela UP. A empresa percebeu a vantagem do treinamento específico da equipe da Colcid e começou a exigir um período maior de trabalho, enviando mais material por semana.

A metodologia da Colcid levava a uma racionalização do tempo e do espaço e desenvolvia uma logística de produção de dados cuja eficácia estava diretamente vinculada aos saberes práticos acumulados por cada um em seu lugar de vivência mais imediata. A relação estreita entre produção de conhecimentos e prática cotidiana, que conferira forte legitimidade ao fórum do SPP 352 e fora a insígnia do "bom governo participativo" a ser propalado a todo o município pelo sistema dos SPPs, convertia-se em signo de eficiência dos serviços oferecidos pela cooperativa. A otimização dos custos foi posta em ato pelos meninos da Colcid e logo se apresentou como vantagem comparativa da UP em relação a empresas similares – que normalmente arregimentavam mão de obra barata e desqualificada nas favelas. O contratante não tardou a ver o exercício desse "bom governo da comunidade através da própria comunidade"[3] como uma oportunidade de maximizar a eficiência de seus serviços. O aumento da demanda de trabalho pela UP tornava manifesta a exploração do trabalho dos adolescentes. A oposição com seus princípios faz a Colcid desistir do serviço.

O trabalho com a UP, empresa de um amigo de Morais que já havia contratado o Instituto Civitas para serviços de bancos de dados, durou apenas dois meses. Esse era o tempo de bolsa que ainda restava ao Agente Jovem. Com o fim dos recursos, muitos cooperados desistiram e a cooperativa se viu reduzida à metade. Mas alguns jovens persistiam, porque a experiência parecia ir ao encontro de desejos a que o mercado de trabalho formal já não correspondia. Daí a força da ideia de Morais, que trabalhava por um outro mercado de trabalho: jovens empreendedores cooperados, e não a mera reinserção – não raro, subordinada – nas cadeias disponíveis de empregos.

---

[3] Peter Miller e Nicolas Rose, *Governing the Present: Administering Economic, Social and Personal Life* (Cambridge, Polity Press, 2008).

A excelência dos projetos sociais em disputa

Em 2004, a Casa da Juventude recebeu um prêmio de 40 mil reais pela iniciativa da Colcid, em parceria com o Instituto Civitas. O prêmio foi concedido pela Associação Construindo Juntos (ACJ), uma reunião de empresas interessadas em investir em responsabilidade social. Com esse prêmio, a ACJ financiava programas de excelência no terceiro setor e estimulava uma verdadeira corrida das entidades sociais por recursos financeiros. Além do projeto da Colcid e sete outros, havia nada menos que 106 outras entidades concorrentes. A ACJ parece, portanto, ser um dos pivôs do extraordinário mercado de concorrência entre as entidades sociais.

O recurso dado pela ACJ permitiu a consolidação do núcleo central da Colcid na Casa da Juventude. Em 2005, a cooperativa possuía uma sala exclusiva no prédio reformado do velho orfanato. O acesso à sala da Colcid era independente. Uma porta de aço isolava a cooperativa das demais salas do prédio. Havia ali oito computadores de ponta, *datashow*, câmeras digitais e circuito interno, com câmeras instaladas no acesso à sala e ao prédio. Os recursos permitiram a realização de cursos de fotografia, diagramação, geoprocessamento, entre outros.

A instalação do "QG da Colcid" possibilitou a elaboração de produtos cada vez mais sofisticados. Em 2004, a Colcid foi contratada pela prefeitura de São Paulo para preparar um guia de ruas da cidade. No ano seguinte, foi "quarteirizada" pela empresa de manutenção da rede de gás de Curitiba para elaborar um mapeamento digital da rede. O serviço parecia já bem distante da Plataforma Comum de Conhecimento Cidadão, mas a Colcid mantinha aberta sua frente de "serviços não comerciais". Em 2006, produziu "calendários-guias" do Jardim São Luís com a cartografia dos equipamentos específicos dos diversos SPPs do distrito. "Não é um produto essencialmente comercial, lucrativo, tem a questão social também. A gente está procurando empresas que possam apoiar o projeto [...] para no fim do ano distribuir para os clientes [...] com a propaganda das empresas na capa", disse Sandra, uma das cooperadas.

Outros prêmios vieram na esteira do primeiro. No mesmo ano, a Câmara Municipal de São Paulo concedeu à Colcid o Prêmio Milton Santos, destinado a projetos que têm o suporte de ações coletivas. Não houve transferência de recursos, mas reconhecimento da excelência da iniciativa. Por causa do prêmio, Gilberto Gil, então ministro da Cultura, fez uma visita à Casa

274 • Saídas de emergência

da Juventude. Isso colaborou para que a entidade fosse selecionada para o programa Pontos de Cultura, financiado pelo Ministério em todo o país.

A seleção para o programa provocou uma nova disputa entre Iraci e Morais. À medida que o dinheiro dos projetos e a projeção social se interpunham na colaboração, novas "disputas de identidades" surgiam. Morais defendia que o recurso fosse destinado exclusivamente à Colcid, já que fora a cooperativa que chamara a atenção do ministro. Para Iraci, a Colcid não era uma experiência isolada, mas parte do corpo de projetos da Casa da Juventude, ao fim e ao cabo, única identidade: "A Casa da Juventude são as aulas de música, o Agente Jovem, o EGJ, e não apenas a Colcid". A solução foi a apresentação de dois projetos: um específico para a Casa e outro para o Civitas, a fim de possibilitar outros núcleos de produção de informações nos futuros SPPs na Capela do Socorro, na Mooca e em Sapopemba.

O Civitas, no entanto, não apresentou nenhum projeto, porque, segundo Iraci, não houve tempo. A Casa da Juventude se tornou um Ponto de Cultura e conseguiu recursos para suas oficinas de artes. Para Iraci, a identidade da Casa estava na diversidade das ações e, portanto, não havia problema em estender as atividades do âmbito cultural para o comercial. A Casa também desenvolveu projetos próprios no ramo promissor dos empreendimentos cooperativados. Em 2005, participou da montagem de uma rede de cinco entidades capitaneada pelo Senac. O projeto do Empório Social visava reunir as produções das entidades para viabilizar a geração de renda e a formação de cooperativas. Cada uma das cinco entidades aglutinadas na rede era estimulada a apresentar artigos de produção própria. Segundo Iraci: " O Empório Social, na verdade, é uma proposta do Senac [...], uma vitrine dos produtos das organizações. E, aí, o empreendedor, o empresário, ele tá em busca de um tipo de produto. Ele vai lá ver o que o Senac tem e vê o que o Empório tem".

Ela se empenhou em criar uma cooperativa de refeições em domicílio: "Eu posso escolher fazer pão de mel e esse é o meu produto. Vai ter o selo lá: 'Pão de mel – Casa da Juventude'". Via na iniciativa do Senac uma possibilidade de "formalizar o que era informal", isto é, o trabalho. A entrada no ramo dos serviços e do comércio acirrou a concorrência com a Colcid e levou à polarização nas eleições para o colegiado da Casa da Juventude. Em 2 de abril de 2005, os associados decidiram a composição dos conselhos gestor e fiscal da entidade. A oposição entre os integrantes da Colcid, os edu-

As entidades sociais e o surgimento de uma gestão concorrencial... • 275

cadores e os administradores de outros projetos era patente. A eleição decidiu a favor da cooperativa, que passou a controlar a maioria dos assentos no conselho gestor. Além disso, a eleição da diretoria confirmou um membro da cooperativa como presidente da Casa da Juventude.

A eleição provocou o descontentamento dos educadores, que reprovavam os planos de Morais para controlar a administração da Casa, seu autoritarismo, sua "ideologia ultrapassada" (comunismo), sua capacidade de "manipular e explorar" os jovens da Colcid. Apesar do discurso aguerrido, podemos dizer que, nos cinco primeiros anos da década, a investida política de Morais passou da "união das repúblicas dos SPPs" para o "império da Colcid". Com o fechamento do fórum do SPP 352, a invenção de novas instâncias de participação local sucumbiu e a capacidade de uma mobilização permanente das periferias para interpelar o poder constituído se esvaziou. No entanto, os recursos técnicos que visavam a construção de uma poderosa ferramenta política – a Plataforma Comum de Conhecimento Cidadão – não foram desperdiçados. A pretexto de construir a Plataforma Comum, essa espécie de competência inata dos agentes locais para produzir dados foi mobilizada para a prestação de serviços comerciais de prospecção e processamento de informações.

A Colcid se tornou um trunfo na concorrência entre as entidades sociais. A cooperativa possui uma *expertise* que a torna capaz de expandir o sistema dos SPPs para toda a região metropolitana de São Paulo e, com isso, fazer prevalecer seus parceiros nessa concorrência. Ademais, a ambição expansionista do Instituto Civitas não se encerrava aí. Como a Colcid pretendia lançar seus tentáculos por toda a região metropolitana, o Instituto Civitas procurou se articular com universidades e prefeituras de todo o país com o intuito de controlar o sistema em âmbito nacional, de maneira que não houvesse espaço para que nenhuma negociação com a população fosse realizada sem passar pelo sistema de informações territorializadas. Essa parece ser a "revolução" de Morais. Nela, já não há distinção entre o que é a prestação comercial de serviços e o que resta da luta política pela emancipação das periferias. O Civitas parece ambicionar as duas coisas ao mesmo tempo: colonizar os espaços (ONGs, fundações, empresas, organismos estatais) e dissolvê-los no sistema. O futuro da experiência é incerto. Parece ocupar o limiar das novas indistinções entre o empreendedorismo privado e o protagonismo político.

276 • Saídas de emergência

Conclusão

É por esse percurso etnográfico que se pretende tornar manifesto um dos elementos que parece contribuir para a expressiva proliferação de entidades sociais nas periferias. Os indícios apontados pelo trabalho de campo assinalam mudanças nas relações entre as associações populares, que, no campo da esquerda, passaram das pautas de reivindicação conjuntas para a explícita concorrência por financiamentos, prêmios e relações privilegiadas com financiadores de projetos sociais. A concorrência generalizada entre as organizações, matriz discursiva e prática de suas ações, estimula rivalidades entre as lideranças sociais naquilo que Iraci bem denominou de "disputa de identidades". Esse parece ser um dos efeitos da generalização da racionalidade empresarial que se difunde pelas periferias, à medida que as entidades sociais se tornam os vetores privilegiados da ação das organizações do terceiro setor.

A Casa da Juventude passou por sucessivas mudanças e tornou-se uma das mais importantes ONGs gestoras de projetos sociais. Organizações como essa se tornaram o *télos* almejado por todas as entidades. No percurso da Casa da Juventude, percebem-se mudanças variadas: na estrutura física do prédio, que precisa ser continuamente adaptado às ações, e sobretudo no objetivo da entidade pela "necessidade democrática de envolver toda a comunidade", mas envolvê-la segundo projetos específicos, definidos por gênero, idade, aptidões, habilidades adquiridas ou inatas, segmentando a população atendida por critérios que remetem às qualidades inscritas na vivência cotidiana e no próprio corpo dos indivíduos. Esse "abrir-se para a comunidade" é, de fato, a produção dos diferentes "públicos-alvo" dos projetos sociais.

Esse exercício é aquilo que Michel Foucault chamou de biopolítica. Contudo, a analítica do biopoder legada por ele não constata apenas o investimento das técnicas de governo sobre o corpo dos indivíduos e o perfil estatístico das populações. As artes de governar contemporâneas incorrem sobretudo numa ordem produtiva de relações mercantis entre empresas. É a formação da sociedade e dos indivíduos segundo o modelo da empresa. É a produção, com base nas condições herdadas (o meio, tornado competitivo, das entidades sociais), de artifícios novos para incitar mecanismos de concorrência[4].

---

[4] Michel Foucault, *Nascimento da biopolítica...*, cit.

As entidades sociais e o surgimento de uma gestão concorrencial... • 277

Os projetos da Casa da Juventude, administrados por Iraci, ex-militante do movimento estudantil, funcionária pública e gestora de ONGs, têm como objetivo principal a geração de renda para as populações "desfiliadas"[5] do mercado de trabalho. Não são programas para disciplinar essas populações ao emprego em fábricas ou quaisquer outras grandes empresas que já não oferecem mais vagas. É, segundo Iraci, uma tentativa de "formalizar o que é informal". Ora, a melhor forma do informal é aquela sustentada pelo fomento de iniciativas autônomas de trabalho por conta própria e cooperativismo. São cooperativas que realizam o ajuste *ad hoc* às necessidades da produção para grandes "eventos-exposições" promovidos pelo terceiro setor – oportunidades de visibilidade para vender mercadorias e captar recursos para outros projetos similares. Os cursos da Casa da Juventude estimulam iniciativas empreendedoras num contexto de desagregação do mercado formal de trabalho e, por isso, são políticas de exceção para a "inclusão social dos excluídos", políticas de exceção vigentes sob um regime de urgência[6]. Eis a incitação do empreendedorismo como novo estado de prontidão da força de trabalho, uma das formas daquilo que Francisco de Oliveira chamou de "trabalho abstrato virtual", levado a cabo por "políticas de funcionalização da pobreza"[7].

Morais e os cooperados da Colcid querem fazer oposição à "forma ONG", mas parecem levar adiante o mesmo dispositivo. Morais já está distante da "oposição" de seus tempos de militância operária e louva a postura propositiva de seus cooperados. Além das tentativas sucessivas de expansão dos SPPs, o sistema de produção de informações criado pela cooperativa, "inovação na área social", realiza uma tarefa ajustada ao novo paradigma molecular-digital de converter usos, hábitos, impressões cotidianas decorrentes da interação dos indivíduos com as instituições e o espaço ur-

---

[5]   A expressão é de Robert Castel, *As metamorfoses da questão social: uma crônica do salário* (4. ed., Petrópolis, Vozes, 2003).

[6]   Para uma discussão da declaração desses "regimes de urgência" ou "estados de emergência" aplicados ao contexto internacional, ver Michel Agier, "La main gauche de l'Empire: ordre e desordre de l'humanitaire", *Multitudes*, n. 11, 2003; e Craig Calhoun, "A World of Emergencies: Fear, Interventions, and the Limits of Cosmopolitan Order", *The Canadian Review of Sociology and Anthropology*, v. 41, 2004.

[7]   Francisco de Oliveira, "Política numa era de indeterminação: opacidade e reencantamento", em Francisco de Oliveira e Cibele S. Rizek (orgs.), *A era da indeterminação*, cit..

278 • Saídas de emergência

bano em dados codificados, informatizados e suscetíveis à manipulação e à comercialização. Na intenção manifesta de recolher elementos para instrumentar a participação política, o sistema é de fato uma janela aberta para infinitas possibilidades de formalização e instrumentalização, para a pragmática de possibilidades da exploração mercantil. Essa utilidade diretamente econômica do sistema vai prevalecer pela especificidade do produto, dada a centralidade da informação manipulável como "redutor de incerteza" nos circuitos ampliados da acumulação[8]. A Colcid abriria então novas fronteiras para a apropriação privada de informações estratégicas, prospectando novas possibilidades para uma *enclosure* do patrimônio comum e "imaterial" que constitui a vida cotidiana nas periferias da metrópole. Por essa via, torna-se também um artefato estratégico no meio em que está imersa, um catalisador da concorrência generalizada por financiamento entre as entidades sociais. Essa extraordinária ferramenta justifica-se por uma crítica às formas subordinadas do financiamento das ONGs, à prática de "pedir esmola para americano", nas palavras de Morais, em nome de uma reafirmação da autonomia popular e com o objetivo de "identificar e liberar as forças produtivas represadas nas periferias". Toda a engenharia social do sistema de informações alimenta-se do engajamento utópico na construção da Plataforma Comum de Conhecimento Cidadão, construção sempre adiada, enquanto a Colcid produz novos serviços comerciais no ramo da logística urbana.

---

[8] Laymert Garcia dos Santos, "A informação após a virada cibernética", em Laynert Garcia dos Santos *et al.*, *Revolução tecnológica, internet e socialismo* (São Paulo, Fundação Perseu Abramo, 2003).

13
ATORES DO TRABALHO SOCIAL: CONTINUIDADES E DESCONTINUIDADES

Silvia Carla Miranda Ferreira

A Constituição de 1988 permitiu o reconhecimento da democracia representativa e a legitimação dos movimentos sociais, abrindo caminho para a construção de formas de democracia direta. Ao longo dos anos 1990 e 2000, certo encolhimento dos canais de participação foi acompanhado do fortalecimento das ONGs, vistas como forma mais "eficiente" e adequada de a sociedade civil se organizar e atuar politicamente. Nascia o "empreendedorismo social", construído pelas parcerias público-privadas, características dos atuais projetos sociais. Começava a se esboçar uma transferência de responsabilidade do tratamento das questões sociais do poder público para outros atores sociais, tendo, de um lado, o capital privado e, de outro, o "novo associativismo". Desse processo, objeto primordial de nossa atenção, podemos destacar a expressiva presença feminina. A partir de um encolhimento das dimensões democráticas, da natureza da expansão e do modo de gestão do "novo associativismo", localizado entre o privado e o público, definido positivamente pelo poder público como terceiro setor e difundido na linguagem cotidiana, propomos estudar as práticas associativas a partir dos atores sociais que as constroem, principalmente as mulheres.

Principais características do contexto sociopolítico

Três características resumem os significados dos movimentos sociais pós-1978: oposição ao Estado e exigência de que este assumisse sua responsabilidade nas questões sociais; forte caráter não institucional das práticas populares; manutenção da autonomia diante dos partidos e dos aparelhos do Estado. Assim, o período de 1977 a 1983 foi visto com entusiasmo e otimismo: o ator social era a força inovadora. Já o período pós-redemocratização foi de perplexidade e descrença no campo das ações concretas e da

280 • Saídas de emergência

análise[1], ainda que, com a ascensão da democracia representativa, o PT e os demais partidos tenham se fortalecido.

A partir de 1990, simultaneamente ao restabelecimento em todas as instâncias políticas das eleições, outros movimentos, em parte identitários, ganham visibilidade: movimento dos desempregados, das mulheres, dos negros, dos indígenas e dos ambientalistas. Houve assim um conjunto de mudanças de caráter ambíguo no espaço político, já que, nesse processo, segmentos da população que nunca participaram de movimentos, como crianças, adolescentes e idosos, entraram na agenda política por meio de novas formas de representação, como conselhos, conferências e programas públicos. O novo cenário político-social teve caráter contraditório: assentava-se sobre ideais de justiça social, mas possibilitava a hegemonia do capital, resultando na perpetuação das relações de desigualdade. Embora o PT tenha sido o principal prejudicado pela segmentação dos movimentos sociais, também foi um dos principais beneficiários, no âmbito eleitoral, dos processos de democratização descentralizada.

Com a crise do Estado desenvolvimentista e a mudança de seu papel, as organizações da sociedade civil, pouco valorizadas até meados de 1990, apareceram como entidades competentes para superar as desigualdades sociais. Ganharam relevância e legitimidade para responder de modo supostamente mais eficiente às demandas por bens e serviços. Isso resultou das dimensões decisórias do próprio Estado.

A legitimidade do terceiro setor foi obtida no Conselho da Comunidade Solidária, que formulou seu marco legal em 1997. Temos, então, a lei de responsabilidade social das empresas impulsionando a filantropia empresarial, a valorização do trabalho voluntário e o movimento de criação de títulos e certificados, hierarquizando as ONGs e levando a uma diferenciação de acesso aos recursos públicos e privados.

Segundo o Ministério da Fazenda, havia 220 mil ONGs registradas em 1991 e 400 mil em 2007. Desde 1995, o número de pessoas que trabalham no terceiro setor (1,12 milhão de trabalhadores remunerados e 330 mil voluntários) representa quase o dobro de funcionários públicos federais na ativa[2]. Esse crescimento leva, em 1998, à criação de leis que regulam as relações entre as entidades e sua força de trabalho: Lei do Contrato de Traba-

---

[1] Maria da Glória M. Gohn, *Teoria dos movimentos sociais: paradigmas clássicos e contemporâneos* (5. ed., São Paulo, Loyola, 2006).

[2] Eduardo Szazi, *Terceiro setor: regulação no Brasil* (4. ed., São Paulo, Petrópolis, 2006).

Atores do trabalho social: continuidades e descontinuidades • 281

lho por Prazo Determinado[3] (trabalho remunerado) e Lei do Trabalho Voluntário (trabalho não remunerado). Além do trabalho remunerado com vínculo empregatício, existem os que não constituem vínculo: temporário, estágio e autônomos. Todas essas formas de trabalho confirmam um processo de redução e destituição de direitos sociais.

A ação direta da sociedade civil foi interpretada, por um lado, como uma forma de humanização do capitalismo, reduzindo as desigualdades, superando a pobreza e melhorando o acesso aos direitos sociais a partir da redefinição da ideia de "público" (entendido como "público não estatal")[4]. Essa redefinição do público e de sua atuação passaria pela cooperação entre os três setores e por uma governança menos burocrática. Tais iniciativas foram vistas, por outro lado, como a imposição da lógica do capital à gestão das questões sociais, visando minimizar custos e transferir responsabilidades sociais para os indivíduos. Isso traduzia uma reconfiguração do Estado e um processo de refilantropização da questão social[5].

Esse é um debate ainda em curso e sem conclusões definidas. Além dessas posições dicotômicas, analisaremos as práticas dos próprios atores sociais a partir de sua experiência, considerando o trabalho flexível e a predominância feminina na atividade associativa. Nessa perspectiva, questiona-se: a maior atuação das mulheres no setor associativo pode ser vista como consequência do processo de desqualificação do trabalho do *care*? Em que medida se trata de uma solução imposta pela pressuposição de uma condição de dependência e de pobreza feminina? Ou essa participação favorece, por múltiplas vias, a percepção do conceito de direitos sociais e constitui-se numa possibilidade real de abertura democrática nos espaços público e privado, contribuindo para construir uma igualdade de gênero?

---

[3] Antes da nova lei, o trabalhador só podia ser contratado por tempo determinado se fosse pelo período de experiência (noventa dias) ou para realização de serviços transitórios, não relacionados com a atividade fim do empregador. Depois de 1998, a lei cria uma série de vantagens para o empregador. Ver Eduardo Szazi, *Terceiro setor...*, cit., p. 83.

[4] Luiz Carlos B. Pereira, "Sociedade civil: sua democratização para a Reforma do Estado", em Luíz Carlos B. Pereira, Jorge Wilheim e Lourdes Sola (orgs.), *Sociedade e Estado em transformação* (São Paulo/Brasília, Unesp/ Enap, 1999), p. 67-116.

[5] Carmelita Yazbek, "A política social brasileira dos anos 90...", cit., p. 15-24; Carlos Montano, *Terceiro setor e questão social: crítica ao padrão emergente de intervenção social* (4. ed., São Paulo, Cortez, 2007).

282 • Saídas de emergência

Análise das trajetórias de vida

Esta análise é necessária para estabelecermos a(s) lógica(s) dos principais atores do mundo associativo, que operam num contexto em que há presença do poder público e de agentes privados. A partir da trajetória de duas líderes de associação de bairro, analisaremos a interação entre história pessoal (individual e familiar) e a entrada na vida associativa, destacando as relações entre as gerações e de gênero. A primeira trajetória está inserida na experiência de participação nos novos movimentos sociais dos anos 1970 e 1980; a segunda está diretamente relacionada à história do neoliberalismo na década 1990. As diferentes experiências na vida privada e sua possível relação com a experiência no espaço público associativo podem fornecer a chave ou uma das chaves para entender a dinâmica própria do novo associativismo, na medida em que se reconhece a impossibilidade de separar a vida privada da vida pública do ator social. Embora complexa, essa relação parece capaz de explicar a diferença, no mundo associativo, entre a lógica que mostra relativa autonomia de ação e a lógica de simples reprodução das formas de associação reconhecidas pelo capital.

Fabíola: trajetória vinculada aos movimentos sociais

A mãe (branca) de Fabíola nasceu em 1952 em Pernambuco. Em 1971, aos dezenove anos, fugiu de casa porque estava grávida e, com a irmã de dezesseis anos, veio para São Paulo, onde começou a trabalhar como empregada doméstica. Dois anos depois, voltou a Pernambuco para deixar a criança com sua família e retornou a São Paulo. Em 1979, conheceu seu futuro marido na escola secundária particular na qual trabalhou como inspetora (por oito anos). Casaram-se em 1980 e foram morar em Diadema. Tiveram três filhos (Fabíola é a mais velha). Em 1985, ela parou de trabalhar por pressão do marido, que tinha mais escolaridade (oitava série) e ganhava bem como mestre de obras. Ao sair do emprego, recebeu uma indenização que possibilitou a compra de um terreno em Guaianases. O marido, com ajuda de parentes e vizinhos, construiu uma casa e a família se mudou em 1988. Ela se tornou vendedora da Avon; ele, aos 38 anos, prestou concurso para motorista da CMTC e ali se aposentou em 2005, aos 54 anos. A mãe de Fabíola começou então uma atividade militante na igreja do bairro a convite de um padre da Teologia da Libertação. Tornou-se professora de ca-

Atores do trabalho social: continuidades e descontinuidades • 283

tecismo e ministra da igreja, ajudando a celebrar missa em algumas comunidades. Também participou de movimentos sociais, principalmente os relacionados à defesa dos direitos das crianças e dos adolescentes. Por conta desse ativismo, ingressou no Conselho Tutelar e foi eleita conselheira tutelar em 1999, 2002 e 2008. Concluiu o ensino médio em 2004 e iniciou o curso de pedagogia. Dos três filhos, só Fabíola fez pós-graduação; os outros têm o ensino médio.

Fabíola (branca) nasceu em 1981 em Diadema e mudou-se com os pais para Guaianases em 1988. Iniciou sua catequese em 1989, aos oito anos. Aos doze anos, frequentou informalmente a Pastoral da Juventude do Meio Popular (PJMP); ingressou oficialmente em 1995, quando participou do movimento para a construção de um hospital em Guaianases. Em 1996, começou a auxiliar a coordenadora da PJMP.

Em 1997, aos dezesseis anos, tornou-se secretária da paróquia e teve a função de articular as 28 comunidades. Filiou-se ao PT e teve sua primeira experiência de trabalho registrado, apenas pelo período de experiência, como auxiliar de escritório numa firma terceirizada. Aos dezessete anos, fez o curso sociorreligioso Jubileu 50, oferecido para as lideranças locais; ali conheceu seu futuro marido (professor de história com trajetória na PJMP) e uma freira, que a convidou para trabalhar informalmente como secretária num centro bíblico: foi a primeira vez que viu os problemas sociais fora do âmbito de seu bairro. Em 1999, tornou-se secretária regional da PJMP, representando a paróquia no Estado de São Paulo. Começou a cursar serviço social numa faculdade privada, com bolsa de 50%. Também recebeu uma bolsa de 3 mil reais do centro bíblico.

Em 2000, aos dezenove anos, viajou para a Itália como representante de sua comunidade no ano do Jubileu da Juventude. Participou das eleições nacionais da PJMP, mas perdeu em razão de divergências internas da igreja, mais conservadora. As constantes viagens de Fabíola provocaram conflitos com o pai, mas ela tinha o apoio da mãe e de um padre, amigo da família e responsável por seu crescimento político e intelectual.

Em 2001, por exigência da faculdade, fez estágio num abrigo para mulheres vítimas de violência doméstica no ABC. Foi a primeira vez que lidou com essa questão: abriu-se para ela um novo universo de discussões sobre o feminismo. Por causa das distâncias entre moradia, estudo e trabalho, foi morar no ABC, com a coordenadora do abrigo. Nesse mesmo ano, seu futuro marido começou a cursar filosofia na PUC com bolsa integral.

284 • Saídas de emergência

Em 2002, Fabíola e seu futuro marido começaram a namorar; ele trabalhava no Movimento de Alfabetização de Jovens e Adultos (Mova) em Guaianases. Nessa época, a associação A tinha o maior número de núcleos do Mova no distrito e a mãe de Fabíola os coordenava. Nesse mesmo ano, uma jovem de Guaianases foi assassinada pelo marido, e as mulheres do bairro, orientadas por padres ligados à Teologia da Libertação, mobilizaram-se para levantar dados sobre a violência doméstica no distrito e mostraram que mais de dois terços das mulheres do bairro sofriam violência doméstica. Fabíola concluiu o curso superior e deixou o abrigo. No ano seguinte, aos 22 anos, voltou a morar com a família e trabalhou temporariamente num abrigo para adolescentes.

Fabíola propôs a criação de um Centro de Referência para mulheres vítimas de violência doméstica e sua proposta foi aceita, graças a um padre italiano, que iniciou a pesquisa, acima mencionada, e apresentou o projeto à Secretaria de Assistência Social (SAS). Enquanto o projeto não era aprovado pela prefeitura, ela conseguiu apoio de uma ONG italiana (ligada ao padre) para pagar o aluguel do prédio onde o Centro funcionaria. Esse serviço ficava ligado à associação A, na qual Fabíola tinha começado a trabalhar, coordenando o referido Centro. Ela deixou o abrigo para adolescentes. O padre que a apoiava foi transferido para Manaus e ela ficou isolada. Aos 25 anos, seu futuro marido fundou o Instituto Paulista da Juventude (IPJ) para dar formação política e pastoral aos jovens de modo mais comprometido que a PJMP, da qual foi coordenador nacional até 2004.

Em 2004, a prefeitura aprovou o projeto do Centro de Referência (serviço conveniado). A mãe de Fabíola a aconselhou a fazer pós-graduação e a se inscrever no Programa de Arrendamento Residencial (PAR), da Caixa Econômica Federal. Em 2005, Fabíola iniciou o mestrado em ciências sociais na PUC com enfoque antropológico; seu tema era a violência doméstica. Em 2006, seu futuro marido ingressou no mestrado em ciências sociais da PUC e discutiu a participação política da juventude. Eles foram morar no apartamento que Fabíola comprou pelo PAR. A convite da mãe dela, foram trabalhar no Núcleo de Trabalho Comunitário da PUC, que oferecia formação para educadores do Mova. Ele pensava em ser professor universitário.

Fabíola sentiu-se frustrada com o trabalho no Centro de Referência, porque não conseguia escapar da lógica de prestação de serviço. Gostaria de criar um espaço de debate sobre violência doméstica com as mulheres que realizaram a pesquisa e com as vítimas. Sem vínculo direto com o Centro,

Atores do trabalho social: continuidades e descontinuidades • 285

houve uma tentativa de criar uma cooperativa de artesanato. Os membros estão na fase inicial de aprendizado: participam de oficinas, compartilham experiências e refletem sobre sua profissionalização, mas o processo é lento e pouco expressivo, porque eles têm dificuldade de se organizar sem Fabíola. Em 2007, o marido de Fabíola conseguiu financiamento para o IPJ da Áustria para retomar o Jubileu. Ele começou a trabalhar como técnico na coordenação do programa Jovens Urbanos, do Centro de Estudos e Pesquisas em Educação, Cultura e Ação Comunitária (Cenpec); foi responsável por articular o programa entre as ONGs do Lajeado. No mesmo ano, perdeu o pai. O casal comprou um terreno no litoral paulista e Fabíola engravidou.

Em 2008, nasceu a filha do casal. Eles compraram uma casa em Guaianases com o dinheiro da venda do apartamento de Fabíola e as economias dele. Fabíola deixou o Centro de Referência depois de passar num concurso para assistente social da prefeitura de Ferraz de Vasconcelos (cidade contígua a Guaianases). Posicionou-se de forma crítica com relação ao trabalho das assistentes sociais. Acreditava que duas dimensões desse trabalho precisavam ser contempladas para construir conhecimento: a antropológica e a de participação num movimento social inspirado nas premissas da Teologia da Libertação.

Foram morar em 2009 na casa da mãe de Fabíola, porque a casa deles foi inundada. Fabíola passou num concurso para assistente social da prefeitura de São Paulo. Foi trabalhar no Centro de Atenção a Saúde Sexual e Reprodutiva (Casa SER) em Cidade Tiradentes (distrito vizinho a Guaianases). Interrompeu temporariamente o mestrado até que o marido concluísse o dele, que estava mais adiantado, porque não conseguia conciliar vida familiar e profissional.

Era um tempo de incerteza para ambos, principalmente em relação ao futuro profissional, já que desejavam conciliar a segurança com a luta pela promoção da mudança social. As oportunidades de atuação e participação fora do trabalho assalariado eram numerosas e cativantes. Todavia, o marido dará aulas em universidade, refletindo sobre formas mais eficientes de projetos de formação e ação social. Da diversidade de experiências, o que se destaca é a busca contínua de formação coletiva e a independência com relação à Igreja. Eles refletem e procuram agir de modo que os direitos de homens e mulheres se construam igualmente.

286 • Saídas de emergência

Associação A e gestão dos saberes

A associação A, fundada em 1995, funciona como abrigo para adolescentes, centro de reforço escolar, Movimento de Alfabetização de Jovens e Adultos (Mova), Centro de Referência para mulheres vítimas de violência doméstica e Centro de Referência Ação Família (Craf). A instituição tem forte ligação com os movimentos sociais, o PT e a Teologia da Libertação. Um dos líderes do movimento de educação, ex-professor e vereador do PT, mantém diálogo direto com a entidade. As lutas de poder e ideias e o clientelismo também caracterizam as práticas e as relações da associação, mas os procedimentos de arbitragem, oficiais ou não, são mais claros e podem ser contestados.

O vínculo com a iniciativa privada é diferenciado e restrito a uma única empresa fornecedora de equipamentos de telecomunicações, que contrata e terceiriza para a entidade pessoas com algum tipo de deficiência física para trabalhar por um tempo determinado. Entre os vínculos com o terceiro setor, o mais antigo é com uma ONG italiana (da família do padre que apoiou Fabíola), mas essa relação desaparece à medida que a associáou alcança "autonomia" financeira por meio de convênios com o poder público. Fabíola diz que para a associação conseguir mais verbas públicas deve combinar diversos recursos, como a aquisição de certificados e qualificações necessárias para o reconhecimento público da instituição, como título de utilidade pública municipal, estadual, federal e registro no Conselho Nacional de Assistência Social (CNAS).

O Centro de Referência é composto por duas assistentes sociais e uma secretária (núcleo estável), uma advogada e uma psicóloga (em tempo parcial). Fabíola reclama das poucas ações preventivas realizadas pelo centro em virtude do pequeno número de profissionais, que mal dá conta das responsabilidades básicas. A falta de psicólogas dificulta o intercâmbio entre as mulheres, deixadas por conta da própria subjetividade.

Fabíola não participa das reuniões das redes da zona leste organizadas pelo Senac; um representante da associação participa regularmente dessas reuniões, mas não compartilha as informações. O problema da comunicação interna está sendo resolvido pelo compartilhamento dos saberes adquiridos por cada serviço. A instituição também tem uma representante no Conselho Municipal de Assistência Social (Comas), o que é considerado essencial para que a ONG esteja atualizada com as discussões a respeito das políticas sociais do município e participe dos debates.

Se a associação A age de maneira mais isolada quanto às redes horizontais, o Centro de Referência está bem articulado a outras instituições similares, duas delas públicas: a Secretaria Especial de Políticas Públicas para as Mulheres, que organiza as conferências municipais, estaduais e nacionais para discutir e propor políticas públicas de gênero; e o Fórum Paulista de Não Violência Contra a Mulher, que funciona no primeiro Centro de Referência da Mulher.

Ligadas a essa rede, encontramos organizações feministas como a Sempreviva Organização Feminista (SOF) e Católicas pelo Direito de Decidir (que se opõe à Igreja em relação ao aborto). Apesar de chegar às redes profissionais e militantes, religiosas ou não, as informações não chegam ou chegam apenas superficialmente às mulheres vítimas de violência doméstica. É exatamente essa questão que sempre esteve na pauta da associação A, e Fabíola a considera o grande problema a ser resolvido.

Eleonor: trajetória vinculada ao neoliberalismo

A mãe (negra) de Eleonor nasceu em 1945 em Feira de Santana, na Bahia, numa família de pequenos agricultores. Estudou até o terceiro ano do primário. Casou-se com quinze anos e teve seis filhos, que trabalham desde cedo na roça familiar. Em 1973, após doze anos de casamento, separou-se do marido violento e negligente com os filhos. Por sofrer constantes ameaças de morte do ex-marido, seu pai a incentivou a fugir para São Paulo, onde morou temporariamente com um irmão (casado e pai de dois filhos); este exigiu que ela deixasse os filhos com os avós. Ela trabalhou como empregada doméstica por dez anos, até 1983.

Eleonor (negra) nasceu em 1969 em Feira de Santana. Tinha quatro anos quando a mãe foi para São Paulo; por causa das brigas constantes dos pais, já morava com os avós. Desde os seis anos, ajudava o avô na roça: carpia, plantava, colhia e fazia farinha. A tia a ensinou a ler. Em 1978, contra a vontade do avô (ela era a neta que mais trabalhava), o tio que hospedou sua mãe a levou para trabalhar como empregada doméstica e babá em sua casa, sem remuneração. Estudou numa escola pública no bairro onde morava (zona leste); afirma não ter visto a mãe no período em que trabalhou para o tio.

Cansada dessa vida, e por sentir-se "escravizada", fugiu de lá quando tinha catorze anos. Sua mãe deixou o serviço de doméstica e alugou um cômodo em outro bairro da zona leste para morar com a filha. Até 1989, trabalhou

288 • Saídas de emergência

em firmas terceirizadas de limpeza. Eleonor mudou de escola. Trabalhou durante um ano (1984) como empregada doméstica, sem registro, voltando em seguida a morar com a mãe. Aos dezesseis anos, começou a trabalhar sem registro, como garçonete temporária, na lanchonete de uma amiga do bairro, onde conheceu seu futuro marido. Ele trabalhava nos Correios.

Aos dezessete anos, Eleonor foi morar com o marido numa casa alugada nos fundos da casa da sogra. Ficou ali onze anos. Indicada por pessoas que frequentavam a lanchonete, conseguiu emprego de garçonete num restaurante da zona norte e aos dezoito anos foi registrada. Sem mudança no registro, desempenhou várias funções (auxiliar de cozinha, cozinheira, caixa, garçonete), até que em 1989 lhe ofereceram o cargo de encarregada.

A distância entre trabalho (no qual dormia muitas vezes), moradia e estudo era grande e provocava muitas faltas às aulas (compensadas com trabalhos); isso fez com que recusasse o cargo de encarregada. Além disso, ela esperava a chegada de seu primeiro filho, em 1989. Voltou a trabalhar como empregada doméstica por dezoito meses e também como manicure. Começou a frequentar uma ONG alemã, por meio da qual fez cursos no Sebrae.

Em 1989, sua mãe fez um acordo com a firma onde trabalhava para resgatar o Fundo de Garantia e comprar uma casa em Guaianases, para onde se mudou em 1990. Originalmente católica, tornou-se membro da Assembleia de Deus em 1991. Em 1992, foi morar com seu novo marido e alugou sua casa. Ele fazia trabalhos de jardinagem e ela, antes contrária ao trabalho associativo da filha, começou a ajudar na instituição com pequenos serviços.

O contato com o Sebrae permitiu que Eleonor entrasse em 1992 para a ONG Ação da Cidadania e participasse do movimento negro. Inscreveu-se no programa habitacional do CDHU e matriculou-se no curso de copeira do Senac. No ano seguinte, aos 24 anos, concluiu o ensino primário e o curso de copeira e passou a integrar um dos comitês de coordenação da Ação da Cidadania no Estado de São Paulo. Trabalhou registrada como copeira no Conselho Regional dos Corretores de Imóveis (Creci) durante seis meses, mas foi demitida, porque teve início o processo de terceirização dos serviços.

Em 1994 e 1995, fez cursos de auxiliar administrativo e informática na central sindical e começou o ensino médio (supletivo). Nasceu seu segundo filho. Ela recebeu seu apartamento do CDHU (Cidade Tiradentes), mas resolveu não se mudar porque faltavam serviços essenciais no bairro (creches, escolas, postos de saúde); cedeu o apartamento a um tio do marido para evitar invasões. Seu marido foi afastado dos Correios. Ficou cinco anos

Atores do trabalho social: continuidades e descontinuidades • 289

desempregado e Eleonor manteve a casa durante esse período. Substituiu uma amiga como chefe de equipe de limpeza (firma terceirizada que prestava serviços para o Hospital das Clínicas) e fez curso de remoção e implantação de cera. Ao fim de seu tempo de trabalho, menor que o de experiência, não renovou o contrato.

Em 1996, aos 27 anos, trabalhou registrada como copeira numa firma de transportes. Dando um caráter pessoal a suas relações de trabalho, realizou muitas tarefas, como limpeza, carregamento dos caminhões, preparação dos itinerários de entrega etc. Em 1997, foi "promovida" a auxiliar de escritório, mas o registro de copeira foi mantido. Esse fato, somado à mudança de endereço da firma e a possibilidade de abrir uma entidade, fez Eleonor sair da empresa três anos depois. Foi morar com a família na casa de sua mãe, onde teve mais duas filhas. A instabilidade provocada pelo fato de ela e o marido estarem desempregados fez com que ela, por insistência da mãe, frequentasse a igreja evangélica, mas sem muita convicção.

Eleonor iniciou o trabalho associativo, fundando uma associação de bairro (associação B) em 1999. Isso levou à separação, porque seu marido não aceitava seu trabalho. Ela saiu de casa e deixou os filhos sob os cuidados dele para fazê-lo tomar consciência da dificuldade de conciliar vida doméstica e profissional e mostrar sua capacidade de independência e de assumir responsabilidades. Quem acabou cuidando das crianças foi sua mãe e todos foram morar com Eleonor na casa alugada em Ferraz de Vasconcelos. O ex-marido encontrou emprego de segurança terceirizado e passou a pagar pensão para os filhos.

Eleonor trabalhou como copeira terceirizada na Associação Comercial do Estado de São Paulo, na qual acumulou as funções de copeira e chefe da equipe de limpeza (remoção e implantação de cera). Usou o RH da empresa para aprender a escrever ofícios e adquirir os conhecimentos necessários para desenvolver sua entidade. Rompeu relações com uma ONG alemã que atuava no bairro e foi condenada na justiça por desvio de verba.

Em 2001, fez cursos no Sebrae que mudaram sua forma de pensar o trabalho associativo: Líder Cidadão, Aprender a Empreender, Terceiro Setor, Saber Empreender e Saber Mais. O trabalho associativo passou a ter um caráter mais profissional que assistencialista, e ela considerava isso um avanço. Saiu da Associação Comercial do Estado de São Paulo e começou a trabalhar numa empresa de *telemarketing*. Embora desse um caráter mais profissional a seu trabalho, manteve o assistencialismo, dizendo ser impos-

290 • Saídas de emergência

sível eliminar completamente esse tipo de ação. Recebia doações (pequenos comércios locais, grandes empresas, instituições públicas) e realizava eventos na comunidade (Dia das Crianças, Dia das Mães, Natal).

Em 2002, foi morar na sede da associação em Guaianases para ficar mais perto da escola dos filhos. No ano seguinte, trabalhou por três meses na mesma empresa de *telemarketing*, vendendo seguros de saúde (trabalho informal). Sua associação começou a ser conhecida por instituições públicas e empresas privadas. Entrou na Associação Brasileira de Organizações Não Governamentais (Abong) e participou das reuniões. 2002 foi um marco divisório em sua trajetória profissional. Ela deixou definitivamente o mercado formal, após dezoito anos de muitas experiências, e passou a dedicar-se apenas ao trabalho da associação. Queria "fazer a diferença", imprimindo qualidade profissional a seu trabalho e construindo uma imagem de mulher empreendedora. Esse processo pessoal de "escolha" de saída do mercado formal foi acompanhado de um processo de precarização das condições e das relações de trabalho, impedindo melhora na qualidade do trabalho e nos salários.

Em 2004, Eleonor apoiou a candidatura de um empresário local (dono de uma cooperativa de micro-ônibus) a vereador; ele se tornou suplente e assumiu em 2006. Em troca do apoio, esperava que ele aprovasse seus projetos ou a ajudasse financeiramente, revelando com isso um jogo de interesses entre associações e políticos. Não era a primeira vez que apoiava candidatos: "[...] os políticos, quando não são eleitos, se esquecem de você e, quando são eleitos, não falam mais com você [...]".

Todavia, essa última experiência parecia promissora: havia um projeto de articulação das associações locais especializadas em certos tipos de público (crianças, adolescentes, mulheres, terceira idade) e isso a interessava. Contudo, o tal projeto fazia parte de uma estratégia política e se desfez tão logo a campanha terminou. Ela diz que, em nível local, as associações se veem como concorrentes de projetos; algumas, para fortalecer seu nome e obter financiamentos, estruturam-se em federações e respondem por outras entidades, reforçando a hierarquização entre elas. A questão da relação horizontal entre as entidades não é insolúvel, mas, dentro da atual lógica de funcionamento, ela prefere agir sozinha.

Pretende fundar um núcleo socioeducativo com atividades esportivas, culturais e profissionais para preencher o tempo fora da escola, adaptando as propostas do CEU – que oferece seu espaço para associações que desenvolvem atividades com crianças, adolescentes e terceira idade. Quer oferecer cursos profissionalizantes para jovens e criar uma agência de emprego. Pretende oferecer serviços necessários para que as associações funcionem legalmente (elaboração de estatutos, projetos, declaração de impostos) e obtenham verbas privadas e públicas, pois as entidades não sabem em geral como proceder e têm pouco ou nenhum dinheiro. Esse projeto combina ações próprias com projetos preexistentes do poder público.

O projeto mais importante de Eleonor são as creches, pois há grande demanda por esse tipo de equipamento e a oferta é reduzida. Ela levou dois anos para fazer o primeiro projeto (2005-2006), com a orientação de um ex-conselheiro tutelar e ex-membro do Conselho Municipal dos Direitos da Criança e do Adolescente (CMDCA). O processo para abrir uma creche é burocrático e complicado, e cabe à entidade pagar certos custos, providenciar infraestrutura (local, garantias legais, profissionais) e gerenciar a relação com a Secretaria de Educação (relatórios mensais).

Percebemos que, além de oneroso, esse não é um trabalho voluntário fácil. As duas creches (conveniadas) foram finalmente implantadas em 2006 (uma atende 60 crianças e a outra, 275). Eleonor vincula a ampliação desse serviço ao aumento da inserção das mulheres no mercado de trabalho. Essa conquista marca uma virada em sua trajetória profissional e pessoal; para separá-las, decidiu morar com a mãe e tornar o antigo endereço sede da entidade. Seu ex-marido saiu da casa de sua mãe e foi morar em seu apartamento em Cidade Tiradentes.

Eleonor incentiva os funcionários a se qualificarem. A associação gera 42 empregos diretos, além de indiretos; um terço dos funcionários contrata serviços domésticos e um terço das 335 mães que têm filhos na creche encontrou trabalho. Embora não possua as qualificações e os certificados públicos que dão reconhecimento nacional e internacional, Eleonor se tornou uma profissional militante do trabalho associativo, que desponta como um novo negócio e cria uma nova posição social. Hoje, é reconhecida no nível municipal e pela opinião pública local como uma empreendedora social confiável, que enfrenta bem as adversidades políticas.

Sua renda vem ilegalmente da gestão da associação e da assessoria em processos de aposentadoria. Ele dá à independência conjugal um caráter amplo: usa seu poder de sedução com os homens para obter resultados convenientes, descartando-os quando não são mais necessários. É comunicativa e prestativa e usa tais habilidades para conquistar espaço e ampliar as possibilidades de ascensão profissional. Pretende fazer faculdade de direito para potencializar seu trabalho no terceiro setor.

292 • Saídas de emergência

Associação B e gestão dos saberes

Grande parte da formação profissional de Eleonor foi obtida no Sebrae, a partir do curso Líder Cidadão. Ela tem de si mesma uma imagem de *self made man*, gosta de se autovalorizar e ser glorificada. Compartilhou com a comunidade muito do que aprendeu no Sebrae, levando cursos para o bairro. Prefere dar um enfoque mais profissional ao trabalho, evitando depender de políticos. O terceiro setor, para ela, desperta interesse nos políticos porque tem influência nas comunidades, nas quais o jogo de troca de favores é mais fácil: muitas associações só trabalham durante o período de eleições e outras passam o ano distribuindo leite e cestas básicas em nome de um político qualquer.

Para ela, vincular-se a um único partido não é boa estratégia, porque existem três instâncias de poder (municipal, estadual e federal) com as quais se deve negociar e que podem ter bandeiras partidárias diferentes; a melhor opção é declarar-se independente e construir vínculos pessoais com os políticos para obter vantagens para a associação, tornando o trabalho efetivo e mantendo a autonomia da instituição. Afirma não conseguir sobreviver sem apoio político, mas tenta criar uma relação menos dependente, pois a visão dos políticos é estratégica e vai de encontro à ideia de responsabilidade social: "[...] eles são como facções que precisam ser lembradas, pelas ONGs, de suas responsabilidades sociais [...]".

Também acha que é papel das associações convencer as empresas de sua responsabilidade social, mostrando que isso transforma as pessoas beneficiadas em consumidores potenciais. Diz que a dependência do setor privado é semelhante àquela do setor público e define o quadro da evolução do terceiro setor, ligado à administração pública. Pensa que o terceiro setor deve evitar a centralização e a hierarquização interna, para que as entidades deixem de atuar isoladamente e passem a trabalhar em rede.

Conclusão

A trajetória de cada líder revela um processo de transformação das relações entre o Estado e o terceiro setor. A premissa neoliberal do Estado mínimo reforça uma concepção, disseminada na sociedade brasileira, de que o Estado é ineficaz, burocrático e pouco competente para lidar com as questões sociais. Simultaneamente, o Estado é a instituição fundamental com a qual é necessário construir vínculos, ainda que clientelistas. Diante dessa visão

Atores do trabalho social: continuidades e descontinuidades • 293

negativa do Estado, o terceiro setor surge como solução positiva perante seus atores e parte da opinião pública. Essas transformações configuram uma ampliação do campo assistencial, bem como formas heterogêneas de inserção e atuação profissional, como ilustram as duas trajetórias analisadas.

Quando era assalariada, Eleonor viu seu trabalho ser constantemente desvalorizado por falta de reconhecimento de suas qualificações profissionais (como se o primeiro emprego definisse para sempre por baixo sua identidade profissional) e pela precarização das condições de trabalho (sempre temporário). Sua condição de vida familiar e material não permitiu que se dedicasse aos estudos, concluídos até o ensino médio (supletivo). Sua formação acabou sendo realizada pelo Sebrae e vinculada ao trabalho associativo. Sua origem social se assemelha à da mãe de Fabíola, apesar de a diferença geracional ter feito com que uma encontrasse sua formação na Igreja católica e outra no Sebrae. Fabíola, ao contrário, teve suporte familiar, escolar e profissional que tornou sua trajetória privilegiada em relação à de sua mãe e a de Eleonor. Suas escolhas e práticas sociais são menos determinadas pelas vicissitudes e riscos cotidianos, o que permite uma visão das questões sociais mais autônoma e reflexiva.

O trabalho associativo de Eleonor, motivado de início por compaixão e caridade, produzia satisfação porque suscitava reconhecimento social imediato. No decorrer de sua trajetória, passou do voluntariado precário para o trabalho sustentável, sem perder o benefício do reconhecimento. A expressão "fazer a diferença" mostra sua preocupação em criar uma identidade de empreendedora da estabilidade e da sustentabilidade, de quem assume – como ela – certo compromisso com as questões sociais. Agora que é reconhecida, é mais provável que se adapte a programas predefinidos pelo poder público, ao invés de elaborar novos projetos. Tudo indica que se manterá nesse caminho profissional, e é isso que deseja profundamente.

Já Fabíola constrói uma consciência social e política por meio da participação nas pastorais, nos movimentos sociais e no PT. A associação A e seus serviços partiram de problemas sociais concretos e das discussões realizadas nas lutas sociais. Como coordenadora do serviço de orientação a mulheres vítimas de violência doméstica, Fabíola lamenta ter se afastado da militância, que, de seu ponto de vista, teria impulsionado essa luta.

Parte da dificuldade e da incapacidade de manter o grupo original surge das próprias mulheres. Fabíola tenta organizar uma cooperativa de artesanato, esperando que o trabalho conjunto das mulheres gere discussões e

294 • Saídas de emergência

leve novamente à mobilização. A dificuldade é articular a atividade artesanal com pequenos lucros a uma atividade reflexiva, cuja finalidade é a inserção num processo de superação dos problemas.

A legitimidade do Centro de Referência e da associação A assenta-se no reconhecimento local. Todavia, a violência doméstica é grandemente confinada ao espaço privado e não chega à dimensão de problema público. O fato de Fabíola tentar discutir essas questões, assegurando as bases de uma convicção comum e soluções conjuntas para elas, não pode ser explicado como resultado apenas de uma formação social específica: ele vem também da experiência no espaço privado. Para superar os obstáculos impostos pela dominação masculina (do pai e, em menor grau, dos padres), ela teve o apoio da mãe. Sua experiência familiar é marcada pela tensão entre o pai (conservador no que se refere ao papel das mulheres, apoia sua autoridade na estabilidade econômica) e a mãe (que conquistou autonomia por meio da militância nas pastorais e na associação A e da pós-graduação). Fabíola confrontou o autoritarismo paterno quando saiu de casa para ter autonomia. Assim como no caso de sua mãe, sua vida profissional ampliou essa experiência de autonomia, cujos princípios são compartilhados com seu marido e foram construídos ao longo da militância pré-conjugal. A divisão do trabalho doméstico é condição para que continuem sua trajetória no espaço público: a conquista de relações igualitárias no espaço privado reforça a construção de relações de igualdade no espaço público.

Eleonor, ao contrário, centraliza todas as decisões da entidade e usa seu carisma pessoal para conseguir o que quer. Quem a apoia ou representa em órgãos públicos deve ter pontos de vista semelhantes ao seu, que em geral não está em discussão. Essa forma de gestão se estabeleceu a partir das exigências do trabalho associativo e, de certo modo, afetam sua vida privada. Quando entrou para a ONG alemã, as críticas do marido eram frequentes, mas ela assumiu o núcleo familiar e mostrou-se capaz de sustentá-lo enquanto ele esteve desempregado. Quando ela fundou a associação B, a crise se agravou e eles se separaram. Apesar de pressionada pela mãe (que a aconselhou muitas vezes a abandonar o trabalho na associação para cuidar da família), Eleonor não abre mão da independência conquistada, condição para que dê continuidade ao trabalho associativo. Ela percorre um caminho muito diferente do de Fabíola para superar a dominação masculina: rompe e recusa alianças, concluindo que a relação de igualdade não é possível nem no espaço privado nem no público.

Ambas foram educadas para o trabalho doméstico, mas Eleonor não teve experiência da igualdade entre os sexos por influência sobretudo de sua mãe, mas também por suas próprias escolhas e práticas. Já Fabíola passou pela difícil experiência da construção de igualdade por meio da vivência com sua mãe e depois com seu marido. Essa diferença entre elas produz reflexos na forma como atuam no espaço público.

Eleonor constrói sua autonomia pessoal por meio de um conjunto de práticas autoritárias e tece relacionamentos com atores sociais que a interessam. Suas estratégias se adaptam aos diferentes ambientes e à posição social dos indivíduos. Utiliza os conhecimentos que adquiriu como moradora de periferia pobre e trabalhadora cuja trajetória se inicia no fim dos anos de 1980, quando o mercado de trabalho entrou em processo de precarização. Aprendeu a perceber as nuances do jogo das hierarquias e sabe lidar com pessoas consideradas superiores (homens, profissionais diversos), mobilizando conceitos como responsabilidade social e qualidade do trabalho, atribuída à própria atividade. Ela não repete o discurso produzido pelo Sebrae e Senac e varia o seu de acordo com o ator social com quem dialoga.

A experiência de Fabíola possibilita a construção de relações públicas mais igualitárias. Seu compromisso com as ideias de esquerda não depende do PT. O movimento social levou muitas questões para o espaço público, promoveu debates e encontrou eco na opinião pública, resultando, por exemplo, nos estatutos da criança e do adolescente. Hoje, quando o governo "enfrenta" os problemas sociais, é em geral dentro da lógica de um mercado de privação social, colocando-se como dependente do financiamento privado. As regras e os critérios desse mercado das privações são construídos na interação dos atores. Para as empresas, trata-se de um investimento em imagem, com o objetivo de maximizar os lucros; para o poder público, trata-se de vantagens eleitorais obtidas pela conquista de votos. Já as ONGs optam por uma ou outra parceria, conforme a possibilidade de financiamento, ou desenvolvem critérios próprios para empreender ajuda humanitária e social por meio de serviços ou mobilização da população.

A forte presença das mulheres no terceiro setor está relacionada a suas preocupações cotidianas (educação, saúde, habitação, proteção dos direitos sociais). Além disso, significa sua entrada no espaço público e num campo de trabalho diferente do assalariamento clássico, assim como a oportunidade de adquirir novos saberes e marcar presença.

296 • Saídas de emergência

Tanto Fabíola quanto Eleonor experimentaram formas diferentes de profissionalização, isto é, de inserção no trabalho associativo, segundo sua experiência pessoal e privada, resultando na inclusão ou na rejeição da experiência de igualdade. A forte presença de mulheres no trabalho associativo parece trazer mudanças significativas. As representações do espaço da família no trabalho associativo podem ser profundamente diferentes daquelas do espaço privado; as relações sociais e as funções inerentes ao espaço doméstico podem ser redefinidas e valorizadas de um novo modo no espaço público.

Se a interpretação da experiência relacional privada conduz à visão de que a incorporação das relações igualitárias é absolutamente necessária no espaço público, podemos apostar na reprodução desse mecanismo na vida associativa. Se essa interpretação, no entanto, conduz à constatação de inexistência de relação de igualdade, esta pode não ser verificada no espaço público associativo. Uma linha tênue separa essas possibilidades, o que equivale a dizer que temos um longo caminho para a redemocratização da sociedade.

Parece evidente que a privatização e o "compartilhamento" do social que o Estado neoliberal estimula no Brasil incluem diferentes atores, muitas vezes opositores, dentro do jogo de definição e operacionalização das políticas sociais. Teriam como objetivo impor um tipo de sociedade que nega os princípios universalistas, adota e segue apenas princípios de uma governança que busca reproduzir fielmente as relações de poder clientelistas preexistentes.

14
A GESTÃO DO SOCIAL
E O MERCADO DA CIDADANIA

Ludmila Costhek Abílio

Em 2001, com a eleição de Marta Suplicy, o Partido dos Trabalhadores (PT) assumiu a prefeitura de São Paulo. No mesmo ano, foi criada a Secretaria de Desenvolvimento, Trabalho e Solidariedade (SDTS), responsável por uma inédita implementação de programas sociais que se destinavam à geração de renda e trabalho e atenderam, durante quatro anos, a cerca de 1 milhão de pessoas desempregadas e de baixa renda.

Um desses programas era o Oportunidade Solidária. Desenvolvido em parceria com entidades do terceiro setor voltadas para a economia solidária, tinha como objetivo estimular a formação de cooperativas entre jovens e adultos de mais de quarenta anos que estivessem há mais de seis meses desempregados. Quatorze entidades se tornaram parceiras, com 19,2 mil beneficiários. Ao fim de quatro anos, poucas cooperativas se formaram (não há números precisos divulgados).

Este artigo sintetiza a análise feita durante minha pesquisa de mestrado, quando busquei contrapor o discurso e as práticas da prefeitura e das entidades envolvidas ao discurso e às trajetórias dos próprios beneficiários. No descompasso entre os "caminhos da inclusão social" que hoje se formam na relação entre o poder público e as organizações não governamentais e os caminhos muito mais tortuosos daqueles que se tornaram "público-alvo" dessa inclusão, procuro refletir sobre a formação de um campo um tanto obscuro e indistinto das práticas de inclusão social, que será compreendido aqui pela despolitização mercantilizada da questão social e, mais ainda, reconhecido e delimitado pelas novas formas de gestão e apaziguamento da desigualdade social.

Longe de criticar o desempenho da gestão petista, este artigo parte do programa Oportunidade Solidária para analisar processos mais amplos que constituíram nas últimas décadas o que denomino "mercado da cidadania". Esse mercado transforma em público-alvo de programas, projetos e políticas sociais os que vivem o desemprego, a violência e a precariedade do cotidiano da periferia e dissemina práticas de inclusão social que têm sentidos múltiplos e um só ponto em comum: a despolitização e o não reconhecimento da desigualdade social enquanto arena de disputas políticas e injustiças sociais.

Estamos num momento histórico de deslocamento de parâmetros sociológicos: as referências que pautaram o debate em torno do trabalho estão perdendo sentido. A medida de civilidade que dependia da carteira assinada e, com ela, do acesso aos direitos do trabalho já não dá conta de mensurar ou descrever as novas formas de exploração do trabalho[1]. Se o trabalho formal era pauta constante dos horizontes da discussão, assim como a problematização do próprio presente, hoje é preciso entender novas configurações que atualizam antigas precariedades e formas de desigualdade social e trazem algo novo para o cenário: há uma imbricação entre política, gestão e mercado que passa a ocupar o centro do trato da desigualdade social. Para os que vivem na vulnerabilidade social, resta lidar com a precariedade e as injustiças sociais em suas formas contemporâneas. A informalidade assume novos contornos (ainda dificilmente definíveis) e dimensões, e o trânsito pelo mercado formal é mais inseguro. Quando se convive com os beneficiários e se conhecem as trajetórias de alguns, o que aparece é a predominância de uma "viração", o fazer de tudo um pouco, aproveitar oportunidades que surgem e desaparecem, uma sobrevivência que se faz pelos "bicos", ao lidar com o assassinato de um filho, com o marido que se torna desempregado, com a falta de garantia de uma moradia. O que este artigo busca mostrar é que, hoje, as políticas públicas constituem mais uma dessas oportunidades, mas ninguém sabe muito bem de onde vêm, qual é seu objetivo ou sua duração. No entanto, o campo que se forma em torno da inclusão social tem de ser compreendido em sua poderosa potencialidade gestionária e, sobretudo, mercadológica. A inclusão social parece ter se tornado mais uma mercadoria. Estado e ONGs são parceiros no mercado da cidadania.

---

[1] Ver Wanderley Guilherme dos Santos, *Cidadania e justiça* (Rio de Janeiro, Campus, 1979); Vera da Silva Telles, *Pobreza e cidadania*, cit.

A gestão do social e o mercado da cidadania • 299

Os programas analisados: Oportunidade Solidária e Começar de Novo

A SDTS estabeleceu duas categorias para seus programas: redistributivos e emancipatórios. Os critérios de seleção dos programas redistributivos eram o desemprego e a renda: era necessário ter renda familiar inferior a meio salário mínimo *per capita* e não ter vínculos empregatícios; os valores variavam de acordo com a faixa etária do público selecionável. O programa Começar de Novo era dirigido a pessoas que tivessem mais de quarenta anos e estivessem desempregadas há mais de seis meses.

Com exceção do programa Renda Mínima, a participação em algum dos programas redistributivos estava necessariamente atrelada à frequência em algum dos programas emancipatórios, entre eles, o Oportunidade Solidária. Este consistia num curso sobre os princípios do cooperativismo e da economia solidária e visava a formação de cooperativas. Na primeira parte do curso, que durava seis meses, eram dadas noções sobre cooperativismo e economia solidária, e havia um módulo denominado "curso de cidadania". Nesse período, a presença dos bolsistas era compulsória, e o recebimento da bolsa dependia da frequência às aulas. Findos os seis meses, permaneciam no curso apenas as pessoas que se interessavam em tentar um empreendimento, já que não recebiam auxílio para participar das reuniões.

Essas pessoas chegaram à igreja, à escola ou outro local onde os cursos seriam ministrados sem saber ao certo o que encontrariam ali. Pessoas que achavam que seriam chamadas para uma frente de trabalho ou receberiam algum emprego da prefeitura viram-se num curso voltado para o empreendedorismo. Passaram de desempregadas de longa duração a beneficiárias da prefeitura e possíveis proprietárias de seu próprio negócio. O fato de não terem manifestado interesse prévio em tornar-se empreendedoras e, mesmo assim, serem obrigadas a frequentar um curso em que eram "estimuladas" ao empreendedorismo – o que numa das publicações da SDTS acerca dos programas foi definido como "estratégia de indução"[2] – pode explicar o altíssimo índice de evasão na passagem da primeira para a segunda etapa do programa.

Com os que permaneciam eram desenvolvidos seis meses de pesquisa de mercado, isto é, tentava delimitar as possibilidades de estabelecer tal em-

---

[2] Ângela Maria Schwengber et al., "Programas emancipatórios", em Marcio Pochmann (org.), *Desenvolvimento, trabalho e solidariedade: novos caminhos para a inclusão social* (São Paulo, Cortez, 2002), p. 152.

300 • Saídas de emergência

preendimento em tal região, definir uma atividade econômica que, na maioria das vezes, transitava entre costura, alimentação, construção civil, reciclagem e limpeza, e só então constituir um empreendimento, na forma de cooperativa ou associação em geral inserida no mercado local. Para isso, podia-se recorrer à linha de microcrédito criada pela prefeitura.

Embora houvesse garantia de crédito para a montagem do negócio, poucas cooperativas se formaram. Assim, nos termos objetivos das "metas alcançadas", o programa não produziu bons resultados.

A SDTS formulou o programa, mas a execução ficou por conta de dezoito parceiras, das mais diversas origens e com os mais diferentes projetos: desde projetos de extensão universitários até braços de sindicatos. A secretaria em si contou com uma equipe reduzida de trabalho, reafirmando assim a centralidade e a autonomia dadas às entidades que integraram o programa. As parceiras tornaram-se não só as executoras como as mediadoras entre a prefeitura e seu público-alvo.

Trajetórias de beneficiários e sua percepção sobre os programas

A pesquisa empírica realizou-se fundamentalmente no Promorar, conjunto habitacional construído no início da década de 1980 no qual hoje vivem mais de 2 mil famílias. Localizado no distrito do Jardim São Luís, já foi palco de fortes disputas políticas nos anos 1980. Atualmente, em vez da presença dos movimentos de moradia, o cenário político é composto por entidades voltadas para projetos sociais e pelas articulações que giram em torno delas. As aulas do Oportunidade Solidária, entre muitos outros programas implementados na região, foram ministradas no Centro Comunitário. O trabalho de campo realizou-se por meio de entrevistas com pessoas que trabalhavam nas cooperativas formadas na região. As entrevistas tinham como metodologia recompor a trajetória de vida dos entrevistados. Trabalho, moradia e família foram os eixos para o desenvolvimento tanto das entrevistas quanto das análises posteriores.

Assim, chegamos à cooperativa Restaurante Bacana. A primeira entrevista foi realizada em 2003 com Marílio, contador do empreendimento. Naquela época, a cooperativa funcionava numa cozinha improvisada na casa de uma das integrantes e vendia marmitas. Estavam à espera da aprovação de um crédito de 6 mil reais pelo São Paulo Confia, o que conseguiram no ano seguinte.

A gestão do social e o mercado da cidadania • 301

Ao voltarmos em 2005, deparamo-nos com um empreendimento consolidado, um restaurante de fato: um salão com três mesas e mais uma varanda com outras mesinhas. Na cozinha, as mulheres vestiam uniforme branco, touca no cabelo e avental. Formada por seis pessoas, todas com mais de quarenta anos, a cooperativa tornou-se um dos poucos exemplos dos "objetivos atingidos" pelo Oportunidade Solidária.

Todos os membros da cooperativa haviam frequentado os seis meses obrigatórios do curso e, quando o benefício acabou, optaram por continuar a se reunir. Seis meses depois, o restaurante começava a funcionar. Ainda que naqueles dois anos de funcionamento ele mal tivesse conseguido gerar renda, todos continuaram a trabalhar e a pagar as parcelas do empréstimo.

Marílio, então contador da cooperativa, foi metalúrgico cerca de vinte anos. Sua narrativa ilustra os caminhos pelo mercado de trabalho de um homem que pula de emprego em emprego, até que não consegue mais retornar ao mercado formal, cai na informalidade e, em meio às dificuldades da vida, torna-se evangélico. A presença da religião é marcante no discurso de Marílio e talvez extrapole o âmbito de sua vida pessoal; o funcionamento da própria cooperativa provavelmente também está ligado a um certo *ethos* religioso que se estabeleceu entre os integrantes, em sua maioria evangélicos.

Marílio nasceu no interior do estado de São Paulo e veio pequeno para a capital. Aos onze anos, parou de estudar para trabalhar. Aos catorze, arrumou seu primeiro emprego registrado, na zona sul de São Paulo. A empresa vendia autopeças e ele começou como ajudante. "Aí cheguei lá, fui aprendendo. Fui aprendendo até chegar a prensista."

A família não tinha dinheiro para pagar o aluguel da casa de três cômodos e foi despejada. Ele, a mãe e a irmã alugaram um quarto numa pensão no Jardim Comercial, próximo ao Jardim São Luís. Todo o salário de Marílio e mais o que a mãe ganhava com os "bicos" iam para o aluguel. Eles chegaram a passar fome. A mãe então se casou novamente e todos se mudaram para o Jardim São Luís.

Marílio mudou para um emprego mais próximo de casa, no qual ficou por quatro anos. "Porque, naquele tempo lá, você arrumava emprego em qualquer lugar [...] você saía de uma firma e entrava em outra." Essa transitoriedade parece ser uma constante em sua vida durante muitos anos: em 35 anos de trabalho, teve 11 empregos diferentes, num dos quais passou 10 anos, e várias andanças pelo mercado informal. Começou nesse emprego

302 • Saídas de emergência

como ajudante e saiu quatro anos depois como oficial de instalação de calhas. Mas, ao se mudar para o Jardim São Luís, começou a "fazer as besteiras". A constante mudança de empregos parece estar associada à vida que levava no bairro com os amigos: passava as noites fora de casa e "não queria saber de trabalhar". Quando não era demitido, pedia demissão.

Marílio narra sua vida com um antes e um depois. O homem que hoje se define como sério, dedicado e trabalhador, conta os acontecimentos que precederam sua conversão religiosa como uma vida de falta de compromisso com a família e com o trabalho. Nesse sentido, é difícil descrever sua trajetória ocupacional, porque suas entradas e saídas do mercado de trabalho até meados de 1980 são contadas dessa perspectiva. Em 1972, conheceu sua atual esposa, casaram-se e o sogro construiu um "barraco no quintal" para eles. Até hoje Marílio vive nessa mesma casa: "um barraco de madeira", coberto com telhas de amianto e com três cômodos: uma pequena cozinha logo na entrada, uma sala e um quarto. Na parede do fundo da sala, uma cortina de plástico faz a divisão com o quarto. Nesses dois cômodos dormem ele, a esposa, os cinco filhos e uma neta.

Aos 26 anos, Marílio foi contratado pela Monark, então uma das maiores fabricantes de bicicletas do país. Ouviu falar que a empresa estava contratando e resolveu enfrentar a fila na porta da empresa: "Aí chegava gente, chegava a jogar até a carteira lá dentro". Trabalhava numa máquina como "embuxador de guidão". Era novamente metalúrgico, registrado. Relembra as greves: "Cada vez que era greve, um aumento pra nós. Sempre ganhava". Não participava: "Eu não queria saber de trabalho. Não trabalhando, pra mim, tava bom". Depois de três anos, pediu demissão.

E então começaram as dificuldades: "Já tava começando a ficar ruim. 85, 86, por aí, já tava começando a ficar ruim de arrumar serviço". Sua terceira filha estava para nascer. Juntou-se a um amigo para trabalhar como ajudante de pedreiro. Iniciou-se nos trabalhos temporários e numa atividade que nunca havia feito antes. Ficou cerca de um ano na construção civil. Um dia, pediu emprego para o dono de uma empresa, para quem já havia trabalhado como pedreiro. Empresa metalúrgica novamente: fazia "máquina pra laminação de vidro". A empresa era pequena, tinha apenas dez funcionários. Ele ficou dez anos nesse emprego. Trabalhava como operador de "máquina de fresadora". Esse trabalho demandava curso técnico; como ele não tinha, aprendeu "tudo lá dentro mesmo".

A gestão do social e o mercado da cidadania • 303

Antes de sair desse emprego, começaram os problemas conjugais: "Aí que minha vida virou um martírio. Eu comecei a perder o emprego, não deu mais nada certo, tá vendo como uma coisa tem a ver com a outra?". O "martírio" de Marílio começou em plena década de 1990; o desemprego veio com a proposta de terceirização de seu trabalho. Na empresa em que teve mais estabilidade – dez anos de trabalho – veio o desemprego em função da terceirização. "Eles resolveram é... separar a firma [...]. Separar a usinagem. Que era eu... era eu e mais algumas pessoas, né? Enfim, e trabalhar pra eles, né? Eles davam o material, e eles cobravam uma porcentagem. Só que a gente fora de lá. A gente ia trabalhar, alugar um salão." A princípio, gostou da ideia de ter um negócio próprio. Alugaram um salão e a própria empresa emprestou as máquinas (depois de algum tempo, eles deveriam comprá-las). Mas não deu certo. Marílio desentendeu-se com os outros. Teve problemas com os colegas, desistiu; algum tempo depois, os outros fecharam a firma, "afundou". Da terceirização ao desemprego. Marílio não conseguia mais retornar ao mercado de trabalho formal. "Aí... foi onde eu cheguei no fundo do poço. Que ela ficou grávida, e eu desempregado... e eu não sabia mais o que fazer. Naquela época emprego tá ruim, né? Não arrumava emprego nenhum, eu falei: 'E agora?' A rede de amigos que antes se mobilizava na procura de emprego não funcionava mais. "Aí foi onde que eu tava sofrendo... eu não tinha... meus amigos sumiu... Não apareceu um pra me ajudar. E eu num sufoco danado. Com a mulher grávida, e eu desempregado. E eu fiquei sem saber o que fazer."

Então começou a frequentar a Igreja Universal. "Agora me pergunta, como é que eu fui pra lá? Como é que eu sabia que lá era o fim dos meus problemas? Fui sozinho, ninguém me convidou, nada." Tornou-se um evangélico dedicado, assíduo aos cultos. E assim, estando dentro da igreja, Marílio mobilizou um novo campo de relações, informações e acessos. Três meses depois que ele se converteu, alguém da igreja lhe arrumou um emprego de ascensorista, no qual permaneceu dez meses.

Foi demitido e resolveu trabalhar por conta própria: usou o dinheiro recebido com a demissão para montar uma barraca de cachorro-quente na avenida João Dias, em frente à Igreja Universal. Como o movimento era pequeno, mudou-se para a frente da igreja do Jardim São Luís; trabalhava desde a manhã até as nove horas da noite. Alguns meses depois, voltou a "trabalhar de empregado de novo".

304 • Saídas de emergência

O amigo que o havia indicado para o emprego de ascensorista abriu uma firma própria e o convidou para trabalhar com ele. Marílio retornou à mesma atividade, com "a mesma maquininha de antes". Ficou lá dois anos. Foi demitido por volta de 2002 e voltou ao mercado informal.

Tornou-se representante de uma marca de perfumes. A dona do empreendimento era da igreja. "Batia de porta em porta, nas ruas, assim. Eu nunca fui bom no negócio, né? Mas, tava desempregado, né?" Vendia no bairro. Então, um amigo o chamou para vender sacos de lixo.

Marílio não fala muito sobre esse período; diz apenas que vendeu "saco de lixo, perfume e depois churrasquinho". Quando entrevistamos seu filho Wilson, então com 25 anos, é que tivemos dimensão dessa experiência. Marílio e os dois filhos compravam os sacos de lixo de uma empresa em Santo Amaro e passavam as tardes na região do Morumbi, batendo de porta em porta: "Era Morumbi, Giovanni, em oficinas, lugar que a gente via que juntava bastante lixo. Até marcenaria, casa, principalmente casas, mansões". Tinham uma clientela fixa e algumas pessoas lhe telefonavam nos fins de semana para encomendar sacos de lixo. Enquanto o pai continuou na mesma atividade, Wilson resolveu vender balas: "Pô, saco de lixo? Andar com ele nas costas, maior sol... mas dava mais dinheiro. E foi assim. Então por isso que eu fui na bala, porque era mais fácil. [...] aí já não é mais tão casa assim, né, assim, mansão. Era mais assim periferia, um comércio... cinquenta centavos o pacote...". Vendeu balas por alguns meses, mas também não gostava dessa atividade: "Andar, vendas, vendas e andar, eu não gosto. Parei de novo". Marílio também desistiu da venda de sacos de lixo. Wilson procurou agências de emprego em Santo Amaro e conseguiu trabalho numa empresa de *telemarketing*. O trabalho o deixava "nervoso". Ficou uma semana, não conseguiu vender o produto e desistiu do emprego. Um ano depois, voltou para o ramo de marcenaria, em que já trabalhara anteriormente. Até a época da entrevista, permanecia no mesmo emprego. Em 2002, quando ficou desempregado, Wilson também entrou para a igreja em razão de "decepções amorosas". Fez um curso para pastor e tornou-se obreiro. Começou a dormir na igreja, exceto nos fins de semana. Soubemos depois que estava em Minas Gerais e ia se tornar pastor.

O metalúrgico intermitente tornou-se vendedor ambulante de sacos de lixo e desistiu. Marílio montou então uma barraca de churrasquinho na rua da igreja, mas ficou só dois dias: "Eu não vendi nada e a carne acabou. E

A gestão do social e o mercado da cidadania • 305

eu não tinha dinheiro pra comprar mais carne". Dois dias tentando e, como não deu certo, "comi tudo".

Nessa época, Marílio parece estar no auge da falta de perspectivas. Não encontrou possibilidades de voltar a ter um emprego, arriscou-se na informalidade, mas não teve sucesso. Ainda que a igreja lhe acene com alternativas, as perspectivas são cada vez menores. Então, surge a possibilidade de frequentar os programas da prefeitura. "Aí chegou uma pessoa lá na igreja e falou assim pra mim: 'Ó, tá abrindo um concurso aí na... no colégio [...]. Tá abrindo um curso lá... um negócio do Começar de Novo, tá abrindo Renda Mínima... e outro negócio lá, do Bolsa Trabalho. Vai lá fazer a inscrição, rapaz!". A princípio, resistiu: "Eu lá quero saber de governo?". O outro insistiu; os programas já estavam se integrando ao cotidiano das pessoas. Resolveu ver de perto, mas, ao chegar, viu uma fila enorme: "Tava meio desconfiado, e eu nunca gostei de pegar fila". Orientaram-no a voltar no dia seguinte e "o pior é que eu fui, fui e consegui. Consegui... me inscrever pro Começar de Novo, pro Renda Mínima... e o meu filho pro... Bolsa Trabalho".

Os cursos começaram. Marílio fala sobre o de "cidadania":

Ela [a professora] queria resgatar uma coisa que eu já tinha aprendido, né? Que era a nossa autoestima. Mas isso aí eu já tinha aprendido tudo na igreja, né? É você nunca abaixar a cabeça, sempre seguir em frente, tal. E ela ensinava isso lá. Porque tinha muitas pessoas realmente que tava assim. [...] Aprendemos a conhecer as outras pessoas também. Mas a autoestima, eu já tinha feito tudo isso.

Ele tinha quatro horas de aula diariamente.

Passou para o curso de cooperativismo: "Eu queria estudar, aprender... porque eu já sabia que dali ia sair alguma coisa". Como tantos beneficiários, tinha suas próprias ideias sobre os motivos da prefeitura para realizar esses programas: "A prefeitura, a Marta, né? Ela não ia querer gastar, tirar nós, de nossas casas, à toa, né? Porque nós poderíamos estar muito bem, enquanto nós estamos aqui, nessas quatro horas, poderia estar fazendo alguma coisa pra ganhar dinheiro. E ela não ia tirar nós à toa!". Não é "à toa" que Marílio pensa dessa forma; afinal, durante meses os programas foram sua principal fonte de renda: somados todos os benefícios que sua família conseguiu, eram mais de 500 reais por mês, o mesmo valor que sua esposa conseguia trabalhando diariamente como empregada doméstica. Quando o benefício acabou, a permanência no curso se associou à possibilidade de manutenção dessa renda.

306 • Saídas de emergência

Iniciou-se então o processo de estruturação das cooperativas. Marílio achava que muitas pessoas trabalhando juntas não poderia dar certo: "Eu não ia querer ficar não, porque eu pensei que o meu negócio era sozinho. Eu quero o meu sozinho, não quero trabalhar com um monte de gente, não, porque isso aí dá uma perturbação...". Mas acabou ficando até o fim dessa fase do curso; algumas pessoas formaram um grupo e decidiram tentar a venda de marmitas. Juntaram-se, doaram alimentos e uma parte do benefício, fizeram panfletos e começaram a vender. "É... aí cada um deu um pouquinho de cada coisa. Depois, dois dias antes, eu e o Rogério começamos a panfletar; aí, na segunda-feira, dia 28, nós começamos a trabalhar aqui. E esperamos o resultado. O que deu nós tinha feito. Agora era só o resultado. Começamos com cinco marmitex no primeiro dia. E essa foi a história até chegar aqui."

Marílio tornou-se o contador da cooperativa, é ele quem determina a distribuição da renda no fim do mês. Reconhecido como o líder do grupo, parece inspirar uma determinação que ajuda a manter o empreendimento, apesar da baixa renda mensal. Já Rogério, outro integrante da cooperativa, é tido como o que não se dedica ao trabalho. Veio pequeno para São Paulo, quando o pai foi contratado para trabalhar na Semp Toshiba. Por causa da separação dos pais, teve de parar de estudar aos 13 anos e começar a trabalhar; era empacotador num supermercado e permaneceu alguns anos nessa atividade. Aos 18 anos, conseguiu emprego numa gráfica, onde ficou cinco anos; fez acordo para ser demitido e poder se casar, tirar o fundo de garantia e construir sua atual moradia. Tinha crescido profissionalmente nesse serviço: "Eu entrei lá como ajudante, depois passei para meio oficial operador, depois eles queriam me passar como operador de máquina. Eu já tomava conta de quatro máquinas". Conseguiu um emprego no centro empresarial do bairro de Santo Amaro: trabalhava na cozinha central, como auxiliar de limpeza. Um ano depois, pediu demissão para ir a Minas Gerais em busca da esposa. Quando voltaram de lá, Rogério estava desempregado. Ela trabalhava como auxiliar de limpeza.

Por ter feito uma narrativa pouco detalhada de sua vida, foi impossível estabelecer uma cronologia. Aparentemente, ele voltou de Minas Gerais em meados da década de 1990. Como não conseguiu voltar para o antigo emprego, começou a trabalhar na construção civil. Trabalhava durante sete ou oito meses e parava, "porque trabalhar direto era muito pesado". Ficou vários anos em contratos temporários na construção civil. Também vendeu algodão-doce pelo bairro (com as máquinas do sogro de sua irmã), mas não

A gestão do social e o mercado da cidadania • 307

podia ficar parado num ponto, porque não tinha licença da prefeitura. Chegava a vender cem por dia, mas diz que a atividade não rendia: "o lucro ia para o dono da máquina".

Em 2002, começaram os "programas da Marta". Com o benefício, Rogério comprou uma máquina de algodão-doce e outra para fazer trabalhos artesanais. A de algodão-doce era para sua filha, "que ela está parada", mas "a mulher da prefeitura não deixou, disse que tinha que ser eu, porque ela é menor de idade [...] agora a máquina tá aí encostada em casa". O trabalho na cooperativa consome todo o seu tempo. A outra máquina foi comprada depois que ele fez um curso de artesanato pelo Oportunidade Solidária. Durante o período do programa, interessou-se pelo trabalho artesanal, aprendeu a trabalhar com casca de coco. A formadora, então da CUT, motivou-o: "Tinha umas bolsinhas meia esquisitas com uns bonequinhos da Marta, é desse tempo aí. Aí ela falou: 'Você consegue fazer um desse aqui?'. Eu fiz. Através disso aí, eu pus na minha cabeça que ia mexer com artesanato". A formadora incentivou-o. Rogério arrumou um fornecedor de coco de Santo Amaro e aprendeu a fazer taças, cinzeiros, anéis etc. Já tinha três lojas interessadas em comprar o artesanato, mas faltou gente e dinheiro: "Estava sozinho. As ideias estavam todas na cabeça. Já tinha até gente que vinha em casa fazer pedido [...] eu já tinha até arrumado um lugar que era pra mim trabalhar, que era um quarto que eu tenho de aluguel, eu ia desfazer do aluguel para pôr máquina". Ao mesmo tempo que tentava o artesanato, Rogério acompanhava a estruturação do restaurante: "Aí, como o lado da cozinha e restaurante tinha mais gente, eu já entendia um pouquinho, eu pulei para o outro lado".

Aparentemente, sua iniciativa passou desapercebida. Embora tenha armado toda a rede necessária para a consolidação do negócio, ele não recebeu apoio da entidade responsável pelo processo de incubação. Além da técnica e da criatividade, tinha o fornecedor da matéria-prima e um pequeno mercado consumidor estabelecido, todos os elementos requeridos para a concessão de crédito. Enfim, Rogério identificou-se com o empreendedorismo, tomou a iniciativa, mas como o programa não correspondeu ele optou pelo trabalho na cozinha.

Há um ano também se tornou evangélico: passou a frequentar a igreja por insistência de Marílio. A relação com o trabalho difere da dos outros integrantes. Rogério nos revela algo que dá o que pensar: afirma que as pessoas estão no restaurante mais "pelo trabalho do que pelo dinheiro".

308 • Saídas de emergência

Implicitamente, ele aponta a fragilidade do termo "emancipatório" do Oportunidade Solidária: pessoas que trabalham oito horas por dia e retiram menos de 150 reais, ou seja, menos do que ganhavam como os "bicos" que faziam antes de se tornarem público-alvo do programa. Por outro lado, eles encontraram no restaurante uma possibilidade de trabalho com horário e local definido, um trabalho que, mesmo que gere uma renda menor que os "bicos", tem forma definida e publicamente reconhecida. Trabalhar num restaurante, ser dono do próprio empreendimento, ainda que com uma renda parca, é a garantia da manutenção e do reconhecimento de uma identidade de trabalhador.

Mercedes tem 48 anos, é viúva desde 2005 e vive no Jardim São Luís há cerca de dez anos. Foi beneficiária dos programas Começar de Novo e Oportunidade Solidária em 2003. Participou da criação de uma cooperativa que fornecia marmitas, mas o negócio não se viabilizou. Quando as outras cooperadas desistiram, ela e uma colega negociaram o uso da cozinha com uma entidade local e continuaram fazendo o mesmo trabalho. Mercedes desenha sua vida com uma voz grave e irônica. Entre risos e descrições minuciosas, reproduz diálogos e conta situações que marcaram sua história. Tem duas filhas: uma tem 26 anos, é casada e mora no centro de São Paulo; a outra tem 16 anos, vive com ela e não trabalha, só estuda. Seu filho foi assassinado aos 18 anos.

Veio para São Paulo com uma prima aos 16 anos. Conta, entre risadas, suas dificuldades ao chegar à capital: "Só que eu vim, pra mim deu tudo errado [...] quebrei a cara quando cheguei, né?". Trabalhou cinco anos em casa de família. Quando se casou com Francisco, seu falecido marido, saiu do emprego e mudou-se para o Jardim São Luís. Eles montaram um negócio próprio. Tinham uma padaria, açougue e lanchonete. Como diz, já teve "altas condições". O marido era metalúrgico; antes de tentar um negócio próprio, trabalhou em duas empresas – que fecharam – e numa construção. "É, fez uma barraquinha, sabe? E punha lá dentro, e ali vendia... só 51. E dali começou; aí começou a comprar uma caixa de cerveja, aí o pessoal vinha, começava a conversar, a beber por ali, fazia um churrasquinho... Aí foi crescendo, né?... Daqui a pouco nós tava com a padaria, nós tava com um bar, nós tava com um açougue, tinha tudo!"

Trabalhou muitos anos com Francisco, alternando o Jardim São Luís com as idas para o Nordeste. Deduz-se de seu relato que ele se tornou alcoólatra; com a bebida, veio a violência. No entanto, esse relato é de al-

A gestão do social e o mercado da cidadania • 309

guém que conviveu e lidou com as instabilidades do marido e, ao mesmo tempo, cuidou dele. O limite da violência foi quando ele começou a maltratar os filhos. Mercedes retornou ao mercado de trabalho para se afastar do marido. Em 1995, voltou a trabalhar como empregada doméstica, até que foi contratada por uma firma de limpeza que prestava serviços para o Tribunal de Justiça, na avenida Paulista.

Além do marido alcoólatra, Mercedes teve de lidar com o assassinato de um filho e a ameaça de despejo do barraco em que morava. Ela nos narra a vida de uma mulher que se agarra a cada oportunidade para sobreviver. A casa onde mora atualmente era de um casal que alugava um quarto para sua família. Mora lá há dez anos; como os donos eram alcoólatras, ela cuidou deles até falecerem. Então apareceram familiares exigindo seus direitos sobre a casa ("só o teto, que a casa por dentro já tá toda destruída"). Entre tentativas de posse por parte dos parentes e a consciência de Mercedes de que tem direitos sobre a casa, ela conseguiu permanecer lá até hoje. "'A senhora pega seus filhos, a senhora arruma um cantinho, que nós vamos vender a casa'. Eu disse: 'Peraí, não é assim como vocês estão pensando. Eu fiz o enterro do homem, eu fiz o enterro da mulher, quem cuidou de hospital e tudo, IML, tudo fui eu'." Eles chamaram a polícia: "'Cadê a dona da propriedade?' 'Tô aqui, tenente, tô aqui. Pode entrar, dona é eu mesmo aqui, a cearense aqui, pode entrar'. [...] já que eles chamaram vocês, então eu ainda vou depender de vocês duma carona que o nosso papo vai ser lá dentro da delegacia, tá?'".

Após várias negociações, Mercedes resolve não fazer acordo. "'Não, mas a senhora assina aqui que a gente precisa desse dinheiro, pra gente dividir entre a família'. Eu digo: 'Não, eu preciso mais, que eu tenho três crianças e eu não tenho onde ponhá, tá? Vou pegar meus filhos pro meio da rua... que eu já não tenho casa, eu tô debaixo desse teto, praticamente debaixo da laje, ó, não tenho nada'". Enfim, uma história que se compõe pela busca dos direitos sobre a moradia, que é, na realidade, um barraco, e são poucas suas possibilidades de arrumar outro lugar como esse em que vive hoje. No fim da história, ela teve de lidar com os corretores que foram avaliar a casa. Solução: "'O senhor pode vender a casa comigo dentro, ou o senhor vai me vender junto com a casa? [risos] [...] porque quem for comprar a casa, o senhor já avisa que vai comprar uma mulher com os filhos' [risos]. Eu digo: 'Se ele não tiver mulher, já tá comprando uma família, eu não tenho pra

310 • Saídas de emergência

onde ir daqui'". Na época da entrevista, os parentes dos proprietários pareciam ter desistido da disputa pela casa.

O marco da vida de Mercedes foi o assassinato de seu filho, em 2000. Conta que teve um pressentimento. Foi trabalhar no Tribunal de Justiça, chorou a manhã inteira sem saber por quê; voltou para o centro dos "acertos de conta" e da violência que regula muitas das relações locais. No fim do dia, seu filho foi executado num escadão do Promorar. Sua morte não foi esclarecida. "Pronto. Cabou o mundo pra mim." Resolveu todos os trâmites sozinha. A morte do filho a desestruturou profundamente; a situação de seu marido também se agravou com a perda. "Daí pra cá foi só... com meus pés e minhas mãos, que ninguém pode me ajudar, e sofrendo sozinha. Aí eu fiquei, ó, sem trabalho, sem ajuda de ninguém, doente, que eu saí do tribunal, entrei numa depressão, quase eu morri, peguei uma pneumonia profunda com depressão, fiquei numas condição que num era pra ficar..."

Com o marido doente e o filho assassinado, Mercedes continuou no emprego, "sem saber onde eu andava, sabe? Porque eu fiquei anestesiada três meses, sem sentir meu corpo". Entre a depressão e o trabalho, veio o desemprego. É justamente a entrada de uma cooperativa como mais uma forma de terceirização do trabalho que tira Mercedes do mercado de trabalho. Depois de cinco anos no tribunal, o "pessoal da limpeza" tem duas opções: entrar para uma cooperativa que passará a ter contrato de trabalho com o local ou ir embora. Mercedes já trabalhava numa empresa de limpeza terceirizada, mas esta dá lugar a uma cooperativa, e "a cooperativa é assim: a gente ganha pelo que faz, não tem aumento de salário, não tem, e aquele salário fixo de um ano ou dois de contrato, mas é só aquele, então ganhava muito pouco". Ao ver que teria um ganho menor que seu salário, não teria registro e seria ainda responsável coletivamente por qualquer problema que ocorresse na seção de limpeza, ela não entrou para a cooperativa. "Eu já tava doente lá dentro, eu digo: 'Eu num dou conta mais, trabalhar assim, o dinheiro que eu ganho não dá nem pra me tratar'."

Em 2002, Mercedes estava desempregada, deprimida, cuidando do marido e da filha mais nova, que ainda morava com ela. Ficou sabendo do cadastramento para os programas da prefeitura. Conseguiu o Renda Mínima para sua filha ("nunca recebi mais que 35 reais") e entrou para o Começar de Novo ("aí fiz todos os cursos que saiu"). Os cursos a que se refere são o "módulo de cidadania" e depois o de cooperativismo. Da depressão, da doença e do desemprego, passou à condição de beneficiária: assistia às aulas

A gestão do social e o mercado da cidadania • 311

diariamente e inseriu-se numa nova sociabilidade, com pessoas do bairro que não conhecia. Participou da criação de duas cooperativas, uma de fornecimento de marmitas e outra de artesanato. Nenhuma das duas se viabilizou, mas Mercedes tentou vender as marmitas sozinha. Envolveu-se profundamente com as cooperativas: trabalhou todos os dias, cozinhando numa entidade local ou montando arranjos de flores de plástico na casa da amiga, que também aposta no artesanato. Sobre sua vontade de continuar nessa atividade, parece que por ora não vê outra alternativa. Ganha de 50 a 70 reais por mês: "Pouquinho, mas tá dando pra eu me manter, porque minha despesa é pouca em casa, qualquer coisinha eu passo. Se eu ficar parada, aí é pior; daí, de onde eu vou tirar dinheiro pra comprar gás, da onde eu vou tirar dinheiro pra comprar comida? Não tenho!".

Esses são relatos de alguns dos entrevistados da pesquisa. Suas trajetórias, aqui abreviadas, mostram como o Estado se insere hoje no campo da provisoriedade do viver na periferia. As pessoas se agarram às oportunidades que surgem esporadicamente, como um programa social ou um curso de capacitação. O estatuto desses programas é o mesmo talvez de outras alternativas. No entanto, 20 mil pessoas frequentaram o Oportunidade Solidária, 490 mil famílias receberam algum benefício proveniente dos programas redistributivos e algumas (poucas) centenas encontraram nesses programas alguma forma de sobrevivência que ultrapassou o tempo da gestão. Mudando o prefeito, vem a necessidade de "partir para a próxima".

Cada beneficiário traz em si a singularidade dos caminhos escolhidos, das condições atuais de vida e da composição familiar, assim como das interpretações e das relações com o Oportunidade Solidária. Essas singularidades põem à mostra um contexto maior: deslocamentos do trabalho, desemprego, formas de precariedade e injustiça social.

A baixa geração de renda, aliada às constantes dificuldades para manter a cooperativa em funcionamento, e a alta porcentagem de pessoas que receberam o benefício durante alguns meses e depois partiram em busca de outra atividade provisória evidenciam a efemeridade e a ausência de horizontes que andam juntas com as políticas voltadas para a pobreza. Na precariedade, nas tramas que se compõem na transitoriedade das atividades, na ausência de emprego estável e reconhecido, as "ações pela cidadania" encontram o chão da desigualdade. Tornam-se assim mais um dos muitos meios de sobrevivência que não transformam a condição social do "público-alvo", mas permitem que se estabeleçam novas condições materiais e simbólicas para a

312 • Saídas de emergência

manutenção do sobreviver. As possíveis medidas para a igualdade e a justiça social desaparecem em sua indefinição e, nessa nebulosidade da ausência de medidas e mediações reconhecíveis, a desigualdade social é relegada à administração dos danos.

É preciso ressaltar que o ineditismo dos programas da gestão petista foi muito além do número de pessoas abarcadas. Desenvolveu-se toda uma estratégia de cadastramento e distribuição de benefícios que rompeu com os acordos e as politicagens locais. A prefeitura criou centros de cadastramento, convocou os futuros beneficiários por carta, determinou dia, hora e local onde deveriam se apresentar e forneceu-lhes um cartão magnético que possibilitava sacar mensalmente o benefício. No entanto, as impossibilidades da universalização estavam postas *a priori*, e o planejamento não tinha como administrar o que escapa do previsto.

> Não obstante a "clareza" de um texto sucinto e padronizado, os 15 mil beneficiados compareceram aos locais determinados quase que de uma só vez, fazendo com que às cinco horas da manhã do primeiro dia de atendimento as filas já fossem quilométricas. Todo o cuidadoso escalonamento de dias e horários elaborado pela SDTS (que se utilizou até mesmo de um software especialmente elaborado para tanto) foi por água abaixo, quase levando junto a estrutura material e humana planejada para atender a população.[3]

As filas indicavam o descompasso entre o discurso oficial e a realidade já prenunciada pelos possíveis "atingidos": os programas não eram para todos. Não havia como o planejamento abarcar todos os desempregados de baixa renda da periferia de São Paulo. Como diz uma das entrevistadas: "Faço fila pra tudo na vida. É pra receber uma cesta básica, é no posto de saúde. Quem é pobre vive em fila. Tá sempre esperando a sua vez. Então, eu já venho cedo"[4].

Os números e os critérios que do lado institucional pareciam dar conta de delimitar a pobreza, planejar ações, determinar "estratégias de inclusão social" foram traduzidos para o universo das arbitrariedades e das aleatoriedades que transformam direitos em sorte ou azar. Para os que foram incluí-

---

[3] André Gambier Campos, citado em *Pobreza e direitos na cidade de São Paulo: a experiência da Secretaria do Desenvolvimento, Trabalho e Solidariedade* (Tese de Doutorado, São Paulo, Depto. de Sociologia da FFLCH, USP, 2004), p. 252-3.

[4] Ibidem, p. 254.

dos nos programas, ainda era necessário lidar e explicar a possibilidade dos benefícios atrasarem ou deixarem de vir: "Beneficiária: 'Todo cartão que ia tirar dinheiro, todo comprovante que a gente tira, só falava assim: 'premiado', né? E as minhas amigas tudo era zero, e eu toda vez que eu ia, era premiado"[5].

A relação com o cadastramento aparece nas falas de alguns beneficiários como aquilo que materializa a possibilidade de verificar a vida de cada um, aquilo que desnuda também esse universo tanto da tecnologia institucional quanto da lógica burocrática-impessoalizada dos cartões. Registros e códigos podem ter outros significados: de meio de acesso ao direito até forma de controle. Esse relato sobre o recadastramento do Renda Mínima aponta para o "grande olho" do computador:

> Antônia: 'Aí renovemos de novo, porque todo mundo renovaram o cartão. Mas um e outro não passou, não conseguiu cadastrar o cartão, por quê? [...] tinha de dizer a verdade, porque o computador puxa, né? Tem de falar a verdade. [...] Se você falar alguma mentira, o computador fala que tá mentindo. Porque, por exemplo, era duas salas. Eu fiquei em uma e tava falando a verdade, né? Na outra tava o computador lá ligado [...] já tá tudo lá'.[6]

O computador não só definiria quem podia receber ou não, de acordo com a veracidade das informações prestadas, como determinaria o valor do Renda Mínima, de acordo com o grau de honestidade do candidato. Um beneficiário explica por que o Renda Mínima não tem um valor padronizado para todos: "Eles vão ver: 'Quem tiver mentindo, a gente põe menos. Quem tiver falando a verdade, a gente põe o tanto normal, que bem que merece'"[7].

O planejamento da exceção e o mercado da cidadania

A gestão do social pode ser conceituada no que Francisco de Oliveira chamou de "planejamento da exceção"[8]. Os "pobres" de antes são agora os "focalizáveis". A política converte-se em planejamento, em técnica, e realiza-se numa engenharia social que localiza e focaliza os pobres, contribuindo para o viver incerto e provisório. Propaga-se no âmbito tanto

---

5   Ibidem, p. 336.

6   Ibidem, p. 324.

7   Ibidem, p. 336.

8   Francisco de Oliveira, "O Estado e a exceção, ou o Estado de exceção?", cit.

314 • Saídas de emergência

do Estado quanto das entidades privadas um mapeamento da pobreza: localização das necessidades, delimitação de focos de intervenção. Para os que são "focalizados", tais projetos têm certamente uma importância que não deve ser esquecida ou desprezada. No entanto, o que fica para reflexão é a negação da questão social enquanto questão política, sua substituição pelas técnicas objetivas, focalizadas e imediatas de gerenciamento da desigualdade.

A cidadania é hoje uma questão de gestão e financiamento; poderíamos chamá-la de "cidadania administrável". Essa definição pressupõe uma nova forma de obscurecimento do conflito, que torna a desigualdade social uma questão de políticas e projetos sociais voltados para o apaziguamento (que também pode significar a manutenção) da pobreza. A propalada ineficiência do público[9] legitima que o Estado delegue ao capital privado não só a gestão dos bens públicos como também a gestão da política – o que mais seria a consolidação do terceiro setor senão uma terceirização da política? É fato que o Estado brasileiro nunca se consolidou enquanto Estado social. No entanto, a terceirização da política é um processo contemporâneo, que deve ser entendido em suas contradições. E estas se compõem das ambiguidades dos projetos socialmente engajados, que lidam com o drama social brasileiro e, ao mesmo tempo, diluem o conflito de classes e a desigualdade social na forma da "responsabilidade social" e do "politicamente correto".

É preciso discutir em que medida a centralidade das ONGs no desenvolvimento de políticas públicas reafirma o trato da questão social num sentido muito mais de manutenção das desigualdades que de transformações estruturais. O social torna-se objeto de entidades diversas, dispersas, das mais variadas origens, muitas vezes financiadas por capitais privados (que, diga-se de passagem, podem ser os mesmos que lucram com a desigualdade social, precarizam o trabalho e geram o desemprego).

No caso do Oportunidade Solidária, passados quatro anos, acaba a responsabilidade do Estado com aqueles que ele tornou público-alvo da "inclusão social", assim como acabam os financiamentos que mantinham as entidades parceiras. Tanto a responsabilidade do Estado como a das entidades que implementam a política têm duração determinada; enfim, a tal inclusão social também tem hora para acabar. A questão central é que a respon-

---

9   Idem, "Passagem na neblina", em *Classes sociais em mudança e a luta pelo socialismo* (São Paulo, Fundação Perseu Abramo, 2000).

A gestão do social e o mercado da cidadania • 315

sabilidade do Estado e das parceiras não está fundamentalmente relacionada com aqueles que "atingem". Ambos prestam contas para quem os financia. Quanto ao público-alvo, ele é reposto no lugar da passividade e, mais uma vez, da indistinção.

A terceirização da gestão fundamenta e tece o campo da cidadania administrável: na delegação do papel do Estado reside a possibilidade contraditória de entidades privadas tornarem-se atores centrais na gestão da exceção. Na maioria das vezes, as fundações das grandes empresas destinam uma determinada verba para a "cidadania" (leia-se, para os projetos sociais), mas o investimento pesado vai para o *marketing* social: criação de logotipos, propaganda, divulgação. Além do grande capital voltado para uma "imagem cidadã", esse investimento também é recorrente nas próprias entidades do terceiro setor; afinal, sua existência depende de um reconhecimento constante que garanta tanto o financiamento quanto sua legitimidade. Enfim, a visibilidade é o que movimenta o campo da cidadania administrável.

O discurso da SDTS utilizava-se de termos e expressões que trazem à tona a tecnologia social que vem consolidando o campo das políticas públicas e dos projetos sociais. O léxico dessa cidadania remete ao discurso mercadológico: delimitação do público consumidor/alvo[10], por faixa consumidora/segmentos da vulnerabilidade social, metas a serem atingidas/indicadores sociais. Entidades que precisam de visibilidade para a "captação de recursos" estabelecem um campo cada vez mais concorrencial e "aquecido" por financiamentos que vêm de todos os lados, o que praticamente configura um mercado dos projetos sociais. Hoje, a cidadania tem público consumidor, propaganda e orçamento. Seu paralelo com o léxico (e, em certa medida, com a lógica) do mercado permite-nos pensar num "mercado da cidadania" que se consolida fortemente a partir dos anos 1990

---

[10] Em termos mercadológicos, "público-alvo" é aquela faixa da população para a qual determinada campanha ou produto estão voltados e a qual pretendem atingir. Em se tratando de política pública, é como se essas pessoas pudessem ser "acertadas" por um programa – que muitas vezes parece que "caiu do céu", como dizem alguns beneficiários. A passividade implícita no termo "alvo" dá uma perspectiva interessante para refletirmos sobre a realização das políticas sociais da atualidade. Uma análise sobre o novo léxico da cidadania é feita em Paulo Eduardo Arantes, *Zero à esquerda* (São Paulo, Conrad, 2004) e Ludmila C. Abílio, *Dos traços da desigualdade ao desenho da gestão: trajetórias de vida e programas sociais na periferia de São Paulo* (Dissertação de Mestrado, São Paulo, Depto. de Sociologia da FFLCH, USP, 2005).

316 • Saídas de emergência

e no qual se entrecruzam entidades privadas, interesses privados, parcerias públicas, todos providos pela delimitação e pela focalização da pobreza.

O mercado da cidadania forma-se e está plenamente imbricado com o planejamento da exceção (a qual, como vimos, não pode ser plenamente administrável). Essa imbricação ocorre nas técnicas de gestão de pessoas (termo agora também recorrente no léxico do mundo do trabalho), nos financiamentos e no engajamento dos atores sociais, que já não encontram seu lugar político. Para os "alvos" desse mercado, a inclusão social tornou-se mais um dos componentes na produção dos arranjos cotidianos. As trajetórias aqui apresentadas mostram o viver por um fio, tal como o definiu Castel[11]. A despolitização da questão social nos leva a questões contraditórias. O poder público realiza uma ação inédita de reconhecimento da desigualdade social e desenvolve políticas sociais que rompem com as práticas clientelistas que há muito compunham um mercado informal da cidadania. No entanto, tal mercado assume hoje formas legítimas e publicamente reconhecidas que imbricam o engajamento social nos interesses e nas lógicas do mercado. Desaparece a desigualdade social como questão política (ou, no mínimo, seus horizontes) e o drama social afirma-se como uma questão de gerenciamento da sobrevivência.

---

[11] Robert Castel, *As metamorfoses da questão social...*, cit.

15
SOBRE O NASCIMENTO DA POPULAÇÃO DE RUA: TRAJETÓRIAS DE UMA QUESTÃO SOCIAL

Daniel De Lucca Reis Costa

A presença crescente de pessoas que vivem nas ruas de São Paulo tem suscitado inúmeras opiniões sobre o tema. Elas vão da piedade à hostilidade, da curiosidade ao repúdio, mas apoiam-se num solo comum: o sentimento de que viver nas ruas é intolerável, inaceitável. A crua exposição da miséria e da precariedade nas ruas causa incômodo e torna visíveis o pauperismo extremo e alguns dos efeitos sociais mais deletérios da maior metrópole brasileira deste início de século. Mas o que há de novo aí? Trata-se de uma nova configuração da pobreza ou apenas outra roupagem para a velha prática da mendicância? Nem totalmente um nem totalmente outro. Este artigo busca apontar a atualidade da população de rua a partir de perspectivas cruzadas, que atravessam seu campo de aparição. A diferença entre o novo e o velho será colocada aqui não na vida na rua em si, mas nas formas de inteligibilidade e racionalidade que conduziram à configuração de um novo domínio de práticas e intervenções, objeto de gestão governamental cujos dispositivos institucionais e discursivos se intensificam e se propagam na cidade e no país.

Partindo da hipótese de que a população de rua tal como se entende e manifesta hoje não existiu desde sempre, mas é invenção histórica recente e bem datada em nosso país, buscamos descrever e problematizar seu nascimento como uma questão social da cidade de São Paulo nos últimos trinta anos do século XX[1]. Mediante uma abordagem do tipo nominalista e genea-

---

[1] Este artigo faz parte de uma pesquisa de caráter etnográfico muito mais extensa e condensa parte dos argumentos presentes no primeiro capítulo de minha dissertação de mestrado. Ver *A rua em movimento: experiências urbanas e jogos sociais em torno da população de rua* (Dissertação de Mestrado, São Paulo, Depto. de Antropologia da FFLCH, USP, 2007). Agradeço enormemente a todos meus interlocutores

318 • Saídas de emergência

lógica, que se opõe a um desdobramento universal a respeito da origem dessa realidade, pretendemos contribuir para aquilo que seria uma *história da população de rua*, uma história que deveria incluir a transformação de suas práticas concretas, de suas definições, de seus nomes, de suas medidas, das instituições que deveriam falar sobre ela e por ela, conhecê-la, contabilizá-la, reduzi-la, socorrê-la e protegê-la. Tal como ensina Foucault, este seria um modo de investigação preocupado em decifrar a inteligibilidade atual desse fenômeno como uma forma de experiência historicamente determinada por uma intrincada rede de conexões, em que se articulam a própria elaboração da população de rua como problema a ser enfrentado, as complicações e as dificuldades impostas por essa questão, as racionalidades políticas envolvidas e as resoluções práticas mobilizadas para solucioná-la[2]. Como está muito além do alcance deste artigo fazer uma sistematização detalhada da cadeia de mediações e dos múltiplos agenciamentos enredados em sua aparição, nossa proposta é puxar apenas algumas linhas do emaranhado de relações que tecem e participam da trama dessa história. Supõe-se que o registro parcial dessas trajetórias forneça um lastro possível para a construção de um texto que permita compreender como a população de rua pôde ser definida como um domínio de problemas para os quais diversas práticas, nomeações e reflexões lhe forneceram consistência como suporte e realidade para ação e para o pensamento.

Rua, terra de missão

Na passagem para a década de 1970, um coletivo religioso desenvolvia atividades caritativas em prol dos "mais abandonados" da região central de São Paulo. Composto basicamente por leigos e irmãs da Ordem de São Bento, era conhecido como "o grupo das oblatas" e articulava-se em torno da Organização do Auxílio Fraterno (OAF), fundada nos anos 1950 pelo padre capelão do hospital do Brás. No entanto, as oblatas eram vistas com estranhamento: além de não usarem o hábito, circulavam por viadutos, cortiços e ocupações, ajudando os "bêbados", as "prostitutas" e as "crianças sem pai". Era "um tipo de gente com que as mulheres religiosas da época

---

de pesquisa e campo, sem os quais a reconstrução desta história seria definitivamente impossível.

[2] Michel Foucault, *Nascimento da biopolítica...*, cit.

Sobre o nascimento da população de rua: trajetórias de uma questão social • 319

não andavam", me contou Fortunata, que, com mais de oitenta anos, é a mais antiga das oblatas. O próprio termo "oblata" é ela quem explica: "Significa oferecidas, vida em ofertório a Deus".

Na época, a experiência operária já era um dos fundamentos do aprendizado e da formação das noviças: para se tornarem oblatas, tinham de passar pela experiência do trabalho nas fábricas. E, entre as "oblatas operárias", o trabalho tinha valor moral e era enunciado simultaneamente como a causa e a solução para o problema dos "marginais" a que se dedicavam. A própria utilização do termo "marginalidade" tinha um caráter político, pois buscava distanciar-se das interpretações que viam esses sujeitos como "dementes", "vagabundos" e "criminosos" e aproximar-se das teorias que explicavam essa realidade pela enorme massa de migrantes e desempregados alijados do mercado de trabalho e das possibilidades de vida na cidade.

Era um momento da história paulistana marcado por uma forte migração. A produção do espaço urbano era cadenciada pelo fluxo de vagas de famílias e indivíduos que chegavam e se instalavam em loteamentos com frequência ilegais, por meio de mutirões e construções de casas próprias, constituindo aquilo que posteriormente a literatura especializada detalhou em termos de "padrão periférico de crescimento urbano"[3]. No entanto, na tentativa de "convivência mais autêntica e missionária entre o povo pobre", as oblatas não tinham nas periferias urbanas o território de suas práticas. Ao apoiar e ajudar "aqueles que não têm para onde ir no centro da cidade", elas se voltavam para outras margens: a "periferia do centro"[4].

Nessa época, não existiam ONGs disseminadas pela cidade nem havia ocorrido o *boom* do terceiro setor, como se viu na década de 1990. A OAF era uma organização com várias atividades e contava com um quadro considerável de funcionários e colaboradores. "Colaboradores, porque na épo-

---

[3] Lúcio Kowarick, *A espoliação urbana* (São Paulo, Paz e Terra, 1993).

[4] A trajetória e a experiência de trabalho da OAF estão registradas em livros organizados por Nenuca, principal coordenadora das oblatas. Lê-se ali: "Quando pensamos nos pobres como povo, nos vem à ideia o povo situado na periferia da cidade. Na nossa missão, porém, o povo faz parte de uma periferia especial; sua demarcação não é geográfica, mas sociológica, é 'a periferia do centro'. Aqui, os pobres não são notados, sua presença está escondida. A simples vista não percebe que atrás da porta de uma antiga mansão mora talvez uma centena de pessoas, nem que outras centenas de homens e mulheres transitam pelas ruas, sem destino" (OAF, *Somos um povo que quer viver*, São Paulo, Paulinas, 1982, p. 97).

320 • Saídas de emergência

ca não se falava nessa coisa de voluntariado." As atividades que a organização desenvolvia eram vistas como um "verdadeiro movimento cristão", uma prática missionária voltada para os mais destituídos, muito mais do que faz uma ONG ou instituição filantrópica. Essa dimensão missionária se intensificou e levou a uma reavaliação radical do quadro institucional no fim dos anos 1970. Os recursos públicos e privados que a organização recebia foram cortados, o corpo de técnicos e funcionários foi demitido e os serviços prestados foram encerrados. Os padrões formais e institucionais de assistência foram abandonados, e a OAF passou a desenvolver um "trabalho realmente evangelizador", diretamente ligado à dinâmica das ruas.

No entanto, essa inflexão estava em consonância direta com o momento histórico, quando novas formas de mobilização coletiva e ação política pipocavam por toda a cidade. Numa época em que quase a metade da população da cidade morava em favelas, cortiços ou áreas irregulares, esses novos atores traziam com eles o pressuposto do forte nexo entre democracia política e justiça social. O Estado autoritário era visto como o adversário que deveria ser combatido e imaginava-se que as injustiças sociais seriam suplantadas pela redemocratização. Foi nesse contexto de grande intercâmbio com experiências realizadas nas periferias da cidade que a evangelização nas ruas do centro se politizou cada vez mais.

Em 1978, a OAF conseguiu um espaço para convivência e celebração. O casarão abandonado, localizado ao lado do mosteiro de São Bento, tornou-se uma "casa de oração". Ali foi organizada a primeira "missão", um "momento de reflexão e aprofundamento sobre quem são as pessoas que ali estão e o que querem". Assim, foram criadas ocasiões para trocas e conversas, pois se imaginava que isso poderia estabelecer elos comuns capazes de promover unidade na "classe dos maloqueiros". Nessas experimentações surgiram novos entendimentos, nomes e formas de nomeação. É irmã Regina quem conta:

> E aí nós fizemos um teatro uma vez. Nesse teatro, as pessoas que representavam quem não era da rua chamavam os da rua de maloqueiro, e aí eles respondiam que eles não eram maloqueiros, eles eram sofredores. E isso ficou muito forte para a gente, e essa denominação de sofredores veio deles. [...] Para nós era muito mais a visão do servo sofredor, aquele que resiste. É uma passagem da Bíblia. O servo sofredor, que é a figura daquele que resiste apesar de todo o sofrimento, apesar de todo o escárnio que sofre, quando chutam e cospem no corpo dele. E toda a resistência de não perder a vontade, essa altivez. E aí então ficou a Comunidade dos Sofredores da Rua. E na época havia muitas formas de

Sobre o nascimento da população de rua: trajetórias de uma questão social • 321

expressão, havia teatro, havia música e isso foi se divulgando. Então, a missão que fizemos ficou como Missão da Comunidade, Missão dos Sofredores. E fizemos a primeira missão na Casa de Oração, lá na Florêncio de Abreu, quando ficávamos dois, três dias fazendo convivência. Nesse tempo também havia contato com o pessoal das favelas, das ocupações, dos cortiços, havia um intercâmbio. [...] Quando em 79 fizemos a primeira missão já apareceram reivindicações. Tinha uma mulher chamava Natália, uma das reivindicações dela era ter privada e banheiro na rua, então já começava uma consciência. Isso numa assembleia. [...] Em 1980, a gente fez a missão novamente em setembro e decidimos fazer a primeira caminhada na rua. Até então a gente nunca ia para rua, até então era um trabalho mais local. Mas um dos objetivos agora era esse de dar visibilidade.[5]

Luiz Kohara completa:

A gente trabalhava muito essa questão da ideia de povo, contrapondo às palavras mendigos, maloqueiros. Então valeu bastante a questão do Povo da Rua. Eu acho que não é uma questão à toa. A comunidade começou a chamar sofredores da rua e tinha um caráter de reconhecer o sofrimento, mas a gente questionava muito, porque tem um aspecto de resignação quando se fala sofredor. Não é tão legal essa questão de sofredor, mas ficou porque a população logo pegou. Mas serviu também para reconhecer que ele não era maloqueiro, ele era sofredor, que ele não era sozinho, era parte de um povo e de uma reflexão de fundo e que dava bastante sustentação a essa questão [...]. Três anos depois, se discute que precisava ter uma identidade a partir do positivo; eu lembro da reunião que a gente criou a frase: "Somos um povo que quer viver", e depois isso virou o livro, quando a gente começou a sair na rua [...]. Essa frase era pra reforçar o aspecto positivo. Quem é essa população? É a população que quer viver e que está sendo impedida de viver.[6]

Parte do grupo foi morar na Baixada do Glicério com a intenção de se envolver mais diretamente com as relações próprias do universo das ruas. Para "viver e levar o Evangelho", eles dormiam nas ruas e em albergues, alguns catavam papelão, outros vendiam cafezinho nas ruas e passaram a visitar com mais frequência "mocós", "malocas" e outras ocupações da região central. Com o desejo de considerar a "classe sofredora em seu conjunto",

---

[5]   Irmã Regina tornou-se oblata no fim da década de 1970. Ela e irmã Ivete são as duas únicas oblatas que ainda trabalham na OAF em São Paulo.

[6]   Luiz Kohara participou das práticas desenvolvidas pela OAF nas décadas de 1970 e 1980; hoje é integrante do Centro Gaspar Garcia de Direitos Humanos, ONG que atua no centro de São Paulo e desempenha um papel importante na articulação de movimentos de moradia da região. Ele também trabalha com outras categorias populares, como os catadores de materiais recicláveis e os moradores de rua.

322 • Saídas de emergência

começou-se a querer transformar os pobres e marginalizados do centro em "povo", vencendo a dispersão característica da rua, reunindo as pessoas e "formando comunidade". Alderon Costa explica:

> Eram muito intensas todas essas questões e a gente acreditava ainda que podia transformar o mundo. Acreditávamos nessa coisa de louco. Pensar que aquela população poderia também colaborar nessa transformação do mundo, isso para nós era, assim, uma coisa muito clara. E íamos contra a corrente. Porque todo mundo achava que isso era loucura, "como esse povo bêbado vai poder colaborar com isso?" Aí tinha discussões e discussões em cima dessa questão. Porque nós acreditávamos. E tinha todo o movimento de São Bernardo, dos metalúrgicos, que era forte. Coisa assim, a revolução vai vir, a transformação social e tudo mais. Mas era tudo lá, era para o lado de lá. Mas, enfim, a gente acreditava e apostava muito nessa transformação, pouco a pouco, passo a passo, e principalmente porque a gente não acreditava muito numa sociedade que não incluísse essa população, quer dizer, que sociedade é essa que não pode incluir essa gente? Para se ter uma sociedade diferente, tem que incluir essa população e nós temos que estar preparados para isso.[7]

Tratava-se, pois, de levar o Evangelho para as ruas a fim de conduzir o povo de Deus à salvação, um trabalho "verdadeiramente profético", que se misturava com a própria possibilidade de levar a classe dos sofredores à revolução. A sobrevivência nas ruas era por si só interpretada como uma atitude de resistência e luta pela vida. Por isso, a presença irredutível da vida na rua, lugar de morte e sofrimento, era vista como testemunho da presença de Deus, um sinal divino e, ao mesmo tempo, a possibilidade de negação extrema do mundo material. Como Deus se fazia presente junto dos sofredores, aproximar-se deles era aproximar-se do próprio Criador e, portanto, distanciar-se de referências e valores de uma ordem social injusta.

Como não se tratava mais de maloqueiros, vagabundos ou mendigos, mas de um povo sofredor, que vivia nas ruas da cidade e tinha de encontrar seu caminho como rebanho escolhido, a rua tornou-se terra de missão. Uma missão que buscava denunciar as violências e anunciar as boas novas, delatando a morte que espreitava a rua e afirmando publicamente a existên-

---

[7] Alderon Costa participou da Comunidade dos Sofredores de Rua. Foi um dos principais fundadores do Centro de Documentação e Comunicação dos Marginalizados (CDCM), que depois se tornou Associação Rede Rua e hoje é responsável por vários equipamentos e projetos sociais voltados para a população de rua. Atualmente, é editor-chefe de *O Trecheiro*, "o jornal do povo da rua", e colabora com a revista Ocas, também voltada para o universo das ruas de São Paulo.

cia de uma vida que resistia e insistia em sobreviver. Portanto, uma missão que se apresentava como um ideal tanto religioso quanto político e articulava uma narrativa salvacionista e socialista em que as referências a Cristo e a Marx ajudavam a compor um poder pastoral imbuído de uma teleologia de coloração democrático-popular.

Trabalho nas ruas

De família pobre do interior do Estado de São Paulo, Carlos Fabrizio chegou à capital paulistana em 1975 em busca de trabalho. Habilidoso com as mãos, fez de tudo: foi soldador, pedreiro, carpinteiro, pintor e "mais o que precisasse fazer". Trabalhou em vários lugares, empresas, indústrias e construções. E foi justamente essa trajetória profissional segmentada que permitiu que aprendesse as "novas manhas" dos serviços, até então desconhecidas. Contudo, na passagem para a década de 1980, ficou cada vez mais difícil conseguir emprego. Então ele conseguiu um serviço como soldador em Cubatão, e esse foi o último trabalho registrado de que tem lembrança. Depois disso, não conseguiu mais nada e, como ele mesmo diz, é só "tropeço". Fez bicos aqui e ali, mas não "um serviço decente mesmo". Aos trinta anos, no auge da força produtiva, Carlinhos, como é conhecido, virou morador de rua. Arranjou um "mocozinho" debaixo de um viaduto, travou conhecimentos por ali e continuou fazendo bicos – "tentando, né?".

"Trabalhador que não deu certo"[8], Carlinhos faz parte daquela enormidade de casos sociais que encontram nas ruas da cidade uma forma de vida nada usual, apesar de crescente. A rua se transforma em espaço de "viração", espaço social em que é possível viver e sobreviver na adversidade. Até então, a trajetória de Carlinhos seguia todas as características básicas apontadas pelos estudos sobre os moradores de rua: perdas sucessivas levam à rua, distanciam da família e do mundo do trabalho, aproximam da bebida. Nos dizeres de Robert Castel, ele seria o desfiliado em pessoa[9]. Seria, se a história parasse aqui. O mesmo processo que o levou às ruas deu-lhe novas referências. A inserção de Carlinhos nesse novo meio ensinou-lhe outros códigos, apresentou-lhe pessoas, coisas e novas formas de trabalho, ainda

---

[8] Delma Pessanha Neves, "Mendigo: trabalhador que não deu certo", *Ciência Hoje*, n. 4, 1983.

[9] Robert Castel, *As metamorfoses da questão social...*, cit.

324 • Saídas de emergência

que não reconhecidas. Ali, no meio do lixo jogado no espaço público, ele descobre uma fonte de renda e aprende que viver na rua é também viver da rua. Descartado dos meios de produção, Carlinhos se vê diante dos descartáveis do mundo do consumo. Descobre a catação e, com ela, toda uma trama de mediações entre materiais recicláveis, pontos de coleta, depósitos clandestinos, preços variáveis, carroças, catadores, manhas e truques. E, circulando entre os depósitos e até dormindo em alguns, aprende a fazer carroças com material encontrado nas ruas. Reempregando as competências de suas "habilidosas mãos", Carlinhos também começa a fabricar carroças por encomenda. "Fiz tanta carroça que eu nem me lembro quantas". Faz uma para si e começa a dormir debaixo dela.

Com o aumento do desemprego da década de 1980, o infortúnio das ruas é cada vez mais exposto na mídia impressa. O levantamento efetuado por Cleisa Moreno Maffei Rosa mostra um impressionante crescimento de reportagens sobre mendigos e pessoas que vivem em viadutos, marquises, casas abandonadas, calçadas e jardins[10]. Cresce também a variedade de denominações: desabrigados, *homeless*, pobres de rua, gente morando na rua, indigentes, exército de rejeitados, deserdados, cidadãos da rua. Nos jornais, a imagem da miséria nas ruas confunde-se cada vez mais com a figura do desempregado e, nesse movimento, a catação surge como uma atividade de subsistência possível. Assim, o catador passa a se diferenciar dos mendigos, porque, agora, as ruas não são apenas dos vagabundos, anunciam os jornais, mas também dos que não encontram lugar no mundo do trabalho.

Seja como for, a entrada de Carlinhos nesse ramo informal ocorreu justamente no lugar em que vive: a Baixada do Glicério. Lá, ele conheceu a Comunidade dos Sofredores de Rua, que na época era o único espaço de referência e trabalho voltado para o universo das ruas de São Paulo. Ali, participou das "sopas comunitárias" – quando pegavam restos de feiras, cozinhavam e comiam juntos debaixo do viaduto – e começou a frequentar as reuniões da comunidade. Nessas reuniões, falava-se muito das dificuldades e das possibilidades de ganhar dinheiro. E foi desse meio de discussões e reflexões que nasceu a ideia de fundar uma associação de catadores. Carlinhos conta:

---

[10] Cleisa Moreno Maffei Rosa, *Vidas de rua, destinos de muitos: pesquisa em jornais e revistas sobre temas relativos à população de rua na cidade de São Paulo (1970-1998)* (São Paulo, IEE/ PUC-SP, 1999).

Sobre o nascimento da população de rua: trajetórias de uma questão social • 325

A ideia da associação [de catadores] apareceu foi numa missão, quando a gente fazia uma vaquinha e cada um dava um pouco. A gente se juntava para fazer vários trabalhos. Cada um do jeito que dava. Tinha o grupo do café, da marretagem na rua, os flanelinhas e também outras contribuições. E dentro disso já tinha um grupinho de catadores de papel organizado. Eram uns dez catadores que fazia esse trabalho, conversando junto, mas não comercializava junto. E, para a missão, isso exigia que a gente comercializasse junto, fizesse tudo junto, unido. Aí pedimos emprestado um espaço numa casa aqui velha, abandonada. Juntamos todo aquele material e, no dia da venda para a missão, recebemos o dinheiro. Quando depois a gente se encontrou, para fazer a avaliação da missão, vimos que o nosso grupo dos catadores foi o que deu mais dinheiro, porque a gente juntou tudo, a gente não vendeu cada um separado. Aí, no final da avaliação, pensamos: "Por que não continuamos nós? Juntos assim dá mais dinheiro". Aí continuamos juntos, tudo na mesma casa, arrumamos uma balança, para dividir o material de cada um, dividir o dinheiro [...]. E a gente foi assim trabalhando. Depois surgiu essa casa aí, que tava abandonada na época [atual sede da OAF]. [...]. Depois, em 1985, viramos associação. Aí a Luiza Erundina já era vereadora e ajudava a gente. Ela veio aqui no Glicério, na fundação da associação.

O apoio da vereadora Erundina era uma verdadeira exceção. Num momento em que o país experimentava a truculência do aparato estatal, a relação dos agentes públicos com o universo das ruas era baseada unicamente em práticas violentas e repressivas de remoção e expulsão do espaço público. Em particular, a gestão municipal de Jânio Quadros (1985-1988), cujo símbolo era uma vassoura, caracterizou-se por uma intensa e sistemática perseguição às pessoas que viviam e trabalhavam nas ruas da cidade; considerava-se que os catadores sujavam as ruas, ao vasculhar o lixo em busca de material. Jânio Quadros também deu continuidade à prática de cercar os viadutos, iniciada na gestão de Mário Covas (1983-1985). A presença maciça de pessoas que viviam nas ruas e trabalhavam com o lixo era muito recente na cidade, pelo menos nessa escala. A catação surgiu como uma possibilidade de trabalho e vida nas ruas do centro da cidade, e foi nesse contexto que a associação surgiu e ganhou força. Carlinhos foi seu primeiro presidente.

Nos anos 1980, os catadores da associação participaram ativamente das missões e faziam verdadeiros "cortejos de carroças" para chamar a atenção e dar visibilidade à questão. Nessas missões, os catadores também tentavam mostrar que eram diferentes dos chamados "mendigos" ou "maloqueiros", aderindo de forma mais contundente aos protestos contra o sofrimento nas

326 • Saídas de emergência

ruas. Na trajetória coletiva desses trabalhadores constantemente persegui-dos pelas autoridades públicas, a eleição de Luiza Erundina para a prefeitura promoveu um rearranjo nas relações de forças. Logo em 1989, a associação se transformou na primeira cooperativa de materiais recicláveis do Brasil, a Cooperativa dos Catadores Autônomos de Papel, Aparas e Materiais Rea-proveitáveis (Coopamare). Por intermédio da prefeitura, a cooperativa con-seguiu um espaço em Pinheiros e um convênio com a Secretaria Municipal do Bem-Estar Social. Em 1990, por meio de decreto, a prefeitura reconhe-ceu oficialmente o trabalho dos catadores de papel na cidade de São Paulo. Esse decreto, formalizando esses trabalhadores como categoria, possibilitou que fossem registrados como autônomos, independentemente de estarem ou não vinculados a uma cooperativa.

Naquele momento, questionava-se se esse tipo de relação com o poder público deveria ou não ser mediado pela assistência. Implicitamente, havia a interrogação que ainda permanece: os catadores deveriam ser considerados uma categoria profissional ou uma categoria de assistidos? Seja como for, a catação, que antes era vista apenas como uma estratégia de sobrevivência, uma atividade de exceção para enfrentar as necessidades da vida, transfor-mou-se lentamente em regra. Assim, no decorrer da década de 1990, a ca-tação se tornou um foco de luta política pela profissionalização e pelo "direi-to ao trabalho nas ruas". E, aos poucos, a figura do catador assumiu uma posição permanente e mais definida no circuito informal e instável dessa economia urbana estruturada em torno do lixo. Como bem explica Carli-nhos, "não é bem lixo, mas material reciclável".

Caixa de ressonância

Contrariando as previsões gerais, Luiza Erundina ganhou a eleição para a prefeitura de São Paulo. Essa vitória imprevista, além de alterar o universo das práticas e das relações de rua, suscitou uma reconfiguração no horizonte de possibilidades das organizações populares da cidade. A nova prefeita não apenas tinha vínculos políticos e religiosos com os movimentos e as comu-nidades de base de São Paulo, como também era parte integrante e fundamen-tal da articulação desses movimentos. Assim, o governo trouxe para o inte-rior da máquina pública demandas que até então eram discutidas e debatidas longe do Estado.

Entretanto, embora Luiza Erundina conhecesse a realidade das ruas do centro de São Paulo por sua ligação com as oblatas e seu apoio aos catadores, os órgãos municipais eram invadidos por reclamações, queixas e pedidos para "remover as pessoas das ruas". No entanto, a solução não era fácil. Com exceção das pessoas ligadas à Comunidade dos Sofredores de Rua, sabia-se muito pouco sobre a população de rua. Não se sabiam quantos eram, de onde vinham, o que faziam, por que estavam lá e, o mais importante de tudo, o que se deveria fazer com toda essa gente. Aparentemente, o simples recolhimento ou remoção – para a prisão, para a periferia, para outras cidades, ou então para o cemitério – já criava dificuldades para a polícia, visto o número de pessoas que vivia nas ruas. A polícia já começava a não "botar todo mundo para fora", apenas ordenava: "Circulando!". Além disso, a injunção imediata e moralizante "vá trabalhar" era falaciosa, já que o desemprego era fato intransponível. Impunha-se, então, a necessidade de conhecer esse universo e estabelecer estratégias institucionais adequadas para lidar com ele.

Na época, a supervisora regional da Secretaria Municipal do Bem-Estar Social, Cleisa Moreno Maffei Rosa, organizou o Fórum Coordenador dos Trabalhos com a População de Rua, que se reunia periodicamente. A proposta era "trazer para dentro do Estado aquilo que as organizações de base já tinham vivido". Além das oblatas, outros atores (religiosos, militantes ou técnicos) foram convidados a participar. Assim, o diálogo em torno do tema se tornou mais amplo e complexo; e teceu-se uma linguagem capaz de articular uma rede de significados entre gestores públicos, organizações sociais, práticas religiosas e experiências de rua. Na busca por serviços especializados, a prefeitura começou a fazer convênios com organizações. Surgiu daí a primeira Casa de Convivência, um serviço público que tinha como fundamento justamente o Centro Comunitário da Baixada do Glicério, criado pelos participantes da Comunidade dos Sofredores de Rua. A partir de então, o Centro Comunitário do Glicério, assim como outras práticas adotadas pelas oblatas, tornou-se a principal referência para as intervenções estatais. Nesse processo, outros convênios foram realizados e novas organizações surgiram, com origens e objetivos distintos.

É nesse contexto que o termo "população de rua", até então utilizado esporadicamente pelas oblatas, passa a figurar como designador amplo dessa realidade. Em maio de 1991, foi realizado o primeiro Dia de Luta da População de Rua, uma manifestação que aos poucos parece tomar o lugar polí-

328 • Saídas de emergência

tico e simbólico da "missão". Esses eventos se tornaram um marco na rei-vindicação e na exigência dos "direitos básicos da população de rua", como moradias coletivas, atendimento médico sem discriminação, alojamento durante o inverno, tratamento digno e sem violência policial. Num movimento crescente, a questão se articula cada vez mais em torno de demandas setoriais e políticas específicas.

Com o intuito de estabelecer um quadro diagnóstico das práticas em andamento, a prefeitura de São Paulo encomendou a primeira pesquisa quantitativa sistemática já efetuada no Brasil sobre esse contingente urbano que nem sequer figurava nos censos nacionais. Participaram da pesquisa quase todas as organizações sociais que trabalhavam ou começavam a trabalhar com o tema na cidade. Além de esboçar certo retrato desse campo de relações específicas, esse estudo foi um acontecimento discursivo e produziu um importante deslocamento nos antigos modos de apreciação do fenômeno. O título do estudo, publicado em livro em 1992, explicita a intenção de definir, por fim, a questão e os termos do debate: *População de rua: quem é, como vive, como é vista*[11].

Ao determinar a amplitude numérica dessa população, a pesquisa redefiniu também a escala das práticas e das políticas que deveriam ser implantadas. De uma estimativa extremamente vaga, que variava de 5 mil a 100 mil pessoas vivendo nas ruas do centro de São Paulo, passou-se a uma realidade mensurável de 3.392 pessoas. Outro fato importante foi a delimitação do tema. A pesquisa mostra que a maioria dessa população é constituída por homens que já estão há algum tempo em São Paulo e por migrantes recém-chegados, como se acreditava. Também mostra que essas pessoas sem residência fixa possuem uma trajetória de trabalho, apesar de segmentada e precária, e muitas fazem "bicos" e outras atividades pontuais nas ruas da cidade.

Esses sujeitos foram reconhecidos pelo próprio poder público como trabalhadores alijados de seus direitos, uma verdade que se contrapunha à tradicional e corriqueira acusação moral de "vagabundos", "preguiçosos" ou "gente que não quer trabalhar". A rua como espaço de existência foi apresentada publicamente como uma condição forçada, e não como uma escolha voluntarista de supostos sujeitos desajustados. Assim, a explicação do

---

[11] Maria A. C. Vieira, Eneida M. R. Bezerra e Cleisa M. M. Rosa, *População de rua: quem é, como vive, como é vista* (2. ed., São Paulo, Hucitec, 1994).

Sobre o nascimento da população de rua: trajetórias de uma questão social • 329

fenômeno passou a situar-se na estrutura social desigual e no mercado de trabalho competitivo, que seleciona apenas os mais aptos. O antigo mendigo começou a ser visto como um trabalhador irregular e sem ganho definido que, por múltiplas circunstâncias econômicas e sociais, transforma a rua em abrigo. E, nessa virada, a causalidade da situação de rua abandona o sujeito e desloca-se para a estrutura que o coage. Nesse estudo, assim como nos discursos das oblatas, a "rua" revela-se como signo diacrítico, diferença fundadora e principal eixo articulador da enorme heterogeneidade de experiências, trajetórias e formas de vida. Assim, não é a casa ou sua ausência que passa a balizar a singularidade dessa categoria, mas sim seu vínculo com a rua.

No governo de Luiza Erundina, assistimos a uma institucionalização da população de rua como problema público: seminários são efetuados, pontos de vista são confrontados, práticas são debatidas, modelos de intervenção são experimentados. E a condição para tudo isso foi a própria inserção institucional das personagens que atuavam nesse campo. Esses atores começaram a participar da "construção de políticas públicas", estabeleceram convênios com a prefeitura e assumiram a coordenação e a gestão de serviços que, anos antes, eram reivindicados unicamente na forma de direitos. Ao mesmo tempo, outras organizações não governamentais entraram no jogo político e começaram a estruturar uma arena de interlocuções e mediações institucionais. A OAF, matriz dessas práticas, deixou de ser a única e principal referência nesse campo. A implicação direta dessas personagens no governo e na administração dos problemas públicos tornou ainda mais complexo o diagrama de negociações e resoluções em torno da questão. No entanto, o acesso direto ao Estado serviu de caixa de ressonância a suas demandas e reivindicações, fazendo com que o foco das lutas e dos discursos alcançasse mais interlocutores. Assim, o problema da gestão da população de rua entrou definitivamente no domínio das práticas e reflexões governamentais.

Itinerário de uma lei

A alteração do poder municipal, em 1993, mudou o jogo de relações que havia começado a se consolidar e estruturar em torno da questão. O novo prefeito, Paulo Maluf, opositor político da gestão de Luiza Erundina, tratou os atores diretamente ligados a ela como adversários e parte destes também o viram assim. A aliança conjuntural entre poder público e organi-

330 • Saídas de emergência

zações de base virou antagonismo. Enquanto alguns convênios de atendimento à população de rua eram rompidos ou recebiam menos verbas, os serviços de assistência social – terreno em que as instituições do terceiro setor se multiplicavam – eram municipalizados. Apareceram outras organizações em busca de convênios e, nessas negociações, tanto a filiação política quanto a promessa de "barateamento dos serviços" pesaram sobre a seleção e a realização das "parcerias entre poder público e sociedade civil".

Com a nova gestão, o Fórum Coordenador dos Trabalhos, que até então era articulado pela Secretaria do Bem-Estar Social, sofreu um deslocamento. As reuniões com as organizações continuaram, mas não tinham mais o apoio do Estado nem ocorriam nas dependências da secretaria. Algumas autoridades públicas ainda participavam do fórum, como a vereadora Aldaíza Sposati, e ali se esboçava o primeiro projeto de uma Lei Municipal de Atenção à População de Rua, uma lei que só se tornou necessidade quando a prefeita "aliada" deixou o cargo e a gestão "inimiga" criou dificuldades[12]. A intenção do fórum era instituir uma lei que garantisse direitos mínimos a essa população, bem como regulasse e tornasse obrigatória a ação da prefeitura nesse campo, com um orçamento definido, objetivos específicos e formas de trabalho e intervenção estabelecidas. Entretanto, essa lei teve uma longa e intrincada trajetória até sua regulamentação e sofreu alterações tanto por parte do poder público municipal quanto do próprio poder eclesiástico.

O projeto da lei foi aprovado na Câmara Municipal num acordo. O Maluf era o prefeito na época e vetou a lei. Mas num arranjo da Câmara, os vereadores resolveram derrubar os vetos [...]. Aí fomos todos para a Câmara. Manifestação, gente, o Povo da Rua e tal. Claro que o presidente da Câmara promulgou a lei. Mas quando ele promulgou a lei, já era passagem para o governo Pitta, que arguiu a lei por "inconstitucionalidade por vício de iniciativa". A Câmara não pode propor uma lei que gere gastos para o Executivo. Essa figura se chama "vício de iniciativa".[13]

---

[12] "A gente estava lutando para os projetos continuarem. A Erundina foi muito boa, mas não fechou nenhuma lei. Os projetos não tinham um amparo desde o Legislativo. Porque, se tivesse amparo legal, poderíamos pedir e, se o prefeito Maluf quisesse encerrar os convênios, não conseguiria. [...] E sendo das organizações que trabalham com a população de rua, a gente tinha um inimigo comum e fomos fortalecendo, se conhecendo. Como tinha um inimigo comum, a gente não brigava muito entre si. Porque a gente precisava um do outro" (pastora Mabel, integrante da Associação Evangélica Beneficente).

[13] Padre Júlio Lancelotti acompanhou as atividades desenvolvidas pelas oblatas desde a década de 1980; na virada dos anos 1990, a imagem do padre se projetou na cena

Sobre o nascimento da população de rua: trajetórias de uma questão social • 331

No mês de maio de 1998, foi realizado o VIII Dia de Luta da População de Rua. Participaram do evento o recém-criado Vicariato do Povo da Rua, coordenado pelo padre Júlio Lancelotti, a Coopamare, organizações, políticos, usuários de equipamentos públicos e moradores de rua. Durante a manifestação, esses atores foram recebidos pelo prefeito, pela primeira vez após a gestão de Luiza Erundina. O encontro com Pitta – que precisava de apoio político, porque estava sob ameaça de *impeachment* – convenceu-o a "desistir da ação de inconstitucionalidade" e a abrir a primeira frente de trabalho para essa população. Além disso, foram criadas novas vagas em albergues, ampliando o conjunto dos serviços voltados para esse público. Padre Júlio conta:

> Ele desistiu da ação de inconstitucionalidade, mas precisava a justiça homologar, só que até isso acontecer demorou e o Pitta não regulamentou a lei. Só que aí já estávamos em outra campanha eleitoral [para a prefeitura] e nós convidamos a Luiza Erundina e a Marta Suplicy para quem fosse eleito assumir como primeiro ato a regulamentação da lei. A Marta ganhou e, realmente, o primeiro ato da Marta foi esse [...]. E com o novo cardeal presente, dom Cláudio, ela regulamentou a lei. Agora, isso, se você for ver, foram três administrações até chegar na Marta.

O decreto assinado por Marta Suplicy possibilitou a regulamentação da Lei n. 12.316/97, um documento público que nomeou e codificou juridicamente a "população de rua" como uma categoria social dotada de direitos. Contudo, a regulamentação dessa lei não resolveu os conflitos entre as organizações ligadas à população de rua. Houve, sim, uma redefinição dos embates, e a luta pelo cumprimento da lei continua, numa peleja política que se arrasta até hoje.

O fortalecimento gradual da rede de instituições, serviços e albergues que atende o morador de rua foi resultado direto dos conflitos entre poderes públicos e entidades de atendimento que acompanharam a regulamentação da lei na década de 1990. No entanto, essa lei não prevê apenas a codificação das formas e das condições de atendimento desse público, também

---

paulistana como um agente ligado aos "interesses da população de rua". Com o título de "vigário do povo da rua", ele foi um dos responsáveis pela Pastoral da Rua e também pela Pastoral do Menor. A primeira foi criada em meados da década de 1990 e a segunda, no começo da década de 1980. O padre Júlio até hoje vive, trabalha e atua no Brás, na Mooca e no Belém; neste último, é responsável por uma paróquia.

332 • Saídas de emergência

postula a publicação periódica do censo da população de rua. Segundo a Fundação Instituto de Pesquisas Econômicas (Fipe), esse contingente – considerado nessas pesquisas basicamente como usuários de equipamentos e pessoas que pernoitam nas ruas – era de 4.549 pessoas em 1994, 5.334 em 1996, 6.453 em 1998, 8.706 em 2000 e 10.394 em 2003. O último censo, realizado em 2010, contou 13.666 pessoas, cuja maioria é composta de homens e concentra-se nos distritos da Sé, República, Brás e Liberdade. Essas pesquisas levaram à consolidação do discurso sobre a situação de rua como um fenômeno demográfico, coletivo e de massa, estabelecendo-o como objeto de relevância estatal e estatística. Com efeito, na virada para o novo milênio, a miséria presente nas ruas assume feições de um problema público, permanente e estrutural, e os dispositivos governamentais mobilizados para solucioná-lo operam em grande escala, por meio de um atendimento institucional massificado, cuja finalidade parece ser a tutela e a gestão da categoria.

Movimento da rua

Filho de migrantes, paulistano nascido em 1975, Anderson Lopes foi registrado apenas por sua mãe, que o abandonou com três meses de vida. Viveu num orfanato do interior até os quinze anos. Sua experiência como alvo de caridade começou nessa instituição, "depósito de crianças", como ele mesmo diz. Em 1990, foi para São Paulo para trabalhar e estudar. Conseguiu seu primeiro emprego numa importante rede hoteleira da cidade, como carregador de malas. Ali teve sua primeira "queda": foi "passado para trás", perdeu o emprego e a vaga na república em que morava. Foi para o "olho da rua", começou a dormir em praças, a catar latinhas, circular entre "bocas de rango", perambular entre albergues e outras instituições. Aos dezoito anos, conseguiu seu segundo emprego. Começou a trabalhar como *office boy* e morou num cortiço, mas não se deu muito bem com o ambiente. Voltou a dormir na rua e teve problemas no trabalho. Trocou de serviço e virou cozinheiro num restaurante. "Só exploração", como ele diz, "quando pagavam, pagavam mal". Trocou de serviço de novo e agora foi parar num motel de estrada. Em 1995, ao chegar do trabalho, "cheio de dinheiro no bolso", foi assaltado e perdeu todas as suas coisas. "Rua de novo."

Foi vivendo na rua e da catação de latinhas que conheceu "o pessoal lá do Glicério". Começou a frequentar o lugar e a sopa comunitária das quar-

Sobre o nascimento da população de rua: trajetórias de uma questão social • 333

tas-feiras. A prática coletiva iniciada por um pequeno grupo de moradores de rua – que juntos catavam restos nas feiras e madeira para o fogo, limpavam, cortavam e preparavam o alimento, serviam-se e comiam – adquiriu outra proporção. A quantidade de frequentadores tinha aumentado consideravelmente, mas muitos estavam mais interessados em participar da "comunidade" dos que comiam do que da "comunidade" dos que preparavam a sopa. Aos poucos, a atividade "comunitária" debaixo do viaduto tornou-se uma verdadeira "boca de rango" para uma população crescente. Formavam-se filas de até quatrocentas pessoas com a "cascuda" na mão, esperando a sopa.

Anderson foi convidado a morar na Comunidade dos Sofredores de Rua e começou a empregar suas competências de cozinheiro cuidando da comida e dos caldeirões. Ao redor do centro comunitário, algumas casinhas em estado precário foram ocupadas, reformadas em mutirões e alugadas pela OAF. Posteriormente, essas residências coletivas se tornaram um modelo de política pública para esse público. Em 1996, Anderson virou catador e foi trabalhar na Coopamare. Mas "puxar carroça, subindo e descendo ladeira, é duro". Apesar das dificuldades, ele conta que foi nesse trabalho que conseguiu permanecer mais tempo, cerca de dois anos. Como catador cooperado, foi obrigado a participar do processo de reflexão conjunta e acabou entrando para a diretoria da Coopamare. Importante aprendizado: "Até hoje, a educação que eu tenho de liderança e tudo mais foi resultado das reuniões, dos grupos de trabalho e da organização que aprendi ali".

Quando saiu da cooperativa, fez um curso de chefe de cozinha e "pegou o trecho". Viajou pelo interior de São Paulo, Bahia e Minas Gerais, "tudo a pé e de carona". Conheceu muitas pessoas "no trecho" e teve contato com outras experiências de atendimento à população de rua em Belo Horizonte e Salvador, duas referências nacionais. O que se deve assinalar é que as pessoas, as instituições e os lugares que Anderson conheceu permitiram que ele trocasse experiências e elaborasse um saber mais amplo sobre a problemática das ruas. Essa circulação por outros espaços sociais e urbanos lhe deu reconhecimento, e isso foi fundamental para que ele se tornasse uma liderança em São Paulo, para onde voltou em 2004.

Chegando à metrópole, começou a participar do Fórum da População de Rua, um espaço de interlocução que fora criado três anos antes para preparar as caravanas que iriam a Brasília para a I Marcha Nacional da População

334 • Saídas de emergência

de Rua[14]. No mesmo ano, ocorreu o "massacre do povo da rua", o ato de violência contra a categoria que mais teve repercussões na mídia paulistana[15]. Segundo Anderson, "foi o massacre que deu impulso à construção de um movimento social voltado para os interesses reais da população de rua". As bases do Movimento Nacional de Luta e Defesa pelos Direitos da População em Situação de Rua (MNPR), do qual participam Anderson e "representantes da população de rua" de outras partes do país, foram lançadas em Belo Horizonte.

> O que o movimento quer não é tirar a pessoa da rua, ela tem direito de ficar lá. Mas ela também tem direito de sair de lá. Então, a gente luta para que as pessoas que estão na rua tenham a possibilidade de escolher o que querem da vida. [...] O movimento ainda se encontra em processo de construção, depende muito das entidades. Mas nosso papel, a gente sabe, é cobrar os direitos, cobrar politicamente a Lei. Nós somos da rua, e quem é da rua têm direitos. A gente também quer colocar a população de rua na frente da discussão, já que muito daquilo que pensamos não chega através daqueles que falam por nós. E aí a gente tem de saber distinguir entre filantropia e "pilantropia".

De objeto de intervenção, a população de rua aparece agora como um sujeito político que busca tomar a palavra sobre si mesmo – um sujeito do qual se falava e que agora passa a falar. A codificação legal da população de rua como figura jurídica e seu reconhecimento como "sujeito de direitos" permitiu a criação de um movimento social de moradores de rua que agora fala "em nome da categoria" – uma categoria estatística que agrega uma coleção de indivíduos marcados por sua relação com a rua. Para afirmar sua existência e seu lugar como sujeito político, esse movimento tem de assumir a distinção e a desigualdade que o define. É justamente a condição "de rua" que, paradoxalmente, faz valer seus direitos. Daí também sua luta ambivalente pelo "direito à vida" (moradia, trabalho e possibilidade de sair da rua) e pelo "direito à rua" (sobrevivência na rua, pelo menos, sem ser alvo de repressão, violência e morte).

---

[14] Essa marcha, que foi organizada em grande parte por entidades do campo, contou com a presença de mais de 3 mil catadores e moradores de rua, viabilizando também o I Congresso Nacional dos Catadores de Materiais Recicláveis, ocorrido no mesmo período, e o Movimento Nacional dos Catadores de Materiais Recicláveis (MNCR). Sobre esse movimento, ver: <www.movimentodoscatadores.org.br>.

[15] Daniel De Lucca, "Morte e vida nas ruas de São Paulo: a biopolítica vista do centro" (trabalho apresentado para a obtenção do título de bacharel em Geografia, Faculdade de Filosofia, Letras e Ciências Humanas, USP, São Paulo, 2009).

A invenção de uma questão social

Com as trajetórias descritas aqui buscamos apresentar a constituição da população de rua como uma nova face da questão social no fim do século XX. Ao ser demarcada e objetivada por discursos especializados, técnicas e instituições emergentes, a população de rua tornou-se um *locus* privilegiado para novas formas de experimentação e práticas políticas que produziram uma reorganização na família de significados que até então caracterizavam o fenômeno. Noções como "mendigo" e "indigente" começam a ser mais fortemente rejeitadas e malvistas, pelo menos na ordem dos discursos públicos. Em lugar de caracterizações pejorativas e morais aparece uma nova forma de entendimento e nomeação do tema, aparentemente mais neutra e científica, assim como menos religiosa e cristã. Anunciada por uma linguagem autorizada, capaz de qualificar mais precisamente a questão e torná-la compreensível e reconhecível num espaço social mais amplo, essa realidade, antes institucionalmente invisível, inumerável e anônima, ganha visibilidade, número e nome próprio: população de rua.

Não quisemos afirmar que não existiam pessoas nas ruas antes desses dispositivos serem mobilizados, mas mostrar como a vida na rua, nas várias definições que lhes foram dadas, puderam ser integradas, sob condições específicas, em diagramas de conexões discursivas e materiais que a constituíram como um desafio a ser enfrentado. Assim, para que a vida na rua fosse reconhecida como um dilema público, e não apenas um assunto privado, para que não figurasse mais como um problema individual e emergisse como fenômeno coletivo e de massa, para que deixasse de ser unicamente alvo de violência e repressão estatal e se tornasse também objeto de assistência e proteção formalizada, para que não fosse apenas objeto de intervenção e se transformasse em sujeito político de um discurso e de uma prática sobre si, para que essas e outras coisas se transformassem, foi necessária a tessitura de uma rede de inteligibilidade capaz de tomar a experiência das ruas, suas misérias e infortúnios, de outra forma.

E, nessa história, observamos um importante deslocamento semântico que caracterizava essa realidade. O discurso religioso inaugural, que interpretava o viver nas ruas como um modo de vida específico e atribuía a isso significados eminentemente cristãos, ligados à dor e ao *sofrimento*, foi apropriado e transformado por uma forma de racionalidade que colocava a situação de rua como uma *situação de risco*. Com a metamorfose do próprio sentido da vida na rua, a denominação *povo* é substituída pela de *população*. Na primeira nomeação, o povo da rua é aquele que se movimenta, faz, busca o poder e a salvação. Já a segunda é mais técnica e delimita não um fenômeno a ser excluído ou resolvido definitivamente, mas apenas mensurado e gerido dentro de níveis aceitáveis ou toleráveis. Temos nessa passagem do sofrimento para o risco, do povo para a população, uma mudança gradativa na inteligibilidade e na nomeação desse fenômeno, hoje tido como demográfico e traduzido em termos de controle populacional. Assim, entre a massa indiferenciada e indiscernível de uma pobreza sem casa, sem trabalho e sem referências, destacaram-se aqueles que hoje são identificados e codificados como população de rua. Extremo paradoxo: um grupo considerado excluído torna-se agora "categoria de inclusão". Todos os desclassificados podem agora ser incluídos numa nova classe, aquela que coloca a própria rua como referência para a vida.

PARTE 4
VIVER JUNTO E
VIVER PARA SI

16
INTERVENÇÕES URBANAS RECENTES NA CIDADE DE SÃO PAULO: PROCESSOS, AGENTES, RESULTADOS

Cibele Saliba Rizek

Este artigo busca discutir algumas das transformações recentes nos processos de intervenção na cidade de São Paulo. Trata-se de observar, por meio de exemplos cujos resultados são bastante distintos, agentes de transformação da cidade que prescindem cada vez mais de regulação e/ou controle social, passando por cima e ao largo dos processos pelos quais o Estado, seus planos e leis regulavam ao menos algumas das grandes linhas que definiam o rumo das alterações do tecido urbano. Desse ponto de vista, busca-se discutir o modo como um novo padrão de autonomia empresarial atua no âmbito das intervenções urbanas, conforme se obtêm vantagens presentes ou futuras em mecanismos que claramente privatizam os eixos de decisão sobre a materialidade urbana e suas relações com modos e formas de sociabilidade.

Cena 1. Da Cracolândia à Nova Luz: gestão urbana e ação empresarial

A Luz, ou bairro da Luz, deve seu nome a dois elementos historicamente importantes para a cidade de São Paulo: a Estação da Luz e o Parque da Luz. Ambos resultaram da chegada da Ferrovia São Paulo Railway às terras paulistanas, quando se iniciou a modernização da cidade e de seus transportes. São Paulo era então a capital de uma província que enriquecia graças ao café e à transferência de capitais para a industrialização e a urbanização aceleradas das primeiras décadas do século XX.

Tanto a estação quanto o parque marcaram a vida da cidade. A primeira foi recentemente reformada e devidamente revitalizada por um grande investimento cultural que transformou parte dela no Museu da Língua Portuguesa; o segundo foi recuperado e recebeu a Pinacoteca do Estado de São Paulo, com um importante acervo de obras de arte. Formando um novo

340 • Saídas de emergência

eixo de investimentos culturais, instalaram-se na região uma extensão da Pinacoteca (na antiga prisão política dos tempos da ditadura militar), a Sala São Paulo (uma elegante sala de concertos que resultou da revitalização da estação Júlio Prestes) e o Teatro da Dança (localizado na antiga rodoviária e projetado por uma equipe de arquitetos acostumados a grandes intervenções, como a Tate Modern, em Londres).

Esse novo polo cultural da cidade, que foi devidamente acompanhado de praças e demolições, era (e ainda é) circundado por um conjunto de quadras que receberam o apelido de Cracolândia. Graças à degradação do valor imobiliário local, desenvolviam-se ali as formas mais baratas de prostituição e alojavam-se moradores de rua (adultos e crianças), com altos índices de consumo e venda de *crack*. As vizinhanças se estranhavam. A passagem do governo de Marta Suplicy para o governo de José Serra (2005) anunciava claras mudanças para a região.

O primeiro exemplo que exploraremos neste texto mostra a equação formada por empresas, ação do Estado e "revitalização" ou "remodelação" urbana, que, tal como se anuncia, tem o objetivo de "transformar a Cracolândia na Nova Luz". Isso vem sendo tema de inúmeros trabalhos, mas permanece um enigma, um emaranhado de questões à espera de equacionamento teórico e pesquisa mais aprofundada[1].

---

[1] Cabe mencionar ainda que a pesquisa e o acompanhamento desse processo ocorreram basicamente de duas formas. A primeira foi a assessoria a um movimento cultural que surgiu em 1998 e chamava-se Arte contra a Barbárie; posteriormente, esse movimento ganhou dimensão nacional e foi rebatizado de Redemoinho. Quando se encerrou, reformulou-se parcialmente com outros grupos e hoje se denomina Arte pela Barbárie. Um dos grupos que constituíam o movimento Arte contra a Barbárie (o Teatro de Narradores) ocupou um prédio público ao lado do eixo cultural Luz, e isso levou a novas ocupações e intervenções em edifícios vazios, crescentemente ocupados pelos movimentos por moradia entre 2001 e 2007. Outra forma de acompanhar esse processo foi a sistematização do debate divulgado pela grande imprensa e analisado em várias teses e dissertações, em especial em Beatriz Kara José, *Políticas culturais e negócios urbanos* (São Paulo, Annablume, 2007); Rafael Esposel, *Da imagem da cidade à cidade-imagem: reflexões sobre projetos Nova Luz* (Dissertação de Mestrado, São Carlos, Depto. de Urbanismo da Escola de Engenharia de São Carlos, USP, 2007); Carolina Margarido, *Intervenções urbanas contemporâneas: o caso da Nova Luz no centro de São Paulo* (Dissertação de Mestrado, São Carlos, Depto. de Urbanismo da Escola de Engenharia de São Carlos, USP, 2007); Edson Miagusko, *Movimentos de moradia e sem-teto em São Paulo: experiências no contexto do desmanche* (Tese de Doutorado, São Paulo, Depto. de Sociologia da FFLCH, USP, 2008).

Intervenções urbanas recentes na cidade de São Paulo • 341

Da Cracolândia à Nova Luz: intervenção urbana ou operação policial?

A chamada Operação Nova Luz é uma proposta de intervenção no centro histórico da cidade de São Paulo, com custos bastante elevados, que completaria um ciclo iniciado por uma série de pesados investimentos culturais públicos e privados. Mas é, sobretudo, a prova de que, ao contrário do que aponta parte da literatura sobre cidades e intervenções urbanas, os investimentos culturais no centro de São Paulo não foram suficientes para enobrecê-lo. Com ou sem esses investimentos, o bairro continuou a abrigar os usos e as práticas que permitiram sua insistente designação como "Cracolândia".

A denominação ganhou expressão pública pelo fato de a área "propiciar a viciados em drogas – principalmente *crack* – o consumo a céu aberto e a hospedagem em hotéis pequenos, baratos e decadentes". Localiza-se entre as estações Júlio Prestes e Luz (devidamente transformadas em Sala São Paulo e Museu da Língua Portuguesa), a avenida Ipiranga e a rua Santa Ifigênia, conhecida por suas lojas de produtos de informática e eletroeletrônicos[2]. A presença de traficantes e viciados acabou se transformando em índice de inequívoca degradação urbana.

Em 2005, o então prefeito e atual governador, José Serra (PSDB), lançou um plano para revitalizar a área. A lei prevê abatimento de 50% do IPTU e do ITBI (pago na transferência de imóveis) e até 60% do ISS (Imposto Sobre Serviços) para empresas que decidirem se instalar no bairro, agora rebatizado de Nova Luz. Também são concedidos os Certificados de Incentivo ao Desenvolvimento, que representam metade do valor investido na construção ou reforma de seus imóveis. Com eles, a empresa pode pagar impostos municipais.[3]

Embora os benefícios tenham atraído o interesse de grandes grupos do setor imobiliário e provocado a disputa de dois deles pelo direito de explorar comercialmente a área, os resultados, do ponto de vista imobiliário e urbanístico, são pífios.

Se, por um lado, as grandes empresas pouco se interessaram pela "intervenção", por outro, é possível reconhecer um conjunto de ações que pode ser caracterizado como uma grande operação policial – pelo menos desde o

---

[2] A rua Santa Ifigênia também foi alvo de um conjunto de propostas de intervenção urbana pela gestão de José Serra e Gilberto Kassab. O comércio dessa rua, especializado em eletroeletrônicos, é um dos exemplos mais significativos da atividade limítrofe entre legalidades e ilegalidades.

[3] Ver *Folha de S.Paulo*, 27 de outubro de 2007. Folha Cotidiano.

342 • Saídas de emergência

fim da gestão de Marta Suplicy e o início da gestão de Serra (posteriormente sucedido pelo vice-prefeito, Gilberto Kassab, reeleito para o mandato de 2009-2012). Batidas policiais, prisões, instalação de câmeras de vigilância, imóveis lacrados para demolição, deslocamento de áreas de consumo, tráfico e prostituição caracterizaram os últimos três anos de intervenção do poder público na região.

Ao mesmo tempo, manteve-se presente um conjunto bastante importante de investidas de movimentos de moradia[4], ligados aos movimentos sociais, bem como a uma concepção de cultura bastante distante dos grandes projetos de intervenção, das parcerias entre poder público e empresas, da submissão da produção de cultura às formas atuais de mecenato. Alguns exemplos podem dar a medida dessa disputa.

As ocupações

Um elemento importante na descrição e na caracterização da área é a ocupação de grandes edifícios vazios e em processo de "degradação", ao lado das grandes intervenções culturais. Algumas dessas ocupações, além de outras ações de movimentos de moradia, ganharam destaque no noticiário da grande imprensa e acabaram por se constituir em eixos de discussão pública. A primeira foi a de um edifício de propriedade do Estado, na rua do Ouvidor, próxima à área em observação. Essa ocupação, que durou aproximadamente cinco anos, terminou com uma desocupação judicial e policial, ações violentas contra os moradores, condenação e prisão de lideranças, e queima

---

[4] É preciso observar que, em São Paulo, os movimentos por moradia tiveram uma trajetória fortemente vinculada à ocupação de terras – de preferência públicas – nas periferias da cidade. Esses movimentos se vincularam às dinâmicas de um tipo de investimento em habitação social que se baseava na ideia e na prática de políticas públicas centradas na propriedade da moradia. A partir da década de 1980, parte desses movimentos adotou outro tipo de reivindicação e estratégia de luta, voltado sobretudo para o centro da cidade, onde existem inúmeros edifícios desocupados. Alguns desses movimentos têm uma relação com a moradia não mais marcada pela propriedade. Também é preciso notar que o público que reivindica moradia no centro da cidade não é o mesmo dos movimentos de ocupação das periferias: são, em sua maioria, trabalhadores com vínculos "precários e informais", como ambulantes, camelôs, vendedores do pequenos comércios etc. Segundo alguns levantamentos recentes, houve setenta ocupações entre 1997 e 2007 no centro da cidade de São Paulo. Ver Roberta Neuhold, *São Paulo, habitação e conflitos em torno da apropriação do espaço urbano* (memorial de qualificação, São Paulo, Depto. de Sociologia da FFLCH, USP, 2008).

Intervenções urbanas recentes na cidade de São Paulo • 343

dos documentos escritos, fotos e jornais que formavam a memória organizada da ocupação[5]. A segunda foi a do Edifício Prestes Maia. Esta durou sete anos e terminou em junho de 2008, também com intervenção judicial e policial; dessa vez, as portas e as janelas da edificação já em ruínas, em estado avançado de deterioração, foram lacradas[6]. A terceira é a de uma antiga moradia estudantil, pertencente à entidade representativa dos estudantes da Escola Politécnica da Universidade de São Paulo, na rua Afonso Pena[7]. Esse edifício foi abandonado no início dos anos 1970, quando foi alvo de invasão policial durante a ditadura militar, e estava em situação de débito fiscal com a prefeitura. Foi alvo de atenção dos movimentos de moradia do centro da cidade, mas acabou sendo ocupado por um escritório piloto de estudantes e grupos de teatro, em especial o Teatro de Narradores e grupos formados por jovens habitantes das regiões a leste do centro. Essa ocupação também foi encerrada, já que a prefeitura decidiu abrigar exatamente nesse edifício os arquivos do município.

Entretanto, cabe destacar alguns dos processos por que passam as ocupações como alvo privilegiado tanto das ações policiais quanto das ações de grupos que sobrevivem graças a seu engajamento num conjunto de práticas ilegais, fortemente presentes em toda a região. Se as ocupações dos movimentos de moradia acabam por instituir comissões internas de vigilância e resolução de conflitos, que, em outras situações, competiria à arbitragem

---

[5] Ver o depoimento de membros do Movimento de Moradia no Centro (MMC). A ocupação na rua do Ouvidor foi iniciada em 1997 e liderada pela Unificação das Lutas de Cortiços (ULC) e pelo Movimento de Moradia do Centro (MMC), formado pela divisão da ULC. O prédio de doze andares foi ocupado por cerca de seiscentas pessoas, distribuídas em pouco mais de trezentas famílias. A maioria dos ocupantes morava em cortiços do centro da cidade ou vinha de outras ocupações. A reintegração de posse, decretada em maio de 2005, foi adiada e realizada em novembro do mesmo ano. Entrevista em 1/5/2007.

[6] A ocupação dos edifícios Prestes Maia e Brigadeiro Tobias, que juntos somavam 33 andares, ocorreu em novembro de 2002. Apesar da discussão entre os movimentos de habitação e a Secretaria Municipal de Habitação, tudo indica que o valor dos impostos devidos era bastante próximo do valor do imóvel, o que permitia a desapropriação dos prédios. Além disso, ambos estavam desocupados havia mais de quinze anos. Chegaram a alojar 468 famílias, num total de 1.724 pessoas. A reintegração de posse ocorreu em junho de 2007, apesar do apoio de partidos, intelectuais, atores, grupos de teatro e estudantes.

[7] Antes de ser transferida para o *campus* universitário, a Escola Politécnica e o alojamento estudantil estavam localizados numa área próxima ao bairro da Luz.

344 • Saídas de emergência

pública[8], a ocupação do prédio da rua Afonso Pena foi realizada por grupos ligados a roubos e ao tráfico local: eles "assaltaram" o prédio e os grupos estudantis e teatrais que se alojavam ali. Também fica claro, quando se acompanham as diversas ocupações do centro, que cada uma delas aciona a seu modo o conjunto de novas e velhas contradições que se constituem como elementos estruturantes daquela centralidade, de sua "decadência" e de suas novas intervenções.

Planos, leis, projetos e seu abandono

Duas dimensões são especialmente dignas de nota. A primeira diz respeito ao fato de que os projetos de revitalização da Cracolândia remontam aos anos 1970. Esse vaivém passou pela recente elaboração de um novo Plano Diretor para a cidade de São Paulo (concluído no último ano da gestão Marta Suplicy) e do Estatuto da Cidade (em 2001), que regulamentou artigos e deliberações da Constituição de 1988. Ambos têm força de lei e foram absolutamente ignorados pelo quadro de revitalizações e intervenções proposto e parcialmente realizado pela gestão de Serra e Kassab. A segunda dimensão diz respeito ao fato de que, ainda que essas operações visassem devolver a região ao mercado imobiliário, os grandes investidores não se interessaram mais por essa reserva especulativa. O que se viu, afinal, foi uma gigantesca intervenção de caráter policial, que pode ser caracterizada como uma operação de confinamento e expulsão: criou-se um território estritamente policiado e vigiado, do qual foram exportados para as regiões contíguas meninos de rua, pequenos negociadores de drogas e prostitutas.

Para finalizar essa "cena urbana", talvez seja interessante reproduzir o inventário de ações fornecido no sítio da prefeitura de São Paulo.

---

[8] É interessante observar que cada ocupação, em especial as que duram vários anos, acaba por instituir um código de conduta a que é preciso se submeter para continuar no prédio. Assim, é estritamente proibido roubar no interior do prédio, consumir ou vender drogas. Também não se pode chamar a atenção da polícia ou acioná-la de modo algum. No edifício Prestes Maia, após uma briga com agressões físicas entre cônjuges, a mulher chamou a polícia, mas esta foi rapidamente "desacionada" pela comissão de moradores, que atuava como dirigente da ocupação. Esse foi o âmbito de "julgamento" do agressor, já que era preciso resolver internamente os conflitos para não chamar a atenção dos poderes públicos ou da força policial. Durante os anos de ocupação, a vida privada de cada família fica submetida aos critérios do movimento e de seus representantes internos, escolhidos pelos próprios ocupantes.

Intervenções urbanas recentes na cidade de São Paulo • 345

Além das 382 lixeiras colocadas[9], dos 212 imóveis lacrados[10], dos 130 fugitivos recapturados, das 88 árvores plantadas, dos 58 imóveis demolidos, dos 37 bancos instalados[11] [...]. Desde o início de 2005, a prefeitura já realizou dez megaoperações de fiscalização na área para "combater as irregularidades".

As ações foram realizadas em conjunto pelas secretarias municipais de Saúde e Assistência e Desenvolvimento Social, polícia militar, polícia civil e guarda metropolitana, e tiveram o apoio da CET e das concessionárias Eletropaulo e Sabesp (para combater o furto de energia e água). O saldo total das dez operações foi de cerca de 500 vistorias em estabelecimentos da região e 212 fechamentos – alguns locais podem ter sido fechados mais de uma vez. As polícias civil e militar abordaram 21.450 pessoas. Na décima operação, realizada por cerca de um mês, 84 crianças foram encaminhadas ao Centro de Referência da Criança e do Adolescente, 4 mil adultos foram encaminhados a albergues e 117 receberam atendimento médico.

Como se pode observar, os processos de enobrecimento da área não acontecem por simples obra e graça de investimentos em grandes equipamentos culturais. Esses investimentos, realizados num conjunto de ações do Estado em parceria com grandes empresas (por exemplo, de telefonia ou televisão), precisaram da ajuda nada desprezível da polícia para produzir uma nova reserva de mercado imobiliário no centro histórico da cidade.

---

[9] Ver *Folha de S.Paulo*, 27 de outubro de 2007. Folha Cotidiano. Desse ponto de vista, é importante ressaltar o vínculo entre as práticas da Cracolândia e o lixo. "A associação entre lixo, práticas das camadas populares e ilegalidade é resultado de um raciocínio que tem como interesse de fundo a criminalização desses grupos. No entanto, esse cálculo [...] absurdo [...] se torna uma evidência perfeita da miséria que está dentro de nós" (coletivo Política do Impossível, *Cidade Luz*, São Paulo, Editora PI, 2008). A associação das operações policiais com o lixo nasce do pressuposto de que os consumidores rasgam os sacos de lixo em busca de material reciclável. Com o dinheiro obtido com a venda, seria possível comprar *crack*.

[10] Ver idem. Assim como nas desocupações policiais com mandado judicial, as portas e as janelas dos imóveis são lacradas com tijolos para impedir novas entradas, quer dos movimentos, quer da população de rua. Em geral, esse tipo de lacre precede a demolição, viabilizada pela declaração da quadra como de "utilidade pública". Todos os edifícios que foram alvo de grandes ocupações encontram-se vazios e emparedados. Na região da Luz, quase todos os que sofreram esse processo de lacre já foram demolidos.

[11] Ver idem. Também é digno de nota que os bancos que fazem parte desse novo mobiliário urbano sejam chamados de "antimendigos". Como são ondulados, a população em situação de rua não pode se deitar sobre eles. Nos anos 1990, durante as administrações de Maluf e Pitta, era proibido construir marquises no centro da cidade, assim a população não tinha onde se abrigar da chuva ou do sol.

346 • Saídas de emergência

Ainda assim, trata-se apenas de uma reserva; nada indica um forte movimento de ocupação por grandes grupos ou camadas médias da população. As quinze quadras declaradas de utilidade pública são marcadas por edifícios lacrados ou demolições recentes, mas ainda não se vislumbra nada semelhante a uma nova forma de ocupação.

Cena 2. Pelas marginais: o "novo bairro Cidade Jardim"

O condomínio vertical, situado num dos mais importantes eixos da cidade, acaba por se configurar como evento ou marca espacial importante no assim chamado *"water front"*[12] de São Paulo. As torres são acompanhadas, no mesmo empreendimento, de um *shopping center*, no qual estão presentes as grandes marcas do comércio de luxo e da moda internacional, e de ruas e jardins de caráter rigorosamente privado. A região onde o condomínio se localiza faz parte do vetor sudoeste de crescimento da cidade, e sua construção concretiza uma tendência já bastante consolidada de estratificação socioespacial da cidade, em que se concentram investimentos públicos e privados, intervenções viárias de grande envergadura (como a Operação Urbana Águas Espraiadas, que foi realizada numa região de *shopping centers*, próxima às novas sedes de grandes bancos e empresas, e desalojou favelas inteiras). Esse empreendimento, em cuja vizinhança se encontra uma das grandes favelas de São Paulo – Paraisópolis – destina-se às camadas de altíssima renda[13], quer como demanda de apartamentos, quer como potencial consumidora de itens cujo preço é determinado nos mercados voltados para a classe alta do mundo globalizado.

Mas o elemento novo na realização desse grande empreendimento não se encontra nem no reforço da tendência de certo crescimento urbano – o chamado vetor sudoeste – nem nos elementos que apontam para mais um índice de segregação socioespacial, que aqui assume a forma de empreendi-

---

[12] Como se sabe, os *water fronts* são resultantes de intervenções urbanas nas margens de rios de cidades de todo o mundo. A intervenção pioneira que introduziu a expressão foi a das novas *docklands* londrinas. Na América Latina, Puerto Madero tornou-se exemplo desse tipo de intervenção. Ver Otília Arantes, Carlos Vainer e Ermínia Maricato, *A cidade do pensamento único* (Petrópolis, Vozes, 2000).

[13] O valor de venda dos apartamentos mais luxuosos pode chegar a 9 milhões de dólares.

Intervenções urbanas recentes na cidade de São Paulo • 347

mento fechado em área já tradicionalmente de alta renda[14]. Se o conjunto de empreendimentos faz parte do processo de constituição de manchas urbanas de caráter privado – loteamentos e condomínios fechados já bastante abundantes na região –, o elemento novíssimo diz respeito ao modo como o terreno onde o empreendimento se localiza tornou-se disponível para especulação e construção.

Pelo documento apresentado no sítio do Ministério das Cidades[15], é possível perceber e, mais uma vez, explicitar conflitos que parecem comprovar os processos de supressão de pobres, trabalhadores, moradores de rua etc. nos episódios que marcam a história urbana brasileira. Nesse caso, o embate entre os moradores do Jardim Panorama e o Parque Cidade Jardim, entre os favelados e um empreendimento de 1,5 bilhão de reais, cuja maquete custou o equivalente a 53 casas populares (800 mil reais), ganhou os jornais e vários sítios de notícias. Em 24 de maio de 2006, no lançamento do loteamento de alto luxo, duzentos moradores da favela realizaram um protesto e leram um manifesto em que afirmavam conhecer seus direitos.

> Entre as reivindicações dos moradores está o cumprimento de leis como o Estatuto da Cidade, o Plano Diretor da Cidade de São Paulo, que define o Jardim Panorama como Zeis 1 (Zona Especial de Interesse Social) e, portanto, área destinada a habitação de interesse social, e, principalmente, a Operação Urbana Faria Lima. Ela determina que parte da arrecadação seja destinada à habitação popular nas favelas do Coliseu (em frente à Daslu), Real Parque e Jardim Panorama.
> RESISTÊNCIA
> "O Morumbi não será mais o mesmo." É o que promete a publicidade do empreendimento Cidade Jardim, um complexo com oitenta mil metros quadrados – localizado na Marginal Pinheiros, entre as pontes Ary Torres e Morumbi, em São Paulo [...]. Também não será mais a mesma a vida dos 1.500 moradores do Jardim Panorama, favela que está cercada pelos muros do empreendimento. Aliás, o cotidiano dessas pessoas já não é o mesmo desde que os muros começaram a ser erguidos em março do ano passado. Com o movimento crescente dos tratores e caminhões da obra, e com a construção do estande de vendas das pri-

---

[14] É preciso mencionar que os bairros dos jardins foram construídos pela Companhia City como parte da expansão urbana para camadas de alta renda na primeira metade do século XIX. Esse processo de expansão urbana se estendeu até os anos 1990, concentrando grandes investimentos privados e públicos na direção do vetor sudoeste de crescimento.

[15] Fonte: Paula Takada e Carolina Motoki, Agência Carta Maior. Última modificação em 23/1/2008, 15h08 (matéria de 26/5/2006); texto reproduzido no sítio do Ministério das Cidades.

meiras unidades residenciais, o fantasma da remoção, que periodicamente assusta os moradores, voltou a rondar com maior intensidade o Jardim Panorama, favela praticamente escondida pelos condomínios residenciais que a cercam. É difícil acreditar que a desconfiança mútua não afetará o cotidiano das 450 famílias da favela (a maioria instalada há mais de vinte anos e morando em barracos de alvenaria) e os moradores do empreendimento realizado pela construtora JHSF. Os dois extremos sociais estarão separados por pouco mais de dois metros de tijolos. O Morumbi, historicamente um bairro de contrastes, tem erguido enclaves de riqueza fora do centro expandido da cidade. Porém, nunca uma diferença foi tão acintosa [...]. Questionada se a existência da favela não tem afetado os interessados, a assessoria de imprensa do empreendimento informou apenas que das 150 unidades colocadas à venda, 100 já foram vendidas. [...]

MORADORES SE ORGANIZAM

Apesar de a maioria das famílias estar no Jardim Panorama há mais de vinte anos e de elas terem direitos garantidos pelo Estatuto da Cidade, lei federal de 2001 que regulamenta a reforma urbana, não conhecem a fundo esses direitos e acreditam que estejam infringindo a lei. Essa situação, somada à baixa renda e às dificuldades financeiras dos moradores, faz com que eles se tornem suscetíveis a aceitar propostas muito baixas para vender suas casas. O que, temem alguns, pode levar ao enfraquecimento da comunidade. "Agora o pessoal está percebendo que precisa se unir de verdade para conseguir resistir à organização da elite", afirma Karina dos Santos, que também faz parte do Favela Atitude, grupo formado por jovens moradores do Jardim Panorama e da favela vizinha do Real Parque. Desde o início do ano, o grupo tem realizado diversas ações para tentar mobilizar a população, como o documentário *Rolê de quebrada*, cujo tema é a habitação. Nele há depoimentos de moradores sobre a vontade de permanecer ou sair do Panorama, vender ou não suas casas. O vídeo foi exibido em duas sessões ao ar livre, reunindo cerca de trezentas pessoas. Outra ação partiu da União de Moradores do Jardim Panorama, que contratou a ONG Usina para realizar um trabalho de informação da população sobre seus direitos. [...] "Processos como esse de expulsão da população pobre acontecem em toda cidade. Desvendar como isso ocorre é um primeiro passo para a construção de uma cidade mais justa, da qual todos possam desfrutar", analisa Tiaraju Pablo, sociólogo da Usina. Para Márcia, uma das moradoras que participou ativamente dos encontros, os temas tratados são muito complexos. "É muita informação de uma vez, mas a gente sabe que é importante e, por isso, eu tentava perguntar tudo o que não entendia", diz. Para Tiaraju, o balanço é positivo: "Apesar do pouco tempo de trabalho, ficamos surpresos com a capacidade de mobilização da população, que demonstrou vontade de ficar, mesmo estando num terreno valorizado e sofrendo as mais variadas pressões". Dentre essas pressões, uma assustou mais a população. Na última semana de março, os moradores que ocupam uma área pública receberam uma intimação da prefeitura para deixar suas

Intervenções urbanas recentes na cidade de São Paulo • 349

casas em um prazo de cinco dias sob pena de remoção [...]. De acordo com uma moradora que também recebeu o documento, o funcionário da prefeitura ofereceu uma quantia para pagar a viagem de volta para o Nordeste. A orientação da Usina e de dois advogados que assessoram a União de Moradores acalmou os moradores dessa área, ao explicar que se tratava de uma ação ilegal com objetivo de intimidação. Vencido o prazo de cinco dias, nada aconteceu, mas a comunidade estava preparada para uma manifestação, caso fosse necessário. "Quando a favela se sente acuada, a população se une", afirma Marcos Rosa, presidente da União de Moradores. Com exceção desses moradores, os demais estão em terrenos particulares há mais de cinco anos, o que possibilitou a entrada no processo de usucapião. O *show* de Caetano Veloso transcorreu sem problemas, para a alegria dos poucos convidados do empreendimento, que estavam do lado de dentro do muro. O "povo oprimido nas filas, nas vilas, favelas" cantado em Sampa ficou do lado de fora.

A história posterior do "empreendimento" não seguiu propriamente o rumo anunciado pelas mobilizações. Na verdade, o investimento bilionário, que pouco ou nada tem a ver com o Estatuto da Cidade, negociou com a população das favelas vizinhas a "venda" de suas moradias. Cada uma foi comprada por 40 mil reais, numa operação inédita de remoção da população favelada, diretamente realizada pela construtora, sem a mediação legal ou econômica do poder público.

Ainda é preciso observar que esse empreendimento, em colisão frontal com as leis que regulam ou deveriam regular as intervenções habitacionais e urbanas no país, especialmente em regiões metropolitanas, foi financiado em parte pelo Banco Nacional de Desenvolvimento Econômico e Social (BNDES) e, por seu intermédio, pelos fundos públicos de posse do governo federal[16].

---

[16] "O BNDES aprovou financiamento no valor de 74,3 milhões de reais para a implantação do Shopping Cidade Jardim [...] em São Paulo. [...] O empreendimento prevê gerar cerca de 3 empregos durante a fase de construção e outras 2 mil vagas com a entrada do shopping em operação. [...] terá 78 mil m² de área construída e 29,6 mil m² de Área Bruta Locável (ABL). [...] O empreendimento abrigará um mix de lojas com marcas de projeção nacional e internacional. [...] O empreendimento está localizado dentro de um complexo denominado Parque Cidade Jardim, em uma área de 72 mil m², cercado por 55 mil m² de área verde, um lago e um bosque. Nessa área, além do shopping, também serão construídas três torres comerciais, uma torre de uso misto [...] e nove torres residenciais de alto padrão. Esses empreendimentos não estão incluídos no projeto financiado pelo BNDES". Disponível em: <http://www.bndes.gov.br/SiteBNDES/bndes/bndes_pt/Institucional/Sala_de_Imprensa/Noticias/ 2007/20070606_not129_07.html>.

350 • Saídas de emergência

Cena 3. As novas urbanizações de favelas

Sem entrar na longa história das urbanizações de favela no Brasil, que sucederam parcialmente às remoções de população, ou mesmo no longo processo que Lícia Valladares chamou de *Invenção da favela*, em que esta é objeto de investimento acadêmico ou de intervenções voltadas não para a remoção, mas para a "urbanização" (ou seja, para a transformação da favela em parte integrante do tecido formal da cidade), queremos ressaltar nessa cena um novo ator dos processos de intervenção nessas áreas nada homogêneas e bastante distribuídas pela cidade de São Paulo que hoje abrigam cerca de 2 milhões de habitantes ou 20% da população da cidade. Desse ponto de vista, devemos dar destaque ao fato de que parte considerável dos investimentos urbanos realizados pelo Plano de Aceleração do Crescimento (PAC) destina-se às urbanizações de favela e suas consequências, como, por exemplo, a regularização fundiária. Desse modo, não parece surpreendente que as urbanizações de favela sejam eixos importantes das prefeituras governadas pelo Partido dos Trabalhadores (PT). E é fato que as práticas da urbanização de favelas como processos participativos foram claramente coordenadas por assessorias técnicas e ONGs que se consideravam (e eram consideradas) de esquerda, comprometidas com os movimentos sociais de favelados e/ou movimentos sociais vinculados aos de moradia.

Assim, apesar do baixo investimento em habitação social na gestão de Marta Suplicy – e talvez mesmo por causa dessa diminuição – , o programa de urbanização das favelas foi uma espécie de carro-chefe da Secretaria de Habitação durante seu governo[17]. O programa foi desenvolvido no seguinte sentido: obras para promover a integração das favelas e dos loteamentos irregulares à cidade, com a melhora das condições de habitabilidade e salubridade; regularização urbanística para garantir aos moradores a posse de seus imóveis, por meio da outorga dos títulos de posse com a integração das áreas-alvo à malha urbana; reassentamento e intervenção em áreas degradadas para eliminar riscos e insalubridade ou viabilizar a urbanização; recuperação e preservação socioambiental das áreas de proteção dos reservatórios de Guarapiranga e outras, permitindo o respeito às imposições ambientais

---

[17] Podemos citar o Plano Integrado de Inclusão Social, em Santo André, depois denominado Plano Santo André Mais Igual, que realizou parcialmente a urbanização de várias favelas no município nesse mesmo período. Na cidade de São Paulo, as urbanizações de favela faziam parte do programa Bairro Legal.

Intervenções urbanas recentes na cidade de São Paulo • 351

e garantindo a melhoria da qualidade de vida da população e a sustentabilidade por meio de fiscalização integrada[18]. O programa buscava ainda a qualificação de conjuntos habitacionais e de população em situação de risco, em parceria entre a prefeitura de São Paulo e a Cities Alliance. Várias urbanizações de favela realizadas na gestão de Marta Suplicy – mesmo que tenha havido continuidade na gestão de Serra e Kassab – filiaram-se a esses programas e subprogramas.

Se a favela do Jardim Panorama foi removida, ainda que parcialmente, pela iniciativa privada, sem a mediação do Estado, as favelas mais ao sul, como as de Campo Limpo, e outras ao leste, como a favela Dois de Maio, assistiram a processos de reurbanização sem remoção ou com remoção apenas parcial para áreas contíguas ou para a mesma área de intervenção.

A urbanização de favela que desejamos destacar foi realizada no Jardim Olinda, em Campo Limpo, na região sul da cidade de São Paulo. A favela é próxima de uma antiga área de indústrias metalúrgicas e químicas, em grande parte desativadas. Contratada e iniciada na gestão de Marta Suplicy, a urbanização partiu de um diagnóstico que caracterizava a favela como uma ocupação consolidada e densa, em que a maior parte das casas era de alvenaria e tinha mais de um pavimento. Tudo indica que a ocupação começou nos anos 1950 e acelerou-se entre os anos 1970 e 1980, período em que boa parte das favelas paulistanas se formou e cresceu. Foi nesse período também que houve um renascimento dos movimentos de moradia, sob forte influência da Pastoral da Moradia, das sociedades de amigos de bairro e dos movimentos de defesa dos direitos dos favelados. Nesse momento, tornaram-se plausíveis as perspectivas de urbanização e fixação dos moradores, ainda que as remoções tenham continuado, porém sem seu caráter inelutável.

A favela foi objeto de intervenção na gestão de Mário Covas, entre 1983 e 1985, e na gestão Luiza Erundina (1989-1992). A não conclusão dos processos de urbanização levou à ocupação de áreas remanescentes e ocasionou novas situações de risco. O Jardim Olinda tornou-se, então, uma espécie de laboratório de políticas e programas mais ou menos concluídos, mais ou

---

[18] Ver Prefeitura Municipal de São Paulo, Secretaria da Habitação e Cohab, s. d., p. 44-5, citado por Magaly M. Pulhez, *Espaços de favela, fronteiras do ofício: história e experiências contemporâneas de arquitetos em assessorias de urbanização* (Dissertação de Mestrado, São Paulo, Depto. de Urbanismo da Escola de Engenharia de São Carlos, USP, 2007), p. 122.

352 • Saídas de emergência

menos bem-sucedidos, no sentido de evitar ou prevenir situações extremas, como desabamentos ou deslizamentos de terra. Houve mutirão de moradores, programas de diferentes gestões municipais, organização em associações, mobilizações, desorganização e até desaparecimento. Por causa desses momentos diversos, assim como pela acomodação de populações que chegavam em situações também diversas, não era incomum que parcelas inteiras dessa população, distribuída em 1.780 domicílios e 1.350 lotes, ignorassem as práticas e o ideário dos movimentos e das associações de moradia da zona sul da cidade[19].

A urbanização contratada no governo de Marta Suplicy foi desenvolvida pelo Grupo Técnico de Apoio (GTA), antiga assessoria de movimentos que dava preferência aos processos de urbanização de favelas, em vez de aos mutirões autogeridos (construções empreendidas por associações de moradores ligadas aos movimentos de moradia e orientadas por assessorias técnicas, que, por sua vez, transformaram-se em ONGs nos anos 1990). Já no período de projeto, o GTA se transformou em organização social, uma modalidade de associação que está mais próxima da chamada "terceirização da questão social" e pode assumir a gestão de hospitais públicos, escolas e outras entidades de prestação de serviços, antes restrita ao Estado. Uma das novidades da urbanização do Jardim Olinda é o caráter da assessoria técnica – uma organização social e não uma organização não governamental, ainda que os limites entre esses dois arranjos institucionais sejam fluídos no Brasil. Mesmo assim, tal elemento não parece ser a maior novidade nesse processo de intervenção, embora o GTA fosse habilitado para participar

de grandes licitações como possibilidade de garantir trabalho nos interregnos em que a política habitacional se distancia das práticas participativas, assegurando

---

[19] É importante notar que no fim dos anos 1970 e início dos anos 1980 parte dos movimentos de moradia se combinava com as lutas da Oposição Sindical Metalúrgica da zona sul de São Paulo. A memória das lutas está em parte em Nabil Bonduki, *Construindo territórios de utopia* (Dissertação de Mestrado, São Paulo, Depto. de Urbanismo da Faculdade de Arquitetura e Urbanismo, USP, 1987) e João Marcos de A. Lopes, citado por Magaly M. Pulhez, *Espaços de favela...*, cit. Ver também os documentos da Prefeitura Municipal de São Paulo/ Secretaria da Habitação e Superintendência da Habitação (PMSP/Habi, 2004), *Programa Bairro Legal*, citado por Magaly M. Pulhez, que indica a importância das mobilizações da zona sul, em que surgem, entre os anos 1970 e 1980 "as primeiras evidências de uma organização maciça em torno da questão da moradia, estruturada a partir de discussões [...] de temas da autonomia popular e da democracia".

Intervenções urbanas recentes na cidade de São Paulo • 353

alguma autonomia administrativa e financeira à entidade e permitindo que o grupo possa manter os vínculos com os movimentos [...] em ações "voluntárias", "por meio de projetos" pouco ou não remunerados para movimentos.[20]

Se os limites entre as assessorias, as ONGs e as organizações sociais são bastante fluidos, e se está claro que nos momentos de ascensão dos movimentos populares e de moradia essas assessorias e organizações disputaram uma espécie de grande mercado de projetos participativos, a cena do Jardim Olinda revela outra transformação: a terceirização empresarial do "trabalho social" na favela. Pela primeira vez, que se saiba, uma empresa constituída como tal sem nenhuma mediação – a Diagonal Urbana – realizou o "trabalho social" da urbanização de favelas. Aquilo que era patrimônio dos projetos participativos, dos processos de participação das "comunidades", seguindo uma trajetória de intervenções e saberes que começou nos anos 1960 e 1970, com a experiência de Brás de Pina, no Rio de Janeiro, passa a ser objeto de contratação e mediação de uma empresa que terceiriza o trabalho de uma antiga assessoria de movimentos populares de moradia, voltada nesse caso para as atividades de projeto arquitetônico e urbanístico *stricto sensu*. Assim, encontramos uma particularidade dos chamados processos sociais necessários à urbanização, vistos aqui como "gerenciamento social". O objetivo desse "gerenciamento social" seria preencher as especialidades de intervenção social que não estavam ao alcance da Secretaria de Habitação (Habi), como participação, envolvimento e apropriação da população em todo o trabalho e etapas necessárias à urbanização. A empresa contratada – a Diagonal Urbana – atua nas áreas de gerenciamento e execução de trabalho social em programas habitacionais, loteamentos irregulares, conjuntos habitacionais populares; de gestão participativa e fortalecimento institucional; de estudo e desenvolvimento de sistemas e informações georreferenciadas; de implantação, monitoramento e avaliação para programas de baixa renda; de recuperação ambiental e apoio ao desenvolvimento sustentável etc.[21] A empresa define esse acervo de "metodologias de trabalho social" da seguinte forma:

> Engenharia social: Esse é o trabalho que a Diagonal Urbana Consultoria desenvolve desde 1990, de forma pioneira no Brasil. Acumula experiências em projetos que envolvem o relacionamento direto com mais de 520 mil famílias, seja pela requalificação e regularização de áreas urbanas degradadas [...] ou pela ges-

---

[20] Magaly M. Pulhez, *Espaços de favela...*, cit., p. 171.

[21] Disponível em : <www.diagonalurbana.com.br>. Acesso em: 31 de outubro de 2008.

354 • Saídas de emergência

tão dos impactos da implantação de macroinfraestruturas e grandes empreendimentos, compartilhando com seus clientes o objetivo de melhorar a qualidade de vida das populações envolvidas. [...] Mediante a atualização e inovação metodológica, promove e viabiliza a participação da comunidade em todas as fases de execução dos programas a serem implantados, passando por diagnósticos, planos, projetos, implementação, pós-ocupação, monitoramento e avaliação. Essa experiência lhe permite uma singularidade de atuação no mercado brasileiro. [...] A responsabilidade social é um conceito presente [...] em duas dimensões: o exercício da engenharia social baseia-se na predisposição e na consciência ética em desenvolver práticas solidárias e de compromisso social, tanto na execução cotidiana de seu trabalho quanto no estabelecimento de padrões éticos de relacionamento com colaboradores, clientes, fornecedores; a Diagonal destina resultados à contribuição social, apoiando o Instituto Materno Infantil de Pernambuco, que lhe conferiu a certificação de Empresa Solidária, e em parceria com a Sociedade Beneficente Israelita Brasileira Hospital Albert Eistein apoia o projeto Einstein na Comunidade, na favela Paraisópolis, no município de São Paulo.[22]

A Diagonal Urbana é constantemente contratada pelas prefeituras do PT, entre as quais a de São Paulo na gestão Marta Suplicy, a de Santo André (onde urbanizou diversas favelas pelo Programa Integrado) e Osasco (onde desenvolveu o trabalho social necessário ao plano de saneamento).

O empresariamento da participação social, sob os novos rótulos de engenharia ou gerenciamento social, parece significar a ocupação empresarial de um reduto que classicamente pertenceu aos domínios da politização e da atuação de grupos vinculados a uma perspectiva democratizante das dimensões habitacionais e urbanas. A participação ganha assim um novo estatuto de eficiência, gestão e controle, passando a fazer parte de uma espécie de reengenharia despolitizante da gestão da cidade e de suas populações.

Talvez possamos fechar o círculo dessas ligações perigosas entre empresariamento e governo da cidade, entre concepções e partidos tão diferentes quanto o PT e o antigo PFL (hoje Democratas), com mais uma tendência detectada na busca de reservas de mercado imobiliário no centro, nos empreendimentos triplo A do vetor sudoeste e nas "virtuosas e participativas" urbanizações de favela, realizadas com o concurso de empresas de engenharia social da zona sul da cidade. Em matéria de jornal, mais uma novidade se anuncia:

---

[22] Citado por Magaly M. Pulhez, *Espaços de favela...*, cit., p. 185.

Intervenções urbanas recentes na cidade de São Paulo • 355

Projetos de revitalização têm pouco resultado
Dois projetos de revitalização do centro estão em andamento, mas apresentam, até agora, poucos resultados. A Nova Luz, que pretende acabar com a Cracolândia, patina devido à dificuldade da prefeitura em fazer as desapropriações de áreas necessárias para a construção de um novo bairro. Na Liberdade, um projeto bancado pela iniciativa privada também anda a passos lentos. Poucos patrocinadores, até agora, se interessaram. Na Nova Luz, a prefeitura estimula a instalação de empresas de tecnologia e comunicação com incentivos fiscais. Também há estímulos para obras de construção civil. Porém, até agora – o projeto foi lançado em 2005 – só uma empresa se instalou na área, embora outras 23 já tenham se habilitado a receber os incentivos fiscais prometidos por lei. Mesmo com a lentidão do processo, a prefeitura pretende ampliar a área de concessão de incentivos. O projeto de lei tramita na Câmara Municipal. *O governo pretende enviar ainda à Câmara outro projeto para permitir a chamada concessão urbanística. A ideia é transferir para a iniciativa privada o direito de fazer desapropriações – medida inédita no Brasil.*
Na Liberdade, a ideia, lançada pelo arquiteto Márcio Lupion e pelo Instituto Paulo Kobayashi, é reformar as fachadas dos imóveis dando características orientais. O banco Bradesco comprou uma das cotas, suficiente para 10% do projeto – são 10 cotas de 5,5 milhões de reais cada uma. Lupion estima concluir a primeira etapa até o final de 2009. Todo o projeto de revitalização da Liberdade estaria pronto em cinco anos.[23]

Como se sabe, esse foi o projeto de intervenção vitorioso nas últimas eleições na cidade de São Paulo. É curioso que esse tenha sido o procedimento utilizado pelas construtoras e empreiteiras no empreendimento Parque Cidade Jardim, na Marginal Pinheiros. E é interessante que, se o Jardim Olinda funciona como laboratório de intervenções em áreas de precariedade e pobreza, não é improvável que, após as operações policiais no centro, a região seja entregue a mais um trabalho de engenharia social empresarial. De qualquer modo, a cidade parece estar cada vez mais enredada em intervenções que têm como mote as novas relações entre poder público e interesses privados, entre poder público e intervenções empresariais pouco ou nada arbitradas publicamente.

Conclusão

São Paulo, na primeira década do milênio, é uma cidade com uma impressionante riqueza de experiências: movimentos sociais e suas reformula-

---

[23] *Folha de S.Paulo*, 17 de agosto de 2008; grifos meus.

356 • Saídas de emergência

ções, movimentos de moradia, movimentos culturais, perspectivas de velhos consensos e novos conflitos mobilizam contradições de todos os tipos. Escolhemos essas cenas porque elas revelam novas e velhas contradições, novos e velhos embates, persistências e redefinições. Um novo elemento, porém, parece se conformar em cada uma das cenas descritas neste texto: trata-se de uma nova relação, ao que tudo indica, bem menos regulada ou mediada entre a ação empresarial, a ação estatal (pela presença ou ausência) e as intervenções urbanas dos mais diversos matizes. A cidade que se conforma em meio a essas cenas é um gigantesco laboratório de práticas, bem como de novas "institucionalidades", que se mesclam às antigas (por exemplo, o aparato policial municipal e estadual). ONGs que se desdobram e se combinam com o Estado, transformam-se em organizações sociais, associam-se a entidades de filantropia clássica, que, por sua vez, entremeiam-se com a ação empresarial, ali mesmo onde se encontravam os redutos de mobilização, organização e participação da população em situações de pobreza e precariedade urbana, podem dar uma ideia da complexidade da chamada questão social ancorada e desenhada como questão urbana.

Entretanto, devemos assinalar o fio condutor que une essas três cenas e alerta para as relações e modulações das questões que se configuram aqui. A seguinte passagem de *Naissance de la biopolitique*, de Michel Foucault, merece ser citada neste contexto.

> Ora, que função tem essa generalização da forma "empresa"? De um lado, é claro, trata-se de multiplicar o modelo econômico, o modelo da oferta e da demanda, o modelo do investimento custo-benefício, para fazer dele um modelo das relações sociais, um modelo de existência mesma, uma forma de relação do indivíduo consigo próprio e, ao mesmo tempo, com seu entorno, com o futuro, o grupo, a família [...]. Portanto, o retorno à empresa é, ao mesmo tempo, uma política econômica e uma política de economia de todo o campo social, mas também uma política que apresenta ou se vê como uma *Vitalpolitik*, que terá a função de compensar aquilo que é frio, impassível, calculado, racional, mecânico no jogo da concorrência propriamente econômica. A sociedade de empresa com que sonham os ordoliberais é, portanto, uma sociedade para o mercado e uma sociedade contra o mercado, uma sociedade orientada para o mercado e uma sociedade que seja efeito de valores, em que os efeitos de uma existência resultante do mercado sejam compensados.[24]

---

[24] Michel Foucault, *Naissance de la biopolitique*, cit., p. 254; tradução minha.

Esses parecem ser os eixos das dimensões privatizantes que se entreveem nos novos fenômenos que ganham vida na cidade de São Paulo. Ruas cercadas, bairros sujeitos a intervenção policial investida de um grau de arbitrariedade compatível com o que pode ser identificado como política de confinamento, como no caso da Nova Luz, renascimento de concessões urbanísticas (instrumento de intervenção utilizado nas reformas urbanas da Primeira República), financiamento público de empreendimentos voltados para a "classe triplo A", enfim, esses novos modos de privatização das dimensões públicas apontam para a velha e a nova promiscuidade entre ação empresarial, Estado e produção da cidade. Os modos de resistência na maior mancha urbana da América do Sul são continuamente contrapostos a uma nova forma de naturalização da produção empresarial e privada de espaços que poderiam se conformar como a ancoragem de sociabilidades públicas.

17
OCUPAÇÃO IRREGULAR E DISPUTAS PELO ESPAÇO NA PERIFERIA DE SÃO PAULO

Eliane Alves da Silva

Os eventos narrados neste texto ocorreram num bairro de constituição irregular localizado na zona leste de São Paulo, um dos muitos da região. O Jardim São Carlos foi notícia em maio de 2000, quando houve ali um violento e arbitrário processo de reintegração de posse que deixou mais de cem famílias desabrigadas. O evento trouxe à tona um processo bastante obscuro, em que um falso representante dos donos da área obteve ordem judicial para remover as famílias do bairro. Sua legitimidade foi contestada três dias após o início da demolição das casas, quando já era tarde demais. As famílias já estavam desabrigadas. Pouco tempo depois, elas "ganharam o direito" de retornar e reconstruir, por conta própria, suas casas. Havia perspectiva de regularização. Neste texto, apresentamos sucintamente alguns dos fatos e trajetórias que marcam aquele espaço. De onde vêm e que trajetórias desenham os que, não de hoje, ocupam as "franjas ilegais" da cidade e fazem com que essas áreas registrem os maiores índices de crescimento populacional de São Paulo? De que forma as instâncias do que chamaríamos de "legal" e "ilegal" se articulam em determinados momentos e espaços, ora obscurecendo fronteiras e abrindo a possibilidade de arbitrariedades variadas, ora tecendo arranjos precários de vida? Ou ainda, para lançarmos mão de uma formulação de Agamben, "quais procedimentos jurídicos e quais dispositivos políticos permitiram que seres humanos fossem tão integralmente privados de seus direitos e prerrogativas"[1]? Nesse caso, a pergunta ultrapassa o cenário em que se desenrolam os eventos aqui narrados, colocando-o assim em perspectiva com o conjunto da cidade e, mais amplamente, com nosso ordenamento político.

---

[1] Giorgio Agamben, *Homo sacer: o poder soberano e a vida nua* (Belo Horizonte, UFMG, 2004), p. 178.

360 • Saídas de emergência

As ocupações nas fronteiras da cidade e a história do Jardim São Carlos

O Jardim São Carlos é parte de uma área maior, que começou a se formar nas décadas de 1960 e 1970, a partir de loteamentos em grande parte irregulares. Embora vários lotes tenham sido vendidos, muitas áreas permaneceram vazias. Em meados da década de 1980, e mais intensamente na década seguinte, uma dessas áreas começou a receber um número crescente de moradores, num processo de ocupação irregular. De modo geral, era uma ocupação esparsa, que não contava propriamente com movimentos organizados, tão frequentes naquele momento.

Quando se recupera a história do bairro, nota-se que os limites da ocupação irregular são pouco claros: as situações misturam-se, confundem-se em fronteiras indefinidas, como atesta um documento da Sehab que fala da "dificuldade na identificação de título dominial"[2] da área e mostra quão imprecisos podem ser os limites da propriedade urbana. Esse é um processo antigo, que apresenta consequências desastrosas ao longo das décadas[3].

São justamente esses "limites imprecisos" que abrem espaço para um campo de práticas irregulares variadas, com consequências diversas. De um lado, a ocupação irregular atende à necessidade de moradia de uns, de outro, pode se converter em "moeda de troca", "pequeno negócio" que se realiza pelos mais diversos motivos. Além disso, proprietários ou falsos proprietários obtêm altos lucros em negócios ilegais, que não raro contam com a cumplicidade de agentes públicos, em redes sobrepostas de ilegalidades. Estas, conhecemos pouco, e o trabalho apresentado aqui dará conta delas apenas na medida em que se apresentam (nem sempre de modo inteligível) nas experiências dos moradores entrevistados.

Esses limites imprecisos também dão ensejo a arbitrariedades e violências. Arbitrariedades que não se cometem lá onde "o Estado não chega", bem entendido. O que este texto mostra é que as instâncias da "legalidade" estão presentes: na forma do aparato repressor, de ordens judiciais ou mesmo de advogados mobilizados para defender os moradores. E é aí, quando legalidade e ilegalidade se encontram nos terrenos incertos e opacos de uma

---

[2] Sehab, *Relatório de análise integrada. Grupo Gestor 1. Processo n. 1985-0.002.450-0,* 31 jun. 2003, p. 1.

[3] Ermínia Maricato, *Brasil, cidades: alternativas para a crise urbana* (2. ed., Petrópolis, Vozes, 2002); James Holston, "Legalizando o ilegal: propriedade e usurpação no Brasil", *Revista Brasileira de Ciências Sociais,* n. 21, 1993, p. 68-89.

Ocupação irregular e disputas pelo espaço na periferia de São Paulo • 361

ocupação irregular urbana, que aparecem, num jogo sempre tenso de revelação e ocultação, as ambiguidades de que são constituídos esses espaços.

Assim, quando se discutem esses espaços da cidade, o que está em questão é não somente a ilegalidade urbana, mas também as condições sociais mais amplas em que essas forças da ilegalidade operam. O que passa a ser alvo de questionamento é, mais que isso, a estrutura social urbana, com suas (im)possibilidades de acesso à moradia e ao trabalho, seus (des)caminhos até a justiça, suas aberturas e obstruções à condições plausíveis de vida.

Quem são os que ocupam irregularmente as "franjas" da cidade?

Arlindo e Silmara: histórias de quem sempre viveu em São Paulo[4]

O casal Arlindo e Silmara (na faixa dos cinquenta anos) foi um dos primeiros a se instalar no Jardim São Carlos, na primeira metade dos anos 1980, quando a ocupação ainda nem bem se formara. Ocuparam ilegalmente um terreno e construíram aos poucos uma casa que terminaria demolida em 2000, no processo de reintegração de posse.

Arlindo, nascido em Santo André, sempre viveu da "viração"[5]. É uma daquelas pessoas para quem as referências lineares, ligadas ao tempo marcado pelo trabalho formal, praticamente não existem. Como trabalhador da construção civil desde a adolescência, somou poucos anos de registro em carteira, já que intercalou com essa atividade outras ditas de baixa qualificação e muitos períodos de desocupação. Morou em Guaianases desde os primeiros anos de infância, mas saiu cedo da casa dos pais, sem lugar ou destino certos, trabalhando em obras, dormindo em alojamentos, casa de colegas ou mesmo na rua.

A experiência da "viração" constante se expressa não apenas no trabalho, mas também no próprio modo como Arlindo organiza sua vida ao longo do tempo, numa espécie de negociação cotidiana das condições de existência, transfigurando as fronteiras entre o lícito e o ilícito e sujeitando-se às surpresas várias de um futuro sempre incerto. No fim dos anos 1970, quando

---

[4] Os nomes são fictícios.

[5] Robert Castel explica o termo como "uma mobilidade feita de alternâncias de atividade e de inatividade, de virações provisórias marcadas pela incerteza do amanhã", *As metamorfoses da questão social...*, cit., p. 258.

362 • Saídas de emergência

conheceu Silmara, trabalhava e dormia numa pequena oficina mecânica em Guaianases, em mais um de seus arranjos precários.

Silmara nasceu em Guaianases e começou a trabalhar cedo para ajudar a mãe a cuidar dos irmãos menores. Antes dos vinte anos, quando conheceu Arlindo, já tinha alguns anos de trabalho registrado como costureira no circuito de confecções da região central da cidade. Dedicou toda a vida à atividade, afastando-se recentemente por causa de problemas de saúde decorrentes do trabalho.

A experiência da ocupação no Jardim São Carlos não foi a primeira na vida do casal. No fim dos anos 1970, quando se casaram, eles ocuparam ilegalmente um terreno no litoral paulista. Condições adversas: Arlindo chegou à cidade com uma frágil proposta de emprego temporário numa obra; Silmara não conseguiu emprego e, assim, o sustento da família, ampliada com a chegada do primeiro filho, ficou por conta do trabalho incerto do marido. Por intermédio de colegas de trabalho, Arlindo soube de uma ocupação de terras que vinha se organizando na cidade. Pouco tempo depois, eles já se instalavam no local.

A ocupação irregular garantiu a instalação do casal na cidade, mas as condições eram difíceis. Os rendimentos de Arlindo eram poucos e incertos, e Silmara não conseguia trabalho. Nessas circunstâncias, Arlindo se envolveu num assalto, assim justificado por ele: "Você vai largar seu filho e sua mulher passando fome? Homem nenhum vai". Condenado pelo roubo, só não cumpriu pena porque fugiu da cidade.

Foi nessas circunstâncias que a família retornou a São Paulo. Sem trabalho, sem lugar para ficar. Instalação provisória na casa de parentes, ajuda de amigos e barracos alugados por aluguéis baixíssimos perto do Jardim São Carlos foram alguns dos expedientes a que a família recorreu para poder se viver novamente na cidade. Eles moravam num pequeno barraco cedido no Jardim São Carlos quando Arlindo acompanhou e se envolveu na primeira ocupação irregular do bairro, no início dos anos 1980. Essa ocupação foi desfeita pouco tempo depois pela polícia. Meses mais tarde, no entanto, houve uma nova tentativa, dessa vez bem-sucedida. Arlindo cercou um terreno no local e em pouco tempo começou a construir sua casa. Os rendimentos de Silmara, que a essa altura já havia voltado ao trabalho de costura, ajudaram na compra do material, enquanto ele, ainda entre um trabalho e outro, dedicava seus dias à construção.

Ocupação irregular e disputas pelo espaço na periferia de São Paulo • 363

Embora Arlindo tenha cercado um terreno grande, hoje ele só tem metade do tamanho original. A outra metade foi usada como moeda de troca num momento difícil. Desempregado, Arlindo precisava de um carro para fazer alguns "bicos". Um colega, ameaçado de despejo, tinha um carro para vender. Arlindo propõe uma troca: parte do terreno em troca do carro. O negócio foi feito, mas com prejuízo para Arlindo, que logo descobriu as péssimas condições do automóvel. Quis desfazer a troca, mas já era tarde: o outro já havia se apossado do terreno e se recusava a sair. Os dois foram parar na delegacia, sem resultado. Quem, afinal, provaria a propriedade do terreno negociado?

Se as formas que Arlindo encontra para lidar com as adversidades da vida envolvem quase sempre essa espécie de habilidade particular em ativar recursos os mais variados, formais ou informais, lícitos ou ilícitos – essa "arte de contornamento" das fronteiras sociais de que fala Telles[6] –, ela parece ser o oposto. É pelos caminhos do trabalho formal e pela desenvoltura que adquiriu durante os conflitos de posse no bairro que ela acabou por complementar de certa maneira os esforços de Arlindo, tanto na construção e na reconstrução da casa quanto na manutenção da família.

Nos anos 1980 e 1990, Silmara trabalhou com registro em carteira em confecções das regiões centrais de São Paulo. Nesse período, interrompeu sua trajetória apenas por breves períodos, em razão de demandas domésticas como o nascimento dos filhos ou a doença da mãe. Contudo, em 1997, quando voltou a procurar trabalho após ter se afastado para cuidar da mãe, só conseguiu encontrá-lo em pequenas oficinas de costura na região de Guaianases. Silmara foi pega pelas reconfigurações do circuito de confecções que vinham ocorrendo na cidade. Oficinas de costura, marcadas por precárias condições de trabalho, espalhavam-se pelos extremos da zona leste e alimentavam com a atividade mal remunerada e extensiva de costureiras subcontratadas o tradicional setor de confecções de São Paulo, como o Brás e o Bom Retiro[7]. Em cinco anos, Silmara passou por três dessas oficinas, alternando períodos de desemprego. Encontrou problemas como atraso de pagamento, falta de registro e excesso de horas de trabalho. Em 2003, afastou-se por questões de saúde: os anos de trabalho na máquina de costura,

---

[6] Vera da Silva Telles, "Transitando na linha de sombra, tecendo as tramas da cidade", cit.

[7] Carlos Freire da Silva, *Trabalho informal e redes de subcontratação...*, cit.

364 • Saídas de emergência

agravados pelas condições que enfrentou no último emprego e as horas extras "obrigatórias", com ameaças veladas de demissão, causaram transtornos sérios ao seu sistema motor, o que a obrigou a parar definitivamente de trabalhar e pedir aposentadoria por invalidez. No entanto, o afastamento ocorreu o mais tarde possível, porque os rendimentos das horas extras eram indispensáveis para a reconstrução da casa.

Juraci e Arlete: migrantes dos anos 1980 e a estabilidade "por um fio"

Juraci e Arlete (na faixa dos quarenta anos) vivem numa casa de um cômodo no Jardim São Carlos. Sua casa foi demolida em 2000 e, após alguns meses morando de aluguel, construíram a casa onde moram hoje. Juraci está desempregado há anos; nos últimos tempos, conseguiu apenas trabalhos temporários ou auxílios de programas sociais. Com isso, é Arlete quem sustenta a casa com o que ganha como empregada doméstica.

Os dois são nordestinos e chegaram a São Paulo no início da década de 1980. Juraci foi morar com o irmão e não demorou a conseguir emprego como porteiro, atividade em que permaneceria por muitos anos. Arlete, que também morou com irmãos em São Paulo, começou a trabalhar anos depois como empregada doméstica no condomínio onde está até hoje. Para esses dois migrantes, as possibilidades de melhoria de vida (ou de "mobilidade ascendente") encontram-se cada vez mais distantes, se é que algum dia estiveram presentes.

Os primeiros anos em São Paulo acenaram com boas possibilidades para o jovem Juraci. Os empregos em portarias de condomínio renderam-lhe quase quinze anos de registro em carteira. Nesse período, casou-se, teve filhos e estabeleceu-se numa casa alugada na zona leste da cidade. Embora os rendimentos fossem baixos, a ocupação proporcionava alguma estabilidade à família – estabilidade que se descobriria mais tarde "sustentada por um fio"[8]. Em 1997, ele foi demitido depois de quase cinco anos de emprego. Esse momento marca uma forte inflexão em sua trajetória profissional (e pessoal), pois, como ele mesmo diz, "de lá pra cá não arrumei mais emprego nem pra carregar saco de lixo na rua".

Juraci foi demitido quando a contratação de pessoal do condomínio passou a ser terceirizada, numa expressão da "modernização" por que passavam esses serviços na época. Para ele, isso significou duas demissões seguidas e di-

---

[8] O termo é de Pierre Bourdieu, *A miséria do mundo* (5. ed., Petrópolis, Vozes, 2003).

Ocupação irregular e disputas pelo espaço na periferia de São Paulo • 365

ficuldades para encontrar outro emprego, já que com a terceirização as redes informais a que costumava recorrer também foram desconstruídas (contato direto com síndicos e zeladores, indicações, informações internas etc.).

Mas, ao contrário de Arlindo, Juraci vive a experiência do desemprego como uma desestabilização profunda, que não parece ser contornada pela manipulação de outros expedientes. A ajuda familiar é sentida como motivo de vergonha e, por isso, recusada. Os poucos recursos que pode mobilizar, como "bicos", ajuda de conhecidos, programas públicos de transferência de renda, mostram-se incapazes de fazer mudar de patamar uma vida que parece ter se instalado na "precariedade"[9].

Sem encontrar trabalho, Juraci procurou os programas sociais de combate à pobreza, mas com a resistência de quem sente nisso uma espécie de fracasso pessoal. As adversidades, que lhe renderam ameaças da ex-esposa (do primeiro casamento) por não pagar a pensão dos filhos, terminaram por vencer suas resistências. No início dos anos 2000, ele se inscreveu no programa Frente de Trabalho[10], que combinava trabalho e um "curso de capacitação profissional": ele fazia faxina numa escola da região e aprendia no curso noções básicas de eletricidade. O programa durava seis meses, e Juraci não conseguiu renová-lo.

A "capacitação profissional" parecc não ter valido muito. Findo o programa, Juraci voltou ao ponto de partida. Com dificuldades para conseguir emprego, entrou meses depois em outro programa social, sempre tão presente em regiões de "concentração de pobreza". Tratava-se, dessa vez, do Operação Trabalho[11]; durante seis meses, ele trabalhou na limpeza de vias e terrenos públicos. Mas, como no caso anterior, não conseguiu renová-lo. Meses depois, como não havia encontrado inserção formal de trabalho, virou catador de ferro velho, pondo a nu o alcance dos programas de que participou.

Arlete chegou ao Jardim São Carlos em meados dos anos 1990, quando o bairro se adensava com as ocupações irregulares. Ela e um irmão, por quem soube da ocupação, invadiram uma área e construíram no local. Quando houve a reintegração de posse, o irmão de Arlete já havia deixado o bairro, mas tanto sua casa quanto a de Arlete foram demolidas. Ela reconstruiu a

---

[9]   O termo é de Robert Castel, *As metamorfoses da questão social...*, cit.

[10] Conduzido pela Secretaria Estadual de Emprego e Relações de Trabalho.

[11] Nessa época, o programa destinava-se a desempregados de 21 a 39 anos. Mais tarde, foi estendido para "pessoas com idade igual ou superior a dezoito anos".

366 • Saídas de emergência

dela mais tarde e, apesar do trauma causado pelo processo de reintegração, no início de nossa pesquisa dois de seus irmãos, ambos trabalhadores da construção civil, estavam prestes a construir suas casas naquele mesmo terreno.

Jair e Vanda: migrantes dos anos 1990, São Paulo entre a promessa e o desencanto

Jair e Vanda (37 e 32 anos, respectivamente) chegaram a São Paulo em 1991, vindos da Bahia. Moram com um filho de doze anos no Jardim São Carlos desde 1994. Como outros moradores do bairro, ainda não haviam reconstruído completamente sua casa quando os conhecemos em 2001: os três cômodos demolidos foram substituídos por dois cômodos mal-acabados.

Quando chegou à cidade, o jovem casal foi morar em Guaianases, com o irmão de Jair, e depois alugou uma casa na mesma região. Ambos sempre trabalharam e cooperaram igualmente para a manutenção familiar. Mas logo conheceriam, cada um a seu modo, a face recente da "modernidade paulista", expressa na onipresença dos contratos temporários e, no caso de Jair, nos grandes empreendimentos imobiliários da cidade.

Na época da pesquisa, Jair trabalhava havia dois anos como condutor de máquinas numa empresa de terraplanagem. Entrou no ramo da construção civil logo que chegou a São Paulo e trabalhou com registro em grandes empresas do setor. No primeiro emprego que teve na cidade, demolia favelas na região do ABC em processos de desapropriação de áreas (por ironia do destino, mal sabia ele que anos depois ele estaria "do outro lado"). Os riscos ligados ao trabalho e os acirrados conflitos entre moradores irregulares e forças policiais desagradavam a Jair. Em 1994, pediu demissão e usou o dinheiro da rescisão para construir uma casa no terreno que havia ocupado no Jardim São Carlos.

É interessante notar que, apesar de sua inserção ocupacional em grandes construtoras, a inserção habitacional de Jair e de sua família ocorre de forma muito precária, só é possibilitada pela ocupação irregular e pela autoconstrução, além do já conhecido recurso à demissão. Jair trabalhou nas obras do gasoduto Brasil-Bolívia, numa empresa contratada pela Petrobras. Foi demitido um ano depois. Em seguida, trabalhou na construção de conjuntos habitacionais na zona leste e de uma barragem em Mogi das Cruzes. Sempre em grandes empreiteiras. Por fim, trabalhou na construção da chamada "cidade global" (condomínios fechados e hipermercados na região de

Ocupação irregular e disputas pelo espaço na periferia de São Paulo • 367

Alphaville). Depois de quase três anos na empresa, esta faliu (ou forjou sua falência, como acredita Jair) e os funcionários foram demitidos sem receber seus direitos trabalhistas. O assunto foi parar na justiça, sem resultados.

Vanda, por sua vez, iniciou sua trajetória de trabalho em São Paulo no circuito das confecções, tão familiar aos moradores da zona leste. Ao contrário de suas vizinhas, mais antigas na cidade, Vanda encontrou o setor muito mais instável e incerto e não permaneceu nele mais que dois anos, em contratos temporários em diferentes oficinas. Acabou por desistir do ramo e começou a trabalhar com serviços de limpeza, atividade em que está até hoje.

Como faxineira, passou por várias empresas terceirizadas. Embora não a deixe longos períodos desempregada, a atividade também não lhe assegura condições materiais confortáveis. Atrasos de pagamento e demissões fazem parte de sua realidade. Em 2001, conseguiu o emprego em que se encontrava na época da pesquisa: trabalhava como diarista, sem vínculos empregatícios, e gastava mais de cinco horas para se deslocar até o trabalho, no distante distrito de Santo Amaro, zona sul da cidade.

Assim, apesar do trabalho constante do casal, as condições de estabelecimento na cidade foram difíceis. Quando ocuparam o terreno no Jardim São Carlos, em 1994, moravam numa casa alugada que ameaçava desabar sob as intensas chuvas da época. Vanda havia deixado o trabalho para cuidar do filho recém-nascido e só Jair continuava empregado. Ao saber da ocupação, decidiram ocupar um lote, lançando mão do recurso do "ocupar agora e negociar depois". Desde o início, Jair se preocupou com as questões legais. Foi um dos que se dispôs a pagar pelos serviços dos advogados que se apresentaram com o propósito de defendê-los das constantes ameaças de reintegração de posse. Como se verá adiante, isso não foi suficiente para livrá-los da demolição de suas casas em maio de 2000.

Subitamente desabrigado, o casal alugou uma casa nas imediações. Mais tarde, quando a justiça permitiu que os moradores voltassem para o bairro, iniciaram a reconstrução. Como os rendimentos de Jair não eram suficientes para reconstruir a casa e pagar o aluguel (Vanda havia parado de trabalhar para cuidar da mãe doente), mais uma vez ele negociou sua demissão e com o dinheiro da rescisão construiu a casa para onde se mudou com a família ainda em 2000.

Por tudo isso, em 2001, quando conhecemos Jair, seu discurso era marcado pela revolta. As dificuldades por que havia passado fizeram dele um

368 • Saídas de emergência

"migrante desencantado", que não havia realizado o sonho em busca do qual havia deixado a Bahia: "São Paulo não me deu nada", dizia. "Se Deus me ajudasse, se eu recebesse [a indenização pela demolição da casa], eu não ficava aqui. Deixava aqui do jeito que está e ia embora."

Era Vanda, no entanto, que mantinha a esperança de permanecer na cidade, lembrando as redes sociais tecidas e a experiência de trabalho, que, segundo ela, nunca os deixou muito tempo desempregados. Depois de algum tempo, o plano de deixar a cidade foi abandonado e o casal ainda apoiava a vinda de dois irmãos, que se instalariam num cômodo construído nos fundos do terreno.

João e Mariana: militância em movimentos de moradia, e a zona leste à "base do ferro e fogo"

João e Mariana (na faixa dos 40 anos) chegaram a São Paulo na década de 1990, vindos da Bahia. Depois de morar em diferentes regiões da cidade (e mesmo fora dela), instalaram-se no Jardim São Carlos por volta de 1994 e iniciaram a construção de uma casa. Na época da entrevista, a casa estava quase acabada, pois foi uma das que escapou do processo de reintegração de posse. Sala grande, cozinha e dois quartos abrigavam o casal sem filhos.

Em 2001, quando os conhecemos, eles viviam com dificuldade. João, pedreiro desempregado, havia desistido de procurar trabalho havia anos para se dedicar aos movimentos de moradia. Era requisitado por movimentos de moradores ligados às áreas em situação de risco ou em litígio de propriedade. Enquanto isso, Mariana sustentava a casa com a revenda de produtos de beleza, atividade autônoma que rendia pouco.

A história desse casal ilustra bem a trajetória dos que entram na cidade por suas "franjas". Quando chegaram à cidade, instalaram-se numa favela na zona leste por indicação de amigos que já moravam ali e, ainda por indicação deles, João fez bicos como pedreiro. Mas as condições eram difíceis. Mudaram-se para uma cidade vizinha, onde trabalharam como caseiros. Os baixos rendimentos os fizeram retornar para São Paulo. Alojaram-se provisoriamente na casa de amigos e contaram com sua ajuda para conseguir trabalho.

Foi por essa rede de conhecidos que chegaram ao Jardim São Carlos. Um colega que os hospedou sugeriu que construíssem no terreno vizinho,

Ocupação irregular e disputas pelo espaço na periferia de São Paulo • 369

então desocupado. Embora tivesse consciência da condição irregular dos terrenos, João começou a construir sua casa.

Nessa época, o Jardim São Carlos já estava no meio de uma disputa. O advogado Dorival Biella, que reivindicava a propriedade da área desde o início da década, dava andamento a um processo de litígio. Contudo, o bairro continuava a receber moradores. Alguns iniciaram um processo de negociação com o advogado. Contudo, os problemas que surgiram depois, o fato de o advogado não ter comprovado a propriedade da área e a própria irregularidade dos outros terrenos, fizeram com que João e Mariana desistissem da negociação. A partir daí, João se envolveu cada vez mais no conflito pela regularização e tornou-se uma forte liderança local.

As condições do Jardim São Carlos orientaram muito a trajetória de João. Primeiro foi o negócio de empreiteiro, alimentado em grande parte pela demanda do próprio Jardim São Carlos; em seguida, foram as condições específicas do bairro que o levaram a se envolver cada vez mais com os movimentos de moradia e a se afastar do trabalho para se dedicar à militância.

Assim, as despesas da casa passaram a depender basicamente de Mariana, que depois de um longo período de inatividade voltou a trabalhar justamente quando João abandonou as atividades remuneradas. Ajudada em boa parte pelo marido, que lhe indicava possíveis clientes, Mariana iniciou-se na venda comissionada de produtos de beleza, atividade com que sustentava a casa.

A militância de João foi sempre motivo de receio para o casal. O envolvimento constante com áreas de litígio, onde havia ocupações irregulares, grilagem, processos de reintegração de posse etc., valeu-lhe muitas ameaças e inimizades com o que ele chamava de "grileiros da zona leste". Jardim Aurora, Vila Bela, Jardim Santo André, Jardim Pernambuco são alguns dos bairros em que João atuava. Ele conta que companheiros foram mortos ou estavam sob ameaça. Quando iniciamos a pesquisa, ele mesmo já havia recebido várias ameaças de morte. Isso o levava a ler a região da cidade de modo muito peculiar: um lugar onde se vive "na base do ferro e fogo"[12].

---

[12] Em 2003, quando o trabalho de campo foi suspenso temporariamente, soubemos que João havia sido morto a tiros em frente de casa. O episódio, não esclarecido até hoje, foi motivo de especulação, se estaria ou não ligado a questões de litígios de terra. Passados anos do acontecido, essa hipótese já é em grande parte refutada pelos moradores.

370 • Saídas de emergência

O conflito em torno da terra urbana

Em maio de 2000 a população do bairro foi vítima de um violento processo de reintegração de posse. Durante três dias, dezenas de casas foram derrubadas. O advogado que dizia representar os donos da área, Dorival Biella[13], chegou pela manhã com uma equipe da prefeitura: uma pessoa marcava à tinta as casas que seriam demolidas e um trator vinha atrás, derrubando as casas marcadas. Havia rumores de que as casas seriam derrubadas, mas os moradores duvidavam que isso acontecesse, já que ameaças desse tipo vinham ocorrendo havia anos.

Horas antes da derrubada, correu a notícia da nova liminar de reintegração de posse. Os moradores se organizaram para barrar o processo, procurando instâncias do poder estadual que pudessem suspender a ação. A reivindicação não teve sucesso e, a partir daí, iniciou-se o processo que deixaria mais de cem famílias desabrigadas. A descrição da derrubada é pungente e marcada por muita dor e revolta. Segundo os próprios moradores, policiais militares com cães e carros da tropa de choque davam cobertura à reintegração, transformando o bairro no que eles descrevem como um "cenário de guerra".

Quem não tinha removido seus móveis teve de tirá-los às pressas, pois a marca em cada casa era uma sentença inelutável: seriam poucas horas até a demolição. Jair, que viu sua casa vir abaixo, comenta, em tom dolorido, a atitude extrema e desesperada de se recusar a sair da casa para impedir que fosse derrubada:

> Afinal, tinha quase 20 mil reais empregado aqui. Falei: "Seja o que Deus quiser, eu não vou tirar nada. Pode deixar derrubar tudo". Perdi a cabeça. Só tirei meu filho de dentro de casa [...]. O pessoal é que tirou as minhas coisas de dentro de casa. Eu não tirei. É doído... Tem hora que não gosto nem de lembrar, quando vi as máquinas derrubando a minha casa, meu suor todinho aqui.

O critério para a seleção das casas que seriam derrubadas é um dos nós do conflito. Ele revela a trama de interesses envolvidos e dificulta uma explicação em termos mais simples. A área sob ameaça abrigava pessoas em diversas situações, desde as que haviam ocupado irregularmente seu terreno até as que afirmavam tê-lo comprado do mesmo sujeito que agora os amea-

---

[13] Como o nome de Biella foi divulgado pela imprensa que cobriu o caso, optamos por citá-lo aqui.

Ocupação irregular e disputas pelo espaço na periferia de São Paulo • 371

çava. Apesar dessa diversidade, todos eram jogados na condição de "invasores", e sobre eles recaíam as ações do advogado, amparado pela legitimidade que lhe conferiam as instâncias da justiça.

Na realidade, a reintegração ocorrida em 2000 foi o ápice de um processo que se arrastava desde o começo dos anos 1990, quando apareceu pela primeira vez no bairro aquele que se apresentava como advogado e representante dos donos da área. A partir daí, houve conflitos no bairro, ameaças constantes do advogado contra os moradores e sucessivas solicitações de reintegração de posse junto à justiça.

O início do conflito coincide com o adensamento do bairro, que até então apresentava ocupação esparsa e lenta, mas a partir do início da década de 1990 começa a receber quantidade crescente de moradores, em situações variadas de acesso aos lotes. O que se nota nas entrevistas é que, nesse momento, surge a questão da propriedade real da área, e isso dá início a uma trama complexa de adensamento do local. Alguns ocupam um terreno, seguindo a lógica de "quando aparecer o dono a gente negocia"; outros, ainda que sem necessidade premente de moradia, cercam um lote para ocupá-lo ou vendê-lo mais tarde. Inseguros quanto à propriedade da área, e vendo que muitas pessoas se instalavam sem comprar o lote, alguns dos que vinham pagando pelo seu deixaram de fazê-lo. Assim, na nebulosa em torno da propriedade da área, abrem-se espaços para práticas variadas, cujo conjunto acaba por desenhar uma multifacetada e quase ilegível "ilegalidade urbana".

É plausível supor que o advogado tenha se apresentado justamente quando os moradores deixaram de pagar pelos lotes e a ocupação se intensificou, afinal, o ganho com a venda irregular foi interrompido, como explicam profissionais ligados ao planejamento urbano. Aparecer quando os lotes já estão ocupados ou vender áreas de propriedade incerta seriam algumas das muitas estratégias utilizadas por "grileiros" para tirar proveito de áreas cujo proprietário real é desconhecido. Colaborariam para isso a deficiência dos registros de propriedade ou a fiscalização ineficiente do poder público, das quais se beneficiariam "profissionais" que fazem dessas "terras de propriedade incerta" um negócio lucrativo.

No caso do Jardim São Carlos uma explicação que atente somente para a questão da fiscalização ineficiente do poder público com relação ao uso e à ocupação das terras urbanas é pouco esclarecedora. Áreas teriam sido indevidamente apropriadas e vendidas sem que os órgãos competentes tomas-

372 • Saídas de emergência

sem conhecimento, demonstrando uma suposta "ausência do Estado". Nesse caso, contudo, não se explica como, baseando-se justamente nessa falsa propriedade, o suposto advogado consegue legitimidade para empreender um processo de reintegração de posse. Processo complicado, que gera desconfianças nos moradores e surpreende até mesmo os funcionários da prefeitura com quem conversamos. O que se pode afirmar é que, nesse caso, parecemos estar muito mais próximos de universos (legalidade/ilegalidade) que se tocam do que propriamente se excluem ou existem à revelia um do outro.

Os conflitos judiciais se estendem ao longo de toda a década de 1990. Ameaças e tentativas de acordo se revezam. Ora o suposto advogado propõe aos moradores que paguem pelos lotes, com a promessa de que assim o conflito estaria terminado, ora faz visitas repentinas ao bairro, acompanhado de "seguranças" particulares e ameaçando demolir as casas. Enquanto não vem a ordem legal de desocupação, o próprio advogado parece se encarregar da "negociação" com os moradores.

Liminares de reintegração de posse se sucedem e, com isso, começam a surgir os primeiros problemas entre os moradores. Diante da ameaça, que se dirigia a todos, não há consenso sobre a melhor estratégia para respondê-la. O advogado ameaça despejar as famílias que não pagarem pelos terrenos. Temerosos, alguns começam a pagar. Outros se recusam, porque não têm provas de que o advogado representa realmente os proprietários e, dizem os moradores, ele não apresentava documentos que comprovassem a propriedade. Isso gerava desconfiança.

Nesse contexto, os conflitos entre os próprios moradores se acirram. Começam as divergências entre os que são a favor e os que são contra a negociação com o advogado. De certo modo, este incentivava os conflitos, ameaçando *todos* de despejo, caso *alguns* não pagassem, e negociando à parte com alguns dos moradores. Nesse jogo, o único beneficiado era o próprio advogado, que, além de conseguir que alguns moradores lhe pagassem pelos lotes, ainda tinha em mãos o trunfo da suposta propriedade da área.

Parte das relações nebulosas envolvendo Biella são complementadas ou agravadas pela presença de outros mediadores, que vão desde lideranças locais até advogados e políticos. Ao todo, cinco advogados se sucederam na defesa dos moradores e tornaram-se também eles peças de um jogo intrincado, que envolvia suspeitas de ligação com o "grileiro", acordos desvantajosos, privilégio de uns em detrimento de outros, enfim, uma série de ações obscuras que terminaram por torná-los alvo de desconfiança entre os moradores.

A chegada dos advogados de defesa ao Jardim São Carlos passou por escolhas e contatos pessoais dos moradores, o que por vezes levava a desentendimentos. Isso acontecia porque, se um advogado fizesse algo considerado errado pelos moradores, o que era frequente, o grupo que o contratou era imediatamente culpado pelos outros. Assim, a presença ambígua dos advogados acabava por se tornar mais um fator de dispersão que de aglutinação dos interesses dos moradores, compondo um quadro em que não se mostram os meios de elaboração coletiva do conflito, tampouco os modos de sua resolução.

Foi na época da primeira liminar de reintegração de posse que os moradores contrataram o primeiro advogado do caso, um vereador ligado ao PSDB. O advogado foi indicado por Silmara e Arlindo, de quem era conhecido. Segundo os moradores, ele foi responsável pelo arquivamento da liminar. Contudo, foi um dos muitos que, depois de algum tempo, perdeu a confiança dos moradores; segundo contam, ele foi visto "tomando café com Biella". A atitude, que se enche de significado no contexto litigioso, bastou para gerar desconfiança entre os moradores e fazer com que estes partissem em busca de outra pessoa para defendê-los.

Sucederam-se os advogados. Por motivos vários, nenhum atendeu às expectativas dos moradores. Isso fez com que, a cada período, fosse necessário mobilizar-se na busca de outro profissional. Nenhum dos que chegavam ali levava a defesa até o fim, dadas a pouca transparência com que atuavam e as suspeitas que se formavam a seu respeito. Cobrança dos moradores sem contrapartida de defesa na justiça, corrupção e suposto envolvimento com quem reivindicava a posse dos lotes e promessas de regularização nunca cumpridas são alguns dos fatos que puseram os sucessivos advogados sob suspeição.

Em meados da década 1990, houve outro processo de reintegração de posse. A essa altura, os moradores já contavam com um terceiro advogado. O segundo, que chegou ao bairro por intermédio de uma emissora de rádio, afastou-se por conta da falta de pagamento por parte dos moradores, que se dividiam na disposição de pagar por seus serviços. O terceiro advogado, ligado a um parlamentar do PT, foi indicado por um morador do bairro. Mas advogado e parlamentar, longe de se converterem em figuras aglutinadoras, criaram discordância entre os moradores por causa do encaminhamento que queriam dar ao processo. Segundo alguns entrevistados, eles teriam incentivado os moradores a negociar diretamente com Biella (o que,

374 • Saídas de emergência

na realidade, seria ilegal), fazendo-os crer que assim o processo acabaria em breve. Mais uma vez, uns concordaram e outros não. Os encaminhamentos posteriores, quando um novo processo de reintegração de posse ameaçava tanto os que haviam entrado em acordo quanto os que não, fizeram com que os moradores rompessem com os dois personagens e suspeitassem de que haviam se aliado a Biella e agido de má-fé.

As ações dos dois últimos advogados do caso também não puderam tirá-los dessa zona incerta em que os anteriores os situaram. Nos dois casos, os advogados teriam entrado na justiça com representação de apenas uma parte do bairro, coincidentemente ou não, aquela em que vivia o morador que os contatara. O fato é que, em 2000, as casas da parte representada – algumas fruto de ocupação – foram poupadas da ordem da demolição, devendo ser apenas desocupadas, o que não deixa de constituir mais uma das tantas obscuridades do caso.

Apesar dos campos de incerteza/obscuridade que acompanham o conflito – e aqui nos propomos não a esclarecê-los, mas a mostrar seu caráter contraditório –, devemos levar em conta o fato de que, em maio de 2000, a reintegração de posse se consumou. Isso mostra que as ações empreendidas para evitá-la foram ineficazes e, com isso, os moradores voltaram a desconfiar dos advogados que se apresentaram para defendê-los.

Durante três dias, as demolições se sucederam. Famílias saíam às pressas para procurar abrigo na casa de parentes ou conhecidos, enquanto outras ficavam ali na esperança de barrar o processo, apelando ou exibindo documentos de compra e venda dos lotes. Alguns moradores recorreram à justiça, tentando suspender a liminar de reintegração de posse. Todas as providências se mostraram inúteis, incapazes de barrar os tratores que avançaram contra o bairro durante três dias. Ao fim desse período, uma ordem da justiça afirmava que o processo deveria ser interrompido, pois constataram-se "irregularidades" que punham por ora em suspenso o direito de Biella sobre a área reivindicada.

A suspensão das demolições foi vista como uma vitória parcial, pelo menos por aqueles que não se afastaram do lugar e seguiram o embate. Parte dos moradores montou um acampamento na avenida lindeira do bairro, manifestando-se, a partir dali, pelo direito de retornar a seus lotes. Poucos dias depois, conseguiram, por fim, que o prefeito interino, Régis de Oliveira, se manifestasse sobre a reivindicação dos moradores e as denúncias de arbitrariedade que haviam sofrido. Nesse momento, o prefeito anunciou a pro-

Ocupação irregular e disputas pelo espaço na periferia de São Paulo • 375

posta de desapropriação da área, assinada alguns dias depois. Assim, a área ficava agora sob responsabilidade da prefeitura, impedindo que as arbitrariedades que se processaram ali continuassem e permitindo que os moradores voltassem ao local.

Muitos dos moradores voltaram ao bairro, mas essa volta era apenas simbólica, já que das casas só restava entulho. É aí que tem início um difícil processo de reconstrução, em que os moradores só puderam contar com seus próprios esforços e recursos. Jair foi um dos muitos que pediu demissão para poder, com os recursos obtidos com a rescisão do contrato de trabalho, reconstruir sua casa. Silmara começou a fazer horas extras e os recursos daí provenientes eram usados para comprar material de construção, enquanto seu marido, desempregado, erguia mais uma vez as paredes da casa.

O lento processo de reconstrução – que se estendia até o momento em que terminávamos nossa pesquisa, em 2005 – não ocorreu sem tensões. Algumas casas foram reconstruídas sem respeitar os antigos limites dos lotes, às vezes avançando no terreno vizinho. Vielas foram estreitadas e ocupadas parcialmente pelo desenho incerto das novas casas, gerando desconforto e reclamação. Lotes foram revendidos ou desmembrados, passando a acolher mais pessoas do que antes, em processos não raro conflituosos.

O processo pela regularização continua. A gestão posterior (Marta Suplicy, 2001-2004) deu continuidade ao processo: a área foi desapropriada e comprada pela prefeitura[14]. Com isso, surgem as possibilidades da regularização definitiva, a instalação de um marco legal nos conflitos, que certamente levará o bairro a um novo patamar, à integração na legalidade urbana. Não se trata, contudo, de um ponto final virtuoso numa história que nada tem de virtuosa. O caminho até a integração é um processo longo e não se dá sem tensões. Exemplo disso é a forma como as famílias tiveram de reconstruir suas casas, por sua própria conta e risco, apesar das condições arbitrárias em que foram retiradas delas. Que dizer então da prometida indenização por danos materiais e morais, que era tão comentada pelos moradores na época de nossa chegada ao bairro e já quase caiu no esquecimento, passados anos dos acontecimentos de maio de 2000?

---

[14] Como não descobriu quem era o proprietário do loteamento, a prefeitura fez um "depósito judicial". Desse modo, a indenização paga pela desapropriação fica disponível, em juízo, para a pessoa que comprovar a propriedade da área. Como temos contato contínuo com o bairro, soubemos que até 2007 ninguém havia aparecido para reivindicar a indenização.

376 • Saídas de emergência

No esforço para urbanizar o bairro também se evidenciam os percalços de sua consolidação. O serviço de pavimentação, que até 2003 não cobria mais de 30% do bairro, começa a chegar ao lugar das ambiguidades. Reivindicado por uma das várias associações locais, o serviço chegou a apenas uma das ruas do bairro; isso suscitou polêmicas, agravadas tão logo se conheceram as condições em que o serviço foi contratado. A rua foi pavimentada pelo Programa de Pavimentação Urbana Comunitária (PPUC), pelo qual 30% do valor do serviço fica a cargo dos próprios moradores. Complicações de um serviço público atravessado agora pela lógica do mercado. Muitos dos moradores não puderam pagar sua parte e, depois de alguns meses, vários já eram inadimplentes.

Diante dessa nova polêmica, moradores de diferentes partes do bairro se uniram para exigir solução para o problema, não só dos inadimplentes, mas dos moradores que não foram atendidos pelo serviço. Conseguiram levar o subprefeito da região ao local, em meados de 2005. Durante a visita, o subprefeito prometeu sanar o problema com uma espécie de "pavimentação provisória", de baixo custo, para as ruas ainda não pavimentadas do bairro. Contudo, passaram-se meses sem que os moradores tivessem um retorno. Até início de 2006, nem mesmo o asfaltamento provisório, prometido em "regime de urgência", havia sido iniciado. Àquela altura, no entanto, os moradores já não alimentavam grandes expectativas, porque o subprefeito com quem tinham negociado já havia deixado o cargo.

Assim, os caminhos de consolidação desses espaços irregulares, de sua incorporação à "cidade legal", envolvem mais que um documento formal. Numa configuração de acesso a direitos sociais e civis, não raro marcada por arbitrariedades como as narradas neste texto e na qual grandes parcelas da população estão sujeitas aos humores de uma política nem sempre previsível, mostram-se obstruídos os caminhos que levam à superação das cisões que supostamente se limitariam à oposição legal/ilegal. Vemos aqui que a condição de incerteza não se restringe à questão da propriedade da terra, mas estende-se, em muitos casos, às próprias condições de vida.

18
EVANGÉLICOS NO TRÂNSITO RELIGIOSO

Ronaldo de Almeida e Ariana Rumstain

O cenário religioso brasileiro contemporâneo é marcado por um trânsito que se caracteriza tanto pela intensa mobilidade de pessoas por múltiplas alternativas quanto pela circulação de conteúdos simbólicos e práticas rituais entre elas[1]. Essas duas dimensões podem ser desdobradas em uma terceira, que analiticamente enfoca não como os indivíduos passam pelas instituições, mas como estas passam por eles em suas trajetórias de vida. Ao transitar por diferentes religiões, mais do que aderir a algo diferente, adiciona-se algo ao já conhecido. O foco analítico é o modo como o indivíduo articula a religião a outras dimensões de sua vida.

O trânsito religioso vem estabilizando certo modo de viver a religião, mais amplo que aquele confessado em determinado momento da vida. Circular entre religiões é um modo de viver a religião. Analiticamente, talvez seja o momento de a literatura focar menos as religiões e, como disse Sanchis já há algum tempo, mais a porosidade constituinte do próprio campo religioso brasileiro. No título de outro artigo, ele aponta o descompasso entre as religiões e a dinâmica religiosa: "O campo religioso é o campo das

---

[1] Pierre Sanchis, "O campo religioso contemporâneo no Brasil", em Ari Pedro Oro e Fabrício Alberto Steil (orgs.), *Globalização e religião* (Petrópolis, Vozes, 1997) e "A religião dos brasileiros", *Teoria e Sociedade*, 2003; Patrícia Birman, "Cultos de possessão e pentecostalismo no Brasil: passagens", *Religião e Sociedade*, n. 17, 1994; Ronaldo Almeida e Paula Montero, "Trânsito religioso no Brasil", *São Paulo em Perspectiva*, v. 15, n. 3, jul./set., 2001; Ronaldo Almeida, "Religião na metrópole paulista", *Revista Brasileira de Ciências Socais*, v. 19, n. 56, out. 2004; Danièle Hervieu-Léger, "Bricolage vaut-il disséminations? Quelques réflexions sur l'opérationnalité sociologique d'une métaphore problématique", *Social Compass*, Louvain-la-Neuve, v. 52, n. 3, set. 2005, p. 295-308.

378 • Saídas de emergência

religiões?"[2]. Isso posto, o argumento deste artigo é que nessa circulação religiosa, aparentemente individualizada, um universo de relações sociais (familiares, de amizade, de trabalho) é envolvido em um processo de negociação e acomodação entre práticas e pertencimentos.

A metodologia empregada na produção dos dados buscou articular dois conjuntos de dados empíricos, quantitativos e qualitativos. Num primeiro momento, pesquisamos a mobilidade de pessoas que foram criadas numa religião e mudaram para outra[3]. Cerca de 30% dos entrevistados estavam numa religião diferente daquela em que haviam sido criados. Nesse universo, as mudanças demograficamente mais significativas foram: o crescimento dos que se declararam sem religião e dos evangélicos pentecostais e a queda do número de católicos. Além do deslocamento de uma religião para outra, procuramos captar múltiplos pertencimentos: 7,8% afirmaram frequentar mais de uma religião, dos quais metade se declarou evangélica.

A partir desses dados quantitativos construímos os principais padrões de mobilidade entre kardecistas, afro-brasileiros, evangélicos não pentecostais, evangélicos pentecostais, católicos e sem religião[4]. O fluxograma resultante dos cruzamentos indicou os padrões de mobilidade, mas não as lógicas dos deslocamentos. Disso surgiu a necessidade de procedimentos metodológicos qualitativos. Para tanto, selecionamos para entrevistas mais minuciosas pessoas que: declararam ter mudado de religião; apresentaram duplo pertencimento; e declararam-se sem religião. Em outros termos, enfatizamos não os segmentos religiosos ou o fiel ideal típico, mas os meios-pertencimentos, as zonas de indiferenciação simbólica, as experiências ambíguas dos fiéis. Além

---

[2] Idem, "O campo religioso será ainda hoje o campo das religiões?", em Eduardo Hoornaert (org.), *História da igreja na América Latina e no Caribe (1945-1995)* (Petrópolis, Vozes/Cehila, 1995).

[3] A variável "mudança" foi construída com base nas respostas às questões sobre religião de criação *versus* religião atual, contidas no *survey* realizado em 2003 pelo Centro de Estudos da Metrópole (CEM/ Cebrap) na região metropolitana de São Paulo. De modo geral, o *survey* teve como propósito identificar usos da cidade no que se refere ao lazer e uso do tempo livre, padrões de sociabilidade. O total de entrevistas foi 2.002. A amostragem foi feita em três estágios (setor censitário, domicílio particular e pessoa selecionada para a entrevista). A seleção levou em conta os 20.127 setores censitários da região metropolitana e foram selecionados 154 setores. Em cada um deles foram selecionados 13 domicílios. Foi utilizado o método de Kish para selecionar a pessoa entrevistada em cada domicílio.

[4] Ronaldo Almeida, "Religião na metrópole paulista", cit.

Evangélicos no trânsito religioso • 379

disso, investigamos alguns grupos familiares em que havia pluralidade religiosa a fim de observar a interação entre os membros.

Depoimento 1

Filha de mãe católica praticante da Irmandade de São Francisco, Elsa fez a primeira comunhão e era obrigada a frequentar a igreja, embora diga hoje que "não tinha apego aos santos" – o que é uma percepção decorrente de sua religião atual (evangélica), que condena a mediação dos santos entre os homens e Deus. Seu pai não praticava nenhuma religião, criticava a esposa pelo fato de ser beata e, quando chegava em casa, costumava brigar com todos. Elsa, que tem cinco irmãos e uma irmã, e seus filhos são os únicos evangélicos da família. A convivência com os parentes e com o marido não é considerada fácil, "mas é preciso respeitá-los, pois assim diz a Palavra", resignava-se Elsa. Em outros momentos, afirmou que é necessário respeitar o tempo de cada um para se converter.

Em 1974, aos dezessete anos, Elsa foi convidada pelo futuro marido a frequentar sua religião, o candomblé. Ela conta que ria de tudo e Antônio, seu namorado, teria ficado muito irritado com seu desrespeito. Elsa conhecia o candomblé da época em que morou na Bahia: "Tinha uns batuques por lá, mas nunca fui. Achava o povo que frequentava muito feio, modo de se vestir estranho, gente feia mesmo". Quando foi ao candomblé com Antônio, havia uma sala escura na qual um homem de trajes brancos dava passe. Ele dizia palavras incompreensíveis e ela começou a rir. O namorado nunca mais a levou lá.

Antônio conheceu o candomblé na Bela Vista, bairro onde nasceu e cresceu. Todos os amigos do samba frequentavam o candomblé e ele começou a ir também. Lá, recebeu muitas coisas, mas depois, segundo Antônio, "veio a *cobrança* das entidades espirituais e perdi tudo". Ele sempre desfilou na escola de samba Vai-Vai, mas diz que, com o tempo, enjoou do samba e ficou só no candomblé. Enquanto explicava a relação de dívida com o candomblé, Elsa, que hoje pertence à Igreja Batista, repetia: "É tudo enganador". E ele retrucava: "Como tem gente que acredita em Deus, tem gente que acredita no diabo". Explicava que havia coisas que desejava e só conseguia no candomblé. E Elsa interferia: "O que você conseguiu? Nada!". Antônio retrucava: "Você não sabe. Já me salvaram de um assalto. Já vi o Capa Preta fazendo aborto. Você não sabe para dizer que não funciona". Antônio con-

380 • Saídas de emergência

tou que havia comprado um bode para uma mulher livrá-lo da cadeia e havia dado certo. Conta ainda que teria ganho no bicho por uma semana inteira. A proteção, diz ele, depende da troca: "Fiz muita coisa para não perder Elsa, enquanto o inimigo ameaçava fazer mal a ela". Elsa ouviu tudo surpresa e disse não conhecer aquelas histórias.

Durante a conversa com o casal, ele, surpreendentemente, contou de sua impotência sexual, que teria sido um castigo de Exu para afastá-lo da esposa, pois todos no terreiro sabiam que ela era evangélica. Ao ouvir a explicação do marido sobre sua vida sexual, Elsa retrucou que o problema é que ele não *aceita Jesus*. De certa forma, o infortúnio (a impotência) é visto por ambos como obra do demônio, mas as soluções são diferentes: para um, deve-se manter a troca com as entidades; para outro, é necessário converter-se a Jesus. Se, por um lado, as concepções religiosas se opõem, por outro, os discursos evangélicos e do candomblé se sobrepõem num solo simbólico mais comum: a ideia de que diabo, demônios e espíritos malignos são os causadores dos males da vida é uma das transversalidades (ou porosidades) do campo religioso brasileiro.

Quando ainda não havia se convertido à Igreja Batista, Elsa frequentava a Igreja católica, mas sem regularidade. Ia apenas para "sossegar o coração", quando estava nervosa e aflita. Embora tenha se casado apenas no civil, batizou os filhos na Igreja católica, e o mais velho chegou a fazer a primeira comunhão. "Tudo como manda a tradição", declara.

Com dificuldades para criar os filhos sozinha – Antônio, que ela "mal sabia por onde andava", parava pouco em casa –, Elsa sofreu necessidades materiais. Nesse período, conheceu Leia: "O papo de Leia era bom, tinha expressão tranquilizadora, era muito calma, e nunca havia me dito nada sobre a igreja dela". Foi apenas depois de um bom tempo de amizade que Leia a convidou a conhecer a igreja Batista Betel. Elsa não ia, mas deixava a amiga levar seus filhos com os dela.

Certa vez, chateou-se com Antônio porque este vendia coisas da casa para *pagar a macumba* e tratava mal a família. Antônio contou que nesse período teve outras mulheres. Leia, vendo a situação de desespero da amiga, insistiu para que ela fosse à Igreja evangélica. Chegando à reunião de oração, Leia contou a todos os presentes o que estava acontecendo com Elsa. Esta, embaraçada com a situação, só se sentiu à vontade quando começaram a orar por ela. Mal entendia o que estava acontecendo e não sabia por que a amiga havia contado um segredo dela para todos, mas, quando terminaram a oração, toda a sensação de fracasso, peso e derrota "havia sido extirpada", conta. Chegou em casa se sentindo bem melhor e ficou ansiosa quando a amiga, ao deixá-la na porta, disse que passaria no domingo para irem juntas ao culto.

No sábado, antes do culto, um pensamento veio a sua cabeça: não fumar mais. "Amanhã não posso ir para a igreja com cheiro de cigarro". Ao meio-dia do sábado, antes do culto, fumou seu último cigarro. No domingo, ela e os filhos foram à igreja sem que Antônio soubesse. Nessa primeira vez, não sabia como se vestir, pois achava necessário usar saia ou vestido, como fazem os evangélicos pentecostais mais tradicionais. Posteriormente, percebeu que cada um podia vestir a roupa que desejasse, mas ressalta: "Sem exageros como decotes ou roupas curtas". No início do culto, diz ter sentido vontade de cochilar, mas de repente: "Senti algo que me despertou". Quando o pastor leu Jeremias 33:3 e anunciou a presença de pessoas novas no culto, sentiu como se "um suco estivesse entrando" dentro de si, pois as pessoas a tratavam muito bem e olhavam para ela com carinho. Relata que caminhou até o púlpito como se tivesse sido carregada e chorou muito. A partir desse momento, "aceitei Jesus como meu único e suficiente salvador. Não entendia bem o que estava ocorrendo, mas sentia um alívio muito grande", testemunha. Adriana, uma assistente da escola dominical, orientou-a a escrever seus pecados num papel assim que chegasse em casa e depois o queimasse e jogasse no vaso sanitário.

Ao chegar em casa, Elsa ficou preocupada com a reação do marido e pensava: "Ele não vai entender que eu fui numa igreja de crente". Mas Leia havia aconselhado: "Não minta, fale a verdade". A primeira coisa que viu ao chegar em casa foi um maço de cigarro sobre a mesa e disse com convicção: "É determinado na terra e no céu: você não tem poder sobre mim! E joguei fora o maço e nunca mais fumei". Em seguida, escreveu seus pecados num pedaço de papel e fez conforme Leia havia indicado. Sentiu-se limpa, feliz, embora ainda preocupada com o marido, que não estava em casa. Quando o esposo chegou, ela ainda vestia a mesma roupa que havia usado para ir ao culto pela manhã e usaria para ir à noite também. Ele estranhou e ela respondeu que a partir daquele dia passaria a frequentar *igreja de crente*. Antônio respondeu que isso atrapalharia o casamento, pois chegaria em casa e não encontraria ninguém. Ela retrucou que ele sempre ia ao candomblé e já "tinha deixado a família há tempos".

382 • Saídas de emergência

A mudança religiosa de Elsa foi impulsionada pela péssima qualidade da relação matrimonial, em que o marido era infiel e praticava uma religião que não se pretende moralizadora como a evangélica. Ao contrário, o candomblé permite uma ambiguidade moral decorrente de algum pacto com as entidades, de quem Antônio diz receber *cobranças*. No início, ela teve medo de dizer ao marido que ia à Igreja evangélica, mas foi Raquel, outra orientadora da igreja, quem a ajudou a lidar com a situação, pois também convivia com um marido não evangélico. Raquel orientou Elsa a não se separar e a ser paciente para *ganhar o marido para Cristo*, pois há pessoas que demoram muitos anos para se converter. Em outros termos, trata-se de uma postura resignada quanto à infidelidade e à distância do marido, e tem como motivações a obediência ao sacramento da família e à missão de ganhá-la para Cristo.

Hoje, 25 anos após sua conversão, Elsa diz que a Igreja "mais próxima" de sua fé é a presbiteriana, e as mais distantes são a Universal do Reino de Deus e a Congregação Cristã do Brasil. Diz que o discurso de prosperidade da Igreja Universal não lhe agrada e, em relação à Congregação Cristã, não gosta das pessoas da igreja, pois há um templo próximo de sua casa e é frequentada por alguns vizinhos. "Não gosto porque as pessoas não cumprimentam. Não têm amor. Não se importam com os outros. É uma igreja moldada no pastor e não na Palavra [a Bíblia]". Se destaca o caráter acolhedor da comunidade da Igreja Batista Betel, a que pertence, justifica sua rejeição à Congregação Cristã do Brasil pela má qualidade das relações de amizade e mesmo de vizinhança com seus fiéis.

A trajetória de Elsa é uma das mais frequentes entre os evangélicos. Vinda de uma criação católica – em que a participação se dá de forma inercial, acompanhando as hierarquias familiares –, ela mudou para uma Igreja evangélica e levou também os filhos. Quando a religião é socializada entre as crianças via família, a tarefa é em geral desempenhada pela mãe. Isso não significa uma espécie de matrilinhagem religiosa, como se a criança herdasse de preferência a religião da família da mãe. As avós tanto materna quanto paterna podem (e costumam) interferir na educação religiosa dos netos. Nas últimas décadas, o Brasil vem passando por um processo de transição religiosa, o que mostra a dificuldade de transmissão religiosa, sobretudo no interior da família. Mas, à parte esse dado empírico significativo, quando ocorre a transmissão, gênero e geração são os descritores sociais predominantes.

Depoimento 2

Ana Rosa nasceu na zona rural da Bahia e migrou para São Paulo à procura de emprego. Foi criada no catolicismo, religião de seus pais. Com a mudança para São Paulo, afastou-se do catolicismo, porque, além da dificuldade de locomoção, o trabalho como doméstica atrapalhava as idas à missa. Nessa época, identificava-se como "católica não praticante". Atualmente casada e mãe de três filhos, converteu-se há cinco anos à Congregação Cristã do Brasil. Descreve o evento como uma "coisa mágica, um chamado de Deus". Recorda-se que, enquanto assistia a um programa televisivo, teve vontade de conhecer a igreja da qual seus vizinhos tanto lhe falavam. Destaca que os *irmãos da igreja* costumam se visitar para organizar idas a cultos de outras igrejas ou fazer a limpeza e a manutenção do templo. Além disso, a comunidade religiosa costuma ajudar fiéis que se encontram em dificuldades materiais.

Ana Rosa se mobilizou para atrair sua família para a Congregação Cristã. Seus três filhos participam da educação religiosa na igreja e sua filha mais velha namora um fiel da mesma igreja. Ela afirma que não poderia ser diferente, pois os *irmãos da igreja* devem se casar preferencialmente entre si. Em relação à família nuclear, o marido, que nunca participa dos cultos, decepcionou-a. Isso o tornou alvo de evangelização, já que parentes devem ser também *irmãos da igreja*. Nas Igrejas evangélicas, os vínculos religiosos tendem a se sobrepor aos vínculos familiares. Ao falar das diferenças entre a religião de criação e a atual, Ana Rosa esclarece:

> Tem diferenças entre a católica e congregação. Pelo menos porque hoje, o que eu entendo, e que antes eu não entendia, era assim... porque lá às vezes você tava apurado, em um momento difícil... você não tinha a quem clamar... apesar de que Deus é um só, tanto na católica quanto na evangélica. Deus é um só, senão fica dois Deus... Só que hoje é diferente pelo motivo que eu acabei de falar agora... você sente uma dor, ou você tem alguém que fique doente, ou uma tristeza... qualquer coisa, ou uma aflição... você dobra os seus joelhos, como a gente faz... dobra os joelhos... louva a Deus... na hora a gente sente um alívio... e na Igreja católica... não sei se porque a gente não sabia fazer isso, ou não sei por qual motivo, a gente não usava esse tipo de coisa.
>
> Me conforta. Se você tem algum problema um dia, você vai lá... você busca uma palavra, Deus fala muito com a sua alma. Você sai dali aliviada, você sai uma pessoa diferente... você sabe que Deus te deu a palavra forte... porque ele fala mesmo... Às vezes a gente fala assim: "Deus não fala com a gente", mas Deus fala com a gente... É falta da pessoa entender, sabe? Mas pode ter certeza que essa resposta, a gente sai dali com ela.

384 • Saídas de emergência

Eu vivia muito assim sozinha, não tinha pessoas pra contar das minhas aflições... Hoje não. Hoje, vamos supor: se eu fico doente aqui na minha casa, a minha casa dali a pouco tá cheia de gente vindo me visitar, procurar saber como é que tá, ligando pras filhas assim, sabe? É muito importante pra mim isso. Então eu acho que hoje em dia... hoje eu me sinto uma pessoa assim muito... assim... mais... como é que se diz... assim... como é que eu posso dizer... mais assim... ajudada pelas pessoas e antes não... eu me sentia uma pessoa muito abandonada.

Ao falar sobre a Igreja católica e a Congregação Cristã do Brasil, Ana Rosa observa uma semelhança (a ideia de um único Deus), mas destaca as diferenças em seguida (a sociabilidade da congregação evangélica e o conforto trazido por ela, muito mais que o conteúdo religioso). A dimensão acolhedora da comunidade evangélica é um dos pontos de atração de novos adeptos, o que é relativamente diferente de décadas atrás, quando a mensagem religiosa enfatizava o pós-morte ou a escatologia (Juízo Final, a segunda vinda de Cristo, o "arrebatamento" etc.). Isso pode ser constatado na mudança da produção bibliográfica dos próprios evangélicos, em seus livros de doutrinação bíblica ou comportamento religioso. Atualmente, os depoimentos destacam cada vez mais o efeito positivo da religião na vida cotidiana. Para enfrentar as dificuldades materiais e afetivas do dia a dia, ela oferece sentido cognitivo e existencial para o sofrimento. Em outros termos, trata-se de uma orientação de vida cuja finalidade é suportar e superar o sofrimento causado pela vida cotidiana.

Disso decorre outra noção presente em vários depoimentos: a religião traz *entendimento* ou *esclarecimento* sobre a vida, não propriamente sobre um problema existencial, mas sobre a vida prática e, sobretudo, suas dificuldades. Não se trata de um *entendimento* da realidade de acordo com tendências teológicas com ênfase em questões sociais, como fazem certas parcelas do protestantismo histórico e do catolicismo (Teologia da Libertação). Trata-se de *entendimento* enquanto sentido subjetivo, apreendido no estudo da Bíblia e na convivência com os *irmãos de fé*[5]. Mais precisamente, é *enten-*

---

[5] Roque, católico de criação e atualmente evangélico, explica: "É entender o que a Bíblia está dizendo, né? Porque você como católico, o que acontece? O padre abre a Bíblia e conta a história que tá escrita, só que ele não te explica na realidade nada, entendeu? O que tá dizendo aquela história, que nem olha... Deus abriu o Mar Vermelho... mas tem um monte de coisa nesse 'abriu o Mar Vermelho', tem um monte de coisa encaixada ali... Outro também é... José foi jogado no buraco, tirado e ven-

Evangélicos no trânsito religioso • 385

dimento como autoconhecimento, por isso sua proximidade com os discursos de autoajuda.

Depoimento 3

Conceição foi criada no catolicismo e considera sua mãe uma pessoa *de muita fé*. Para ela, a mãe não enfrenta problemas porque "está sempre na fé, diretamente com Deus, tudo o que pede, alcança". Por essa razão, é constantemente solicitada a rezar pelas pessoas aflitas ou que passam por dificuldades. Conceição avalia que até os dezenove anos, quando morava no Ceará, era "mais católica", porque rezava muito. A igreja, lembra ela, era a única diversão da cidade. Por volta dos quinze anos, passou a frequentar o coral, mas o que mais a estimulava era o fato de poder sair e conhecer pessoas. Também gostava de andar com um grupo de freiras do convento da cidade, mas sentia-se mal quando diziam que poderia se tornar freira também, pois na verdade queria se casar.

Conceição fez a primeira comunhão aos treze anos e a crisma aos dezessete. Conta: "Via todo mundo fazer, queria fazer também, ficava toda emocionada". No Ceará, frequentou muito a Igreja católica, mas hoje avalia que reza menos, embora ainda vá com frequência à igreja. Costuma se *aproximar de Deus* pela reza, nos momentos em que se sente aflita. Nessas horas, "entro com uma fé muito grande em Deus". É nos momentos de aflição, doença e dor que se sente mais próxima de Deus e de Nossa Senhora: "Deus é tão forte; sem ele, não sou ninguém". Quando foi morar em Brasília e, depois, quando chegou a São Paulo, costumava rezar o terço no trajeto de casa para o trabalho. Sentia que dessa forma Deus estava mais perto dela e, assim, atenderia a seus pedidos: casamento e boa saúde. Anos depois, casou-se com um rapaz de família evangélica, mas que não frequentava a igreja. Ela sempre o convidava para ir à missa e, no início do casamento, ele ia, mas "era só pra agradar", como depois confessou. Posteriormente, eles se separaram.

---

dido como escravo pelo povo do Egito. Mas, o que tem a ver isso, o padre não explicava. Mas na Igreja evangélica é tudo explicado e tudo esclarecido... e você entende, porque quando você entra pra uma Igreja evangélica não foi porque uma vontade sua ou porque alguém te convenceu à toa... foi o que eu te falei... Deus planeja na sua vida e te leva, dali pra frente o Espírito Santo começa a trabalhar na vida da pessoa... E é o que acontece na vida da gente e como eu estou esclarecendo pra você... que é Jesus porque ele morreu na cruz...".

386 • Saídas de emergência

O atual marido de Conceição, Felipe, declara-se sem religião, mas segue o espiritismo há mais de dez anos. Frequenta regularmente as palestras e os "passes" kardecistas aos domingos e durante a semana, e é raro acompanhar Conceição à igreja. Ela recorda que já foi a uma reunião com o marido, porque ele insistiu para que ela e Pedro, filho de seu primeiro casamento, tomassem um "passe". Ela explica: "O 'passe' serve para limpar o corpo dos espíritos ruins", e acrescenta que "era algo diferente, não era macumba, mas bem parecido com rezas da igreja, o Pai Nosso e a Ave Maria". O que a levou ao espiritismo, além da vontade de agradar ao marido, foi a curiosidade: "Se tivesse uma umbanda na minha cidade, tinha ido também pra ver como é". Isso aconteceu no começo do casamento, mas afirma não sentir mais vontade de voltar ao espiritismo. O marido retruca que tem medo da umbanda e que mediunidade não é para qualquer um: "Não me sinto preparado".

Conceição relata que uma vizinha adventista vivia insistindo para que ela se convertesse. Sem conseguir levá-la à igreja, pediu para levar seu filho. Como a vizinha tinha um filho de oito anos e os dois meninos sempre brincavam juntos, Conceição permitiu a ida de seu filho. Lá ele ganhava lanche, presentes, e voltava animado. Certo dia, essa vizinha a convidou para uma festa na igreja. Conceição acabou indo para satisfazer a amiga. Calculou: "Já que tenho poucos amigos, vou para não perder a amizade". Gostou da igreja porque não havia gritaria, mas não se sentiu estimulada a continuar, porque "era parecida com a católica, e tudo era calmo". Diz que, na Igreja católica, sente-se como se todos fossem iguais a ela; quando vai a uma Igreja evangélica, sente-se muito diferente, porque todas as atenções se voltam para as pessoas e isso a incomodava. Todo mundo se conhecia e apenas ela era de fora. Outro fator de desestímulo foram as constantes desavenças do casal que a convidava para ir à igreja.

Por fim, Conceição contou que a única religião da qual realmente não gosta é a Igreja Universal. Acha "as pessoas enjoadas, não muito boas, pois falam muito dos outros". Essa percepção vem da época em que trabalhou numa loja, em Brasília, onde conheceu uma pessoa que frequentava a Igreja Universal e com quem não se dava muito bem. Achava que esta era "pegajosa", insistindo muito para que ela fosse a um templo: "São muito falantes, com uma fidelidade muito forte à igreja, são exagerados". Atualmente, Conceição vai às missas todos os domingos e, quando não tem o que fazer, vai também às segundas e quartas. Frequenta ainda um grupo de oração às terças-feiras com sua irmã, Luzia, com o fim de alcançar uma graça específica.

Embora Conceição seja católica, seu filho foi criado no meio evangélico (Igreja do Evangelho Quadrangular) por sua outra irmã, Sueli, que cuidava do menino. Para não ficar sozinho, ele acompanhava os primos à igreja. Hoje, Sueli vai ao mesmo centro espírita frequentado pelo cunhado, Felipe. Abandonou o Evangelho Quadrangular porque começou a sair na noite paulistana e sentia que estava contradizendo sua fé. Frequenta o espiritismo sem muita regularidade, apenas para tomar um passe quando não está bem, e a Igreja católica, porque sua filha namora um rapaz de família praticante. Ele toca na banda da igreja. "É... Sueli nunca pensou que sua filha fosse tão religiosa, vai na missa todos os domingos", brinca Conceição. A filha de Sueli, apesar de ter sido criada na Igreja Quadrangular, vai à procissão e até já representou a figura de Maria. Conceição conta que, quando a irmã disse, em confissão, que estava indo a um centro kardecista, o padre disse: "Ou cá ou lá". Ela mesma se espantou com a atitude do padre, pois achava que não havia problema em frequentar as duas religiões. Sueli explica que gosta de frequentar o espiritismo porque a faz se sentir bem.

Para Felipe, não há problema em ser kardecista e frequentar a Igreja católica; ele sempre viu o espaço da igreja como um lugar muito tranquilo, que o deixa em paz. Quanto a Pedro (que era da Igreja Quadrangular e deixou de frequentá-la, segundo ele, porque se mudou), Conceição e o marido acham que ele deveria frequentar uma religião, fosse qual fosse, porque encontraria outros jovens reunidos em torno "de algo que vale a pena" e não ficaria na farra, lugar dos que "não tem opção". Não importa a religião, explica Felipe, porque a intenção de todas é "valorizar as virtudes do ser humano e a caridade, e as diferenças são apenas formas".

Embora tenham uma postura mais proselitista em relação a vizinhos e parentes, em casa os evangélicos tendem a esperar o tempo de cada um. No caso do adolescente, a preocupação é mais o controle moral propiciado por uma "religião qualquer", e menos a transmissão em termos específicos, como *crer* em alguma coisa. Religião aqui é uma espécie de freio moral ou instituição social capaz de gerar valores cristãos. O que está em questão são os valores, a ética, e não os conteúdos propriamente religiosos. Os elementos em tensão e negociação estão relacionados nem tanto com as crenças em si, mas com os vínculos sociais, especialmente os familiares.

Depoimento 4

A experiência de dona Lurdes é uma passagem mais fluida entre diferentes religiões. Atualmente, ela é membro da igreja Deus é Fiel. Sua trajetória se iniciou no catolicismo, no Ceará. O que a afastou dele foi um desentendimento causado por uma relação amorosa e as intrigas das "beatas" que frequentavam a igreja. Como consequência, permaneceu "sem religião" dos 17 aos 24 anos.

Já em São Paulo, voltou a se interessar por religião quando sua filha nasceu. Foi algumas vezes a um centro espírita por insistência de uma amiga, mas julgava estranha a ideia *de falar com os mortos* – formulação atual, decorrente de sua concepção evangélica. Outra amiga a teria convidado para ver um pai de santo, mas ela não gostou da experiência, pois "temia ver alguém endemoninhado". Por acreditar que *Deus é um só*, avalia que a umbanda e o candomblé não creem no *verdadeiro Pai* e que a ligação com os espíritos tem o objetivo fazer o mal.

Dona Lurdes relata que conheceu muitas denominações evangélicas, como Batista, Universal do Reino de Deus, Ungidos de Jesus, Paz e Vida, Deus é Amor, Assembleia de Deus e Evangelho Quadrangular. Por fim, foi batizada na Deus é Fiel. Ela diz que, quando era católica, não sabia ouvir Deus e que agora consegue entendê-lo porque, embora a Palavra seja a mesma, o *entendimento* mudou. As passagens pelas diferentes denominações foram irregulares, com maior ou menor frequência em cada uma delas. Apesar de frequentar os cultos com certa regularidade, diz que "só se torna membro de uma igreja quando se aceita Jesus".

Grosso modo, tornar-se evangélico implica mobilizar outras pessoas para sua prática, constituindo-se assim como um movimento de atração de novos fiéis. Tal postura é mais acentuada entre os pentecostais, cujas relações com a umbanda, o candomblé e o espiritismo são marcadas por maior tensão e oposição. A adesão resulta não só no abandono das práticas pregressas, mas por vezes no enfrentamento de outras religiões, que são percebidas como causadoras das mazelas e dos infortúnios da vida. Esse é o discurso da Igreja Universal em relação à umbanda, ao candomblé e ao espiritismo. A expansão ocorre mediante um aparente paradoxo de negação e assimilação de outras religiões, em que há contínuos processos de inversão e continuidade.

Em relação às religiões afro-brasileiras, observa-se uma postura de diferenciação e oposição por parte dos evangélicos, sobretudo dos pentecostais,

Evangélicos no trânsito religioso • 389

o que pode resultar em conflito. Certas práticas pentecostais, como as da Igreja Universal, englobam elementos das religiões afro-brasileiras, em especial da umbanda: ela e suas entidades são agentes do *inimigo* e causam os infortúnios da vida cotidiana. Se, por um lado, setores da Igreja evangélica, em especial os neopentecostais, tornaram-se parecidos com o que combatem[6], por outro, eles assumiram o papel de segunda religião que as religiões afro-brasileiras desempenhavam em relação ao catolicismo[7]. Assim, a passagem de uma religião para outra é reveladora de um trânsito marcado tanto por rupturas quanto por continuidades.

Depoimento 5

Alexandra, católica de criação, hoje é batista e frequenta a Igreja Bola de Neve "apenas para acompanhar as amigas". Diz que as Igrejas pentecostais têm um papel importante, na medida em que atraem os jovens e estes, num outro momento da vida, procurarão a "calmaria" das palavras dos protestantes. Essa afirmação sintetiza a experiência de *trânsito* no interior do meio evangélico: alguns procuram mais emotividade nos cultos; outros, obrigações doutrinárias ou reflexão teológica; e outros, ainda, experiências místicas tanto como busca de espiritualidade (orações, mantras, meditações) quanto como ênfase em espíritos e milagres (possessões, transes, curas). "Eu preciso de uma igreja mais forte", explica uma batista, que em momentos complicados da vida frequenta a Igreja Universal.

A circulação interdenominacional funciona como uma espécie de "calibragem" de práticas, ideias e comportamentos. Se, como dissemos inicialmente, cerca de 30% das pessoas entrevistadas não seguiam a religião em que foram criadas, cerca de 30% dos evangélicos já haviam frequentado mais de uma denominação. Ou seja, a circulação entre segmentos religiosos ocorre na mesma proporção que no interior do meio evangélico. Eles podem tanto frequentar um templo do protestantismo histórico quanto acompanhar programas religiosos pelo rádio ou pela televisão. O que se observa muitas vezes é que, embora a frequência ao templo seja uma exigência, os programas televisivos e radiofônicos são uma forma de vivenciar simultaneamente

---

[6] Ronaldo Almeida, *A Igreja Universal e seus demônios...*, cit.

[7] Conforme dissemos anteriormente, 7,8% das 2.002 pessoas entrevistas pelo *survey* disseram frequentar mais de uma religião, das quais metade era de alguma Igreja evangélica.

390 • Saídas de emergência

duas ou mais denominações evangélicas, ou ainda, uma segunda prática para os que se denominam católicos.

São os jovens, em particular, que mais circulam entre as igrejas e combinam seus conteúdos simbólicos. Essa circulação ocorre via a sociabilidade gerada por eventos como a Marcha para Jesus, *shows* de música gospel etc. Isso pode se estender para além do meio evangélico, por influência do movimento carismático, que vem aproximando católicos e evangélicos. Essa aproximação não ocorre propriamente no eixo do ecumenismo, que reúne católicos e protestantes em torno de questões sociais, mas sim em torno do código carismático/pentecostal. Não é raro que esses evangélicos digam que "não têm religião". Há basicamente duas explicações para isso: em primeiro lugar, eles entendem a religião como uma instituição criada por homens e, portanto, *sem vida* (a ausência de *vida* seria expressa por uma liturgia sem espontaneidade, como a missa católica); em segundo lugar, o que os evangélicos têm é, ao contrário, *fé em Deus*.

Depoimento 6

Seu Damasceno teve criação evangélica e relata:

Eu vou na igreja de vez em quando. Vou na Igreja da Graça [...] De vez em quando eu vou. Mas eu não me considero religioso [...]. Eu sentia a necessidade de agradecer a Deus na casa dele pelo que ele me fez até hoje, pelos meus dias de vida que eu tenho, pela minha filha, pela minha esposa, meu lar... Agradeço muito a Deus por isso. Que a gente... a gente com Deus já não é muita coisa, e sem Deus...

A vizinha aqui que ia disse para eu dar um pulinho lá, no casamento dela e aí eu fiquei conhecendo a igreja e fui lá... De vez em quando que eu vou... Às vezes passa uns dois ou três meses pra mim ir lá... Eu não me considero assim religioso, não [...].

Eu acho ainda que a pessoa que tinha aquela fixação na igreja... ou ele não tem raciocínio... ou não sei... é uma pessoa manipulada, porque eu considero a igreja como um centro, digamos assim, de comércio... Eu não acho... porque se Deus manda você fazer o que manda a Bíblia, você pode ler a sua Bíblia dentro de casa... ir na igreja uma ou duas vezes por semana só para fazer as suas necessidades, digamos assim, dar o seu dízimo... eu não vou à igreja e quando eu sinto a necessidade de dar o dízimo aqui em casa... sempre passa uns carroceiros, uns mendigos aqui na rua, eu dou um prato de comida, dou uma roupa, um calçado para ele vestir... Eu estou fazendo a minha parte, certo? Então eu não tenho a necessidade de ir na igreja, não... Os crentes da Igreja Universal me chamando para ir para lá... eu não vou... não vou porque eu não gosto... não preciso que alguém me manipule para fazer alguma coisa... eu não preciso ir numa igreja para saber que Deus é criador do céu e da terra e da vida, não... Eu não preciso, não [...]. Na igreja sempre eu vou... na Igreja católica, na igreja de crente... então igreja é tudo igual, só o que muda são as pessoas...

Seu Damasceno se declarou *sem religião* e, ao mesmo tempo, aciona a religião para explicar suas experiências cotidianas, seus hábitos e seus valores. Nesse caso, pode-se observar a separação entre pertencimento a uma instituição religiosa e crença. A ideia aqui é que o religioso apenas "segue a doutrina sem convicção". Quando se declaram evangélicos, mas não religiosos, entendem que a pessoa deve se relacionar com Deus, e não com as instituições: "Não sou placa de igreja, e prego a fé, Jesus Cristo, e o resgate de Deus, e não uma religião", diz Elsa.

Depoimento 7

Por outro lado, há aquele que se diz sem religião, mas frequentou várias instituições, entre elas, as evangélicas. Seu Juca se declara "sem religião", mas lembra que já fez "muita coisa de católico", como ir a Aparecida do Norte e usar a fitinha da santa. Sua trajetória se inicia no catolicismo, com passagens pela umbanda ou, segundo ele, pelo "macumbeiro". Também já foi evangélico e, embora não seja batizado, diz que "apenas aceitou Jesus" (simbolizado pelo ato de erguer a mão durante o culto e dizer que *aceita Jesus* em sua vida). Quando os filhos eram pequenos, seu Juca os levava a uma Igreja católica, na qual todos foram batizados e fizeram a primeira comunhão. No que se refere à frequência dos filhos às outras religiões por que transitou, diz que nunca os levou a macumba porque "criança é ingênua e não pode levar num lugar como esse, não faz bem". Hoje não frequenta mais igrejas e prefere se comunicar diretamente com seu Deus: "Tem hora que estou meditando com Deus que eu até choro. Ele é vitorioso... é gostoso soltar as lágrimas, bem gostoso". Isso se deve ao fato de não ver mudança no comportamento das pessoas, especialmente no da esposa. Seu Juca conta:

Ela não é mais calma porque vai à igreja. Então, isto está errado. Ela explode com qualquer coisa. Ela, como serva de Deus, batizada, não deveria agir assim [...]. Minha mulher vai para igreja. Ela não cumpre o que deveria. Ela chega da igreja e chega explodindo. Ela trabalha com o inimigo do lado dela. Então, tudo que ela faz é em vão.

392 • Saídas de emergência

Em geral, os que se dizem sem religião têm uma trajetória marcada por várias experiências religiosas, seja no conjunto dos segmentos religiosos, seja no interior do meio evangélico. O fato de ambas as circulações terem a mesma intensidade demográfica não é apenas coincidência estatística (cerca de 30%), mas deve-se ao fato de que os evangélicos são os protagonistas das transformações recentes no campo religioso brasileiro. Dentre elas, destacamos a crescente dissociação entre identidade e prática religiosas. Mais especificamente, é possível afirmar a existência de uma não filiação institucional a partir da declaração "sem religião". Isso tem pouco a ver com um indivíduo que se classifica como ateu. Seu comportamento se aproxima mais do fluxo entre diferentes alternativas, como também, e principalmente, da simultaneidade de diferentes práticas e ideias religiosas.

Conclusão

O trânsito se refere a essa dinâmica do campo religioso brasileiro que adquire estabilidade crescente com determinadas propriedades de funcionamento. Com foco nos evangélicos, os diversos depoimentos relatados aqui mostram várias experiências religiosas e situações sociais marcadas por passagens, arranjos, concorrências, conflitos, e quase sempre entre repertórios aproximados. Religiões, a princípio irreconciliáveis entre si no plano das crenças, podem se unir num mesmo repertório pela ideia de um único Deus, o desejo de cura para aflições do corpo e da alma ou de solução de problemas econômicos e afetivos, a noção de mal, a oração ou reza como forma de comunicação com o mundo transcendental, a ajuda mútua (encarnada na noção de solidariedade e caridade) etc. Na circulação dos indivíduos entre as religiões e dos conteúdos simbólicos entre elas, o campo religioso diversifica-se e mistura-se. Se, nas últimas décadas, construiu-se um pluralismo religioso no Brasil dos pontos de vista institucional e jurídico, as fronteiras são cada vez mais tênues nos planos simbólico, ritual e comportamental. Como se a diversidade ocorresse em parte como acomodação das diferenças, tanto entre as instituições quanto entre os fiéis.

Via de regra, mas com cada vez menos alcance, a mudança para a identidade e para a prática evangélica implica ruptura com a religiosidade pregressa. Conforme o caso, esta pode ser condenada e até demonizada, e da intensidade do conflito religioso pode resultar controvérsia pública, de acordo com a ênfase que se dá à ruptura[8]. Mas o conflito não deixa de ser uma forma de arranjo, na medida em que a negação específica de algumas formas religiosas implica relação com elas. Daí a dependência de certos discursos religiosos de um contraponto que lhes sirva de referência simbólica.

Se em relação às filiações pregressas o que as pessoas destacam é a ruptura, em relação à religiosidade evangélica é o aspecto acolhedor das igrejas. Estas quase sempre se apresentam como uma rede de relações pela qual circulam benefícios afetivos e materiais, por isso atraem com bastante eficácia novos adeptos, na maioria das vezes em dificuldades. A trajetória de migrantes nordestinos que trocaram o catolicismo pelo pentecostalismo é clássica nos estudos sobre mudança religiosa. As dores e aflições que os sujeitos enfrentam em suas histórias de vida é o que os conduzem a "buscar" uma religião, como se estivessem à procura de um produto eficaz para a solução dos infortúnios cotidianos.

Os depoimentos mostram que identidades, crenças, práticas rituais e comportamentos religiosos estão ligados a outros processos sociais, como as transformações nas relações de família, vizinhança e amizade, no mundo do trabalho e, mais amplamente, na economia. Pelos casos citados aqui, percebe-se que outras variáveis compõem o trânsito religioso: qualidade das relações familiares no processo de negociação de conflitos, imagem que as pessoas têm umas das outras, criação de alianças por meio do casamento etc. Os vínculos sociais, sobretudo os familiares, influenciam a circulação religiosa e são influenciados por ela. Via de regra, os evangélicos podem ser considerados forças sociais que agem no sentido da integração, na contramão de outros processos de fragmentação social.

---

[8] O episódio do "chute na santa", quando um pastor da Igreja Universal do Reino de Deus chutou a imagem de Nossa Senhora Aparecida no dia 12 de outubro de 1995, durante um programa de televisão da Record, levou a um importante debate público entre vários atores sociais sobre o conflito religioso.

PARTE 5
ESPAÇO PRIVADO, ESPAÇO PÚBLICO

19
"TRABALHADORES" E "BANDIDOS" NA MESMA FAMÍLIA[1]

Gabriel de Santis Feltran

Ah, minha família... é complicado. Meus irmãos, tenho três irmãos presos. No total, lá em casa somos em oito. Cinco irmãos já foram presos. Agora tem três que estão presos e dois soltos. O Lázaro chegou até a dar aula de vôlei no bairro, mas acabou não dando certo. Ele também não se ajudava, acabou indo roubar e sendo preso. Um. O Raul, que vem antes de mim, era o mais certo de casa, o mais trabalhador. Casou novo, tem um filho novo, trabalhava, estava tudo certo. Mas acho que não aguentou ver ele trabalhando, trabalhando, trabalhando, e nunca ter nada, e um monte de gente que não trabalha ter tudo. Não resistiu e foi roubar também. Aí foi preso. Aí teve uma fuga, ele fugiu. Quando ele fugiu, ele fugiu arrependido, já. Aí foi trabalhar numa firma ali, chegou lá, o patrão era muito chato. Era daquelas pessoas que não sabem respeitar os empregados. Já chegava gritando. Ele ficou acho que três meses e saiu. Aí voltou a roubar de novo. Foi preso de novo, está respondendo a dois processos. Falou que vai mudar quando sair. O Anísio também já está para sair também, já está montando um negócio. E o outro, o Fernando, é o "de menor", o mais novo, ele está na Febem [hoje, Fundação Casa]. [Esqueceu-se de Marcela, irmã também detida na época.] E estamos esperando. Acho que até o final do ano estão todos juntos, de novo. Faz tempo que não estão. [Neto, 2005]

A despeito da expectativa de Neto, o ano terminou sem a reunião dos irmãos. Foi assim também em 2006, 2007 e 2008. A esperança de um dia reunir a família terminou, afinal, em agosto de 2009 Anísio foi assassinado a tiros. No Natal de 2010, Fernando morreu na favela. Este artigo apresenta a etnografia dessa família, que mora em uma favela do distrito de Sapopemba,

---

[1] Uma primeira versão deste artigo foi publicada em *Revista Temáticas*, ano 15, 2008, p. 11-50.

398 • Saídas de emergência

zona Leste de São Paulo[2]. Descrevo como a clivagem entre "trabalhadores" e "bandidos" opera diferentemente em três dimensões da trajetória familiar: no interior do grupo; na inserção da família no mundo social local e nas formas contextuais como esse grupo familiar – e seus semelhantes – figura no espaço público. Nas notas finais, discuto algumas das implicações políticas da categorização que opõe "trabalhadores" e "bandidos" no Brasil contemporâneo.

Aproximação

Em casa, somos nós e minha mãe. São seis homens e duas mulheres. Dos seis homens, eu sou o terceiro, os dois maiores têm filho, as duas meninas têm filho, e dois menores do que eu têm filho. Tem dois que não têm, e eu sou um dos dois. É que sou muito novo, acabei de estudar agora [o ensino médio], e pretendo entrar na faculdade. [Neto]

Neto sempre retomava o contraste entre suas opções e as dos irmãos. Primeiro, era a inscrição no "crime" que delineava essa clivagem. Em seguida, os critérios eram o gênero e o fato de ter filhos. E essas distinções internas geravam qualificativos: "estudar" e "faculdade" sempre eram objetivos enunciados depois delas. Em 2005, Neto era professor de capoeira numa associação do bairro; personificava o tipo ideal das histórias de "resgate" dos meninos de favela por projetos culturais. Aproveitou a oportunidade que teve e conseguiu, ao contrário da maioria dos irmãos, começar uma trajetória "de trabalhador". Em 2007, migrou da capoeira para o balcão de uma loja no *shopping* Tatuapé. Em 2008, foi promovido a chefe de segurança da mesma loja e, desde então, coordena uma equipe de sete funcionários. Chegou a comprar uma aliança de noivado, mas resolveu adiar o casamento, porque ter filhos atrapalharia a tentativa de sair da favela, era melhor esperar uma estabilidade maior. Neto quer um destino diferente dos irmãos, e essa já era sua preocupação quando nos encontramos.

Interessou-me estudar a família a partir do contraste interno entre os irmãos. Perguntei a Neto se poderia conhecer sua mãe, Ivete. "Claro." Poucos dias depois, liguei para seu telefone celular e marquei uma visita à

---

[2] Em 2011, Ivete tinha 53 anos e seus filhos Ivonete, 35 anos, Marcela, 34 anos, Raul, 31 anos, Neto, 28 anos, Alex e Lázaro, 27 anos. Anísio faleceu aos 30 anos; Fernando, aos 21.

"Trabalhadores" e "bandidos" na mesma família • 399

sua casa. Entramos por um portão pequeno, de ferro, sempre aberto, de frente para o asfalto. O acesso fácil me deixou tranquilo, eu poderia voltar sozinho depois. Entre o portão e a porta de entrada, Alex, um dos irmãos de Neto, cortava o cabelo de um amigo com uma máquina elétrica. Aquele espaço era seu ganha-pão: sob as telhas de amianto, o rapaz tinha ali duas máquinas de *video game* e vendia fichas de cinco e dez centavos. À tarde, as crianças pequenas da favela podiam se divertir. À noite, eram os adolescentes que apareciam.

Ivete me esperava no quarto, penteando os cabelos. Sala com cozinha, um quarto no fundo e mais um quarto em cima, com entrada autônoma, em que vivia a filha mais velha, Ivonete, e seu filho, Vítor, então com doze anos. O anúncio da entrevista gerara expectativa: vários moradores queriam contar suas histórias. Sentei-me no sofá. A fisionomia de Ivete era muito séria, meio ausente. Seus braços e pernas tremiam involuntariamente, seu aspecto confirmava as informações de que estava muito deprimida. Foram quase duas horas de conversa. Quando julgou ter terminado seu depoimento, chamou cada um dos filhos presentes para gravar testemunhos rápidos. Em seguida, as crianças e, por último, as cunhadas. Postada ao lado de cada um deles, interrompia a conversa para lembrar o que considerava importante ser dito. Ivete contou histórias de sua vinda de Salvador, disse que "o tráfico" tinha ajudado muito sua família e deu exemplos. Pediu para Marcela descrever como que era a vida na cadeia, as formas de conseguir sobreviver ali. Interrompeu Alex para contar o sequestro que Lázaro tinha cometido no próprio bairro.

Ao fim de quase quatro horas de conversa, Ivete já estava muito mais solta, tinha parado de tremer, mostrava-se uma mulher firme. A transformação de sua aparência, mediada pela narrativa, chamou minha atenção (e me comoveu). O dia terminou e o impacto pessoal tinha sido enorme, embora me restasse a sensação de entender muito pouco. Os depoimentos tinham uma lógica que, naquele momento, misturavam coisas opostas: a família, a "comunidade", o "crime" e a cadeia. A demarcação da moral familiar e do que seria desviante, com relação a ela, não era usual. Era como se a família tivesse colocado, nos cotidianos, esses mundos em relação, não em oposição estanque. Ao mesmo tempo, era evidente que não se tratava de uma família que compartilhava *valores* do "crime". O depoimento de Ivete é claro a esse respeito: foi justamente pela adesão dos filhos à vida criminosa que Ivete caiu em depressão, e, nos últimos anos, esse foi seu maior proble-

400 • Saídas de emergência

ma. Os relatos de sofrimento pela "opção" dos filhos pela "vida do crime" foram (e são) sempre constantes.

Quando não é simples entender o que se passa, é hora de descrever. Juntando notas de campo e entrevistas transcritas, montei um quadro geral das dinâmicas da família naquele momento. Fiz outra visita, meses depois. Havia tanta informação nova que meu quadro teve de ser refeito. Foi assim por dois anos. Em meados de 2007, passei esse quadro a limpo: a história abria-se para tantos temas que aquilo que era para simplificar as coisas tornou-se uma imagem supercomplexa, que eu decifrava antes de cada nova visita. No fim de 2009 já não era mais preciso me reportar a ele, pois me sentia parte da dinâmica doméstica. Foi assim também em 2011.

Percurso familiar

De Salvador para São Paulo, viagem de oito anos

A minha vida lá em Salvador era muito sofrida. É... tão sofrida quanto aqui. [Pausa longa.] Era muito sofrida. Eu passava necessidade com os meus filhos, tinha um marido que me batia, me maltratava muito, que é o pai dos meus filhos. Então por isso que eu fugi dele. E vim para aqui. Fugida. [Ivete]

Ivete chegou a São Paulo em 1987. Deixou para trás marido e sete filhos. A mais velha tinha dez anos e os mais novos, os gêmeos Alex e Lázaro, dois anos. Ivete ficou alguns dias com uma conhecida que já morava em São Paulo, mas não se lembra onde ficava a casa. Recorda-se, entretanto, que saiu de lá "maltratada". Foi parar na rua e encontrou outros lugares para viver de favor. Passou cinco anos sem ver os filhos. Uma irmã, que morava em Salvador, tinha telefone, mas era caro. A vida só melhorou um pouco quando Ivete conheceu "um rapaz" e foi viver com ele. Esse homem deu a ela uma casa na favela do Elba, onde vive ainda hoje, e seu oitavo filho, Fernando, "o único que eu quis". Ivete conta que teve catorze gestações: quatro abortos e dez partos normais. Oito sobreviveram à primeira infância e estavam vivos quando a conheci: "Todo dia agradeço a Deus por ter todos os filhos vivos".

O novo marido trabalhava e a vida na favela, sem pagar aluguel, permitiu que Ivete conquistasse certa estabilidade. Daí, a rede de relações com vizinhos – chamada nas favelas de "conhecimento" – ajudou na adaptação. O conhecimento trouxe "bicos" como diarista e, em 1992, Ivete tinha jun-

"Trabalhadores" e "bandidos" na mesma família • 401

tado dinheiro e coragem suficientes para tentar trazer os filhos da Bahia para São Paulo. Viajou a Salvador, mas soube que havia perdido a guarda legal das crianças havia anos. Retornou a São Paulo sem os meninos e passou mais três anos sem vê-los. Em 1994, conseguiu um trabalho estável na linha de montagem de uma fábrica de peças de metal. Procurou um advogado para recuperar a guarda das crianças e, na mesma época, recebeu um telefonema de Salvador. Era Marcela, sua segunda filha, que teria câncer de mama e estaria à beira da morte.

Resolveu ir vê-la. Fez acordo para ser demitida, precisava do dinheiro da rescisão para viajar. Chegando lá, viu que os filhos estavam em situação muito pior do que alguns anos antes. Ivonete, na época com dezoito anos, sofria abuso sexual regular, praticado pelo próprio pai. Marcela, com dezesseis anos, havia inventado a história do "câncer de mama" numa tentativa desesperada de trazer a mãe de volta. Tendo tido sucesso no propósito, mutilou um dos seios para provar sua doença. Todos os meninos apanhavam com frequência: o pai estava desempregado havia tempos e bebia demais. Nessa situação, era possível que Ivete recuperasse a guarda das crianças. E assim foi. A migração se completou com a vinda de Ivete e seus sete filhos para Sapopemba. Oito anos depois, pela primeira vez, seus oito filhos se reuniram. O segundo marido, entretanto, achou demais. Terminou ali o segundo casamento de Ivete.

A inserção da família na favela: estrangeiros

Ah, foi muito difícil. Porque eu estava sem emprego, mãe sozinha, tinha eles... Não tinha asfalto nessa rua, os únicos negros nessa rua eram meus filhos. Uma amiga ainda chegou pra mim, que morava aí na frente, olhou pra mim dando risada e falou pra mim que eu ia criar meus filhos para serem trombadinhas. "Como é que você vai criar seus filhos tudo sozinha?" Eu falei pra ela que eu tinha fé em Deus que eles não iam dar pra isso, não é? [Ivete]

Era 1995. Ivete estava desempregada e sozinha para cuidar das crianças. A família ampliada permaneceu em Salvador. As histórias do período misturam privação material e estranhamento. A feira do bairro é muito citada: era dali que vinha o sustento de todos. Os meninos "guardavam os carros". Da feira traziam cabeças de peixe, folhas de cenoura e beterraba e quaisquer outros restos. Com as moedas que ganhavam, Ivete comprava farinha, fazia pirão e sopa, a comida da semana. Às terças e quartas-feiras,

402 • Saídas de emergência

ela me conta, uma granja do bairro descartava carcaças de frangos mortos, e as famílias mais pobres se juntavam ali para recebê-las. Era humilhante, *humilhação demais*, atestava a pobreza absoluta diante dos pares. Mas Ivete só tinha como renda a pensão do segundo marido, pouco mais de meio salário mínimo. O trabalho? Ivete e Ivonete, a mais velha, viravam-se como diaristas. Passaram-se os primeiros anos.

Os filhos e o "crime" na esquina

Dois salários mínimos e meio de renda, uma casa e todos os filhos matriculados na escola. Olhando de fora, era hora de a vida começar a se acertar, os meninos logo ajudariam um pouco mais. Ivonete conseguiu um emprego numa "casa de família", morava num bairro vizinho e contribuía para o orçamento. Marcela, por outro lado, não conseguiu trabalho; aos quinze anos, já tinha se aproximado do tráfico da favela, fazia pequenos serviços e tornou-se dependente de *crack* por volta dos dezessete anos. Os cinco meninos mais novos que ela, entre dez e quinze anos, também cresceram próximos do "crime". Nos anos 1990, o tráfico de drogas estruturou-se nas periferias como centro de gravitação de outros mercados mundiais, altamente rentáveis, como o tráfico de armas e os crimes que elas possibilitam. Com o passar dos anos, a vida dos meninos foi mais tocada pela violência da sociabilidade que estrutura esse universo. "A violência era demais", disse-me Ivete. Amigos próximos foram assassinados. Mas ainda era tempo de tentar escapar da sina dos "bandidos". Era preciso trabalhar, e todos trabalharam desde cedo. Neto conta: "Estudei até a quarta série e depois parei pra ir trabalhar. E não arrumava vaga [na escola] à noite. A gente estava naquele período em que, até certa idade, não estudava à noite. Aí eu trabalhava e não estudava".

A feira rendia pouco, valia para as crianças pequenas. Mas, por estarem ali, cinco deles (Neto, Lázaro, Alex, Raul e Anísio) conseguiram uma "oportunidade": foram agenciados para ajudar a descarregar fardos de cana-de-açúcar num depósito do bairro, em troca de gorjetas. O serviço era mais "certo", ou seja, podia ser feito todo dia e não só nos fins de semana. "Tinha um depósito de cana ali em cima. Aí nós ficávamos lá e ganhávamos caixinha dos fregueses. Passou um tempo, aí eu comecei a trabalhar mesmo." Pergunto a Neto se ele tinha salário. "No começo não, mas depois teve. Eu sei que passou cinco irmãos lá, trabalhando."

Quando começaram a ser remunerados, os meninos eram pagos "por produção": 25 reais por "milheiro". Um milheiro são mil dúzias de cana

"Trabalhadores" e "bandidos" na mesma família • 403

descarregadas do caminhão, descascadas, cortadas e preparadas para serem vendidas aos engenhos de feira. Ainda hoje, esse é o perfil da remuneração das atividades terceirizadas a famílias de favela. Os contratantes eram moradores do bairro – mas não da favela. Em Sapopemba, há uma oposição simbólica muito importante entre quem mora nas casas e quem vive nas favelas. Os adolescentes trabalharam três ou quatro anos ali, conheceram bem a família dos patrões, eram ajudados por eles. Há muitas histórias sobre esse período. Por algum tempo – essa é minha interpretação –, houve entre as famílias uma representação de *complementaridade,* tanto nas relações materiais, de trabalho, quanto simbólicas. Temperada pela fofoca, a interação familiar apresentava certa "harmonização de opostos", recorrente na história das relações entre famílias de classes distintas no Brasil. Entretanto, a São Paulo da virada do milênio não comportava mais a chave analítica freyreana. Se Ivete prezava o contato com os patrões, que lhes "davam o sustento", Lázaro classificava o período de outra forma: "Uma escravidão, mano!".

Não surpreende que tenha vindo dele a primeira ruptura explícita com aquele ordenamento. Aos quinze anos, Lázaro sequestrou a filha adolescente dos patrões, com uma arma na mão. Contam que ele era apaixonado por ela. O desenrolar da história merece citação literal.

> Na época que aconteceu isso [o sequestro], eu trabalhava lá, era funcionário da família. E eu nunca fui de mexer, mas meu irmão... não sei o que aconteceu que caiu na boca deles [dos patrões] que alguns dos meus irmãos iam sequestrar um filho deles. Isso foi uns quinze dias antes. E passou uns quinze dias, já aconteceu o sequestro. Aí ela [a patroa] já foi falando que eram meus irmãos. Eu estava perto da casa dela na hora. Eu fui buscar minha namorada na escola, que é minha esposa agora, na hora que eu virei a esquina eu ouvi os gritos. Voltei e vi a viatura na frente da casa dela. Aí eu vim aqui, peguei minha mãe e falei: "Vamos lá ver o que tá acontecendo". Na hora que eu cheguei lá, o sobrinho dela estava vindo aqui me chamar. Aí eu entrei dentro do carro e nós fomos procurar. Mas até então eu não sabia o que tinha acontecido. Aí ele foi me explicando... "Ó, sequestraram a Érica, vamos atrás pra ver se nós achamos." Andamos tudo, só que não achamos. Aí voltamos e ficamos na casa deles. Minha mãe falou pra mim que eles desconfiavam que era um dos meus irmãos... Eu fiquei quieto. [Alex]
> Na hora mesmo que aconteceu [o sequestro], eu não tinha certeza de que o Lázaro estava envolvido, mas só que o Alex chegou correndo, dizendo que a polícia tava lá, na casa do patrão dele. E que estava na avenida Água Espraiada. Que era para eu ir lá ver o que é que era. [...] Chegamos lá, a mãe da menina estava dizendo que era o Raul, que o Raul tinha sequestrado a menina deles. Só

404 • Saídas de emergência

> que o Raul tinha sido preso oito dias antes. Falou: "Ou foi o Raul ou foi o Lázaro".
> Aí eu vim atrás do Lázaro, cheguei aqui não encontrei o Lázaro, e o Lázaro costumava entrar pra casa cedo. Aí foi que começou a desconfiança. Aí encostei [os outros meninos] na parede, fui perguntando. Lázaro chegou e falou. E os meninos falaram: foi ele mesmo, com o Teco e tal. Deu o nome dos meninos. Então a gente foi atrás. Eu chamei um menino que era do tráfico e pedi ajuda pra resgatar a menina. Porque eu não podia chegar pro outro cara, e eles já tinham conversado por telefone, olha, devolve a menina, que eles já estão sabendo que o Lázaro está envolvido, vocês vão cair. Aí ele [o Teco] disse: "Eu só devolvo depois que derem o dinheiro", quer dizer, ele não ia respeitar a menina. Eu precisei pedir ajuda ao tráfico. Aí o rapaz que era do tráfico me ajudou. [Ivete]

Numa passagem rápida, todo o quadro de referências de figuração social da família se altera. Lázaro era *funcionário* e, de uma hora para outra, torna-se *sequestrador*. Alex era *amigo* dos sobrinhos e dos filhos da família e, de um golpe, era *suspeito* de cumplicidade. A família de *trabalhadores*, amparada pelos patrões, vira ninho de *bandidos* que ameaçam a ordem. As fofocas já tinham corrido, os planos dos adolescentes eram conhecidos de alguns. Lázaro tinha conversado com amigos do bairro, a ação tinha sido preparada, o traficante era patrão de um de seus parceiros. O desenrolar da história é exemplar do pluralismo das instâncias de autoridade às quais as famílias recorrem em casos como esses: em primeiro lugar, Ivete recorre a seus provedores pessoais diretos (mesmo sendo os pais da vítima!); em segundo lugar, pede ajuda a uma autoridade do "mundo do crime", instância normativa responsável pela solução de casos como esses.

> Então eu pedi a ajuda do traficante, porque eu fiquei sabendo que o outro menino que estava no sequestro trabalhava na "boca", trabalhava para essa pessoa. Ele [o traficante] se arriscou, pediu pra tirar a polícia do caso, [por]que a polícia já tava envolvida, né? Ele se arriscou, foi lá comigo. Fui eu, ele e a dona da casa [mãe da menina sequestrada]. [...] Fomos buscar a menina, resgatamos a menina do sequestro. Eles [os funcionários da "boca"] respeitam o patrão. Têm medo do patrão. Chegamos lá, a menina estava lá, estava bem. [...] Se não fosse o traficante, ele [Lázaro] poderia estar ou morto, ou ter sido preso, por causa desse sequestro. [Ivete]

Lázaro não foi nem morto nem preso, mas foi repreendido. E passou a dever sua vida ao patrão. Publicamente, foi um problema pequeno, uma denúncia à polícia desmentida em seguida. Na favela, o episódio foi comentado e, como muitos outros, reforçou a confiança no arbítrio legítimo do

"Trabalhadores" e "bandidos" na mesma família • 405

"crime" na resolução de conflitos[3]. Ivete salvou a menina e o filho, mas não conseguiu evitar a demissão paulatina de todos os outros meninos da pequena empresa. Alex conta: "Passou algum tempo, o rapaz me mandou embora... Eu perguntei pra ele se foi por causa do que meu irmão fez, né? Ele falou que não. Mas pra mim foi. [...] Não tiro a razão dele não".

A ruptura do acordo tácito anterior, depois de uma ação extrema, era clara. E não só na família de Ivete: a dissensão entre casas e favela na sociabilidade cotidiana do bairro parece ser fruto de histórias como essa. Os meninos perderam sua fonte de renda. Em pouco tempo, porém, isso não era mais problema: a lógica da "viração" na rua tinha sido aprendida desde muito cedo, e os meninos sabiam que, se os serviços lícitos pagavam pouco, os ilícitos valiam a pena. Alguns já cometiam pequenas infrações desde a época da feira. Além disso, se todos já os consideravam bandidos, alguma coisa eles tinham de ganhar com isso. A partir daí, a aproximação com o "mundo do crime" local foi progressiva para quatro dos seis meninos.

> Você vai se envolvendo. Vai crescendo, vai se envolvendo. Você acaba se envolvendo num crime mesmo de verdade, alguém te apresenta a arma, você vê os caras voltando da fita cheios do dinheiro, aí você quer também. [...] Fui conhecendo os caras, fui me envolvendo. [Lázaro]

Lázaro repete o depoimento padrão, que escutei diversas vezes durante a pesquisa de campo: a "necessidade" em casa, a presença dos colegas próximos do "mundo do crime", o monte de dinheiro de quem volta da "fita" (ação criminosa), a apresentação das armas, o ritual da primeira ação e a recompensa. As coisas dão certo, "vamos tentar". Vindos em geral das famílias de menor renda (mas não só delas), a pequena parcela de meninos e meninas inscritos no "mundo do crime" encontram ali uma atividade remunerada, marcada por riscos, mas que, se bem feita, abre as portas do consumo – e isso não é pouco, para quem nunca pôde consumir. A remuneração pelo serviço é variável, mas sempre atrativa se comparada às atividades lícitas, e cresce conforme o nível de vinculação dos indivíduos à estrutura do negócio. Em Sapopemba, se os olheiros do tráfico (crianças pequenas ou viciados em estágio avançado) varam noites nas vielas para ganhar cinco reais, ou um "papel", um menino de dezessete anos ganha até cem reais pa-

---

[3] O caso ocorreu antes do surgimento do PCC como principal árbitro de conflitos no território. No capítulo 10 deste livro discuto a questão de modo mais detido.

406 • Saídas de emergência

ra "passar" drogas na "boca" (ou "biqueira"). O gerente recebe de duzentos a trezentos reais no mesmo período. "Às vezes, quinhentos reais."

O acesso às armas de fogo e a inserção nessa "comunidade" facilita a associação do tráfico a outros tipos de crime, o que amplia ainda mais a renda potencial. Em Sapopemba, há redes especializadas em assaltos e furtos de carros, que subcontratam adolescentes mediante pagamentos fixos. O dinheiro obtido é garantia de usufruto imediato de bens fundamentais à vida "social" do jovem da periferia: tênis sofisticados, telefones celulares de último tipo, roupas de marca e, se possível, motos e carros com acessórios e aparelhagem de som. Dos filhos de Ivete, Lázaro e Anísio começaram a fazer furtos em residências aos catorze anos, depois roubo de carros e, por fim, assaltos a residências e em caixas eletrônicos. Fernando e Raul roubavam, mas principalmente traficavam. Nessa época, Marcela era a única que já estava no "crime", obtendo muito poucos ganhos secundários[4]: ela usava *crack*, e os "noias" são como párias.

Ivete sabia de boa parte das ações criminosas dos filhos e sofria. Sofria tanto pela dificuldade de mantê-los no caminho dos "trabalhadores" quanto pelo risco que corriam. Acreditava que era uma fase. Contudo, tornando-se "ladrões" e "traficantes" conhecidos no bairro, os cinco meninos também se tornavam mais "visados" pela polícia. Como é frequente, eles e seus "patrões" faziam "acertos" com os policiais, mas num dado momento começaram a ser presos.

Prisões, a família em crise

A primeira prisão é sempre uma passagem fundamental, que modifica o estatuto individual diante dos grupos de sociabilidade e do sistema político. Lázaro passou por sua primeira unidade de internação para adolescentes aos quinze anos. Era o ano de 2000 e a família estava em São Paulo havia cinco anos. Logo depois de Lázaro, Anísio foi preso por roubo e Marcela por assaltar um ônibus na avenida Sapopemba. Depois foram presos Raul e Fernando. Desde então, todos tiveram diversas passagens por unidades de internação e presídios.

---

4   Estudo a trajetória de Marcela em "A fronteira do direito: política e violência na periferia de São Paulo", em Evelina Dagnino e Luciana Tatagiba (orgs.), *Democracia, sociedade civil e participação* (Chapecó, Argos, 2007).

"Trabalhadores" e "bandidos" na mesma família • 407

Quando um dos familiares é preso, a dinâmica doméstica se altera. É preciso reestruturar a rotina para dar espaço para audiências, visitas a instituições de assistência jurídica e grupos de apoio familiar. Também é necessário tempo para recompor as responsabilidades de cada membro da casa e ativar as redes de sociabilidade, que vão cuidar dos filhos dos presos. É hora de refazer a troca de favores com vizinhos, o que gera novas fofocas, e repensar o orçamento doméstico, que demanda recursos para as visitas e não conta mais com os ganhos de quem agora está detido. A mudança da imagem da família, diante da polícia, também é inevitável: a casa de Ivete passa a ser alvo de invasões policiais frequentes. Mas, para além das providências cotidianas, é preciso lidar com a crise subjetiva:

> Quando meu primeiro [filho] foi preso, eu tive uma crise muito forte, mas fiquei lúcida. Fiquei muito nervosa, muito abalada e tal, mas... fiquei lúcida, continuei a trabalhar e tudo. Quando o meu segundo filho foi preso, eu também ainda aguentei. Agora, quando minha terceira filha foi presa... pelo fato dela usar droga, dela ter saído de casa, de eu ter lutado muito, muito mesmo, pra tirar ela das drogas... ter ido várias vezes na boca pra ir buscar ela, de saber que ela estava assaltando ônibus, do risco que ela tava correndo, de eu ter lutado... e eu tomo conta dos dois filhos dela... então eu acho que com isso foi que eu vim ter a crise, né? [...] E isso me jogou mesmo em cima da cama, me deixou mesmo bem mal.
>
> Eu tive um distúrbio mental. Eu cheguei a ficar, como dizem no popular, eu cheguei a ficar louca. Eu não reconhecia ninguém, não comia, não bebia água... E eu levei 25 dias sem reconhecer ninguém. Nem mesmo meus filhos. Eles entravam no quarto, saíam, e eu ficava debaixo das cobertas. Ou era chorando ou era dormindo, ou era chorando ou era dormindo. Cheguei ao ponto de perder toda a lucidez, toda a lucidez. [Ivete]

A recorrência e a intensidade do sofrimento lança por terra qualquer interpretação que veja a violência nas periferias como algo "banalizado". Nada é banal, como se vê. Encontrei recorrências de colapsos nervosos e diagnósticos de distúrbio mental e depressão, associados a situações-limite como essas. No caso de Ivete, a crise foi agravada pela prisão do Raul – o "mais certo de casa", como disse Neto – e pela primeira internação de Fernando na Febem.

> Falei com ele [Fernando] que ele era o meu único filho que tinha tudo que eu podia dar. E era o único filho que eu tive condições de dar um tênis de duzentos reais, porque o pai dá pensão. É pouca, mas dá. Que ele não tinha necessidade de roubar, que ele procurasse fazer um curso e que todo mês eu daria cinquenta

408 • Saídas de emergência

reais a ele, da pensão dele, pra ele tomar sorvete com a namoradinha, pra passear... mas que ele não entrasse nessa vida, que essa vida não levaria ele a nada. Então, na semana seguinte, ele foi preso, foi preso roubando um carro. Então eu não me culpo, né? Sofro muito por ele estar lá... porque eu tive ele, tive muito carinho por ele, porque ele foi o único filho que eu quis mesmo, que foi do meu segundo casamento. Os outros filhos foi na base do sofrimento que eu tive. Sofro muito hoje, sou muito triste com isso, mas estou aceitando. [Ivete]

"Trabalhadores" e "bandidos": coexistência

Fernando foi preso em 2003. Dois anos depois, Ivete permanecia licenciada do trabalho, embora começasse a elaborar alternativas: "[...] sou muito triste com isso, mas estou aceitando". Só em 2008 conseguiu alta médica e retornou ao trabalho, como agente de saúde no posto da favela em que mora. Oito anos depois da primeira internação de Lázaro, portanto, a distensão interna entre os filhos "trabalhadores" e os "bandidos" havia se estabilizado. A situação não era melhor: Marcela passara meses na "Cracolândia" e voltara para a cadeia; Raul estava preso havia quatro anos e tinha mais seis para cumprir; Anísio continuava fazendo assaltos, cada vez mais especializados; Lázaro traficava no bairro e Fernando alternava emprego e tráfico. Todos eram conhecidos da polícia e tinham de fazer "acertos" (pagamentos) frequentes para permanecer em liberdade. Entretanto, não havia mais surpresa: eram os mesmos cinco filhos que "davam trabalho" e os outros três seguiam sua vida de "trabalhadores". E, afinal, *acostuma-se com tudo*.

Hoje eu não me sinto culpada por eles. Por ter cada um optado pela vida do crime. Tem o Neto, tem o Alex, tem a Ivonete, né? Os três não entraram pra vida do crime, não pegaram em droga. O Neto mesmo é um orgulho: ele tá passando a maior dificuldade [...] mas ele continua firme. Que nem ele falou pra mim: "Eu vou lutar pra fazer uma faculdade. A senhora tem oito filhos aqui em casa; no mínimo, era pra quatro, quatro fazerem faculdade. Mas não, todos eles optaram pela vida do crime... porque quiseram. Não foi porque a senhora quis. Foi porque [eles] quiseram. A senhora não fez por onde eles irem. Se a senhora fizesse por onde eles irem, eu ia, Alex ia, Ivonete ia. Mas não, eles foram porque quiseram. E não adianta, a senhora não vai mudar isso. A senhora precisa agora cuidar da senhora". [Ivete]

Na divisão de trabalho que opõe os filhos "trabalhadores" aos filhos "bandidos", cria-se um tipo específico de coesão entre eles. Neto e os outros dois filhos "trabalhadores" apoiam a mãe com discursos como o exposto

"Trabalhadores" e "bandidos" na mesma família • 409

acima, eximindo-a de responsabilidade pela trajetória dos irmãos e reafirmando o compromisso com a honestidade e o trabalho. Se "não adianta, a senhora não vai mudar isso", ainda é preciso *conviver* com o fato de parte da família estar no "crime". "O bairro é assim", afinal. Durante a pesquisa, tornaram-se cada vez mais claros a polarização discursiva no interior da família e o modo como ela possibilitava uma saída de composição. Os filhos "trabalhadores" falavam muito de si mesmos, contrastando sua experiência com a dos irmãos e reforçando a resistência e as dificuldades para se manter no caminho certo. Diferenciavam-se o tempo todo dos que estavam no "crime" e criticavam duramente a "opção" dos irmãos.

> É tipo assim: um trabalhador não consegue comprar um tênis que custa... agora tá barato, mas que custa 500 reais. Ou um carro que custa 5 mil reais. Um trabalhador, pra conseguir comprar um negócio desse, ele vai ter que trabalhar dez, quinze anos, pra poder comprar. E no tráfico não, você trabalha doze horas, o que você ganha em doze horas no tráfico é o valor de tipo quinze, vinte dias de trabalho, dependendo do seu salário. Então muitos rapazes se iludem. [Alex]
>
> Do meu ponto de vista, é melhor você ser um trabalhador do que ser um traficante. E outra, também por causa que tráfico só dá dinheiro pro dono, o trabalhador [do tráfico] nunca que consegue, não é, juntar muito. O trabalhador [do tráfico] muito que consegue é comprar um carro, comprar as roupas e mobiliar a casa dele. Mas nunca tem sossego. Você vai dormir, às vezes a polícia invade sua casa. É assim que funciona. Tipo você ser traficante, ou um ladrão, sempre tem um ou outro que cresce os olhos no que você tem, então você já vai arrumando inimizade, e chega uma hora que tem pessoas que cresce os olhos no que você tem, vem e te mata. Num adianta nada. Por isso é melhor você não ter nada... E o verdadeiro chefão mesmo nem aqui mora, né? Não vai ficar aqui... vai pra um lugar longe, que ninguém sabe onde mora. E só recolhendo dinheiro. [Alex]
>
> Se todo mundo trabalhasse, tivesse emprego direitinho, registrado, você acha que tinha necessidade dessa casa ser assim do jeito que é? Não tinha nem necessidade da minha mãe trabalhar. Se todo mundo contribuísse, a gente ia ter uma vida boa, né? Salário bom pra todo mundo, direitinho. Mas não, eles querem é ficar nessa vida mansa aí. Dormir, acordar ao meio-dia. [Ivete interrompe: "Vida de ladrão".] É... de ladrão não. De otário mesmo, porque eu penso assim, e não é porque sou evangélica, não, porque eu sempre vivenciei assim: se fosse para eu partir pra uma vida errada, eu ia ter que ganhar muito dinheiro. [...] Porque é isso, os caras roubam, traficam, vão presos e não têm uma toalha para levar, não tem um lençol, não tem uma cueca. [...] Se eu quisesse, eu tive muita chance de ir [para o crime]. [...] Olha, e não é problema de cabeça, essas coisas assim não. É safadeza deles mesmo. Porque se fosse para ser problema de cabeça, quem ia

410 • Saídas de emergência

ter problema aqui sou eu. Quem era para ter problema sou eu, porque fui eu que mais sofri com meu pai. Eu sempre tive mais problema, no meio deles todos, sempre passei mais dificuldade, e nem por isso eu passei pra vida do crime, nem usei droga nem nada. [Ivonete]

Alex diz que o tráfico só dá dinheiro para o dono, os "trabalhadores do tráfico" não conseguem o que almejam, é uma ilusão. Ivonete diz que, se ao menos os irmãos ganhassem dinheiro de verdade, aí "o crime compensaria" e quem tem justificativa para entrar no "crime" é ela, que sofreu mais do que todos com o pai. A argumentação dos "trabalhadores", portanto, sugere que o problema central é que *o crime não rende quanto deveria, ou quanto promete*. O problema da justificação é invertido em relação ao senso comum: Ivonete, Alex e Neto são obrigados a encontrar justificativas para o fato de *não* terem "optado" pelo crime. A necessidade recorrente de reafirmar seus argumentos, e sofisticá-los progressivamente, apenas evidencia que a "escolha" oposta é forte o suficiente para demandá-los.

Talvez por isso os cinco irmãos que vivem no "mundo do crime" não precisem falar muito. Nenhum se esforça para contra-argumentar ou se empenha em constituir um grupo dos "bandidos" para se opor ao dos "trabalhadores" da casa. Falam sempre por si mesmos e, quando estimulados, justificam a entrada no "crime" com respostas-padrão. Entretanto, frisam que ninguém mais *passa necessidade* na família. Na interação interna entre os grupos de irmãos, portanto, cria-se uma recomposição dos parâmetros de solidariedade do grupo familiar que permite a *coexistência* de "trabalhadores" e "bandidos".

Uma situação de observação me parece paradigmática desse novo código. Eu estava na casa de Ivete, acompanhado de Almir, um amigo da família, quando Lázaro chegou. De carro, som alto, boné para o lado, em "estilo ladrão", como ele me disse. O rapaz parou em frente de casa e deixou o carro aberto, mas desligou o som e tirou o boné antes de entrar. No portão, já sacou do bolso um maço enorme de dinheiro, que contou e recontou diversas vezes, exibindo-o. Vendo a cena, Alex pediu cinquenta reais para a gasolina e foi prontamente atendido. Comentaram rapidamente que um conhecido da favela do Elba havia sido assassinado. Alex saiu com o carro de Lázaro. Almir pediu que ele guardasse o dinheiro: era "sujeira" expor aquilo na porta de casa; se a polícia chegasse, todos iriam presos. Um minuto depois, Lázaro abriu a bolsa da mãe e pôs ali algumas notas de dez reais, sem que ela percebesse. Outros dez reais foram para sua própria carteira.

"Trabalhadores" e "bandidos" na mesma família • 411

Caminhou então até o portão da casa, deu um grito para um menino (dez anos, no máximo) e entregou-lhe o restante do dinheiro. O pequeno correu para entregar a encomenda ao patrão. Lázaro continuou a conversa com Almir.

Para os cinco filhos envolvidos com o "crime", não há necessidade de justificação discursiva. A validação de sua função familiar é de outra ordem, e a contribuição financeira é seu elemento central. Seja para dar conforto à mãe, retribuir de algum modo o esforço e o sofrimento que causam a ela ou auxiliar nas despesas, a ajuda financeira se tornou estrutural na coesão da família. É dessa polaridade entre os "trabalhadores" e os "bandidos" que surge a condição de reciprocidade entre eles. A dissensão interna, tornando-se especialização, mantém a coesão do grupo no mundo social.

Aqui, o paradoxo inicial esboça uma solução. Não seria possível dizer que o "crime" venceu a moral familiar: dentro de casa não se fala de carros, motos, música e mulheres, temas e objetos dominantes na sociabilidade entre amigos. Por isso, ao chegar em casa, Lázaro desliga o som, tira o boné e saca o dinheiro do bolso. Mas a família "trabalhadora" também não venceu o "crime": ninguém exige que os rapazes deixem as ações criminosas, sobretudo porque elas ajudam no sustento de todos e são fundamentais à rotina doméstica. E não só na casa de Ivete.

> [Tem um caso em que] a família toda é envolvida com o tráfico. A mãe é sozinha e até ela é envolvida. Você vê a situação de vida dela, é igual à minha. [...] E eu não posso mudar. Eu tento, até tento... Tento dando conselho a um e a outro: "Ah, porque você tá nessa vida? Sai dessa vida". Mas o dinheiro, é muito dinheiro. É muito dinheiro. E você passar fome, não é? [Ivete]

Os filhos "trabalhadores" sustentam a estrutura do grupo simbolicamente: são o orgulho da mãe. No plano material, porém, o sustento é garantido pelos filhos "do crime". A família tem provedores simbólicos e materiais, e isso permite que ela se restabeleça. Assumida essa nova condição, a crise tende a se resolver, ainda que provisoriamente. Entre os depoimentos sobre as primeiras prisões dos filhos e os últimos antes da morte de Anísio, em 2009, notei um deslocamento evidente. Em 2008, Ivete até fazia piada do "vaivém" dos filhos entre prisão e favela. "Estou só querendo ver quem vai ser o próximo a ser hospedado pelo governador", me disse.

Em 2009, eu já conhecia a família havia quase cinco anos. E estive particularmente próximo de Ivete, que se erguia da crise cada dia mais decidida: voltou a trabalhar, cortava o cabelo com Ivonete a cada quinze dias, pensava em viajar e chegou a acreditar que se casaria de novo. Presenciei a nova dinâmica entre os irmãos "trabalhadores" e os "bandidos", cotidianamente. Do lado dos trabalhadores, Neto comprou um carro a prestações, Ivonete montou um pequeno salão de beleza e Alex trocou os *video games* por um bar arrendado na favela. Mostravam que podiam construir a vida com o trabalho e que a mãe tinha lhes dado valores, mas não conseguiam ajudá-la materialmente. Já Anísio, especializado em assaltos a caixas eletrônicos, encarregou-se da reforma da casa materna e contratou Alex como pedreiro. Lázaro ainda trazia dinheiro para a rotina doméstica e Fernando, ainda jovem, sustentava sua ex-mulher, a namorada e o filho com o que obtinha no tráfico. Marcela e Raul continuavam presos e sem visitas havia bastante tempo. A reforma da casa, paga com dinheiro do "crime" e executada por um filho trabalhador, simbolizava a reconstrução de um projeto, do qual Ivete se nutria.

Ruptura

Em minha penúltima visita, no início de agosto de 2009, procurei Ivete no posto de saúde. Ela me abraçou, pediu para que eu me sentasse e perguntou se eu sabia o que tinha acontecido. Contou-me que Lázaro tinha sido "espirrado" da favela e não poderia mais voltar. "Ele fez o que ladrão nenhum pode fazer: caguetou." Chorou copiosamente e disse que jamais o veria de novo. Descreveu como tudo aconteceu: para não ser preso, desde junho Lázaro não só pagava aos policiais, como tinha se tornado informante deles. O esquema foi descoberto e dois "debates" foram realizados pelo "crime" para definir seu futuro. Lázaro foi espancado até quase morrer e, uma hora depois, embarcado num ônibus para uma capital do Nordeste. Corria o risco de ser morto por lá e não podia voltar para São Paulo. Anísio participou da discussão e, segundo me disseram, teve de ajudar a espancar o irmão. Ivete chorou muito e aparentemente perdeu a consciência em alguns momentos. Não a via assim havia anos.

Voltei para casa e, no dia seguinte, Anísio foi assassinado. "A desgraça nunca vem desacompanhada", me disseram ali. Ninguém sabia dizer ao certo o que havia acontecido; sabia-se que ele e um "parceiro" estavam numa ação criminosa e ambos haviam morrido. Dizia-se que não havia relação com o caso de Lázaro. Não sei. Retornei à Sapopemba uma semana

"Trabalhadores" e "bandidos" na mesma família • 413

depois. Ivete estava de cama e era acompanhada por "colegas" da favela que também haviam perdido seus filhos assassinados. Afastou-se do emprego e tomava medicação psiquiátrica. O novo projeto familiar não contava com tamanha tragédia e não queria acreditar nela. Uma amiga da família me contou a história nos seguintes termos: "O Anísio morreu. Assassinado. A Ivete está muito triste. Logo ele que estava pagando a reforma da casa dela, era o que mais ajudava a mãe"[5].

Da favela para o mundo público: "trabalhadores e bandidos"

Descrita a trajetória familiar, devemos dizer que, evidentemente, a família de Ivete não é a única em que convivem "trabalhadores" e "bandidos". Essa distinção bipolar, inteligível em espaços muito mais amplos que a casa de Ivete ou o território de Sapopemba, tem, porém, sentidos muito distintos em cada contexto. Nessas notas finais, exponho o modo como, a partir da etnografia da família de Ivete, parece-me possível acessar sentidos formulados em contextos mais amplos. Utilizo-me, para isso, das interações da família com policiais, observadas nesses anos de pesquisa.

Nos últimos anos, os filhos de Ivete entraram de diversas formas em relação com as forças da ordem. Destaco apenas três: a repressão policial de rotina, realizada por policiais que patrulham o bairro e, por isso, têm contato direto com integrantes do "mundo do crime" dali; as operações policiais mais amplas e ostensivas, focadas em determinado tema (armas, sequestros, quadrilhas etc.), como a Operação Saturação, realizada no bairro no fim de 2005; e a ação policial nos moldes de uma "guerra", como a que ocorreu após a crise de segurança pública, quando houve os ataques do PCC, em maio de 2006. Essas três modalidades de ação repressiva tocaram – e tocam – de modo muito diferente o cotidiano da família de Ivete. Durante esses anos, a repressão de rotina focou apenas Raul, Anísio, Lázaro, Fernando e Marcela, ou seja, os "bandidos" da família. Já as operações policiais e a situação de "guerra" após os ataques do PCC colocaram todos os filhos de Ivete na mira. As categorias "trabalhadores" e "bandidos", portanto, têm significados distintos dentro e fora da família, dentro e fora das periferias. Nos períodos de "normalidade", a atuação policial nas favelas se baseia na interação direta e cotidiana entre "policiais" e "bandidos". Na im-

---

[5] A história se repetiu quando Fernando morreu, em dezembro de 2010.

414 • Saídas de emergência

possibilidade de acabar com o crime, trata-se de *mantê-lo sob controle*, ou seja, controlar a atividade criminosa daqueles *indivíduos* e *grupos* identificados como traficantes e ladrões. Essa ação reivindica legalidade (os atos criminosos ferem a lei e devem ser reprimidos pelas forças da ordem), embora seja frequentemente ilegal (repressão ao indivíduo e não ao ato, cobrança de propina e tortura para obter novas informações que retroalimentem a capacidade de controle do "crime")[6]. Fui a uma delegacia em uma das vezes em que Anísio foi preso, em 2008. Dois advogados negociaram um "acerto" de 16 mil reais pela sua liberação. Lázaro afirmava ter gasto 30 mil reais em um ano para manter aberto um ponto de venda de drogas. Neto e Ivonete não foram nem sequer abordados por esses policiais nos últimos anos.

Nas operações policiais voltadas para apreensões maciças de armas e drogas, mandatos de busca e apreensão etc., a distribuição da violência policial é menos seletiva. Em operações como essas, vão às favelas policiais que não participam do trabalho local e, por isso, não distinguem claramente os que têm "envolvimento com o crime" daqueles que não têm. Para obter essas informações, é preciso romper a "lei do silêncio", fazer as pessoas falarem. Eu estava em campo quando a Operação Saturação foi iniciada. A polícia fez algumas incursões à casa de Ivete e, ali, a repressão foi indistinta. Da perspectiva dos policiais, a diferença "identitária" entre Neto e Lázaro, radical no contexto doméstico, limitava-se à ficha de "antecedentes criminais". No entanto, ambos foram coagidos violentamente a delatar os modos e os sujeitos do tráfico na favela. Ocorria ali um primeiro *alargamento* da categoria "bandido", de modo que coubessem nela não apenas os que têm "antecedentes", mas também os que são próximos deles[7].

Em maio de 2006, a categoria "bandido" tornou-se ainda mais inclusiva. A facção criminosa PCC fez uma demonstração de força em São Paulo e, em três dias, assassinou mais de cinquenta policiais e agentes do Estado em ataques contra bases e viaturas. Ao mesmo tempo, a organização provocou

---

[6] Michel Misse analisou essa dinâmica social de modo esclarecedor em *Crime e violência no Brasil contemporâneo...*, cit., e "Mercados ilegais, redes de proteção e organização do crime no Rio de Janeiro", cit.

[7] Nessa modalidade, a repressão ao *ato ilícito* e a repressão ao *indivíduo* tornam-se uma mesma coisa. O ato ilícito preenche o corpo do indivíduo "suspeito" e, sendo absoluto nele, a ameaça do crime estará por onde esse indivíduo circular. Ver Michel Misse, "Crime, sujeito e sujeição criminal", *Lua Nova*, n. 79, 2010.

"Trabalhadores" e "bandidos" na mesma família • 415

rebeliões em mais cem presídios e unidades de internação em todo o Estado de São Paulo. Os "ataques do PCC", como ficaram conhecidos os eventos, provocaram pânico na metrópole: comércio e escolas fecharam, parte dos transportes deixou de circular e todas as autoridades políticas foram forçadas a se pronunciar. Como reação, e demonstração de que a situação estava sob controle, a Polícia Militar iniciou uma ofensiva que resultou em 493 mortes em uma semana, e mais 400 até o fim do mês[8].

Acompanhei a investigação de cinco desses homicídios em São Mateus, ao lado de Sapopemba. Entre os "suspeitos" assassinados em "confronto" com a polícia, estava o sobrinho de um de meus interlocutores. Ele e outros quatro jovens seguiam a pé para o trabalho, numa fábrica de Santo André, quando foram abordados por um carro, colocados contra a parede e executados sumariamente. A chacina foi creditada a policiais à paisana, como "vingança" dos colegas mortos. Naquela situação, bastava morar na periferia para ser considerado "suspeito". As autoridades precisavam contabilizar mortos na contraofensiva, demonstrar "controle" sobre o "crime". Quase quinhentos jovens como aqueles de São Mateus foram mortos na mesma semana, porque tinham os sinais físicos que identificam os "suspeitos" no senso comum. Se estavam ou não no "mundo do crime", pouco importava: o número de mortos pela polícia acalmava a opinião pública e fazia a metrópole voltar à rotina. Essas cinco mortes geraram protestos no plano local, como em todas as periferias do estado, mas não tiveram eco na imprensa. No mundo público, foram consideradas uma defesa do Estado democrático de direito contra uma insubordinação inédita do "mundo do crime". Os filhos de Ivete não saíram às ruas, naqueles dias. Ser considerado "trabalhador" ou "bandido" em casa ou no bairro tinha pouca importância: todos sabiam que poderiam ser mortos sem pergunta prévia.

Em suma, se o conjunto dos "bandidos" é específico para as famílias e para a repressão policial de rotina, esse conjunto se alarga nas grandes operações policiais e inclui quem vive e se relaciona diretamente com o crime. Numa situação de conflito como a de maio de 2006, todos os jovens moradores das periferias urbanas passaram a contar como "bandidos". A comparação desses contextos mostra como a nomeação bipolar entre "trabalhado-

---

[8] Segundo pesquisa realizada em 23 Institutos Médicos Legais do Estado de São Paulo. Ver Sérgio Adorno e Fernando Salla, "Criminalidade organizada nas prisões e os ataques do PCC", *Estudos Avançados*, v. 21, n. 61, 2007.

416 • Saídas de emergência

res" e "bandidos" opera politicamente: ela delineia no cotidiano nada menos que o conjunto dos indivíduos que podem ter acesso ao "direito a ter direitos", apartado de outro, que deve ser privado dele. E, nessa categorização bipolar, não há remissão para os "bandidos". A família de Ivete tende a diminuir.

20
INTERRUPÇÕES E RECOMEÇOS: ASPECTOS DAS TRAJETÓRIAS DAS MULHERES CHEFES DE FAMÍLIA MONOPARENTAL DE CIDADE TIRADENTES

Yumi Garcia dos Santos

Este artigo tenta evidenciar um fenômeno social bem conhecido no Brasil, o da monoparentalidade feminina nas camadas de baixa renda. A recente intensificação de práticas familiares diversificadas explica-se em parte por uma mudança das representações que as mulheres fazem de si mesmas (no sentido da busca pela autonomia social, econômica, afetiva e sexual) e por um distanciamento dos modelos familiares dominantes. Em outras palavras, até os anos 1990, a ascensão social caminhava *pari passu* com a realização do modelo de família biparental e nuclear. Com o desmoronamento desse marco de referencial, mesmo nos grupos sociais mais privilegiados, a diversidade de práticas ganha legitimidade.

Com base num estudo etnográfico mais amplo[1], reconstituiremos as trajetórias de três mulheres chefes de família monoparental de Cidade Tiradentes, a "periferia da periferia" da cidade de São Paulo (considerado distante até por moradores da zona leste mais profunda, como Itaquera). Descreveremos o processo de autonomização dessas mães solteiras numa vida familiar e profissional marcada por interrupções e recomeços nesse

---

[1] Esta pesquisa é parte de um estudo mais amplo sobre mulheres chefes de família monoparental no Brasil, na França e no Japão, realizado para minha tese de doutorado. A pesquisa de campo foi realizada nos três países entre outubro de 2005 e dezembro de 2007 e privilegiou as entrevistas qualitativas (escuta, gravação e análise de relatos de vida). Treze mulheres de cada país aceitaram conceder entrevistas. Esse material foi enriquecido com entrevistas com profissionais do setor social e membros de diversas associações especializadas. O acesso a essas mulheres deu-se graças a essas entidades. Para mais detalhes, ver *Mulheres chefes de família entre a autonomia e a dependência: um estudo comparativo entre o Brasil, a França e o Japão* (Tese de Doutorado, São Paulo/Saint-Denis, Depto. de Sociologia da FFLCH, USP, Universidade Paris 8, 2008).

418 • Saídas de emergência

território fortemente isolado. A preocupação em fazer uma narrativa detalhada a partir das entrevistas e transcrever aspectos subjetivos das relatoras justifica a escolha de uma amostra restrita.

Uma abordagem baseada em revisão bibliográfica sobre as condições de vida conjugal e familiar da classe popular brasileira precede os relatos propriamente ditos.

Formas de conjugalidade na classe popular brasileira e novas configurações familiares

As famílias monoparentais femininas não constituem um caso externo à norma social no Brasil. Ao contrário, segundo alguns etnólogos, trata-se de uma sociedade matricentrada ou matrifocal, em que famílias compostas de mulher e filhos fazem parte tradicionalmente da variedade de formas familiares[2]. A fragilidade dos laços conjugais marca a história da família brasileira, desde a colonização, com ênfase na população não proprietária e, mais tarde, na classe social não burguesa. Na época da escravidão, os escravos não tinham acesso em geral ao casamento legal, embora isso varie nas diferentes regiões do país[3]. O comércio escravagista e sua grande mobilidade espacial provocavam com frequência a ruptura dos laços afetivos e constituíam um obstáculo à formação de famílias biparentais nos moldes das famílias proprietárias: os negros brasileiros desenvolveram laços familiares alternativos, fundados na afetividade e, muitas vezes, sem laços de parentesco[4]. Segundo Therborn, uma pesquisa realizada na Bahia, em 1855, mostra que metade dos lares era composta de casais que viviam maritalmente, porém não eram casados oficialmente; ademais, havia uma presença significativa de mães solteiras[5]. Numa análise sobre a posição dos negros na cidade

---

[2] Göran Therborn, *Sexo e poder: a família no mundo 1900-2000* (São Paulo, Contexto, 2006), p. 232 e 237; Cláudia Fonseca, *Família, fofoca e honra: etnografia de relações de gênero e violência em grupos populares* (Porto Alegre, UFRGS, 2000), p. 63-5.

[3] Maria Luíza Marcílio, "Padrões da família escrava", *Travessia*, n. 9, jan./abr. 1991, p. 11-2; Cristiany Miranda Rocha, *Histórias de famílias escravas* (Campinas, Unicamp, 2004). Esta última, em seu estudo sobre as famílias escravas na região de Campinas, mostra casos de consentimento do senhor ao casamento dos cativos.

[4] Gizlene Neder, "Ajustando o foco das lentes: um novo olhar sobre a organização das famílias no Brasil", em Sílvio Manoug Kaloustian (org.), *Família brasileira, a base de tudo* (São Paulo/ Brasília, Cortez/ Unicef, 2004), p. 39.

[5] Göran Therborn, *Sexo e poder...*, cit., p. 232.

Interrupções e recomeços: aspectos das trajetórias das mulheres chefes de família • 419

de São Paulo entre 1880 e 1930, quando e onde se vivia de modo mais intenso a passagem do regime servil para a ordem social competitiva, Fernandes afirma que não existia uma instituição familiar "equilibrada e integrada" entre os negros[6]; para ele, a escravidão impediu "o florescimento da vida social organizada e da família como instituição integrada no seio da população escrava", e a consequência foi um desajuste no nível sexual dos negros em relação às famílias fazendeiras ou imigrantes. As ligações afetivas momentâneas e desprendidas eram expressas pela instabilidade das relações conjugais, e a figura da mãe solteira era constante.

Hoje, a proporção de famílias monoparentais femininas em relação a todos os domicílios continua elevada no Brasil: 18% contra 7% na França e 2,7% no Japão[7]. Tal presença de mães solteiras, porém, não é apanágio da sociedade brasileira em geral ou da população negra em particular; segundo Therborn, ela se estende ao mundo latino-americano e pode ser observada desde a época colonial[8]. A norma conjugal dessa região colonizada por espanhóis e portugueses seria dual: de um lado, a norma da classe dominante branca, construída sobre o casamento cristão indissolúvel e submetida ao poder paterno legalmente constituído[9]; de outro, a norma amplamente majoritária, fundada sobre laços conjugais informais e instáveis, estabelecidos entre as camadas mais baixas, cuja população tem origens étnicas diversas e compreende uma elevada proporção de famílias monoparentais femininas. Nos dois sistemas, a dominação masculina se exerce em diversos níveis: no interior da família, nas relações entre senhores e escravos, entre colonos e mulheres autóctones etc.[10]

---

[6]   Florestan Fernandes, *A integração do negro na sociedade de classes* (São Paulo, Globo, 2008), p. 182.

[7]   Ver, respectivamente, Bila Sorj, Adriana Fontes e Danielle Carusi Machado, "Políticas e práticas de conciliação entre família e trabalho no Brasil", *Cadernos de pesquisa*, v. 37, n. 132, set./dez. 2007; INSEE, disponível em: <http://www.insee.fr/fr/themes/tableau. asp?reg_id=0&ref_id=AMFd2> e Le Service des Droit des Femmes et de l'Egalité, disponível em :<http://www.social.gouv./femmes/gd_doss/pointsur/monoparental.htm>, acesso em: 1 de outubro de 2002; Ministério da Saúde, Trabalho e Bem-Estar do Japão, *Zenkoku boshi setai to chosa hokoku 2005,* disponível em: <http://www.mhlw.go.jp/houdou/2005/01/h0119-1b16.html>.

[8]   Göran Therborn, *Sexo e poder...*, cit., p. 232-40. Gilberto Freyre notou semelhanças de modo de vida e de relações entre os senhores e escravos no Nordeste do Brasil e no Sul dos Estados Unidos (*Casa grande e senzala*, Rio de Janeiro, Record, 2001).

[9]   Göran Therborn, *Sexo e poder...*, cit., p. 237.

[10] Gilberto Freyre, *Casa grande e senzala*, cit.

420 • Saídas de emergência

O casamento como concebido pela Igreja católica seria, portanto, um modelo importado que se justapõe, se impõe, ou transforma os modelos de união sexual e formação familiar de uma população. Até o fim do século XIX, os casamentos oficiais eram inacessíveis à massa tanto do ponto de vista administrativo quanto pecuniário[11]. Mais tarde, quando o casamento civil se tornou a forma oficial de união – a partir de 1890 no Brasil e a partir de 1857 no México –, a Igreja não o reconhecia como ato legítimo, o que fez com que o número de casais unidos não oficialmente permanecesse elevado.

A instituição do casamento religioso, reservado às classes altas, é uma abstração distante da norma sexual e familiar dos latino-americanos ao longo de sua história. A antropóloga Cláudia Fonseca confirma que a união não oficial nas camadas de baixa renda continua sendo uma característica do Brasil contemporâneo, perpetuando uma tradição muito diferente do modelo conjugal estável; para essas camadas, casamento significa coabitação, isto é, assunção pública de um lar[12]. Embora o casamento formal seja um ideal, a ausência de recursos financeiros e, com frequência, de documentos como carteira de identidade ou certidão de nascimento é um obstáculo à sua realização.

Para as jovens mulheres de baixo nível escolar, a coabitação com um homem – motivada ou não por gravidez – pode parecer uma estratégia de autonomização em relação à família de origem. Uma pesquisa com 4.634 jovens entre 18 e 24 anos de Porto Alegre, Rio de Janeiro e Salvador mostrou que 15% se encontravam em situação de união matrimonial, oficial ou não. As mulheres constituem a maioria dos jovens em coabitação (20,4% de mulheres contra 8,4% de homens), o que mostra configurações distintas segundo o gênero (as mulheres têm mais tendência a constituir casais) e a idade (18,2 anos para as mulheres contra 20 anos para os homens). A constituição de um lar seria uma das raras realizações possíveis para jovens oriundas de famílias de nível escolar baixo e experiência profissional precária, sem esperança de realizar estudos superiores ou se qualificar profissionalmente[13]. Numa análise da situação no Brasil, na França e no Japão, no-

---

[11]   Göran Therborn, *Sexo e poder...*, cit., p. 235.

[12]   Cláudia Fonseca, *Família, fofoca e honra...*, cit., p. 57 e 75.

[13]   Maria Luíza Heilborn e Equipe Gravad, "Uniões precoces, juventude e experimentação da sexualidade", em Maria Luíza Heilborn et al. (orgs.), *Sexualidade, família e ethos religioso* (Rio de Janeiro, Garamond Universitária, 2005), p. 45.

Interrupções e recomeços: aspectos das trajetórias das mulheres chefes de família • 421

ta-se uma relação entre o nível de instrução dos pais – em especial da mãe – e a experiência reprodutiva precoce das jovens, com menor intensidade no Japão[14].

Para a maioria das jovens que vivem maritalmente, a gravidez precede a união; pouco mais da metade coabita com o parceiro com quem teve a primeira relação sexual[15]. É importante acrescentar que a restrição extrema ao aborto no Brasil faz crescer a população de mães jovens e adolescentes[16].

Quando um acordo de vida comum se estabelece entre duas pessoas do meio popular, cria-se de imediato uma organização de funções hierarquizadas e complementares: o homem/pai torna-se o chefe de família e a mulher/mãe, a responsável do lar[17]. Por meio desses papéis, a identidade dos homens e das mulheres é construída num espaço moral que define o que é legítimo e esperado dos membros da família[18]. Enquanto a autoridade masculina se funda no papel de provedor, a mulher passa a ser respeitada quando se torna mãe. Por essa ótica, a mulher que não gera filhos é imperfeita; o *status* de mãe é considerado fundamental para a respeitabilidade da mulher entre as camadas mais baixas[19]. Este parece ser o fundamento da lógica da gravidez precoce das moças: a maternidade é um fator-chave para a obtenção de *status* social[20]. A pouca qualidade das informações sobre sexualidade daquelas que estão em situação de constituição de lar numa idade

---

[14] Yumi Garcia dos Santos, *Mulheres chefes de família entre a autonomia e a dependência...*, cit.

[15] Maria Luíza Heilborn e Equipe Gravad. "Uniões precoces, juventude e experimentação da sexualidade...", cit., p. 45-6.

[16] O aborto legal só é permitido quando a mãe corre perigo de morrer ou sofreu estupro.

[17] Cynthia Andersen Sarti, *A família como espelho*: *um estudo sobre a moral dos pobres na periferia de São Paulo* (São Paulo, Autores Associados, 1996), p. 42-3.

[18] Vera da Silva Telles, *Cidadania inexistente: incivilidade e pobreza. Trabalho e família na Grande São Paulo* (Tese de Doutorado, São Paulo, Depto. de Sociologia da FFLCH, USP, 1992), p. 139.

[19] Cynthia Andersen Sarti, *A família como espelho...*, cit., p. 43.

[20] A elevação do *status* da mulher por meio da maternidade não é uma peculiaridade brasileira. Pode-se observá-la tanto entre as japonesas em geral quanto entre as inglesas de baixa renda na primeira metade do século XX. Ver Richard Hoggart, *La culture du pauvre* (Paris, Minuit, 1970), p. 75-91.

422 • Saídas de emergência

muito jovem[21], assim como a proibição do aborto, apenas contribui para a manutenção do grande contingente de mães jovens no país.

A estabilidade dos casais de origem modesta é fortemente sensível à conjuntura socioeconômica. Há relativa coesão quando o emprego do chefe de família está garantido, porém a ameaça de desemprego ou perda efetiva do trabalho gera tensão. A mulher trabalha para compensar a inatividade do marido, mas isso provoca um sentimento de frustração no homem (por não conseguir satisfazer as expectativas socioeconômicas da família) e de desrespeito à sua honra[22]. O fracasso no papel de chefe de família pode ser a causa, direta ou indireta, da ruptura conjugal.

Quanto às mães solteiras chefes de família monoparental, elas devem ser simultaneamente mãe e pai, unir e manter a ordem familiar e assumir o papel de provedora. A imagem de trabalhadora séria é fundamental para compensar as lacunas de um lar "incompleto". No entanto, a presença de mães sem cônjuge é vista com frequência como um elemento perturbador na comunidade, já que elas afrontam simbolicamente a virilidade dos homens e podem provocar ciúmes em outras mulheres[23]. Se o casamento oficial e estável não é norma nos meios de baixa renda brasileiros, a proteção masculina ainda é regra: as mulheres são definidas em relação ao pai, ao irmão ou ao parceiro, e espera-se que a mulher separada se case em pouco tempo. Essa é a razão por que a *poligamia sucessiva* (ou recomposição familiar) é amplamente disseminada enquanto estratégia social e econômica, inclusive para a reinserção da mulher na normalidade, ao lado de um homem.

As trajetórias das chefes de família monoparentais de Cidade Tiradentes

Cidade Tiradentes situa-se no extremo leste da cidade de São Paulo, a 35 quilômetros do centro. Além das moradias populares, há ocupações ilegais de terrenos e favelas[24]. A composição racial do bairro é de cerca de 50% de negros, ao passo que a média da população negra em toda a cidade de

---

[21] Maria Luíza Heilborn e Equipe Gravad, "Uniões precoces, juventude e experimentação da sexualidade...", cit., p. 49.

[22] Cláudia Fonseca, *Família, fofoca e honra...*, cit.

[23] Ibidem, p. 32.

[24] Fundação Seade. Disponível em : <http://www.seade.gov/produtos/idr/dem/dem_pop_06.htm>.

Interrupções e recomeços: aspectos das trajetórias das mulheres chefes de família • 423

São Paulo é de 30%[25]. No que se refere às entrevistadas, Letícia e Flávia são negras e Tatiana é branca. Conheci Letícia num seminário sobre economia feminista, realizado em agosto de 2005 por uma ONG feminista da qual sou sócia. Era a primeira vez que ela participava de um evento organizado pela entidade. Flávia e Tatiana me foram apresentadas por uma agente de saúde do bairro, que me indicou informantes para minha pesquisa de doutorado[26].

Três mulheres de Cidade Tiradentes

Letícia, 34 anos, separada, dois filhos

Letícia nasceu em 1971 no Jardim São Luís, na região sul de São Paulo. Seus pais vieram de Minas Gerais em 1967 para São Paulo, onde havia mais oportunidades de emprego. Iletrados e sem qualificação – fora o trabalho agrícola –, seu pai trabalhava na construção civil e sua mãe foi inicialmente doméstica e depois merendeira. Letícia é a filha mais velha e tem uma irmã e um irmão.

A infância e a adolescência de Letícia foram marcadas pela precariedade econômica, agravada pelo alcoolismo do pai. Ela guarda a lembrança de um ambiente violento. Violência doméstica, em primeiro lugar: o pai batia na mãe e esta, por sua vez, descontava nela; violência no bairro, em seguida, onde polícia e traficantes se enfrentavam. Ela gostava da escola, porque era um refúgio da violência física e verbal de sua casa. O estudo era o único meio de fugir de um cotidiano embrutecedor. A forma como as professoras falavam a fascinava, mas era reprimida fisicamente pelos pais quando tentava imitá-las.

Foi somente quando começou a trabalhar como empregada doméstica, aos treze anos, que os pais pararam de espancá-la. Todo o dinheiro que recebia era entregue à mãe; essa contribuição financeira fez com que se sentisse enfim respeitada. Aos quinze anos, conseguiu emprego registrado numa empresa que administrava um parque de diversões. Foi lá que conheceu o pai de sua filha mais velha. Ela tinha dezessete anos e cursava o ensino médio; ele era policial militar e fazia "bicos" como segurança. Em menos de um ano, passaram a viver juntos em Cidade Tiradentes, onde ele morava

---

[25] IBGE, *Censo demográfico 2000*. Disponível em: <http://www.ibge.gov.br/censo>.

[26] Expresso aqui meus agradecimentos a Simone, na época agente comunitária de saúde (ACS), e a Robert Cabanes, pesquisador emérito do Institut de Recherche pour le Développement (IRD), da França, que já acumulava alguns anos de pesquisa no território e nos apresentou.

sozinho. Compraram a prestações um apartamento num conjunto habitacional e venderam-no em seguida para comprar um "embrião"[27] no mesmo bairro. Entrementes, ela foi demitida em razão de uma reestruturação de pessoal, mas não tardou a conseguir emprego como operária numa metalúrgica. Dois anos depois, pediu demissão por causa da distância entre a casa e o emprego. Tornou-se operadora de caixa num estacionamento, no qual tinha um "bom salário" (quatrocentos reais) e benefícios como assistência médica e vale-transporte. Demitida seis meses depois, tornou-se operadora de *telemarketing*, mas não era registrada. Letícia queria cursar uma faculdade de psicologia, mas seu companheiro a contrariou e isso a desestimulou. Ele também controlava a maneira como ela se vestia e não permitia que ela visse os amigos livremente. Ficava fora com frequência por causa dos pequenos "bicos" que fazia após o horário normal de trabalho e as tarefas domésticas cabiam exclusivamente a Letícia.

Depois de oito anos de relação, Letícia descobriu por meio de um exame de admissão na Polícia que estava grávida. Ela tinha 25 anos. Dois meses depois, seu companheiro sofreu um acidente de moto que o deixou seis meses hospitalizado; quando teve alta, foi morar com os pais para ser cuidado pela mãe. Após o nascimento de sua filha, em 1996, Letícia iniciou a ampliação do embrião que havia comprado com seu companheiro e mudou-se também para a casa dos sogros. Mas estes a desprezavam por sua origem social (moradora de favela). As brigas conjugais se agravaram, e Letícia se mudou com a filha de quatro meses. Durante dois meses, mãe e filha viveram na casa inacabada, sob o sol e a chuva, esperando o retorno do chefe da família. Quando se deu conta de que seu companheiro não queria mais retomar a vida conjugal e o abandono era definitivo, Letícia caiu em depressão. Recompôs-se somente dois anos depois, quando decidiu entrar na justiça para obter pensão alimentícia para a filha. Hoje, a menina recebe 260 reais por mês e o pai a visita a cada quinze dias; ele também passa metade das férias com ela. Letícia não quer manter contato com o ex-companheiro, mas acredita que é importante que ele mantenha uma boa relação com a filha. Diz:

> Eu acho que ela tem o direito de participar da vida do pai, o pai tem o direito de participar da vida dela. Porque eu quero que, quando a minha filha estiver grande, ela possa olhar e falar assim: "Aconteceu muita coisa na vida do meu pai e da minha mãe, mas eles não tiraram o direito de eu participar na vida dos dois".

---

[27] O embrião compreende cozinha, banheiro e quarto. A construção da casa fica a cargo de quem o recebe.

Interrupções e recomeços: aspectos das trajetórias das mulheres chefes de família • 425

Ao contrário do que acontecia com seus pais, que não eram capazes de manter um diálogo franco com os filhos, Letícia fala com a filha sobre assuntos delicados, como Aids, estupro, crimes violentos, miséria e homossexualidade, abordados na tevê ou em conversas na vizinhança.

Aos 29 anos, Letícia conheceu um homem bem mais jovem que ela (20 anos). Ela tinha esperança de se casar conforme o ideal de sua mãe – que depois se tornou o seu próprio. Após dois anos de namoro, engravidou e o casal passou a viver junto. Foi a partir daí que a relação começou se deteriorar. Seu companheiro era ciumento e a obrigou a parar de trabalhar. Com medo de apanhar, ela pediu demissão da empresa de *telemarketing* em que trabalhava e começou a fazer "bicos" de manicure para sobreviver. Ele recebia apenas uma bolsa de um programa de formação em serigrafia do Senai[28]. Com a convivência, Letícia descobriu que ele era usuário de drogas, por isso nunca tinha dinheiro. Ela não ousava chamar a polícia quando ele a espancava por medo de perder a guarda de sua primogênita. Depois de um ano de coabitação, descobriu uma associação feminista ligada ao movimento de mulheres negras que oferecia um curso de "promotora legal popular"[29]. Ela frequentou as aulas às escondidas do companheiro e lá aprendeu noções de direitos humanos, direitos das mulheres e outros aspectos da cidadania. Isso lhe deu condições psicológicas para afirmar sua recusa de ser vítima de violência. A mudança de comportamento levou à amargurada ruptura conjugal, pois um segundo "fracasso" não estava nos planos de Letícia.

> Eu pensei que fosse casar com ele, que eu fosse ser feliz. Eu pensei assim: "Bom, quem sabe agora vou realizar o sonho da minha mãe, né?". [...] Porque na época tudo o que eu queria era estar casada, sabe, estar junto com o pai da minha filha. Eu pensava assim; "Poxa vida, mais uma vez eu vou estar separada, mais uma vez eu vou criar uma filha sem pai?". Então, isso funciona na cabeça de nós, mulheres; a gente quer, sim, ter uma família, quer, sim, ter uma pessoa responsável. Mas nem sempre esse príncipe encantado existe, né? E aí que acontece de a gente vir para a realidade.

Diferentemente do que fez com sua mais velha, Letícia cria a caçula longe da influência do pai, ao menos enquanto ele for dependente de drogas.

---

[28] O Senai (Serviço Nacional de Aprendizagem Industrial) é uma agência de formação e qualificação criada em 1942 e mantida por empresas do setor industrial.

[29] As "promotoras legais populares" são mulheres que fizeram cursos sobre direitos femininos em associações credenciadas pelas organizações feministas União de Mulheres e Thêmis. Ver: <http://www.promotoraslegaispopulares.org.br>.

426 • Saídas de emergência

Sozinha com duas filhas, trabalhou na associação em que fez o curso de "promotora legal popular", mas seis meses depois perdeu o emprego em razão da relação conflituosa com a presidente da associação. Foi então para a Associação dos Mutuários e Moradores do Conjunto Santa Etelvina e Adjacências (Acetel), situada no mesmo bairro; após um curto período de trabalho, seu chefe propôs que ela cuidasse de seu pai doente. Este faleceu alguns meses depois e, desde então, Letícia se vira com "bicos" (faxineira, lavadeira e manicure). Na época da entrevista, ela não era beneficiária de programas de transferência de renda, embora tivesse se inscrito em programas do governo federal e da prefeitura. Quando sai para trabalhar, é obrigada a pagar para que uma vizinha cuide de sua filha mais nova, porque não conseguiu vaga em creches.

Letícia afirma que algumas vezes tem de enfrentar olhares de desdém por ser mãe solteira, como se tratasse de uma deficiência, ou mesmo de falta de respeitabilidade.

> Assim, você é casada, automaticamente, você tem respeito. Sabe por que você tem respeito? Porque você tem um marido. [...] Agora, quando você é separada, ou quando você não tem um marido, é cada piadinha que você ouve... é o respeito que você tem que estar conquistando todos os dias.

Letícia encontrou conforto espiritual na religião protestante, embora seja batizada na Igreja católica. "Sou evangélica. Sabe, né, por causa das coisas que aconteceram na minha vida. Foi a solução que eu encontrei. Tem gente que encontra uma solução na prostituição ou na droga. Eu, eu encontrei na religião. É uma maneira como uma outra de encontrar Deus."

Por fim, indagada sobre seus projetos de vida, Letícia afirma querer, além de um emprego estável, cursar uma faculdade de psicologia ou história. Espera conseguir uma bolsa do Programa Universidade para Todos (ProUni)[30]. Suas boas notas no Exame Nacional do Ensino Médio (Enem) a capacitariam para o programa.

Flávia, 29 anos, separada, três filhos

Flávia nasceu em 1976 na Vila Matilde, antigo bairro da zona leste de São Paulo, mais próximo do centro. Filha única, sua mãe era solteira e tra-

---

[30] Em vigor desde 2005, o programa é destinado a pessoas de baixa renda e oferece bolsas totais ou parciais em universidades privadas. Tirar boas notas no Exame Nacional do Ensino Médio (Enem) é a primeira condição para obter a bolsa.

Interrupções e recomeços: aspectos das trajetórias das mulheres chefes de família • 427

balhou como empregada doméstica e funcionária de padaria. Flávia ficou sob os cuidados da avó até os sete anos, quando esta faleceu; depois foram os vizinhos que se encarregaram dela. Flávia e a mãe dividiam a casa da avó com tios, tias e primos. As brigas entre os tios alcoólatras a atormentaram durante muito tempo.

Aos quinze anos, Flávia engravidou de um homem nove anos mais velho que ela. Ele não assumiu a paternidade e ela teve de criar sozinha a criança, como fizera sua mãe. Esta, de resto, não a julgou nem reprimiu; pelo contrário, deu apoio moral e material. Seus tios também não disseram o que quer que fosse, pois a situação era recorrente na família. Ela explica:

> Eu acho que porque... Assim, a minha mãe já era mãe solteira, então já quebra um pouco, porque as irmãs já tiveram que lidar com isso. A minha tia, na época, acho que ela tinha três filhos e era solteira, porque ela não queria ficar com ninguém. Então já era uma situação tão, assim, comum, que não tinha nem como ninguém falar nada.

Para a mãe de Flávia, bastava trabalhar para levar adiante a maternidade sem cônjuge. Ela comprava *lingeries* e Flávia as revendia no bairro.

Os exames pré-natais foram realizados no posto de saúde do bairro, mas, para realizar o parto, Flávia teve de ir a dois hospitais públicos: no bairro do Tatuapé, onde não havia vagas, e no bairro do Ipiranga, já em outra região da cidade. Ela deu à luz a um menino uma hora e meia depois. Para seu alívio, conseguiu evitar uma cesariana[31]: fez parto normal, como desejava.

Depois do nascimento do filho, Flávia conseguiu uma vaga para o bebê numa creche e tentou conciliar o ensino médio noturno com o trabalho. Acabou abandonando os estudos, pois não encontrava mais fôlego para conciliar tantas atividades e o emprego era a sua prioridade.

Em 1995, Flávia conheceu seu segundo companheiro, um motorista de perua, também da Vila Matilde. Ela e o filho, então com três anos, foram morar com ele em Cidade Tiradentes, onde o aluguel era mais barato. Três anos depois, ela teve uma menina e, em quinze meses, engravidou novamente de outra menina. Foi nesse momento que seu companheiro a trocou por outra, mas continuou a sustentar a casa.

Flávia queria trabalhar para não depender financeiramente de seu ex-companheiro. Em 2001, inscreveu-se num concurso para agente comunitário

---

[31] A taxa de cesarianas no Brasil é uma das mais altas do mundo. Em 2004, era de 53,6%, segundo a Agência Nacional de Saúde Suplementar do Ministério da Saúde.

428 • Saídas de emergência

de saúde (ACS)[32] na igreja que suas filhas frequentavam. Não tinha ideia do que era o emprego, mas pressentiu que não podia perder a oportunidade. O fato de ter sido selecionada foi uma surpresa, pois não acreditava que pudesse conseguir trabalho enquanto não encontrasse vaga numa creche para sua caçula. Seu filho mais velho já fazia o ensino fundamental e sua outra filha frequentava a educação infantil. Flávia, então, insistiu com a diretora da creche e conseguiu uma vaga para sua filha mais nova. Seu salário era de 612 reais, o equivalente a dois salários mínimos.

Enquanto isso, seu ex-companheiro voltou a viver com ela. Ela não se sentiu bem com esse retorno: "A gente já tinha se separado uma vez, e você vê que as coisas não melhoram numa segunda vez, cada dia vai ficando mais complicado e vai dando desgosto".

Como se tivesse ganho força e coragem, Flávia retomou o ensino médio depois de conseguir o emprego de ACS. Também começou a frequentar a Igreja católica. Estava empolgada com a escola e a Igreja, mas seu companheiro se sentia cada vez mais excluído e frustrado e demonstrava sua reprovação por meio da bebida. Flávia reagiu com o silêncio: "Como eu não queria mais discutir, eu resolvi ficar quieta. Então ele não falava nada também, só falava se fosse necessário, caso contrário, eu não falava e aí ele falou que eu estava desprezando ele, me desfazendo dele". Consciente da possibilidade de se livrar de uma relação frustrante, optou pelo boicote. Certo dia, não aguentando mais a situação, seu companheiro reagiu fisicamente.

---

[32] Os ACS ocupam o nível hierárquico mais baixo das equipes do Programa Saúde da Família, do Ministério da Saúde, ligadas às Unidades Básicas de Saúde (UBS). Essas equipes são compostas de um médico, um enfermeiro, um auxiliar de enfermagem e cinco ACS. Sua missão é prevenir doenças e ensinar cuidados básicos de saúde a famílias com dificuldade de acesso aos serviços de saúde. Seu trabalho cotidiano inclui reuniões com a equipe e visitas às famílias sob sua responsabilidade (cada ACS é responsável por cerca de duzentas famílias); além disso, fazem relatórios mensais e participam esporadicamente de eventos ligados à saúde coletiva. Uma das características da profissão é que os agentes são responsáveis pelos domicílios da "microrregião" onde moram. Assim, apesar de ter um emprego formal, são automaticamente demitidos quando se mudam para fora desse território. Segundo Jacob Carlos Lima e Maria do Carmo Moura ("Trabalho atípico e capital social: os agentes comunitários de saúde na Paraíba", *Sociedade e Estado*, v. 20, n. 1, jun./abr. 2005), a ideia é que o agente maximize seu capital social enquanto membro da comunidade e facilite a construção de uma relação de confiança com a população, garantindo o sucesso do programa. Outra característica da profissão é o fato de ser exercida majoritariamente por mulheres.

Interrupções e recomeços: aspectos das trajetórias das mulheres chefes de família • 429

Aí, quando foi primeiro de abril do ano passado, nós estávamos sem nos falar a alguns dias... Eu não sei o que aconteceu, sei que ele acordou muito nervoso, muito, muito nervoso... até que ele acordou e deu uma porrada na parede e nesse dia ele me agrediu. Minhas filhas estavam em casa, ele grudou no meu pescoço, grudou no meu braço, me jogou na parede, fiquei toda ralada, não chegou a me machucar, mas foi uma agressão. [...] Aí, naquele momento, eu vi que não ia dar mais certo, ali tinha acabado, rompeu ali, com aquela agressão. Aí eu comecei a procurar casa para alugar.

Essa agressão a autorizou a verbalizar a tensão já antiga provocada pela indiferença de seu companheiro à vida conjugal e doméstica e por sua sujeição a esse tipo de relação.

Aí eu falei: "Nunca mais eu te perdoo, porque agressão é muito sério". Pra mim, agressão é... porque tudo o que eu pude, a minha relação, eu tentei... ele nunca estava nem aí, eu sempre que tinha que ser boa e ele podia fazer o que ele queria, mas não era justo comigo. Eu nunca fui infiel a ele, independente da situação, eu estava lá, quieta, na minha, trabalhando, fazendo a minha obrigação. Eu comecei a agir por mim. Eu estava dentro da mesma casa com ele, a gente morava junto, porém, da minha vida cuidava eu, a gente tinha uma vida em comum, mas eu cuidava da minha separado, porque não adiantava a gente querer... eu queria assim, a gente sentar... sabe? Fazer os planos juntos, mas não dava, tentei várias vezes, mas não dava.

A separação ocorreu rapidamente, porém houve problemas na partilha de bens, principalmente do imóvel. Flávia queria se mudar para perto da mãe, mas o emprego de agente comunitária de saúde a obrigava a permanecer em sua "microrregião". Enquanto suas primas procuravam para ela uma casa na Vila Matilde, onde podia contar com a ajuda da família para criar os filhos, ela se convenceu de que, apesar da perda do emprego, teria mais oportunidades de trabalho morando perto do centro da cidade.

E aí, conversando com a minha prima, minha família, minha mãe falou: "Arruma por aqui, porque de alguma forma, se faltar um arroz, alguma coisa, a gente está do lado. É diferente você ir buscar na casa da sua mãe do que pedir na casa do vizinho". Aí minha tia falou: "É mesmo, a gente dá um jeito, tenta alugar uma casa pra cá". Aí eu fiquei procurando casa pra lá pensando nisso, que, quando eu faço um currículo e coloco Vila Matilde, que é perto do metrô, no Aricanduva, tem todos os ônibus, é muito fácil arrumar emprego no centro [...] então, por essa lógica, porque pra cá era bem complicado e o valor do aluguel tanto aqui [Cidade Tiradentes] quanto lá [Vila Matilde] era equitativo.

Depois de vender o apartamento de Cidade Tiradentes, Flávia alugou um apartamento de três dormitórios na Vila Matilde, perto de sua família.

430 • Saídas de emergência

Com a indenização que receberia pela demissão, poderia investir em sua formação. Esboçou assim seu reingresso no mercado de trabalho:

> É que é assim: eu quero fazer um curso de computação para ser técnica, e no Senac[33] tem um curso, eu já até vi o preço. Ainda eu falei, porque quando sair a homologação, eu dou entrada no fundo de garantia e eu posso pegar o dinheiro e pagar o curso inteiro e dá para fazer dia de semana. São duas vezes por semana. Acho que em um mês e meio eu termino o curso. É bem rápido, porque são duas vezes na semana, e Senac é um lugar bom para te jogar para o mercado.

Quanto ao ex-companheiro de Flávia, ele visitava as crianças nos fins de semana. Flávia acreditava que não podia fazer obstáculo à relação do pai com as filhas, apesar da raiva que ainda sentia dele. Para compensar a falta de pensão alimentícia, ela o obrigava a comprar roupas para as filhas. Esses encontros periódicos com as filhas foram subitamente interrompidos quando ele foi preso, na véspera de nossa primeira entrevista, por motivos que ela preferiu não revelar. O fato já era familiar a Flávia, cujos tios maternos estavam presos havia dois anos (sua tia em São Paulo e seu tio em Assis), mas ela logo mudou de assunto e voltou a falar de suas preocupações com o emprego, a correria do dia a dia e a educação dos filhos.

Nessa batalha cotidiana, Flávia diz nunca ter sofrido discriminação racial ou por ser mãe solteira, mas acrescenta que já ouviu algumas piadas. Em comparação com a experiência de sua mãe, ela analisa:

> Acho que na época dela, sentia mais porque há trinta anos atrás era tudo mais rígido. Hoje em dia não, a mulher é chefe de família, as pessoas já não têm mais a discriminação que tinham anteriormente. Então, assim, eu não sinto nem por ser mãe solteira nem por ser negra, porque muita gente às vezes sente por ser negra. Falam: "Além de ser negra, ainda é mãe solteira". Tem gente que fala assim.
> [Pergunto se ela já ouviu isso.] Já, já ouvi, às vezes o povo brincando fala, mas eu nunca senti a discriminação assim forte, nem por ser negra nem por ser mãe solteira.

Tatiana, 27 anos, mãe solteira, três filhos

Tatiana nasceu em São Miguel Paulista, bairro da periferia leste de São Paulo em 1978. Ela tinha cinco anos quando seus pais se separaram – se-

---

[33] O Senac (Serviço Nacional de Aprendizagem Comercial) oferece cursos de formação técnica e é mantido por empresas do comércio.

Interrupções e recomeços: aspectos das trajetórias das mulheres chefes de família • 431

gundo sua mãe, seu pai gastava todo o salário na jogatina. Ela ainda se recorda dos gestos carinhosos do pai e não guarda más lembranças dele, embora não o veja desde a separação. Ela é a quarta de sete filhos, os três últimos do segundo casamento de sua mãe.

Aos quinze anos, quando fazia o primeiro colegial, Tatiana engravidou de um homem treze anos mais velho e casado. Considera que era inocente na época, mas não a ponto de ignorar os métodos contraceptivos. Explica que não tomava pílulas todos os dias por causa dos efeitos colaterais. Envergonhada, sua mãe pediu que não fosse mais à escola, mas Tatiana estava determinada a continuar os estudos, e a maternidade foi sentida como algo alheio. Este era seu estado de espírito na época:

> Não fiz pré-natal. Eu fui no médico pra saber quando que o meu filho ia nascer. Eu acho que eu estava grávida de sete meses e nem o médico acreditou, porque eu não tinha barriga. Aí fiz os exames, tudo, aí ele falou: "Seu filho vai nascer tal dia". Eu não voltei mais lá. Não tomei vitamina, não tomei injeção, não tomei nada. Graças a Deus, meu filho nasceu bem.

Tatiana conciliou estudos e trabalho. Seis meses depois do nascimento do filho, conseguiu vaga para ele numa creche, até com bastante facilidade. Isso a ajudou a encontrar um emprego formal numa mercearia. O menino foi praticamente criado pela avó, já que ela só tinha tempo para vê-lo nos fins de semana. Até hoje, ele chama a avó de "mamãe" e Tatiana pelo nome.

Aos dezoito anos, Tatiana engravidou mais uma vez do mesmo homem. Dessa vez, mais disposta à maternidade, fez os exames pré-natais. Pouco depois que deu à luz, foi demitida da mercearia. Então engravidou pela terceira vez, ainda do mesmo homem. Deprimida com essa terceira gravidez não planejada, voltou a não tomar os devidos cuidados médicos.

Em 2001, quando sua filha caçula completou três anos, Tatiana conseguiu seu emprego atual como agente comunitária de saúde. Ela descreve o dia do exame como um acontecimento decisivo:

> Eu consegui emprego no posto, foi uma seleção que teve, foi uma mega seleção. Da primeira vez eu não passei, aí teve de novo, porque ninguém passou, e, na segunda vez, ninguém quis ir, porque disseram que era conversa fiada, só fui eu. [...] Fui, fiz e voltei. Fiz a prova, deu certo, fui passando na seleção toda e pra mim foi bom porque é aqui perto de casa. Eu trabalhando na rua, bem ou mal eu posso vir aqui dar uma olhada.

Tatiana trabalha das oito da manhã às cinco da tarde e, com frequência, durante os fins de semana. Com um salário de 607 reais, vale-alimentação,

432 • Saídas de emergência

Bolsa Família e Renda Mínima, ela obtém uma renda mensal de 773 reais. Satisfeita com seu salário e próxima de seus filhos, Tatiana está contente. Acredita que parou de procriar graças às informações sobre planejamento familiar que recebeu no curso de formação de agente comunitário de saúde. Assim como seu filho, suas filhas também frequentaram a creche. Hoje, enquanto trabalha, sua mãe, suas irmãs mais novas ou seus vizinhos se encarregam das crianças.

Como a mãe, Tatiana se converteu ao protestantismo há alguns anos. Ela e os filhos vão ao culto todos os domingos. Para ela, a igreja é um local de convivência familiar e social.

Pouco tempo atrás, Tatiana se matriculou numa universidade privada, mas não pôde frequentar o curso porque a Caixa Econômica Federal recusou seu pedido de empréstimo. Atualmente, faz um curso de auxiliar de enfermagem e espera que, após concluí-lo, atinja um nível salarial que a permita retomar o curso universitário. Apesar de ver pouco os filhos, prefere perseguir seu objetivo, pois sabe que somente com um salário melhor poderá oferecer a eles boas condições de estudo.

> Cansei muito. Eu lembro que eu peguei pneumonia porque, como eu te disse, aqui é muito frio. Então, eu não saía à noite, comecei a sair, voltar tarde. Mas não me desencorajou, porque, tendo uma faculdade, eu vou conseguir pagar um cursinho pro meu filho, que seja pra ele tentar entrar numa pública ou que seja uma faculdade paga mesmo, pra tentar dar um futuro melhor. Por isso que eu não desanimo, porque senão, às vezes, eu chego aqui doida, falo que eu já estou velha, não aguento mais estudar, porque cansa, enche a cabeça estudar, cuidar de casa, das crianças.

Em relação à moradia, Tatiana não tem despesas com o imóvel, que é completamente abandonado, não tem porteiro nem síndico. As prestações do apartamento (234 reais) estão atrasadas, mas Tatiana diz que está à espera da ordem de despejo para negociar o valor. Ela não demonstra preocupação: "Depois de muito tempo, eles dão a ordem de despejo, mas antes de essa ordem vencer, você tem que ir lá e fazer um acordo. É sempre assim".

O pai dos filhos de Tatiana é bastante presente na vida da família. Ela afirma que ele os visita todas as semanas e os ajuda financeiramente, ainda que de modo esporádico. Tatiana não permitiu que ele reconhecesse os dois filhos mais velhos por medo de perder sua guarda caso ele a reivindicasse. Apenas a filha mais nova leva o nome do pai. Arrependida, agora quer o reconhecimento paterno também para os mais velhos. Contudo, diz que

Interrupções e recomeços: aspectos das trajetórias das mulheres chefes de família • 433

não acredita na relação, apesar de já durar doze anos. O fato de ele ser casado a incomodava, mas afirma que não é mais o caso, porque os filhos do casamento legítimo já são adultos. Para Tatiana, o casamento é de fachada: ele não assume publicamente a relação com ela, porque tem medo do julgamento alheio. Tatiana diz que nunca sofreu discriminação por ser mãe solteira; atribui a existência de preconceitos às características pessoais de cada uma. Assim, argumenta:

> Eu penso assim, depende da pessoa. O povo deve pensar: "É mãe solteira, tem três filhos, [ela] deve ser fácil", essas coisas. Mas que nem eu, que trabalho [como ACS] há quatro anos com o pessoal, eu entro na casa de pessoas, na casa de drogado, de homens sozinhos, ninguém nunca tentou nada não, assim, sempre tiveram respeito. Mas eu acho assim, se fosse outra pessoa, dependendo, com certeza ia ter esse preconceito, essa falta de respeito.

Idas e vindas em direção à autonomia

Os relatos das três mulheres evidenciam um processo de maturação dos laços amorosos e sexuais desde a adolescência. Para Letícia, a relação com o namorado leva a uma coabitação em condições econômicas superiores às que ela conhecia em sua família e, ao mesmo tempo, ela se emancipa dos pais; isso corrobora os estudos de Heilborn e da Equipe Gravad, segundo os quais uma proporção considerável de jovens oriundas de famílias de renda modesta buscam a autonomização por meio da união conjugal. Para Tatiana e Flávia, ao contrário, a gravidez aparece antes que elas possam imaginar um projeto conjugal. Nesse caso, as mães (ou avós) suprem a ausência do parceiro.

O ideal do marido provedor e da mulher responsável pelos assuntos domésticos é o que orienta a experiência de vida matrimonial e é também o que se desfaz com ela. Entretanto, para que haja uma ruptura com a norma da divisão sexual do trabalho e com o conformismo diante da violência conjugal, tanto moral quanto física, são necessários avanços no espaço público, seja por meio do trabalho e da escola, seja por meio de uma associação de proteção dos direitos das mulheres. Não é a separação ou a vida após a separação que desencadeia a emancipação: esse processo de subjetivação ocorre durante e ao longo das conjugalidades, sucessivas ou não, pautadas ou não por crises de relacionamento. As três mulheres estudadas aqui desenvolveram um *ethos* da autonomização por meio do trabalho, do auxílio

434 • Saídas de emergência

familiar e comunitário (vizinhança), do aprendizado do uso das instituições e da identificação religiosa.

A separação conjugal não implica uma compensação por meio da punição do pai, pela ruptura de sua relação com os filhos. A convivência é até incentivada por essas mulheres, que acreditam ser importante para o desenvolvimento equilibrado dos filhos relacionar-se com o pai. Na verdade, as três mulheres apresentadas aqui estão preocupadas sobretudo com suas realizações pessoais imediatas (trabalho) ou de médio ou longo prazo (educação de nível médio ou superior). O acesso à universidade ou aos cursos técnicos parece possível, graças às novas políticas públicas de educação destinadas à população de baixa renda, como o ProUni. O argumento para justificar escolhas bastante complicadas, que combinam família, trabalho e estudos, haja vista a condição de mãe solteira com dois ou três filhos, apoia-se na necessidade de oferecer melhores condições materiais e de estudos aos filhos. Ainda que a responsabilidade parental seja o elemento motriz dessa empreitada, esse é um aspecto que contrasta com a geração anterior, quando se trabalhava para garantir o fim do mês, e não cabia aspirar a alguma atividade que indicasse uma realização pessoal.

Essas três mulheres compartilham ainda o fato de exercerem atividades com as quais se identificaram e aprenderam o *modus operandi* do ofício (como agente comunitária de saúde, membro de associação de mulheres em dificuldades e auxiliar de enfermagem) mesmo não tendo qualificações mínimas para praticá-lo. No entanto, o cuidado a pessoas aparece como uma das poucas opções de trabalho no bairro; trabalhar longe de Cidade Tiradentes seria penoso para essas mulheres.

Conclusão

Embora a presença de famílias monoparentais femininas entre as camadas pobres da população brasileira seja marcante desde o período colonial, as causas dessa monoparentalidade estão em via de sofrer profundas transformações. Essa mudança se dá em relação ao modelo familiar que Sarti identificou entre os anos 1980 e 1990, baseado essencialmente na divisão sexual hierarquizada do trabalho entre o homem/marido e a mulher/esposa. Ainda que o ideal do casamento e da constituição de família seja uma constante, o paradigma da família hierarquizada decompõe-se segundo duas tendências que têm marcado o Brasil contemporâneo, principalmente urbano.

Interrupções e recomeços: aspectos das trajetórias das mulheres chefes de família • 435

Em primeiro lugar, temos a implementação de novas políticas públicas e sociais, a ampliação das oportunidades de educação, o surgimento de novas profissões voltadas para as comunidades populares e a proliferação de associações feministas, que encorajam uma noção alternativa do casamento. A luta feminista, que sempre esteve à frente contra a violência doméstica e pela adoção da Lei Maria da Penha (que tipifica como crime a violência doméstica contra a mulher, em vigor desde agosto de 2006), desnaturalizou a agressão masculina no espaço privado[34].

Em segundo lugar, e junto com as transformações institucionais e normativas no país, tornou-se legítimo nas camadas populares buscar o que Giddens chama de "relacionamento puro" e que consiste numa relação erótica baseada na igualdade entre os sexos e na prática democrática dentro da esfera privada, compatível com a democracia na esfera pública[35]. Como diz o sociólogo, o próprio relacionamento passa a ser um fórum de comunicação livre e aberta entre seres independentes e iguais[36]. As vivências conjugais das três mulheres de Cidade Tiradentes podem ser consideradas expressão da aspiração a tal transformação valorativa no mundo ocidental moderno, em que elas estão necessariamente inseridas, ainda que de modo próprio ao seu contexto sociocultural. Podemos dizer então que elas estão numa situação de transição entre o ideal conjugal tradicional e contemporâneo, não raro carregada de tensão. Concomitantemente, parece haver uma discrepância marcante entre os sexos no que se refere às expectativas acerca do relacionamento, característica que os distancia do padrão comportamental da classe média apontado por Heilborn[37], segundo o qual há uma convergência de valores entre homens e mulheres comprometidos.

---

[34] Lília Blima Schraiber et al., *Violência dói e não é direito: a violência contra a mulher, a saúde e os direitos humanos* (São Paulo, Unesp, 2005).

[35] Anthony Giddens, *A transformação da intimidade: sexualidade, amor e erotismo nas sociedades modernas* (São Paulo, Unesp, 1993), p. 10 e 11.

[36] Ibidem, p. 211-2.

[37] Maria Luíza Heilborn, *Dois é par: gênero e identidade sexual em contexto igualitário* (Rio de Janeiro, Garamond, 2004), p. 11.

21
QUAL DIALÉTICA É POSSÍVEL ENTRE
O ESPAÇO PÚBLICO E O PRIVADO?

Robert Cabanes

Como examinar as ligações entre as formas de relações internas à família e seus modos de intervenção (ou não intervenção) no mundo social? As famílias das classes de baixa renda foram, sem dúvida, as mais afetadas pelas perdas e mudanças de referência no espaço público nos últimos vinte anos no que concerne ao emprego e à proteção social. Foram também as mais pressionadas a fazer novos ajustes na vida privada e social. A coletânea de relatos biográficos de famílias, de itinerários coletivos de mobilidades individuais e profissionais revela também as práticas sociais e culturais relativas às atividades de escola, saúde, lazer e religião.

Tomando por base os percursos que se inscrevem entre a situação anterior e a atual, interessam-nos os processos, mecanismos ou eventos que engendram transições que qualificam a articulação entre a forma das relações internas à família e as formas de relação com o mundo social mais restrito ou mais ampliado (partidos, sindicatos, religiões).

É em geral do ângulo do indivíduo, masculino ou feminino, que se observa a articulação com o mundo social. Ora, parece-nos difícil passar por cima da família, instituição e forma viva, que representa o modelo basilar da existência social, o ponto de articulação inevitável entre o indivíduo e o espaço público. Na família elabora-se uma relação social matricial que associa relações interindividuais (as múltiplas formas de amor) a relações sociais de gênero que se assentam nas mesmas dimensões das outras relações sociais (dimensões da igualdade, justiça e dominação). Ademais, as lutas feministas ampliaram o lugar das mulheres no espaço público do trabalho, na sociedade civil e na família. Fazemos aqui a distinção entre o termo "família", que designa a instituição, a atribuição de papéis, uma menor autonomia dos sujeitos, elementos que remetem a uma determinação amplamente unívoca pelo

438 • Saídas de emergência

espaço público, e o termo "espaço privado", que qualifica uma forma viva, um espaço de relativa autonomia de sujeitos capazes de interações que podem ganhar projeção no espaço público.

Pode-se objetar que é o espaço público que, por lei, dinamiza, democratiza e alcança o espaço privado por meio dos princípios de democracia e justiça que lhe são próprios. Podemos contra-argumentar, num primeiro momento, que a lei se origina nas experiências e contradições sociais concretas, às quais deveria oferecer uma reposta. No contexto mais amplo da história brasileira, é preciso observar a presença persistente de uma gestão paternalista e patriarcal privada que tomou em suas mãos o espaço público. E não se trata de um paradoxo menor querer demonstrar aqui que um espaço democrático privado surgiu no meio popular urbano, após a destruição da dominação paternalista no espaço privado tradicional, em razão da urbanização e da industrialização intensas, mas também após as contradições de um espaço público que pretendeu afirmar sua autonomia – mas não se desvencilhou da tradição clientelista – e cuja vocação democrática se desenvolveu de modo apenas parcial.

A interação público-privada pode ser vista na literatura sociológica[1] em três tempos. O primeiro se situaria na ordem feudal e posteriormente monárquica, em que as grandes famílias apareciam, em suas mais poderosas relações de desigualdade e dependência, como a matriz do político. O segundo, a partir da Revolução Francesa (1789), colocou o espaço público como espaço da igualdade, isolando-o do espaço privado, cuja gestão foi cedida às mulheres mais para afastá-las das contaminações vindas de um espaço público "democratizado" do que para reconhecer sua autonomia no âmbito privado. De fato, constituíram-se dois lugares de poder hierarquizados em que o espaço privado estava subordinado ao espaço público e destinado ao papel de formação de futuros cidadãos, atores e responsáveis pelo governo, isto é, homens somente. Os conflitos de gênero só podem existir nos marcos dessa subordinação do espaço privado ao espaço público; isso autoriza, ao mesmo tempo, que este último legisle sobre o primeiro: a família se

---

[1] Referimo-nos aqui à *Revue de Philosophie et de Sciences Sociales*, n. 2, 2001, que trata da história francesa, e em particular aos artigos de Jacques Commaille e Claude Martin, "La repolitisation de la famille contemporaine", Patrick Cingolani, "La famille entre ordre social et indétermination démocratique", e Geneviève Fraisse, "Gouvernement de la famille, gouvernement de la cité".

Qual dialética é possível entre o espaço público e o privado? • 439

tornou objeto de políticas públicas. O terceiro momento, que é o atual, é aquele em que se iguala o estatuto do espaço privado e do espaço público (o privado é reconhecido como "político" por homens e mulheres, em 1968) e "seu modo de ser e de relações sociais" pode vir a se constituir como "modelo político de realização do projeto democrático"[2]. A intervenção do legislador sobre o espaço privado pode então se fazer no sentido inverso de suas intervenções precedentes: por demanda do espaço privado.

Pode-se esquematizar o contexto brasileiro para compará-lo com o francês. A grande família patriarcal, que faz do espaço público um prolongamento de seu universo privado[3], sob a forma de proteção e favor ou inimizade e ameaça, pode ainda servir de modelo de referência. Mas, desde o século XIX, é uma referência em via de desaparecer nos meios urbanos e populares[4]. A partir dos anos 1950, as migrações e a urbanização intensa inauguraram uma transição em que o grupo doméstico e a família nuclear se afirmaram como unidade autônoma. Estes continuaram a fazer parte de uma família ampliada, embora dispersa, e garantiram de certo modo o antigo esquema do "homem provedor" (que obtém os recursos do exterior) e da mulher "dona de casa" (que administra o interior). Contudo, a aquisição de autonomia do casal não se efetua nos marcos de um conjunto genealógico dado e imposto, mas nos marcos de pessoas (dentro e fora da família) "com quem podemos contar"[5], num espírito de reciprocidade e trocas desiguais.

A família conjugal restrita nasceu desse encontro entre o patriarcado ameaçado pela urbanização, que se recolheu na forma do grupo doméstico e da "casa própria", símbolo de sua independência, e o matricentrismo maciço das classes populares urbanas já corrente no século XIX, que permanece até hoje e parece prestes a se desenvolver sempre que uma crise de empre-

---

[2] Jacques Commaille e Claude Martin, "La repolitisation de la famille contemporaine", cit., p. 146.

[3] Robert Cabanes, *Travail, famille, mondialisation* (Paris, Karthala, 2002), p. 435-49.

[4] Mariza Correa frisa a raridade das uniões legais nas cidades no século XIX e o grande número de lares dirigidos por mulheres solteiras ("Repensando a família patriarcal brasileira", cit., p. 13-38). A pesquisa histórica atual qualifica o fato de "descoberta pioneira" (Rachel Soibet, "Mulheres pobres e violência no Brasil urbano", e Cláudia Fonseca, "Ser mulher, mãe e pobre", em Mary del Priore e Carla Bassanezi, *História das mulheres no Brasil*, São Paulo, Contexto/Unesp, 2004). Ver também Göran Therborn, *Sexo e poder...*, cit., e o capítulo 21.

[5] Cyntia Andersen Sarti, *A família como espelho...*, cit.

440 • Saídas de emergência

go atinge os homens e obriga as mulheres a se virar para ganhar a vida ou sustentar a família. Esse encontro desemboca hoje em configurações múltiplas: estabilização dos casais em níveis diferentes de igualdade entre os sexos, crescimento da instabilidade e da violência na crise, novas formas de matricentrismo.

Essa transição se acentuou a partir da industrialização com a entrada contínua das mulheres no mercado de trabalho: a família nuclear procurou construir novas referências nesse processo de constituição de uma maior igualdade dos sexos. O trabalho se constituiu no principal mediador desse processo, ao lado dos movimentos sociais que inauguraram modos de ação inéditos na história social brasileira[6]. Além do sindicalismo brasileiro, em particular na região metropolitana de São Paulo, os movimentos sociais de grande amplitude se opuseram ao regime militar dos anos 1970 e 1980. Paralelamente, e em associação com as reivindicações operárias, os movimentos preocupados com a carestia, saúde, habitação e educação também foram poderosos e eram essencialmente compostos e dirigidos por mulheres. Problemas considerados domésticos adquiriram com esses movimentos um caráter de legitimidade pública e política. Cada um em seu papel: os homens com as reivindicações do trabalho e as mulheres com as reivindicações da esfera extraprofissional. Nos marcos da divisão social do trabalho, reivindicaram-se direitos sociais e constituiu-se uma expectativa de justiça social.

Atualmente, essa última questão entrou na ordem do dia por dois caminhos opostos: a ruptura neoliberal dos anos 1990 desestabilizou o conjunto do trabalho, masculino e feminino, mas a participação das mulheres no mercado de trabalho cresceu; e os movimentos feministas se enraizaram nos meios populares com o tema da igualdade dos sexos. A reivindicação da igualdade de gênero, fraca no que diz respeito ao próprio trabalho, associa-se com a reivindicação social extratrabalho tanto no espaço privado como no espaço público. Sob impulso do movimento feminista, a lei reforça o desenvolvimento da igualdade no espaço privado. Não se trata aqui de analisar as políticas públicas da família, mas observar seus efeitos sobre a

---

6   Eder Sader, *Quando novos personagens entraram em cena: experiências, falas e lutas dos trabalhadores da Grande São Paulo, 1970-80* (2. ed., Rio de Janeiro, Paz e Terra, 1988).

Qual dialética é possível entre o espaço público e o privado? • 441

interação entre os espaços privado e público. A família, a meio caminho entre instituição e forma viva, abriga modos diversificados de interação entre seus membros. A questão que nos intriga, então, é a das relações recíprocas entre as transformações dos espaços privado e público nos marcos de uma dinâmica de conjunto das relações sociais.

Agenciamentos e arranjos familiares

A cidade é um lugar de observação das trajetórias das famílias que transitam entre esses mundos sociais, formas de "economia moral" ou "cidadelas"[7], vinculando-se a uma ou outra das formas de individuação analisadas, oscilando entre suas tensões.

As formas de individuação são conflituosas: no espaço privado, entre os processos de individuação atraídos pelo polo da deliberação, da igualdade que respeita as diferenças e de uma ética própria relativa ao domínio público, e os processos atraídos pelo polo da violência[8]; no espaço público, as oposições entre os individualismos belicosos do capitalismo liberal, os individualismos comunitários das religiões pentecostais, as individuações cívicas de revitalização da democracia local ou de empresas autogeridas. A família está no cruzamento das tensões provenientes do espaço público e das suas próprias. Ela pode se pulverizar ou se afirmar como um lugar de um afastamento da vida social ou de recuo para um novo aprendizado, o da negociação entre individualismo e vida em comum[9], ou da "revelação de si pelo outro"[10], de um "eu íntimo" que põe em questão os papéis sociais impostos e assim reformula o social a partir da identidade individual[11].

---

[7] Luc Boltanski e Laurent Thevenot, "Les économies de la grandeur", *Cahiers du Centre d'Études de l'Emploi*, n. 31, 1989.

[8] Ver o debate sobre o aumento da violência conjugal suscitado por Maryse Jaspart, Elizabeth Brown e Stephanie Condon, *Les violences envers les femmes en France: une enquête nationale* (Paris, La Documentation Française, 2003).

[9] François de Singly, *Libres ensemble: l'individualisme dans la vie commune* (Paris, Nathan, 2000).

[10] Idem, *Être soi parmi les autres*, cit.

[11] Jean-Claude Kauffmann, *L'invention de soi: une théorie de l'identité* (Paris, Armand Colin/ Sejer, 2004).

442 • Saídas de emergência

Operacionalizar a análise dos relatos[12] consiste em evidenciar as formas de individuação contraditórias suscitadas pelo espaço público e observar sua reinterpretação no espaço privado. Descrever essas reinterpretações em operação no interior da família pressupõe o estudo das três formas de relação que a caracterizam: a relação consigo mesmo, a interação conjugal e a relação de filiação. E, consequentemente, a observação da articulação entre esses processos internos e as práticas sociais externas. Ainda é preciso supor que, embora o espaço privado se empobreça ou se enriqueça com as transformações do espaço público, não há entre eles uma dependência unívoca, já que o espaço privado pode rever e alterar seus próprios fundamentos[13].

Alguns percursos podem ter por base um projeto familiar explícito, que permite observar táticas e estratégias, sucessos e fracassos. Ou podem se apresentar como incertezas sucessivas, que impedem a emergência de novos projetos e expectativas. Nesse caso, é preciso descrever a gênese de uma ausência ou de uma desconstrução. Em todas as situações, trata-se de descobrir nos encadeamentos de cada trajetória individual e familiar onde se mesclam o planejado e o imprevisto, os eventos individuais e coletivos que induzem mudanças maiores.

A questão é saber se, pelo relato dessas mudanças, as relações sociais estruturantes provenientes da sociedade global são questionadas. A família pode ser uma simples ferramenta de realização dessas relações sociais e manifestar a incapacidade de uma relativa autonomia, a impossibilidade de constituição de um espaço privado. Pode manifestar, ao contrário, uma relativa autonomia, ao estruturar um projeto de ordem ética, social ou política, uma forma de economia moral diferente, deslocada das propostas no espaço público. Esse projeto pode ficar dentro dos marcos estritamente familiares e, então, teremos de observar as modalidades de retirada, recuo,

---

[12] As histórias de vida que analisaremos aqui são fruto de duas pesquisas: a primeira (1984-1990) visava indivíduos empregados com estabilidade no mercado de trabalho; a segunda (2002-2009) concerne sobretudo aos que estavam em situação de desestabilização do ponto de vista do emprego.

[13] Observando a inflação contemporânea do amor, Ulrich Beck nota um duplo sentido, público e privado, "uma dimensão de autenticidade num mundo em que tudo funciona por procuração", uma "utopia" que "não deve ser comandada nem legitimada a partir do alto de tradições culturais", mas "deve sobretudo se impor de baixo pela potência e permanência das pulsões sexuais a partir do conflito histórico entre homens e mulheres" ("La religion séculière de l'amour", *Revue de Philosophie et de Sciences Sociales*, n. 2, 2001, p. 29-44).

semifechamento e semiabertura que eles comportam. Pode ainda se definir como projeto estruturante de uma forma de ação social, caso se articule com as formas de ação e mediação existentes. Ao mesmo tempo que é reduzida a suas funções instrumentais pelas dificuldades do momento, a família ou o espaço privado é também um laboratório em que se elaboram silenciosamente as matrizes do futuro.

Descrição dos percursos e projetos familiares

As cronologias familiares (1984-1990 e 2002-2009) revelam dois tempos sociais diferentes que não parecem corresponder a dois tempos familiares diferentes. Talvez isso se deva ao fato de que o intervalo temporal seja muito curto; entretanto, essa não correspondência mostra sobretudo que o processo sugere mais continuidade que ruptura: o primeiro tempo fala de autonomia recém-conquistada do grupo doméstico e o segundo, dos problemas de autonomia das mulheres no grupo doméstico. Aliás, esse último ponto permite apontar as mudanças internas mais significativas para relacioná-las com as mudanças externas.

Uma síntese das interações entre família e mundo social permitirá separar:

- famílias cujos percurso e relações apresentam, no âmbito da reprodução direta ou indireta, certos princípios e modos de funcionamento do mundo social *em seus aspectos contraditórios*;
- famílias cujos percurso e objetivos próprios se organizam em torno da resistência e da sobrevivência, projeto pouco interativo com o mundo social circundante e, portanto, pouco determinado por este;
- famílias cujos projeto próprio manifesta a preocupação de uma criação autônoma, de constituir um espaço privado que busca se irradiar, ainda que com dificuldade, no mundo social;
- famílias cujos projeto próprio, idêntico ao precedente, procura se prolongar numa interação permanente com o mundo social.

Percursos e projetos familiares de reprodução do mundo social

Nascidos da história social e determinados por suas conjunturas e contradições, esses percursos são os mais fáceis de interpretar. Propomos aqui alguns exemplos que podem ser considerados subconjuntos desse tipo de percurso.

444 • Saídas de emergência

Certos percursos dos anos 1970 e 1980 ilustram uma história de sucesso total, em todos os domínios, com base na integração pelo trabalho. Foram trazidos pelo desenvolvimento econômico e pela ideologia dominante, por seus critérios e objetivos, à dimensão do sucesso profissional (em geral de um ponto de partida modesto, como o auxiliar de produção que retoma o ensino fundamental aos 26 anos e se torna supervisor numa indústria química e diretor sindical), do sucesso social (um investimento legitimado e reconhecido nas obras sociais da cidade), do sucesso religioso (responsabilidades na nova igreja carismática local), do sucesso político (vereador e candidato a deputado) e outros sucessos que se encadeiam numa espiral virtuosa, segundo os códigos institucionais dominantes e as modalidades de realização mais convencionais. Há uma forte dimensão pessoal no ponto de partida que aparece em seguida como verniz personalista, indispensável ao indivíduo público; as dimensões pessoais se encolhem no interior de uma personagem.

A divisão do trabalho e dos papéis na família são tradicionais e reivindicados como um ideal. Não há contestação da esposa, que encontra compensação no prazer da organização doméstica, na proximidade dos filhos e no consumo. Supõe-se que os esquemas desse percurso paternal tão bem conduzido se reproduzam sob a mesma forma e com a mesma divisão do trabalho doméstico na geração seguinte. Há dificuldades, mas não fracasso nas relações com o mundo social ou nas relações familiares. Isso esvazia toda reflexão no interior da família, quer da esposa, quer dos filhos.

Outros itinerários, comparáveis em seu ajuste aos modos de desenvolvimento e às instituições de certo período, podem se apresentar sobre bases ideológicas e políticas opostas aos precedentes. Por exemplo, uma militância sindical crítica ao sindicato, que se expõe permanentemente dentro ou fora da empresa, limita assim qualquer promoção profissional. A promoção sindical é também limitada por princípio (desejo de exercer apenas responsabilidades secundárias, próximas à base) e de fato (o exercício de responsabilidades superiores exige uma postura mais distante e "responsável" com relação à base). De maneira geral, a preocupação de evitar qualquer inserção sindical, política ou social que provoque um corte com as relações com os militantes de base, segundo o vocabulário consagrado, é permanente. Essa busca de proximidade com os atores sociais mais ativos, que se propõe a aprender com eles para transmitir aos dirigentes, define uma posição de mediação que, embora seja reivindicada como essen-

Qual dialética é possível entre o espaço público e o privado? • 445

cial, é tensionada *pari passu* com o envelhecimento das instituições e dos indivíduos. Essa tensão que atinge permanentemente o ator mostra uma dimensão pessoal que excede bastante a da personagem social; ela exprime um modo pessoal de inserção social. Não obstante, o processo de absorção da dimensão profissional pela dimensão social e institucional parece inevitável a longo prazo.

É por isso que, depois de um percurso numa instituição que não corresponde mais a suas esperanças, esse tipo de personagem se encontra numa inserção militante mais frouxa, como assessor de um vereador local, em que a pressão institucional é menos forte e é mais fácil cultivar os princípios e os ideais adquiridos na experiência de vida, mesmo se sua eficácia social é menor.

Essa diferença de posição pública com o tipo precedente associa-se, por outro lado, a uma semelhança total do ponto de vista da posição do homem nas relações sociais domésticas: pouca presença no lar e nenhuma responsabilidade doméstica, apesar das críticas de uma esposa que trabalha (diferentemente do caso precedente), tem salário menor, mas numa profissão de melhor *status* social (professora primária), e deseja construir uma relação familiar mais equilibrada e, portanto, mais independente do mundo social do marido. Os filhos são criados nos marcos dessa divisão sexual do trabalho e da não divisão das tarefas domésticas e de reprodução entre os pais. Eles se formam a partir dessas duas experiências opostas e conflituosas. Sua capacidade de reflexão provém do mesmo contexto "socialmente natural" e conflituoso no âmbito doméstico. O paradoxo é que o modo de ação masculino requerido para "trabalhar" com o mundo social (interação com a base) não pode ser aplicado no mundo privado, embora seja altamente solicitado. Exercem-se de maneira interligada a reprodução das relações sociais dominantes no espaço privado e o questionamento sem fim das relações sociais dominantes no espaço público, fundado na busca incessante de uma revelação: a da vontade popular.

Os dois esquemas precedentes podem aparecer numa mesma família, sucedendo-se cronologicamente a partir de uma ruptura: forte militância política e sindical, seguida de um rompimento e de um investimento profissional intenso; esquema doméstico estabilizado no modo tradicional da divisão sexual do trabalho, com ou sem tensão. As razões dessa ruptura se devem à escolha pessoal do chefe de família, que passa de um sistema de contestação envolvente e rígido, em que experimenta uma limitação pessoal

446 • Saídas de emergência

e profissional e ao mesmo tempo um impasse institucional, para uma integração igualmente rígida e determinante no mundo do trabalho, que garante um progresso profissional rápido. Nessa mudança, reproduzem-se as relações sociais próprias a cada um dos dois espaços, sem interação nem entre si nem com o mundo privado, o que impede uma experiência original, que possa ser transmitida à nova geração. E na aposentadoria, quando se inicia uma nova etapa, mais flexível que a primeira, essa "regra" de não interferência entre o privado e o público se mantém.

Num modo de adaptação social mais passivo, há famílias que não são levadas nem pela preocupação com uma contestação, nem pela busca de sucesso no trabalho, nem pela procura de uma inovação doméstica, e estão em conformidade total com "o mundo como ele é": adaptação individual no mundo do trabalho assalariado, autorizando uma capacidade de consumo mais ou menos satisfatória; instalação nos escalões menos qualificados do trabalho operário e aceitação de um destino de pobreza ou restrição relativamente satisfatório. As expectativas da geração dos filhos remetem-se àquelas que a geração dos pais nem poderia imaginar. Os progressos observados, mesmo pequenos, são considerados satisfatórios. Satisfação e integração levam à não adesão ao movimento social e a arranjos conjugais bastante variados, principalmente nos moldes tradicionais.

Esses últimos casos parecem frequentes tanto em períodos de pleno emprego como de pouco emprego, seja instável ou estabilizado, qualificado ou não. Invariantes em todos os tempos e todas as sociedades[14]?

Projetos e percursos centrados num horizonte familiar

Nesse tipo de percurso, a família é vista como o único universo social digno e ao mesmo tempo suscetível de uma ação racional prolongada. O mundo social global ou espaço público é definido como estranho ou contingente, seja por oferecer pouca ou nenhuma possibilidade de ação, seja por ser desqualificado por seu próprio funcionamento, ou por ambas as razões ao mesmo tempo. A única construção possível é uma vida e uma ética familiar próprias. A dúvida é se essa ética, mesmo silenciosa ou pouco visível, questiona criticamente os diferentes espaços públicos ao se construir

---

[14] Ver descritivo completo em Robert Cabanes, *Travail, famille, mondialisation*, cit., capítulo 6.

numa espécie de espaço privado potencial, ou se ela se contenta em adequar, no interior da família, as regras eventualmente contraditórias dos mundos da economia moral presentes no espaço público. Seríamos então remetidos a esses mundos da vida privada que todas as "histórias da vida privada" relatam em todos os países e em todas as épocas.

É mais difícil observar esse mundo privado, fechado em si mesmo. Entre a simples adequação às contradições das formas de economia moral do espaço público e uma criação nova, silenciosa e potencial, que manifeste a existência de um verdadeiro espaço privado, de um sujeito moral privado, a distância pode ser mínima e, por isso, sua observação deveria ser precisa.

Podemos identificar famílias cuja trajetória pode ser marcada pelo sucesso, insucesso ou sucesso mitigado de uma vida profissional conduzida a dois ou apenas pelo homem, nas quais o trabalho estabelece uma ligação contínua e durável com o mundo social, mas de fraca intensidade. O trabalho assalariado não leva à ação social, pois é interpretado na família como fonte de identidade e substrato de ética individual que deve ser transmitido aos filhos. Por essa dimensão principal de individualização, ele está de acordo com os códigos da sociedade dominante, mas pode estar em desacordo com outras dimensões, mais segmentadas e coletivas, descritas nos relatos como aspirações, como a preocupação com um aprendizado técnico contínuo, uma cooperação harmoniosa e negociada entre pares, uma concordância entre responsabilidades e capacidades na divisão do trabalho e tantos outros valores, que são saberes do trabalho, expressos ou não. Esses valores, pouco ou nada respeitados no trabalho, estão muito presentes na marcação de um *ethos* familiar, mas não desembocam necessariamente numa ação social. A preocupação central é a harmonização dos valores (negociada entre o casal), o equilíbrio consensual que ajusta os desejos de um e de outro, e no qual se elabora uma divisão social do trabalho (trabalho profissional e trabalho doméstico) que pode se dar em âmbitos diversos em relação ao critério de igualdade entre os sexos. Esse consenso, apaziguado, tenso ou conflituoso, é transmitido aos filhos como moral familiar e princípio de inserção no mundo social.

No contexto em que o mundo social não suscita críticas particularmente fortes, ele se insere de imediato na família com suas contradições; esta o interioriza ou privatiza diretamente, sem que haja interação ou contradição entre os espaços público e privado. Esse processo assimila a injunção con-

448 • Saídas de emergência

servadora da sociedade dominante[15], para a qual só pode existir história popular no âmbito privado. Visto do interior da família, entretanto, esse processo não exclui conflitos e negociações. As configurações mais vivas mostram arranjos elaborados ao fim de conflitos internos. Esses conflitos podem se referir a uma visão de mundo diferente (técnica ou tecnológica, em oposição a uma visão humanista), a projetos familiares contraditórios ou ligeiramente contraditórios que remetem a certas tensões sociais (desejo de retornar à região de origem, em oposição ao desejo de inserção profissional e social urbana, concepções diferentes sobre a formação dos filhos), a conflitos de valores sobre a divisão sexual do trabalho e o lugar do trabalho doméstico ou ainda a um conflito de gerações (a geração mais velha é orientada por um desejo de família "tradicional" quanto à divisão sexual do trabalho e dos papéis sociais, enquanto a nova geração é mais exigente quanto à autonomia individual, feminina ou masculina. De maneira geral, essas famílias manifestam uma predisposição a se adaptar, apoiando a nova geração maltratada pelo mercado de trabalho e remodelando seu estilo de vida sob pressão dos filhos. Para elas, os valores da filiação são centrais e os valores da aliança, secundários.

Nesses marcos, as relações sociais de sexo refletem as estabilidades e as linhas de mudança na família. Podem remeter a configurações tradicionais conhecidas. O homem provedor harmoniza-se com a dona de casa ordenadora das relações sociais internas e externas à família e são obrigados a remodelar de maneira menos conservadora o equilíbrio familiar após um deslize do filho. A esposa tem um emprego mais qualificado que o do marido, mas para de trabalhar após o nascimento tardio de seu único filho; ela rege toda atividade social do casal com o apoio da família, que os aloja. No confronto entre experiências e convicções individuais, a vontade do homem provedor impõe-se sobre a mulher dona de casa. A acentuação da divisão do trabalho entre os sexos deve-se à migração internacional do trabalho do homem. A esposa, pouco qualificada, assume a responsabilidade do lar e dos filhos, enquanto espera (longamente) o retorno à cidade natal, onde o marido busca trabalho autônomo. No caso de uma família ampliada, percursos profissionais precários ou recém-precarizados ou percursos modestos e mais estáveis de diferentes membros da família (irmãos, irmãs e cônjuges)

---

[15] Vera da Silva Telles, *Cidadania inexistente...*, cit.; e *Pobreza e cidadania*, cit.

Qual dialética é possível entre o espaço público e o privado? • 449

sucedem ao percurso impecável do *pater familias*, que mantém práticas de ajuda mútua entre as diferentes famílias; mas a divisão sexual tradicional do trabalho não pode mais se prolongar com as novas gerações abaladas pela dureza do mercado de trabalho. Em todos esses casos, não há processos de constituição da família num espaço de relativa autonomia, mas a recepção e a aceitação das normas ou eventos que resultam da sociedade global. Não obstante, as filhas da nova geração, em via de se independentizar, põem radicalmente em questão o padrão da mulher dona de casa.

Entretanto, outros casos revelam uma mudança ou mesmo uma relativa inovação nas relações sociais de sexo. Todos os filhos da família descobrem juntos a necessidade de contribuir financeiramente em consequência do percurso profissional desastroso do chefe de família, mas a recuperação não parece alterar o padrão constituído durante a crise. As dificuldades comuns nas trajetórias de trabalho levam a uma divisão igualitária do trabalho doméstico e do trabalho assalariado, exemplo que parece ser seguido pelos filhos. A responsabilidade masculina crescente em relação ao trabalho doméstico e à educação dos filhos é consequência de seus reveses profissionais; a esposa intensifica o trabalho assalariado e um novo equilíbrio se constitui. As relações de igualdade na divisão do trabalho de uma empresa familiar são consequência de itinerários assalariados singulares, mas comuns, em situação de precariedade. Nesse caso, a natureza do trabalho da empresa familiar é determinada pela mulher. A divisão igualitária das tarefas domésticas pode se constituir como resultado de dificuldades comuns e alternadas de um casal jovem, que ingressou no mercado de trabalho no auge da crise.

Essas mudanças nas relações sociais de sexo nascem da adaptação ao mercado de trabalho, mas também parecem se inscrever numa situação já existente de relações no grupo doméstico, em dificuldade ou não; elas apenas reforçam uma relação que já era de cooperação. Talvez possamos dizer, dado o aumento de casos de cooperação observados na segunda pesquisa, que o crescimento das dificuldades favorece a cooperação, mais do que a divisão do trabalho e o reforço dos papéis sexuais. E quando as dificuldades da vida favorecem a emergência de uma pessoa que parece mais capaz de assumi-las, esse alguém pode ser tanto uma mulher como um homem. O agravamento das pressões, sem provocar mudanças maiores na estrutura da organização familiar, parece dar mais espaço de ação e decisão àqueles, homens ou mulheres, capazes de se orientar nos dois mundos, privado e público. O caso inverso também pode ocorrer: o agravamento das pressões nos

450 • Saídas de emergência

marcos de uma divisão sexual rígida do trabalho e das responsabilidades pode provocar a ruptura do casal.

Essas mudanças, fruto de uma adaptação às mudanças induzidas pelo espaço público, permanecem circunscritas ao mundo privado, respeitam a separação entre o privado e o público, não ganham autonomia nem regulam as relações entre os sexos no espaço público. São "invisíveis" socialmente, ainda que sejam inovadoras no plano das relações familiares. Parecem suscetíveis de prolongamentos futuros no espaço público quando se trata de casais jovens que conheceram apenas, e simultaneamente, uma forte precariedade no mercado de trabalho e, por consequência, a igualdade doméstica.

Percursos de mediação entre o privado e o público

Nessa clara afirmação da articulação entre vida privada e mundo social, facilmente observável nas práticas, a primeira questão é o momento de transição entre um e outro, suas razões e circunstâncias; a segunda são as razões da permanência dessa articulação.

Às vezes podem surgir, construídos e compactados por gerações sucessivas, tipos sociais tão fortes e tão fortemente desconectados da história contemporânea que parecem até anacrônicos e, portanto, quase privados. Contudo, eles fazem parte da vida atual e, pelos valores que ostentam e praticam, questionam diretamente, e às vezes de maneira profunda, o mundo social contemporâneo. Figuras masculinas e femininas que, pela convicção e prática do "dom social total"[16] na vida privada e/ou social local, questionam agudamente a ausência de dom no mundo social e político, embora essa radicalidade marque sua articulação com esse mundo, limitando tais figuras à ordem das convicções íntimas e eventualmente religiosas. Todavia, essas mesmas figuras são testemunhas de uma outra história e de um outro tempo social, constituem referências de memória vivas e respeitadas. As circunstâncias dessas escolhas não são indiferentes: P., desgostoso com a reiterada injustiça do mundo do trabalho, em que depositava tanta esperança quando chegou a São Paulo, mobiliza as referências religiosas de uma infância rural para se lançar num radicalismo de caridade capaz de recolher as marginalidades, os excessos ou os desvios da família e do bairro, o que o faz

---

[16] Ver Marcel Mauss, "Essai sur le don: forme et raison de l'échange dans les sociétés archaïques", em *Sociologie et anthropologie* (pref. Claude Lévi-Strauss, Paris, PUF, 1950).

Qual dialética é possível entre o espaço público e o privado? • 451

se distanciar da hierarquia católica. I., diversas vezes ameaçada de morte por um marido doente mental, sempre recusou a se afastar dele em nome do caráter sagrado da conjugalidade e ao mesmo tempo continuava a investir nas atividades sociais e religiosas como para mostrar a si mesma e ao mundo a impossibilidade da ruptura entre o dom individual e o dom social.

Menos anacrônicas, embora próximas desse padrão, e igualmente poderosas em sua perseverança e determinação, existem famílias para quem o mundo privado se construiu como reação e resistência a um mundo social hostil, que continua a rejeitá-las e no qual elas buscam continuamente se enraizar. No princípio dessa dupla resistência estão uma forte referência ao valor do trabalho, seja assalariado, precário ou informal, como constitutivo da relação com o outro e com o mundo, medida e bússola de toda ação; e uma forte referência à família também, espécie de equivalente privado do trabalho. Solidariedades de bairro e trabalho são referências fundamentais de representações e práticas portadoras de um ideal de si e de relações sociais, privadas e públicas. Conforme a conjuntura (individual, doméstica ou social), a ênfase é posta ora no bairro, ora no trabalho, mas, independentemente do aspecto conjuntural dominante, o aspecto secundário não é desprezado e não há ruptura quando se passa de uma conjuntura dominante a outra.

Na variante menos estruturada pelo trabalho em relação ao mundo social, este permanece no horizonte da ação como valor coletivo simbólico forte, mesmo que não suscite uma ação coletiva, ou a suscite de modo frágil. Nesse caso, pode ainda fornecer uma matriz para uma ação individual. A ação social localizada aparece então como prolongamento de uma preocupação de si que não pode se exprimir coletivamente nas relações de trabalho, mas funda-se nos mesmos princípios de justiça ou igualdade diante dos diferentes problemas do bairro.

Por meio dos exemplos a seguir, podemos examinar as razões que engendraram essas formas de ação social. Depois da sólida formação da juventude pelos meios católicos, houve o tempo das expressões profissionais pouco capazes de promover ações coletivas satisfatórias. E, quando a passagem para a ação coletiva política não corresponde ao ideal inicial, o sujeito e suas expectativas se retraem. Mesmo uma incerteza a respeito da qualificação e do futuro do trabalho assalariado acaba induzindo trajetórias rumo ao trabalho independente; após o fracasso e o retorno à pressão e à opressão do trabalho assalariado, a necessidade de expressão passa por um investimento de ordem religiosa, fora dos canais sindicais, considerados pouco eficazes ou superficiais. Ou então uma qualificação adquirida no posto de trabalho deixa de ser reconhecida por outras empresas em períodos de emprego difícil; um longo período de transição e a passagem para o trabalho independente autorizam depois uma expressão de ordem religiosa que denuncia as injustiças sofridas no trabalho. Um mesmo processo de insatisfação no trabalho assalariado, corrigido por uma relativa satisfação no mercado informal, encontra nas variedades do trabalho associativo a possibilidade de gerar uma solidariedade de bairro. Todos os tipos de ação coletiva são inventados para contornar essa nova injustiça: atividades de vizinhança ou associativas ligadas ao emprego, atividades próprias de solidariedade (assistência escolar às crianças do bairro) ou atividades culturais (celebrações religiosas ou pagãs com referência à cultura negra). E quando a lenta erosão do *status* e das condições de trabalho é seguida de uma agressão doméstica, as pessoas buscam seu caminho em meio ao desespero e à revolta: a luta permanente para apenas sobreviver corrói qualquer caráter até os ossos.

É preciso observar, finalmente, que processos de ordem privada, felizes ou não, também conduzem à ação social: a emancipação feminina adquirida na luta por um divórcio pode se desdobrar para outras esferas sociais (religião, vida de bairro). Talvez também seja pela descoberta conjunta do amor na vida conjugal que uma inspiração baseada nos benefícios da troca se expanda para a vida social nas formas e ocasiões mais variadas. Da mesma forma, é possível que, por amor aos pais, os filhos tentem dar continuidade à perspectiva dos pais. E se existem diferenças nos níveis de vida entre as famílias, as lógicas de ação são semelhantes: para viver de maneira positiva, ter o reconhecimento social do entorno imediato é uma espécie de mínimo vital, um mínimo de vida em sociedade.

Muito mais que no segundo caso, encontram-se inovações no domínio das relações sociais de sexo. Os casos clássicos de articulação, harmoniosa ou tensa, entre trabalho doméstico para a mulher e trabalho social ou assalariado para o homem são minoritários. Em compensação, a mulher pode assumir responsabilidades sociais tanto quanto o homem e redistribuir entre filhos e marido o trabalho doméstico. A inovação também pode se efetuar na montagem de uma empresa familiar em que a divisão do trabalho se remete à utilização máxima das qualidades de cada um, prática que parece igualmente se reproduzir com os filhos.

Enfim, a inovação pode configurar uma mudança de situação nas relações sociais de sexo: mulheres que se divorciam após desentendimentos profundos a respeito da igualdade no grupo doméstico e perseveram com os filhos, e apesar das vicissitudes do mercado de trabalho, na busca de uma crítica das desigualdades produzidas no espaço público; ou mulheres que tomam a iniciativa tanto no marco doméstico quanto no mundo social, não deixando espaço para os homens no trabalho doméstico, pois querem estar totalmente no comando; ou ainda arranjos domésticos singulares que oferecem à mulher espaço para o estudo e o trabalho assalariado e levam o homem a cuidar do trabalho doméstico (ao mesmo tempo que é assalariado), antes que a situação se reequilibre, numa divisão igualitária das diversas tarefas domésticas e assalariadas.

A observação fundamental sugerida por esses casos é que o corte entre os espaços público e privado é amplamente superado; sua articulação se tornou natural. A segunda observação é que a iniciativa feminina é favorecida nos dois casos, o que explica que as relações sociais de sexo apareçam de modo muito mais interativo que nos casos precedentes. A última observação é que esses encaminhamentos rumo à ação coletiva que visam a justiça social não chegam necessariamente a penetrar o espaço público. Os retornos ou recuos para o espaço privado são frequentes, pois a possibilidade de ação depara com as insatisfações e as quase insatisfações que encontra no espaço público: percepção da ineficácia, desvio da ação empreendida, não reconhecimento dos coletivos, injunções de subordinação em relações sociais hierárquicas ou mafiosas. Mas no vaivém desses dois espaços busca-se evidenciar simultaneamente ordem e equilíbrio (sair do isolamento) entre uma ética privada e uma ética social, algumas vezes pouco explícita, mas sempre estruturante. Em todos os casos, em condições de vida normais ou difíceis, um espaço privado constituiu-se no interior do mundo familiar dotado de ética ou regras cuja vocação é prolongar-se no espaço público.

Formada nesse tipo de família em que a interação entre homem e mulher e o vaivém público-privado são frequentes, a geração dos filhos experimenta simultaneamente certa indecisão e certa riqueza, sob a forma de uma interrogação permanente quanto a escolhas e modalidades de inserção profissional, papel sexual ou ação social cuja necessidade não deixa dúvidas. É evidente que a observação das formas de interação e igualdade entre os pais, como a preocupação de transmitir sua formação, podem apresentar fortes nuances.

454 • Saídas de emergência

Percursos de forte interação entre o espaço privado e o público

Esse tipo de percurso manifesta uma interação permanente entre o espaço privado e o mundo social, ao passo que o percurso analisado anteriormente evidenciava sobretudo um investimento da ação em um ou outro. Como no caso precedente, a origem do processo pode ser privada ou pública. A diferença é que a continuidade ou a permanência da ação social remete a formas sociais identificadas e reconhecidas. Pode haver aqui uma transposição de valores de um tempo social para outro: os valores que fundavam a ação sindical dos anos 1970 e 1980 – e foram amplamente desestabilizados desde então pela onda neoliberal – puderam se reconverter na ação da democracia participativa municipal nos anos 1990 e 2000. Apesar do interesse em privilegiar uma leitura mais micro que macrossocial, os fatos evidenciam que as histórias privadas descrevem mais finamente a composição de um novo tempo social e sinalizam, em particular pela intensidade de sua contribuição, que esse novo tempo social é configurado de cima (nas esferas da decisão política) ou de baixo.

Práticas e valores de igualdade doméstica estão em questão aqui e inserem-se no contexto mais amplo da divisão ou especialização das atividades externas. São observados na flexibilidade da divisão do trabalho doméstico ou assalariado em todas as conjunturas, no lugar assumido pelo homem na educação dos filhos, na divisão efetiva das tarefas domésticas e externas, na preocupação de comum acordo com a formação profissional feminina, na exclusão masculina pelo divórcio, em caso de oposição à divisão das tarefas, na separação privada, em que cada um segue um percurso idêntico ao que era seguido em comum antes da separação, ou na rejeição do casamento no caso de mulheres que não suportaram permanecer ao lado de companheiros que não aceitavam sua individualidade pessoal e social.

Duas observações feitas no caso precedente se confirmaram: a intervenção no mundo social é um fator de emancipação feminina; o divórcio ou a recusa da união devem ser lidas como uma consequência dessa emancipação. Ao mesmo tempo, observa-se que a mesma proporção de mulheres e de homens age no mundo social, em geral de maneira separada e cada um em seu domínio. Não há profissionalização no trabalho social, a não ser para ambos depois da aposentadoria. A posição de ambos no mercado de trabalho é mais ou menos estável. Para todos, o acúmulo de experiência se cristalizou em identidades difíceis de qualificar de maneira genérica, mas

Qual dialética é possível entre o espaço público e o privado? • 455

que parecem remeter a uma dupla necessidade: uma presença para si que só pode se expressar pela atenção dada aos outros. Além das idiossincrasias psicológicas, individuais e domésticas, que a motivam, para permanecer virtuosa essa interação deve respeitar um equilíbrio ainda frágil. A atenção ao outro não pode se tornar exclusiva, sob pena de se perder numa estratégia de reconhecimento social que serve apenas para alimentar a vaidade de seu autor. E quando "os outros" concedem uma delegação, por exemplo, na forma de uma eleição, a presença para si de quem a recebe corre o risco de ser reduzida a simples gestão de uma imagem induzida por uma máquina político-administrativa que está interessada apenas nas relações de força, rejeita os que não seguem as regras e exclui os vencidos. Se falam de políticos, os relatos dos habitantes ou dos militantes estão povoados de histórias de descuido dessa presença; e se os políticos falam deles próprios, seus relatos são de uma negação constante e repetitiva dessa perda de si.

Uma variante dessa relação é a atenção profissional aos outros, tal como é desejada e almejada (profissionais da saúde, educação ou religião, cuja figura paradigmática é o "padre"). Poucos militantes de bairro, de baixo nível escolar, têm acesso a essa profissão; porém uma nova geração já em ação vem se formando por meio de militantes de ONGs semivoluntários, semiassalariados.

Conclusão

Quais traços da economia moral popular podem ter peso na vida pública e política? Diversos elementos parecem definir *grosso modo* a unidade das classes populares. Quando o trabalho e o emprego se fragilizam como lugares de integração social, o indivíduo se vira com suas redes (família, vizinhos, associações e ONGs) e busca os recursos modestos propostos pelas políticas de emprego e renda da prefeitura, do Estado ou da União, ou até mesmo do sindicalismo. A natureza dos laços que se ligam ao Estado sempre mais ou menos presente depende da natureza da oferta: o caráter transitório, o foco em categorias limitadas, o escopo insuficiente ou a impossibilidade de satisfazer uma categoria definida engendram as relações mais variadas de clientelismo, paternalismo ou subordinação. Não é certo que uma reivindicação de direitos sociais surja dessa confusão. Em todo caso, o serviço prestado é insuficiente para criar a categoria ou a identidade de "assistidos pelo Estado" nos fatos ou nas representações.

456 • Saídas de emergência

Por outro lado, o Estado nunca teve autoridade moral suficiente para denunciar a violência das "favelas", denominação genérica dos lugares onde há mais dificuldade de vida e concentração de práticas de ilegalidade. E é ainda mais impotente para impor nelas sua lei. Dificilmente consegue fundar sua ação num registro ético. Se certamente lhe é reconhecido o registro da violência, legítima ou não, o mesmo não se pode dizer de seu poder político. E se a classe média do centro tem uma visão pejorativa das "favelas", as classes próximas a ela (classe operária ou classe média baixa relativamente estáveis no emprego) não estigmatizam os que vivem da ilegalidade em relação aos outros. Por uma inteligência prática de suas complementaridades: o tráfico bem controlado na periferia gera uma tranquilidade desconhecida nos bairros ricos, sujeitos a ataques à mão armada. Quanto à figura do estrangeiro, tal como observada na França, ela não existe: as desqualificações sempre recorrentes dos nordestinos e dos negros pela classe média adequam-se mal aos casamentos mistos frequentes nas classes populares.

A unidade das classes populares define-se *grosso modo* pelo conjunto destes elementos: impotência do Estado, desconsideração da classe média externa, tolerância recíproca de proximidade com a pequena classe média da periferia, em que práticas legais e ilegais se interpenetram. Mas apenas *grosso modo*, porque o Estado forte a que elas poderiam se dirigir não existe.

Essas tolerâncias da inteligência prática do conviver foram impotentes para reduzir a distância que se instaurou pouco a pouco em relação às classes operárias e médias estabilizadas pelo emprego e moradoras dos bairros próximos. Há, doravante, uma grande distância entre os trabalhadores dos enclaves virtuosos da produção globalizada, como a automobilística, e aqueles que sobrevivem entre o desemprego e o trabalho informal. Essa distância se instaurou quando o sentimento nacional de progresso comum dos anos 1990 e 2000 foi substituído pelo sentimento de crescimento das desigualdades. Na conjuntura atual, uma nova ligação só poderia surgir de uma convicção e de uma política em que a paixão da igualdade moldaria a da liberdade, paixão que não existe na política atual. A ordem do religioso, formatada outrora pela Teologia da Libertação, que sublimou a noção de vida cotidiana e construiu a união das classes populares com essa fração e outras (intelectuais) da classe média, redirecionou suas forças: ela está dividida entre uma dupla presença no mundo social, seja o comunitarismo local, seja a crença na teologia da prosperidade e o desvio progressivo em direção a um fundamentalismo que não tem outro objeto a não ser sua própria potência.

Também não há muito que esperar do nível político. No movimento contraditório de desvinculação geral do político em nível mundial e sua reabilitação em nível nacional[17] a partir de 1985 (vitória do PT nas eleições municipais de 1990 e 2004 e nas eleições presidenciais de 2002, 2006 e 2010), o processo democrático é submetido a duas forças opostas. À longa e ainda viva tradição do clientelismo político, associaram-se os espaços construídos sobre as reivindicações de cidadania e direitos. Entretanto, as duas culturas se misturaram – como as próprias políticas públicas, associadas nas sutilezas e nos meandros da governança – para finalmente desembocar num partido de poder que se afasta de seus militantes, de sua cultura dos direitos e da igualdade, e vive apenas do carisma do presidente e da astúcia de suas políticas.

Por outro lado, parece que uma mudança profunda vem ocorrendo: a passagem de um regime da família como lugar de recuo e pura recepção do espaço público, lugar de isolamento e privações ao mesmo tempo, para um regime aberto, em que a constituição democrática de um espaço privado permite imaginar e justificar a ação no espaço público. O primeiro efeito dessa interação é a legitimação da expressão feminina no espaço público, que pode ser observada pelo lugar preponderante das mulheres nas ONGs. Essa legitimação se origina na evolução do trabalho informal, que introduz uma maior homogeneidade entre homens e mulheres: experiência aleatória dos "bicos", que vão de uma atividade a outra incorporando instabilidade ao princípio de sua existência, meio-assalariados de empresas terceirizadas em atividade irregular, microempresas familiares estáveis ou frágeis, mulheres que retomam qualquer atividade para substituir o marido, presente ou ausente, vencido ou desmoralizado pelo mercado de trabalho. A experiência de trabalho sai do espaço doméstico e torna-se comparável à dos homens, enquanto a experiência destes se enriquece com práticas novas e inversas.

Agora legitimado a julgar o espaço público, na mesma qualidade que os homens, o sujeito feminino exprime-se nas mesmas gamas: indiferença, ironia, desprezo, desgosto, agressividade, rancor. Mas o sujeito feminino se divide entre o sujeito da família ativo desde sempre no espaço do social no modo da caridade, e o sujeito oriundo do espaço privado interativo e democrático. É por esse último que se rompe a barreira instituída das representações da casa e da rua que estão nos fundamentos da divisão sexual do trabalho

---

[17] E não somente no Brasil, mas em outros países da América Latina.

458 • Saídas de emergência

e da separação do público e do privado. E é por esse viés que a introdução do ponto de vista feminino é capaz de modificar a "natureza" do espaço público.

Por sua própria inércia, o espaço público oferece uma abertura para a mudança citada acima. Sem que estejam ainda estabilizadas as modalidades do "controle social" que regem as formas de governança e democracia participativa, as mudanças contemporâneas permitem observar que dificilmente o espaço público pode empreender a partir de si mesmo sua própria transformação, seja no espaço fechado de suas próprias regras de representação ou participação, espaço autônomo, mas controlado pelo princípio do mercado, seja no espaço de suas relações diretas com a economia, em que ele é dominado com facilidade. Ao contrário do "econômico" ou do "mercado", que tem o poder de entrar numa espiral narcisista, definindo a si mesmo como o único com legitimidade para construir a ética da sociedade, o político não tem (ou não tem mais) o poder de pensar a si mesmo em autorreferência como portador de um ideal de vida em sociedade: mesmo quando o espaço da democracia participativa está aberto, ele gira em falso, isolando-se num diálogo com a democracia representativa que "esquece" a conquista dos espaços econômicos. Os apelos encantatórios à democracia e à cidadania perdem sua credibilidade diante do poder da economia, se não se abastecem no espaço "privado", na sublimação da vida cotidiana, nas necessidades mais elementares das pessoas mais desvalidas, material e simbolicamente[18]. A expressão do sujeito no espaço público só pode se abastecer na ordem do que era visto até então como privado. O político só pode se relegitimar incorporando à esfera pública "as verdades e os valores" do espaço privado. Não os da família instituição, reflexo de um sistema econômico e de uma democracia política que ignoram a fratura social, mas os dos sujeitos simultaneamente privados e públicos que investem nos espaços econômicos, sociais e políticos. Na injunção do "fazer", em oposição ao reconhe-

---

[18] Pierre Bourdieu nota que a abordagem biográfica permite captar "as doenças não exprimidas e frequentemente não exprimíveis que as organizações políticas, que dispõem apenas da categoria vetusta de 'social' não podem nem perceber, nem muito menos assumir. Só poderiam fazê-lo se ampliassem a visão estreita do 'político' que herdaram do passado [...] e inscrevessem nelas [...] todas as expectativas e esperanças difusas que, uma vez que tocam à ideia que as pessoas fazem de sua identidade e dignidade, parecem pertencer à ordem do privado, sendo, portanto, legitimamente excluídas dos debates políticos", *La misère du monde*, Paris, Seuil, 1993, p. 942 [Ed. bras.: *A miséria do mundo*, Petrópolis, Vozes, 2003].

cimento do "direito" que o neoliberalismo impõe e que se exprime na multiplicação das ONGs, encontramos, de um lado, uma atividade feminina importante, portadora "de espaço privado", e, de outro lado, contra a visão "edulcorada" do mercado[19] e das governanças pilotadas de cima, a ideia de uma "inversão de prioridades" do neoliberalismo contemporâneo[20]: uma visão do social e do econômico oposta à de seus dirigentes. É nesse sentido que a interação entre os espaços privado e público aparece como um desafio cheio de potencialidades.

---

[19] Os famosos "empreendedores sociais".

[20] É notável que a escolhida de Lula para lhe suceder seja uma ex-ecologista. Os dois símbolos de uma renovação por vir foram bem escolhidos.

CONCLUSÃO[*]
FIGURAS E LAÇOS DE EXPERIÊNCIAS SOCIAIS: MEDIADORES E PASSAGENS

Robert Cabanes e Isabel Georges

Figuras de experiência: experiência pessoal e experiência social mescladas, especialistas de sua própria sociedade, capazes de reunir a experiência de seus próximos, expressar seu sentido até certo ponto, que por sabedoria e experiência de seus próprios limites de conhecimento eles não querem ultrapassar. O que não os impede de julgar, com base em sua própria experiência pessoal e social, aqueles que os dirigem e não podem ser atingidos ou convencidos, mas de quem esperam uma "atitude", uma política, tanto em relação a eles quanto em relação à sociedade.

Figuras

Política da humildade. Coquito "faz o social" e desconfia da política: "Se você se mete com um político, você tem o rabo preso"; é ao mesmo tempo seu reconhecimento e sua identidade que ele coloca em jogo. Mas há algo além da dimensão social. Há, em sua "política da humildade", uma estratégia atenta para evitar as armadilhas da violência entre os pobres, que prega a unidade dos humildes entre si e está nos fundamentos de uma esperança política: esperança de reconhecimento social dos humildes, de princípio entre si mesmos, e pela sociedade, da qual ele desconfia o suficiente para não ficar à sua espera e não fazer desse envolvimento uma prioridade. Para ele, trata-se apenas de promovê-la no seu nível e no seu lugar. Filho de uma prostituta (fato que ele não esconde), apenas uma esposa até hoje, padrinho de mais de trinta crianças do bairro, fundador de uma torcida organizada do Corinthians com um *slogan* peculiar: "Paz nos estádios", organi-

---

[*] Tradução de Fernando Ferrone.

462 • Saídas de emergência

zador de futebol de várzea[1], no qual tenta promover jogos sem violência, vendedor de livros usados (justamente ele, que nunca pôde estudar) e, agora, presidente do Clube de Futebol de Guaianases, equipe da "elite" local que a elite deixou de lado, Coquito é um grande mediador da moral, à imagem das famílias que categorizamos como "social-festivas".

Irlys concentra-se na qualidade profissional e pessoal de seu trabalho social. Seu trabalho real vai além do trabalho prescrito, pois sua experiência pessoal e social projetou-a muito além desse meio profissional, o qual ela é capaz de observar com a objetividade de uma agente de saúde atenta a todas as dimensões da vida profissional e social. Aliás, sua compreensão, que chega à semilegitimação do grupo "bandido", derivada de sua própria experiência de esposa de bandido, coloca-a na posição de mediadora entre grupos pobres, grupos bandidos e profissionais da saúde. Sem perspectiva mais ampla, mas com a preocupação de transformar essa circulação da comunicação entre os três grupos em algo que lhes permita se afastar dos rumos mais radicais pelos quais alguns deles poderiam enveredar: mais violência entre os bandidos, mais desespero entre os pobres, mais indiferença entre os profissionais.

A trajetória de Ana Clara parte de uma posição oposta: nascida num meio social favorecido, o que lhe permitiu estudar Direito, ela conhece, por sua própria história pessoal, as dificuldades da vida, e a descoberta desse meio incita-a a dirigir sua competência profissional nessa direção. Advogada de presos e de sindicatos voltados para a defesa dos trabalhadores sem estabilidade, sua posição é, como a de Irlys, de trabalhadora social, mas "por conta própria", já que tem uma remuneração instável, e com a diferença de que procura um espaço mais amplo de ação por intermédio de sindicatos que não compartilham suas prioridades e se valem de repertórios de ação diferentes daqueles que ela desejaria.

Florêncio, ao contrário de Coquito, não teve uma trajetória marcada pelas dificuldades recorrentes do subproletariado. Descobriu o social como consequência de um itinerário pessoal de consumo de drogas e justificação da atividade militante de seus pais. Continuando a ação iniciada por sua mãe, tornou-se profissional da ação social explícita numa ONG. O "todo social" em que ele se insere tem duas dimensões: a intervenção, a partir de sua posição de base numa ONG ativa, nos sistemas de representação-parti-

---

[1] Ver Daniel Veloso Hirata, "No meio do campo: o que está em jogo no futebol de várzea", em Vera da Silva Telles e Robert Cabanes, *Nas tramas da cidade*, cit.

Figuras e laços de experiências sociais: mediadores e passagens • 463

cipação definidos pelos poderes públicos e a preocupação deliberada de propor uma pedagogia que se afirma como corretiva das socializações oriundas da pobreza ou da marginalidade social. Nessa vontade de propor um mundo novo, há também o risco de ele se afastar de um meio que não mudará de um dia para o outro. A revolução pedagógica esgota-se ao se inserir num meio sem perspectivas novas de futuro. E quando ele supera esse problema, corre o risco de cair numa visão de empreendedorismo social, num sindicalismo dos direitos humanos ou numa combinação dessas duas concepções. Ainda não é possível saber se Florêncio é um mediador.

Por outro lado, Rolando trata de ficar atento a todas as atividades e reflexões da juventude para realimentar o circuito de uma comunicação cada vez mais ampla, evitando assim um círculo autorreferenciado, no contexto de uma faixa etária em via de se "globalizar" que tem pouco a ver com o método "terra a terra" da Teologia da Libertação, mas consegue refletir sobre as mesmas questões e se subtrair das determinações sociais para expressar seu ponto de vista sobre os homens e a sociedade. Essa nova brecha cultural, de expressão já fecunda, visa reunir desde jovens marginais até jovens de classe média estabilizada.

Para Fulgêncio, é o político que configura o horizonte de sua vida, em especial a organização de movimentos sociais, a mobilização social. Repertório clássico de ação que põe os políticos permanentemente diante de suas responsabilidades e conhece altos e baixos. Sempre atento às possibilidades de ação social que remetem ao político para transformá-lo, ele é aceito, pois não são muitas as políticas que propõem mediações políticas críveis, afora o clientelismo e o paternalismo. Ao mesmo tempo, visto do alto, do *establishment* do partido, ele não é totalmente legítimo, na medida em que o partido acredita conhecer a realidade e ser capaz de fazer a planificação de sua política social. Mediador *has been* da perspectiva da evolução da social-democracia no mundo, mas que poderia se firmar numa conjuntura em que o PT não estivesse mais no poder.

Os Racionais, além da "guerra" que sustentam contra os dominantes e seus aparatos de repressão, estão preocupados sobretudo com a unidade do subproletariado, constantemente tentado por soluções imediatistas sem princípios, que com frequência se revelam desastrosas para eles próprios. É por causa dessa desunião que "Jesus chora". É imbuído do mesmo espírito que o PCC alardeia sua palavra de ordem provocadora: "Guerra à polícia, paz entre os ladrões". O objetivo é superar uma "guerra civil" absurda. A

464 • Saídas de emergência

unidade do subproletariado não é uma reivindicação nova na história das classes populares; a novidade aqui é a rejeição de qualquer populismo, mesmo moderado, no registro de seu pensamento e de sua ação. Esse é o seu próprio ato de fundação e o que permite apostar em sua durabilidade. A exemplo dos mendigos-criminosos que se tornaram população de rua. Isso não impede as articulações com as ações, ONGs ou formas de intervenção social pública. Sem esquecer que o que se espera dessas articulações é consubstancial com o objetivo da luta contra os aparatos de repressão e criminalização. E sem esquecer também que essa luta é ambígua, pois é necessário passar por negociações com esse mesmo aparato de repressão, que, por sua vez, depende desses mesmos "crimes" para viver. A polícia existirá sempre, mesmo sem o tráfico, mas não viverá tão bem.

Outra tensão se elabora nas relações sociais de sexo que perpassam todas as classes sociais. Para as mulheres da periferia, a tensão é entre a visão da mãe (produtora da humanidade, a quem é devido apoio absoluto) e, por conseguinte, da esposa (ou qualquer outra mulher em relação conhecida com um homem), ambas enaltecidas no subproletariado como último recurso, última fronteira da civilização, derradeira e final conquista do homem, sem a qual resta somente matar ou morrer, e a visão da autonomia que as mulheres que abandonam seus maridos violentos ou ausentes conquistam, livrando-se de séculos de submissão, e encontram em sua função de mãe (e não mais em sua função de esposa), associada ao trabalho que as torna independentes, um recurso pessoal e social suficiente para contestar seu estatuto de "conquista", proclamar e colocar em ato seu desejo de igualdade. Há numerosas mediadoras da vida cotidiana nessa linha, assim como mediadores.

Laços da experiência social

Em maio de 2006[2], quando os presos de 73 penitenciárias do Estado de São Paulo se revoltaram (violência e sequestros) e diversas delegacias de po-

---

[2] Sérgio Adorno e Fernando Salla, "Criminalidade organizada nas prisões e os ataques do PCC", cit., p. 7-29. O Primeiro Comando da Capital (PCC), surgido em 1993 após massacre de 111 detentos da penitenciária do Carandiru em 1992, é originalmente uma organização-sindicato de prisioneiros que se insurgiram contra as condições desastrosas das prisões e que aos poucos tomou o controle de boa parte do mercado de droga em São Paulo. O movimento de 2006 parece ter sido um protesto contra os regimes especiais de detenção. A rebelião acabou imediatamente depois

Figuras e laços de experiências sociais: mediadores e passagens • 465

lícia foram metralhadas e ônibus, incendiados, eu peguei um táxi no centro da cidade. Falamos dos acontecimentos, o taxista e eu. Descobri que ele morava em Cidade Tiradentes; ele descobriu que era onde eu trabalhava. Depois de algumas trocas de impressões e informações pessoais, ele se sentiu mais à vontade: zombou da covardia dos moradores do centro, que se fechavam em casa no fim do dia, porque tinham medo de que os "acontecimentos" se repetissem, de seu desconhecimento e de seu desprezo pelo que acontecia na periferia, da virtude das pessoas desses bairros, que sabem viver sob risco e se virar sem saber o que é o conforto. Uma vida que os outros, aqueles que vivem no centro, gente sem garra, só conseguem imaginar, com horror, sob a forma da miséria e da violência generalizadas. O corte é claro, forte, indiscutível. Entretanto, o mais espantoso é que esse taxista, ex-operário e parte dos trabalhadores pobres estabilizados, acha legítima a revolta dos presos e a revolta do "mundo do crime" contra a polícia.

No fim desse percurso que relata essas formas variadas de experiência social, esses vaivéns incertos entre o espaço público e o espaço privado e na conjuntura, inesperada, depois das vitórias eleitorais do PT, da decomposição relativa do espaço público, o que parece se estruturar atualmente é uma espécie de "aliança moral na periferia".

Essa aliança perpassa e reúne, para além das comunidades da vizinhança, camadas médias baixas (professores, trabalhadores sociais, pessoal de ONGs) cansadas da miséria do meio onde moram ou trabalham, comerciantes respeitosos em face dos clientes que garantem sua sobrevivência (ao contrário dos que se embriagam com suas conquistas sociais), trabalhadores pobres estabilizados (funcionários públicos de baixo escalão, camelôs, costureiras em domicílio, pequenos assalariados da indústria e do comércio), "viradores" que vivem o dia a dia, às vezes na ilegalidade (mão de obra para todos os fins, vendedores ilegais), marginais invisíveis que transitam com desenvoltura pelas ilegalidades e se preocupam com a reciprocidade, marginais visíveis (mendigos, moradores de rua, catadores de lixo, flanelinhas), jovens em transição que expressam sua condição por meio de atividades culturais (*hip-hop*, *slam*, grafite, teatro de rua, cineclubes a céu aberto),

---

da conclusão de uma negociação secreta entre um representante do governador de São Paulo e o número 1 do PCC, Marcola, encarcerado na Bahia. O número oficial de mortos é 439, sem distinção entre policiais e bandidos. Segundo a imprensa, a proporção é de dez para um (quatrocentos mortos na periferia, frequentemente às cegas, para cada quarenta policiais mortos). Ver capítulo 10 deste livro.

466 • Saídas de emergência

fazem uma reflexão lúcida e ácida a respeito da sociedade e estão na mira de empresários culturais que viabilizam estreias na mídia. Esse conjunto de pessoas e categorias sociais é ao mesmo tempo rejeitado e atraído pela presença do PCC no meio dessa aliança, nome sulfuroso pouco pronunciado, mas a quem todos atribuem o mérito da redução da violência na periferia.

Mas que aliança? A de vítimas atingidas pela crise e abandonadas pelos poderes públicos, capazes de revoltas inesperadas? A dos 69% de eleitores dos bairros periféricos que votaram pela continuação do PT na prefeitura (2008), enquanto em toda a cidade o resultado final foi 39%? A de um neo-populismo encarnado pelo ex-presidente da República, escolheu uma mulher como sucessora[3]? Se a noção de "democracia socialmente fraturada"[4], que mantém e aumenta o número de pobres, dá conta da posição da periferia no conjunto social, é no jogo dos mediadores e das mediações que alimentam outra visão da sociedade e da maneira de ser na política. O laço, denominador comum da experiência, parece surgir nessa forma conquistadora da igualdade no espaço privado, pouco visível, mas muito poderosa, nas políticas da humildade ou da amizade, que são reivindicadas entre pares, como na relativa crítica às políticas do paternalismo anacrônico, na utilização inteligente das instituições, segundo o formato político da gestão, e na legitimação de ilegalidades moralmente justificáveis. O fato de que esse conjunto possa ser captado na periferia talvez se deva ao enfoque de nossa pesquisa, que se centrou justamente na periferia. Mas acreditamos que essa centralidade da periferia se deve ao acúmulo de problemas que existem ali: trabalho, escola, saúde, lazer, família, prisão. Já os lugares de concentração do trabalho foram neutralizados, ou porque há um controle tão grande que nem sofrimento nem alegria conseguem se exprimir, ou porque o trabalho desapareceu.

---

[3] Dilma Rousseff carrega o duplo símbolo de mulher e especialista em energia.

[4] Denis Merklen, *Quartiers populaires, quartiers politiques* (Paris, La Dispute, 2009).

BIBLIOGRAFIA

ABÍLIO, L. C. *Dos traços da desigualdade ao desenho da gestão:* trajetórias de vida e programas sociais na periferia de São Paulo. Dissertação de mestrado em Sociologia. Faculdade de Filosofia, Letras e Ciências Humanas, USP, São Paulo, 2005.

ADORNO, S.; SALLA, F. Criminalidade organizada nas prisões e os ataques do PCC. *Estudos Avançados.* São Paulo, v. 21, n. 61, 2007.

AGAMBEN, G. *Homo sacer: o poder soberano e a vida nua.* Belo Horizonte, UFMG, 2004.

AGIER, M. La main gauche de l'Empire: ordre e désordre de l'humanitaire. *Multitudes.* Paris, n. 11, 2003. p. 67-77.

ALMEIDA, R. Guerra de possessões. In: ORO, A. P.; CORTEN, A.; DOZON, J.-P. (orgs.). *Igreja Universal do Reino de Deus:* os novos conquistadores da fé. São Paulo, Paulinas, 2003.

_____. *A Igreja Universal e seus demônios:* um estudo etnográfico. São Paulo, Terceiro Nome/ Fapesp, 2009.

_____. Religião na metrópole paulista. *Revista Brasileira de Ciências Sociais.* São Paulo, v. 19, n. 56, out. 2004.

_____; D'ANDREA, T. Pobreza e redes sociais em uma favela paulistana. *Revista Novos Estudos.* São Paulo, n. 68, mar. 2004.

_____; D'ANDREA, T.; DE LUCCA, D. Situações periféricas: etnografia comparada de pobrezas urbanas. *Novos Estudos Cebrap.* São Paulo, n. 82, nov. 2008.

_____; MONTERO, P. Trânsito religioso no Brasil. *São Paulo em Perspectiva.* São Paulo, v. 15, n. 3, jul./set. 2001.

ANDERFÜHREN, M. *L'employée domestique à Recife (Brésil):* entre subordination et recherche d'autonomie. Tese de doutorado em Sociologia, Universidade Paris I, 1999.

ANDERSON, P. Balanço do neoliberalismo. In: SADER, E.; GENTILI, P. (orgs.). *Pós-neoliberalismo*: as políticas sociais e o Estado democrático. 4. ed., São Paulo, Paz e Terra, 1998. p. 9-23.

_____. El despliegue del neoliberalismo y sus lecciones para la izquierda. *Revista Pasos.* São José, n. 66, jul./ago. 1996. p. 31-41.

ANGELOFF, T. Emplois de service. In: MARUANI, M. (ed.). *Femmes, genre et sociétés.* Paris, La Découverte, 2005. p. 281-8.

ANTONIAZZI, A. As religiões no Brasil segundo o Censo 2000. *Magis:* cadernos de fé e cultura. Rio de Janeiro, n. 1, ago. 2002. p. 83-109.

ARANTES, P. E. *Zero à esquerda.* São Paulo, Conrad, 2004.

BEAUD, S.; PIALOUX, M. *Retour sur la condition ouvrière:* enquête aux usines Peugeot de Sochaux-Montbéliard. Paris, Fayard, 1999. [Ed. bras.: *Retorno à condição operária:* investigação em fábricas da Peugeot na França, São Paulo, Boitempo, 2009.]

468 • Saídas de emergência

BECK, U. La religion séculière de l'amour. *Revue de Philosophie et de Sciences Sociales.* Paris, n. 2, 2001. p. 29-44.

BETHOUX, E.; JOBERT, A. Regards sur les relations professionnelles nord-américaines et européennes: évolutions et perspectives. *Sociologie du travail.* Paris, n. 46, 2004. p. 261-70.

BIANCHI, A. *Hegemonia em construção:* a trajetória do Pensamento Nacional das Bases Empresariais. São Paulo, Xamã, 2001.

BIGUS, O. E. The Milkman and his Customer: A Cultivated Relationship. *Urban Life and Culture.* v. 1, n. 2, 1972. p. 131-65.

BILAC, E. D. *Famílias de trabalhadores:* estratégias de sobrevivência. São Paulo, Símbolo, 1978.

BIONDI, A. *O Brasil privatizado:* um balanço do desmonte do Estado. São Paulo, Fundação Perseu Abramo, 1999. (Coleção Brasil Urgente, v. 48.)

BIONDI, K. A ética evangélica e o espírito do crime. In: XXVI REUNIÃO BRASILEIRA DE ANTROPOLOGIA, 26., 2008. Goiânia. *Anais...*, 2008.

_____. *"Junto e misturado":* imanência e transcendência no PCC. Dissertação de mestrado em Antropologia Social, Centro de Educação e Ciências Humanas, UFSCar, São Carlos, 2009.

_____. Relatos de uma rebelião: a faceta representativa do PCC. In: VII REUNIÃO DE ANTROPOLOGIA DO MERCOSUL, 7., 2007, Porto Alegre. CD-ROM.

BIRMAN, P. Cultos de possessão e pentecostalismo no Brasil: passagens. *Religião e Sociedade.* Rio de Janeiro, n. 17, 1994.

BOLTANSKI, L.; THEVENOT, L. Les économies de la grandeur. *Cahiers du Centre d'Études de l'Emploi.* Paris, n. 31, 1989.

BONNACHI, E. Asian and Latino Immigrants in the Los Angeles Garment Industry: An Exploration of the Relationship between Capitalism and Racial Oppression. *Working Papers in the Social Sciences.* Los Angeles, v. 5, n. 13, 1989.

BOUFFARTIGUE, P. Précarités professionnelles et action collective: la forme syndicale à l'épreuve. *Travail et Emploi.* Paris, n. 116, out./dez. 2008. p. 33-43.

BOURDIEU, P. *La misère du monde.* Paris, Seuil, 1993. [Ed. bras.: *A miséria do mundo*, Petrópolis, Vozes, 2003.]

BRANDT, M. E. A. *Minha área é casa de família:* o emprego doméstico na cidade de São Paulo. Tese de doutorado em Sociologia, Faculdade de Filosofia, Letras e Ciências Humanas, USP, São Paulo, 2003.

BRANT, M. C. C. Introdução à temática da gestão social. In: ÁVILA, C. M. (org.). *Gestão de projetos sociais.* 3. ed. rev., São Paulo, AAPCS, 2001. p. 15-20.

BRESSER PEREIRA, L. C. A reforma do Estado nos anos 90: lógica e mecanismos de controle. *Lua Nova.* São Paulo, v. 45, 1998. p. 49-95.

BRITES, J. *Afeto, desigualdade e rebeldia:* bastidores do serviço doméstico. Tese de doutorado em Antropologia Social, UFRGS, Porto Alegre, 2000.

CABANES, R. Espaço privado e espaço público: o jogo de suas relações. In: CABANES, R.; TELLES, V. da S. (orgs.). *Nas tramas da cidade.* São Paulo, Humanitas, 2006. p. 389-428.

_____. *Travail, famille, mondialisation.* Paris, Karthala, 2002.

_____; GEORGES, I. (orgs.). Savoirs d'expérience, savoirs sociaux: le rapport entre origines et valeurs selon le genre (employées domestiques, coopératives de couture, coopératives de ramassage et traitement des déchets au Brésil). *Cahiers de la Recherche sur l'Éducation et les Savoirs.* Paris, n. 6, set. 2007. p. 189-215.

_____; _____. *La ville d'en bas (São Paulo, Brésil).* Paris, L'Harmattan, 2009.

_____; TELLES, V. da S. (orgs.). *Nas tramas da cidade.* São Paulo, Humanitas, 2006.

Bibliografia • 469

CAHIERS DE L'APRE, IRESCO/ CNRS, 1985-1988.

CALDEIRA, T. P. R. *Cidade de muros:* crime, segregação e cidadania em São Paulo. São Paulo, Editora 34/ Edusp, 2003.

CALHOUN, C. A World of Emergencies: Fear, Intervention, and the Limits of Cosmopolitan Order. *The Canadian Review of Sociology and Anthropology.* Wiley-Blackwell, v. 41, n. 4, nov. 2004. p. 373-95.

CAMPOS, A. G. *Pobreza e direitos na cidade de São Paulo:* a experiência da Secretaria do Desenvolvimento, Trabalho e Solidariedade. Tese de doutorado em Sociologia, Faculdade de Filosofia, Letras e Ciências Humanas, USP, São Paulo, 2004.

CAMURÇA, P. A. A realidade das religiões no Brasil no Censo do IBGE-2000. In: TEIXEIRA, F.; MENEZES, R. (orgs.). *As religiões no Brasil:* continuidades e rupturas. Petrópolis, Vozes, 2006.

CARDOSO, A. M.; COMIN, A. A.; GUIMARÃES, N. A. Les rejetés de la modernisation. *Sociologie du travail.* Paris, v. 46, n. 1, jan./mar. 2004. p. 54-68.

CARDOSO, F. H. O papel dos empresários no processo de transição: o caso brasileiro. *Dados.* Rio de Janeiro, v. 26, n. 1, 1983. p. 9-27.

CARDOSO, R. A construção de um diálogo. In: ÁLVILA, C. M. (coord). *Gestão de projetos sociais.* 3. ed. rev., São Paulo, AAPCS, 2001. p. 11-3.

CARDOZO, J. E. *A máfia das propinas:* investigando a corrupção em São Paulo. São Paulo, Fundação Perseu Abramo, 1996.

CASTEL, R. *As metamorfoses da questão social:* uma crônica do salário. 4. ed., Petrópolis, Vozes, 2003.

CHANEY, E. M.; GARCIA CASTRO, M. (orgs.). *Muchachas no more: Household Workers in Latin America and the Caribbean.* Filadélfia, Temple University Press, 1989.

CHOE, K. J. *Além do arco-íris:* a imigração coreana no Brasil. Dissertação de mestrado em História, Faculdade de Filosofia, Letras e Ciências Humanas, USP, São Paulo, 1990.

CINGOLANI, P. La famille entre ordre social et indétermination démocratique. *Revue de Philosophie et de Sciences Sociales.* Paris, n. 2, 2001. p. 151-68.

COMMAILLE, J.; MARTIN, C. La repolitisation de la famille contemporaine. *Revue de Philosophie et de Sciences Sociales.* Paris, n. 2, 2001. p. 129-50.

CORRÊA, M. Repensando a família patriarcal brasileira. In: CORRÊA, M. et al. *Colcha de retalhos:* estudos sobre a família no Brasil. São Paulo, Brasiliense, 1982. p. 13-38.

COSER, L. A. Servants: The Obsolescence of an Occupational Role. *Social Forces.* Chapel Hill, v. 52, n. 1, 1973.

COSTA, K. F. *Mudança de rumo, mesma função:* o BNDES na segunda metade dos anos 80. Dissertação de mestrado em Ciências Sociais, Pontifícia Universidade Católica, São Paulo, 2003.

CUNHA, M. P. *Os andaimes do trabalho voluntário.* Dissertação de mestrado em Sociologia, Faculdade de Filosofia, Letras e Ciências Humanas, USP, São Paulo, 2005.

DAGNINO, E. (org.) *Anos 90:* política e sociedade no Brasil. São Paulo, Brasiliense, 1994.

DE LUCCA, D. *Morte e vida nas ruas de São Paulo:* a biopolítica vista do centro. Trabalho apresentado para a obtenção do título de bacharel em Geografia, Faculdade de Filosofia, Letras e Ciências Humanas, USP, 2009.

_____. *A rua em movimento:* experiências urbanas e jogos sociais em torno da população de rua. Dissertação de mestrado em Antropologia Social, Faculdade de Filosofia, Letras e Ciências Humanas, USP, São Paulo, 2007.

470 • Saídas de emergência

DENIS, J.-M. Conventions collectives: quelle protection pour les salariés précaires? Le cas de la branche du nettoyage industriel. *Travail et Emploi*. Paris, n. 116, out./dez. 2008. p. 45-56.

DINIZ, E. Autonomia e dependência na representação de interesses industriais. *Dados*. Rio de Janeiro, n. 22, 1979. p. 25-48.

_____. Brasil anos 1990: globalização, reestruturação produtiva e elites empresariais. In: _____. *Globalização, reformas econômicas e elites empresariais*. Rio de Janeiro, FGV, 2000. p. 77-104.

_____. *Empresário, Estado e capitalismo no Brasil: 1930-1945*. Rio de Janeiro, Paz e Terra, 1978.

_____; BOSCHI, R. Brasil: um novo empresariado? Balanços e tendências recentes. In: DINIZ, E. (org.). *Empresários e modernização econômica:* Brasil anos 90. Florianópolis, UFSC/ Idacon, 1993. p. 113-31.

DRUCK, G. A flexibilização e a precarização do trabalho na França e no Brasil: alguns elementos de comparação. In: ENCONTRO DA ANPOCS, 31., 2007, Caxambu. *Anais...*, 2007.

DUARTE, L. F.; GOMES, E. de C. *Três famílias:* identidades e trajetórias transgeracionais nas classes populares. Rio de Janeiro, FGV, 2008.

DUSSUET, A. *Travaux de femmes, enquêtes sur les services à domicile*, Paris, l'Harmattan, 2005.

EHRENREICH, B.; HOCHSCHILD, A. R. (eds.). *Global Women: Nannies, Maids and Sex Workers in the New Economy*. Nova York, Metropolitan Books, 2003.

ESPOSEL, R. *Da imagem da cidade à cidade-imagem:* reflexões sobre os projetos Nova Luz. Dissertação de mestrado em Urbanismo, Escola de Engenharia de São Carlos, USP, São Carlos, 2007.

FALQUET, J.; HIRATA, H.; LAUTIER, B. Les nouveaux paradoxes de la mondialisation. *Cahiers du Genre*. Paris, n. 40, 2006. p. 5-14.

FELTRAN, G. de S. A fronteira do direito: política e violência na periferia de São Paulo. In: DAGNINO, E.; TATAGIBA, L. *Democracia, sociedade civil e participação*. Chapecó, Argos, 2007.

_____. *Fronteiras de tensão:* um estudo sobre política e violência nas periferias de São Paulo. Tese de doutorado em Ciências Sociais, Unicamp, Campinas, 2008.

_____. O legítimo em disputa: as fronteiras do "mundo do crime" nas periferias de São Paulo. *Dilemas: Revista de Estudos de Conflito e Controle Social*. Rio de Janeiro, UFRJ, 2008.

_____. Resposta ilegal ao crime: repertórios da justiça nas periferias de São Paulo. In: ENCONTRO DA ANPOCS, 32., 2008, Caxambu. *Anais...*, 2008.

_____. Trabalhadores e bandidos: categorias de nomeação, significados políticos. *Revista Temáticas*. Campinas, ano 15, 2008. p. 11-50.

FERNANDES, F. *A integração do negro na sociedade de classes*. São Paulo, Globo, 2008.

FERNANDES, R. C. *Privado, porém público:* o terceiro setor na América Latina. Rio de Janeiro, Relume-Dumará, 1994.

FIPE/ SECRETARIA MUNICIPAL DE ASSISTÊNCIA E DESENVOLVIMENTO SOCIAL. *Censo dos moradores de rua da cidade de São Paulo*. São Paulo, Prefeitura do Município de São Paulo, 2010.

_____. *Censo dos moradores de rua da cidade de São Paulo*. São Paulo, Prefeitura do Município de São Paulo, 2003.

_____. *Censo dos moradores de rua da cidade de São Paulo*. São Paulo, Prefeitura do Município de São Paulo, 2000.

Bibliografia • 471

FONSECA, C. *Família, fofoca e honra:* etnografia de relações de gênero e violência em grupos populares. Porto Alegre, UFRGS, 2000.

_____. Ser mulher, mãe e pobre. In: PRIORE, M.; BASSANEZI, C. *História das mulheres no Brasil.* São Paulo, Contexto/ Unesp, 2004. p. 510-53.

FOUCAULT, M. *Nascimento da biopolítica:* curso no Collège de France (1978-1979). São Paulo, Martins Fontes, 2008. (Coleção Tópicos)

FRAISSE, G. Gouvernement de la famille, gouvernement de la cité. *Revue de Philosophie et de Sciences Sociales.* Paris, n. 2, 2001. p. 169-84.

FRANCO, M. S. C. F. *Homens livres na ordem escravocrata.* São Paulo, Unesp, 1997.

FRANGELLA, S. M. Corpos urbanos errantes: uma etnografia da corporalidade de moradores de rua em São Paulo. Tese de doutorado em Ciências Sociais, Instituto de Filosofia e Ciências Sociais, Unicamp, Campinas, 2005.

FREIRE DA SILVA, C. *Trabalho informal e redes de subcontratação:* trabalho, família e cidade em um distrito periférico de São Paulo. Dissertação de mestrado em Sociologia, Faculdade de Filosofia, Letras e Ciências Humanas, USP, São Paulo, 2008.

FRESTON, P. *Protestantes e política no Brasil:* da Constituinte ao *impeachment.* Tese de doutorado em Sociologia, Instituto de Filosofia e Ciências Sociais, Unicamp, Campinas, 1993.

FREYRE, G. *Casa grande e senzala.* Rio de Janeiro, Record, 2001.

GADREY, J.; ZARIFIAN, P. *L'émergence d'un modèle du service:* enjeux et réalités. Paris, Liaisons, 2002.

GARCIA, R.; MOREIRA, J. C. O complexo têxtil-vestuário: um *cluster* resistente. In: COMIN, A. (org.). *Caminhos para o centro:* estratégias de desenvolvimento para a região central. São Paulo, Cebrap/ Emurb/ CEM, 2004.

GEFFRAY, C. Le modèle de l'exploitation paternaliste. *Lusotopie.* Paris, 1996. p. 153-9.

GEORGES, I. *L'emploi domestique:* constructions institutionnelles et identitaires (Brésil, São Paulo). In: CONGRESSO DA AFS, 3., 14-17 abr. 2009, Université Paris-Diderot, Paris. *Anais...,* 2009.

_____. L'emploi domestique au croisement de l'espace public et privé. Femmes de milieu populaire à São Paulo (Brésil). *Autrepart.* Bondy, n. 47, 2008. p. 57-71.

_____. Flexibilização do mercado de trabalho e novas formas de mobilidade: carreiras femininas no setor terciário. *Revista Latinoamericana de Estudios del Trabajo,* ano 11, n. 18, 2006. p. 121-45.

_____. Relations salariales et pratiques d'insertion: les centres d'appel au Brésil. *Cahiers du Genre.* Paris, n. 41, 2006. p. 195-217.

_____. Trajetórias profissionais e saberes escolares: o caso do *telemarketing* no Brasil. In: ANTUNES, R.; BRAGA, R. (orgs.). *Infoproletários.* São Paulo, Boitempo, 2009.

GIDDENS, A. *A transformação da intimidade:* sexualidade, amor e erotismo nas sociedades modernas. São Paulo, Unesp, 1993.

GOMES, A. L. A nova regulamentação da filantropia e o marco legal do terceiro setor. *Revista Serviço Social e Sociedade.* São Paulo, ano XX, n. 61, nov. 1999. p. 91-108.

GONÇALVES, W. Transes em trânsito: continuidades e rupturas entre neopentecostalismo e religiões afro-brasileiras. In: TEIXEIRA, F; MENEZES, R. (orgs.). *As religiões no Brasil:* continuidades e rupturas. Petrópolis, Vozes, 2006.

GORZ, A. *Métamorphoses du travail, quête du sens:* critique de la raison économique. Paris, Galilée, 1988.

GREEN, N. L. *Du sentier à la 7e avenue:* la confection et les immigrés Paris-New York (1880-1980). Paris, Seuil, 1998.

472 • Saídas de emergência

GUIMARÃES, N. A. Por uma sociologia do desemprego: contextos societais, construções normativas e experiências subjetivas. *Revista Brasileira de Ciências Sociais*. São Paulo, v. 17, n. 50, 2002. p. 103-22.

GUSMÃO, R. A ideologia da solidariedade. *Revista Serviço Social e Sociedade*. São Paulo, n.62, 2000. p. 93-112.

HEILBORN, M. L. *Dois é par:* gênero e identidade sexual em contexto igualitário. Rio de Janeiro, Garamond, 2004.

_____; Equipe Gravad. Uniões precoces, juventude e experimentação da sexualidade. In: _____ et al. (orgs.). *Sexualidade, família e* ethos *religioso*. Rio de Janeiro, Garamond Universitária, 2005. p. 39-59.

HERVIEU-LÉGER, D. Bricolage vaut-il disséminations? Quelques réflexions sur l'opérationnalité sociologique d'une métaphore problématique. *Social Compass*. Louvain-la-Neuve, v. 52, n. 3, set. 2005. p. 295-308.

_____. A transmissão religiosa na modernidade: elementos para a construção de um objeto de pesquisa. In: CAMPOS, L. S. (ed.). *Por uma sociologia do protestantismo brasileiro*. São Paulo, Unesp, 2000.

HIRATA, D. V. Comunicação oral. In: SEMINÁRIO CRIME, VIOLÊNCIA E CIDADE. Faculdade de Filosofia, Letras e Ciências Humanas, USP, São Paulo, 2009. Mimeo.

HOGGART, R. *La culture du pauvre*. Paris, Minuit, 1970.

HOLSTON, J. Legalizando o ilegal: propriedade e usurpação no Brasil. *Revista Brasileira de Ciências Sociais*. São Paulo, n. 21, 1993. p. 68-89.

HYMAN, R. *Understanding European Trade Unionism:* Between Market, Class and Society. Londres, Sage Publications, 2001.

IBGE. *Censo demográfico 2000*. Disponível em: <http://www.ibge.gov.br/censo>.

INSEE. Disponível em: <http://www.insee.fr/fr/themes/tableu.asp?reg_id=0&ref_id=AMFd2>.

INSTITUTO JOAQUIM NABUCO DE PESQUISAS SOCIAIS. *As empregadas domésticas do Recife, suas condições de trabalho e aspirações*. Recife, Ministério de Educação, 1970.

JACQUET, C. *Choix migratoire, choix matrimonial:* devenir domestique à Fortaleza. Tese de doutorado em Sociologia, Universidade Lumière Lyon 2, Lyon, 1998.

JASPART, M.; BROWN, E.; CONDON, S. *Les violences envers les femmes en France:* une enquête nationale. Paris, La Documentation Française, 2003. (Coleção Droits des Femmes).

JOSÉ, B. K. *Políticas culturais e negócios urbanos*. São Paulo, Annablume, 2007.

KANITZ, S. Doações ao acaso ou filantropia estratégica? *Revista Trevisan*. São Paulo, n. 116, out. 1997. p. 42-4.

KAUFFMANN, J.-C. *L'invention de soi:* une théorie de l'identité. Paris, Armand Colin/ Sejer, 2004.

KERGOAT, D. Ouvriers = ouvrières? Propositions pour une articulation théorique de deux variables: sexe et classe sociale. *Critique de l'Économie Politique*, n. 5, 1978. p. 65-97.

KOFES, M. S. *Mulher, mulheres:* a relação entre patroas e empregadas domésticas. Campinas, Unicamp, 2001.

KONTIC, B. *Aprendizado e metrópole:* a reestruturação produtiva da indústria do vestuário em São Paulo. Dissertação de mestrado em Sociologia, Faculdade de Filosofia, Letras e Ciências Humanas, USP, São Paulo, 2001.

_____. *Inovação e redes sociais:* a indústria da moda em São Paulo. Tese de doutorado em Sociologia, Faculdade de Filosofia, Letras e Ciências Humanas, USP, São Paulo, 2007.

Bibliografia • 473

KOWARICK, L. *A espoliação urbana*. São Paulo, Paz e Terra, 1993.

LAUTIER, B. Os amores tumultuados entre o Estado e a economia informal. *Contemporaneidade e Educação*. Rio de Janeiro, ano II, n. 1, 1997.

_____. Les employées domestiques latino-américaines et la sociologie: tentative d'interprétation d'une bévue. *Cahiers du Genre*. Paris, n. 32, 2002. p. 137-60.

_____. Mondialisation, travail et genre: une logique qui s'épuise. *Cahiers du Genre*. Paris, n. 40, 2006. p. 39-65.

_____. Les politiques sociales au Brésil durant le gouvernement de Lula: aumône d'État ou droits sociaux? *Problèmes d'Amérique latine*. Paris, n. 63, inv. 2006-2007. p. 51-76.

LAUTIER, B.; DESTREMAU, B.(dir.). Femmes en domesticité. *Revue Tiers Monde*. Paris, t. 43, n. 170, abr./jun. 2002.

LEFAUCHEUR, N. Les "familles monoparentales" en questions. *Dialogue*. Paris, n. 101, 1988. p. 28-44.

LEITE, M. P. Tecendo a precarização: trabalho a domicílio e estratégias sindicais na indústria de confecção em São Paulo. *Revista Trabalho, Educação e Saúde*. Rio de Janeiro, v. 2, n. 1, mar. 2004. p. 57-93.

LEWGOY, B. Incluídos e letrados: reflexões sobre a vitalidade do espiritismo kardecista no Brasil atual. In: TEIXEIRA, F.; MENEZES, R. (orgs.). *As religiões no Brasil:* continuidades e rupturas. Petrópolis, Vozes, 2006.

LIMA, J. C. Trabalho informal, autogestionário e gênero. *Sociedade e Cultura*. Goiânia, v. 9, n. 2, jul./dez. 2006. p. 303-10.

_____; MOURA, M. C. Trabalho atípico e capital social: os agentes comunitários de saúde na Paraíba, *Sociedade e Estado*. Brasília, v. 20, n.1, jun./abr. 2005. p. 103-33.

_____; SOARES, M. J. B. Trabalho flexível e o novo informal. *Caderno do CRH*. Salvador, n. 37, 2002. p. 163-78.

LIMA, R. S. Homicídios em São Paulo: fatores explicativos e movimentos recentes. In: SEMINÁRIO CRIME, VIOLÊNCIA E CIDADE. Faculdade de Filosofia, Letras e Ciências Humanas, USP, São Paulo, 2009. Mimeo.

LOMBARDI, M.-R.; Bruschini, M. C. A. Hommes et femmes sur le marché du travail au Brésil: un panorama des années 1990. *Travail, Genre et Sociétés*. Paris, v. 10, 2003. p. 149-72.

MACHADO DA SILVA, L. A. Da informalidade à empregabilidade: reorganizando a dominação no mundo do trabalho. *Caderno do CRH*. Salvador, n. 37, jul./dez. 2002. p. 81-109.

_____. Mercado de trabalho, ontem e hoje: informalidade e empregabilidade como categorias de entendimento. In: SANTANA, M. A.; RAMALHO, J. R. (orgs.). *Além da fábrica, trabalhadores, sindicatos e a nova questão social*. São Paulo, Boitempo, 2003. p. 141-78.

MAGALHÃES JR., J. C. *O mercado da dádiva*: formas biopolíticas de um controle das populações periféricas urbanas. Dissertação de mestrado em Sociologia, Faculdade de Filosofia, Letras e Ciências Humanas, USP, São Paulo, 2006.

MANO BROWN. Entrevista coletiva durante evento do Afropress, Agência de Comunicação Multiétnica, 2009. Disponível em: < http://www.youtube.com/watch?v=PQ4d P2evx9w>.

MARCÍLIO, M. L. Padrões da família escrava. *Travessia*. São Paulo, n. 9, jan./abr., 1991. p. 10-3.

MARGARIDO, C. *Intervenções urbanas contemporâneas:* o caso da Nova Luz no centro de São Paulo. Dissertação de mestrado em Urbanismo, Escola de Engenharia de São Carlos, USP, São Carlos, 2007.

474 • Saídas de emergência

MARIANO, R. Os neopentecostais e a teoria da prosperidade. *Novos Estudos*. São Paulo, n. 44, mar. 1996.

MARICATO, E. *Brasil, cidades:* alternativas para a crise urbana. 2. ed., Petrópolis, Vozes, 2002.

_____. As ideias fora do lugar e o lugar fora das ideias: planejamento urbano no Brasil. In: ARANTES, O. et al. *A cidade do pensamento único:* desmanchando consensos. Petrópolis, Vozes, 2000.

MARIZ, C. Catolicismo no Brasil contemporâneo: reavivamento e diversidade. In: TEIXEIRA, F.; MENEZES, R. (orgs.). *As religiões no Brasil:* continuidades e rupturas. Petrópolis, Vozes, 2006.

_____. Comunidades de vida no Espírito Santo: juventude e religião. *Revista Tempo Social*. São Paulo, v. 17, n. 2, 2005. p. 253-74.

MARQUES, A. J. "Dar um psicológico": estratégias de produção de verdade no tribunal do crime. In: REUNIÃO DE ANTROPOLOGIA DO MERCOSUL, 7., 2007, UFRGS, Porto Alegre. CD-ROM.

_____. "Proceder" e relações políticas entre presos do Estado de São Paulo. In: Nufep/UFF (Núcleo Fluminense de Estudos e Pesquisas/ Universidade Federal Fluminense). *Sistemas de justiça criminal e segurança pública em perspectiva comparada:* administração de conflitos e construção de verdades. Niterói, Nufep/ UFF, jul. 2008.

MARQUES, E.; TORRES, H. (orgs.). *São Paulo:* segregação, pobreza e desigualdades sociais. São Paulo, Senac, 2005.

MARUANI, M. L'emploi féminin à l'ombre du chômage. *Actes de la Recherche en Sciences Sociales*. Paris, n. 115, 1996. p. 48-57.

_____. Statut social et modes d'emplois. *Revue française de Sociologie*. Paris, n. 1, 1989. p. 31-9.

MERKLEN, D. *Quartiers populaires, quartiers politiques*. Paris, La Dispute, 2009.

MIAGUSKO, E. *Movimentos de moradia e sem-teto em São Paulo:* experiências no contexto do desmanche. Tese de doutorado em Sociologia, Faculdade de Filosofia, Letras e Ciências Humanas, USP, São Paulo, 2008.

MILLER, P.; ROSE, N. *Governing the Present:* Administering Economic, Social and Personal Life. Cambridge, Polity Press, 2008.

MINISTÉRIO DA SAÚDE, DO TRABALHO E DO BEM-ESTAR (Japão). *Zenkoku boshi setai to chosa hokoku 2005*. Disponível em: <http://www.mhlw.go.jp/houdou/ 2005/01/ h0119-1b16.html>.

MISSE, M. *Crime e violência no Brasil contemporâneo:* estudos de sociologia do crime e da violência urbana. Rio de Janeiro, Lumen Juris, 2006.

_____. Crime, sujeito e sujeição criminal. *Lua Nova*. São Paulo, n. 79, 2010.

_____. *Malandros, marginais e vagabundos:* a acumulação social da violência no Rio de Janeiro. Tese de doutorado em Sociologia, Instituto Universitário de Pesquisas do Rio de Janeiro, Rio de Janeiro, 1999.

_____. Mercados ilegais, redes de proteção e organização do crime no Rio de Janeiro. *Estudos Avançados*. São Paulo, n. 61, 2007.

MOLINIER, P. De la condition de bonne à tout faire au début du XX siècle à la relation de service dans le monde contemporain: analyse clinique et psychopathologique. *Travailler*. Revigny-sur-Ornain, n. 13, 2004. p. 9-34.

MONTERO, P. Magia, racionalidade e sujeitos políticos. *Revista Brasileira de Ciências Sociais*. São Paulo, ano 9, n. 26, out, 1994.

NEDER, G. Ajustando o foco das lentes: um novo olhar sobre a organização das famílias no Brasil. In: KALOUSTIAN, S. M. (org.). *Família brasileira, a base de tudo*. São Paulo/ Brasília, Cortez/ Unicef, 2004. p. 26-46.

Bibliografia • 475

NEUHOLD, R. *São Paulo, habitação e conflitos em torno da apropriação do espaço urbano.* Memorial de qualificação em Sociologia, Faculdade de Filosofia, Letras e Ciências Humanas, USP, São Paulo, 2008.

NEVES, D. P. Mendigo: trabalhador que não deu certo. *Ciência Hoje.* São Paulo, n. 4, 1983.

NEYRAND, G.; ROSSI, P. *Monoparentalité précaire et femme sujet.* Ramonville Saint-Agne, Érès, 2004.

NORONHA, E. G. "Informais", ilegais, injustos: percepções de mercado informal no Brasil. *Revista Brasileira de Ciências Sociais.* São Paulo, v. 18, n. 53, 2003. p. 111-79.

_____. Informal, ilegal, injusto: percepções do mercado de trabalho no Brasil". In: ENCONTRO ANUAL DA ANPOCS, 25., 2001, Caxambu. *Anais...*, 2001.

NUNES, C. D. Práticas punitivas na prisão: institucionalização do legal e legalização do arbitrário. In: ENCONTRO ANUAL DA ANPOCS, 32., 2008, Caxambu. *Anais...*, 2008.

ORGANIZAÇÃO DO AUXÍLIO FRATERNO (OAF). *Somos um povo que quer viver.* São Paulo, Paulinas, 1982.

OLIVEIRA, C. A. B. Políticas de combate à pobreza no município de São Paulo. In: _____ (coord.). *Caderno de trabalho 127.* São Paulo, Publisher Brasil, 2004.

OLIVEIRA, F. A colonização da política. In: REUNIÃO DA SOCIEDADE BRASILEIRA DE ECONOMIA POLÍTICA, jun. 2006, Vitória.

_____. *Crítica à razão dualista: o ornitorrinco.* São Paulo, Boitempo, 2003.

_____. O Estado e a exceção ou o Estado de exceção?. In: REUNIÃO ANUAL DA ANPUR, maio 2003, Belo Horizonte.

_____. Passagem na neblina. In: _____. *Classes sociais em mudança e a luta pelo socialismo.* São Paulo, Fundação Perseu Abramo, 2000.

_____; RIZEK, C. S. (orgs.). *A era da indeterminação.* São Paulo, Boitempo, 2007. (Coleção Estado de Sítio.)

PAMPLONA, J. B. A atividade informal do comércio de rua e a região central de São Paulo. In: COMIN, A. (org.). *Caminhos para o centro:* estratégias de desenvolvimento para a região central. São Paulo, Cebrap/ Emurb/ CEM, 2004.

PAOLI, M. Ca. Empresas e responsabilidade social: os enredamentos da cidadania no Brasil. In: SANTOS, B. S. S. (org.). *Democratizar a democracia:* os caminhos da democracia participativa. Rio de Janeiro, Civilização Brasileira, 2002. p. 373-418.

_____. Movimentos sociais no Brasil: em busca de um novo estatuto político? In: HELLMANN, M. (org.). *Movimentos sociais e democracia no Brasil.* São Paulo, Marco Zero, 1995. p. 24-55.

_____. O mundo do indistinto: sobre gestão, violência e política. In: OLIVEIRA, F.; RIZEK, C. S. (orgs.). *A era da indeterminação.* São Paulo, Boitempo, 2007. p. 221-56. (Coleção Estado de Sítio)

PATARRA, N. Migrações internacionais de e para o Brasil contemporâneo: volumes, fluxos, significados e políticas. *São Paulo em Perspectiva.* São Paulo, v. 19, n. 3, jul./set. 2005. p. 23-33.

PIERUCCI, A. F. Bye bye, Brasil: o declínio das religiões no Censo 2000. *Estudos Avançados.* São Paulo, v. 18, n. 52, set./dez. 2004. p. 17-28.

_____. Cadê nossa diversidade religiosa? In: TEIXEIRA, F.; MENEZES, R. (orgs.). *As religiões no Brasil:* continuidades e rupturas. Petrópolis, Vozes, 2006.

_____; PRANDI, R. *A realidade social das religiões no Brasil.* São Paulo, Hucitec, 1996.

POCHMANN, M. *Atlas da exclusão social:* os ricos no Brasil. São Paulo, Cortez, 2004.

_____ (org.). *Desenvolvimento, trabalho e solidariedade:* novos caminhos para a inclusão social. São Paulo, Cortez, 2002.

476 • Saídas de emergência

_____ (org.). *Outra cidade é possível.* São Paulo, Cortez, 2003.

_____ (org.). *Políticas de inclusão social:* resultados e avaliação. São Paulo, Cortez, 2004.

_____ (org.). *Reestruturação produtiva:* perspectivas de desenvolvimento local com inclusão social. Rio de Janeiro, Vozes, 2004.

PORTES, A. Globalization from Below. In: SMITH, W. P.; KORCZENWICZ, R. P. *Latin America in the World Economy.* Westport, CN, Greenwood Press, 1997.

_____; CASTELLS, M.; BENTON, L. *The Informal Economy:* Studies in Advanced and Less Developped Countries. Baltimore, John Hopkins University Press, 1989.

PRANDI, R. Religião paga, conversão e serviço. *Novos Estudos.* São Paulo, n. 45, jun. 1996.

_____. *Um sopro do Espírito.* São Paulo, Edusp/ Fapesp, 1997.

PRIORE, M.; BASSANEZI, C. *História das mulheres no Brasil.* São Paulo, Contexto/ Unesp, 2004.

PRO-AIM. *Mortalidade no Município de São Paulo.* Prefeitura Municipal de São Paulo, 2008. Disponível em: <http://ww2.prefeitura.sp.gov.br/cgi/tabcgi.exe?secretarias/saude/ TABNET/txpadsup/padrosup.def>. Acesso em: 21/5/2008.

PROMOTORAS LEGAIS POPULARES. Disponível em: <http://www.promotoraslegais-populares.org.br>.

RABOSSI, F. Dimensões da espacialização da troca: a propósito de mesiteros e sacoleiros em Cidade Del Este. *Ideação.* Foz do Iguaçu, v. 6, n. 6, 2004. p. 151-76.

RANCIÈRE, J. *O desentendimento.* São Paulo, Editora 34, 1996.

_____. *A partilha do sensível:* estética e política. São Paulo, Exo/ Editora 34, 2005.

REINECKE, G. Qualidade de emprego e emprego atípico no Brasil. In: POSTHUMA, A. C. (org.). *Brasil:* abertura e reajuste do mercado de trabalho no Brasil. Brasília/ São Paulo, MTE/ OIT, Editora 34, 1999. p. 119-47.

REVEL, J. *Jogos de escalas:* a experiência da microanálise. Rio de Janeiro, FGV, 1998.

ROCHA, C. M. *Histórias de famílias escravas.* Campinas, Unicamp, 2004.

ROSA, C. M. M. *Vidas de rua, destinos de muitos:* pesquisa em jornais e revistas sobre temas relativos à população de rua na cidade de São Paulo (1970-1998). São Paulo, IEE/ PUC-SP, 1999. CD-ROM.

RUGGIERO, V. *Crime and Markets:* Essays in Anti-Criminology. Oxford, Oxford University Press, 2000.

SADER, E. A nova retórica da Nova República. In: SANDRONI, P. (org.). *Constituinte, economia e política da Nova República.* São Paulo, Cortez/ Educ, 1986. p. 51-62.

_____. *Quando novos personagens entraram em cena*: experiências, falas e lutas dos trabalhadores da Grande São Paulo (1970-1980). 2. ed., Rio de Janeiro, Paz e Terra, 1988.

SAFFIOTI, H. I. B. *Emprego doméstico e capitalismo.* Petrópolis, Vozes, 1978.

SANCHIS, P. O campo religioso contemporâneo no Brasil. In: ORO, A. P.; STEIL, F. A. (orgs.). *Globalização e religião.* Petrópolis, Vozes, 1997. p. 103-16.

_____. O campo religioso será ainda hoje o campo das religiões? In: HOORNAERT, E. (org.). *História da igreja na América Latina e no Caribe (1945-1995).* Petrópolis, Vozes/ Cehila, 1995.

_____. A religião dos brasileiros. *Teoria & Sociedade*: Passagem de milênio e pluralismo religioso na sociedade brasileira. Belo Horizonte, n. esp., 2003.

SANTOS, F. J. *A hora de Deus:* um estudo antropológico do imaginário religioso popular na Baixada Fluminense. Dissertação de mestrado em Antropologia Social, Instituto de Filosofia e Ciências Sociais, Unicamp, Campinas, 1991.

SANTOS, L. G. A informação após a virada cibernética. In: SANTOS, L. G. et al. *Revolução tecnológica, internet e socialismo.* São Paulo, Fundação Perseu Abramo, 2003. p. 9-33.

Bibliografia • 477

SANTOS, W. G. *Cidadania e justiça.* Rio de Janeiro, Campus, 1979.

SANTOS, Y. G. *Mulheres chefes de família entre a autonomia e a dependência:* um estudo comparativo entre o Brasil, a França e o Japão. Tese de doutorado em Sociologia, Faculdade de Filosofia, Letras e Ciências Humanas, USP/ Departamento de Sociologia, Universidade Paris 8, São Paulo/ Saint-Denis, 2008.

SARTI, C. A. *A família como espelho:* um estudo sobre a moral dos pobres. São Paulo, Cortez, 2003.

SASSEN, S. New York City's Informal Economy. In: PORTES, A.; CASTELLS, M.; BENTON, L. A. (orgs.). *Informal Economy:* Studies in Advanced and Less Developed Countries. Baltimore, Johns Hopkings University Press, 1989.

_____. Vers une analyse alternative de la mondialisation: les circuits de survie et leurs acteurs. *Cahiers du Genre.* Paris, n. 40, 2006. p. 67-89.

SCHATZMANN, L.; STRAUSS, A. Social Class and Modes of Communication. *The American Journal of Sociology.* Chicago, v. 60, n. 4, 1955. p. 329-38.

SCHRAIBER, L. B. et al. *Violência dói e não é direito:* a violência contra a mulher, a saúde e os direitos humanos. São Paulo, Unesp, 2005.

SCHWENGBER, A. M. et al. Programas emancipatórios. In: POCHMANN, M. (org.). *Desenvolvimento, trabalho e solidariedade:* novos caminhos para a inclusão social. São Paulo, Cortez, 2002.

SECRETARIA DE HABITAÇÃO DO ESTADO DE SÃO PAULO. Disponível em: <http://www.habitacao.sp.gov.br>.

SEGNINI, L. R. P. *Mulheres no trabalho bancário:* difusão tecnológica, qualificação e relações de gênero. São Paulo, Edusp, 1998.

SEHAB. *Relatório de análise integrada.* Grupo Gestor 1. Processo n. 1985-0.002.450-0. 31 jun. 2003.

SILVA, C. F. Trabalho informal e redes de subcontratação: dinâmicas urbanas da indústria de confecções em São Paulo. Dissertação de mestrado em Sociologia, Faculdade de Filosofia, Letras e Ciências Humanas, USP, São Paulo, 2008.

SILVA, M. O. S. (coord.). *O Comunidade Solidária:* o não enfrentamento da pobreza no Brasil. São Paulo, Cortez, 2001.

SILVA, S. A. *Costurando sonhos:* trajetória de um grupo de imigrantes bolivianos que trabalham no ramo da costura em São Paulo. São Paulo: Paulinas, 1997.

SINGER, P. *Introdução à economia solidária.* São Paulo, Fundação Perseu Abramo, 2002.

SINGLY, F. (dir.). *Être soi parmi les autres.* Paris, L'Harmattan, 2001.

_____. *Libres ensemble:* l'individualisme dans la vie commune. Paris, Nathan, 2000.

_____. *Sociologie de la famille contemporaine.* Paris, Armand Colin, 2004.

SOIBET, R. Mulheres pobres e violência no Brasil urbano. In: PRIORE, M.; BASSANEZI, C. *História das mulheres no Brasil.* São Paulo, Contexto/ Unesp, 2004. p. 362-400.

SORJ, B.; FONTES, A.; MACHADO, D. C. Políticas e práticas de conciliação entre família e trabalho no Brasil. *Cadernos de pesquisa.* Campinas, v. 37, n. 132, set./dez. 2007. p. 573-94.

SOUZA, B. M. *A experiência da salvação:* pentecostais em São Paulo. São Paulo, Duas Cidades, 1969.

STEIL, C. Renovação Carismática Católica: porta de entrada ou de saída do catolicismo? Uma etnografia do Grupo São José, Porto Alegre (RS). *Religião & Sociedade.* Rio de Janeiro, v. 24, n. 1, 2004. p. 11-36.

TELLES, V. S. *Cidadania inexistente:* incivilidade e pobreza. Trabalho e família na Grande São Paulo. Tese de doutorado em Sociologia, Faculdade de Filosofia, Letras e Ciências Humanas, USP, São Paulo, 1992.

478 • Saídas de emergência

_____. No fio da navalha: entre carências e direitos. Notas a propósito dos programas de renda mínima no Brasil. In: CACCIA-BAVA, S. (org.). *Programas de Renda Mínima no Brasil:* impactos e potencialidades. São Paulo, Instituto Pólis, 1998. p. 1-23.

_____. *Pobreza e cidadania.* São Paulo, Editora 34, 2001.

_____. A sociedade civil e a construção de um espaço público. In: DAGNINO, E. (org.). *Anos 90: política e sociedade no Brasil.* São Paulo, Brasiliense, 1994.

_____. Transitando na linha de sombra, tecendo as tramas da cidade (anotações inconclusas de uma pesquisa). In: OLIVEIRA, F.; RIZEK, C. S. (orgs.). *A era da indeterminação.* São Paulo, Boitempo, 2007. p. 195-218. (Coleção Estado de Sítio)

_____; CABANES, R. (orgs.). *Nas tramas da cidade:* trajetórias urbanas e seus territórios. São Paulo, Humanitas, 2006.

_____; HIRATA, D. V. Cidade e práticas urbanas: nas fronteiras incertas entre o ilegal, o informal e o ilícito. *Estudos avançados.* São Paulo, v. 21, n. 61, 2007. p. 173-91.

THERBORN, Göran. *Sexo e poder:* a família no mundo (1900-2000). São Paulo, Contexto, 2006.

THOMPSON, E. P. *Customs in Common.* Londres, Penguin, 1993.

VENCO, S. B. *Telemarketing nos bancos:* o emprego que desemprega. Campinas, Unicamp, 2003.

VIDAL, D. *Les bonnes de Rio:* emploi domestique et société démocratique. Lille, Septentrion, 2007.

_____. Les bonnes, le juste et le droit: le recours à la justice du travail des travailleuses domestiques de Rio de Janeiro. In: COLOQUE INTERNATIONAL EXPÉRIENCES LIMITES, RUPTURES ET MÉMOIRES: DIALOGUES AVEC L'AMÉRIQUE LATINE. Paris, 18-20 out. 2006.

_____. Le respect: catégorie du social, catégorie du politique dans une favela de Recife. *Cultures & Conflits.* Paris, n. 35, 1999. p. 95-124.

VIEIRA, M. A. C.; BEZERRA, E. M. R.; ROSA, C. M. M. *População de rua:* quem é, como vive, como é vista. 2. ed., São Paulo, Hucitec, 1994.

WEBER, F.; GOJARD, S.; GRAMAIN, A. (orgs.). *Charges de famille:* dépendance et parenté dans la France contemporaine. Paris, La Découverte, 2003.

YASBEK, C. A política social brasileira nos anos 90: a refilantropização da questão social. *Cadernos Abong.* São Paulo, 1995. p. 37-51.

_____. Voluntariado e profissionalização na intervenção social. In: SEMINÁRIO INFO-EXCLUSÃO, INFO-INCLUSÃO E NOVAS TECNOLOGIAS: DESAFIOS PARA AS POLÍTICAS SOCIAIS E O SERVIÇO SOCIAL. Lisboa, 2002. *Atas...*, 2002. p. 171-84.

SOBRE OS AUTORES

Ariana Rumstain, doutoranda em antropologia pela Universidade Federal do Rio de Janeiro (UFRJ).

Carlos Freire da Silva, doutorando em sociologia pela Universidade de São Paulo (FFLCH--USP).

Cibele Saliba Rizek, professora livre-docente de sociologia na Universidade de São Paulo (IAU-USP, São Carlos).

Daniel de Lucca Reis Costa, doutorando em antropologia pela Universidade Estadual de Campinas (IFCH-Unicamp).

Daniel Veloso Hirata, doutor em sociologia pela Universidade de São Paulo (FFLCH--USP).

Eliane Alves da Silva, doutora cm sociologia pela Universidade de São Paulo (FFLCH--USP).

Gabriel de Santis Feltran, professor de sociologia na Universidade Federal de São Carlos.

Isabel Georges, socióloga, Institut de Recherche pour le Développement (UMR 201 Développement et Sociétés-IRD)/Cátedra francesa IAU-USP, São Carlos.

José César Magalhães Junior, doutor em sociologia pela Universidade de São Paulo (FFLCH-USP).

Ludmila Costeck Abilio, doutora em sociologia pela Universidade Estadual de Campinas (IFCH-Unicamp).

Mônica Virgínia de Souza, doutoranda em urbanismo pela Universidade de São Paulo (IAU-USP).

Rafael Godói, doutor em sociologia pela Universidade de São Paulo (FFLCH-USP).

Robert Cabanes, sociólogo, Institut de Recherche pour le Développement (IRD).

Ronaldo de Almeida, professor de antropologia na Universidade Estadual de Campinas (IFCH-Unicamp).

Silvia Carla Miranda Ferreira, mestre em sociologia pela Universidade Estadual de Campinas (IFCH-Unicamp).

Tatiana de Amorim Maranhão, doutora em sociologia pela Universidade de São Paulo (FFLCH-USP).

Vera da Silva Telles, professora livre-docente de sociologia na Universidade de São Paulo (FFLCH-USP).

Yumi Garcia dos Santos, pós-doutoranda em sociologia, bolsista da Fapesp e pesquisadora do Centro de Estudos da Metrópole (CEM).

Este livro foi composto em
Adobe Garamond Pro, 10,5, e Bauer Bodoni
12,5, e impresso em papel Pólen Soft 80 g/m^2
na Sumago Gráfica Editorial para a Boitempo
Editorial, em outubro de 2011, com tiragem
de 1.500 exemplares.